Fabian Wiedel

Digital Streetwork

Fabian Wiedel

Digital Streetwork

Zur Notwendigkeit einer aufsuchenden psychosozialen Medienpädagogik bei exzessiver Internetnutzung am Beispiel des Gaming

www.kopaed.de

Bibliografische Information Der Deutschen Nationalbibliothek
Die Deutsche Nationalbibliothek verzeichnet diese Publikation in der Deutschen Nationalbibliografie; detaillierte bibliografische Daten sind im Internet über http://dnb.ddb.de abrufbar

Dissertation zur Erlangung des akademischen Grades Doktor der Sozialwissenschaft (Dr. rer. soc.) im Fach Kommunikationswissenschaft an der Universität Passau

Veröffentlicht mit finanzieller Unterstützung der Universität Passau.

ISBN 978-3-96848-059-6
eISBN 978-3-96848-659-8

Druck: docupoint, Barleben

Arnulfstraße 205, 80634 München
Fon: 089. 688 900 98 Fax: 089. 689 19 12
E-Mail: info@kopaed.de Internet: www.kopaed.de

Inhalt

1 Einleitung

Im Mai 2019 haben Vertreter:innen der 194 Mitgliedsstaaten der World Health Organization (WHO) das Krankheitsbild der Videospielsucht offiziell anerkannt (Hartmann 2019; Kehr 2019). Pathologisches Computerspielen wurde dadurch gemeinsam mit der Online-Sexsucht und einer generalisierten Internetsucht als ernstzunehmendes gesellschaftliches Problem gekennzeichnet (te Wildt 2015, 59; Illy & Florack 2018, 7 ff.; Feng et al. 2018). Wenngleich bereits Jahre zuvor entsprechende Arbeitsdiagnosen in den beiden großen internationalen Katalogen mentaler Erkrankungen (ICD-11 der Weltgesundheitsorganisation und DSM-V der American Psychological Association) gelistet waren, sorgte ihre Ratifizierung für einen öffentlichen Aufschrei. Den Anfang machten polarisierende Medienberichte über extreme Einzelschicksale aus aller Welt: In China springen zwei videospielsüchtige Geschwister (neun und elf Jahre alt) von einem Hausdach, weil so etwas in ihrem Lieblingsspiel auch möglich ist, und ziehen sich dabei schwere Verletzungen zu (Keane 2020). Auf den Philippinen muss eine Mutter ihren 13-jährigen Sohn im Internetcafé füttern, weil der im Spielrausch sonst nichts mehr zu sich nehmen würde (Hänsel 2019). In London nässt sich eine Neunjährige lieber ein, als das Online-Spiel zu unterbrechen, und schlägt ihrem hinzueilenden Vater ins Gesicht (Barbour 2018). Auch in Deutschland rastet ein Zwölfjähriger nach dreitägigem Dauerspielen im Streit mit seinen Eltern derart aus, dass die Polizei zweimal eingreifen und der Junge schließlich in eine Klinik eingewiesen werden muss (Eldersch 2019). *Fortnite*, eines der beliebtesten Multiplayer-Spiele im Jahr 2019, wird dabei immer wieder als Paradebeispiel für Spielmechaniken genannt, die extrem leicht zugänglich sind und gleichzeitig eine sehr starke Sogwirkung entfalten – auch unter Erwachsenen. So warnen beispielsweise Profisportler vehement vor karrieregefährdenden Suchttendenzen unter Athlet:innen, die im stressigen und reiseintensiven Profisport die Konsole als gefährlichen Ausgleich benutzen (Spox 2019; Welt 2019).

In Politik, Psychologie und Pädagogik, an die sich diese öffentliche Empörungswelle wenigstens implizit richtet, findet das Thema Videospielsucht entsprechend seinen Widerhall. Man nimmt die verstärkte öffentliche Sensibilisierung für das Thema Internetsüchte wahr, bestätigt ein bestehendes Risiko und etabliert diverse Gegenmaßnahmen und Hilfsangebote, die im internationalen Vergleich allerdings recht unterschiedlich ausfallen. Im asiatischen Raum, wo die Videospielkultur gesellschaftlich tief verankert ist, sind anfangs sehr radikale politische Gegenmaßnahmen zu beobachten. Spielangebote und Nutzungszeiten werden in China und Japan teilweise stark eingeschränkt: Minderjährige dürfen beispielsweise in der japanischen Präfektur Kagawa seit Beschluss im März 2020 an Arbeitstagen lediglich 60 Minuten lang Videospiele spielen, am Wochenende für 90 Minuten. Jugendliche bis zum High-School-Alter müssen außerdem um 21 Uhr das Smartphone weglegen, danach ist die Nutzung bis 22 Uhr erlaubt. Ausgenommen von dieser Regel ist der Einsatz des Gerätes zum Lernen (Schlottag 2020). Exzessivem Spielverhalten wurde insbesondere in China lange Zeit mit militärischem Drill in speziellen Kliniken und Camps begegnet, die abhängige Kinder und Jugendliche bis zu drei Monate lang besuchen sollten (Dogwoof 2013; Katsidou 2014; Fullerton 2017). Regelverstöße wurden in diesen Einrichtungen hart bestraft, auch Elektroschock-Geräte sind dort zum Einsatz gekommen. Diese Praktiken endeten erst im Jahr 2017, als Berichte über einen Todesfall in einem der chinesischen Bootcamps eine deutliche Entschärfung der Erziehungsmethoden zur Folge hatten (BBC 2017; Ives 2017). Außerhalb Chinas entstanden wesentlich weniger drastische Hilfsangebote und Behandlungsansätze. Thailand, das im Jahr 2017 ebenfalls einen sprunghaften Anstieg pathologischer Videospielnutzung verzeichnete, bietet seitdem sechsmonatige Videospielsucht-Therapien an staatlichen Kliniken an, die allerdings zwischen 1.400 und 7.000 Euro kosten (Wipatayotin & Raksaseri 2018). In Großbritannien entstand im Frühsommer 2018 die erste staatlich geförderte Klinik zur Behandlung von Internetsüchten mit primärem Fokus auf Videospielabhängigkeit, unmittelbar nach deren Anerkennung durch die WHO (Marsh 2018). Auch in Österreich wurden Computer- und Internetsüchte im Frühjahr 2018 in das Behandlungsangebot sozialer Hilfsdienste aufgenommen (OÖNachrichten 2018). Frankreich hatte das Videospielen bereits zwei Jahre zuvor in seine öffentlichen Kommunikationskampagnen zur Information über die Risiken suchtfördernder Substanzen integriert (Schabel 2016). Ähnlich wie beim Rauchen kommen dabei unter anderem animierte Modelle und Grafiken körperlicher Schäden infolge von exzessivem Videospielkonsum zum Einsatz (Schwarz 2020).

In Deutschland wächst Gaming im Vergleich zu Asien etwas langsamer (Statista 2021a). Gleichzeitig wird diese Branche von der deutschen Politik und Pädagogik auch wesentlich weniger beachtet, als das beispielsweise in Skandinavien der Fall ist (Heckel 2016). In Deutschland wird vergleichsweise selten über die gesellschaftliche Bedeutung von Gaming gesprochen, und wenn, dann häufig stark polarisierend beispielsweise im Rahmen der Diskussion über gewalthaltige Spielinhalte (sog. „Killerspiel-Debatte“, Breiner & Kolibius 2019b, 5; Schaumburg und Prasse 2019, 236). Das deutsche Bildungs- und Gesundheitswesen reagierte auch deshalb insgesamt eher verhalten auf die Entscheidung der WHO, suchtartige Internetnutzung in ihren unterschiedlichen Facetten als nachhaltiges und globales Risiko anzuerkennen. Dennoch orientiert sich die Videospielsucht-Debatte durchaus an verlässlichen Expert:innen-Aussagen, empirischen Daten und psychologischen Behandlungsansätzen. Portraitiert werden unter anderem Gaming-affine Fachärzte wie Jakob Florack und Daniel Illy, die in ihren ambulanten Sprechstunden und Therapiegruppen erfolgreiche Behandlungskonzepte zum pathologischen Videospielen entwickeln (Graf 2017). Reportagen aus spezialisierten Behandlungseinrichtungen in Berchtesgaden (Spiegel Online 2017) oder Mainz (Przybilla 2018) sowie persönliche Portraits (ehemals) abhängiger junger Erwachsener (Stern.de 2018; Lohr 2017) betonen die Substanz und Relevanz des Krankheitsbildes, nähern sich jedoch sensibel und konstruktiv an. Umstritten bleiben dabei dennoch die Fragen, ab welchem Punkt eine exzessive Videospielnutzung tatsächlich als pathologisch einzustufen und wie groß die Gruppe der Betroffenen im Augenblick ist. Zur Anwendbarkeit der von WHO und APA kommunizierten Suchtkriterien, die inhaltlich an stoffliche Süchte (z. B. Alkohol und Drogen) sowie an die Glücksspielsucht anschließen, äußern sich Psycholog:innen und Psychiater:innen in Deutschland dabei grundsätzlich optimistisch (Illy und Florack 2018, 7 ff.; Wölfling et al. 2015, 86; te Wildt & Rehbein 2010). Gerade weil neben der bloßen Spielzeit noch eine Reihe weiterer Faktoren (darunter beispielsweise Entzugserscheinungen, Toleranzentwicklung und Brüche im Lebensweg) gegeben sein müssen, um eine Videospielsucht zu diagnostizieren (z. B. te Wildt 2015: 23 ff.), wird betont, dass ausschließlich Extremfälle als abhängig eingestuft werden (ebd., 160 ff.). Gegenstimmen zweifeln dennoch an, dass themenfremd definierte Suchtkriterien eine neue, digitale Lebenskultur mit veränderten Normvorstellungen zielführend abbilden können. Es könnte demnach genauso gut normal sein, das Gros seiner Zeit am Rechner zu verbringen und auch soziale Kontakte vorwiegend virtuell zu pflegen, wodurch eine gewisse emotionale Abhängigkeit von Internet und Videospielen relativ logisch und wenig bedenklich wäre. Weil sich solche Grundsatzfragen aber ohne Langzeitstudien noch nicht abschließend klären lassen, protestiert eine internationale Forschergruppe von beachtlicher Größe und Reputation öffentlich gegen eine vorschnelle Pathologisierung und Stigmatisierung von stark involvierten Core-Gamern (Van Rooij et al. 2018; Ferguson et al. 2017, Willemse 2016).

Tatsächlich variieren die internationalen Studien zur gesellschaftlichen Prävalenz von suchtartigem Videospielen seit den frühen 2000er-Jahren recht stark in ihren Befunden. Zwischen 1 und 15 Prozent der Bevölkerung könnten demnach einen pathologischen Umgang mit Videospielen aufweisen (z. B. Feng et al. 2018). Ohne Zweifel ergeben sich diese starken Abweichungen auch aus nicht einheitlichen Erhebungsinstrumenten mit abweichenden Suchtkriterien und Frageskalen, verschiedenen Grundgesamtheiten (Kinder, Jugendliche, junge Erwachsene, ältere Erwachsene) und verschiedenen Erhebungszeitpunkten (Van Rooij et al. 2018; Przybylski & Orben 2018). Ferner werden teilweise suchtgefährdete Exzessiv-Spieler mit einbezogen, während andere Autor:innen lediglich die klar erkennbaren Fälle beziffern. Absolute Fallzahlen lassen sich auch deshalb selten zuverlässig angeben oder interpretieren, weil sich viele Studien auf eine generelle Internetsucht beziehen und neben Videospielen auch die problematische Nutzung sozialer Medien oder anderer Webangebote (z. B. Porno- oder Glücksspielseiten) beinhalten. Die Prävalenzwerte im öffentlichen Diskurs sind insofern teilweise unklar, was auch an der spärlichen Einbeziehung von statistischen Kennzahlen und relativen Bezugswerten liegt. So kommt eine Forsa-Befragung unter 1001 Kindern und Jugendlichen zwischen zwölf und 17 Jahren aus dem Jahr 2018 beispielsweise auf rund 100.000 Fälle abhängiger Social-Media-Nutzung unter deutschen Jugendlichen (Statistisches Bundesamt 2018). Eine von der Bundesdrogenbeauftragten Marlene Mortler in Auftrag gegebene Befragung von Patienten im Bundesverband für Kinder- und Jugendärzte ergab im Jahr 2016, dass 600.000 Jugendliche und junge Erwachsene in Deutschland als internetabhängig gelten, zweieinhalb weitere Millionen legten zudem ein problematisches Nutzungsverhalten an den Tag (Ludwig 2017). Die Psychologen Jakob Florack und Daniel Illy berichten in ihrem Ratgeber zur Videospiel- und Internetabhängigkeit mit Bezug auf die in Fachkreisen nach wie vor vielzitierte Studie von Bischof et al. aus dem Jahr 2013 von einem Prozent Internetabhängiger in Deutschland zwischen 14 und 64 Jahren (Illy & Florack 2018; Bischof et al. 2013). Im Jahr 2018 waren das also etwa 540.000 Personen (Statistisches Bundesamt 2018).

Aus medizinischer Sicht spricht eine gesellschaftliche Prävalenz der Internet- beziehungsweise Videospielsucht von zwischen einem und zwei Prozent bereits für dringenden Handlungsbedarf (Interview te Wildt, Facharzt für Psychiatrie und Psychotherapie). Das liegt vor allem daran, dass eine ausgeprägte Verhaltenssucht nicht ohne weiteres von alleine wieder verschwindet, trotz Grauzonen bei der Definition von Suchtfaktoren im Videospielbereich sowie Spontanremissionen, denen umgekehrt aber auch eine hohe vermutete Dunkelziffer nicht erkannter Fälle gegenübersteht (Weizenbürger 2015). Bert te Wildt, Psychiater und Gründer der Online-Suchtambulanz OASIS, berichtet von einer Vielzahl nachhaltiger körperlicher (z. B. Haltungsschäden, Mangel-/Überernährung oder Diabetes/Bluthochdruck) und sozialer (v. a. Konflikte und Entfremdung in Familie, Partnerschaft und Freundeskreis) Folgen einer Internetsucht (te Wildt 2015). Außerdem leiden Patienten häufig an weiteren psychischen Erkrankungen wie Depressionen oder Angststörungen, die mit der Videospielsucht auf unterschiedliche Weise interagieren und ebenfalls Behandlungsbedarf implizieren (Illy & Florack 2018; Ferguson et al. 2017). Trotz der variierenden empirischen Befunde zu aktuellen Fallzahlen gilt die reine Existenz der von der WHO nun offiziell anerkannten Internet-Suchtformen medizinisch als erwiesen (Montag 2018; Coyne et al. 2020). Auch mit Blick auf die Trends in der Gaming-Branche lässt sich überzeugend argumentieren, dass die sich professionalisierenden Marktstrukturen sowie zunehmend immersive Spieldesigns suchtgefährdete Nutzer:innen zusätzlich motivieren und binden (Dietrich 2020; Halley 2019). Spieleentwickler:innen sind aufgrund stark ansteigender Nutzungszahlen (Bitkom 2020c; Burkart 2019; Statista 2021b) und des gleichzeitig angewachsenen Wettbewerbs untereinander mittlerweile sehr gut darin geworden, Spielinhalte sowie deren Vermarktung optimal auf die nicht immer bewussten Wünsche und Bedürfnisse ihrer Spieler:innen abzustimmen (Yee 2020). Videospiele versetzen ihre Nutzer:innen in die Lage, eine perfekte Version des eigenen Ichs in einer attraktiven virtuellen Welt sowie abseits realer Probleme und Einschränkungen zu erschaffen. Dementsprechend vielfältig und grafisch ausgereift funktioniert heute die Erstellung und Individualisierung von Spielcharakteren. Selbst ohne Virtual-Reality-Technik, deren hohe Kosten dem Massenmarkt nach wie vor entgegenstehen, ist mit aktueller Hard- und Software die Erstellung atmosphärisch authentischer Lebenswelten und sozialer Interaktionsmuster möglich. Die erfolgreichsten Spieletitel erschaffen ein komplexes und durch ständige Erweiterungen nicht endendes System von Belohnungsreizen. Dabei werden Spieler:innen in großen offenen Welten zusätzlich zur Hauptstory mit einer Vielzahl von Fleißarbeiten (sog. Neben-Quests) konfrontiert, die sich als nicht erledigte Aufgaben kognitiv häufig nicht ignorieren lassen und Spielzeiten verlängern. Kompetitive und kooperative Elemente sorgen für soziale Begegnungen und Vergleiche im Spiel, die Nutzer:innen wiederum motivieren und emotional binden. Kostenpflichtige Zusatzinhalte (sogenannte DLCs), die Story-Missionen, stärkere Items oder individualisierbare, rein kosmetische Gegenstände enthalten können, befriedigen die Bedürfnisse nach schnellem Spielfortschritt und sozialer Distinktion. Werden solche Zusatzinhalte nach dem Zufallsprinzip ausgeschüttet, also in Schatzkisten (sog. Lootboxen), Karten-Packs oder auf Glücksrädern, dann steigert das den emotionalen Reiz, trotz deutlich geringerer Gewinnchancen. Um dennoch das Gefühl von Kontrolle über den Spielerfolg und das eingesetzte Geld aufrechtzuerhalten, kann der Spieler oder die Spielerin verschiedene Arten von Boostern zur Steigerung der Gewinnchancen einsetzen. Die Suchtspirale (im Detail vgl. Kap. 4.1), hier verstanden als sich schrittweise intensivierendes und ab einem gewissen Punkt zwanghaftes Involvement in Videospiele, hängt deshalb oft mit einem beträchtlichen Einsatz von Geld für Glücksspiel-Mechaniken und Spiel-Erweiterungen zusammen. Neben den körperlichen, individualpsychischen und sozialen Problemen einer Videospielsucht bezahlen pathologische Videospieler:innen ihre mit der Zeit immer größere Dosis an Belohnungsreizen im wörtlichen Sinne teuer (Dietrich 2020; Halley 2019; Bergmann & Hüther 2013).

Welche konkreten und konstruktiven Schlüsse lassen sich aus wissenschaftlicher Perspektive an diesem Punkt der Debatte über die Videospielsucht als Teilbereich abhängiger Internetnutzung nun ziehen? Wie reihen sich diese ersten empirischen Befunde in das kommunikationswissenschaftliche Verständnis digitaler Medien ein? Und wie lässt sich das Spannungsverhältnis zwischen Kommunikator (Spielehersteller:in und -promoter:in), Medieninhalt (Spieldesign) und Mediennutzer:in (Gamer:in) handlungspraktisch und gesundheitsfördernd moderieren?

Diese Arbeit formuliert das Ziel, das Digitalphänomen Videospielsucht wissenschaftstheoretisch zu kontextualisieren und gleichzeitig handlungsorientierte, empirische Wirkungskraft zu entfalten. Es geht also *aus (kommunikations)wissenschaftlicher Sicht* zunächst darum, die Videospielsucht im Sinne der WHO als ein Teilphänomen des Gaming (mit all seinen Chancen und Risiken) zu begreifen und das Gaming wiederum als Teilbereich mediatisierter Gesellschaftskommunikation (mit all ihren Lichtern und Schatten) zu verstehen (Krotz 2018; Krotz & Hepp 2012; Hepp & Krotz 2014; Meyen 2009; Meyen et al. 2015; Thieroff 2016). Diese konzeptionelle Einbettung soll dabei helfen, Videospielsucht nicht lediglich als isoliertes psychisches Krankheitsbild mit bestimmten Entstehungsdynamiken, Symptomen und Prävalenzen zu begreifen. Vielmehr wird hier für eine gesellschaftskulturelle Perspektive plädiert, die virtuelle Handlungswelten als wichtige Bestandteile beruflicher Tätigkeiten, der Freizeitgestaltung sowie der sozialen Integration fasst. Exzessives und suchtartiges Videospielen wird dadurch zu einem relevanten Risikofeld innerhalb der digitalen Funktionslogik, steht allerdings neben diversen weiteren Risiken und ebenso vielen Chancen (z. B. Pieschl & Porsch 2014; Thimm & Bächle 2019a; Baecker 2019). Dadurch lässt sich zum einen ein gewisser Aktionismus vermeiden, der diese neuen Suchtformen vorschnell überbewertet, die positiven Seiten des Gaming übersieht und im Extremfall das Internet als solches anzweifelt. Aus Sicht der Mediatisierungsforschung ist die empirisch validierte Videospielsucht-Diagnose zudem eine Chance, das Prozessstadium (Wie reichern digitale Medien gesellschaftliche Kommunikation schrittweise an?) zu verlassen und die Folgenperspektive (Wie kann sich intensiv geführte mediatisierte Gesellschaftskommunikation auf Nutzer:innen auswirken?) einzunehmen. Auch lösungsorientierte Handlungskonzepte gelingen schließlich angemessener in ihrer Schlagkraft und zielorientierter in ihrer Stoßrichtung, wenn sie den gesamtgesellschaftlichen Handlungskontext mitdenken.

Eben jenen *empirisch-handlungspraktischen Mehrwert* entfaltet diese Studie dann auf einer stark phänomenologisch zugeschnittenen Ebene am Beispiel der Videospielsucht. Entwickelt werden soll ein ganzheitliches, medienpädagogisches Handlungskonzept. Die wissenschaftliche und öffentliche Diskussion zeigt, dass digitale Medienkompetenzvermittlung im Gaming bislang nur äußerst sporadisch stattfindet, wobei die Schwerpunkte zudem im rehabilitativen Bereich liegen (scoyo 2015; Breiner & Kolibius 2019b, 5; Schaumburg und Prasse 2019, 236, 246; Geisler 2019). Exzessives Videospielen wird insofern kaum präventiv oder begleitend verhindert, sondern in der Regel erst dann von Psycholog:innen und Psychiater:innen aufgefangen, wenn es längst pathologisch geworden ist. Medienpädagogische Akteur:innen und Projekte, die im schulischen und außerschulischen Bereich die Medienkompetenz von Nutzer:innen stärken und die Entstehung suchtartigen Verhaltens damit minimieren, sind momentan noch extrem selten. Dahingehende Initiativen gibt es zwar, diese bewegen sich in der Regel aber noch im frühen

Projektstadium und finden zumeist nur punktuell sowie nicht koordiniert statt. Hauptprobleme liegen darin, dass Schulen technisch schlecht ausgestattet sind und Pädagog:innen und Eltern häufig nicht gut genug über die Materie Bescheid wissen (Schaumburg und Prasse 2019, 105 ff.; Geisler 2019; Hoffmann & Wagner 2013). Dazu kommt, dass aus medienpädagogischer Sicht kaum auf die eigentlichen Orte des Geschehens im Internet, also beispielsweise die Gaming-Szene, zugegriffen werden kann. Weil gerade Heranwachsende diese Rückzugs- und Emanzipationsräume bewusst gegenüber Erwachsenen verschließen, kommt zu der rein technischen auch noch eine ganz elementare soziale Eintrittsbarriere hinzu (Weber 2013). Das bedeutet im Ergebnis: Kinder, Jugendliche und junge Erwachsene sind sich im Umgang mit Videospielen oft selbst überlassen. Behandelt werden deshalb zwangsläufig lediglich die Symptome einer zu exzessiven Nutzung. Dabei sind Suchtgefahren längst nicht das einzige Risikofeld im Gaming. Auch gewalthaltige Inhalte, Cybermobbing, sexuelle Belästigung, Radikalisierung oder selbstschädigende Dynamiken spielen dort eine Rolle (BPjM 2019). Aus medienpädagogischer Sicht braucht es insofern neue strukturelle Ansätze, praktische Instrumente und gut ausgebildete Fachleute, die nicht erst nach, sondern bereits vor und während der Videospielnutzung einen medienkompetenten Umgang fördern beziehungsweise Problemfälle identifizieren und angemessen betreuen. *Ziel der vorliegenden Arbeit ist es deshalb, die Chancen und Risiken mediatisierter Gesellschaftskommunikation am Beispiel des Gaming praxisbezogen abzuschätzen sowie anschließend, mit speziellem Fokus auf das Krankheitsbild der Videospielsucht, integrativ in ein ganzheitliches Konzept zur Vermittlung von Medienkompetenz in digitalen Handlungsräumen zu überführen.*

Argumentativ-dramaturgisch nähert sich der Text diesem Forschungsinteresse folgendermaßen an: Nachdem die praktische, aktuelle Relevanz des Themas sowie dessen gedankliche Genese in den einleitenden Worten **(Kapitel 1)** verdeutlicht wurde, erfolgt im theoretischen Teil zunächst die angesprochene kommunikationswissenschaftliche Kontextualisierung des Phänomens der Videospielsucht. Exzessives digitales Spielen wird in **Kapitel 2 (Die mediatisierte Gesellschaft)** als Teilphänomen mediatisierter Gesellschaftskommunikation etabliert und in den Kanon inhaltlich unterschiedlichster individueller und gesellschaftlicher Folgen eines zunehmend von digitalen Medien geprägten Lebens eingeordnet. Wichtig ist, dabei sowohl die Effekte einer technisch verstandenen (*Wie verändert sich gesellschaftliche Kommunikation rein organisatorisch dadurch, dass analog-persönliches Miteinander nun medial vermittelt und digital abläuft?*) als auch die einer inhaltlichen digitalen Medienlogik (*Wie verändert sich das inhaltlich-soziale Kommunikationsverhalten im Rahmen globaler und transparenter Kommunikationsmärkte?*) einzubeziehen. Unter Abwägung der Vor- und Nachteile verschiedener Mediatisierungsfelder, zu denen das Gaming zählt, entsteht schließlich ein prozess- und wirkungsorientiertes Modell zum disruptiven Charakter gesellschaftlicher

Mediatisierung. **Kapitel 3 (Gaming – Internetpionier und Boom-Branche)** schneidet den Meta-Prozess der Mediatisierung im Sinne dieser Arbeit handlungsfeldorientiert zu und erläutert speziell die Funktionslogik der Gaming-Branche. Auf dem Weg hin zum konkreten Phänomen Videospielsucht gilt es zunächst den soziokulturellen Rahmen zu verstehen, innerhalb dessen sich diese individuell-mentalen Prozesse abspielen. Der inhaltliche Fokus liegt dementsprechend darauf, Gaming als Pionierszene computervermittelter Kommunikation anhand produktbezogener (Spieldesign), sozialer (Spieler-Community) und wirtschaftlicher (Marktstrukturen) Aspekte näher zu charakterisieren. Aus forschungslogischer Sicht ist für diese Auswahl entscheidend, dass die lange Historie des Gaming im Unterschied zu vielen anderen digitalen Subkulturen eine vergleichsweise solide empirische Datenbasis bietet (v. a. bzgl. Nutzungstypen, -motivationen und -strategien sowie Medienwirkungen). Als konkretes Untersuchungsobjekt wählt **Kapitel 4 (Videospielsucht – eine neue Volkskrankheit?)** daraufhin die Videospielsucht aus. Denn am Beispiel der Videospielsucht als Teil des digitalen Feldes Gaming kann die Mediatisierungsforschung neben dem prozessorientierten Zugang nun auch empirisch gestützt die Folgenperspektive einnehmen. In diesem Sinne prüft der vierte Textabschnitt, wie pathologisches Videospielverhalten aussieht (Nutzungsmotive, Suchtfaktoren, Symptomatik), wo die fließenden Grenzen zum unbedenklichen und exzessiv-risikoreichen Gaming liegen und wie bedeutend das Phänomen Videospielsucht aus gesellschaftlicher Sicht ist (Prävalenz). Klar wird hierbei auch, dass pathologisches Gaming selten isoliert zu betrachten ist, sondern in der Regel mit anderen psychischen Erkrankungen koexistiert. Inhaltliches Ziel und Zwischenfazit dieses Kapitels ist ein Modell zur Videospiel-Suchtdynamik, das Suchtfaktoren und -spiralen gleichermaßen integriert wie Prävalenz-Daten und argumentative Unsicherheiten bei der Diagnose.

Die **Kapitel 5** bis **8** haben auf Basis des kommunikationswissenschaftlichen und psychologischen Theorierahmens die Aufgabe, eine medienpädagogische Handlungsvision zu entwickeln, die besser als bisher in der Lage ist, einen kompetenten und maßvollen Umgang mit digitalen Kommunikationsangeboten zu fördern. Bewusst wird hierbei zunächst eine Gaming-unabhängige Argumentation geführt, um den Grundsatzcharakter der Problemstellung zu betonen und praktische Lösungsansätze auch für andere digitale Anwendungskontexte (z. B. soziale Netzwerke, Nachrichtenportale oder Marktplätze) anzuregen. In einem ersten Schritt **(Kapitel 5: Virtuelle (Spiel)Welten und Pädagogik)** steht die Frage im Vordergrund, welche grundlegende Haltung die Medienpädagogik gegenüber digitalen Handlungswelten hat und haben sollte. Anschließend wird es darum gehen, einen Katalog digitaler Medienkompetenzen zu definieren, der vor allem Heranwachsenden eine autonome und konstruktive Nutzung ermöglicht. Aus handlungspraktischer Sicht ist dann zu klären, wie diese Fähigkeiten erworben werden können und wer dafür zuständig ist: die Nutzer:innen selbst,

Familie und Freunde, ausgebildete Pädagog:innen, Psychologie/Psychotherapie oder das Strafverfolgungssystem? Klar wird mit Blick auf den empirischen Forschungs- und Diskussionsstand jedenfalls, dass momentan keiner dieser Akteure flächendeckend wirksam digitale Medienkompetenz vermitteln kann. Es fehlt an Fachwissen, Infrastruktur und interdisziplinärer Koordination (Röhrich 2018; Geisler 2019; Schaumburg & Prasse 2019, 246). So ruft **Kapitel 6 (Modellbildung I: Ganzheitliche Medienkompetenzvermittlung im Digitalen)** dazu auf, eine ganzheitliche Denkweise in der digitalen Medienpädagogik einzunehmen. Auf Basis einer grundsätzlich nutzungsfördernden Haltung sollen präventive, begleitende und rehabilitative Aspekte zusammen gedacht werden, was auch eine Zusammenarbeit der jeweiligen Fachdisziplinen bedingt. Präsentiert wird dazu ein integratives Modell, das medienpädagogische Akteure, Handlungsfelder, Kompetenzen und Maßnahmen dynamisch miteinander verbindet. Die Kernbotschaften lauten hier: Es gibt eine ganze Reihe aktiver und potenzieller Akteure der Medienkompetenzvermittlung, die für eine nachhaltige Wirksamkeit alle willens und inhaltlich wie infrastrukturell fähig sein sollten, heranwachsende Mediennutzer:innen vor, während und nach der Nutzung kompetent zu betreuen und weiterzubilden. Es wäre weiterhin sinnvoll, wenn zugunsten des individuellen Nutzers und der individuellen Nutzerin zu jedem denkbaren Zeitpunkt beziehungsweise in jeder denkbaren Nutzungs- und Problemlage die am besten geeigneten Akteur:innen die wirkungsvollsten Maßnahmen ergreifen würden, um Medienkompetenzen praxisbezogen zu schulen und praktische Nutzungserfahrungen wiederum konstruktiv zu reflektieren.

Spezielle Lösungsansätze liefert diese Arbeit weiterhin für das Problem des fehlenden medienpädagogischen Zugriffs auf die „Black Box" Internet, wodurch begleitende Medienkompetenzvermittlung bislang weitgehend unmöglich ist. **Kapitel 7 (Digital Streetwork als Denkansatz und Handlungsprinzip)** schlägt in diesem Zusammenhang die Arbeitsprinzipien aufsuchender Jugendsozialarbeit (analog bekannt als Streetwork) als Schlüssel vor. Gelingt es, diese niedrigschwellige und akzeptierende Sozialpädagogik in den digitalen Raum zu transferieren, ließen sich daraus mehrere elementare Vorteile ziehen. Digitale Streetworker:innen könnten präventiv erlerntes Verhalten vor Ort beziehungsweise als Teil der digitalen Szene beobachten und fördern, und gleichzeitig in problematischen Fällen (bspw. Suchttendenzen, Mobbing, Rassismus oder sexuelle Belästigung) frühzeitig intervenieren. Als Bindeglied zwischen Eltern, Lehrern, Psycholog:innen/Psychiater:innen sowie weiteren medienpädagogischen Akteuren könnte der Digital-Streetwork-Ansatz die bestehenden Projekte zur Vermittlung von Medienkompetenz im Internet wirkungsvoll vernetzen und ergänzen. Weil vor allem Heranwachsende auf diese Weise dauerhaft und praxisnah gefördert werden könnten, und zudem ein stark fallspezifischer und bedürfnisorientierter Ressourceneinsatz möglich würde, könnte digitale Streetwork den Weg bereiten hin zu einer dynamischen, ganzheitlichen Medienkompetenzvermittlung im Digitalen. Um diesen Denkansatz empirisch überprüfbar zu machen, entwickelt **Kapitel 8 (Modellbildung II: Digital Streetwork am Beispiel Videospielsucht)** ein konkretes Prozess- und Wirkungsmodell digitaler Streetwork als Teil ganzheitlicher Medienkompetenzvermittlung im Handlungsfeld Gaming. Phänomenologisch erfolgt zudem ein Zuschnitt auf exzessives und pathologisches Videospielverhalten. Damit konkretisiert diese Arbeit ihre theoretischen Überlegungen anhand eines der primären medienpädagogischen Arbeitsfelder und setzt inhaltliche Schwerpunkte auf einen der momentan relevantesten Risikobereiche. Klar ist dabei, dass Medienkompetenzvermittlung noch viele andere virtuelle Räume, Tätigkeiten und soziale Gruppen außerhalb des Gaming adressieren muss. Dennoch wird hier argumentiert, dass eine detaillierte empirische Ausgestaltung und Prüfung des Digital-Streetwork-Modells am besten gelingt, wenn ein sehr konkreter Beispielfall diskutiert und durchdacht wird. Die fallspezifische Modellbildung dient hier also der optimalen empirischen Aussagekraft, wobei Gaming- und Videospielsucht-bezogene Befunde bei der Auswertung und Reflexion dieser Arbeit im Sinne ihrer Breitenwirkung wieder abstrahiert und damit für thematisch abweichende Folgeprojekte gangbar gemacht werden sollen.

Diese Arbeit führt eine empirische Studie durch, um die Wirksamkeit digitaler Straßensozialarbeit im Gaming zu prüfen. **Kapitel 9 (Empirisches Forschungsinteresse)** extrahiert dafür das empirische Erkenntnisinteresse, dessen übergeordnetes Ziel die Beschreibung von *Bedingungen wirksamer digitaler Streetwork im Gaming mit speziellem Augenmerk auf das Szenario der Videospielsucht* ist. Ausdifferenziert wird das globale Forschungsziel durch einen Katalog forschungsleitender Teilfragestellungen. Unterteilen lässt sich das Forschungsinteresse demnach in die drei Forschungsblöcke *Computerspielen und Videospielsucht in Deutschland* (gesellschaftliche Bedeutung und öffentlicher Diskurs), *Medienkompetenzvermittlung im Gaming* (Status quo und Pilotprojekte) und *Aufsuchende Sozialarbeit im Gaming* (Sinnfrage, Rahmenbedingungen und Netzwerk, Person des digitalen Streetworkers, Kontaktpunkte zur Zielgruppe und Beziehungsaufbau). Es gilt dann in **Kapitel 10 (Methodisches Vorgehen)**, eine Erhebungsmethode (hier: qualitative Experten-Interviews), ein Erhebungsinstrument (Interview-Leitfaden) sowie eine empirische Stichprobe (20 Expert:innen aus Psychologie/Psychiatrie, Pädagogik/Streetwork und Gaming) zu definieren, mit deren Hilfe Daten zur Analyse und Beantwortung der Forschungsfragen generiert werden können. Die Entscheidung für tiefgehende, qualitative Interviews basiert auf forschungslogischen Überlegungen: Erste Referenzstudien belegen, dass Digital-Streetwork-Projekte einer detaillierten und stark branchenspezifischen Ausarbeitung bedürfen (Dinar & Heyken 2017; Minor – Projektkontor für Bildung und Forschung 2018). Gleichzeitig effizient und ergebnisoffen für neue strukturelle Impulse soll dieser inhaltliche Zuschnitt hier gemeinsam mit ausgewählten Fachleuten gelingen, die als Gruppe sowohl medienpädagogisches als auch Gaming- und Streetwork-Erfahrungswissen einbringen können. Damit

sind die Voraussetzungen geschaffen, alle wesentlichen Streetwork-Prozessschritte im Arbeitsumfeld Gaming sowie zum Zwecke digitaler Medienkompetenzvermittlung praxisbezogen sowie mit Rücksicht auf die wichtigsten Interessensgruppen zu diskutieren und inhaltlich auszugestalten. Einzuwenden ist, dass insbesondere die Heranwachsenden als Hauptzielgruppe im Gaming sowie die strukturgebende Gameswirtschaft in dieser Studie noch nicht zu Wort kommen. Grund dafür ist, dass beide erst mit einem bereits ausgearbeiteten Gaming-Streetwork-Konzept konfrontiert werden sollen – die Jugendlichen, weil dann eine sehr einfach verständliche und lebensnahe Diskussionsgrundlage besteht, und die Wirtschaft, weil dort vermutlich ein vergleichsweise großer Überzeugungsaufwand geleistet werden muss. Empirische Folgestudien sollten aber in jedem Fall auch diese beiden Akteursgruppen in die qualitative und quantitative Konzeptevaluation einbeziehen.
Die Präsentation der zentralen Befunde dieser Studie leistet **Kapitel 11 (Ergebnispräsentation)**. Anhand eines Meinungsspektrums aus den 20 geführten Interviews sowie unter konsequentem Einbezug von Quellzitaten werden zunächst die einzelnen Fragekomplexe aus dem Interview-Leitfaden bearbeitet beziehungsweise beantwortet. Die inhaltliche Chronologie des Erhebungsinstruments bleibt dabei bis auf wenige Ausnahmen erhalten und entspricht dem gedanklichen Ablaufmodell des Digital-Streetwork-Ansatzes. Dementsprechend behandelt der Ergebnisteil eingangs die gesellschaftliche und medienpädagogische Bedeutung des Gaming und der Videospielsucht in Deutschland, anschließend die Ansatzpunkte und Arbeitsstrategien digitaler Streetwork im Gaming. Schwerpunkte der Ergebnispräsentation liegen dabei auf der Person des oder der Digital Streetworker:in, primären Zielgruppen und (Online-/Offline-)Kontaktpunkten, dem Beziehungsaufbau zwischen Sozialpädagog:innen und Gamer:innen sowie auf den organisatorischen Rahmenbedingungen (v. a. Träger, Rechtsrahmen, Netzwerk). Jedem Ergebnisblock steht dabei eine pointierte Ergebnisthese voran, oft folgen außerdem zusammenfassende Modellgrafiken. **Kapitel 12 (Zusammenfassung und Reflexion)** hat darauf aufbauend die Aufgabe, aus den Teilgrafiken und Arbeitsschritten ein stringentes Gesamtmodellkonzept *Digital Streetwork im Gaming* zu bilden. Neben der komprimierenden Beschreibung soll in diesem Abschnitt unter Rückbezug auf dem theoretischen Teil der Arbeit diskutiert werden, inwiefern diese empirisch erweiterte Vision einer ganzheitlichen Medienkompetenzvermittlung im Gaming *a)* die oben beschriebenen Lücken in der (analogen) Medienpädagogik füllen kann und sich *b)* kommunikationswissenschaftlich-abstrahierend als Basis einer digitalen Medienpädagogik unabhängig vom Gaming auch für andere Anwendungskontexte konkretisieren und einsetzen lässt. Die Arbeit schließt in **Kapitel 13 (Limitationen und Ausblick)** mit einer (selbst)kritischen Würdigung des methodischen Vorgehens sowie mit konkreten Vorschlägen für die empirische Anschlussforschung.

2 Die mediatisierte Gesellschaft

Aus Sicht der Kommunikationswissenschaft, deren Wissenschaftsverständnis dieser Arbeit zugrunde liegt, wäre es verkürzt gedacht, ein konkretes, gesellschaftsreales Phänomen Videospielsucht ausschließlich anhand seiner Symptomatik und Prävalenz zu diskutieren. Ziel kommunikationswissenschaftlicher Forschung muss es vielmehr sein, diese individuellen Mediennutzungs- und -wirkungsmuster in einen übergeordneten gesellschaftlichen Sinnzusammenhang zu stellen. Abhängige Gamer:innen sind lediglich ein kleiner Teil aller Videospielnutzer:innen, und diese wiederum bilden nur eine von diversen Nutzer:innengruppen im Internet, das als Sammelbegriff und Handlungsraum seinerseits längst nicht alle Anwendungsfelder digitaler Kommunikation umfasst. Um die quantitative Bedeutung sowie die qualitative Genese einer pathologischen Videospielnutzung also angemessen bewerten zu können, muss der kommunikationswissenschaftliche Blick neben Diagnose (Mikroebene) und Fallzahlen (Mesoebene) auch den gesamtgesellschaftlichen Entstehungskontext (Makroebene) einer Videospielsucht berücksichtigen. Vor diesem Hintergrund erlaubt das im deutschsprachigen Raum maßgeblich von Krotz und Hepp (Krotz 2018; Krotz & Hepp 2012; Hepp & Krotz 2014; Hepp 2018 et al.) geprägte Theoriekonstrukt einer Mediatisierung der Gesellschaft einen inhaltlich umfassenden Zugang zum Thema: (Pathologisches) Videospielen wird demnach als nur eines von unzähligen Handlungsszenarien in einer immer stärker von digitalen Medien geprägten Gesellschaftskommunikation verstanden. Neben dem Gaming lassen sich unter diesem theoretischen Dach beispielsweise auch die sozialen Netzwerke, Messenger-Dienste, der Online-Journalismus und das Online-Shopping fassen. Auch Sprachassistenten wie Amazons *Alexa* und Apples *Siri* sowie Chatbots oder körperliche Roboter stehen stellvertretend für eine fortschreitende Mediatisierung sowohl im privaten als auch im öffentlichen Raum. Krotz' Modell entwickelt sich von analoger Mensch-zu-Mensch-Kommunikation über medial vermittelte Mensch-zu-Mensch-Kommunikation bis hin zur Mensch-Maschine-Kommunikation. Selbst völlig vom Menschen losgelöste Maschine-Maschine-Kommunikation im smarten Internet der Dinge kann als Extremfall mediatisierter Gesellschaftskommunikation verstanden werden.

Digitales Videospielen wird somit in diesem Kapitel als Teilphänomen der Mediatisierung der Gesellschaft verstanden, die ihrerseits Triebkraft sozialen Wandels ist. Die Diskussion über Vor- und Nachteile des Gaming soll hier unter Berücksichtigung weiterer Handlungsfelder mediatisierter Individual- und öffentlicher

Kommunikation, die ebenfalls Chancen und Risiken beinhalten, geführt werden. Auf diese Art fügen sich singuläre Handlungskontexte schrittweise zu einem großen Ganzen zusammen, wodurch die gesellschaftliche Relevanz sowie die Chancen-Risiken-Bilanz eines spezifischen Handlungsfeldes angemessen kontextualisiert werden. Umgekehrt sollen aber auch die feldübergreifenden Handlungslogiken und Entwicklungsdynamiken herausgearbeitet werden, um zu verstehen, warum Menschen Videospiele nicht nur nutzen und lieben, sondern den spielimmanenten Wirkungsmechanismen teilweise eben auch krankhaft verfallen. Den globalen und stark medientechnisch geprägten Mediatisierungsbegriff von Krotz ergänzt zu diesem Zweck das Konzept der Medialisierung nach Meyen (Meyen 2009; Meyen et al. 2015; Thieroff 2016). Medialisierung beschreibt ebenfalls medieninduzierten sozialen Wandel, adressiert dabei aber insbesondere bestimmte neue Denk- und Verhaltensweisen beim Verfassen und Rezipieren kommunikativer Botschaften. Während Mediatisierung also danach fragt, wie sich Kommunikation und soziales Leben durch Hinzutreten (intelligenter) maschineller Mediatoren verändern, geht Medialisierung von substanziellen Veränderungen in der Auswahl von Themen, über die kommuniziert wird, sowie in deren Aufbereitung für das jeweilige Publikum aus. Mediatisierung und Medialisierung können in diesem Sinne, und trotz kontroverser Forschungsdiskurse über die jeweilige Erklärungskraft beziehungsweise Vormachtstellung, gut als komplementäre Theoriekonstrukte verstanden werden.

Mit Blick auf die Videospielsucht als konkreten Forschungsgegenstand dieser Arbeit lassen sich mit Hilfe von Mediatisierung und Medialisierung einige wichtige Erkenntnisse gewinnen, die ein medienpädagogisches Handlungskonzept im Sinne dieser Arbeit aufgreifen kann und sollte. Zunächst einmal lässt sich unter Rückgriff auf diese beiden Ansätze eine gesamtgesellschaftliche und handlungsfeldübergreifende Kultur der Digitalität (Stalder 2016) umreißen. Um pathologische Videospielnutzung verstehen zu können, ist es wichtig, den großen Stellenwert digitaler Kommunikation in der Gesellschaft zu erfassen und die spezifischen Nutzungsgründe, Gratifikationen und Handlungsmuster im Umgang mit digitalen Medien zusammenzutragen. Erst wenn klar ist, aus welchen Motiven gerade junge Menschen digitale Medien nutzen und welche Grundregeln sozialen Zusammenlebens in digitalen Welten gelten, lassen sich einzelne Subkulturen wie beispielsweise das Gaming spezifisch fassen. Das Wissen um soziale Normen und Gewohnheiten im Internet schafft ein Bewusstsein für die Potenziale virtueller (Spiel)Welten und sensibilisiert gleichzeitig für deren Herausforderungen und Risiken. Auch die suchtfördernden Trends bei der Videospielentwicklung lassen sich auf Basis mediatisierter und medialisierter Handlungslogiken (v. a. Altheide und Snow 1979; Karidi 2017) gut nachzeichnen und erklären. Der kommunikationswissenschaftliche Zugang ermöglicht somit zusammenfassend eine ganzheitliche sowie vorsichtig kausale Erklärung einer Videospielsucht anhand gesellschaftskultureller Makro-Prozesse, die sich techniksoziologisch (Mediatisierung: Wie verändern digitale Mediengeräte gesellschaftliche Kommunikation?) und medienproduktionslogisch (Medialisierung: Welche inhaltlichen Leitlinien prägen die gesellschaftliche Kommunikation in digitalen Medien?) als Kultur der Digitalität beschreiben lassen. Medienpädagogische Handlungskonzepte, die sich im Sinne dieser Arbeit mit Prävention, Begleitung und Rehabilitation im digitalen Bereich auseinandersetzen, können über den kommunikationswissenschaftlichen Zugang frühzeitig und ganzheitlich individuelle Nutzungsmuster bewerten, ohne auf Krankheitsfälle warten zu müssen beziehungsweise von Suchtkriterien-Katalogen abzuhängen. Dazu bietet sich die Möglichkeit, das gesamte Ökosystem um den einzelnen Gamer und die einzelne Gamerin herum in die pädagogische Arbeit einzubeziehen (z. B. Spielehersteller:innen und Spiele sowie Peers und Familie), weil digitales Handeln (z. B. Gaming) als reziproke Akteur-Struktur-Dynamik skizziert werden kann.

Umgekehrt hilft die Anwendung der Mediatisierungs- und Medialisierungskonzepte am Beispiel einer Videospielsucht auch der kommunikationswissenschaftlichen Debatte und Theoriebildung. Bislang sind in diesem Kontext hauptsächlich Prozessstudien in unterschiedlichen gesellschaftlichen Teilsystemen beziehungsweise bezogen auf einzelne Kommunikationsmedien und -kanäle entstanden (z. B. Strömbäck & Esser 2009; Bernhard et al. 2016; Birkner 2015; Meyen 2014; Horky et al. 2018; Kellner-Zotz 2018). Die kodifizierte psychologische Diagnose Videospielsucht erlaubt es nun, auch über die Auswirkungen fortgeschrittener Mediatisierung und Medialisierung zu diskutieren. Dabei helfen psychiatrische Symptomkataloge, individuelle Suchtgeschichten sowie quantitative Verbreitungsstudien am konkreten digitalsubkulturellen Szene-Beispiel. Für den erklärenden gesellschaftlichen Kontext, den die Kommunikationswissenschaft auf der Makro-Ebene leistet, erhält sie sozusagen ihrerseits empirische Daten auf den Meso- und Mikro-Ebenen, mit denen sie praxisnäher diskutieren und die eigenen abstrakten Theoriemodelle zielführend ausbauen kann.

Die nun folgenden Unterkapitel 2.1 bis 2.3 sollen den kommunikationswissenschaftlichen Forschungsrahmen dieser Arbeit im Detail erläutern sowie den diesbezüglichen empirischen Forschungsstand darlegen. Dies dient dem später folgenden medienpädagogischen Handlungskonzept zum Umgang mit pathologischer Videospielnutzung als Konstruktionsbasis. Teilkapitel 2.1 beschäftigt sich in diesem Zusammenhang noch einmal mit den Grundsätzen einer Mediatisierung und Medialisierung der Gesellschaft. Ziel ist, die durchdringende gesellschaftliche Bedeutung digitaler Medien aufzuzeigen, einerseits anhand quantitativer Verbreitungs- und Nutzungsdaten, andererseits mit Blick auf neue inhaltliche Kommunikationslogiken. Im Sinne einer Kultur der Digitalität widmet sich Teilkapitel 2.2 darauf aufbauend einzelnen distinkten Handlungsfeldern und -trends digitaler Welten, sowohl nutzer:innen- als auch gesellschaftsbezogen.

Dem empirischen Ansatz dieser Arbeit entsprechend stehen dabei insbesondere die sozialen Herausforderungen im Vordergrund, die eine fortschreitende Mediatisierung mit sich bringt. Suchtartige Mediennutzung, die wiederum längst nicht nur bei Videospieler:innen zu beobachten ist, bildet in diesem Zusammenhang ein Beispiel. Gleichzeitig wird deutlich, dass der Gaming-Bereich noch andere soziale Risikofelder beinhaltet, aber auch ebenso kreative, soziale und bildende Potenziale. Teilkapitel 2.3 schließt den Abschnitt zur mediatisierten Gesellschaft dann mit einem zusammenfassenden integrativen Modell zum disruptiven Charakter omnipräsenter Medientechnik und globaler Kommunikationsplattformen.

2.1 Mediatisierung und Medialisierung

Oben wurden die Konzepte der Mediatisierung und der Medialisierung der Gesellschaft als inhaltlich komplementär, aber dennoch schwer vereinbar beschrieben. Grund für diese ambivalente Darstellung ist die enge Verknüpfung der beiden Ansätze mit Akteuren der vorwiegend deutschsprachigen Kommunikationswissenschaft, deren wechselseitige Referenzen forschungshistorisch betrachtet in den vergangenen 30 Jahren eher auf Abgrenzung denn auf Kooperation gesetzt haben (hierzu ausführlich Birkner 2019, 11 ff.). Das Mediatisierungskonzept des emeritierten Bremer Kommunikationswissenschaftlers Friedrich Krotz (z. B. 2018; Krotz & Hepp 2012; Hepp & Krotz 2014) wurde im Kern insbesondere von Andreas Hepp (2018) und Nick Couldry (z. B. 2013) weiterentwickelt. Die Medialisierungsthese prägen vorwiegend Michael Meyens Beiträge zwischen 2009 und 2015 an der LMU München (z. B. 2009; 2014; 2015), die in enger Zusammenarbeit mit Steffi Strenger, Markus Thieroff (2016) und Maria Karidi (2017) entstanden sind. Ein Teil der im Fach wahrnehmbaren Reibungskräfte zwischen diesen beiden Theorien findet somit auf der Akteursebene statt, wobei Mediatisierung und Medialisierung zweifellos auch inhaltlich unterschiedliche, allerdings nicht zwingend gegensätzliche Denkansätze repräsentieren. Die Beschreibung einer Kultur der Digitalität mit ihren Handlungsfeldern und Reizpunkten, wie sie in Kapitel 2.2 etabliert werden soll, baut zentral auf die Dynamiken und Annahmen sowohl der Mediatisierungs- als auch der Medialisierungsthese auf. Es ist deshalb sinnvoll, die abstrakten Grundzüge beider Konzepte zu erläutern und diese anschließend am empirischen Beispiel zu veranschaulichen.

Gemeinsam ist Mediatisierung und Medialisierung ihre Verortung als Triebkräfte sozialen Wandels, wie es auch andere Meta-Prozesse wie die Globalisierung, die Individualisierung oder die Ökonomisierung sind (z. B. Hradil 2000, 643 f.). Es handelt sich also um langfristige, gesamtgesellschaftliche Dynamiken mit grundlegend disruptivem Charakter (Weymann 1998, 14 f.), die nicht zwingend linear ablaufen, sondern sich häufig in Schüben fortentwickeln und verstärken. Der

Einfluss von Medien auf die Gesellschaft stieg in diesem Sinne beispielsweise mit Einführung des Buchdrucks, des privaten Rundfunks und des Internets sprunghaft an (z. B. Hepp & Krotz 2012, 10; Meyen 2009, 45). Sowohl Mediatisierung als auch Medialisierung setzen sich inhaltlich damit auseinander, wie sich gesellschaftliches Leben durch dieses Mehr an Medien im Alltag der Menschen verändert. Die Unterschiede liegen dabei ursprünglich vor allem im zugrunde gelegten Medienbegriff sowie im Untersuchungsobjekt. Der Mediatisierungsansatz nach Krotz basiert auf einem eher *medientechnischen und sozialkonstruktivistischen Verständnis*, das sich kurzgesagt für Veränderungen im sozialen Zusammenleben individueller Mediennutzer:innen aufgrund omnipräsenter Mediengeräte interessiert. Institutionelle Massenmedien als Akteure im gesellschaftlichen Leben werden von dieser Forschungsperspektive zwar nicht explizit ausgeschlossen (Kinnebrock, Schwarzenegger & Birkner 2015, 21). Krotz (2007, 17; 2018, 86) setzt seinen Schwerpunkt allerdings klar auf die Individualkommunikation über (bspw. Brief, Telefon und Chat) sowie mit interaktiven Mediengeräten, etwa Robotern oder Computerspielen. Diese und ähnliche Handlungsfelder stehen dementsprechend bis heute im Zentrum der empirischen Mediatisierungsforschung. Ein konkretes Beispiel für mediatisiertes soziales Handeln in digitalen Welten ist das Phänomen des Prosumenten beziehungsweise der Prosumentin (Knieper et al. 2011), das den ständigen Rollenwechsel von Mediennutzer:innen zwischen passivem Rezipieren und aktivem Produzieren medial vermittelter, kommunikativer Botschaften beschreibt. Interessante Forschungsansätze im Sinne der Mediatisierungsthese wären neben Produktions- und Interaktionsprozessen (Wer nutzt wann welches Medium, wer reagiert auf welche Weise und wie findet dadurch Vernetzung und sozialer Austausch statt?) auch ethische Fragestellungen (Wer trägt im Social Web wann die Verantwortung für ein rücksichtsvolles Miteinander, und wie lassen sich diese Pflichten einfordern?).

Der Geltungsbereich der Mediatisierungsthese wurde von Krotz und Hepp im Laufe der Zeit noch erweitert, sowohl in die Breite als auch in die Tiefe. Krotz, dessen Verständnis von *Medium* zunächst symbolische Medien wie Geld und Macht (Habermas 1981, 452) noch ausklammerte, löste sich in den Jahren 2014 und 2015 ein Stück weit vom technischen Medienbegriff (vgl. Birkner 2019, 24 f.). Sein Modell der vier *Momente von Medium* liefert vielmehr bestimmte Eigenschaften, die eine Situation im sozialen Miteinander zu einem potenziell disruptiven Medium im Sinne der Mediatisierungsthese macht. Spannend ist, dass es sich demnach weder zwingend um Medientechnologien noch um institutionelle Massenmedien handeln muss.

Klar technologiezentriert verläuft demgegenüber Hepps Vision einer *deep mediatization* (z. B. 2018), die den ursprünglichen Ansatz auf eine tiefergehende zweite Ebene bringt. Während sich klassische Mediatisierungsstudien in aller Regel damit auseinandersetzen, wie sich der sozialkommunikative Lebensalltag von Menschen verändert, wenn neue analoge und digitale Medientechnologien hinzutreten,

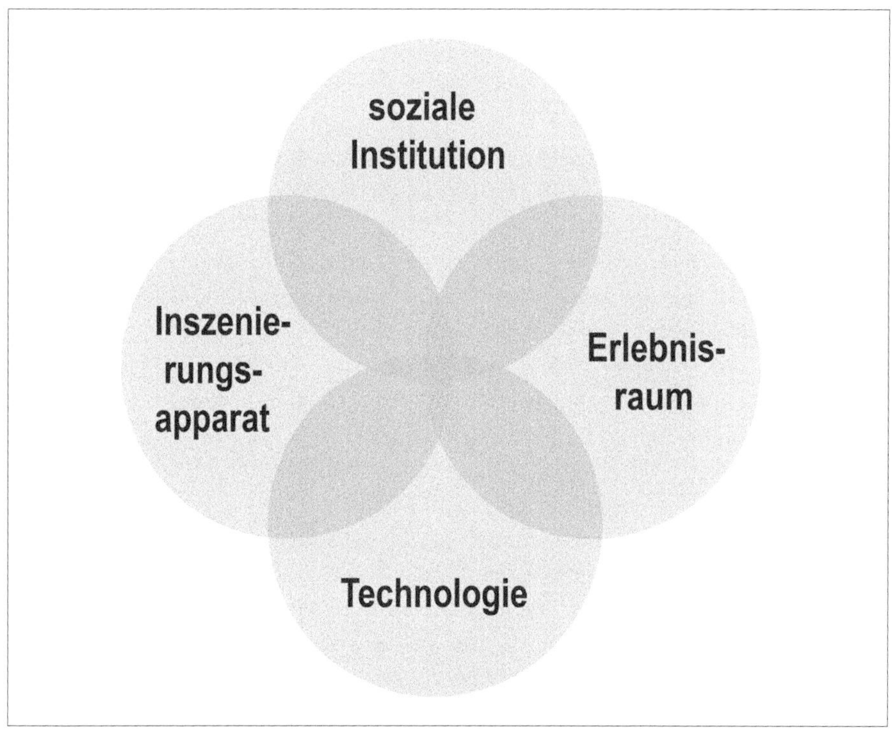

Abbildung 1: Momente von Medium nach Krotz (2015)

vermutet die *deep mediatization* auch substanzielle medieninduzierte Veränderungen im Weltbild der Nutzer:innen. Hepp (2016), Couldry & Hepp (2017) sowie Andersen (2018) argumentieren hier konkret, dass webbasierte Algorithmen, Datenbanken und Suchmaschinen mittlerweile einen relevanten Anteil an der Produktion gesellschaftlicher Sozialität haben, da sie für den weit überwiegenden Teil der Bevölkerung zu einem essentiellen Bestandteil der Produktion von Wissen, der Einordnung von Fakten und der Etablierung sozialer Kontakte geworden sind. Zurecht schlussfolgert Birkner (2019: 35) deshalb, dass dieses Bild von einer Mediatisierung, die dermaßen an der Basis der menschlichen Wirklichkeitskonstruktion ansetzt, nahe an Sonia Livingstones Begriff einer *mediation of everything* (2009) herankommt. Um dieses omnipräsente Nutzen und Wirken von Mediengeräten und digitalen Daten empirisch fassbar zu machen, haben Hepp, Hasebrink und Breiter (2018) das Konzept der *Kommunikativen Figurationen* vorgestellt. Aufbauend auf die Arbeiten des Soziologen Norbert Elias (1991; 2010) zur Beschreibung sozialer Ungleichheit lassen sich mit kommunikativen Figurationen singuläre soziale Handlungskontexte identifizieren, in denen die Interdependenzen von handelnden Akteuren, behandelten Themen sowie eingesetzten Medien und Kommunikationsformen konkret dargestellt werden können (Hepp 2015, 175; Kuipers 2018). Hepp et al. gehen dabei von Mediennutzer:innen aus, die sich fluktuierend regelmäßig zu neuen kommunikativen Figurationen zusammenfinden und parallel in mehreren solcher Konstellationen aktiv sind. Als veranschaulichendes Beispiel erweitert Kuipers das von Elias (2006) benutzte Bild einer Runde von vier Personen, die miteinander Karten spielen und dadurch wechselnde soziale Beziehungen, Interaktionen und Machtverhältnisse im Sinne einer Figuration zum Ausdruck bringen, um den medialen Aspekt. Sie etabliert dazu die Karten selbst als Medium, das die sozialen Beziehungen und Interaktionen der Spieler überhaupt erst ermöglicht und je nach Gestalt beziehungsweise individueller Nutzung (z. B. Karten auf dem Tisch oder in der Hand, offen oder verdeckt, in verschiedenen Kombinationen, als Druckmittel oder Verhandlungsangebot) ein insofern mediatisiertes Miteinander prägt. Und wenngleich diese Darstellung recht weit von aktuellen Mediatisierungsschüben wie der Digitalisierung oder Datafizierung entfernt zu sein scheint, so verdeutlicht sie doch sehr plastisch den soziologischen Anspruch der Mediatisierungsthese. Bei den Fallstudien des Sammelbandes zu kommunikativen Figurationen (Hepp, Breiter & Hasebrink 2018) stehen deshalb auch nicht die Veränderungen im sozialen Gefüge durch Medien im Vordergrund, sondern vielmehr die Veränderungen im sozialen Gefüge durch individuelle und kollektive Akteure unter Anwendung von Medien – beispielsweise der politische Einfluss, den der *Chaos Computer Club* durch das Hacken digitaler Infrastrukturen ausübt.

Eine gegenüber dem Medatisierungskonzept klar massenmedienzentrierte, kommunikationswissenschaftliche Theorie ist die Medialisierungsthese, die Birkner (2019, 13) mit den Begriffen *eng, systemisch* und *institutionalistisch* assoziiert. Dieser im deutschsprachigen Forschungsraum wesentlich von Michael Meyen (z. B. 2009; 2014; 2015) geprägte Ansatz bewegt sich auf einer strategisch-inhaltlichen Ebene und beschäftigt sich vorwiegend mit kommunikativen Botschaften (Medieninhaltsforschung) und den dahinterstehenden Intentionen (Kommunikatorforschung). Den Ausgangspunkt bilden wie bei Krotz und Hepp auch in Medialisierungsbeiträgen zunächst die großen kommunikationstechnologischen Innovationen wie Buchdruck, privater Rundfunk und Internet. Allerdings fußen die wichtigsten Wirkungsvermutungen und Handlungsdynamiken der Medialisierungsthese deutlich expliziter als bei der Mediatisierung auf den zentralen gesellschaftlichen Entwicklungen der vergangenen 30 bis 40 Jahre. Grundsätzlich beschreibt Medialisierung die schrittweise Adaption von gesellschaftlichen Teilsystemen wie der Politik, des Rechtssystems oder des Sports (Luhmann 1984) an die Handlungslogik der Massenmedien. Drei Fragen prägen die Medialisierungsforschung:

- Warum kommt es zu dieser Art Anpassung?
- Wie sieht die Handlungslogik der Massenmedien aus?
- An welchen konkreten Indikatoren lässt sich medialisiertes Handeln beobachten?

Um zu erklären, warum sich individuelle und kollektive Akteur:innen in anderen Teilsystemen der Gesellschaft an die Funktionsregeln des Mediensystems anpassen, greift das Medialisierungskonzept die Vorstellung von einer Ökonomie der Aufmerksamkeit im Sinne des Philosophen und Ökonomen Georg Franck (1998) auf. Franck beschreibt Aufmerksamkeit als immer wichtigere Ressource und zentralen Faktor für wirtschaftlichen Erfolg in einer pluralistischen Gesellschaft freier und zunehmend gesättigter Märkte. Wo Distinktion über Faktoren wie Produktnutzen, Preisgestaltung oder Monopolstellung nicht mehr gegeben ist, wächst die Bedeutung kommunikativer Strategien und Angebote im Wettbewerb an (z. B. Wendelin 2012, 7 f.). Substanziell verschärft hat sich der Wettbewerb um die Aufmerksamkeit von Kund:innen, Fans und Follower:innen wiederum durch die Öffnung des Internets für globale Nutzer:innengruppen Anfang der 2000er-Jahre. Aus dem lokalen und intrasystemischen Wettbewerb (alle Bäcker:innen einer Stadt, alle Sportvereine einer Liga, alle Politiker:innen im Wahlkampf um ein bestimmtes Amt etc.) wurde in digitalen Welten ein intersystemischer und globaler. Der Bäcker konkurriert in sozialen Netzwerken nun nicht mehr nur mit den anderen Bäcker:innen vor Ort um die begrenzte Aufmerksamkeit seiner Kunden, sondern muss sich auch gegen die Posts und Stories der Sportvereine, Politiker:innen und Unternehmen anderer Branchen behaupten. Ansatz der Medialisierungsforschung ist nun die Vermutung, dass sich der Bäcker als Akteur im Teilsystem Wirtschaft angesichts dieser schwierigen Aufgabe (un)bewusst an kommunikativen Strategien orientiert, die er im massenmedialen Handeln beobachtet. Zwei Gründe sind laut Medialisierungskonzept dafür ausschlaggebend: Zum einen sind die Massenmedien nach wie vor ein attraktiver Kanal und Multiplikator gegenüber der Öffentlichkeit. Es macht also Sinn, eigene Botschaften so aufzubereiten, dass sie für Journalist:innen attraktiv sind. Vor allem aber – das ist der eigentlich interessante Punkt in der Medialisierungsforschung – gehen Akteur:innen in anderen gesellschaftlichen Teilsystemen davon aus, dass Massenmedien mit ihrer Berichterstattung die Aufmerksamkeit des Publikums optimal ansprechen und dementsprechend eine große Wirkung entfalten. Dazu kommt, was die Kommunikationswissenschaft als *Third Person Effect* (z. B. Huck & Brosius 2007 oder Dohle & Vowe 2010) beschreibt, nämlich die Neigung von Menschen, den Einfluss der Massenmedien auf andere höher einzuschätzen als auf sich selbst. Der Bäcker geht also davon aus, dass seine Kund:innen angesichts der Masse von Botschaften nur noch von stark aufmerksamkeitsoptimierten Beiträgen erreicht werden. Er vermutet weiterhin, dass seine Kundschaft und Zielgruppe von einem ernstzunehmenden Bäcker inzwischen sogar zwingend erwarten, aufmerksamkeitsgetrieben zu kommunizieren (sog. „influence of presumed influence", Gunther & Storey 2003). Um diesen vermuteten Erwartungen gerecht zu werden, orientiert sich der Bäcker beim Verfassen von Posts und Botschaften an der Nachrichtenwertlogik, die ihm täglich vom (Online-) Journalismus vorgelebt wird. Sein kommunikatives Handeln medialisiert sich also. Um innerhalb der systemtheoretischen Perspektive nach Luhmann dennoch handelnde Akteure wie den beispielhaften Bäcker etablieren zu können, die eine

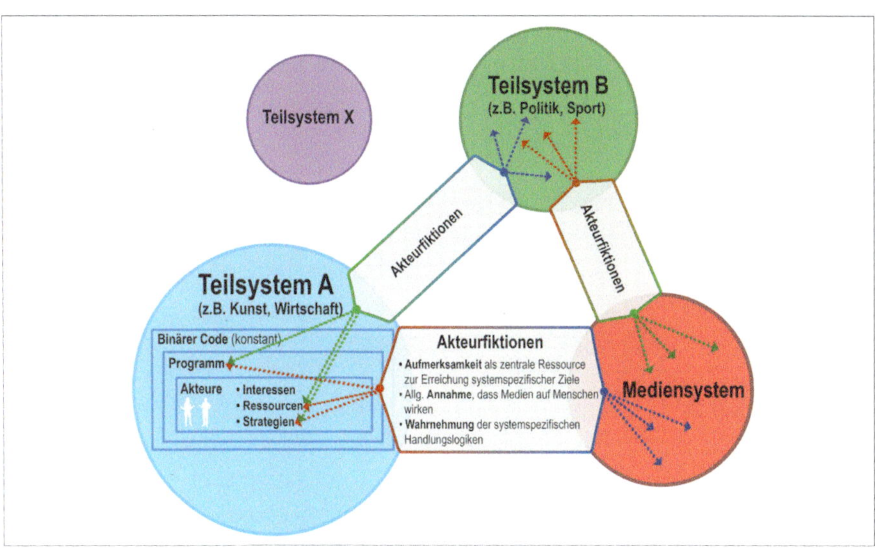

Abbildung 2: Medialisierung als Akteur-Struktur-Dynamik nach Schimank (1988; 2007) und Meyen (2009): Akteur:innen in gesellschaftlichen Teilsystemen außerhalb des Mediensystems nehmen dessen Arbeitslogiken und Aufmerksamkeitsstrategien wahr. Weil sie zudem davon ausgehen, dass Medien auf Menschen wirken, setzen sie die mediale Aufmerksamkeitslogik auch in ihrer eigenen Kommunikation um. Damit, so hoffen beispielsweise Politiker:innen, Sportler:innen oder Unternehmen, werden auch sie im globalen und digitalen Kampf um die Aufmerksamkeit der Kund:innen und Nutzer:innen Erfolg haben.

massenmediale Funktionslogik wahrnehmen und anschließend selbst strategisch adaptieren können, greift das Konzept der Medialisierung auf Uwe Schimanks Akteur-Struktur-Dynamik (1988; 2007) zurück. Schimanks Unterscheidung zwischen „handlungsprägenden sozialen Systemen" und „handlungsfähigen personalen oder sozialen Systemen" erlaubt es, individuelle sowie kollektive Akteure zu modellieren, die eingebunden in systemische Regelkataloge und Organisationsstrukturen (Handlungslogik der Politik, Handlungslogik des Sports etc.) die Funktionslogik sowie das Akteurshandeln im Mediensystem registrieren und darauf reagieren (Schimank 1988, 630). Eine Handlungslogik der Massenmedien selbst wird im Rahmen klassischer Medialisierungsbeiträge auf Basis des Medienlogik-Ansatzes von David Altheide und Robert Snow (1979) beschrieben. Ähnlich wie die Nachrichtenwertforschung in der Tradition von Walter Lippmann (1922) und Johan Galtung mit Mari Holmboe Ruge (1965) identifiziert die Medienlogik-Forschung akteursübergreifende Leitlinien der Berichterstattung im Mediensystem, die sich in Zeiten des Online-Journalismus stark nach dem Publikumswillen richten und gleichzeitig der redaktionellen Markenbildung dienen (Wiedel 2015). Zentrale Beiträge der empirischen Medienlogik-Forschung wie Thieroffs Dissertation *Medienlogik Reloaded?* (2016), Karidis Buch *Medienlogik im Wandel* (2017) und Thimms Sammelband zur Tagung *Media Logic(s) Revisited* (2018) tragen umfassend die Faktoren einer aktuellen Handlungslogik der Massenmedien zusammen, immer mit dem richtigen Hinweis, dass niemals alle Faktoren gleichzeitig auf eine Geschichte, eine Redaktion oder ein Medienhaus zutreffen. Zudem unterliegt eine mediale Arbeitslogik in ihrer spezifischen Gestalt andauerndem Wandel. Diese Arbeit präsentiert im Folgenden eine Klassifikation aktueller Faktoren medialer Aufmerksamkeitslogik[1]:

- **Superlative**: Je höher, schneller und weiter eine Geschichte im Vergleich zu allen anderen Geschichten (zum selben Thema) springt, umso besser.
- **Originelles**: Je ungewöhnlicher der journalistische Blickwinkel auf ein bestimmtes Thema ausfällt, umso besser.
- **Personalisierung**: Je stärker abstrakte Fakten anhand von Personen erzählt werden können, umso besser.
- **Visualisierung**: Je mehr Text eingespart werden kann, weil Fakten anhand emotionaler (Symbol)Bilder vermittelt werden können, umso besser.
- **Simplifizierung**: Je kürzer und einfacher ein komplexer Sachverhalt auf pointierte Schlagzeilen und Argumentationslinien heruntergebrochen werden kann, umso besser.
- **Einzelfälle/Beispiele**: Je einfacher ein komplexer Sachverhalt anhand von einzelnen (drastischen) Beispielen vermittelt werden kann, umso besser.
- **Emotionen**: Je stärker ein Thema durch persönliche Geschichten (Sieger/Verlierer, Täter/Opfer) veranschaulicht werden kann, umso besser.
- **Negatives**: Je negativer die Emotionen und Fakten sind, die ein bestimmtes Thema an sich trägt, umso besser.
- **Prominenz**: Je stärker (und/oder kontroverser) die Beteiligten an einer Geschichte im Lichte der Öffentlichkeit stehen, umso besser.
- **Kontext**: Je anschaulicher dem Leser oder der Leserin erklärt werden kann, was eine bestimmte Geschichte für ihn oder sie selbst und für den Gesamtzusammenhang bedeutet, umso besser.
- **Meinung**: Je öfter dem Leser oder der Leserin eine (kontroverse) redaktionelle Meinung zu einem Thema mitgegeben werden kann, umso besser.
- **Omnipräsenz**: Je einfacher sich ein Thema über alle denkbaren analogen und digitalen Ausspielkanäle verbreiten lässt (multimedial oder crossmedial), umso besser.
- **Hohe Frequenz**: Je einfacher sich ein Thema in Informationshappen teilen lässt, die langanhaltende Anschlussberichterstattung in hohem Tempo erlauben, umso besser.
- **Service**: Je öfter dem Leser oder der Leserin lästige Recherche und Organisation in seinem oder ihrem Lebensalltag abgenommen werden kann, umso besser.

1 Weitere empirische Beiträge zu einzelnen oder mehreren der genannten Faktoren: Hallin & Mancini 2004; Landerer 2013; Donges et al. 2014; Takens et al. 2013, Wiedel 2015; Knieper et al. 2017; Strömbäck & Esser 2009; Meyen 2015; Berglez 2011; Cushion et al. 2014; Osei-Appiah 2020.

- **Authentizität**: Je glaubhafter ein Protagonist oder eine Protagonistin Meinungen vertritt und Fakten vermittelt, umso besser.
- **Vielfalt**: Je abwechslungsreicher sich ein Thema in verschiedenen Darstellungsformen und Kanälen aufbereiten lässt, umso besser.

Medialisierungsstudien vermuten, dass diese massenmediale Kommunikationslogik durch Adaption vielfältiger individueller und kollektiver Akteur:innen aus allen möglichen anderen gesellschaftlichen Teilsystemen zu einer Art Paradigma der Gesellschaftskommunikation werden könnte. Aufgrund von Akteurfiktionen, also der vermuteten Erwartungshaltung von Zielgruppen, genau diese Art aufmerksamkeitsoptimierter Inhalte zu liefern, würde sich die öffentliche Kommunikation insgesamt deutlich zuspitzen. In einem weit fortgeschrittenen Medialisierungsstadium wäre demnach mehr oder weniger jede kommunikative Botschaft bewusst darauf hin ausgerichtet, dass sie sich selbst und den oder die dahinterstehende:n Kommunikator:in optimal verkauft. Gesellschaftliche Teilsysteme wie die Politik, das Rechtssystem oder der Sport rücken dadurch kommunikativ näher an einen kommerziellen Pol (Landerer 2013), und laufen weiterhin Gefahr, ihre ureigene Funktionslogik ein Stück weit zugunsten öffentlicher Aufmerksamkeit aufzugeben (Meyen 2014, 391 f.). Empirische Beiträge der Medialisierungsforschung liefern immer wieder Belege dafür, dass in ganz unterschiedlichen gesellschaftlichen Teilsystemen eine solche Orientierung an der medialen Arbeitslogik stattfindet. Dabei ist anzumerken, dass gerade die internationale Forschung selten klar zwischen einer sozialkonstruktiv-technisch orientierten Mediatisierung auf der einen Seite und einer institutionell-systemisch geprägten Medialisierung auf der anderen Seite unterscheidet. Häufig verschwimmen beide Konzepte miteinander. Zurückführen lässt sich diese empirische Verwässerung auch darauf, dass sich die Mediatisierungsforschung von individuellen Mediennutzer:innen und deren Lebensalltag hin zu kollektiven Handlungskontexten geöffnet hat. Dagegen adressieren Medialisierungsbeiträge auch immer wieder individuelle Kommunikation und untersuchen zunehmend neben klassischen Systemkontexten (Politik, Recht, Sport) auch den privaten Lebensalltag (z. B. Medialisierung der Familie). Es macht deshalb Sinn, im Folgenden einen gemeinsamen Forschungsüberblick zu schaffen:

Mediatisierung/Medialisierung der Politik

Als häufig beforschtes Handlungsfeld eignet sich das System Politik sehr gut zur Veranschaulichung von Tendenzen mediatisierten und medialisierten gesellschaftlichen Handelns. Thomas Birkner (2019, 69 ff.), der im Jahr 2015 selbst empirisch zur Medialisierung der Politik am Beispiel des ehemaligen deutschen Bundeskanzlers Helmut Schmidt geforscht und publiziert hat, liefert in diesem Zusammenhang eine sehr übersichtliche Aufstellung, an der sich diese Arbeit orientiert: Pionier der deutschsprachigen Forschung zur wechselseitigen Beeinflussung von Medien und

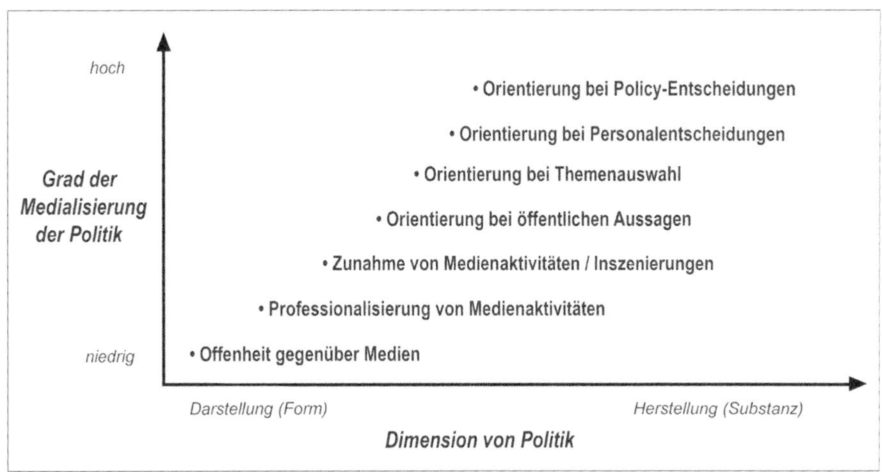

Abbildung 3: Stufen der Medialisierung im gesellschaftlichen Teilsystem Politik nach Reinemann (2010, 288)

Politik ist Hans Mathias Kepplinger, der in groß angelegten Analysen der Kleinen Anfragen im Deutschen Bundestag (1949-1994) samt der dazu erfolgten Medienberichterstattung (1951-1995) im Zeitverlauf eine zunehmende Orientierung der Politiker-Initiativen am (vermuteten) Medieninteresse konstatierte (Kepplinger 2002; 2005; Kepplinger & Maurer 2005). Kepplinger unterscheidet dazu im Deutschen Bundestag zwischen Gestaltungshandeln (im Medialisierungssinne: die ureigene Handlungslogik der Politik) und Darstellungshandeln (Bereich, in dem politische Logik und Medienlogik verschwimmen) (Spörer-Wagner & Marcinkowski 2011, 417; Sarcinelli 2011, 119 ff.). In seinen Langzeitvergleichen verzeichnet er einen relativ stabil bleibenden Anteil an legislativen Tätigkeiten, während mündliche und schriftliche Anfragen inklusive der Kleinen Anfragen um ein Vielfaches anstiegen (Kepplinger 2007, 308). Diesen ersten Beleg für mediatisiertes Handeln – Kepplinger folgt inhaltlich eher dem Medialisierungsansatz, wählt aber die „t-Variante" – verknüpft er mit der gewachsenen Bedeutung des Erfolgs in den Medien für den Erfolg in der Politik (Kepplinger 1999, 62) und sieht insofern auch eine bewusste Selbstmedialisierung der deutschen Politik (z. B. Strömbäck & Esser 2014; Birkner 2015). Gleichzeitig wendet Birkner (2019, 74 f.) unter Bezugnahme auf Kepplingers (1998) und Boruckis (2014) Studien ein, dass Medialisierung „kein linearer und unidirektionaler Prozess ist", da weder die Anzahl Kleiner Anfragen im Bundestag noch die Ausgaben für Presse- und Öffentlichkeitsarbeit in den Bundesministerien dauerhaft anstiegen, sondern nach einer gewissen Boom-Phase stagnierten beziehungsweise wieder sanken (ähnliche Argumentation bei Vowe und Dohle 2008).

Fawzi (2014) warnt deshalb in ihrer Dissertation zur Medialisierung der deutschen Energiepolitik trotz eines hohen festgestellten Medialisierungsgrades im Sinne des Vier-Stufen-Modells von Esser und Strömbäck (2014, 8) davor, medialisiertes Handeln in der Politik automatisch mit einem Machtgewinn der Massenmedien zu verknüpfen. Schließlich instrumentalisierten Politiker:innen in Fawzis Studie gleichermaßen die Medien (Fawzi 2014, 458), wodurch der reziproke Charakter der Medialisierungsthese belegt wird. Eine vermittelnde Sicht der Dinge wird auch in Haßlers internationaler Studie zur Medialisierung der Klimapolitik am Beispiel von UN-Klimakonferenzen zwischen 2011 und 2013 deutlich. Haßler (2017) erkennt durchaus Anpassungsleistungen der internationalen Politik an Leitlinien medialer Arbeitslogik, beschreibt diese aber als autonom und selektiv. In Bereichen, in denen eigene Handlungsstrategien als sinnvoller erachtet werden, finde dementsprechend auch keine weitreichende Medialisierung statt (ebd., 259). Blumler und Esser (2019) bestätigen diese Befunde in ihrer Analyse der britischen Wahlkampfkommunikation 2015 und sprechen von „push and pull forces", die für ein gewisses Gleichgewicht zwischen den Systemen Politik und Medien sorgen. Sowohl Kuhn (2017), der die beiden französischen Präsidentschaften unter Nicolas Sarcozy und Francois Hollande vergleicht, als auch Pintak et al. (2018), die das Verhältnis von Politiker:innen und Journalist:innen in Pakistan betrachten, legen nahe, dass der Grad medialisierten Handelns je nach vermutetem Einfluss des Mediensystems stark zwischen individuellen Akteur:innen variieren kann. Zusammenfassend kann demnach eine substanzielle Verschiebung politischer Systemlogik hin zum kommerziellen Pol, wie sie Landerer 2013 beschreibt, trotz klarer Beispielfälle im Augenblick nicht nachhaltig bestätigt werden.

Mediatisierung/Medialisierung des Sports

Im Sport lässt sich zunächst, ähnlich wie in anderen Bereichen der öffentlichen Kommunikation, auf individueller (Spieler:innen, Funktionär:innen) und kollektiver Ebene (Vereine, Verbände, Ligen/Turniere) ein deutlich angestiegener Ressourceneinsatz (Geld, Personal) zum Aufbau professioneller PR-Infrastruktur (Kommunikationskanäle und Content) feststellen. In Horkys et al. (2018) Sammelband zur Digitalisierung des Sports fassen unter anderem Grimmer, Burk und Horky (Social-Media-Kommunikation), Horky und Pelka (Daten und Statistiken), Hebbel-Seeger mit Horky (VR, Drohnen und 360-Grad-Video) sowie Bertling (Digitalstrategien von Medienkonzernen) und Boehmer (US-Sport) wesentliche Handlungsfelder zusammen, die sowohl Sportjournalist:innen als auch Sportakteur:innen momentan vorwiegend angehen. Was hier als Digitalisierung bezeichnet wird, lässt sich in vielen Fällen als Einstieg in eine Medialisierung des Sports begreifen, denn die Digitalisierung systemischer Prozesse ist in der Regel auch mit einem Medialisierungs- und Mediatisierungsschub verbunden. Die Einführung digitaler Kanäle führt insofern oft auch zur verstärkten Integration einer digitalen Arbeits- und Medienlogik beziehungsweise *deep mediatization*. Am spannendsten sind also diejenigen Studien und Untersuchungsblöcke, die prüfen, ob sich der eigentliche

Kern des Sports (zum Beispiel das Leistungsprinzip oder der binäre Code Gewinnen/Verlieren, Schimank 1988) zugunsten aufmerksamkeitsoptimierter Strategien verändert. Meyen (2014) legt beispielsweise einen Beitrag zum Spitzenfußball vor, der neben dem Aufbau von Pressestellen und Medientrainings für Athlet:innen auch die gezielte Einstellung medienaffiner Trainer:innen sowie die Anpassung von Spielregeln zugunsten optimaler Zuschauererlebnisse thematisiert. Röhr (2016) und Hauptmann (2015) liefern aus dem Tennis-Sport anschauliche Beispiele für medienbezogene Regeländerungen. So wurden zunächst Schläger (größer, stabiler und besser federnd) und Spieler:innen (ebenfalls größer, außerdem athletischer) für ein schnelleres, mitreißenderes Spielerlebnis optimiert. Als sich dann zeigte, dass die Athlet:innen zu hart schlugen und Bälle zu schnell flogen, sodass ein Ballwechsel nach Aufschlag und Return zu häufig bereits vorbei war, besserte man im Sinne des Publikums nach und führte langsamere Bälle und Bodenbeläge ein. Spiele dauern nun wieder länger, gewinnen an Vielfalt, Überraschung und Emotionalität. Gleichzeitig werden Athlet:innen, deren Technik vergleichsweise harte und schnelle Aufschläge zulässt, im wahrsten Sinne ausgebremst. Weitere geplante und diskutierte publikumszentrierte Regeländerungen im Tennis sind Unterhaltungsshows rund um Turniere, Zuschauerwege vorbei an den Trainingsplätzen, Spieler:innen-Interviews und hörbare Trainer:innen-Anweisungen während der Matches sowie kürzere Sätze und ausgeweitete Tie-Break-Regelungen, um Tennis für Sendeprogramme besser planbar zu machen. Ähnlich wie Röhr und Hauptmann geht Bieg (2016) mit seiner Analyse der Sportart Basketball vor, die ebenfalls mit mehreren On-Court-Regeländerungen (weiter entfernte Drei-Punkte-Linie, No-Foul-Zone unter dem Korb, 24-Sekunden-Angriffszeit) ein systemlogisch besser an Publikumswünsche angepasstes Spielerlebnis kreieren will. Zu nennen bleibt schließlich noch Heinecke (2014), die in ihrer Dissertation moderate Medialisierungstendenzen für sechs weitere Sportarten (Fußball, Badminton, Dressurreiten, Moderner Fünfkampf, Beach-Volleyball und Biathlon) herausgearbeitet hat.

Mediatisierung/Medialisierung im (privaten) Lebensalltag

Mediatisierungsstudien befassen sich häufig mit der Domestizierung von neuen Medien im häuslichen Alltag. Im Fokus dieser Arbeit stehen insbesondere die Erkenntnisse, die Krotz, Hepp und Kollegen in dem von der Deutschen Forschungsgemeinschaft (DFG) geförderten Projekt *Die Domestizierung des Internets 1997-2007* sowie in den drei Forschungsprojekten *Das mediatisierte Zuhause I-III* innerhalb des DFG-Schwerpunktprogramms *Mediatisierte Welten* gewonnen haben. Dieser Text befasst sich insofern vor allem mit dem jüngsten Mediatisierungsschub, der durch die gesamtgesellschaftliche Öffnung des Internets Anfang der 2000er-Jahre ausgelöst wurde (Röser & Peil 2010, 493). Die Mehrzahl der in den Studien zum häuslichen Medienhandeln zu vier Zeitpunkten (2008, 2011, 2013 und 2016) befragten Haushalte integrierte den Computer und mit ihm das Internet nach ersten Erfahrungen am Arbeitsplatz oder in der Universität zuhause ebenfalls zunächst zu beruflichen Zwecken. Dabei waren es in den frühen 2000ern insbesondere Männer, die diese Technologie nutzten (ebd., 500), wobei sich die Nutzungsintensitäten von PC und Internet bei männlichen und weiblichen Familienmitgliedern innerhalb weniger Jahre anglichen. Das Internet wurde zum Erhebungszeitpunkt im Jahr 2008 bereits deutlich stärker und auch gemeinschaftlich zu Unterhaltungszwecken sowie zur Organisation des Alltags (Reisen buchen, Eintrittskarten kaufen, Online-Shopping, Fahrpläne recherchieren etc.) genutzt (Röser & Peil 2012, 157). In den Studien ab 2011 lässt sich dann ansteigend das Phänomen Second Screen im häuslichen Leben beobachten. Parallel zur vergleichsweise stabilen Fernsehnutzung wird von allen Personen im Haushalt nun immer öfter auch das Internet genutzt, das sich mit Hilfe vielfältiger mobiler Endgeräte wesentlich einfacher in die Alltagstätigkeiten integrieren lässt (Müller & Röser 2017). Im Jahr 2016 konnten sich die Befragten unabhängig vom Alter, von der beruflichen Tätigkeit oder von den individuellen privaten Lebensumständen nicht mehr vorstellen, auf das Internet zu verzichten (Röser et al. 2017, 149). Interessant sind die Befunde zur veränderten Mediennutzung nach einschneidenden sozialen Erlebnissen der Studienteilnehmer:innen, darunter die Geburt eines Kindes, die Trennung vom Partner, ein Umzug oder der Eintritt in die Rente. So sollte eine verstärkte Social-Media-Nutzung beispielsweise die Einsamkeit vor dem Fernseher nach einer Trennung auffangen, wodurch auch infrage gestellt wird, welches der Geräte der Second Screen ist (Müller & Röser 2017). Die Geburt eines Kindes verändert mit dem Alltag eines Paares auch dessen Mediennutzung: Die Onlinenutzung steigt an, weil aus Gründen der Effizienz eher online gekauft wird. Elternteile recherchieren online zu Erziehung und Gesundheit. Dazu steigt die Nutzung textbasierter Social-Media-Kanäle, mobiler Endgeräte und nichtlinearen Fernsehens (Röser et al. 2017, 153).

Vor einem breiter gefassten Deutungshorizont forschen Hepp, Berg und Roitsch (2012; 2014; 2017) ebenfalls im Rahmen des Programms *Mediatisierte Welten* zu mediatisierten Formen der Vergemeinschaftung im Lebensalltag und zu Mediengenerationen (Hepp, Berg & Roitsch 2012, 251 f.; Hepp, Berg & Roitsch 2014, 56; Hepp, Berg & Roitsch 2017, 86). Zusammenfassend kommen sie dabei zu dem Ergebnis, dass Medienaffinität, Nutzungsmotivation und Nutzungsarten individuell zu unterschiedlich und dynamisch sind, um Pauschalbegriffe wie *Digital Natives* oder *Silver Surfer* zu rechtfertigen. Dennoch bilden auch Hepp und Kolleg:innen am Mediatisierungsprozess orientierte Mediengenerationen (Hepp, Berg & Roitsch 2014, 30), da sich medienbezogene Einstellungen und Nutzungsarten trotzdem spezifischen Generationen und Altersgruppen zuordnen lassen. Grob gesprochen nimmt dabei der Anteil mediatisierter Kommunikation im Lebensalltag, punktuell und generational in den Jahren 2014/2017 betrachtet, mit sinkendem Alter zu.

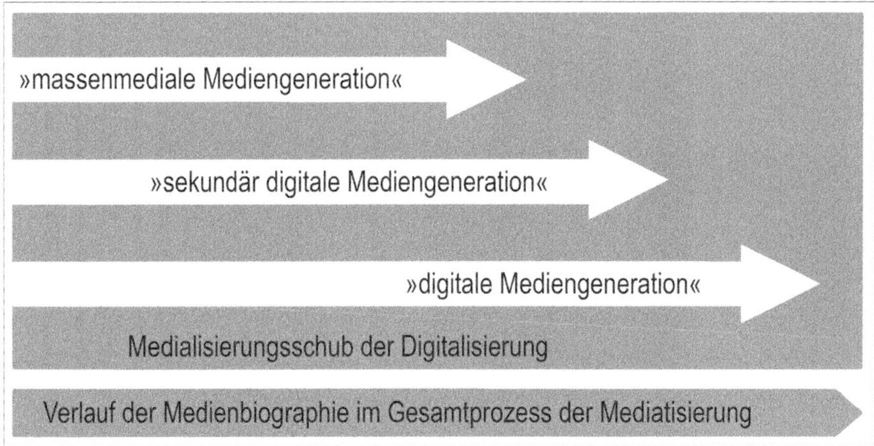

Abbildung 4: Mediengenerationen im Prozess der Mediatisierung nach Hepp et al. (2014, 30)

Gleiches gilt damit auch für die Nutzungserfahrung sowie für die Bereitschaft, sich auf digitale Medien einzulassen.

Auch unter dem formellen Dach der Medialisierungsthese wird privates Medienhandeln untersucht, hier als soziales Teilsystem Familie verstanden (Luhmann 2009). Im Vordergrund stehen wieder die Kriterien einer medialen Aufmerksamkeitslogik, deren intensive Umsetzung auch in der privaten Kommunikation zum Erfolg als Privatperson beitragen könnte. Als Referenzstudie gilt in diesem Zusammenhang die Dissertation von Bianca Kellner-Zotz aus dem Jahr 2018, die unter dem Titel *Das Aufmerksamkeitsregime – Wenn Liebe Zuschauer braucht* qualitativ in Interviews und Dokumentenanalysen anhand mehrerer Indikatoren erste Anzeichen medialisierten Familienhandelns herausarbeitet. Sie erkennt beispielsweise architektonische Gestaltungen des Wohnraums (z. B. die offene Event-Küche), die zwar für Besucher beeindruckend aussehen, aber nicht mehr unbedingt sehr funktional für die eigentliche Nutzung geeignet sind (Beispiel Küche: lange Wege, oft Bücken o.Ä.). Kindergeburtstage, Hochzeiten und Urlaubsreisen werden in Kellner-Zotz' Studie außerdem zunehmend zum spektakulären Event stilisiert, das vor Ort sowie in den sozialen Netzwerken ein einzigartiges Feuerwerk der Emotionen und Überraschungen ist – ganz gleich, wie viel Stress es für alle Beteiligten bedeutet und wie wenig man als eigentliche Hauptperson dadurch am Ende davon hat. Einzuwenden bleibt, dass es sich hierbei um ausgewählte Fallstudien handelt, die nicht automatisch für die breite Bevölkerung gelten.

Weitere Beiträge zur Mediatisierung/Medialisierung im Überblick

Im internationalen Forschungskontext wurden die Konzepte von Mediatisierung und Medialisierung – im Englischen in aller Regel als *mediatization* bezeichnet – anhand unterschiedlichster gesellschaftlicher Handlungsbereiche und sozialer

Systeme untersucht. Häufig beziehen Autor:innen dabei auch inhaltlich beide Denkansätze mit ein und entscheiden dem Untersuchungsgegenstand und dem individuellen Untersuchungsdesign entsprechend, ob eher der Medienlogik-zentrierte systemische Ansatz oder der akteurzentrierte sozialkonstruktivistische und/oder medientechnikgebundene Ansatz im Vordergrund steht. Maltby (2012) und Crosbie (2015) beschäftigen sich beispielsweise mit der *mediatization of the military*, wobei sich spannende Diskussionen über glorifizierende Aufmerksamkeitsstrategien und den Umgang mit Kriegen und Krisen in der visuellen Militärkommunikation ergeben. Cui (2018) schließt hier inhaltlich an und betrachtet unter dem Titel *Communicating Terror: Mediatization and Ritualization* die aufmerksamkeitsoptimierte Öffentlichkeitsarbeit von Terrororganisationen. Weniger martialisch, wenngleich ebenso bedeutend ist Robinsons (2020) Analyse mediatisierten Handelns australischer Aborigines zum Erhalt ihrer kulturellen Traditionen. Lundby (2016), Eisenlohr (2017) und Rosenstock mit Sura (2018) setzen sich mit der Mediatisierung religiöser Kommunikation auseinander, Esner und Kisters (2018) analysieren die *mediatization of the artist*, und Svelch (2019) beschreibt ganz im Sinne dieser Arbeit die Mediatisierung und Medialisierung des Kartenspiels *Magic: The Gathering* vom analogen Nischenprodukt hin zum globalen aufmerksamkeitsoptimierten eSport-Titel unter Integration einschlägiger Medienlogik-Leitlinien.

Mediatisierung und Medialisierung können als theoretisches Dach substanziell dazu beitragen, individuelles und institutionelles Handeln in digitalen Welten besser zu verstehen. Dieses Teilkapitel hat gezeigt, dass mit der gesamtgesellschaftlichen Einführung des Internets und medientechnischen Innovationen wie mobilen Endgeräten ein völlig neues Maß an medialer Präsenz im Lebensalltag der Menschen erreicht wurde. Mit diesem Mediatisierungsschub gehen spezifische neuartige Kommunikationslogiken einher, die omnipräsent wirken und aufgrund der Masse an Akteur:innen und Botschaften stark aufmerksamkeitsgetrieben gestaltet sind. Mit Blick auf ein suchtartiges Mediennutzungsverhalten der Nutzer:innen digitaler Videospiele soll das folgende Teilkapitel 2.2 unter der Überschrift *Kultur der Digitalität* nun konkreter die zentralen sozialen Handlungsfelder umreißen, denen Internetnutzer:innen heute begegnen. Ziel ist dabei neben der handlungspraktischen Konkretisierung auch eine nutzerzentrierte Folgenabschätzung. Es geht also im Sinne des später präsentierten Untersuchungsdesigns insbesondere darum, sich den disruptiven sozialethischen Charakter des Mediums Internet vor Augen zu führen. Beschrieben wird eine Kultur der Digitalität in diesem Sinne mit speziellem Fokus auf die ihr immanenten Herausforderungen und Risiken für den oder die individuelle:n Nutzer:in und sein beziehungsweise ihr soziales Umfeld.

2.2 Kultur der Digitalität

Anschließend an die oben beschriebenen gesellschaftlichen Dynamiken mediatisierter und medialisierter Kommunikation wird mit Stalder (2016) eine Kultur der Digitalität als Set laufender Prozesse und Relationen im individuellen und kollektiven Handeln auf Basis der Infrastruktur digitaler Netzwerke verstanden, durch das auf gesamtgesellschaftlicher Ebene im normativen Sinne soziale Bedeutung entsteht (ebd., 16 ff.). Dabei verschränken sich im Zeitverlauf unterschiedliche Handlungsphänomene und -trends im Privatleben, in der Arbeitswelt und in der gesellschaftlichen Öffentlichkeit miteinander und bilden grundlegende, übergreifende Sinnstrukturen. Ähnlich wie Beiträge zur Mediatisierung und Medialisierung der Gesellschaft argumentiert Stalder, dass nicht das Aufkommen digitaler Kommunikationstechnologien selbst für einen tiefgreifenden Wandel in sozialen Systemen sorgt, sondern dass dieser neue soziale Handlungsraum bestimmte Entwicklungen auf einer handlungspraktischen Ebene fördert, die andere gesellschaftliche Meta-Prozesse wie die Ökonomisierung, die Individualisierung oder die Emanzipation längst in Gang gesetzt haben. Vor allem deshalb sei es für individuelle und kollektive Akteure möglich, derart schnell und vielgestaltig neue sozialkommunikative Infrastrukturen auf Basis neutraler Technologien zu entwickeln (ebd., 21 ff.). In diesem neutralen Sinne – denn digitale Handlungslogiken lassen sich zweifellos unterschiedlich bewerten (z. B. Passig & Lobo 2012) – definiert Stalder (2016, 95 ff.) drei Kerneigenschaften oder Paradigmen einer Kultur der Digitalität:

1. **Referentialität**: Netzwerkgetriebene soziale Kommunikation baut zu großen Teilen auf bereits bestehendem kulturellem Material auf. Inhalte, die bereits mit einer bestimmten Bedeutung versehen sind und heute – legal oder illegal – in globalen Datenbanken wie *Google Books*, *YouTube* oder *Flickr* liegen, werden dabei neu kontextualisiert oder inhaltlich erweitert (zum Beispiel in Form von Remixes und Remakes, Parodien und Memes).
2. **Gemeinschaftlichkeit**: Ganz im Sinne des Begriffes „Netzwerk" ist digitale Kommunikation geprägt von vielfältigen und ständigen Gruppierungsprozessen. Individuelle Nutzer:innen finden sich zu Communities mit geteilten Wertesystemen, mit Macht- und Zwangsstrukturen sowie Mechanismen der (biologischen) Reproduktion zusammen. Während traditionelle zivilgesellschaftliche Institutionen wie Kirche, Partei, Gewerkschaft oder Verein an identitärer Bedeutung verlieren und die individuelle Lebensgestaltung in den Vordergrund rückt, entstehen neue Formen der digitalen Gemeinschaftlichkeit, in der Regel themengebunden als *communities of practice* (beispielsweise Gaming-Clans, Selbsthilfe-Foren oder Arbeitskollegen-Chats). Die Mitglieder dieser Interessensgemeinschaften befinden sich in informellem, aber strukturiertem Austausch, generieren kollaborativ neues Wissen und fordern von sich selbst und von anderen dauerhafte Partizipation ein.

3. **Algorithmizität**: Im unendlichen Internet muss sich der einzelne Nutzer oder die einzelne Nutzerin grundsätzlich auf automatisierte Entscheidungsverfahren verlassen, wenn er oder sie aktuelle Wissensstände und Meinungsspektren überblicken und darauf aufbauend eigene inhaltliche Beiträge leisten will. Anschließend an die oben erläuterte Vorstellung von einer *deep mediatization* (Andersen 2018; Hepp et al. 2018) baut digitales Handeln heute elementar auf die Ergebnislisten von Suchmaschinen, auf personalisierte Empfehlungskataloge und künstliche Intelligenz auf.

Es geht nun im Folgenden darum, diese Paradigmen digitaler Handlungslogik im Sinne der vorliegenden Arbeit zu operationalisieren. Dafür werden zunächst einige zentrale gesellschaftliche Handlungsfelder und Praxisphänomene aufgeführt, die sich im Zuge einer Mediatisierung des Lebensalltags entwickelt haben. Konkret befasst sich dieses Kapitel mit dem Miteinander von Mensch und Maschine, mit der Vereinbarkeit von analogem und digitalem Leben, mit Big Data als sozialem Ordnungswerkzeug, mit dem Prosumenten und der Prosumentin als medialisiertem Hauptakteur im Digitalen sowie mit digitalem Gaming und Gamification. Nach diesem einführenden Teil legt der Text den Fokus auf die aus diesen neuen Handlungsfeldern erwachsenden sozialen Potenziale (z. B. Integration, Inklusion, Flexibilität, Kreativität, Kollaboration und Automatisierung) und Herausforderungen (z. B. Überlastung und Schock, Manipulation und Urheberrecht, Sucht und Selbstschädigung, Hetze und Mobbing, Selbst- und Zeitmanagement).

In ihrem Sammelband *Die Maschine: Freund oder Feind?* geben Thimm und Bächle (2019a) am konkreten Beispiel digitaler Medien- und Netzwerktechniken eine umfassende und sehr anschauliche Einführung in das traditionell ambivalente Verhältnis des Menschen zu seinen eigenen technologischen Errungenschaften. Die Debatte über Chancen und Risiken des Internets als Medium zur stationären und mobilen Endnutzung sowie als Grundlage maschinellen Funktionierens, Lernens und damit auch Lebens beschreiben die Autor:innen in ihren einleitenden Worten dementsprechend als emotional und tendenziell innovationskritisch. Diese „Angst vor der Maschine" (Seng 2018) in Zeiten von Digitalisierung und Mediatisierung bediene zwar ein klassisches Muster, sei jedoch heute nicht mehr oder weniger berechtigt als schon bei vorhergegangenen industriellen oder medialen Revolutionen (z. B. Campe 1812; Postman 1993; Adorno 1996). Zu erkennen sind demnach fünf konkrete Diskursmuster zum Verhältnis zwischen analogem Menschen und digitaler Maschine: So bildet die „Angst des Menschen vor der beruflichen Substitution durch die Maschine" (Thimm & Bächle 2019b, unter Bezug zu Heßler 2015) ein sehr altes, aber immer wiederkehrendes Deutungsmuster. Jens Schröter (2019) fasst in seinem Beitrag den Wissensstand rund um die potenziellen *Auswirkungen einer weitgehend automatisierten, smarten Industrie 4.0 auf Beschäftigungszahlen menschlicher Arbeiter:innen* zusammen. Grundsätzlich identifiziert Schröter dabei nur selten konkrete Prognosen dazu, wie sich die Arbeitslosigkeit (relativ stabiler globaler Wert zwischen den 1970er-Jahren und 2007: sechs Prozent; Mann 2013, 88 f.) mit zunehmender Automatisierung entwickeln wird. Vergangene industrielle Revolutionen geben Anlass, von der Verfügbarkeit ausreichend neuer Jobs anstelle der wegfallenden Arbeitsplätze beispielsweise in Lagerhallen auszugehen, getrieben von Expansion in traditionellen Branchen und der Entstehung völlig neuer Tätigkeitsbereiche (z. B. FAZ 2015a). Demgegenüber findet Schröter allerdings keine Angaben zur Art und Menge dieser neu entstehenden Tätigkeiten. Stattdessen werden Quellen zitiert, die aktuelle Arbeitsmarktstatistiken wegen des Einflusses von Minijobs, Sozialhilfe- und Fortbildungsprogrammen als nicht aussagekräftig bezeichnen (z. B. Kurz 1999; Rifkin 2014). Er schließt deshalb zwangsläufig mit einem textlichen Schulterzucken, und diskutiert für den Fall eines tatsächlichen substanziellen Arbeitsplatzverlustes alternative Wirtschaftskonzepte wie ein bedingungsloses Grundeinkommen und eine Maschinensteuer. Die *Anthropomorphisierung der Maschine*, also das Abbilden menschlicher Eigenschaften auf Objekte beziehungsweise Entitäten (Epley et al. 2007), bildet einen weiteren Diskurs zum Verhältnis Mensch-Maschine. Soziale Roboter (im Unterschied zu Industrierobotern) kommen heute bereits an mehreren Stellen zum Einsatz, etwa in der Altenpflege (Weiss 2012). Thimm et al. (2019) diskutieren vor allem über Faktoren des Vertrauensaufbaus zwischen Mensch und Roboter, was besonders für solche Fälle relevant wird, wenn beide Seiten etwa gleich viel Autonomie besitzen. In ihrem Experiment, für das menschliche Probanden mit einem humanoiden Roboter einfache Frage-Antwort-Interaktionen durchspielten, zeigte sich deutlich, wie schnell Vertrauen in die Intelligenz und Zuverlässigkeit einer optisch menschenähnlichen Maschine mit durchschnittlichen kommunikativen Fähigkeiten aufgebaut wurde. Die Autor:innen weisen angesichts dieser Unvoreingenommenheit auf einen substanziellen ethischen Regelungsbedarf hin. Nicht mehr als völlig abwegig gilt heute die *Verschmelzung von Mensch und Maschine*, zu verstehen als Ersetzung menschlicher Körperfunktionen durch maschinelle Ersatzteile und Verbesserungen des menschlichen Körpers durch Technologie (Kurzweil 2013). Der Einsatz *lernender beziehungsweise autonomer Technologie (KI/AI)* könnte in letzter Konsequenz aufgrund ihrer allumfassenden Überlegenheit den Menschen sogar komplett ersetzen (Kurzweil 2006). Doch während ein derartiger Existenzkampf zwischen Mensch und Maschine im Augenblick noch kein reales oder absehbares Szenario ist, verbirgt sich hinter Thimms et al. abschließendem Diskursmuster *Gesellschaft, Macht und Kontrolle – digitaler Feudalismus?* ein sehr aktuelles Themenfeld. Diskutiert wird hier vor allem die Softwareabhängigkeit technischer Endgeräte und in Verbindung damit der enorme Einfluss weniger globaler Technikkonzerne auf die Art und Weise, wie Menschen ihre Maschinen nutzen können und wie diese auf bestimmte Eingaben reagieren.

Wichtiges Kennzeichen einer Kultur der Digitalität ist auch das Nebeneinander von analoger und digitaler Welt im Lebensalltag der Menschen. Braumüller und Hartmann-Tews (2017) stellen in diesem Zusammenhang die Frage, ob Jugendliche heute als „mediatisierte Stubenhocker" bezeichnet werden müssen, denen wertvolle körperliche und soziale Erfahrungen in ihrer Entwicklung fehlen (vgl. auch Dietrich & Moegling 2001, 56). Rein quantitativ können Beiträge wie der von Braumüller und Hartman-Tews auf zahlreiche große Untersuchungsreihen wie die ARD/ZDF-Langzeitstudie Massenkommunikation, die ARD/ZDF-Onlinestudie sowie die KIM-, JIM- und FIM-Studien des *Medienpädagogischen Forschungsverbundes Südwest* zurückgreifen. Diese erheben entweder für die gesamtdeutsche Bevölkerung oder mit speziellem Fokus auf Kinder (KIM), Jugendliche (JIM) und Familien (FIM) Mediennutzungsgewohnheiten und -kompetenzen. Mit Blick auf die vergangenen 50 Jahre lässt sich demnach zunächst ein klarer und bevölkerungsweiter Anstieg der Mediennutzung auf täglich etwa 9,5 Stunden im Jahr 2020 erkennen (Breunig et al. 2020, 414), wenngleich seit 2015 vor allem die 14- bis 29-Jährigen noch etwa eine Stunde länger pro Tag Medien nutzen (etwa 10,5). Sowohl bei den 30- bis 49-Jährigen als auch bei Menschen ab 50 Jahren sinkt die tägliche Mediennutzung seit 2010 bereits wieder leicht bis moderat. Kinder wiederum kommen schon im Vorschulalter zu etwa einem Drittel in Kontakt mit mobilen Endgeräten und Webanwendungen inklusive digitaler Spiele (mpfs 2016). Mit ungefähr 12 oder 13 Jahren lässt sich beinahe von einer Vollausstattung unter Jugendlichen mit Smartphone, Laptop/PC und (eingeschränktem) Internetzugang ausgehen. Eigene Spielekonsolen besitzen mindestens zwei Drittel der Jugendlichen zwischen 12 und 19 Jahren (mpfs 2019). Gleichzeitig gibt die hohe Online-Nutzungsdauer bislang keinen klaren Anlass, von einer Verdrängung analoger Aktivitäten auszugehen. Braumüller und Hartmann-Tews (2017), die in einer Studie 1.789 Jugendliche zwischen 13 und 17 Jahren nach der Rolle von analogem Sport und Internetnutzung in ihrem Leben fragten, finden keinen relevanten Zusammenhang zwischen ansteigender Internetrelevanz und sinkender Sportrelevanz sowie zwischen ansteigender Internetnutzung und sinkenden Sportaktivitäten. Sowohl Sport als auch Internetnutzung bilden nach Aussage der Autorinnen wichtige und stabile Säulen im Leben der Jugendlichen und sind häufig eng ineinander verwoben. Eine steigende Internetnutzung widerspricht sportlichen Aktivitäten in der analogen Welt insofern nur bedingt, da sich virtuelle Welten mittels mobiler Endgeräte gut in die analoge Freizeitgestaltung integrieren lassen (bspw. Sport treiben und Sport im Internet verfolgen) (ebd., 65 ff.; ähnliche Befunde bei Brindova et al. 2014; Bucksch et al. 2014). Auch in der JIM-Studie aus dem Jahr 2019 wird deutlich, dass bisweilen Online- und Offline-Interessen sowie -Aktivitäten bei Heranwachsenden stabil nebeneinanderstehen (mpfs 2019). Eine Kultur der Digitalität ersetzt bisherige kulturelle und soziale Praktiken deshalb

nicht automatisch, verändert privates und gesellschaftliches Handeln allerdings zweifellos strukturell.
Big Data wurde oben als weiteres zentrales Merkmal einer Kultur der Digitalität genannt. Daten(banken) spielen heute im privaten, beruflichen und öffentlichen Raum eine zentrale Rolle und können deshalb im Sinne von Hepp et al. (deep mediatization; 2018) als Triebkraft der Mediatisierung verstanden werden. Außer Frage steht, dass Daten auf qualitativer wie auf quantitativer Ebene dabei helfen können, sich selbst und seine Umwelt besser einzuschätzen, sei es zum Zwecke der Leistungs- und Effizienzsteigerung, der Gesundheit oder der Sicherheit. Im Sport unterstützen ausführliche Spiel- und Athlet:innen-Statistiken das Trainerteam dabei, die besten Spieler:innen zur passenden Zeit einzusetzen, um erfolgreich abzuschneiden und Verletzungen zu vermeiden (z. B. Marr 2015; Werron 2005). Auch im Privaten liefert die *Smart Watch* zusammen mit den richtigen Apps wertvolle Erkenntnisse über den eigenen körperlichen Zustand und schlägt Alarm, wenn sich eine Person zu wenig oder zu viel betätigt (Metz 2012). Datenbanken sind weiterhin die Grundlage jedes komplexen öffentlichen Nah- und Fernverkehrs. Auch autonomes Fahren und Fliegen funktioniert überhaupt erst durch vernetzte und ständig aktualisierte Datenbanken, in denen Verkehrsteilnehmer:innen, Standorte, Ziele und Geschwindigkeiten festgehalten werden (Rudschies & Kroher 2019; Knorre et al. 2020, 105 ff.). Datenbanken machen es schließlich möglich, Flug- oder Hotelpreise online zu vergleichen und immer auf ein günstiges Angebot zu stoßen, die nächste Liebe oder alte Freunde in sozialen Netzwerken zu finden oder Lieblingslieder zu jeder Zeit und mit jedem internetfähigen Endgerät zu streamen. Diese Liste von Beispielen für die wichtige Rolle, die Daten und Datenbanken bereits heute in der Gesellschaft spielen, ließe sich länger fortführen, denn praktisch jede digitale Anwendung, von der Webseite des Nachbarn mit zwei Visits pro Jahr über die Whatsapp-Gruppe der alten Schulfreunde bis hin zur vernetzten Stadt (Smart City, BMI 2020) baut auf große Mengen von Nutzungs- und Nutzer:innendaten auf. Umgekehrt bedeutet das, dass jede Nutzung und jede:r Nutzer:in digitaler Portale nicht nur persönliche Datenspuren hinterlässt, sondern für den Mehrwert beziehungsweise die vorteilhafte Nutzung auch zwingend Daten hinterlassen muss. Das Prinzip ist simpel: Jeder Einzelne steuert seinen Teil bei und profitiert dafür von den Beiträgen aller anderen. Eine datenbasierte Digitalkultur birgt dadurch auch Konfliktpotenzial, weil ihre Leistungsfähigkeit von der Einspeisung privater Daten ihrer Nutzer:innen abhängt. Sozialen und ökonomischen Gratifikationen bei der Internetnutzung stehen private Schutzinteressen gegenüber, auch weil Nutzungsdaten in aller Regel von marktwirtschaftlichen Unternehmen erhoben und gespeichert werden – verbunden mit komplizierten Nutzungsrechten, die unter anderem den Verkauf an Werbepartner oder zu Marktforschungszwecken enthalten können (Kleinz 2012). Gerade in sozialen Netzwerken, in denen teils sehr umfassende und intime Einblicke in die eigene

Persönlichkeit gewährt werden, ist die Nachvollziehbarkeit der Speicherung und Nutzung eingestellter Inhalte kaum möglich, weil sich Anbieter beziehungsweise Server-Farmen oft im Ausland befinden (z. B. Dachwitz et al. 2018). Die juristische Handhabe bei Datenmissbrauch verringert sich im Falle von Anbietern mit Sitz im Nicht-EU-Ausland substanziell (Monroy 2016), wenngleich sich die Europäische Union intensiv um allgemeingültige, effektive Datenschutzrichtlinien sowie um eine nutzer:innenabhängige Rechtsgültigkeit bemüht (Mönikes 2017). Auch eine inhaltliche Moderation datenbankbasierter Webplattformen kann effektiv nur vom jeweiligen Betreiber geleistet werden, womit aus Nutzersicht kaum steuerbare Risiken zu geringer oder zu intensiver Zensur einhergehen (z. B. Stjernfelt & Lauritzen 2020; Paal & Hennemann 2018). Mit der Erhebung und Verwendung von Nutzungsdaten sind also auch substanzielle Risiken und Bedenken verbunden. Big Data als Motor digitaler Ökonomie und Sozialität bleibt somit ein zentraler und gleichzeitig kontroverser Bestandteil einer Digitalkultur.

Als nächstes prägendes Teilphänomen einer Kultur der Digitalität soll der Prosument beziehungsweise die Prosumentin vorgestellt werden, wie ihn und sie etwa Knieper et al. (2011) in ihrem Beitrag skizzieren. Das interaktive Web 2.0 (O'Reilly 2005) zeichnet sich durch seine vielfältigen Möglichkeiten zur individuellen Content-Produktion aus. Ohne auf die klassischen Massenmedien als Multiplikatoren und Zugänge zur Öffentlichkeit angewiesen zu sein, können Nutzer:innen Webinhalte beziehungsweise kommunikative Botschaften an ein disperses Publikum senden. Gleichzeitig besteht in sozialen Netzwerken, auf Blogs, in Online-Shops, in Foren und Wikis sowie in den Kommentarspalten journalistischer Beiträge fast ausnahmslos die Möglichkeit, auf die Beiträge anderer Nutzer:innen zu reagieren, einen Diskurs zu führen und kollaborativ Wissen zu generieren. Aus diesem beständigen Rollenwechsel zwischen Konsument:in und Produzent:in leiten Knieper et al. das Rollenbild des Prosumers ab, dem sie wiederum neue diskursive Macht zugestehen, jedoch auch neue individuelle und öffentliche Pflichten diskutieren, die sich aus einer solchen hervorgehobenen Stellung ergeben könnten. Aus kommunikationswissenschaftlicher Perspektive ist beispielsweise die Frage interessant, wie Prosument:innen aus der Masse aller möglichen kommunikativen Angebote und Beiträge im Web 2.0 auswählen. Die Möglichkeit, massenmediale Selektion zu umgehen, nimmt gleichzeitig in gewisser Weise auch den redaktionellen Schutz vor massenhaften irrelevanten Inhalten, mit denen man als Rezipient:in nun konfrontiert wird. Anschließend an Meyens Medialisierungskonzept (2009; 2015), das im Kampf um die limitierte Aufmerksamkeit von Zielgruppen in der öffentlichen (Online-)Kommunikation eine Orientierung individueller und kollektiver Sender:innen an einer aufmerksamkeitsoptimierten Medienlogik (Thieroff 2016; Wiedel 2015) vermutet, ist dafür keine systemische Lösung erkennbar. Ganz im Gegenteil, die Medialisierungsthese führt im Laufe der Zeit zu immer mehr und stärker pointiert aufbereiteten Webinhalten, sodass eine Auswahl zunehmend schwieriger und belastender wird. An dieser Stelle sehen Dietrich et al. (2021) die Verantwortung zum Setzen von Grenzen bei den Mediennutzer:innen selbst, die als Prosument:innen nicht nur unter unselektierter, klickzahloptimierter Kommunikation im Web 2.0 leiden (Rolle des Konsumenten), sondern selbige als Produzent:innen auch immer wieder mitprägen. Aus dem Rollenwechsel erwachse demnach nicht nur Reichweite und handwerkliches Können, sondern auch vertieftes Wissen über die Produktionslogiken in der öffentlichen Kommunikation, verbunden mit ethischen Pflichten sich selbst und der Öffentlichkeit gegenüber.

Abschließend in dieser Klassifikation von Indikatoren einer Kultur der Digitalität stehen das Gaming sowie die Gamification. Digitales Gaming existierte bereits längere Zeit vor Einführung des Internets, unter anderem auf Spielautomaten und offline am heimischen PC. Mit Einführung der globalen Netzwerktechnik Anfang der 2000er-Jahre wuchsen der Gaming-Markt sowie die Spieler:innenzahlen rapide an. Heute spielen in Deutschland über 34 Millionen Menschen zumindest gelegentlich irgendeine Art Videospiel (game e.V. 2020b). Die Genres, Plattformen und Geschäftsmodelle wurden in gut 20 Jahren an jeden denkbaren Spielertypen angepasst (Halley 2019; Yee 2020). Dazu kommt die Entwicklung einer professionellen und kompetitiven eSport-Szene, in der Athlet:innen, Teams und Organisationen in einem festen Wettbewerbsbetrieb vor Millionen von Zuschauer:innen um Preisgelder und Titel spielen (Scholz 2019). Gaming ist deshalb als Pionier der Online-Kommunikation zu verstehen und bildet für diese Arbeit ein sehr gut geeignetes Beispiel fortgeschrittener mediatisierter und medialisierter Gesellschaftskommunikation. Neben dem freizeit- und wettbewerbsbezogenen Videospielen verbreiten sich Gaming-eigene Motivationsmechanismen und Handlungswelten auch in vielen weiteren gesellschaftlichen Bereichen, die traditionell keinen speziellen Zugang zu diesem Thema hatten. Unter dem Begriff Gamification werden spielorientierte Adaptionen von Aufgabenstellungen und Lernszenarien beispielsweise in Unternehmen (Fortbildungen als Levels, die es zu durchlaufen gilt, mit virtuellen Belohnungen und Abzeichen) oder im Gesundheitswesen (Übungen zur Rehabilitation als interaktives Abenteuer) zusammengefasst. Auch webgebundene Standard-Prozesse wie das Erstellen eines sicheren Passworts werden durch Gamification ansprechender gestaltet (z. B. Stampfl 2016; Zichermann 2011). Mit Hilfe sogenannter *Wearables* (z. B. Smart Watch, Smart Glasses) und *Augmented Reality* werden Games und Gamification-Techniken zunehmend auch dafür eingesetzt, körperliche Aktivitäten der Nutzer:innen in der realen Welt zu fördern, beispielsweise in Fitness-Challenges oder als virtuelle Schatzsuche im Spiel *Pokemon Go* (Mileva 2019; An & Nigg 2017).

Aus medienpädagogischer Perspektive bringt eine Kultur der Digitalität für individuelle Mediennutzer:innen gleichermaßen Chancen wie Risiken mit sich. Ziel des folgenden Abschnitts ist es, einen Überblick über Potenziale und Herausforderungen in digitalen Welten zu schaffen. Dabei liegt im Sinne des Forschungsziels dieser Arbeit der Schwerpunkt auf Risiken und Grenzüberschreitungen, die sowohl sender- als auch empfängerseitig auftreten können. Ausdrücklich geht mit diesem inhaltlichen Fokus allerdings keine medienskeptische Grundperspektive einher. Der Sinn und Zweck dieser Forschung zum sozialen Medienhandeln im Internet am Beispiel Gaming und Videospielsucht liegt vielmehr darin, wirkungsvolle Strukturen zu schaffen, in denen insbesondere heranwachsende Nutzer:innen optimal von den Potenzialen digitaler Handlungswelten profitieren können. Insofern beginnt der folgende Textabschnitt mit einigen der prominentesten Chancen webgebundener Kommunikation.

Das Internet schafft die Voraussetzungen für *gesellschaftliche Inklusion* in enormem Maße. Die International Telecommunication Union (ICU) (n.d.) versteht unter digitaler Inklusion „empowering people through information and communication technologies". Die Verwendung des schwammigen Ausdrucks „people" ist dabei legitim, denn die inklusiven Potenziale des Internets gelten in der Theorie tatsächlich weltweit und für alle denkbaren (Gruppen von) Personen. Informationen, Wissen und insgesamt Bildung sind wichtige Voraussetzungen für politische Teilhabe, ökonomische Sicherheit und soziale Integration (z. B. Wacker 2018). Das Internet mit seiner aggregierenden Produktionslogik (Stichwort: Schwarmintelligenz; Lévy 1997), seinen vielfältigen Wissensspeichern und Suchalgorithmen ermöglicht intensive (Weiter)Bildung in mehr oder weniger allen denkbaren Interessensfeldern. Nötig sind dafür ein geeignetes Endgerät sowie ein Netzzugang, außerdem ein gewisses Set an Nutzungskompetenzen. Die Netzabdeckung und die technische Ausstattung sind in vielen Bereichen der Welt schon weit fortgeschritten – auch dank des Prinzips der Netzneutralität (Bundesnetzagentur 2018), das jedem Nutzer und jeder Nutzerin Zugang zum selben Preis und mit derselben Datengeschwindigkeit zusichert. Zwar ist global betrachtet nach wie vor von substanziellen Unterschieden in der Netzabdeckung beziehungsweise im tatsächlichen Zugang zum Internet auszugehen, auch weil Provider inzwischen einzelne Datenströme und Kunden bevorzugen dürfen (Hilbert 2016; Schöbel-Matthey 2019). Dennoch finden beispielsweise in der westlichen Welt, gerade in jüngeren Generationen, bereits relevante Überbrückungseffekte sozialer Ungleichheiten durch fast vollständigen Zugang zum Internet statt (für die Europäische Union: Eurostat 2020; weltweit: Internet World Stats 2020). Auch global betrachtet deutet sich diesbezüglich ein positiver Trend an (z. B. Pew Research 2016). Neben dem Bildungsaspekt bergen digitale Kommunikationstechnologien und -welten auch bedeutendes Potenzial zur gesellschaftlichen Integration körperlich und kognitiv eingeschränkter oder erkrankter Personen. Digitale Medientechnik kann mit der richtigen Kombination aus Hard- und Software beispielsweise stumme Menschen sprechen lassen (Newell 2011), außerdem die Seh- (Rojahn 2013) und Hörleistung (Healthy Hearing 2017) sowie den Tastsinn durch sensorgesteuerte und mit dem körperlichen Nervensystem verbundene Prothesen substanziell verbessern (Gopnik 2016). Auch digitales Gaming kann als inklusives Kommunikationsfeld verstanden werden. Auf der einen Seite werden immer öfter individualisierbare Bedienungsgeräte entwickelt, um körperliche Besonderheiten auszugleichen (Eichhorn 2018). In den Spieleinstellungen stehen diverse Optionen zur Anpassung von audiovisuellen Darstellungen an immer vielfältigere individuelle Einschränkungen zur Verfügung. Gaming entfaltet zudem auch abseits der rein technischen Zugangswege ein großes Inklusionspotenzial, da es körperlich oder kognitiv eingeschränkten Personen aus ihrem gewohnten Umfeld heraus den Aufbau zahlreicher sozialer Kontakte ermöglicht. Zudem entfaltet sich hier noch wesentlich stärker als bei nicht-eingeschränkten Nutzer:innen der entgrenzende Charakter virtueller Spielwelten, in denen Charaktere optisch und in ihren Fähigkeiten frei gestaltet werden können, physische und physikalische Regeln nicht immer gelten und Interaktion selbst mit den beeindruckendsten Objekten, Maschinen und Lebewesen ohne Probleme möglich ist (Halley 2019; Breiner & Kolibius 2019a, 41 ff.). Aus dieser Argumentation heraus lässt sich *Kreativität* als weiterer wichtiger Vorteil digitaler (Spiel)Welten begreifen. Kreatives Handeln wird von der Architektur und Kultur im Internet aus mehreren Gründen gefördert. Das Prinzip Sandbox, sei es nun Frontend- (Baukasten mit bestimmten Werkzeugen, z. B. die Software Photoshop oder das Videospiel Minecraft) oder Backend-Technologie (der Code an sich, aus dem sichtbare Webstrukturen erst entstehen), erlaubt es individuellen Nutzer:innen, ohne besonderen Ressourceneinsatz (Geld, Platz, Kraft, Personal etc.) digitale Dinge und Welten zu erschaffen, die nicht selten anschließend auch in die reale Welt transportiert werden können, zum Beispiel via (3D-)Drucktechnologie, Nachbau oder Anwendung (Bsp. Musikstück oder Sporttaktik). Je nach persönlichem Interesse können sich die Nutzer:innen außerdem deutlich niedrigschwelliger als in der realen Welt im Netz mit anderen Personen vernetzen, die dieselben Interessen teilen, und ortsungebunden Kontakt halten (Döring 2010). Abgesehen von Videospielen und freier Design-Software integrieren auch immer häufiger Unternehmen individualisierbare Produkte und serviceorientierte Konfigurator-Software in ihre digitalen Auftritte und Angebote (etwa Raumausstattungseditoren von Möbelhäusern im Stil von *Die Sims* oder virtuelle Tuning-Garagen von Autoherstellern). Abschließend in dieser Klassifikation zentraler Chancen des Internets aus Usersicht steht der Einsatz digitaler Technologie zum *Lehren und Lernen*. In smarten Klassenzimmern, die nicht nur mit aktueller Medienpräsentationstechnik, mobilen Workstations und Lernsoftware ausgestattet sind, sondern nach Vorbild des „flipped classrooms" (Werner et al. 2018) auch in der Raumstruktur flexibel an unterschiedliche didaktische Szenarien angepasst werden können, stehen mehrere Alternativen zum Lernen von und mit Medien zur Auswahl. Neben gängiger Lern- und Präsentationssoftware können auch spielbasierte Simulationen (z. B. die Städtebau-Simulation *SimCity* oder die Geschichts- und Wirtschaftssimulationsreihe *Anno*) dazu verwendet werden, Schüler:innen plastisch und lebensweltnah Wissen zu vermitteln (Baecker 2019, 74 f.). Serious Games konfrontieren die Heranwachsenden zudem in einem stringenten Spieldesign mit konkreten sozialen, politischen oder ethischen Fragestellungen in einer Gesellschaft (Dörner et al. 2016, 3; Göbel 2016). Präsenzunterricht ist in digitalen Zeiten kein Muss mehr, sondern wird als Blended Learning ergänzt oder vollständig ersetzt durch synchrone oder asynchrone Online-Lehre, die in mehr oder weniger strukturierten Lernsettings (bspw. als Videokonferenz der gesamten Klasse oder kontaktlos innerhalb eines Learning-Management-Systems wie ILIAS mit vorprogrammierten Angaben, inhaltlichen Dramaturgien und Lernzielkontrollen) ablaufen kann. Anwesende Lehrer:innen werden in ersten größeren Feldversuchen mittlerweile von „intelligent tutoring systems" (IST) ersetzt, die als virtuelle Helfer auf Basis künstlicher Intelligenz anhand der Lösungswege von Schüler:innen individuelle Schwierigkeiten erkennen und dementsprechend individualisiert Hilfestellung geben sollen (VanLehn 2011; Escueta et al. 2017).

Der Blick dieser Arbeit richtet sich nun auf die potenziellen Nachteile und Herausforderungen mediatisierter und medialisierter Kommunikation aus Nutzersicht. Anstelle jedoch von Risiken oder Gefahren zu sprechen, verwendet diese Arbeit im Folgenden die Begriffe *Grenzen* und *Grenzüberschreitungen* in einer digitalen Kommunikationskultur. Diese Entscheidung trägt insbesondere Kniepers Vorstellung eines Prosumers Rechnung, der wechselnd Kommunikator und Rezipient ist (Knieper et al. 2011) und damit automatisch auch Täter und Opfer der hier beschriebenen Handlungsdynamiken sein kann. Ebenso strukturiert sich auch die nachfolgend zunächst im Fließtext und anschließend in der grafischen Übersicht (vgl. Abb. 5) präsentierte Klassifikation von Grenzen. Zunächst behandelt der Text senderseitige, anschließend stehen die empfängerseitigen Grenzüberschreitungen im Fokus. Nicht mehr im Einzelnen behandelt, sondern als der digitalen Kommunikation inhärente Handlungslogik vorausgesetzt wird die oben beschriebene Medialisierung in einer Ökonomie der Aufmerksamkeit. Klar ist demzufolge, dass individuelle und öffentliche Kommunikation im Digitalen stark pointiert und geprägt von massenmedialen Erfolgskriterien wie Simplifizierung, Visualisierung und Emotionalisierung abläuft. Insbesondere senderseitige Grenzüberschreitungen lassen sich mit diesem Theoriekonstrukt gut erklären.

Senderseitige Grenzüberschreitungen in einer Kultur der Digitalität

In der digitalen Kommunikation, die wie oben beschrieben an referentielle und kollaborative Content-Produktion gewöhnt ist, werden immer wieder *Urheberrechts- und Persönlichkeitsrechtsverletzungen* zugunsten attraktiver neuer Inhalte relevant. Öffentlich dokumentiert worden sind solche Grenzüberschreitungen insbesondere im Online-Journalismus, in dem sich eine gewisse Abschreibekultur (Wiedel 2015) etabliert hat, zulasten von Recherchegenauigkeit und Quellenvielfalt. Ein im Lichte der Grundrechte sowie der Aufmerksamkeitslogik durchaus kontrovers zu diskutierendes Beispiel stark zugespitzter Online-Kommunikation bildet das Erdogan-kritische Gedicht *Schmähkritik* des Journalisten und Moderators Jan Böhmermann (NDR

2018). Auf der einen Seite prangert Böhmermann die antidemokratische Politik des türkischen Staatspräsidenten an, mit durchaus respektablen politischen Folgen. Gleichzeitig wurden Teile des Gedichts mittlerweile als rechtsverletzend verboten. Böhmermann selbst gibt an, er habe bewusst die Grenzen der Satire aufzeigen und ausreizen wollen. Man könnte allerdings auch argumentieren, dass hier ein stark medialisierter Journalist das klickzahlgetriebene Selbstmarketing schlicht und einfach übertrieben hat (z. B. Spiegel Online 2016a; 2016b). Deutlich klarer fällt die Bewertung im Falle des People-Magazins *Bunte* aus, das im Jahr 2017 als „Weihnachtswunder" verkündet hatte, dass der bei einem Ski-Unfall verunglückte deutsche Formel-1-Weltmeister Michael Schumacher wieder gehen könne. Die nicht besonders gründlich recherchierte und im hektischen Online-Geschäft vorschnell publizierte Geschichte kostete das Medium schließlich 50.000 Euro Schadensersatz (Schade 2017). Auch im unternehmerischen Kontext werden Urheber- und Persönlichkeitsrechte übergangen, um selbst mehr Klicks zu bekommen. Streamer:innen auf der Gaming-Plattform *Twitch* haben beispielsweise gebührenpflichtige Musik zur Untermalung ihrer Übertragungen abgespielt, oft in Studioqualität. Ähnlich wie bei *YouTube* der Fall, installierten die Plattformbetreiber nach Beschwerden der Recording Industry Association America (RIAA) eine Erkennungssoftware und sperren fortan alle entsprechenden Videos (Walter 2020). *Cybermobbing, Stalking und sexuelle Belästigung* gelten hier zusammengefasst als zweite Gruppe senderseitiger Grenzüberschreitungen in digitalen Welten. Dabei hat Cybermobbing, das strukturell große Parallelen zum konventionellen Mobbing aufweist (Wachs & Wolf 2011), diverse Vorstufen und Erscheinungsformen, die im Online-Kontext beispielsweise als Shitstorms, Trolling oder als toxisches Verhalten bezeichnet werden. Shitstorms, also das plötzliche massenhafte Kritisieren und/oder Beschimpfen eines individuellen oder kollektiven Nutzers in sozialen Netzwerken, sind meist singuläre Ereignisse von vergleichsweise kurzer Dauer, entfalten jedoch aufgrund ihrer Massivität nachhaltig emotionale Wirkung beim Opfer (Prinzing 2015, 154 ff.). Trolling und toxisches Verhalten finden demgegenüber längerfristig statt und beschreiben eine destruktive beziehungsweise aggressive Kommunikationskultur im Schutz der Anonymität, die sich in der Regel nicht gegen eine bestimmte Person richtet (Cheng et al. 2017; Kramer 2019). Im Gaming-Kontext lassen sich beispielsweise je nach Spiel und Zielgruppe eher kollaborative, nutzerfreundliche und stark kompetitive, toxischere Communities unterscheiden (ebd.). Trolle sind als Einzelpersonen vor allem darauf aus, Diskussionen und Einzelbeiträge durch themenfremde, ironische oder provokative Kommentare zu entwerten (ebd.), und zwar unabhängig von bestimmten Subkulturen in allen Bereichen des Internets. Meist spielt es dabei keine Rolle, gegen welche Person sich das Trolling richtet. Liegen dagegen gezielt auf einzelne Nutzer:innen bezogene und langfristige „Formen von Schikane, Verunglimpfung, Identitätsklau, Verrat und Ausgrenzung mithilfe von Informations- und Kommunikationstechnologien [vor], bei denen sich das Opfer hilflos oder ausgeliefert und (emotional) belastet fühlt, oder bei denen es sich voraussichtlich so fühlen würde, falls es von diesen Vorfällen wüsste" (Pieschl & Porsch 2014, 133 ff.), dann handelt es sich der Definition nach um manifestes Cyber-Mobbing. Pieschl und Porsch gehen davon aus, dass ein substanzieller Teil der Kinder und Jugendlichen im Internet Mobbing-Erfahrungen macht. Die Autor:innen begründen das mit den gegenüber der Realwelt günstigeren Bedingungen der Anonymität, fehlenden sozialen Hinweisreizen auf die entstehenden Konsequenzen sowie mit der kaum gegebenen Aufsicht und Kontrolle durch Erwachsene (ebd.). Ähnliches gilt für aufgezwungene sexualisierte Online-Kommunikation, von der insbesondere Mädchen betroffen sind (Eichenberg & Auersperg 2014). Jungen machen solche Erfahrungen zwar grundsätzlich auch, allerdings in geringerem Maße, verbunden zusätzlich mit einer tendenziell höheren Toleranzgrenze bezogen auf den Punkt, ab wann ein Verhalten als sexuell unangemessen empfunden wird. Beispiele sexuell belästigender Kommunikation im Internet reichen von verbalen Belästigungen, Demütigungen und Aufforderungen im Eins-zu-eins-Chat sowie in öffentlichen Communities und Foren, über ungewollte Konfrontation mit sexuellen Inhalten bis hin zu pädophilen Aktivitäten. Ein Großteil der sexuellen Online-Kommunikation findet allerdings zwischen Gleichaltrigen statt (Katzer 2011). Verfestigt sich belästigendes Verhalten, unabhängig davon ob eher aggressiv, sexualisiert oder anderweitig motiviert, hin zu einer dauerhaft psychisch und physisch belastenden und bedrohlichen Verfolgung einer Person in Online-Kanälen beziehungsweise mittels technischer Kommunikationsmittel, spricht man von Cyber-Stalking (awalt-org 2020). Auch *Rassismus und Diskriminierung* spielen eine bedeutende Rolle in der digitalen Kommunikation, in ganz unterschiedlichen Schattierungen und mehr oder weniger bewusst beziehungsweise gezielt. Im Sinne der Aufmerksamkeitslogik nach Franck (1998) und Meyen et al. (2015) lassen sich Fälle wie der Slogan „Coolest Monkey in the Jungle" der Modekette *H&M*, gedruckt auf einen Pullover und getragen von einem dunkelhäutigen Jungen, irgendwo zwischen naiver Fahrlässigkeit und gezielter Provokation interpretieren (manager magazin 2018). Gleiches gilt für ein fleckenfreies Deodorant der Marke *Nivea*, das mit dem Slogan „White is Purity" beworben wurde (Der Westen 2017). Diskriminierend gegenüber Frauen wurde in jüngerer Vergangenheit unter anderem die Werbekooperationen des Vergleichsportals *Verivox* mit Mario Barth empfunden, der seiner fiktiven Freundin im Videoclip das Prinzip des Preisvergleichs anhand einer stark vereinfachten Schuhkauf-Metapher erklärt (Focus Online 2017), sowie die Darstellung halbnackter Frauen in Szenarios, die eher an eine Verschleppung erinnerten, durch das Textilunternehmen *Palmers* (Hertreiter & Vollmuth 2017). Handfester Rassismus findet im Netz auf vielfältige Art und Weise statt und dabei teilweise auffallend öffentlich (vgl. z. B. Reinemann et al. 2019; Nolden 2020). Denn rassistische und radikale Bewegungen haben im Online-Kontext zunächst einmal dieselben einfachen Zugänge zu ihren Zielgruppen über soziale Netzwerke wie alle anderen Kommunikatoren auch. Wer die richtigen

Hashtags und Kanäle kennt, wird regelmäßig und in Echtzeit mit Informationen und Propaganda versorgt (z. B. Weimann & Jost 2015, 377 f.). Neben dieser internen Vernetzung erleichtern soziale Netzwerke Extremisten aber vor allem auch das Anwerben neuer Anhänger:innen. Extremistische Accounts veröffentlichen Botschaften und Inhalte, die sozusagen als Köder ausgeworfen werden, um Interesse zu wecken (z. B. Meleagrou-Hitchens & Kaderbhai 2017; Beyersdörfer et al. 2017). Jugendliche stehen dabei besonders im Fokus der Rekrutierungsversuche, da sie in ihrer sozialen Identität noch nicht so gefestigt sind und soziale Medien sehr intensiv nutzen. Die Gaming-Szene ist ein prominentes Beispiel für eine solche Formierung rassistischer Netzwerke. Rassistische Ideologien wurden nachweislich im sozialen Gaming-Netzwerk *Steam* verbreitet. Extremisten organisierten sich mit eindeutigen Avataren außerdem auch als Clans und Gilden in Rollenspielen wie *World of Warcraft* und glorifizieren ingame offen Anschläge wie das rechtsextremistische Attentat von Christchurch mit 51 Toten (Schwarz 2020; Gensing 2020). Überzogene und frei zugängliche Darstellungen von *Gewalt, Pornographie sowie Glücksspielangebote* bilden einen weiteren Bereich senderbezogener Grenzüberschreitungen im Digitalen. Schockbilder spielen nicht nur für extremistische Propaganda eine zentrale Rolle, sondern werden auch im journalistischen Kontext in einem aus ethischer Perspektive bedenklichen Ausmaß gezeigt (Knieper et al. 2017). Jüngere Beispiele bilden hier das Foto des toten Jungen Aylan Kurdi, der im Jahr 2015 an einem türkischen Strand angespült und zum Symbol der gesamten Flüchtlingskrise wurde (FAZ 2015b; Wiedel 2019, 60), sowie ein Bild von Leichen auf der blutverschmierten Tanzfläche des Pariser Clubs *Bataclan* nach dem Terroranschlag im November 2015, das die *BILD Zeitung* veröffentlichte (WBS 2015). Realitätsnahe Gewalt in Videospielen ist ebenfalls ein klassisches und kontroverses Thema ethischer Diskussionen (Happ et al 2014). Wenngleich es als erwiesen gilt, dass gewalthaltige Videospiele Aggressionen und negative Gefühle nicht unbedingt abbauen (Anderson et al. 2012; Happ et al. 2011), fallen die Befunde zu einer vermuteten Abstumpfung gegenüber Gewalt und einer damit verbundenen Steigerung aggressiven Verhaltens bis heute nicht eindeutig aus. Teilweise werden gewaltfördernde Auswirkungen belegt (ebd.; Anderson & Carnagey 2009; Whitaker et al. 2013), teilweise widerlegt (Ferguson 2008; Ferguson & Rueda 2010). Vermittelnde Studien raten deshalb zu einer hochindividuellen Bewertung unter Rücksicht auf komplexe Persönlichkeitseigenschaften und Spielbedingungen einzelner Nutzer:innen (Hartmann et al. 2010; Gollwitzer & Melzer 2012; Gentile & Bushman 2012). Den abschließenden Handlungsbereich senderbezogener Grenzüberschreitungen in dieser Klassifikation bilden *subtile Werbeformen* im Netz. Insbesondere jüngere Nutzer:innen sind angesichts fließender Übergänge zwischen neutraler Berichterstattung, persönlicher Meinung und gesponserten Inhalten in *YouTube*-Videos, *Instagram*-Stories oder Blogbeiträgen nicht gut in der Lage, persuasionsgetriebene Werbeinhalte als solche zu identifizieren (Diergarten et al. 2014; Neeley 2007; Ali et al. 2009). Das medienrechtlich verankerte Trennungsgebot von Redaktion und Werbung stößt gerade im Falle von Social-Media-Kanälen an seine Grenzen, wie Gerichtsverfahren zu Beiträgen bekannter Influencer:innen wie Cathy Hummels oder Pamela Reif belegen (Lenhardt 2020). Hier werden häufig private und geschäftliche Inhalte vermischt, außerdem agieren die Influencerinnen in beiden Fällen sehr ähnlich authentisch – bewusst oder unbewusst (Hartung 2019; AK Wien 2018).

Empfängerseitige Grenzüberschreitungen in einer Kultur der Digitalität

Die empfängerseitigen Grenzüberschreitungen in einer digitalen Ökonomie der Aufmerksamkeit orientieren sich inhaltlich an Wiedels (2019) Klassifikation und lassen sich auch, aber längst nicht nur kausal mit den oben genannten senderbezogenen Grenzüberschreitungen verknüpfen. Im physischen Bereich kann eine intensive Nutzung digitaler Endgeräte und Kommunikationswelten trotz der Möglichkeit zur Integration in die reale Lebenswelt mittels mobiler Endgeräte für nachhaltige Schäden und Mutationen sorgen. Hinter harmlosen Begriffen wie „Handy-Nacken", „iPhone-Schulter" oder „WhatsAppitis" verbergen sich ernstzunehmende Entzündungen von Sehnen und Gelenken der Hände, der Arme, der Schultern und des gesamten Rückens, die sich zu dauerhaften Haltungsschäden entwickeln können. Beispielsweise warnt die Vereinigung britischer Chiropraktiker:innen davor, dass die typische Nutzungshaltung mit gebeugten Schultern und gekrümmtem Rücken in einen irreversiblen Rundrücken übergehen kann, der ähnlich stark lebenszeitverkürzend wirken könnte wie Fettleibigkeit (Habich 2014). Auch die menschlichen Sinnesorgane passen sich in gewissem Maße einer anhaltenden Onlinenutzung an. Bis zum Jahr 2050 ist beispielsweise mit einem substanziellen Anstieg von Kurzsichtigkeit in der Gesellschaft zu rechnen, weil die Augen vermehrt zu Tätigkeiten benutzt werden, die eine Naheinstellung erzwingen. Evolutionsbiologisch passt sich das Auge entsprechend an und wächst mit der Zeit in die Länge, wodurch einfallendes Licht nur noch zu kleinen Teilen auf die Netzhaut trifft (Preuk 2016). Zusätzlich zu den rein körperlichen Symptomen werden unter dem Sammelbegriff „Morbus Media" (Wewetzer 2015) einige psychische Krankheitsbilder und Symptomatiken zusammengefasst, die für sich genommen nicht neu sind, allerdings nach neueren Erkenntnissen nun auch durch intensiven Medien- beziehungsweise Internetkonsum ausgelöst werden können. Insgesamt lässt sich sagen, dass User:innen Gefahr laufen, von der Omnipräsenz eines unendlichen und emotional stark nutzerzentriert zugespitzten Internets ab einem gewissen Punkt überfordert zu sein. Dabei setzen sich Menschen je nach individuellem Nutzungskontext mehr oder weniger freiwillig den Wirkungsströmen digitaler Welten aus. Ein Nutzer, der in seiner Freizeit beispielsweise häufig Videospiele spielt, regelmäßig digitale Nachrichten und Unterhaltungsangebote konsumiert und intensiv Kontakt zu seinen Fans und Freunden in sozialen Netzwerken

Grenzüberschreitungen in einer Kultur der Digitalität	
Senderseitig	**Empfängerseitig**
• Urheberrechts- und Persönlichkeitsrechtsverletzungen • Cybermobbing, Stalking und sexuelle Belästigung • Rassismus und Diskriminierung • Gewalt, Pornographie und Glücksspiel • Subtile Werbeformen	• Verletzung physischer Grenzen • Anatomische Fehlbildungen (z. B. Rundrücken) • (Über)Reizung von Muskeln und Sehnen • Neuronale Fehlbildungen (z. B. Kurzsichtigkeit)
	Verletzung mentaler Grenzen • Depressive Zustände (z. B. Niedergeschlagenheit, Schlaf- & Appetitstörungen, Antriebslosigkeit, sozialer Rückzug) • Chronische Erschöpfung / Burnout (z. B. Müdigkeit, • Kopfschmerzen, Rückenschmerzen, Herz- & Kreislaufbeschwerden, Gereiztheit, Ängstlichkeit) • Angststörungen • Suchtverhalten • Aufmerksamkeits- und Konzentrationsstörungen

Abbildung 5: Klassifikation von Grenzüberschreitungen in einer Kultur der Digitalität, unterteilt nach senderseitigen und empfängerseitigen Handlungen bzw. Wirkungen (eigene Darstellung)

hat, scheint sich vergleichsweise ungezwungen hinzugeben. Grenzüberschreitungen werden in diesem Fall also eher selbstgesteuert eingeleitet. Demgegenüber könnte man argumentieren, dass eine zweite Nutzerin, die aus beruflichen Gründen ständig über diverse digitale Kanäle erreichbar sein und relevante Nachrichten und Social-Media-Posts im Auge behalten muss (Always-On; Hager & Kern 2017; Roth-Ebner 2015), oder ein dritter Nutzer, der ununterbrochen von Mobbing und Stalking verfolgt wird, mehr oder weniger in eine Überlastungssituation getrieben würden. Während es wenige überzeugende Argumente dafür gibt, die Relevanz und Logik der beiden letztgenannten Fälle anzuzweifeln, wird vor allem das vermeintlich freiwillige Sich-Hineinbegeben und Versinken in virtuellen Welten für diese Arbeit zur Videospielsucht sehr interessant. Denn wie weiter unten in Kapitel 4 noch ausführlich geschildert, reagieren längst nicht alle Nutzer:innen gleich auf die vielfältigen Reize und Beschäftigungsmöglichkeiten des Internets. Gerade im Bereich der mentalen Grenzüberschreitungen in digitalen Räumen, zu denen Suchtformen ebenso zählen wie chronische Erschöpfung und Burnout, Depressionen sowie Angst- und Aufmerksamkeitsstörungen (Janker & Waitz 2017; Hager & Kern 2017; Koesch et al. 2007; Illy & Florack 2018; Rühle 2010; Rothfischer 2012), entscheiden in der Regel komplexe Faktorkombinationen aus der individuellen Persönlichkeit, dem sozialen Umfeld und der medialen Funktionslogik darüber, ob ein souverän-maßvoller oder ein vulnerabel-maßloser Umgang stattfindet (z. B. Rehbein 2014; Stodt et al. 2015).

2.3 Der disruptive Charakter der Mediatisierung und der Medialisierung

Zusammenfassend veranschaulichen die in den Kapiteln 2.1 und 2.2 erläuterten gesellschaftlichen Dynamiken gut den disruptiven Charakter einer Gesellschaft, deren Kommunikation und Sozialleben immer stärker medienlogikvermittelt beziehungsweise in digitalen Welten stattfindet. Die beiden kommunikationswissenschaftlichen Theoriekonzepte der Mediatisierung sowie der Medialisierung der Gesellschaft eignen sich ausgesprochen gut dafür, singuläre Trendphänomene und Handlungsfelder in der digitalen Kommunikation in ihrer Entstehung und Gestalt zu beschreiben und anhand übergreifender Leitlinien zu einer Kultur der Digitalität zusammenzuführen. Klar wird dabei vor allem, dass in der privaten und öffentlichen Kommunikation heute andere Regeln gelten als noch vor 20 oder 30 Jahren: Digitale Medien und Plattformen können durch freien Informationszugang und kollaborative Wissensproduktion stark inklusiv wirken, eignen sich überdies als Raum für kreatives Schaffen und sind gut zum Lernen und Lehren zu gebrauchen. Andererseits hängt in globalen und omnipräsenten Aufmerksamkeitsmärkten soziale Integration stark von einer konsequenten und intensiven digitalen Partizipation ab. Kommunikative Botschaften müssen zudem einer Nachrichten(wert)logik entsprechen, um im Kontext einer großen Masse konkurrierender Postings überhaupt noch Gehör zu finden. Gute Chancen auf akzeptable Reichweite und Resonanz haben dabei unter anderem stark visuelle, sehr originelle und emotionale Stücke. Im Ergebnis führt eine derartige Zuspitzung in der thematischen Auswahl und Aufbereitung kommunikativer Inhalte im Netz, gemeinsam mit weiteren spezifischen Eigenheiten digitaler Welten wie der grundsätzlichen User-Anonymität und der oft filterlosen Publikationsmacht der Prosument:innen zu einer Vielzahl beobachtbarer Grenzüberschreitungen – im rechtlichen, ethischen und medizinischen Sinne. Senderseitig werden unter anderem Urheber- und Persönlichkeitsrechte verletzt, sei es zur Steigerung der Attraktivität eigener Inhalte oder als gezielte Provokation und Aggression in Form von Trolling, Shitstorms oder Mobbing. Aus medienpädagogischer Perspektive

Abbildung 6: Konstituierende Merkmale und Herausforderungen einer Kultur der Digitalität: Durch die gesellschaftlichen Makro-Prozesse der Mediatisierung und der Medialisierung laufen öffentliche und private Kommunikation zunehmend computervermittelt ab, folgen zudem einer inhaltlich zugespitzten Aufmerksamkeitslogik. Es bildet sich so schrittweise eine gesamtgesellschaftliche Kultur der Digitalität heraus, die mit Chancen und Risiken verbunden ist. Der Schwerpunkt dieser Abbildung liegt auf den sender- (oben) und empfängerseitigen (unten) Risiken beziehungsweise Grenzüberschreitungen in digitalen Handlungswelten. (eigene Darstellung)

sind insbesondere für Heranwachsende außerdem sehr liberale Darstellungen von Gewalt und Pornographie als bedenklich einzustufen, zumal Jugendliche vergleichsweise oft ungewollt, anonym und gezielt mit sexualisierten Kontaktaufnahmen und Bildern konfrontiert werden. Auch extremistische und rassistische Botschaften finden im Digitalen ihre Plattformen und können sensible Wirkung auf vulnerable Persönlichkeiten entfalten. Aus eben dieser Empfängerperspektive betrachtet, fällt auf, dass eine intensive Nutzung beziehungsweise Konfrontation mit digitaler Kommunikation, sei sie nun erzwungen oder (zunächst) freiwillig, physisch und psychisch auf Dauer sehr nachteilig sein kann. Körperlichen Symptomen wie Reizungen und Verformungen im Bereich der Hände, Arme, Schultern, Augen sowie des Rückens stehen Symptome mentaler Erschöpfung wie Müdigkeit, Kopfschmerzen, Konzentrationsprobleme und Stimmungsschwankungen gegenüber, die sich zu manifesten psychischen Krankheiten wie Angststörungen, Depressionen oder Suchtformen entwickeln können.

Ausgehend von diesem Status quo beschäftigt sich diese Arbeit in den folgenden Kapiteln mit medienpädagogischen Ansätzen zur Kontrolle und Eindämmung der beschriebenen Herausforderungen und Grenzüberschreitungen in digitalen Welten. Ziel ist, insbesondere Heranwachsenden ein kompetentes, maßvolles Nutzungsverhalten zu ermöglichen, innerhalb dessen vor allem die Chancen und Potenziale einer Kultur der Digitalität zum Tragen kommen. Auch aus der Kommunikationswissenschaft heraus existieren bereits erste Ansätze, die ein Bewusstsein für den aus Risiken und Nebenwirkungen erwachsenden sozialen und gesellschaftlichen Handlungsbedarf belegen. Roitsch (2020) hält es zum Beispiel für sehr wichtig, überhaupt erst einmal kommunikative Grenzen für sich selbst, aber auch für die Gemeinschaft zu definieren, um subjektive und intersubjektive Ausgangslagen für Kontrollmechanismen zu schaffen. Dietrich et al. (2021) plädieren weiterhin aus ethischer Sicht für eine deutlich stärkere Pflicht der Prosument:innen, die als Produzent:innen und Konsument:innen gleichermaßen Grenzen überschreiten und unter Grenzüberschreitungen leiden, zur engagierten Kritik und Kontrolle öffentlicher Webkommunikation. Weniger sender-, sondern eher empfängerseitig setzen Karidi et al. (2018) und Steinmaurer (2019) an, wenn sie sich mit der Resilienz der Nutzer:innen beschäftigen. Hier geht es vor allem um die Frage, ob und auf welche Weise Menschen Fähigkeiten entwickeln können, die sie mental widerstandsfähiger gegenüber den Funktionslogiken und Herausforderungen einer mediatisierten Kultur der Digitalität machen. In eine ähnliche Richtung denkt diese Arbeit, deren späteres empirisches Projekt ebenfalls beim einzelnen Nutzer und der einzelnen Nutzerin ansetzt. Als Untersuchungsgegenstand und Ansatzpunkt der weiteren theoretischen Konkretisierung wird hier außerdem die Videospielsucht als empfängerseitige, mentale Grenzüberschreitung im obigen Sinne ausgewählt. Konkret wird also gefragt, auf welche Weise im Gaming als Teilbereich einer Kultur der Digitalität eine mentale Grenzüberschreitung durch die Entwicklung suchtartigen Verhaltens verhindert und rehabilitierend begleitet werden kann. Die folgenden Kapitel 3 (Handlungsfeld Gaming), 4 (Krankheitsbild Videospielsucht) und 5 (Digitale Medienkompetenzvermittlung) bereiten dementsprechend das nötige Kontextwissen auf, um ein zielführendes medienpädagogisches Handlungskonzept zur Videospielsucht-Prävention, -Begleitung und -Rehabilitation erst theoretisch zu modellieren und anschließend empirisch zu validieren. Rückbezüglich zur Mediatisierungs- und Medialisierungsforschung, die bislang vor allem Wirkungsprozesse und kausale Vermutungen theoretisch modelliert und empirisch überprüft hat, kann dieses Forschungsvorhaben zudem als Schritt in die Folgenperspektive verstanden werden. Nicht nur richtet die obige Klassifikation von Grenzüberschreitungen den Blick auf die sozialkommunikativen Herausforderungen einer stark digitalen und inhaltlich zugespitzten Gesellschaftskommunikation, sondern arbeitet die Rahmenbedingungen und Handlungsdynamiken hinein in den Grenzübertritt am ausgewählten Beispiel plastisch auf.

3 Gaming – Internetpionier und Boom-Branche

Bevor eine pathologische Videospielnutzung in ihren Erscheinungsformen und Entstehungsdynamiken reflektiert werden kann, muss ein Grundverständnis für den Handlungskontext gegeben sein, in dem dieses Verhalten stattfindet. Die Aufgabe von Kapitel 3 ist deshalb, diesen kompetenten Blick auf die Materie zu ermöglichen und das Digitalphänomen Gaming in seinen wesentlichen Aspekten komprimiert vorzustellen. Kapitel 3.1 wird sich in diesem Sinne zunächst mit einer grundständigen Begriffsdefinition und der Historie des Gaming als Pionier computervermittelter und webgebundener Kommunikation beschäftigen. Spielegenres und Spielkontexte (z. B. casual vs. competitive, stationär vs. mobile) führen anschließend in Kapitel 3.2 in die Infrastruktur und soziale Kultur der Videospiele ein. Gaming als Wirtschaftsfaktor steht im Fokus von Kapitel 3.3, das sich insbesondere mit der entwickelnden und vertreibenden Videospielindustrie sowie mit dem Bereich eSport auseinandersetzt. Auch vor dem Hintergrund einer oben beschriebenen Aufmerksamkeitslogik im Rahmen des Medialisierungskonzeptes diskutiert Kapitel 3.4 die aktuellen Trends im Spieldesign beziehungsweise bei Monetarisierungsmodellen. Kapitel 3.5 betrachtet Gaming schließlich aus der Perspektive der Öffentlichkeit anhand einiger zentraler gesellschaftlicher Diskurse.

3.1 Definition und Historie

Auf dem Weg hin zu einer Definition des Begriffes *Gaming* im Sinne dieser Arbeit sind zwei wichtige Dimensionen einzubeziehen, die technologische und die kulturelle. Der Duden fasst Gaming ganz simpel als Bereich der Anwendung von Videospielen (Duden 2020). Was im wissenschaftlichen Kontext etwas ungenau anmutet, weist jedoch auf eine erste wichtige begriffliche Unterscheidung hin, nämlich die zwischen *Gaming* und *Videospielen* (zu verstehen als Substantiv Plural und als substantiviertes Verb). Ursprünglich bedeutet Gaming im Englischen schlicht und einfach *Spielen*, ohne Spezifizierung hinsichtlich der Art des Spiels und des Spielkontextes. Es könnte sich demnach auch um ein analoges Kartenspiel oder eine Rasenballsportart handeln. Erst beim Eindeutschen des Ausdrucks fand die semantische Verknüpfung mit elektronischen und digitalen Spielen, den sogenannten Video- beziehungsweise Computerspielen statt (Breiner & Kolibius 2019a, 2). Wie auch der übergeordnete Branchenbegriff selbst ist das Vokabular der Videospielkultur ein subkulturell spezielles und zu großen Teilen eingedeutschtes Sammelsurium englischsprachiger Ausdrücke und Neologismen. Vom klassischen Gaming muss weiterhin das wesentlich weniger subkulturelle Phänomen der *Gamification* (Deterding et al. 2011) unterschieden werden. Der Gaming-Begriff, dem diese Arbeit bei der späteren Diskussion über pathologisches Nutzungsverhalten und medienpädagogische Handlungskonzepte im Kern folgt, ist der von Nicolas Esposito (2005). Esposito sieht zunächst ebenfalls die Definition von *videogame* (im Deutschen also: Videospiel) als die für die Forschung am besten geeignete Größe an. Als wesentliche Faktoren wiederum, die ein Videospiel auszeichnen, nennt er den Spielcharakter (game), das Spielen selbst (play), das formgebende elektrotechnische System (audiovisual apparatus) sowie die darin enthaltenen narrativen Elemente (story). Ein *Spiel* liegt dann vor, wenn eine fiktionale, unvorhersehbare und wirtschaftlich unproduktive Tätigkeit gegeben ist, die Regeln folgt und raumzeitliche Grenzen aufweist, und die außerdem freiwillig ist (z. B. Caillois 1967; Huizinga 1955). Mit Blick auf aktuelle Trends in der Videospielbranche hin zu offenen Spielwelten und Sandbox-Spielumgebungen (Halley 2019) wird außerdem Kramers (2000) Unterscheidung von Spielen mit und ohne Regeln (bzw. Spielzielen und Wettbewerbsmechaniken) relevant, die Esposito (2005, 2) beide als Videospielsettings im engeren Sinne betrachtet. Ein Videospiel *zu spielen*, bedeutet mit Le Diberder/Le Diberder (1998) und Newman (2004), aktiv innerhalb der Spielumgebung zu handeln, Immersion zu erfahren (unabhängig davon, ob regel-, umgebungs- oder fantasiebasiert) sowie Ziele zu verfolgen (wiederum sowohl regel-, wettbewerbs- oder intrinsisch motiviert). Auch das bewusste Umgehen von Spielregeln und -grenzen (Cheating; Duh & Chen 2009), das gezielte Erweitern von Regelkatalogen und Spielwelten (Modding; Behr 2009) sowie das Aufdecken versteckter Elemente (Easter Eggs; Meyer 2000) ergänzen die Liste denkbarer Spielweisen. Das *formgebende elektronische System* eines Videospiels ist programmierbar, verfügt über Eingabe- (z. B. Maus, Tastatur, Controller etc.) und Ausgabegeräte (Bildschirm, Lautsprecher etc.) und umfasst jede denkbare Art von Endgeräten (z. B. Videospielautomat, Konsole, Handheld, stationärer PC oder Smartphone). Von zentraler Bedeutung ist dabei die Mensch-Maschine-Interaktion als Ausdruck der Interaktivität zwischen Spiel und Spieler (Esposito 2005, 3; Rouse 2004). Die meisten Videospiele integrieren schließlich *narrative Elemente*, um Spieler:innen ein Verständnis der Welt und der Spielregeln zu vermitteln, oft automatisch verbunden mit bestimmten Spielzielen. Gleichzeitig sind Videospiele aber nicht auf eine solche Story angewiesen. Je stärker der interaktive Simulationsanteil eines Spieldesigns ist (z. B. durch eine responsive Spielumgebung), desto eher funktionieren immersive Spielerfahrungen und intrinsisch motivierte Spielverläufe (Pearce 2004). Mit Crawford (2003) und Sellers (2001) lässt sich abschließend noch ein selbstreferentielles Argument im Sinne der Luhmannschen Autopoiesis (Luhmann 1984) anführen: Die technischen und kreativen Innovationen im Spieldesign haben

- Selfrepresentation with avatars
- Three-dimensional environments
- Narrative context
- Feedback
- Parallel communication systems that can be easily configured
- Marketplaces and economies
- Competition under rules that are explicit and enforced
- Teams
- Time pressure
- Reputations, ranks, and levels

Abbildung 7: Ten Ingredients of Great Games nach Reeves und Read 2009

über die vergangenen 50 Jahre hinweg immer wieder selbst dafür gesorgt, dass sich das Verständnis dessen, was Videospiele sein und leisten können, erweitert hat. Esposito (2005) legt auf Basis dieses Kompendiums von Videospiel-Eigenschaften die folgende forschungspragmatische Definition eines Videospiels an: „A videogame is a game which we play thanks to an audiovisual apparatus and which can be based on a story." Wenngleich sich diese Definition im Sinne dieser Arbeit später recht gut in eine Kernzielgruppe medienpädagogischer Arbeit operationalisieren lässt, besteht eine Pflicht zur regelmäßigen inhaltlichen Ausgestaltung anhand individueller Nutzungsgewohnheiten, Spieldesigns, Endgeräte und soziokultureller Kontexte. Schon in den – für digitalkulturelle Verhältnisse – frühen Standardwerken der deutschsprachigen Gaming-Forschung wie Wimmers „Massenphänomen Computerspiele" (2013) oder Quandts et al. „Die Computerspieler" (2009) wird deutlich, dass es je nach Hardware, Software und sozialem Szenario unzählige Arten gibt, sich mit Videospielen zu beschäftigen. Der große Erfolg von Cosplay-Conventions und Streaming-Portalen wie Twitch sowie die schnell wachsende kommerzielle eSport-Szene belegen die breite gesellschaftliche Bedeutung von Videospielen inzwischen weit über das eigentliche Zocken hinaus. Vorgeschlagen wird hier deshalb, unter Gaming die komplette (Sub-)Kultur des Videospielens zu fassen (Zimmermann & Falk 2020), mit all ihren unmittelbar an das eigentliche Spielen angeschlossenen sozialen Handlungskontexten und beruflichen Tätigkeiten (vgl. Kap. 3.2; 3.3). Zu unterscheiden ist davon das Prinzip der Gamification, das Deterding et al. (2011) in verschiedener Hinsicht von der obigen Definition eines Videospiels abgrenzen. Gamifizierte Anwendungen verzichten demzufolge auf den ludischen Aspekt des Spielens, also die nicht zweckgebundene, intrinsisch motivierte und kreativ-freiheitliche Nutzung, und implementieren Spieldesigns stattdessen motivationsfördernd in konkrete, pragmatische Produktionsprozesse. Weiterhin werden für Gamification-Zwecke lediglich partielle, videospiel-charakteristische Elemente übernommen. Deterding et al. nennen hier unter anderem die zehn Bestandteile erfolgreicher Videospiele nach Reeves und Read (2009), darunter die Kreation eigener Avatare, dreidimensionale Spielwelten sowie Reputationssysteme mit Rängen und Leveln. Dabei wenden die Autoren aber bereits selbst ein, dass die Definition dessen, was im Einzelfall ein videospielcharakteristisches Element ist, Auslegungssache sei.

Die Geschichte des Gaming hängt gemäß der vorausgegangenen Definition untrennbar mit der Geschichte des Videospiels zusammen. Je nachdem, ob ein rein technologie- oder ein marktzentrierter Ansatz gewählt wird, lässt sich die Entstehung des Videospiels entweder bereits in den 1940er-Jahren oder erst rund 30 Jahre später zu Beginn der 1970er datieren. Rein technologisch betrachtet entstand das erste patentierte Videospiel auf Basis früher elektromagnetischer Projektionstechnologie im Jahr 1947. Die Amerikaner Thomas Goldsmith und Estle Mann entwickelten auf Basis der zu diesem Zeitpunkt bereits seit einigen Jahren bestehenden Cathode-Ray Tube-Technologie, bei der ein Elektronenstrahl (Beam) als Punkt oder Graph auf einem Bildschirm sichtbar abgebildet und mit Hilfe elektromagnetischer Ladungen beliebig hin und her gesteuert werden konnte, ein Konzept für Unterhaltungszwecke (genannt Cathode-Ray Tube Amusement Device). Spielziel war zum Beispiel, den Beam über Bedien-Sticks zu vorgegebenen Punkten auf dem Bildschirm zu steuern. Vier Jahre später entwickelte die britische Firma Ferranti mit dem NIMROD einen Computer, auf dem zwei Spieler:innen gegeneinander oder gegen den Computer das Spiel *NIM* spielen konnten. Es ging in der Basisvariante darum, aus einer von vier Reihen virtueller Kugeln abwechselnd beliebig viele wegzunehmen. Es gewann der Spieler oder die Spielerin, der oder die am Ende die letzte verbliebene Kugel aus der letzten verbliebenen Reihe nahm. *NIM* lässt sich auch heute noch im Retro-Design online spielen (Goodeve 2011). Etwa zeitgleich zum NIMROD programmierte der britische Professor Alexander Doungles an der University of Cambridge im Zuge seiner Doktorarbeit unter dem Titel *OXO* eine simple digitale Umsetzung des Spiels *Tic-Tac-Toe*. Im Rahmen einer Physikpräsentation zum Tag der offenen Tür am New Yorker Brookhaven National Laboratory wurde 1958 das von William Higinbotham entwickelte *Tennis for Two* vorgestellt, bei dem ein springender Lichtpunkt am Oszilloskop über eine mittige Markierung hin und her gespielt wurde. Mit *Spacewar!* stellte des Massachusetts Institute for Technology im Jahr 1962 das erste etwas komplexere Videospiel vor. Wiederum zwei Spieler:innen steuern hier gegeneinander je ein Raumschiff mit limitierten Raketen und Treibstoff. Der internationale Durchbruch gelang dem Gaming nach diesen Pionierarbeiten, die allesamt noch nicht massenmarktfähig waren, im Jahr 1972 mit dem Spiel *Pong*. Zwei Spieler:innen messen sich dabei am selben Bildschirm in einer Art Tennis-Match, das im User Interface ansprechend aufbereitet sowie einfach zu bedienen war, und das vor allem als Spielautomat in Bars, Einkaufszentren und Kantinen ein breites Publikum erreichte. Im Jahr 1975 brachte das US-amerikanische Unternehmen Atari *Pong* mit einer eigenen Spielkonsole in die Wohnzimmer der Menschen, 1977 erschien mit dem *Atari 2600* dann die erste Konsole, die mit wechselnden Spielen ausgestattet werden konnte. Über 30 Millionen verkaufte Geräte stehen stellvertretend für den großen Erfolg des *Atari 2600* sowie für den Beginn des Videospielens im großen Stil (Lorber 2011; Küpper 2020).

Bis zum Beginn der 1980er-Jahre erlebte vor allem die nordamerikanische Videospielbranche auf Basis des Atari-Erfolgs einen regelrechten Boom. Spiele, Ein- und Ausgabegeräte sowie Konsolen wurden in vergleichsweise kurzer Zeit und für einen großen potenziellen Nutzer:innenkreis entwickelt, was aufgrund der zügig einsetzenden Sättigungseffekte zwangsläufig in eine Konsolidierungs- und Bereinigungsphase führte. Mit dem großen Crash der US-Videospielindustrie und zahlreichen Insolvenzen im Hard- und Software-Bereich 1983 endete das erste große Gaming-Zeitalter. Der internationale Markt war damit gleichzeitig offen für neue Akteure, die von 1984 an mit Nintendo und Sega insbesondere aus dem asiatischen Raum kamen. Ihre technisch fortschrittlichen Spielekonsolen und ikonischen Spielfiguren (z. B. *Super Mario* und *Sonic the Hedgehog*) stießen auf großes Spieler:inneninteresse. In den USA dominierten parallel dazu Heimcomputer wie der *Atari ST* oder der *Commodore Amiga* das Geschehen, die besser als Spielkonsolen mit den immer schnelleren technologischen Innovationen schritthalten konnten. Waren Spielkonsolen und PCs anfangs über modulares Nach- und Umrüsten noch relativ funktionsähnlich, spezialisierten sich die Hardware-Hersteller zu Beginn der 1990er-Jahre deutlich stärker entweder auf Unterhaltung (Konsolen) oder Beruf (Heimcomputer). Während sich auf dem PC-Markt in den Folgejahren IBM-kompatible Geräte sowie Apples *Macintosh* durchsetzten, eroberten den Konsolenmarkt die Hersteller innovativer 32- und 64-Bit-Geräte, die aufwändige Filmsequenzen, eine hohe Klangqualität und erste dreidimensionale Spielabenteuer ermöglichten. Nintendo konnte diese Entwicklung mit dem *16-Bit-SNES* und seinem Nachfolger *N64* mitgehen, Sega dagegen stieg aufgrund geringer Verkaufszahlen seiner *Saturn*- und *Dreamcast*-Konsolen Anfang der 2000er aus dem Hardware-Geschäft aus. Stattdessen kamen Sony (*Playstation*, ab 1994/95) und Microsoft (*Xbox*, ab 2002) als neue und bis heute dominierende Player hinzu. Mit der Einführung des Internets revolutionierte sich auch das Gaming. Im Jahr 2001 führte die *Xbox* erstmals einen Online-Spielmodus für das Spiel *Halo* ein. Mit der nächsten Konsolengeneration (2005: *Xbox 360*; 2006: *Playstation 3*) war Online-Gaming schließlich fester Bestandteil der Spielentwicklung und -nutzung. Präsentationsseitig unterstützte die HD-Technologie mit ihren hochauflösenden Bildern diesen immensen technologischen Sprung. Nintendo revolutionierte derweil mit seiner *Wii*-Konsole das klassische Bewegungskonzept während des Spielens und adressierte insbesondere generationsübergreifendes Videospielen mit interaktiven Rätseln, Musik- oder Sport-Spielen. Am PC etablierten sich derweil dank der deutlich größeren Bandbreiten und Server-Kapazitäten *Massively Multiplayer Online-Spiele*, bei denen Tausende Spieler:innen gleichzeitig gemeinsam große Welten bereisen können. Das 2004 veröffentlichte Rollenspiel *Word of Warcraft* gilt mit einem Spitzenwert von zwölf Millionen Spieler:innen weltweit im Jahr 2010 bis heute als Pionier des Online-Gaming sowie auch der Videospielsucht (WHO 2020; Illy & Florack 2018, 7 ff.). Dem Mobile-Gaming-Trend vorgreifend,

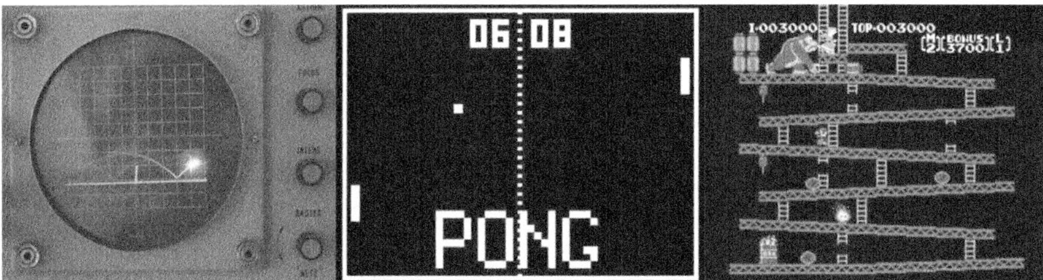

Abbildung 8: Meilensteine der Videospielgeschichte: *Tennis for Two*, *Pong* und *Donkey Kong*; Bildquellen: giga.de, Humboldt Institut für Internet und Gesellschaft

nutzten Spieler:innen seit 2005 verstärkt – und nach den erfolgreichen Gameboy-Jahren Mitte der 90er wieder – mobile Spielkonsolen (sog. Handhelds) wie das *Nintendo 3DS* und die *Playstation Portable* (game e.V. 2020a).

Das soziale Netz hat den Videospielmarkt gemeinsam mit mobilen Endgeräten in den 2010er-Jahren erneut fundamental verändert. Browsergames sowie Spiele-Apps für Smartphones und Tablets generierten aus dem Stand heraus enorme Nutzungszahlen und Absätze – auch dank des in Kapitel 3.4 noch genauer erläuterten Free-to-Play-Erlösmodells. Wird der internationale Markt klassischer Konsolen- und PC-Spiele inzwischen vorwiegend aus den USA und Asien heraus dominiert, sind deutsche Spielentwickler im Bereich der Browser- und Free-to-Play-Spiele vergleichsweise erfolgreich (z. B. Innogames, Bigpoint, Goodgame). Acht der zehn deutschen Spielehersteller mit den meisten Mitarbeiter:innen sind hauptsächlich in dieser Branche aktiv (GamesWirtschaft 2017). Microsoft und Sony dominieren mit ihren Konsolen weiterhin den Markt für Triple-A-Blockbusterspiele, zunehmend auch in 4K-Auflösung. Daneben hat sich unter den günstigen Bedingungen der Videospielproduktion auf Basis von Open-Source-Engines eine vielfältige Indie-Kultur innovativer Spielkonzepte und Special-Interest-Titel entwickelt. Auch Virtual Reality wurde zum Thema der Spielebranche, stagniert allerdings trotz einiger visionärer Entwicklungen wie *Half Life: Alyx* wegen der hohen Entwicklungskosten und relativ teuren Bediengeräte wie dem *Oculus Rift* (Hergert 2020). Nicht neu entstanden, aber auf ein gesamtwirtschaftlich betrachtet relevantes Niveau angewachsen ist in den vergangenen zehn Jahren der eSport, also das kompetitive und professionell organisierte Videospielen auf höchstem Niveau (ESBD 2018). Das Streamen von Spielinhalten ist dagegen ein völlig neues Phänomen im Gaming der 2010er-Jahre. Immer mehr Spieler:innen bauen sich um ihren PC herum teilweise beeindruckende Studios mit professioneller Übertragungstechnik und lassen andere Nutzer:innen auf Plattformen wie *Twitch* oder *YouTube* live an ihrem Gaming-Alltag teilhaben. Gezeigt werden in der Regel sowohl das eigentliche Spiel als auch über eine zweite Kamera der Spieler oder die Spielerin selbst. In den vergangenen zehn Jahren sind auf diese Weise um Szene-Größen wie *Gronkh*, *MontanaBlack* oder *Shroud* Communities von mehreren Hunderttausend Spieler:innen entstanden, die regelmäßig für diese neue Art des Fernsehens (Goldhammer & Huber 2019) zusammenkommen und ihren Idolen dabei über Abonnements und Spenden Umsätze von ebenfalls mehreren Hunderttausend Euro jährlich bescheren (Zych 2019; game e.V. 2020a).

3.2 Spiele und Spieler:innen

Knapp die Hälfte aller Deutschen spielte im Jahr 2020 zumindest gelegentlich irgendeine Art von Videospiel (game e.V. 2020b). Dabei verteilt sich die Zahl der Spieler:innen auf breite Altersgruppen, wobei relativ betrachtet nach wie vor die 16- bis 29-Jährigen am aktivsten sind (rund 75 Prozent), dicht gefolgt von den gemeinsam mit der Spielebranche erwachsen gewordenen 30- bis 49-Jährigen (66 Prozent). Bemerkenswert ist, dass bereits 2,7 Millionen Kinder unter neun Jahren Videospiele nutzen (hier keine relative Angabe) sowie 10,8 Millionen Nutzer:innen über 50 Jahre (5,1 Millionen davon über 60 Jahre) (game e.V. & GfK 2020a). Damit sind in der Gruppe der 50- bis 64-Jährigen bereits respektable 33 Prozent aktive Spieler:innen anzutreffen, in der Gruppe ab 65 Jahren liegt dieser Wert bei 13 Prozent (Bitkom 2020a). Gerade unter diesen *Silver Surfern* (Spiegel Online 2010) beziehungsweise *Silver Gamern* (Dollinger 2009, 46 ff.) steigen Internet- und Videospielnutzung noch vergleichsweise schnell und stark an. Die digitalen Märkte, darunter auch die Videospielbranche, adressieren deshalb die große Gruppe der Über-50-Jährigen verstärkt und gezielt, unter anderem mit inhaltlich weniger komplexen und technisch weniger anspruchsvollen Mobile- und Browser-Games, die allerdings ebenso effiziente Monetarisierungsmechanismen integrieren wie klassische Konsolen- oder PC-Spiele (Burkart 2019). Die enorme Bedeutung des um die eigentliche Gaming-Subkultur herum gewachsenen Marktes für Mobile- und Browsergames lässt sich auch statistisch gut erkennen: In einer Befragung des Branchenverbandes der deutschen Informations- und Telekommunikationsbranche Bitkom unter 554 Videospielnutzer:innen ab 16 Jahren gaben 81 Prozent an, auf ihrem Smartphone zu spielen, 77 Prozent nutzen dafür den Laptop und 62 Prozent das Tablet. Mobile oder hybride Konsolen (56 Prozent), stationäre Konsolen (54 Prozent) sowie stationäre PCs (44 Prozent) liegen – trotz Möglichkeit zur Mehrfachnennung in dieser Studie – substanziell zurück (Bitkom 2020b). Der Anteil von Spieler:innen, die laut Bitkom (2020c) Geld für Videospiele ausgegeben haben, ist seit 2015 (50 Prozent) kontinuierlich gestiegen, bis zu einem Wert von 69 Prozent im Jahr 2020. Mit gutem Grund lässt sich davon ausgehen, dass insbesondere Free-to-Play-Modelle und Mikrotransaktionen, die im Zuge des Mobile-Gaming-Booms entwickelt wurden und heute auch immer öfter in klassischen PC- und Konsolen-Produktionen zum Einsatz kommen, mit ausschlaggebend für dieses Wachstum sind (game e.V. 2020c). Mit Blick auf die

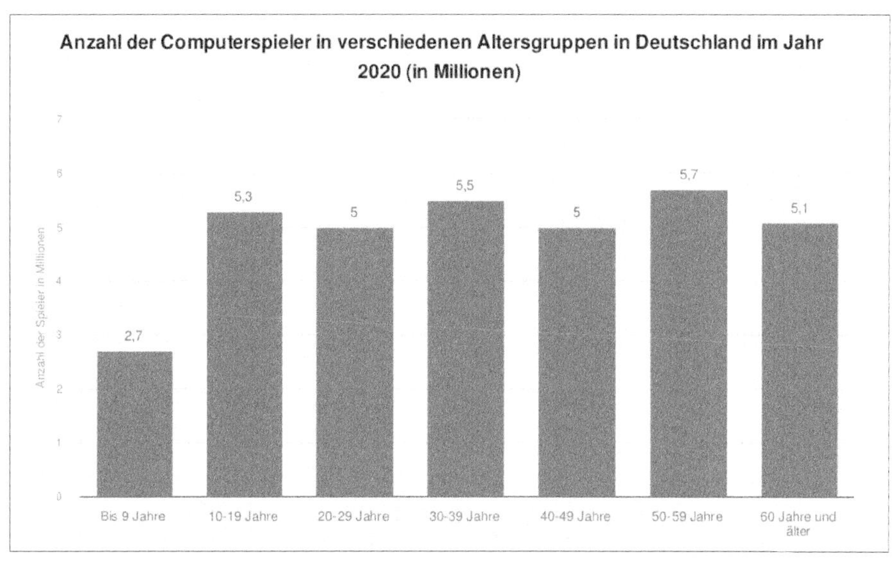

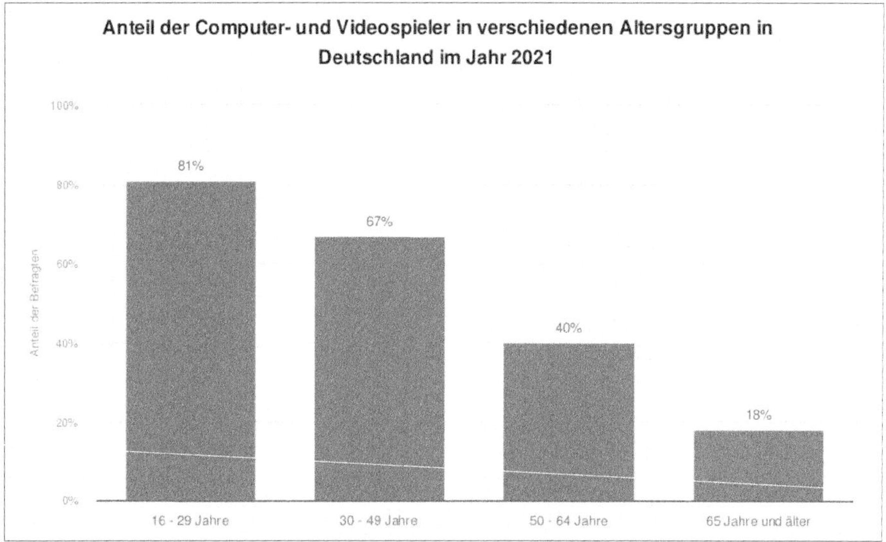

Abbildung 9: Videospieler:innen in Deutschland nach Altersgruppe in Millionen (oben) und relativer Anteil an Videospieler:innen nach Altersgruppe in Prozent (unten) (game e.V. & GfK 2020a; Bitkom 2020a)

klassischen soziodemographischen Gruppierungskriterien lässt sich außerdem sagen, dass Gaming als Ganzes inzwischen längst nicht mehr überwiegend männlich geprägt ist, selbst wenn noch ein gewisser Überhang deutlich wird. Der Branchenverband der Videospielindustrie in Deutschland game e.V. und die Gesellschaft für Konsumgüterforschung GfK (2020b) geben die Geschlechterverteilung innerhalb der Gruppe der deutschen Gamer:innen in absoluten Zahlen mit 17,8 Millionen

Männern und 16,5 Millionen Frauen an. Die Studie unterscheidet lediglich Frauen und Männer. Bitkom (2020d) gibt zudem an, dass relativ betrachtet 49 Prozent aller deutschen Männer und 44 Prozent aller deutschen Frauen spielen. Dabei ist zu berücksichtigen, dass diese recht paritätische Verteilung nicht für jedes einzelne Spiel oder Spielgenre gilt. Weibliche Gamer fühlen sich laut einer Studie von Splendid Research (2018) besonders in Puzzle- und Geschicklichkeitsspielen, in Jump'n'Runs, Simulations- und Rollenspielen wohl. Männer bevorzugen dagegen Sportspiele, Geschicklichkeitsspiele (einzige Übereinstimmung in dieser Befragung), Shooter, Strategiespiele und Action Adventures. Für ihre Videospielnutzung benutzen Frauen deutlich stärker als Männer mobile Endgeräte (Wellinger 2014), was stimmig ist, da die weiblichen Top-5-Genres besonders prominent im einsteigerfreundlichen Markt für mobile Spiele-Apps vertreten sind (Hill 2020).

Insgesamt fällt es aus wissenschaftlicher Sicht nach wie vor schwer, Videospiele inhaltlich trennscharf zu kategorisieren. Vieldiskutiert und im Markt gängige Praxis ist der Genre-Ansatz, der nach dem Vorbild anderer Unterhaltungsmedien wie dem Film anhand prägender Spielmechaniken entweder recht abstrakt und simpel (beginnend bei etwa vier Kategorien) oder sehr komplex (teilweise bis zu 40 Genres und Subgenres) Gruppen bildet (Clarke et al. 2015, 4). Das Kernproblem besteht angesichts des sehr dichten und vielfältigen Spielangebotes heute darin, dass sich viele Videospiele nicht mehr über nur ein bestimmtes beziehungsweise bestimmendes Charakteristikum definieren und dass Genre-Listen außerdem oft verschiedene Kategorisierungsebenen vermischen. Ein Beispiel: Die *FIFA*-Reihe von Electronic Arts lässt sich grundsätzlich problemlos als Sportspiel identifizieren. Gleichzeitig besteht aber im Spiel die Möglichkeit, entweder ganz klassisch ein Team auf dem Feld zu steuern, einen Verein als Manager zu leiten und Spiele nur vom Computer simulieren zu lassen oder sich (online) einen komplett eigenen Spielcharakter zu designen und nur diesen auf bestimmte Fähigkeiten hin zu entwickeln und im Spiel zu steuern (z. B. gemeinsam mit 21 anderen Spieler:innen, von denen ebenfalls jede:r einen der anderen Charaktere auf dem Feld steuert). Abgesehen vom großen Rahmenthema Sport lässt sich *FIFA* also entweder sehr actionorientiert und unmittelbar auf dem Feld erfahren, aus größerer Distanz als Management- und Wirtschaftssimulation begreifen oder aber im Stile eines klassischen Rollenspiels mit persönlichem Avatar und Skill-Tree definieren. Um dem inzwischen komplexen Spielkonzept, das bewusst möglichst vielfältige Spieler:innentypen adressieren will, im kategorischen Genre-Kontext gerecht zu werden, wäre eine simple Einordnung als *Sport* eventuell zu unterkomplex, die Bezeichnung als *Sport* mit den untergeordneten Tags *Simulation*, *Action*, *Manager* und *Rollenspiel* aber wiederum stark erklärungsbedürftig. Da unter Szene-Seiten, Händlern, Videospieljournalist:innen und Spieleherstellern zudem keine einheitlichen Genre-Einteilungen etabliert sind und die subjektive Schwerpunktsetzung im Einzelfall zusätzliche Varianz erzeugt, lassen sich für weniger eindeutige Spieltypen in der Praxis oft keine distinkten Identitäten festlegen. Das sehr erfolgreiche Spiel *Minecraft* wurde aufgrund seiner offenen, vollständig modifizierbaren Welt sowie der freien Entscheidung über Spielziele und die Art und Weise der Interaktion mit anderen Spieler:innen von verschiedenen Portalen unter anderem als *Sandbox, Simulation, Action, Action-Adventure, Adventure, Fantasy, First-Person Action, City Simulation, Strategy, Action & Adventure, Strategy & Simulation* und *3D, Adventure, First Person* deklariert (ebd., 8). Es wird also deutlich, dass unterschiedliche Aspekte des Spielgeschehens als identitätsstiftend angesehen werden, und die Einordnung teils zugespitzt auf eine klare Kategorie, teils anhand eines gleichberechtigten Potpourris mehrerer Spieleigenschaften erfolgt. Auch können Kategorien wie *Sport* oder *Musik* (Themen, gesellschaftliche Handlungsfelder) und *Simulation* oder *Rollenspiel* (Spielprinzipien) mit guten Argumenten als nicht gleichwertig angesehen werden (vgl. die Genre-Klassifikationen bei Breiner und Kolibius 2019a, 41 ff., bei USK 2020a oder bei Dollinger 2009).

Dennoch spiegeln die Genre-Kataloge in wissenschaftlichen Publikationen, im Bewertungsprogramm der Unterhaltungssoftware Selbstkontrolle (USK) und auf redaktionellen Webseiten eine charmant pragmatische Praxisorientierung wider. *Sport* und *Musik* könnten insofern auch problemlos neben *Simulationen* oder *Managern* stehen, weil der Videospielmarkt einfach vergleichsweise viele Sportspiele, Rollenspiele, (Aufbau)-Strategiespiele, storybasierte (Action-)Abenteuer, (Taktik-) Shooter und Geschicklichkeits- und Puzzle-Spiele produziert. Es könnte also an der Lebensrealität vorbeigehen, hier theoriebasiert zu sehr durchdachte Kategoriensysteme zu entwickeln. Auch aus Sicht der Videospielindustrie machen simpel gehaltene und über Jahre erlernte Genre-Kataloge Sinn, weil das Genre, dem ein Spiel im Marketing, auf journalistischen Szene-Seiten sowie von den Prüfungsorganen der Selbstkontrolle (in Deutschland: USK) zugeordnet wird, nachweislich ein Hauptgrund für Spieler:innen zum Kauf ist (Clarke et al. 2015, 3). Diese Arbeit schließt sich argumentativ Breiner und Kolibius (2019a) an, die eine Klassifikation der Videospielgenres auf Basis historisch gewachsener Bezeichnungen vorlegen (vgl. Abb. 10), verbunden mit einer Reihe singulärer Spielmechaniken und -eigenschaften, die in unterschiedlichen Ausprägungen kombiniert werden können, um ein Spiel unabhängig von Genre-Schubladen zu charakterisieren (vgl. Abb. 11).

Breiner weist selbst darauf hin, dass auch in dieser Aufstellung manche, vor allem neuere Spielkonzepte wie *Multiplayer Online Battle Arenen* (MOBAs) oder *Battle-Royale-Shooter* schwer einzuordnen sind, weil sie einen relativ gleichteiligen Mix aus Strategiespiel, Rollenspiel und Shooter darstellen. Dass damit einige der beliebtesten Spieletitel der vergangenen zehn Jahre wie *Fortnite*, *Playerunknowns Battlegrounds* (PUBG), *Apex Legends*, *League of Legends* oder *DOTA 2* keinen klaren Platz im klassischen Genre-System finden, zeigt anschaulich dessen aktuelle Grenzen auf. Neben der ganzheitlichen Kategorisierung lassen sich Videospiele auch nach bestimmten Einzelkriterien bewerten und filtern. Für Spieler:innen auf

Genre	Definition	Beispiele
Erzählspiele / Adventures	Stark narrativ geprägt; Spieler:in treibt vorgegebene Handlung voran, sammelt Informationen, findet Gegenstände und löst Rätsel; spielerische Freiheiten sind gescripted, alternative Handlungsstränge führen immer wieder zusammen	Life Is Strange, Monkey Island, Assassin's Creed, God of War, The Legend of Zelda, Tomb Raider, Legacy-of-Kain, Sam & Max Hit the Road
Sportspiele	Simulation einer realen Sportart, die taktisch-abstrakt oder actionreich-realistisch sein kann; Bewegungsabläufe sollen originalgetreu anmuten, basieren aber auf Animationsmustern	FIFA, Pro Evolution Soccer, Madden NFL, NBA2K, Mario Tennis, Top Spin, Pong, WWE Smackdown vs. RAW
Denkspiele	Erfordern logisch-mentale Prozesse zum Lösen; können als Puzzle, Wimmelbild, Kreuzworträtsel oder klassische Brettspiele daherkommen	Mystery Case Files, Bejeweled, Mario Party, Battle Chess, Minesweeper
Musikspiele	Ziel ist das Erkennen, Nachsingen (Karaoke) oder Komponieren von Musik, außerdem können rhythmische Eingaben oder Tanzen verlangt werden	Rock Band, Guitar Hero, SingStar, Just Dance
Rollenspiele / RPGs	Spieler:innen erstellen fiktive Charaktere, die reale Menschen oder Fantasiewesen sein können; im Zentrum steht die Entwicklung individueller Fähigkeiten (Skill Trees) und das Erkunden einer realen/fiktiven (Online-)Welt anhand von (sequentiellen) Handlungssträngen (Dungeons)	World of Warcraft, Das Schwarze Auge, Deus Ex, Gothic, Might and Magic, The Elder Scrolls, Aion, Age of Conan, Diablo, Final Fantasy XIV, EVE Online, EverQuest

Genre	Definition	Beispiele
Plan- und Strategie-spiele	Ziel ist der Bau oder die Verwaltung von Städten und Wirtschaften, das strategische Manövrieren von militärischen oder zivilen Einheiten, sowie die Simulation von Leben und Arbeit; auch Aufbau- und rundenbasierte Echtzeitstrategie (RTS)	Anno, Anstoss, Die Sims, Black & White, Port Royale, Farming Simulator, Animal Crossing, Second Life, Pizza Connection, Age of Empires, Starcraft
Flug- und Fahrsimula-tionen	Im Zentrum stehen das Fahren oder Fliegen aller möglichen Fahr- und Flugzeuge in ganz unterschiedlichen historischen, aktuellen und Science-Fiction-Settings	Autobahnraser, Colin McRae Rally, Formel 1, Gran Turismo, Forza, World of Tanks, Railroad Tycoon, Microsoft Flight Simulator, World of Warships, Kerbal Space Program, X-Wing Alliance, Tony Hawk's Skateboarding
Flipperspiele	Beliebt vor allem zu Zeiten der Spielhöllen in den 70er- und 80er-Jahren, heute eher historischer Natur	Pinball, David's Midnight Magic, Slam Tilt
Shooter	Kernmechanik ist das (taktische) Eliminieren gegnerischer KI (Bots) oder menschlicher Spieler:innen und Einheiten mit realen oder Fantasie-Waffen in realistischen oder fiktiven Krisengebieten	Space Invaders, Crysis, Day of Defeat, Halo, S.T.A.L.K.E.R., Max Payne, Metal Gear Solid, Battlefield, Counter-Strike, Watch Dogs, Titanfall
Plattform-spiele	Geschicktes Laufen, Springen und Ausweichen auf mehreren Ebenen, klassisch als 2D-Seitenansicht (Side Scroller)	Super Mario, Duke Nukem, Prince of Persia, Super Meat Boy, Donkey Kong
Open world games	Virtuelle und responsive Welten, in denen sich Spieler:innen frei bewegen, mit der Umwelt interagieren und eigene Ziele wählen können	Grand Theft Auto (GTA), Minecraft, The Elder Scrolls V: Skyrim, DayZ

Abbildung 10: Klassifikation von Videospiel-Genres nach Breiner und Kolibius (2019a, 41 ff.)

der Suche nach Inspiration, für Pädagog:innen auf der Suche nach Unterrichtsmaterial oder für Psycholog:innen auf der Suche nach suchtfördernden Handlungsszenarien kann es Sinn machen, eher nach ganz bestimmten Filterkriterien zu suchen, als schlicht davon auszugehen, dass bestimmte Genres besser oder schlechter für einen bestimmten Zweck oder Spieler:innentyp geeignet sind. Mit Breiner und Kolibius (2019a, 9 ff.) folgt deshalb eine zweite tabellarische Aufstellung von Spielspezifikationen, anhand derer sich Videospiele unterscheiden lassen: Ähnlich vielfältig wie Spielgenres und Einteilungskriterien sind auch die Möglichkeiten zur Nutzung beziehungsweise zum Umgang mit Videospielen. Dabei fällt ähnlich wie bei den obigen Genre-Katalogen zunächst auf, dass Gaming-Klischees und fast schon popkulturelle Prototypen *des* Gamers beziehungsweise *der* Gamerin ein beliebtes Diskussions- und Unterhaltungsthema in der Szene selbst sowie im öffentlichen Diskurs sind. Eine spontane Google-Suche zum Begriff „Gaming-Typen" liefert eine Vielzahl von Klassifikationen nach dem Motto: „Gamertypen, die auch du kennst." Die *Süddeutsche Zeitung* (2010) führt in ihrer Bildergalerie beispielsweise *Hardcore-Gamer:innen* (kennen alles, wissen alles, spielen alles, diskutieren überall mit und legen gegenüber allen Innovationen eine solide Skepsis an den Tag), *Eskapisten* (wollen vor allem in fremde Welten abtauchen, vergessen dann alles um sich herum und sind stark gefährdet, sich dabei zu verlieren), *Baller-Strateg:innen* (ruhige Zeitgenossen, die in Shootern aber zu absoluten Killern mit Nerven aus Stahl werden) oder *Geister-Gamer:innen* (in der echten Welt seriös, zuverlässig, konservativ und im Privaten geheimer Dauerzocker). Die Szene-Seite *gamers.de* (2019) listet unter ihren „10 häufigsten Gamertypen" unter anderem den *Casual* (spielt alles gern, auf jeder Plattform und will vor allem entspannten Spaß haben, was im kompetitiven Multiplayer für Ärger sorgt), den *Profi* (eine Art Hardcore-Plus-Spieler:in, die/der ordentlich Geld in das Zocken investiert und in Turnieren noch mehr Geld wieder herausholt), den *Oldschool* (spielt seit 20 Jahren dieselben alten Schinken und schwelgt dabei in nostalgischen Gefühlen) oder das *Kiddie* (junges Alter, unreifes und unfaires Verhalten und deshalb im Großen und Ganzen in der Gruppe nicht zu gebrauchen). Zweifellos entstehen solche Typen-Kataloge immer mit einem Augenzwinkern, weshalb an dieser Stelle vor allem die Botschaft wichtig ist, dass es tatsächlich irgendeine Art von Typen im Gaming zu geben scheint.

Klimmt und Hartmann (2006) fundieren diese Vermutung wissenschaftlich. Auf theoretischer Ebene überzeugt zunächst ihre Argumentation, dass Videospiele grundlegende menschliche Bedürfnisse wie das nach Selbstwirksamkeit ansprechen, sowohl bei der Interaktion mit der persönlichen Umwelt als auch beim Lösen von Herausforderungen. In virtuellen Spielwelten wirken solche Effekte deshalb so stark, weil diese sich wesentlich besser als die Realität an individuelle Fähigkeiten und Eigenheiten der Nutzer:innen anpassen lassen. Gerade Personen, die glauben, sich emotional, sozial oder fachlich im Analogen nicht ausreichend verwirklichen

Einteilung nach	Ausprägungen
Zentral-hardware	Elektronische Spiele (analoge Hardware, z. B. via Oszillator) Konsolenspiele (Unterkategorien: Xbox, Playstation, Wii etc.) Arkade-Spiele (Münzautomaten in Spielhallen) PC-Spiele (Heim-PC) Handy-/Smartphonespiele (Grenzen fließend) Multiplattformspiele (lauffähig auf mehreren Plattformen)
Eingabe-system	Tastatur und Maus (WASD- oder Drehtisch-Steuerung) Joystick/Controller (auch: Lenkräder und Tanzmatten) Tracking System (sensor- und GPS-gesteuert, z. B. Kopf, Augen, Gesten, Bewegung im Raum)
Ausgabe-system	Monitore (auch: Multi-Screens) Leinwände (auch: Leinwandräume und -kuppeln) VR- und AR-Brillen In der Regel immer: Sound Sehr selten: Haptische Systeme (Simulator-Kabinen/-Sitze)
Betriebs-system	Microsoft Windows, Linux, MacOS, Android, SunOS
Internet-anbindung	Offline-Spiele, Online-Spiele
Spieler:-innenzahl	Selbstspiele (Computer simuliert alle Spielerentscheidungen) Singleplayer-Spiele (keine menschlichen Gegner:innen) Zweierspiele (gegen-/miteinander, Splitscreen oder online) Multiplayer-Spiele (3-1000 Spieler:innen, online oder im LAN) Massively multiplayer online games (MMOG, oft Rollenspiele, über 1000 Spieler:innen)
Funktion	Intentionsspiele (Serious games, z. B. Lernen, Training, Therapie) Unterhaltungsspiele (non-serious games, wobei durchaus in ernsthaften Kontexten einsetzbar)

zu können, ziehen aus Videospielen deshalb oft außergewöhnliche Befriedigung. In ihrer Review von empirischen Studien zum Zusammenhang von Videospielnutzung und Persönlichkeitsfaktoren bestätigen Hartmann und Klimmt (2006) dann auch erste interessante Befunde zur Aggressivität, zur Selbstwirksamkeit sowie zum Wettbewerbsdenken. Sie versprechen sich deshalb noch aussagekräftigere Daten durch die strukturierte Verwendung etablierter Modelle der Mediennutzungs- und Medienwirkungsforschung wie den Uses-and-Gratifications-Approach.

Einteilung nach	**Ausprägungen**
Vertriebsart	Vollpreistitel (klassisch; Einmalzahlung für dauerhafte Nutzung) Addons/DLC (in der Regel kostenpflichtige Spielerweiterungen) Free-to-Play (kostenfreies Basisspiel mit kostenpflichtigen Spielelementen im fortgeschrittenen Spielstand sowie kosmetischen Gegenständen, die über Mikrotransaktionen erhältlich sind) Abonnements (Einzelspiele, Spielesammlungen oder Online-Zugänge, die genutzt werden können, solange der/die Spieler:in regelmäßig Gebühren zahlt)
Zielgruppe	Kinder, Jugendliche, Erwachsene, Senioren oder Familie
Freigabe	Deutsche USK-Kontrolle: Freigabe ab 0, 6, 12, 16 und 18 Jahren Internationale PEGI-Kontrolle: 3+, 7+, 12+, 16+, 18+ Jahre
Dimension	Textbasierte Spiele (1D), 2D-Spiele, 3D-Spiele
Perspektive	Egoperspektive (First Person) Frontalperspektive (Second Person, z. B. Charakter-Erstellung) Seiten-/Rücken-/Vogelperspektive (Third Person)
Fähigkeiten (vorherrschend / kombiniert)	Reaktion, Strategie, Empathie, Geduld
Stimmung	Rote Farben (Action), grüne Farben (beruhigend), blaue Farben (melancholisch), gelbe Farben (humoristisch), weiße Farben (good games), schwarze Farben (Horror)

Abbildung 11: Einteilungskriterien von Computerspielen nach Breiner und Kolibius 2019a (Auswahl)

Medienpsychologisch ausdifferenzierte Beiträge liefern in diesem Zusammenhang unter anderem Bartle (1996) und Yee (2020) mit ihren Nutzungstypologien, die auf mehreren Hunderttausend empirischen Fallanalysen beruhen. Der Bartle-Test fragt Spieler:innen insbesondere danach, was genau sie von einem Spiel erwarten, und bildet auf dieser Basis vier Motivationstypen. In der Bartle-Taxonomie wird ein:e Spieler:in entweder als *Achiever* (gewinnt gerne, will ein Spiel aber vor allem besonders schnell und vollständig lösen; hohe Scores und Errungenschaften sowie immer wieder neue Herausforderungen stehen hier an erster Stelle) kategorisiert, als *Explorer* (will alles Mögliche in einer Spielwelt entdecken und ausprobieren; löst alle Aufgaben und Herausforderungen, aber eher aus Neugier, weniger für den perfekten Score; sucht außerdem nach Schlupflöchern und Fehlern im System), als *Killer* (liebt den Wettbewerb mit anderen Spieler:innen, aber weniger um zu gewinnen, sondern um zu dominieren und Macht zu demonstrieren) oder als *Socializer* (stellt die Interaktion und das gemeinsame Erreichen von Zielen mit anderen Spieler:innen über alles; Spielfortschritt oder überdurchschnittliche Ergebnisse stehen deutlich zurück). Dabei fällt ein:e Spieler:in selten in nur eine dieser vier Kategorien, sondern integriert in der Regel mehrere oder alle Aspekte in unterschiedlichen Ausprägungen (eine Relation, die auch als sog. Bartle-Quotient bezeichnet wird).

Yee differenzierte Bartles Klassifikation in einer großangelegten Studie mit 400.000 Teilnehmer:innen weiter aus und präsentiert sechs Spieler:innentypen, die jeweils noch mit zwei Attributen ergänzt werden. Der *Action-Typ* zieht seine Spielmotivation insbesondere aus Zerstörung und Aufregung, ist fasziniert von Gefechten und chaotischen Schlachten in beispielsweise militärischen Settings. Gleichzeitig mögen Action-Typen schnelle Spiele, in denen es auf gute Reaktionen ankommt, worunter auch Einzelkampf- oder Horrorspiele fallen. Der *Social-Typ* definiert sich über die beiden Attribute Community und Competition, worin sich einerseits ein starker Wettbewerbsgedanke, umgekehrt aber auch eine Suche nach Gemeinschaft und Kollaboration äußern kann. Oft spielen Social-Typen auch in Teams gegeneinander und vereinen so beide Pole. Herausforderung und Strategie sind Kerneigenschaften des *Mastery-Typs*. Hartnäckig setzen sich Mastery-Typen mit schwierigen (Einzelspieler-)Abenteuern auseinander und verfeinern ihre Fähigkeiten lange, bis sie jede noch so komplizierte Herausforderung bewältigen. Neben storybasierten Kampf- oder Rätselspielen begeistert sich der Mastery-Typ auch für simulationsbasierte Strategiespiele, die ein hohes Maß an Planung und Management erfordern. Der *Achievement-Typ* in Yees Klassifikation strebt nach der kompletten Erfüllung aller Aufgaben eines Spiels, möchte jeden Winkel einer Spielwelt erkunden und die Grenzen eines Spielsystems ausreizen oder sogar überschreiten. Komplettierung und Macht bilden deshalb seine beiden Attribute. Spieler:innen vom *Typ Immersion* schätzen an Videospielen insbesondere die Aspekte Fantasy und Story. Sie genießen es, aus der Realität in andere, fremde Welten und Rollen zu schlüpfen, erwarten dort allerdings auch ein spannendes Storytelling sowie interessante Charaktere mit Tiefgang. Als sechsten und letzten Spieler:innentypen definiert Yee den *Kreativen*, dem er die Attribute Forschung und Gestaltung zuordnet. Kreative erschaffen und modellieren gerne eigene Charaktere und Gebilde in Sandbox- und Rollenspiel-Spielumgebungen, testen aber durch zweckentfremdeten Gebrauch von Charakteren und Items das kreative Potenzial in Spielen. Im Zentrum steht hier die eigene Individualität in der Spielwelt.

Einige der oben genannten (Spaß-)Typen in den Artikeln der *Süddeutschen Zeitung* und von *gamers.de* finden sich in den Taxonomien von Bartle und Yee auf verschiedene Arten problemlos wieder, etwa die Hardcore-Gamer:innen, die Casuals oder die Eskapisten. Andere Aspekte, die darin aufgegriffen werden, beispielsweise der Zeitfaktor (kurz vs. lang spielen), der Unterschied zwischen Gaming als Freizeitbeschäftigung oder professioneller Tätigkeit oder der soziale Umgang in Gaming-Welten (siehe oben: das aggressive Kiddie oder der verheimlichende Geist) weisen darauf hin, dass Yees Spieltypen alleine noch nicht ausreichen, um die Art und Weise, wie eine Person spielt, umfassend zu beschreiben. Auch eine medienpädagogische und psychologische Bewertung des individuellen Spielverhaltens bezieht komplexe Kriterienkombinationen aus Persönlichkeit, Umfeld und Spielverhalten ein, um letztendlich im Einzelfall über gesunde, bedenkliche oder krankhafte Nutzung zu befinden (vgl. Kap. 4). Gefragt wird in diesem Kontext nach den zugrundeliegenden Motivationen, den genutzten Spielen, der Spielzeit beziehungsweise -intensität, nach der Einbettung des Videospielens in das reale soziale und berufliche Umfeld sowie nach den persönlichen Gefühlen vor, während und nach dem Spielen. In diesem Zusammenhang sind an Persönlichkeitseigenschaften anknüpfende Spieler:innentypen, wie sie Bartle und Yee produzieren, ein wichtiger Baustein, aber nicht ausreichend. Ergänzend ist es aus Sicht dieses Beitrags nötig, auch spielkulturelle Anwendungsfelder und Szene-Trends wie LAN-Partys, den eSport, Clans und Gilden, Modding oder Cosplay in die Analyse miteinzubeziehen. In der deutschsprachigen Kommunikationswissenschaft haben hier beispielsweise Quandt, Wimmer und Wolling (2009) mit ihrem Sammelband „Die Computerspieler" Pionierarbeit geleistet, indem sie Autor:innen und Beiträge zusammenführen, die Spielmotivationen und Spielarten konsequent anhand szenekultureller Trendphänomene herausarbeiten.

3.3 Wirtschaftsfaktor und Marktstruktur

Die Gaming-Industrie generiert weltweit pro Jahr mehrere Milliarden Euro Umsatz (2018: 3,15 Mrd.; 2019: 3,41 Mrd.; game e.V. 2020d). Der Anteil deutscher Spielentwicklungen an diesem Gesamtgeschäft betrug im Jahr 2018 4,3 Prozent (135 Mio) und im Jahr 2019 rund 5 Prozent (168 Mio) (ebd.). Vor allem in den Bereichen der PC-/Konsolenspiele (1,9 Prozent Marktanteil) und der Mobile Games (2,9 Prozent) stagniert der Marktanteil deutscher Unternehmen dabei auf sehr niedrigem Niveau. Relativ erfolgreich sind dagegen deutsche Online- und Browsergames, die ihren soliden globalen Marktanteil von 12 Prozent im Jahr 2018 auf 17,6 Prozent im Jahr 2019 ausbauen konnten (ebd.). Zu den zehn größten deutschen Videospielentwicklern zählen acht auf Browserspiele und Spiele-Apps spezialisierte Konzerne, insbesondere Innogames (z. B. Forge of Empires, Grepolis), Bigpoint (Sea Fight, Dark Orbit) und Goodgame Studios (Goodgame Empire) (GamesWirtschaft 2017). Bekannte Produktionen deutscher Videospielentwickler im klassischen PC- und Konsolensegment sind die Spielereihen *Die Siedler* (Blue Byte Studios, heute dem französischen Publisher Ubisoft zugehörig), *Anno* (ebenfalls Blue Byte), *Anstoss* (Kalypso Media) und *Crysis* (Crytek) (Welt.de

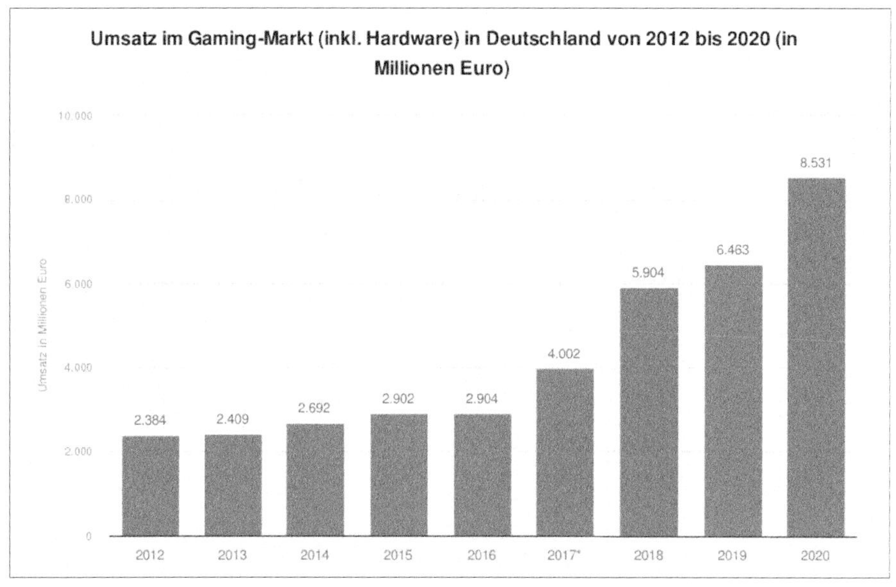

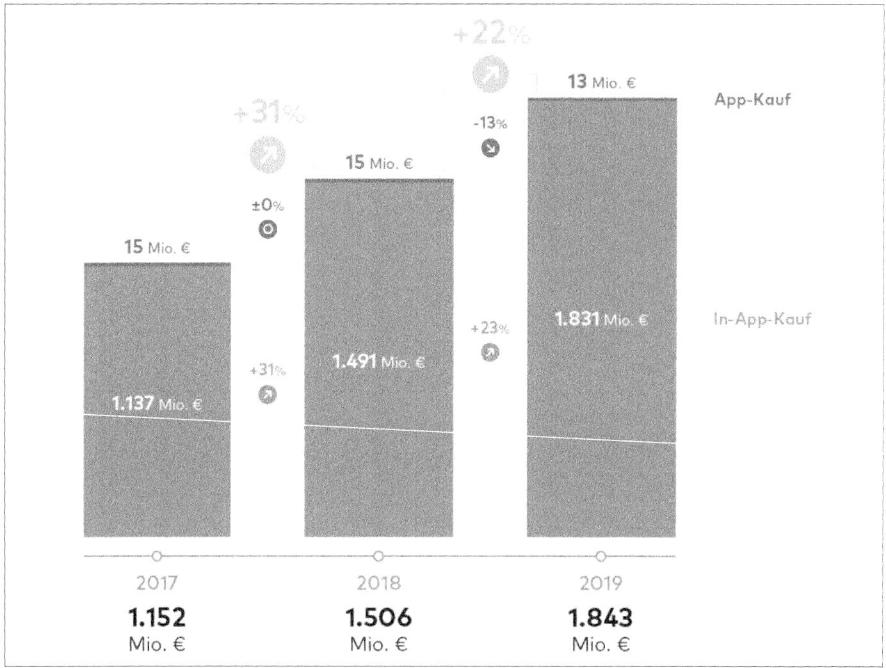

Abbildung 12: Wachstum des Gaming-Marktes in Deutschland inklusive Hardware (oben) und Spiele-Apps als Wachstumstreiber (unten); Quellen: game e.V. & GfK 2020c, game e.V. 2020c

2020). Kontrolliert wird der internationale Markt für Videospiele mittlerweile von vergleichsweise wenigen Großkonzernen, die jeweils mehrere Entwicklerstudios unter sich vereinen. Diese arbeiten in der Regel unabhängig voneinander parallel an Neuproduktionen oder Serien-Fortsetzungen, die dann vom darüberstehenden Publisher veröffentlicht und vertrieben werden. In Deutschland sind im Jahr 2020 insgesamt 622 Unternehmen registriert, die Videospiele entweder entwickeln, vertreiben und veröffentlichen oder beide Bereiche abdecken (game e.V. 2020e). Oft sind Videospiel-Publisher ihrerseits Teil globaler Technologiekonzerne, die beispielsweise auch noch einen Hardware-Geschäftsbereich oder diverse weitere branchenfremde (Web-)Unternehmen besitzen. Zu den größten, weit überwiegend in der PC- und Konsolenspielentwicklung und -veröffentlichung tätigen internationalen Konzernen zählen Activision Blizzard (z. B. World of Warcraft, Call of Duty, DOTA 2), Electronic Arts (z. B. FIFA, Battlefield, Star Wars), Take-Two Interactive (z. B. GTA, Borderlands, BioShock), Ubisoft (z. B. Assassin's Creed, Trackmania, Tom-Clancy-Franchise), Bandai Namco (z. B. Dark Souls, Tekken, Dragon Ball) und Square Enix (z. B. Final Fantasy, Just Cause, Hitman). Microsoft (z. B. Forza Motorsport, Age of Empires, Microsoft Flight Simulator), Sony (z. B. Gran Turismo, The Last of Us, Shadow of the Colossus) und Nintendo (z. B. Animal Crossing, Super Mario, Wii Sports) gehören zu den größten Hybriden aus Hardware- und Software-Entwicklung. Asiatische Technologie-Giganten wie Tencent oder NetEase dominieren vor allem den globalen Markt für Mobile Games und Spiele-Apps, ganz oft auf Basis des Free-to-Play-Erlösmodells mit kostenlosen Basisversionen und Mikrotransaktionen im laufenden Spiel (Burkart 2019). Die wachsende Gaming-Branche hat in den vergangenen Jahren auch das Interesse von Apple (Spieleabo *Apple Arcade*), Google (Cloud-Gaming-Abodienst *Stadia*) und Facebook (Streaming- und Minispielplattform *Facebook Gaming*) geweckt, die bislang allerdings noch keine relevanten Marktanteile erlangen konnten (Newzoo 2020a).

Der deutsche Gaming-Markt (Software und Hardware) setzte im Jahr 2019 rund 6,23 Milliarden Euro um. Dabei ist seit 2012 von einem moderaten Wachstum auszugehen (game e.V. & GfK 2020c). Rein für den Videospielbereich (inklusive Gaming-Apps) zeigt sich ein ähnlicher Trend mit verlässlichen Vergleichsdaten seit 2017 und einem Umsatz von 3,88 Milliarden Euro im Jahr 2019 (game e.V. & GfK 2020d). Da der Umsatz mit Gaming-Hardware umgekehrt vergleichsweise stabil geblieben ist, lässt sich der Gesamtanstieg hauptsächlich auf höhere Ausgaben der Deutschen für Spiele zurückführen. Während der Umsatz durch Verkauf von Videospielen an sich (Datenträger und Download) seit 2008 (1,64 Mrd.) stetig sinkt (2019: 1,05 Mrd.) (game e.V. & GfK 2020e), sind die Umsätze mit virtuellen Gütern, Abonnements und In-Game-Käufen im selben Zeitraum kontinuierlich angestiegen, zuletzt mit Wachstumsraten von 16 Prozent (In-Game-Käufe) beziehungsweise 31 Prozent (Online-Abo-Dienste) (GamesWirtschaft 2020). Ohne

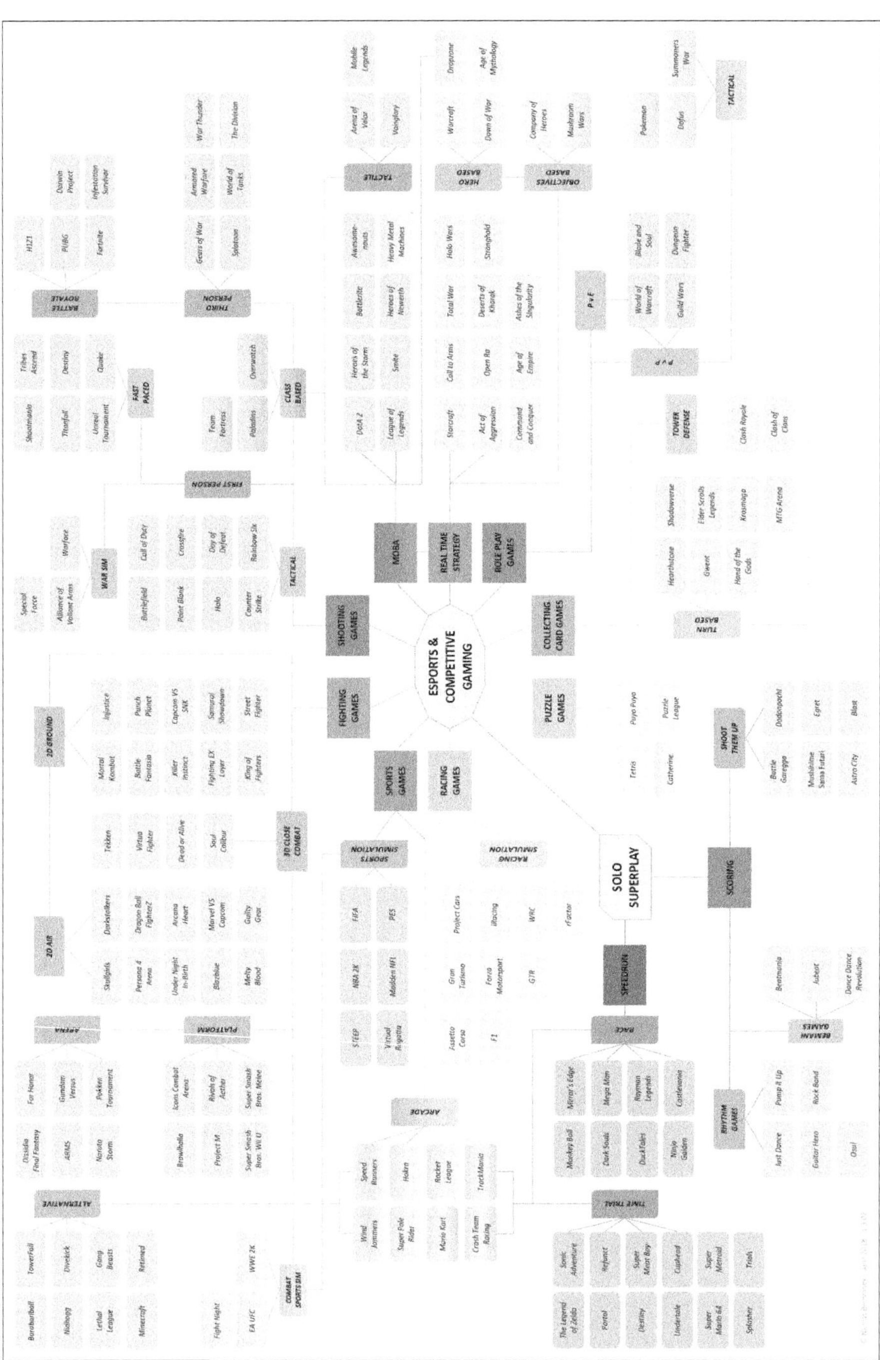

Abbildung 13: Videospiele mit kompetitiver bzw. eSport-Szene nach Genres (Auszug; vollständige Klassifikation bei Besombes 2018)

In-Game-Käufe entfällt ein Anteil von 76,3 Prozent der Umsätze mit Videospielen in Deutschland auf Spielekonsolen (game e.V. & GfK 2020f). Dabei schrumpft die Anzahl der Beschäftigten in der Entwicklung von Videospielen in Deutschland konstant (2019: 10.487 Beschäftigte; 2020: 10.071 Beschäftigte) (game e.V. 2020f). Da die erweiterte Branche mit Dienstleistern, im Handel Beschäftigten sowie Gaming-Fachleuten im Bildungswesen und im öffentlichen Sektor aber im selben Zeitraum um fünf Prozent angewachsen ist (ebd.), steht ein Gesamtwachstum im Bereich Gaming Beschäftigter in Deutschland um ein Prozent gegenüber dem Jahr 2019 auf 28.235 Personen.

Treibende Wirtschaftskraft im Gaming abseits des Geschäftes mit Videospielen selbst ist der eSport, also „das sportwettkampfmäßige Spielen von Video- bzw. Computerspielen, insbesondere auf Computern und Konsolen, nach festgelegten Regeln" (ESBD 2018, 4). Der *Esport Bund Deutschland* versteht unter eSport ausschließlich das weit überwiegend kompetitiv und zumindest semi-professionell organisierte Videospielen gegen andere menschliche Athlet:innen und Teams in Wettbewerben (Ligen, Turniere) nach festgelegten Regeln, deren Einhaltung präventiv kontrolliert und deren Verletzung aktiv sanktioniert wird. Kompetitives Gaming unter (semi-)professionellen Bedingungen hat sich hardwareseitig mit der Einführung von Netzwerktechnologie (local area network, LAN; online im Internet) sowie softwarebezogen mit den Multiplayer-Modi in Videospielen in den 1990er-Jahren entwickelt. Eines der ersten international bekannten eSport-Turniere war das *Red Annihilation* im Jahr 1997 für den First-Person-Shooter *Quake*. Rund 2.000 Teilnehmer:innen spielten damals um einen *Ferrari 328 GTS* als Hauptpreis, der vom Spielentwickler gestellt wurde (Edwards 2013). Zügig wurden weltweit diverse Wettbewerbe gegründet, die aufbauend auf den großen Zuspruch der *Quake*-Veranstaltungen auch weitere Multiplayer-Spiele (z. B. Counter-Strike, Warcraft, FIFA und StarCraft) in ihr Ligensystem integrierten, darunter die *Cyberathlete Professional League* (CPL), die *AMD Professional Gamers League* (PGL) und die *Major League Gaming* (MLG). Als Pionier der eSport-Szene in Deutschland ist hier die *Electronic Sports League* (ESL) hervorzuheben, die im Jahr 1997 als *Deutsche Clanliga* (DeCL) gegründet wurde und seit dem Jahr 2000 unter ihrem heutigen Namen besteht. Heute zählt die in Köln ansässige ESL weltweit zu den wirtschaftlich erfolgreichsten und politisch einflussreichsten eSport-Organisationen. Gemeinsam mit der jährlich in Köln stattfindenden Spielemesse *gamescom* gehört die ESL zu den Leuchttürmen des internationalen Gaming-Standorts Deutschland (Grosch 2016). In hohem Maße beteiligt an der rasanten Entwicklung der internationalen eSport-Szene seit Mitte der 1990er waren neben den USA (Videospielentwicklung, eSport-Förderung sowie Hardware-Produktion) und Europa (eSport-Ligen, -Turniere und -Teams) auch asiatische Gaming-Hochburgen wie Südkorea und China. Verantwortlich für den südkoreanischen eSport-Boom war unter anderem die frühzeitige staatliche Förderung flächendeckender Breitband-Internetversorgung,

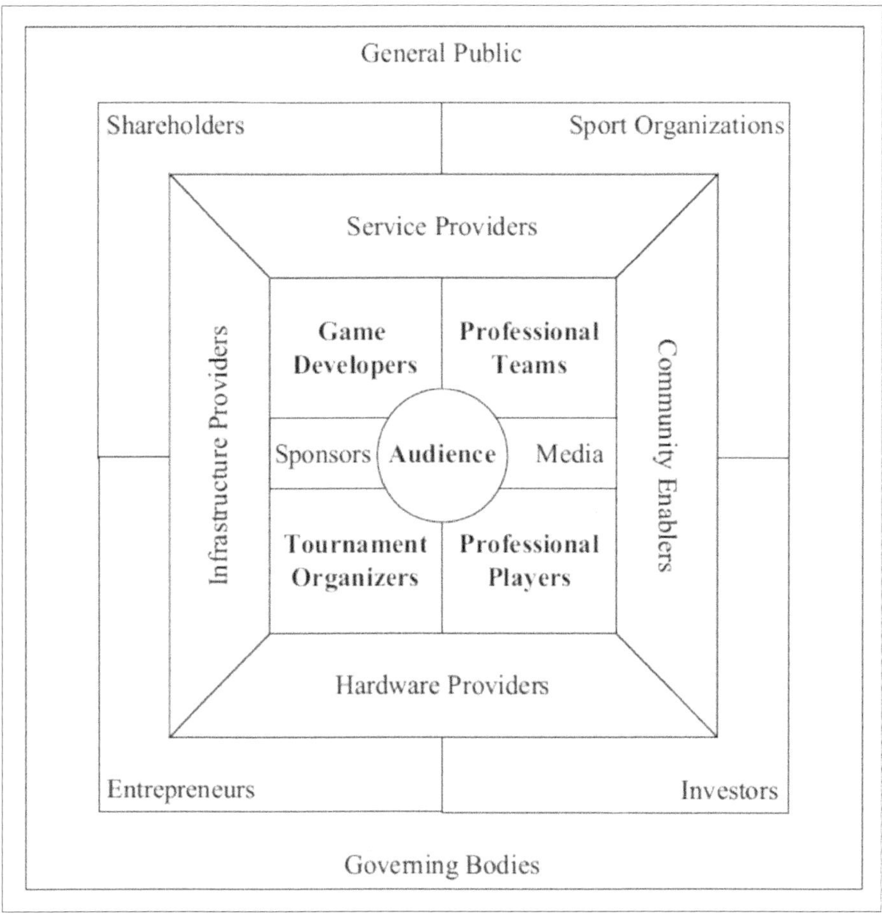

Abbildung 14: Stakeholder im eSport nach Scholz 2019, 119

die Subventionierung des Kaufs von Heimcomputern sowie die Einrichtung von Internet-Cafés, die in vielen asiatischen Regionen bis heute als zentrale Anlaufstelle für Gamer:innen und Teams dienen und damit ein bedeutender Träger der asiatischen eSport-Infrastruktur sind (Yoo 2014). Die vom südkoreanischen Technikkonzern Samsung gesponserte Turnierserie *World Cyber Games* (WCG), bei deren zweiter Auflage im Jahr 2001 bereits 430 Spieler:innen aus 37 Nationen um 300.000 Dollar Preisgeld spielten, kann als erstes großes internationales Gaming-Turnier bezeichnet werden (Syrota 2011). (Scholz 2019, 21 ff.)

Bis heute ist die Finanzierung von Organisationen, Athlet:innen und Turnieren im eSport stark sponsorenabhängig (Breuer & Görlich 2018, 288 ff.). Größere Teile der Turnierorganisation, des Team-Managements und der Nachwuchsförderung bauen traditionell auf die ehrenamtliche Arbeit von Enthusiasten auf (Schöber 2019). Neben den auch im klassischen Sport gängigen Merchandise-Aktivitäten vor allem der großen Organisationen hat sich der eSport mit all seinen Stakeholdern (vgl. Abbildung 14) stark um das Publikum als zentrale Größe und Zielgruppe herum organisiert (Scholz 2019, 86). Ein professionell organisierter und in hoher Qualität live übertragener eSport, in dem die besten Spieler:innen der Welt in mitreißenden Turnierformaten mit vollem Einsatz um hohe Preisgelder kämpfen, generiert die nötigen Werbe- und Lizenzeinnahmen sowie die erforderlichen Zuschauer:innenzahlen (Stichwort: Aufmerksamkeit), um Interessierte zu sichtbaren Fans zu machen, Spieler:innen zum Kauf und Unternehmen zum Sponsoring zu animieren. Während also Athlet:innen und Teams, Hardware-Hersteller, Redaktionen, Publisher und Entwickler sowie Sponsoren grundsätzlich untereinander konkurrieren, bildet der eSport als Ganzes für alle Beteiligten eine Art kooperatives Konsortium, das über einen im besten Medialisierungssinne (z. B. Meyen 2009; 2014; 2015) aufmerksamkeitsoptimierten sportlichen Wettbewerb die Wünsche des Publikums befriedigt und gleichzeitig ökonomische Gewinne produziert (Scholz 2019, 118 ff.). Von elementarer Bedeutung für einen erfolgreichen eSport ist dabei die Möglichkeit für den interessierten Fan, viele Spiele und Wettbewerbe in hoher Qualität anzuschauen. Grundsätzlich bietet das professionelle Gaming als weitgehend virtuell organisierte Branche gute Voraussetzungen dafür, das Publikum ohne größeren Aufwand am Spielgeschehen teilhaben zu lassen. Die erfolgreichen eSport-Titel haben dafür beispielsweise einen Zuschauer:innen-Modus (Spectator Mode) integriert, über den man als neutrale:r Beobachter:in mit eingeschränkten Rechten den Spielservern beitreten und einzelne Spieler:innen oder zentrale Orte des Spielgeschehens aus verschiedenen Perspektiven (z. B. in-eye/first person, Außenansicht/third person oder Vogelperspektive) mitverfolgen konnte. Da der Server-Beitritt allerdings vergleichsweise umständlich war und ist, es außerdem immer wieder zu gezielten Spielmanipulationen von außen kam (sogenannte Botnet-Attacken, die Server überlasten und zum Absturz bringen; Kühl 2017) und die wichtigsten Aktionen zudem ohne Kommentar und Kameraregie nur schwer zu verfolgen waren, hat der eSport vollständig auf Streaming-basierte Studioproduktionen umgestellt, die stark an klassische Sportberichterstattung erinnern. In der Regel engagieren Turnierveranstalter oder Spielehersteller Caster, die eine Veranstaltung im offiziellen Stream übertragen. Übertragungssprache ist in den meisten Fällen Englisch. Darüber hinaus werden nach gewohntem Modell Lizenzen für Übertragungsrechte an Einzelpersonen (bekannte Influencer:innen, Ex-Profi-Spieler:innen u.ä.) oder Gaming-Medien (in Deutschland z. B. Freaks 4U oder TakeTV) vergeben. Größere internationale Turniere, die schon wegen der stark unterschiedlichen Latenzen (Datengeschwindigkeiten vom Heim-PC zum Spielserver und zurück) an einem zentralen Ort beziehungsweise in einem lokalen Netzwerk durchgeführt werden müssen, verfügen mittlerweile über Reporter-Crews aus mehreren Personen, die sich Aufgaben wie Vorberichterstattung, Live-Kommentar und Nachanalyse aufteilen. Wie im klassischen Sport kommen dabei sprachgewandte

Abbildung 15: eSport-Turnier „ESL One Cologne" in der LANXESS Arena Köln, Bildquelle: ESL / Adela Sznajder

Moderator:innen, Fachanalyst:innen, externe Studiogäste und Interviewpartner vor Ort zum Einsatz. Als Sendekanäle dienen Streaming-Plattformen wie *Twitch* oder *YouTube*, die mit Hilfe intuitiver Open-Source-Produktionsprogramme wie der *Open Broadcaster Software (OBS)* administriert werden und einem dispersen Publikum diverse interaktive Funktionen anbieten (untereinander chatten, an Abstimmungen teilnehmen, Fragen einreichen, Spielstatistiken abrufen etc.) (Fairly Odd Streamers 2020). Da sich im eSport über Jahre hinweg aktive Fanszenen gebildet haben und die Branche heute auch ein breiteres lokales Publikum (z. B. Sportvereine oder Schulen) anspricht, werden Turniere zunehmend in Multifunktionsarenen wie der Kölner *LANXESS Arena* (ESL One Cologne, ca. 15.000 Zuschauer:innen pro Eventtag im Jahr 2017, ESL 2017) oder der *Spodek Arena* im polnischen Kattowitz (Intel Extreme Masters; 174.000 Besucher:innen über zwei Wochenenden im Jahr 2019, Walter 2019) ausgetragen. Das professionelle Gaming manifestiert sich damit auch zunehmend in der realen Welt.

Im Jahr 2020 belaufen sich die globalen mit eSport verbundenen Umsätze auf rund 1,1 Milliarden Dollar und steigen damit im Vergleich zum Jahr 2019 (950,6 Millionen US-Dollar gegenüber 776,4 Mio. $ in 2018) um 15,7 Prozent an. Ein Wachstum in dieser Größenordnung wird auch für die kommenden Jahre bis 2023 (Prognose: 1,55 Mrd. $) erwartet. Auf leicht schwächerem Niveau, aber ähnlich konstant wächst auch das globale eSport-Publikum: 395 Millionen Zuschauer:innen im Jahr 2018 stehen 443 Millionen im Jahr 2019 (+12,3%) und 495 Millionen im Jahr 2020 (+11,7%) gegenüber. Bis zum Jahr 2023 liegt die Prognose des Marktforschungsunternehmens Newzoo (2020b) bei 646 Millionen eSport-Zuschauer:innen, die sich etwa im Verhältnis 60:40 in Gelegenheitszuschauer:innen und Enthusiasten aufteilen. Gemessen an den Live-Stunden, die Nutzer:innen auf den Streaming-Plattformen

Twitch, *YouTube* und *Mixer* im Jahr 2019 mit eSport-Aktivitäten verbracht haben, sind *League of Legends* (348,8 Millionen Stunden), *Counter-Strike: Global Offensive* (215 Mio.) und *Dota 2* (198,8 Mio.) die derzeit beliebtesten eSport-Titel. Bezogen auf Nicht-eSport-Inhalte dominieren *Fortnite* (1327,9 Millionen Stunden), ebenfalls *League of Legends* (895,4 Mio.) und *Grand Theft Auto V* (634,5 Mio.) den Zuschauermarkt. Im Jahr 2019 fanden weltweit 885 große eSport-Events statt, die 56,4 Millionen US-Dollar aus Ticketverkäufen generierten (2018: 54,7 Mio. $). Das insgesamt ausgeschüttete Preisgeld im eSport betrug im Jahr 2019 ungefähr 167,4 Millionen US-Dollar (2018: 150,8 Mio $). Auf Deutschland bezogen (16-75 Jahre) gaben im Jahr 2016 54,6 Prozent von 1.525 Befragten an, zumindest selten Let's-Play-Videos anzusehen, 36,3 Prozent schauten zumindest selten Gameplay-Livestreams, 30,6 Prozent eSport-Videos und 29,9 Prozent eSport-Livestreams (Computer Bild Spiele & Statista 2017). Im Jahr 2018 sagten von 1.022 Deutschen zwischen 14 und 50 Jahren 32 Prozent, dass sie auf Streaming-Portalen eSport-Events anschauen. Außerdem hatten 24,4 Prozent eSport im Free-TV und 10 Prozent im Pay-TV und 16,9 Prozent schon live vor Ort verfolgt. Weitere 23,9 Prozent der Befragten gaben an, sich in Zukunft vorstellen zu können, eSport-Events zu verfolgen (PwC 2018). Auch das gesellschaftliche Wissen um die Bedeutung des eSport-Begriffs steigt in Deutschland an: Im Jahr 2017 hatten 26 Prozent der Befragten (insgesamt 2.014 Personen ab 16 Jahren) schon einmal von eSport gehört, 29 weitere Prozent wussten, was der Begriff meint. Im Jahr 2018 waren diese beiden Werte auf 28 Prozent (schon einmal gehört) und 37 Prozent (wissen, was es bedeutet) angestiegen (game e.V. 2019). Der *Esport Bund Deutschland* (2018) geht außerdem von 30 Organisationen in Deutschland aus, die professionellen eSport betreiben. Dazu kommen zwischen 40.000 und 150.000 lose Organisationen (sogenannte Clans, Squads, Teams oder Gilden), die organisierten Amateur-eSport betreiben und zumindest teilweise im (semi-)professionellen Bereich aktiv sind. Immer wieder gründen außerdem auch Unternehmen (z. B. Alternate, ad hoc best services, Expert) und in jüngerer Vergangenheit zunehmend Sportvereine (z. B. einige Fußball-Bundesligisten, aber auch im Breitensport) eSport-Abteilungen, um die im Digitalen sozialisierten Kinder und Jugendlichen an klassischen Sport heranzuführen, damit einen ausgeglichenen, gesunden Lebensstil zu fördern und den eigenen Nachwuchsbereich (bzw. die eigene Marke) zu stärken (Kicker 2017; Matzat 2019).

3.4 Trends im Spieldesign

Vor dem Hintergrund der Debatte über eine Videospielsucht ist es wichtig zu verstehen, auf welche Art und Weise aktuelle Spielkonzepte Dynamiken entwickeln, die Spieler:innen emotional stärker an das Spiel binden und Spielzeit sowie finanzielle Investitionen steigern (Dietrich 2020). Schon vor dem eigentlichen Kauf eines

Spiels schaffen Videospielentwickler Anreize, mehr Geld für ein Spiel auszugeben als eigentlich nötig. Das Stichwort heißt hier *Preorder-Editionen*, die Spieler:innen exklusive Boni wie bestimmte Spielgegenstände, Story-Inhalte oder früheren Zugang zum Spiel versprechen. Gerade bei Spielen, in denen Erfolg von möglichst schnellem Levelaufstieg abhängt oder in denen Individualität (etwa bei der Charaktererstellung) eine große Bedeutung hat, können ein paar Tage Zeit, bevor alle anderen Spieler:innen eintreffen, und einzigartige kosmetische Skins relevante Vorteile und Gratifikationen bedeuten. Nach einem ähnlichen Prinzip wie Preorder-Editionen funktionieren auch *Season-Pässe*, also zeitlich begrenzte Aktionen im laufenden Spiel, die – so man denn einen Betrag um etwa zehn Euro dafür bezahlt hat – ebenfalls exklusive Boni direkt ausschütten, oder aber in Aussicht stellen, sobald gewisse Levelgrenzen überschritten werden. Neben dem finanziellen Aspekt verlangen Season-Pässe also auch eine längere Spielzeit. Das oben schon angeklungene *Free-to-Play-Spielprinzip* vereint einen extrem niedrigschwelligen Spieleinstieg mit ausgeklügelten Progressionsmechaniken, die entweder zu einer sehr langen Spielzeit oder zu schnell ansteigenden Kosten führen. Der Spieler oder die Spielerin bekommt in diesem System kostenfrei Zugang zum Spiel und wird zudem in den ersten Stunden und Leveln mit großzügigen Belohnungen für recht triviale Aufgaben konfrontiert. Free-to-Play-Spiele, die häufig im Mobile-Sektor vertreten sind, zunehmend aber auch in Konsolen- und PC-Sektor Einzug finden, locken Spieler:innen auf diese Weise weit in den Levelfortschritt hinein, bis die eigentlichen Monetarisierungskonzepte greifen. Der Levelaufstieg wird dann zunehmend schwieriger und vor allem langwieriger, weil beispielsweise immer wieder dieselben monotonen Tätigkeiten zu erfüllen sind, um große Mengen an Items zu sammeln, oder weil Werbepausen oder Fähigkeiten-Cooldowns (Wartezeit, bis man eine bestimmte Fähigkeit erneut einsetzen kann) greifen. Das Spiel bietet den zunehmend frustrierten Nutzer:innen an dieser Stelle schnelle Abhilfe in Form von käuflichen Gegenständen und Premium-Abos für Kleinbeträge (Mikrotransaktionen), die langwieriges Spielen und Wartezeiten abkürzen. Da ein solider Spielfortschritt aufgrund der anfänglichen Freifahrtscheine bereits gegeben ist, sinkt die Hemmschwelle deutlich, für etwas Geld auch weiterhin zügig voranzukommen. Wann immer Items oder Abkürzungen gegen Echtgeld erworben werden können, die im Wettbewerb mit anderen Spieler:innen Vorteile bewirken, hat sich ergänzend zum Free-to-Play-Gedanken der Ausdruck *Pay-to-Win* etabliert (Halley 2019).

Viele Free-to-Play-Spiele, zu denen inzwischen mit *League of Legends*, *Counter-Strike: Global Offensive* oder *Rocket League* auch große eSport-Titel zählen, beschränken die gegen Kleinbeträge erhältlichen exklusiven Boni auf kosmetische Items (z. B. Charakter-, Waffen- und Fahrzeugskins, Menü-Layouts und Soundtracks), um einen fairen Wettbewerb zu gewährleisten und dennoch Geld zu verdienen. Eine große Rolle spielen in diesem Zusammenhang auch *Lootboxen*, also ansprechend aufgemachte Ingame-Schatzkisten, von denen zwar bekannt ist, was sich darin befinden könnte, nicht aber, was tatsächlich darin ist. Spieler:innen können Lootboxen für

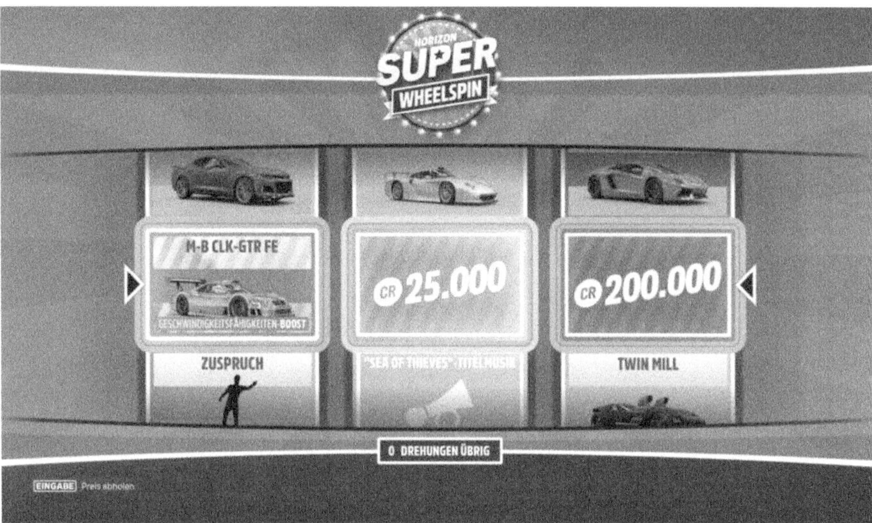

Abbildung 16: Kostenlose Lootbox-Mechanik als Glücksrad im Open-World-Rennspiel Forza Horizon 5, Bildquelle: Gamestar

überschaubare Beträge erwerben und haben dann die Chance auf sehr seltene und für gutes Geld auf Community-Märkten gehandelte Gegenstände. Mit einer noch wesentlich höheren Wahrscheinlichkeit stecken in den Kisten allerdings durchschnittlich attraktive, überhaupt nicht seltene und deshalb auch eher wertlose Standard-Items. Es handelt sich bei Lootboxen deshalb um Wundertüten, bei deren Öffnen Spieler:innen auf längere Sicht unter dem Strich nicht gewinnen. Dennoch entfalten die möglichen Hauptgewinne, die beim Öffnen der Kiste mit Trommelwirbel am virtuellen Glücksrad vorbeifliegen, eine Faszination, die neben der Videospielsuchtdebatte auch glücksspielrechtliche Diskussionen und Verbote nach sich gezogen hat (Herbig 2018; Molke 2018). Lootboxen spielen deshalb im Augenblick eine nicht mehr ganz so prominente Rolle bei der Entwicklung neuer Spiele, sind und bleiben allerdings fester Bestandteil einiger der meistgespielten Online- und eSport-Titel. Ein Trend in aktuellen Spieldesigns, der User:innen über sehr lange Zeit an ein Spiel binden soll, ist der des *Service Games*. Darunter ist ganz plump ausgedrückt ein Videospiel zu verstehen, das kein Ende hat. Entwickler gestalten die Spielewelt sowie die Storyline bewusst so, dass jede letzte Mission nur vorläufig die letzte bleibt, weil das Spiel dann rechtzeitig mit Erweiterungen versorgt wird. Bei Spielen wie *Grand Theft Auto V Online*, *World of Warcraft*, *Battlefield 2042* oder *Forza Horizon 5* werden regelmäßig neue Content-Pakete mit Missionen, Maps, Fahrzeugen, Charakteren und sonstigen Items nachgeliefert, und das teilweise seit mehreren Jahren. Weil solche größeren Updates allerdings Monate an Entwicklungszeit benötigen, überbrücken tägliche und wöchentliche Herausforderungen die Wartezeit. Diese kommen sehr kleinteilig daher, sind oft leicht zu lösen, belohnen den Spieler und die Spielerin aber konsequent und mit spektakulären Effekten (Feuerwerk, bunte Farben,

Fanfaren) für seine und ihre Treue. Teilweise werden Boni sogar einfach nur dafür ausgeschüttet, dass man sich täglich einloggt und die Spielwelt betritt. Zusätzlich zu diesen kostenlosen Addons und Updates ist es gängige Praxis geworden, einzelne Spielelemente nachträglich gegen Kleinstbeträge kostenpflichtig zur Verfügung zu stellen. Besonders häufig handelt es sich dabei um kosmetische Gegenstände wie Lackierungen für Fahrzeuge, Verzierungen für Waffen oder Outfits für Spielcharaktere (Halley 2019; Graf 2017).

Um gleichzeitig den Kaufanreiz zu maximieren, aber dennoch anständig zu verdienen, führen viele Spiele eine eigene Spielwährung ein. Ingame-Items können dann nicht mehr direkt per Überweisung oder Kreditkarte gekauft werden, sondern nur mittelbar mit einer virtuellen Währung, die vorher mit echtem Geld erworben wurde. Ein großer Vorteil dabei für Entwickler: Egal, was oder wieviel sich Spieler:innen am Ende mit ihren Battlepoints oder Spieldollar kaufen, das reale Geld liegt auf jeden Fall vollständig auf dem Konto des Anbieters. Denn in der Regel lassen sich Ingame-Währungen nur als Pakete (also etwa 2.000 Battlepoints für fünf Euro, 5.000 für zehn Euro etc.) erwerben, auch wenn das gewünschte Item am Ende beispielsweise nur 250 Battlepoints kostet. So verbleiben nach dem Einkaufen zumeist noch einige Ingame-Dollar auf dem virtuellen Konto, die dazu anregen, noch einmal Geld einzuzahlen, um weiter zu kaufen und kein Geld zu verschenken.

Abschließend zu nennen – und sehr eng mit dem Free-to-Play-Gedanken und dem Service-Game-Ansatz verwoben – sind die Trends hin zu *riesigen, offenen Spielwelten (open worlds)* sowie zum *Online-Multiplayer* (kooperativ und kompetitiv). Kein:e Spieler:in soll mehr ganz alleine und zu schnell durch schlauchförmige Level-Designs und singuläre Handlungsstränge wandern müssen. Stattdessen soll jeder Winkel der interaktiven Welten bereist werden können, unabhängig ob mit einer konkreten Aufgabenstellung verbunden oder nicht, am besten mit einem Freund oder einer ganzen Gruppe zusammen. Interaktive (KI-)Charaktere und responsive Spielelemente (betreten, öffnen, benutzen, bauen, zerstören etc.) erlauben ganz eigene Zielsetzungen und Freizeitbeschäftigungen. Wann immer nicht genügend menschliche Spieler:innen die Server füllen oder das Gros der Community schon zu weit fortgeschritten ist, können (heimlich) Bot-Gegner zum Einsatz kommen, die neuen Spieler:innen einen einfacheren Einstieg ermöglichen und gleichzeitig für das nötige Leben auf der Spielkarte sorgen (ebd.).

3.5 Öffentliche Debatten zum Gaming

Wenn mehr als ein Drittel der deutschen Gesamtbevölkerung Videospiele spielt und gerade junge Altersgruppen beinahe vollständig und fast täglich mit dem Thema zu tun haben, steigt auch dessen Relevanz in der öffentlichen Wahrnehmung und Diskussion. Soziale und politische Debatten zum Gaming sind deshalb in den vergangenen Jahren inhaltlich breiter und in ihrer Resonanz prominenter geworden. Da es weiter unten in diesem Text um die Konzeption eines zielführenden medienpädagogischen Handlungskonzeptes im Gaming geht, soll vorher ein Eindruck vom aktuellen gesellschaftlichen Stellenwert dieses Handlungsfeldes vermittelt werden. Oben wurden schon quantitative Marktdaten präsentiert, die im Folgenden qualitativ durch soziale und politische Diskurse ergänzt werden sollen. Insgesamt verläuft die Integration des Gaming in den gesellschaftlichen Alltag dabei vergleichsweise kontrovers („Glaubenskrieg"; Breiner & Kolibius 2019b, 5).

Gewalthaltige Spielinhalte (sog. „Killerspieldebatte")

Die (potenziellen) Auswirkungen gewalthaltiger Videospielinhalte auf das Denken und Handeln von Spieler:innen sind Gegenstand einer der ältesten öffentlichen Diskussionen der Videospielgeschichte (ebd., 4). Insbesondere im Kontext von Amokläufen werden regelmäßig Parallelen gezogen zu First-Person-Shootern, die durch ihre unmittelbare und immersive Darstellung des (blutigen) Tötens menschenähnlicher Avatare aus der Egoperspektive mitverantwortlich für das aggressive Verhalten der Täter:innen und deren Abstumpfung gegenüber Gewalt sein sollen (z. B. Söring 2002; WDR 2006; ARD 2009; ZDF 2012; Handelsblatt 2016; Bundesregierung 2017). Bareither (2016, 322 ff.) differenziert aus wissenschaftlicher Perspektive zunächst anhand von Spielbeispielen, in welcher Form gewaltbezogenes Handeln im Gaming überhaupt eine Rolle spielt. So bringen audiovisuell effektvoll inszenierte Gewaltdarstellungen (Explosionen, Trefferanimationen, Zeitlupen etc.) die Spieler:innen unter anderem zum Staunen und faszinieren sie zusätzlich, wenn beziehungsweise weil durch enge emotionale Bindungen zwischen Spieler:innen und Avataren eine Art gemeinsames Handlungsgefühl (embodiment relation) sowie Selbstwirksamkeitserleben entstehen. Der ästhetische Aspekt virtuell inszenierter Gewalt äußert sich auch in unterschiedlichen Formen der Gewaltausübung (z. B. laut und mit Wucht, heimlich und heimtückisch, mit hoher Präzision etc.), die solche Handlungen auf verschiedene Art als elegant und schön prägen. Wie in der realen Welt ist physische Gewalt im (Multiplayer-)Videospiel ein Mittel sozialer Unterwerfung. Die eigene Identifikation mit der virtuellen Spielfigur und der damit verbundene Frust beim virtuellen Tod bringen umgekehrt die Gewissheit, dass sich besiegte Gegner:innen ebenso sehr ärgern werden. In den Hintergrund treten Waffen, Effekte und Gewaltinszenierungen dagegen, wenn sie lediglich als Mittel zum Zweck bei der Aufrüstung einer Spielfigur sind. Hier steht eher die Freude über die Belohnung für gewaltbezogenes Handeln sowie über die wachsende Stärke im Kampf gegen die nächsten Level-Bosse im Vordergrund. In kompetitiven Shooter-Spielen verliert das singuläre Erlebnis des Tötens von Gegner:innen und Avataren außerdem deshalb an Bedeutung, weil Abschüsse hier vor allem Konzentrationsvermögen, Reaktionsschnelligkeit und strategisches Denken repräsentieren. Befriedigung und sozialer Respekt erwachsen vor allem aus Spielstatistiken (Abschüsse, Verhältnis von Abschüssen zu Toten, Anzahl der

Treffer, Schadenspunkte etc.). Außerdem stehen im eSport soziale Aspekte beim gemeinsamen Bewältigen von Herausforderungen im Vordergrund. Umgekehrt können virtuelle Gewalthandlungen allerdings auch Ausdruck sozialer Rache zwischen Einzelpersonen oder Spielergruppen sein. Abschließend zeigt sich, dass Spieler:innen im Digitalen teilweise gezielt ethische und rechtliche Grenzen der realen Welt überschreiten und Spaß daran empfinden, unschuldige KI-Charaktere oder Teammitglieder im Multiplayer auf kreative Weise zu töten.
Die ersten systematischen Studien zum Zusammenhang zwischen Aggression und Gewalt in Computerspielen entstanden Mitte der 1980er-Jahre und fanden zunächst vor allem Korrelationen zwischen aggressiven Persönlichkeitsstrukturen und dem Spielen von gewalthaltigen Videospielen (Dominick 1984; Rushbrook 1986; Lin & Lepper 1987). In diversen jüngeren Studien konnte dieser Zusammenhang empirisch bestätigt werden (Anderson & Dill 2000; Carnagey et al. 2006; Salisch et al. 2011). Aus diesen Korrelationsmodellen ließen sich allerdings keine Ursache und keine Wirkung bestimmen – gewalthaltige Computerspiele könnten aggressiv(er) machen, oder aggressive(re) Personen greifen bevorzugt zu gewalthaltigen Videospielen. Auch randomisierte Studien in den 1990er-Jahren produzierten in der Regel ambivalente Befunde: Manche Proband:innen erlebten Gewalt im Computerspiel als beruhigend (Katharsis-Effekt), andere wirkten in psychologischen Befragungen und Beobachtungen anschließend aggressiver, und wieder andere ließen überhaupt keinen Effekt erkennen (z. B. Wegge & Kleinbeck 1997; Scott 1995). Kardiovaskuläre Indikatoren wie ein höherer Blutdruck oder eine höhere Herzfrequenz, die ebenfalls selten eindeutig waren, sprechen in diesem Zusammenhang zudem eher für eine höhere Anspannung als für eine gesteigerte Aggressivität (Breiner & Kolibius 2019b, 45). Teilweise reagierten Proband:innen sogar deutlich angespannter und aggressiver auf das Spielen eines 3D-Tischtennisspiels als auf einen Ego-Shooter (Goodson & Pearson 2009). Jüngere Metastudien schlussfolgern regelmäßig, dass der Forschungsstand zur Gewalt in Videospielen keine ausreichenden Belege für die Vermutung eines aggressionsfördernden Charakters liefert (Unsworth 2007; Savage & Yancey 2008). Es mehren sich dagegen wieder Beiträge, die eine aggressionsabbauende Wirkung gewalthaltiger Videospiele für möglich halten (Olson et al. 2008; Ferguson und Rueda 2010). Breiner und Kolibius (2019b, 56) ziehen deshalb ein klares Fazit: Der einzige verlässliche Befund der Forschung zum Zusammenhang von Gewalt in Videospielen und Aggressivität bei Nutzer:innen sei: „Aggressiv veranlagte Persönlichkeiten greifen vermehrt zu gewalthaltigen Computerspielen."

Videospiele als Lernmittel und Trainingswerkzeuge

Abseits vom ludischen oder kompetitiven Einsatz von Videospielen wird immer wieder darüber diskutiert, inwiefern virtuelle Spielwelten auch für andere gesellschaftliche Kontexte entwickelt werden können. Sogenannte *Serious Games* adressieren neben dem Unterhaltungsaspekt, der auch in diesem Sammelgenre eine deutlich untergeordnete Rolle spielt, immer noch mindestens ein weiteres, charakterisierendes Spielziel (Dörner et al. 2016, 3). Diese zusätzlichen Ziele hängen stark vom Einsatzzweck des Spiels ab. Serious Games können unter anderem zu Trainings- und Simulationszwecken eingesetzt werden, beispielsweise im polizeilichen und militärischen Bereich oder in der Fahrer-, Piloten- und Kapitänsausbildung. Vor allem Krisen- und Katastrophenfälle wie der Ausfall technischer Geräte im Flugzeug-Cockpit oder das Steuern eines Schiffes durch einen Sturm, aber auch das taktische Vorgehen bei Geiselnahmen oder Terroranschlägen lassen sich sehr flexibel in den Spieleinstellungen simulieren. Das virtuelle Szenario kann zur realistischeren Trainingserfahrung durch responsive Ein- und Ausgabegeräte (bspw. ein nachgebautes Cockpit mit hydraulischer Simulation der Kräfte, die auf das echte Fahrzeug wirken würden) und Augmented-/Virtual-Reality-Technik (bspw. Polizisten, die mit VR-Brillen und Controller-Gewehren durch leere Hallen laufen, in denen virtuelle Einsatzorte dargestellt werden) ergänzt werden (Göbel 2016, 329 ff.). Demgegenüber werden in *Educational Games* vorwiegend theoretische Lehr- und Lerninhalte anschaulich aufbereitet, etwa physikalische und chemische Prozesse oder Wirtschaftsdynamiken und geologische Kräfte. Auch komplexere soziale oder politische Ereignisse und Fragestellungen wie der Holocaust (ebd., 380 f.), Rassismus und Sexismus (ebd., 382 f.) oder Epidemien (ebd., 385 f.) und Kriege lassen sich in Videospielen storybasiert und interaktiv erfahren. Im Bereich Gesundheit und Rehabilitation unterstützen Serious Games zum Beispiel bei Gleichgewichtsübungen (Bildschirm zeigt Hindernis-Parcours, Patient:in muss sein oder ihr Gewicht auf einer Druckplatte verlagern; httc 2020), bei der Krebstherapie (Spieler:innen bekämpfen Krebszellen mit Superwaffen wie Chemotherapie und Antibiotika; Hopelab 2020) und bei neuronalen Verletzungen (Geschicklichkeitsspiele mit speziellen Eingabegeräten; Wiemeyer 2010). Abzugrenzen sind Serious Games von der oben bereits angesprochenen Gamification, die wiederum Gaming-ferne Prozesse durch motivationssteigernde und visualisierende Mechanismen anreichert, die ihrerseits auf Gaming-Prinzipien beruhen (Deterding et al. 2011).

Glücksspielelemente im Gaming

Oben wurde bereits angesprochen, dass Spieleentwickler zugunsten einer höheren und längerfristigen Attraktivität von Free-to-Play-Titeln und Service Games die Anzahl kostenpflichtiger Spielgegenstände im Laufe der Zeit konsequent erhöhen. Dabei kommen regelmäßig auch zufallsgesteuerte Mechaniken zum Einsatz, die technisch und rechtlich betrachtet stark an klassisches Glücksspiel erinnern. Unter dem Dachbegriff *Lootbox* werden Ingame-Schatzkisten gefasst, die eine Reihe häufig vorkommender und wenige seltene Spielgegenstände enthalten können.

Bekannt ist entweder, welche Gegenstände sich definitiv darin befinden können oder aber lediglich deren Art (Bsp.: ein Kleidungsstück, eine Waffe etc.) beziehungsweise Seltenheit (Bsp.: ein häufiges Item, ein seltenes Item etc.). Häufige Items werden mit einer wesentlich größeren Wahrscheinlichkeit gezogen als seltene. Lootboxen kosten entweder ein geringes Entgelt oder werden im laufenden Spiel zufällig beziehungsweise als Belohnung für bestimmte Erfolge (z. B. ein erreichtes Level, eine Bestzeit etc.) verliehen. In manchen Fällen müssen Spieler:innen zusätzlich zur Schatzkiste noch den passenden Schlüssel erwerben, wiederum für einen geringen Betrag. Das Öffnen von Lootboxen ist emotional und spektakulär inszeniert, beispielsweise als virtuelle Fahrt durch den Kabinengang bis hin zu einer Bühne in der Fußballsimulation *FIFA* oder im Stile eines laufenden Glücksrades (Counter-Strike: Global Offensive). Im Open-World-Rennspiel *Forza Horizon 4* beobachten die Spieler:innen vor dem Bildschirm und deren Avatare im Spiel sogar gemeinsam die Auslosung. Aus Lootboxen gezogene Gegenstände sind anschließend im Inventar verfügbar und können in vielen Fällen auf Community-Märkten gegen eingezahltes Guthaben gehandelt werden, wodurch sich der abstrakte Seltenheitsgrad auch in einen messbaren Geldwert wandelt. In der öffentlichen Kritik stehen Lootboxen aufgrund ihrer undurchsichtigen Gewinnchancen und der falschen Erwartungen, die dadurch bei insbesondere jüngeren Spieler:innen geweckt werden (Landtag Brandenburg 2018). Auch soll das Prinzip Schatzkiste einen unangemessenen Reiz ausüben, der neben der Entstehung suchtartigen Verhaltens auch finanzielle Probleme nach sich ziehen kann (Gießler 2019). Die Konzentration der Spieleinnnahmen auf wenige Spieler:innen, die extrem viel Geld ausgeben (z. B. für Lootboxen), ist ebenfalls ein klassisches Merkmal von Glücksspielmärkten (Fiedler et al. 2018, 148). Während Lootboxen aus diesen Gründen bereits in einigen Ländern verboten wurden (Herbig 2018; Molke 2018), sieht die deutsche Politik bislang keinen Grund zur glücksspielrechtlichen Regulierung (Landtag Brandenburg 2018). Glücksspielangebote geben demnach eine Gewinnchance gegen ein Entgelt aus, mit der Chance, dieses Entgelt vollständig zu verlieren, während in der Regel um Geld gespielt wird. Lootboxen werden zwar häufig ebenfalls gegen Entgelt ausgegeben und verkaufen eine Gewinnchance, allerdings wird in jedem Fall ein Gewinn ausgegeben, man kann also im materiellen Sinne nicht alles verlieren. Außerdem schütten Lootboxen kein Geld aus, sondern Spielgegenstände. Überlassen wird eine Bewertung und Regulierung deshalb dem Jugendschutz, wobei die USK als Prüfungsbehörde für Videospiele Lootboxen ausdrücklich nicht innerhalb ihres gesetzlichen Auftrags zur Alterseinstufung und -freigabe sieht (USK 2017). Damit fällt die Verantwortung für glücksspielähnliche Videospielmechaniken in den Bereich sozialer Prävention vor allem durch Eltern und das soziale Umfeld. Auch das Wetten im eSport hat in den vergangenen Jahren stark zugenommen. Hier wird entweder im Stil klassischer Sportwetten Geld auf Teams und Match-Verläufe gesetzt (eSportbook-Wetten), oder Spielgegenstände mit monetärem Gegenwert kommen zum Einsatz (Game-Mediated Betting). Im Jahr 2015 betrug das Wettkapital im eSport-Sektor bereits 315 Millionen US-Dollar, für das Jahr 2020 wird aufgrund des enormen Wachstums der Branche bereits ein globales Wettkapital von 23.500 Millionen US-Dollar prognostiziert – sofern nicht rechtspolitische Regulierungen greifen (Fiedler et al. 2018, 149). Solche werden zwar, auch wegen der sehr jungen Nutzergruppe von Videospielen, öffentlich diskutiert und gefordert (ebd.), sind bislang aber nicht erfolgt. Ein Grund dafür, dass Wetten im Gaming bislang keine rechtliche Klassifikation als Glücksspiel mit den dazugehörigen Regulierungen erfahren hat, ist die unklare Rechtslage der Branche. Solange nämlich eSport nicht als Sport im klassischen Sinne anerkannt wird, können eSport-Wetten auch nicht als Sport-Wetten eingestuft werden (fussballwetten.info 2020).

Ist eSport Sport?

Die Kontroverse um Sinn und Zweck des Videospielens an sich manifestiert sich seit einigen Jahren in der Diskussion über die politische Anerkennung des eSport als Sport im klassischen Sinne in Deutschland. Hauptkontrahenten in dieser Debatte sind bislang der Esport Bund Deutschland e.V., gemeinsam mit der *Electronic Sports League* (ESL) und der Videospielindustrie auf der einen Seite, und der Deutsche Olympische Sportbund (DOSB) gemeinsam mit dem Deutschen Behindertensportverband (DBS) sowie Sachverständigen aus den Fachbereichen Bewegungswissenschaft und Sportpsychologie auf der anderen Seite. In dieser Konstellation trafen die Interessengruppen am 20. Februar 2019 zur Generalaussprache in einer öffentlichen Anhörung des Sportausschusses des Deutschen Bundestags aufeinander (ESBD 2019), der sozusagen als interessierter Dritter nachfragen und vermitteln sollte. Hans Jagnow, zu dieser Zeit Präsident des ESBD, und Ralf Reichert, CEO der ESL-Gaming, wiesen unter Bezug zu einschlägigen Kriterien des Sportbegriffes darauf hin, dass eSport, verstanden als gleichzeitiger Wettkampf zwischen menschlichen Kontrahent:innen mit einer genau bestimmbaren sportlichen Leistung (motorische Leistung am Eingabegerät in Reaktion auf Bildschirminhalte bei gleichzeitiger Beherrschung des Spielablaufs) sowie einer eigenmotorischen und ausschließlich spielbezogenen Betätigung weit über die alltäglichen Eingabe-Bewegungen an PC und Konsole hinaus (körperliche Ebene), als Präzisionssportart zu verstehen sei. Sie bezogen sich dabei immer wieder explizit auf die Anerkennung anderer Sportarten wie Schach (ebenfalls kaum sichtbare körperliche Bewegung) oder Motorsport (ebenfalls vorwiegend Bedienung technischer Eingabegeräte) als Präzedenzfälle für ihren Antrag. Hintergrund der politischen Anerkennung des eSport als Sport ist insbesondere dessen dann mögliche Eingliederung in Sportfördersysteme, die flächendeckend eine leistungsorientierte, aber auch pädagogische und psychologische Betreuung ermöglichen würden.

Dabei versteht der ESBD eSport als eine Sportart mit diversen Disziplinen, wobei darunter alle Videospiele fallen, deren Strukturen den obigen Kriterien entsprechen und einen fairen Wettbewerb ermöglichen. Veronika Rücker, Vorsitzende des Deutschen Olympischen Sportbundes, erklärte daraufhin, dass der DOSB die vom ESBD angelegte eSport-Definition vor einem Kriterienkatalog geprüft habe, der insbesondere motorische Aktivitäten der Spieler:innen, Geschäftsmodelle der Spiele, die Gemeinwohlorientierung der Organisationen sowie das kompetitive Videospielen im Sinne ethischer Normen beinhaltet. Ergebnis dieser Prüfung ist eine Differenzierung des DOSB zwischen *virtuellen Sportarten* (Sportspiele wie *FIFA* oder *NBA2K* mit geringer körperlicher Aktivität, dazu sensorgesteuerte und Virtual-Reality-basierte Simulatoren für beispielsweise Golf oder Radfahren mit mehr oder weniger derselben körperlichen Leistung wie im realen Sport) und *eGaming* (alle übrigen eSport-Titel, darunter Shooter und Strategie-Titel). Ausschließlich virtuelle Sportarten seien akzeptabel im Sinne einer Verhandlung über die Anerkennung als Sport, die neben der motorischen und ethischen Bewertung darauf abziele, Menschen in klassische Sportvereine zu bringen und zur realen körperlichen Bewegung zu motivieren. Lars Pickardt, der als Vorsitzender den Deutschen Behindertensportverband vertrat, schloss sich dieser Klassifikation an und betonte dabei das grundsätzlich inklusive Potenzial virtueller Spiele, wies allerdings auf bedenkliche Tendenzen wie Lootboxen und Cybergrooming in Videospielen hin, die vergleichsweise wenig reguliert und kontrolliert würden. Für die Wissenschaft äußerte sich dann zunächst Carmen Borggrefe, Professorin und Studiendekanin für Sport- und Bewegungswissenschaft an der Universität Stuttgart. Überraschend deutlich kritisierte sie den eSport, der Kinder und Jugendliche wegbringe vom klassischen Sport und damit die negativen Auswirkungen der Digitalisierung eher fördere, anstatt ein Gegengewicht zu setzen. Thomas Wendeborn, Professor für Sportpädagogik an der Universität der Bundeswehr in München, vertrat anschließend eine differenziertere Ansicht, die allerdings im Ergebnis wenig euphorisch anmutete. Der eSport müsse professionellere Strukturen schaffen, Geschäftsmodelle hinterfragen sowie die Themen Bildung und Erziehung stärker adressieren, dann erst werde ein weniger ideologischer öffentlicher Diskurs möglich. Da seit dieser argumentativ recht drastisch und gegenpolig geführten Generalaussprache bis heute keine grundlegenden Entscheidungen auf beiden Seiten mehr gefallen sind, lässt sich die Frage, ob eSport Sport ist (oder sein kann), nach wie vor nicht abschließend beantworten.

4 Videospielsucht – eine neue Volkskrankheit?

Der Suchtaspekt repräsentiert eine weitere Debatte im Gaming, wurde aber als zentrales Untersuchungsobjekt in dieser Arbeit aus der obigen Klassifikation (vgl. Kap. 3.5) ausgeklammert und wird ausführlich in diesem Kapitel behandelt. Dass die vielfältigen und im Sinne der Aufmerksamkeitsökonomie (vgl. Franck 1998) äußerst reizvoll aufbereiteten Angebote im Internet auch zu einem exzessiven, suchtähnlichen oder suchtartigen Nutzungsverhalten führen können, wurde an verschiedenen Stellen in dieser Arbeit bereits angerissen. So nennen mehrere Beiträge die Suchtproblematik als Grenzüberschreitung in einer Kultur der Digitalität (vgl. Kap. 2.3). Auch im Kapitel zum Gaming wurde der Trend deutlich, Spieler:innen durch offene Spielwelten, kostenlose Spielzugänge (Free-to-Play) und einen andauernden Nachschub an Herausforderungen und Belohnungen (Stichwort: Service Games) möglichst lange an ein Videospiel zu binden. Die Frage, ob kostenpflichtige virtuelle Schatzkisten (Lootboxen) rechtlich als Glücksspiel einzustufen und im Sinne des Jugendschutzes zu verbieten sind, trägt das Thema Suchtgefahr im Gaming bereits implizit in sich. Die zwei bedeutendsten internationalen Klassifikationen für psychische Krankheiten, die *International Statistical Classification of Diseases and Related Health Problems* (ICD) der Weltgesundheitsorganisation (WHO) sowie das *Diagnostic Statistical Manual of Mental Disorders* (DSM) der American Psychological Association (APA), listen mittlerweile eine Videospielsucht als Krankheitsbild. Abzugrenzen ist das pathologische Gaming dabei von weiteren Subformen einer Internetsucht, die beispielsweise Online-Glücksspiel, Cybersex und Online-Pornos, soziale Netzwerke oder Online-Shopping betreffen. Offiziell kodifiziert wurde aber bislang ausschließlich die Videospielsucht, ein wichtiger Grund und Anlass dafür, dass *für* diese Arbeit ebenfalls speziell dieser Untersuchungsgegenstand gewählt wurde. Die folgenden Teilkapitel 4.1 bis 4.5 führen die wesentlichen Aspekte einer Videospielsucht im Detail aus. Den Ausgangspunkt bilden die faktische Anerkennung und Existenz eines solchen Krankheitsbildes im Sinne der APA und der WHO. Vor diesem Hintergrund beschäftigt sich Kapitel 4.1 mit den Dynamiken der Entstehung suchtartigen Videospielens, anschließend an die oben genannten Grenzen in einer Kultur der Digitalität sowie an die aktuellen Trends im Spieldesign. Kapitel 4.2 konzentriert sich danach auf das reale, symptomatische Erscheinungsbild einer Videospielsucht und greift dabei unter anderem auf psychologisch-diagnostische Suchtkriterien zurück. Die gesellschaftliche Prävalenz einer Videospielsucht im internationalen Kontext sowie in

Deutschland steht im Fokus von Kapitel 4.3, das zudem noch einmal die kritischen Positionen gegenüber einer solchen Diagnose reflektiert. Kapitel 4.4 gibt schließlich anhand von Praxisbeispielen erste Einblicke in die klinische Behandlung von Videospielsuchtpatient:innen und leitet inhaltlich über zum Folgekapitel 5, das rehabilitative Maßnahmen als Teil ganzheitlicher Medienkompetenzvermittlung im Digitalen modelliert. Eine (grafische) Zusammenfassung der wesentlichen Erkenntnisse des Abschnitts zur Videospielsucht folgt abschließend in Kapitel 4.5.

4.1 Suchtentstehung

Die Gründe für die Entstehung einer Verhaltenssucht, wie es die Videospielsucht im Sinne der Diagnose der Weltgesundheitsorganisation (WHO) (2020) ist, sind vielschichtig. Was am Ende als Sucht vergleichsweise simpel klingt, ist das Ergebnis eines komplexen Zusammenwirkens von individuellen Persönlichkeitseigenschaften und sozialen sowie materiellen Umweltfaktoren, die je nach Ausprägung bei jedem Menschen zu einem völlig anderen Verhalten führen können. Bert te Wildt, Psychologe und Gründer der Online-Suchtambulanz *OASIS*, stellt in diesem Zusammenhang das Suchtdreieck (vgl. Abb. 17) vor, mit dem sich die Ursachen einer Internetabhängigkeit übersichtlich gliedern lassen. Te Wildt unterscheidet hier *individuelle Faktoren*, die sich auf die Nutzer:innen-Persönlichkeit beziehen, *soziale Faktoren*, also die Erfahrungen von Nutzer:innen in ihrem sozialen Umfeld, sowie *mediale Faktoren*, die spezielle Eigenheiten und Reize des Internets beschreiben. Zu unterscheiden sind also die individuell völlig unterschiedlich ausgeprägten und damit latenten sowie die sozialen Faktoren auf der einen Seite von den intersubjektiv stabilen medialen Faktoren als Handlungskontext, der für jede:n Nutzer:in zunächst gleich ist. Im Folgenden sollen alle drei Gruppen mit speziellem Blick auf ihr Suchtpotenzial beziehungsweise die inhärenten Risikofelder dargestellt werden.

Mediale Faktoren

Oben wurde bereits an mehreren Stellen auf Risikofelder einer omnipräsenten und stark aufmerksamkeitsoptimierten Kultur der Digitalität verwiesen. Bergmann und Hüther (2013, 30 f.) beschreiben die computervermittelte Kommunikation darüber hinaus als ein Eintauchen in fantastische, grenzenlose Welten von ungeheurer Geschwindigkeit, die wie ein Sog wirken und in denen sich der Mensch ohne Bezug zur Wirklichkeit eher verliere, als dass er (sich) darin reflektiere. Und wenngleich Sicherheit bietende Ordnungen (z. B. Familie als Schutzraum, Regeln sozialen Miteinanders, räumliche und zeitliche Endlichkeit) im Netz verloren gehen, so faszinieren das *Anything Goes*-Prinzip und die allgegenwärtige digitale Sozialität gleichermaßen. Nicht nur in Videospielen, auch im Internet an sich besteht die Möglichkeit, mit Identitäten und Beziehungsformen zu spielen, die eigene Individualität auszudrücken und emotionale Erregung auf Knopfdruck zu erfahren. Speziell im Gaming steigert sich Befriedigung durch sichtbare, quasi-lebendige Avatare und interaktiv erlebbare Spielwelten, in denen die physikalischen, rechtlichen, sozialen und sexuellen Grenzen der analogen Realität nicht mehr gelten. Te Wildt (2015, 91 ff.) beschreibt die Beziehung in Videospielen zur eigenen Figur, aber auch zu anderen Spieler:innen als zentralen Faktor bei der Suchtentstehung. Spielmechaniken wie ein kostenloser Spielzugang, frei begehbare und immersive Welten (stimmig, realistisch, interaktiv; Giga.de 2015), dauerhafter Content-Nachschub samt vielfältigen Belohnungen, Darstellungen von Gewalt und Schockmomenten, Glücksspielelemente, sowie das Zusammenbringen Gleichgesinnter in kooperativen und kompetitiven Spielmodi fördern emotionale Bindungen, positive Gefühle und längere Spielzeiten.

Individuelle Suchtfaktoren

Die Spieler:innen-Persönlichkeit, also der Mix aus angeborenem und erlerntem Denken und Fühlen (Montag et al. 2010), hat einen substanziellen Einfluss darauf, wie eine Person auf solche Spielanreize und Design-Mechaniken reagiert. Te Wildt (2015) nennt zunächst Impulsivität als Risikofaktor. Wenn Spieler:innen ihre Wünsche nach bestimmten Tätigkeiten und Belohnungen nur schwer kontrollieren können, sind sie anfällig für eine abhängige Internetnutzung (te Wildt et al. 2010). Der Hang zur Prokrastination gilt als weiterer Risikofaktor für die Entwicklung einer Internetsucht. Das Internet bietet enorme Möglichkeiten, eine unliebsame Tätigkeit im Sinne einer Übersprungshandlung zu vermeiden. Auch Menschen, die Probleme mit Aufmerksamkeitsstörungen haben, fühlen sich im Internet zunächst einmal sehr wohl, weil dessen hohe Frequenz an Reizen und Belohnungen ihre Denkweisen und Erwartungshaltungen vordergründig wesentlich besser bedient als die langweilige Realität, in der sie häufig anecken. Gleichzeitig führt ein exzessives Ausleben dieser psychischen Störung in digitalen Welten aber langfristig nicht zur Linderung, sondern resultiert in einer Verschärfung der Konzentrationsprobleme (te Wildt 2010). Bekannt ist weiterhin, dass sich Nutzer:innen mit depressiven Tendenzen oder Angststörungen gerne in das Internet zurückziehen. Die anonyme und von der Realität abgekapselte Online-Welt dient hier als Schutzraum, in dem man nicht mit Situationen konfrontiert wird, die soziale Überwindung kosten (Vermeidungsstrategie). Auch wenn Trauer und Gefühllosigkeit vorherrschen, oder wenn eine Person vor ihrem eigenen Perfektionismus in der realen Welt kapituliert (Flucht und Isolation), folgt häufig eine exzessive Internetnutzung. Generell lässt sich mit Bezug auf diese eigenständigen psychischen Störungsbilder wie Depression, Angststörungen oder Aufmerksamkeitsdefizit- und Hyperaktivitätssyndrom (ADHS) festhalten, dass sie sehr häufig als Begleiterkrankungen (sog. Komorbiditäten) bei Internetsucht-Patient:innen diagnostiziert werden (Illy & Florack 2018; Ferguson et al. 2017). Wie sich Suchtkrankheit und weitere Erkrankungen hierarchisch und kausal zueinander verhalten, ist dabei umstritten und wird weiter unten im Text (vgl. Kap. 4.2) noch einmal näher behandelt.

Soziale Faktoren

Traditionell eine zentrale Rolle bei der charakterlichen Entwicklung von Kindern und Jugendlichen spielt das familiäre Umfeld. Häufig werden Heranwachsende von Eltern, Geschwistern und anderen Verwandten emotional auf ihrem Weg nicht begleitet, zu wenig oder zu stark gefordert und gefördert oder sind (oft unbewusst) Projektionsflächen der eigenen Erziehungsdefizite und schlechten Erfahrungen. Solche Kinder und Jugendliche fliehen dann unter anderem in digitale Welten, in denen sie auf Anerkennung und Abwechslung hoffen (Xiuqin et al. 2010). Ähnliche Effekte sind aus Interviews mit Internetabhängigen bei Ausgrenzungserfahrungen in Schule oder Ausbildung zu beobachten. Enttäuschende freundschaftliche oder partnerschaftliche Erlebnisse in der realen Welt bewirken zudem einen Rückzug ins Internet, oft auch um weitere derartige Erfahrungen zu vermeiden. Dort wiederum wird der Freundesbegriff inflationär gebraucht, und weitere reale Beziehungen können durch exzessiv gelebte Online-Sozialität auseinandergehen. Zusätzlich erhöht sich die Hemmschwelle, soziale Nähe in der echten Welt aufzubauen, je länger und tiefer ein:e Spieler:in in Online-Communities eintaucht. Abschließend macht es für das Nutzungsverhalten und die Nutzungswirkung von Videospielen einen relevanten Unterschied, ob ein Kind oder ein:e Jugendliche:r bei andauerndem Spielen von seinem beziehungsweise ihrem sozialen Umfeld kompetent begleitet wird oder nicht (vgl. Kap. 5).

Klar ist, dass die genannten Risikofaktoren in der individuellen Spielerpersönlichkeit sowie im sozialen Umfeld einen Einfluss darauf haben, was Nutzer:innen von Videospielen erwarten und wie intensiv sie diese Bedürfnisse dann letztlich ausleben und befriedigen. Oben wurden bereits mit Bartle (1996) und Yee (2020) diverse Spielertypen vorgestellt, die sich als Abbildung von Persönlichkeitseigenschaften im Videospiel-Kontext verstehen lassen. Zur Erinnerung: Yee nennt die Spielertypen *Action* (Zerstörung/Aufregung), *Social* (Community/Competition), *Mastery* (Fähigkeiten/Strategie), *Achievement* (Komplettierung/Macht), *Immersion* (Fantasy/Story) und *Kreativ* (Forschung/Gestaltung).

Dabei geht er vom Spiel selbst aus, bildet seine Klassifikation also auf Basis von Spieleigenschaften (Was machen Spieler am liebsten im Spiel?). Yees Befunde, die historisch betrachtet sehr jung sind und sich daher bereits auf beträchtliches Wissen stützen können, gehen mit anderen, ähnlichen Studien wie etwa denen von Sherry et al. (2006) konform. Etwas abstrakter gehalten identifizieren Sherry et al. die sechs Spielmotivationen *Arousal* (es geht vor allem darum, Emotionen zu wecken), *Challenge* (man möchte herausgefordert werden und gewinnen),

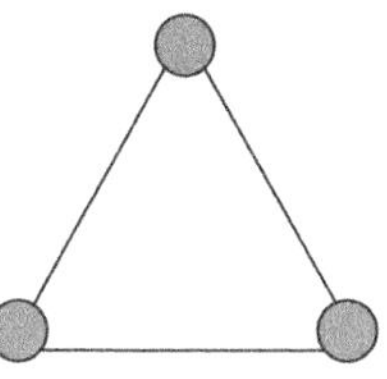

Abbildung 17: Suchtdreieck zur Entstehung medienbezogener Abhängigkeiten als Kombination medialer, sozialer und individueller (Risiko)Faktoren nach te Wildt 2015, 90

Competition (insbesondere menschliche Gegner:innen sollen im Wettbewerb besiegt werden), *Diversion* (Videospiele zur Entspannung, um dem Alltag zu entfliehen oder der Langeweile), *Fantasy* (Dinge erleben, die in der Realität unmöglich sind oder scheinen) und *Social Interaction* (Leute treffen, Freunde finden, kollaborativ spielen). Den direkten Link zwischen Persönlichkeitseigenschaften und Computerspielmotivation modellieren Jeng und Teng (2008), indem sie Videospielmotivationen von Yee (2006, frühere Fassung seiner Typenskala von 2020) mit dem klassischen Big-Five-Modell grundlegender Persönlichkeitseigenschaften verknüpfen. Die Persönlichkeitseigenschaft der Extraversion (Geselligkeit) korreliert in dieser Studie beispielsweise positiv mit der Motivation zu kollaborativen, teambasierten Spielen. Spieler:innen mit hohen Verträglichkeitswerten (Rücksichtnahme, Kooperationsbereitschaft) äußerten ein signifikant höheres Bedürfnis nach Spielfortschritt, Charakterentwicklung und Spielvermögen. Nutzer:innen mit einer eher gewissenhaft-perfektionistisch ausgeprägten Persönlichkeit gaben überzufällig oft eskapistische Spielmotivationen an. Offene, aufgeschlossene Persönlichkeiten hatten zudem einen außergewöhnlich starken Entdeckungsdrang in Videospielen. Und neurotische Personen (emotional labil, ängstlich, verletzlich)

äußerten ein signifikant geringeres Interesse an Teamwork. Insgesamt zeigt die Studie von Jeng und Teng damit sehr anschaulich, wie Persönlichkeitseigenschaften ganz bestimmte Spielmotivationen entweder verstärken oder abschwächen können. Außerdem fällt auf, dass sich Spieler:innen teilweise bewusst konform ihrer Persönlichkeit verhalten, teilweise aber auch komplett konträr dazu. Ängstliche Personen meiden beispielweise soziale Gruppen und kompetitive Umgebungen. Rücksichtsvolle, devote Personen wollen im Spiel jedoch schnell vorankommen und legen viel Wert auf persönlichen Reichtum.
Es ist nun davon auszugehen, dass mental instabile Personen, die oben genannte Risikofaktoren in sich tragen, von bestimmten Spielgratifikationen vor allem anfangs stark profitieren oder zu profitieren glauben. Sozialorientierte Koop-Abenteuer, emotionsgeladene Action-Storys, kompetitive Ego-Shooter oder tiefgehende Fantasy-Rollenspiele, die mit allen aktuellen Strategien der Spielerbindung und Monetarisierung ausgestattet sind, sprechen die emotionalen Bedürfnisse dieser Spieler:innen extrem stark an. Bergmann und Hüther (2013, 147) übersetzen die diskutierten Bedürfnisse in einen Katalog von Chancen und Möglichkeiten, die emotional-mental instabile Videospieler:innen im (Online-)Gaming sehen:

- klare und verlässliche Strukturen und Regeln, die man einhalten muss
- eigene, selbstständige Entscheidungen, für die man ganz alleine verantwortlich ist
- aufregende Entdeckungen und spannende Abenteuer, die man machen/erleben kann
- Gefahren, Ängste und Bedrohungen, die man überwinden kann
- Ziele, die man erreichen kann
- Kenntnisse, Fähigkeiten und Fertigkeiten, die man erwerben kann
- Kleinigkeiten am Rande, auf die man achten muss
- Vorbilder, denen man nacheifern kann
- eigene Erfahrungen, die klug machen
- Geschicklichkeit, die man zunehmend besser entwickeln kann
- Leistungen, auf die man stolz sein kann

Keine dieser Gratifikationen ist eine onlinespezifische, ganz im Gegenteil: Es handelt sich hier um basale (Selbst)Wirkungserfahrungen aus dem realen Alltag, die jeder Mensch schon immer durchlaufen hat beziehungsweise durchlaufen musste. Werden derart grundlegende Säulen der persönlichen Entwicklung und des sozialen Lebens zu ausschließlich in digitalen Welten verfügbaren Erfahrungen, ist das Risiko einer gefährdeten oder pathologischen Nutzung sehr groß. Te Wildt (2015) beschreibt das Internet insofern als Ersatz und Ablenkung von Wünschen, Träumen oder Zielen, die im realen Leben unmöglich zu realisieren sind, nicht erreicht oder auf unterschiedliche Weise enttäuscht wurden. Fatal sei dabei, dass die digitale Welt das reale Leben nach Stand des Wissens nicht ersetzen könne. Je stärker Personen in die virtuelle Sphäre eintauchen, umso weiter entfernen sie sich nicht nur von der Lösung ihrer realen Probleme, sondern vom realen Leben insgesamt. Bergmann und Hüther (2013, 133 ff.) ergänzen im Sinne der konkreten Suchtdynamik, dass in aller Regel nicht die ständige Wiederholung (Zeitfaktor) eines bestimmten Verhaltens zur Suchtentstehung führt, sondern die über alle gängigen Gratifikationen in hohem Maße hinausgehende Befriedigung eines bestimmten Bedürfnisses. Die Internet- beziehungsweise Gaming-Nutzung kann in solchen Fällen eine bestehende Unruhe im eigenen Bewusstsein, resultierend aus Ängsten, Sehnsüchten oder Enttäuschungen, zumindest temporär beenden. Gaming kann insofern auch als psychologische Bewältigungsstrategie gelten, die nach dem Prinzip der operanten Konditionierung (Skinner 1938) funktioniert: Der Gamer macht die Erfahrung, dass die Zeit am Rechner Stress abbaut, negative Gefühle verdrängt und durch positive Belohnungsanreize ersetzt (Illy & Florack 2018). PC und Konsole werden anschließend automatisch mit Stressabbau verknüpft. Allerdings wirken die positiven Botenstoffe, die dabei ausgeschüttet werden, vor allem Dopamin, nur kurzfristig, da sie nicht den Kern der eigentlichen negativen Gefühle treffen, sondern ein temporäres, ablenkendes Gegengewicht setzen. Die Nutzerin lernt deshalb, dass die Wirkung mit der Zeit nachlässt, und reagiert darauf mit einer gesteigerten Nutzung – sie erhöht also die Dosis. Parallel dazu lässt aber aufgrund von Gewöhnungseffekten auch die grundsätzliche Wirkung derselben Menge immer stärker nach (Toleranzentwicklung). Auch verschlimmern sich die negativen Gedanken, sobald eine Gaming-Session beendet ist. Beides hat zur Folge, dass der Nutzer noch deutlich intensiver und länger mit Videospielen in Kontakt treten muss, um sein ursprünglich erfahrenes positives Gefühl auch nur annähernd aufrecht zu erhalten. Im Ergebnis reagiert die abhängige Videospielerin ab einem gewissen Punkt fast ausschließlich auf spielbezogene Reize und nicht beziehungsweise kaum auf Impulse der realen Umwelt (Kiefer et al. 2013). Die Faszination und Neugier, mit der das Videospielen anfangs verknüpft war, geht völlig verloren. Gaming dient nur noch dazu, zwanghaft negative Gedanken loszuwerden und Probleme zu vergessen (Kompensation; Brand et al. 2016). Dabei wird auch das Videospielen selbst immer mehr zum Zwang, weil abhängige Spieler:innen richtig hart dafür arbeiten müssen, überhaupt noch die nötige Dosis an Befriedigung daraus zu ziehen und ihren subjektiv empfunden allerletzten Ausweg nicht zu verlieren.

Die Psychologen Daniel Illy und Jakob Florack (2018, 104 f.) präsentieren die Entstehungsdynamik einer Internet- beziehungsweise Videospielsucht anschaulich grafisch als *Teufelskreismodell mit Auswegen* (vgl. Abb. 18) auf Basis des Entwurfes von Küfner und Bühringer aus dem Jahr 1996 zur Alkoholabhängigkeit. Sehr plastisch zeigen sie dabei auf, wie die Internet- oder Videospielnutzung Probleme in der eigenen Psyche sowie im sozialen Milieu erst dämpft und positive Erlebnisse stimuliert, anschließend aber als Hilfsmittel übermäßig gebraucht wird, an neurochemischer

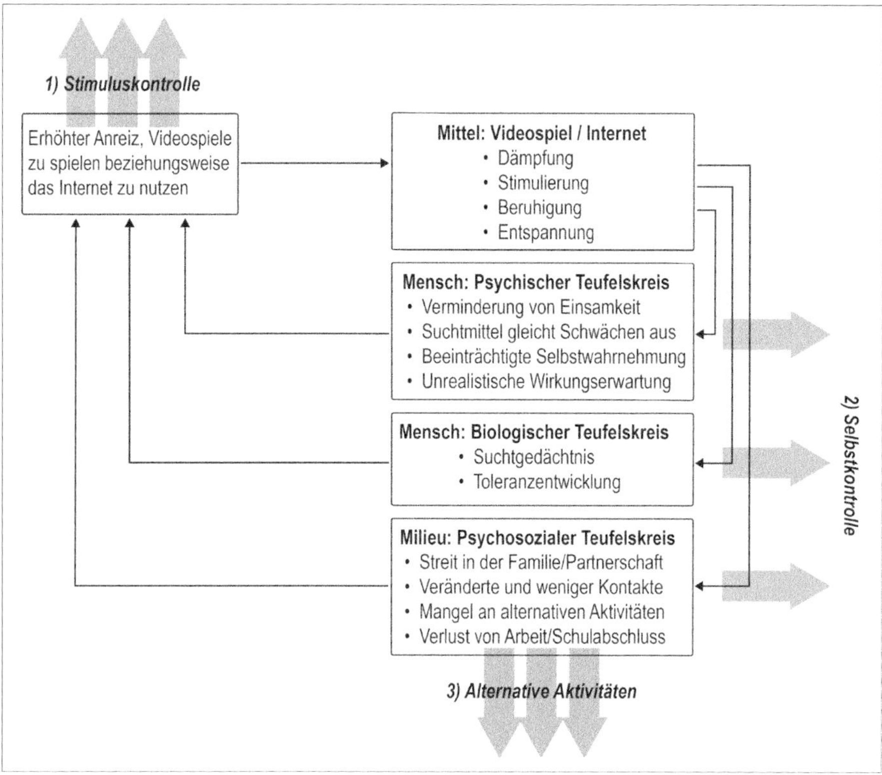

Abbildung 18: Teufelskreismodell zur Entstehungsdynamik pathologischer Videospielnutzung inklusive dreier denkbarer Lösungsansätze nach Illy & Florack 2018, 104 f.

Wirkung verliert und individualpsychisch sowie im sozialen Umfeld letztlich nur noch mehr Probleme verursacht.

4.2 Diagnose Videospielsucht

Die offizielle Anerkennung der psychologischen Diagnose Videospielsucht durch die WHO geht im öffentlichen Diskurs mit vielen Einzelfallberichten einher, die sich in ihrer Symptomatik oft sehr unterschiedlich verhalten. Im Sinne einer polarisierenden Aufmerksamkeitslogik (Meyen 2014; 2015) wird auch das Reizthema *exzessives Videospielen* zunächst plakativ anhand singulärer Beispiele und Verhaltensweisen dramatisiert, bevor anschließend eine umfassendere und fachlich fundierte Diskussion möglich wird. Meldungen wie die über zwei chinesische Geschwister (neun und elf Jahre alt), die völlig überzeugt von einem Hausdach springen, weil sie das in ihrem Lieblingsspiel auch ohne Probleme tun können, und sich dabei schwer verletzen (Keane 2020), stechen heraus. Auch das Video einer philippinischen Mutter, die ihren 13-jährigen Sohn füttern muss, weil der sonst im Spielrausch überhaupt nichts mehr essen würde (Hänsel 2019), reprä-

sentiert diesen ersten öffentlichen Aufschrei sehr plastisch. Es lassen sich noch weitere Beispiele dieser Art nennen: In London nässt sich eine Neunjährige lieber ein, als das Online-Spiel zu unterbrechen, und schlägt ihrem Vater ins Gesicht, als der versucht zu intervenieren (Barbour 2018). Auch in Deutschland rastet ein Zwölfjähriger nach dreitägigem Dauerspielen im Streit mit seinen Eltern derart aus, dass die Polizei zweimal eingreifen und das Kind schließlich in eine Klinik eingewiesen werden muss (Eldersch 2019). Diese zugespitzte Debatteneröffnung ergänzen zunehmend umfassendere und sachlichere Portraits junger Betroffener, die immer noch emotional, aber faktisch ausgewogener von ihren eigenen Wegen in die Sucht und wieder heraus berichten (Tran 2018; Stern.de 2018; Przybilla 2018). Anstelle sozialer Härtefälle stehen nun konkrete Symptome (vor allem die tägliche Spielzeit; Bromberg 2018; Evers-Wölk & Opielka 2019, 70) im Vordergrund sowie Therapieprogramme und -einrichtungen, die auf dem Weg aus der Sucht helfen können (Saleh 2018; Marsh 2018; Walters 2017). Auch das klinische Phänomen der Komorbiditäten (z. B. Depression oder Angststörung) (Illy & Florack 2018; Ferguson et al. 2017) sowie die Klassifikation unterschiedlicher Arten von Internetsüchten (Bogost 2018; OÖNachrichten 2018) und erste psychologische Selbsttests (Schön Klinik 2020; OASIS 2020) finden Einzug in eine insgesamt komplexere öffentliche Diskussion. Dennoch herrscht nach wie vor eine große Unsicherheit im Umgang mit der WHO-Diagnose, die insbesondere auf die schwierige Einzelfallbewertung (Ab wann genau ist ein Vielspieler als süchtig einzustufen?) und die daran anschließende schwache empirische Basis zu Fallzahlen (z. B. Koch 2017; Przybylski & Orben 2018; Ludwig 2017) zurückzuführen ist. Berichte über einen starken Anstieg von Fällen (Wipatayotin & Raksaseri 2018), drastische politische Kontrollmaßnahmen (Webb 2018; Schlottag 2020) und martialische Reha-Bootcamps (Katsidou 2014; BBC 2017; Fullerton 2017) vor allem in asiatischen Ländern verstärken diese Zweifel zusätzlich.
Aus medizinischer und auch sonstiger wissenschaftlicher Sicht gelingt eine Annäherung an die Videospielsucht-Diagnose zunächst durch ihre Abgrenzung von anderen Suchtformen. Te Wildt (2015, 59; vgl. Abb. 19) unterscheidet mehrere Formen von Internetsüchten, darunter originäre, zu denen neben der Videospielsucht noch die Social-Media-Sucht und die Cybersexsucht zählen, und digitale Varianten analoger Süchte (insbesondere die Online-Shopping-Sucht, die Online-Glücksspielsucht und der Online-Workaholism). Zusätzlich zu diesen spezifischen Formen der Internetabhängigkeit spricht te Wildt von einer allgemeinen Internetsucht, die inhaltlich schwer zu fassen und als eine Art Auffangkategorie zu bewerten ist, falls suchtartiges Verhalten vorliegt, das jedoch keiner spezifischen Suchtform subsumieren lässt (hierzu auch: Brand et al. 2014). Als Gruppe gehören die Internetsüchte zu den Verhaltenssüchten, die im psychiatrischen Sinne als „abnorme Gewohnheiten und Störungen der Impulskontrolle" definiert werden (ICD-10 2020, F63). Damit sind sie zu unterscheiden von stoffgebundenen Süchten,

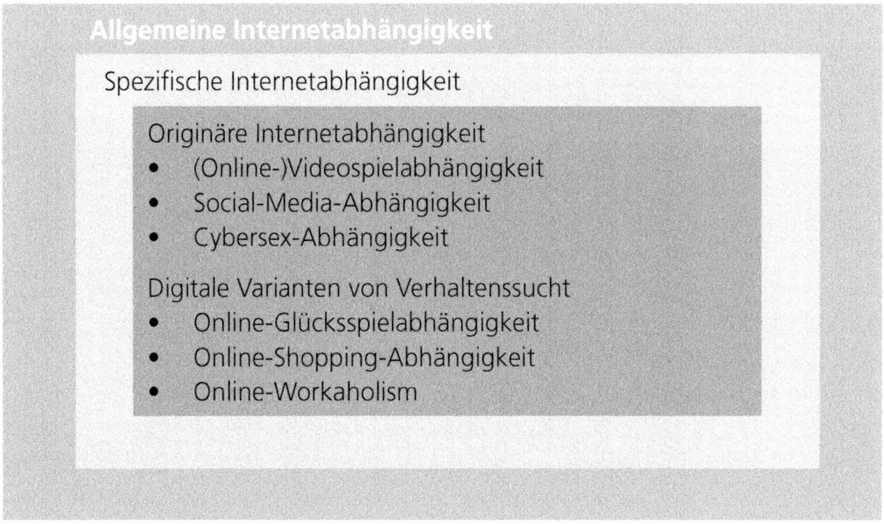

Allgemeine Internetabhängigkeit

Spezifische Internetabhängigkeit

Originäre Internetabhängigkeit
- (Online-)Videospielabhängigkeit
- Social-Media-Abhängigkeit
- Cybersex-Abhängigkeit

Digitale Varianten von Verhaltenssucht
- Online-Glücksspielabhängigkeit
- Online-Shopping-Abhängigkeit
- Online-Workaholism

Abbildung 19: Arten von Internetsüchten nach te Wildt 2015, 59

die auf der Einnahme externer psychotroper Substanzen wie Alkohol oder Opiaten beruhen. Verhaltenssüchte dagegen entwickeln sich von innen heraus durch Erlernen und Konditionierung. Trotzdem geht die Psychologie/Psychiatrie von ähnlichen Symptomen bei stoffgebundenen und stoffungebundenen Abhängigkeiten aus. So entsprechen die Diagnose-Kriterien, auf deren Basis eine Videospielsucht aktuell geprüft wird, zu großen Teilen denen für Alkohol-, Drogen- und Glücksspielsüchte. Die Weltgesundheitsorganisation (WHO 2020, 6C51) definiert das Krankheitsbild der Videospielsucht in der aktuellen Auflage ihrer *International Statistical Classification of Diseases and Related Health Problems* (ICD-11) folgendermaßen:

> „Gaming disorder is characterized by a pattern of persistent or recurrent gaming behaviour ('digital gaming' or 'video-gaming'), which may be online (i.e., over the internet) or offline, manifested by: 1) impaired control over gaming (e.g., onset, frequency, intensity, duration, termination, context); 2) increasing priority given to gaming to the extent that gaming takes precedence over other life interests and daily activities; and 3) continuation or escalation of gaming despite the occurrence of negative consequences. The behaviour pattern is of sufficient severity to result in significant impairment in personal, family, social, educational, occupational or other important areas of functioning. The pattern of gaming behaviour may be continuous or episodic and recurrent. The gaming behaviour and other features are normally evident over a period of at least 12 months in order for a diagnosis to be assigned, although the required duration may be shortened if all diagnostic requirements are met and symptoms are severe."

Drei entscheidende Aspekte pathologischen Videospielens werden darin explizit herausgehoben: eine *beeinträchtigte Kontrolle über die Nutzung* (Frequenz, Dauer, Anfang und Ende, Kontext), eine *negative Beeinflussung anderer Lebensbereiche durch übermäßige Priorisierung* dieser Tätigkeit, sowie das *Aufrechterhalten und Intensivieren der Nutzung trotz negativer Konsequenzen*. In der diagnostischen

Prüfung differenzieren Psycholog:innen und Psychiater:innen diese noch recht abstrakt gehaltenen Handlungs- und Wirkungsfelder in neun spezifische Suchtkriterien aus, die im *Diagnostic Statistical Manual of Mental Disorders* (DSM-5) der American Psychological Association (APA) für das Krankheitsbild der Videospielsucht kodifiziert sind. Illy und Florack (2018, 7 ff.) erläutern diese Videospielsucht-Diagnosekriterien inhaltlich wie folgt:

- **Gedankliche Vereinnahmung***:* Der oder die Betroffene ist nicht in der Lage, sich längere Zeit auf Tätigkeiten zu konzentrieren, die mit seinen oder ihren Online-Aktivitäten eigentlich gar nichts zu tun haben. Stattdessen drehen sich seine oder ihre Gedanken auch in völlig anderen Handlungskontexten unangemessen um seine oder ihre Online-Aktivitäten.
- **Entzugserscheinungen***:* Ein erzwungener oder zwangsweiser Verzicht auf die Online-Aktivitäten resultiert in emotionalen und physischen Entzugserscheinungen wie Unruhe, Reizbarkeit, Anspannung, Zittern und Herzpoltern.
- **Toleranzentwicklung***:* Über eine längere Nutzungsdauer hinweg benötigt der oder die Betroffene immer mehr vom Gleichen (z. B. Spielrunden, Chats, Videos o.Ä.), um dieselbe Befriedigung zu erreichen, die er oder sie anfangs bereits mit einem Bruchteil der Nutzung erreicht hat.
- **Kontrollverlust***:* Dem oder der Betroffenen gelingt es nicht mehr, sein oder ihr eigenes Nutzungsverhalten maßvoll zu gestalten. Insbesondere trifft der Faktor Kontrollverlust dann zu, wenn Abmachungen mit sich selbst (z. B. Zubettgehen um 22 Uhr) nicht mehr eingehalten werden können.
- **Vernachlässigung anderer Hobbys und Interessen***:* Der oder die Betroffene vernachlässigt zunehmend Tätigkeiten und Kontakte, die er oder sie eigentlich wertschätzt.
- **Fortsetzung trotz Einsicht in die negativen psychischen und sozialen Folgen***:* Der oder die Betroffene erkennt und versteht, dass negative Entwicklungen seines oder ihres beruflichen/sozialen Lebens mit seinem oder ihrem exzessiven Nutzungsverhalten zusammenhängen. Trotzdem setzt er oder sie es fort.
- **Lügen und Verheimlichen***:* Der oder die Betroffene täuscht gegenüber seinem oder ihrem sozialen Umfeld ein wesentlich eingeschränkteres, gesünderes Nutzungsverhalten vor, um exzessives Verhalten zu verschleiern und gleichzeitig weiter zu ermöglichen.
- **Dysfunktionale Emotionsregulation***:* Internet und Videospiele werden für die Betroffenen zur einzigen wirksamen Möglichkeit, negative Emotionen und Erfahrungen zu regulieren.
- **Brüche im Lebensweg***:* Der oder die Betroffene riskiert oder erlebt Brüche im Lebensweg (Trennung, Schulabbruch, Auszug bei den Eltern etc.) aufgrund seines oder ihres exzessiven Nutzungsverhaltens.

Als videospielabhängig diagnostiziert werden kann eine Person dann, wenn mindestens fünf dieser neun Kriterien über einen Zeitraum von mindestens zwölf Monaten hinweg vorliegen (Rehbein et al. 2010). Argumentiert wird dabei im Fach teilweise, dass dieser von stofflichen Süchten abgeleitete Katalog inhaltlich nach stärkeren und schwächeren Kriterien gewichtet und an die bereits bekannten Besonderheiten internetbezogener Abhängigkeiten angepasst werden müsse. Wölfling et al. (2015, 86) befürworten in diesem Zusammenhang die von te Wildt und Rehbein (2010) vorgeschlagene Diagnostik, in der unter anderem das Zeitkriterium von konservativen zwölf auf drei Monate verkürzt wird, über die hinweg Suchtkriterien vorliegen müssen. Aus den neun Suchtkriterien des DSM-V werden bei te Wildt und Rehbein darüber hinaus insgesamt zehn, die aber in sieben primäre und drei sekundäre Kriterien unterschieden werden. Dazu kommt ein Ausschlusskriterium, nach dem eine Videospiel-Diagnose dann nicht gestellt werden darf, wenn das pathologische Spielverhalten mit einer Manie oder Zwangserkrankung erklärt werden kann. Gestellt werden kann eine Videospielsucht-Diagnose in diesem Sinne dann, wenn das Zeitkriterium vorliegt, dazu mindestens vier der sieben primären und eines der drei sekundären Suchtkriterien gegeben sind und das Ausschlusskriterium nicht greift. Abbildung 20 zeigt die Videospielsucht-Diagnostik nach te Wildt und Rehbein noch einmal in der Übersicht:
Zur Prüfung dieser Suchtkriterien sowie der grundlegenden Persönlichkeitseigenschaften und Mediennutzungskompetenz einer Person mit exzessivem Internet- und Videospielnutzungsverhalten existieren diverse Testfragebögen und Suchtskalen (King et al. 2020). Zu den in der (deutschsprachigen) Literatur am prominentesten genannten Instrumenten zählen der *Internet Addiction Test* (IAT) von Kimberly Young, den Brand et al. für den deutschsprachigen Raum angepasst haben (sIAT; Pawlikowski et al. 2013), die *Computerspielabhängigkeitsskala CSAS* für Jugendliche (CSAS-J) und Erwachsene (CSAS-E) von Rehbein et al. (2015a) sowie die Skalen zum *Computerspielverhalten (CSV-V)* und zum *Onlinesuchtverhalten (OSV-V)* von Wölfling et al. (2011; 2010). Alle Autor:innen der genannten Tests geben an, sich bei der Operationalisierung von Suchtkriterien des DSM-V für Videospielsucht insbesondere an bestehenden Testskalen für Glücksspielsucht orientiert zu haben. Wichtige Hilfsmittel zum grundsätzlichen Umgang mit Computer und Internet bilden beispielsweise die Tests zur *Vertrautheit mit Computeranwendungen* (VECA; Richter et al. 2001) und der *Fragebogen zu Internetnutzungserwartungen* von Brand et al. (2014). Die der Internet- und Videospielnutzung zugrundeliegenden Persönlichkeitseigenschaften lassen sich auch mit dem *Big Five Inventory (BFI-10)* von Rammstedt und John (2007) und mit dem *Brief Symptom Inventory (BSI)* zur Erfassung subjektiver Beeinträchtigungen durch körperliche und psychische Symptome (Franke 2000) analysieren. Speziell auf die individuellen Strategien der Emotionsregulierung zugeschnitten sind der

A) Zeitkriterium: Persistenz der Symptomatik

Die Symptomatik der Computerspielabhängigkeit muss über einen Zeitraum von mindestens drei Monaten kontinuierlich bestanden haben.

B) Psychopathologische Kriterien der Symptomatik

B1) Primäre Kriterien: Abhängigkeitsverhalten

- Einengung des Denkens und Verhaltens
- Kontrollverlust
- Toleranzentwicklung
- Entzugserscheinungen
- Dysfunktionale Regulation von Affekt und Antrieb
- Vermeidung realer Kontakte zugunsten virtueller Beziehungen
- Fortsetzung des Spielens trotz bestehender oder drohender negativer Konsequenzen

B2) Sekundäre Kriterien: Negative Auswirkungen

- Körperliche Konsequenzen: Körperpflege, Ernährung und Gesundheit
- Soziale Konsequenzen: Familie, Partnerschaft und Freizeit
- Leistungsbezogene Konsequenzen: Schule, Ausbildung, Arbeit, Haushalt

C) Ausschlusskriterium

Das pathologische Computerspielverhalten lässt sich nicht durch eine Manie oder Zwangserkrankung erklären.

Abbildung 20: Diagnosekriterien einer Videospielsucht nach te Wildt & Rehbein 2010, vgl. Evers-Wölk 2019, 72

Emotion Regulation Questionnaire (ERQ) von Abler und Kessler (2009) sowie das *Coping Inventory for Stressful Situations (CISS)* von Cosway et al. (2000).

Häufig kommen Videospielsucht-Patient:innen erst in einem weit fortgeschrittenen Stadium mit professionellen Psycholog:innen und Psychiater:innen in Kontakt. Auch physische Symptome einer Videospielsucht, zu denen Haltungsschäden, ein erschlaffender Muskelapparat, die Überbeanspruchung der primär belasteten Körperteile (Augen, Ohren, Hände), Über- oder Unterernährung, Unruhe und Schlaflosigkeit, ein geschwächtes Immunsystem, Konzentrationsstörungen sowie eine allgemeine körperliche Verwahrlosung zählen, sind dann meist klar erkennbar (te Wildt 2015; Habich 2014; Preuk 2016; Wewetzer 2015). Umgekehrt bilden körperliche Symptome vor allem für das soziale Umfeld einer abhängigen Person oft die einzigen Anhaltspunkte einer Erkrankung, da psychisch-emotionale Schieflagen sehr schwer zu erkennen sind und von den Betroffenen häufig sehr gekonnt überspielt werden (Bergmann & Hüther 2013, 41 ff.).

Name des Tests	Inhaltliche Charakteristika	Quelle
Internet Addiction Test (sIAT)	Aus den Kriterien für pathologisches Glücksspiel entwickelt; je sechs Items für die beiden Dimensionen „Zeitl. Beeinträchtigung/ Kontrollverlust" und „Soziale Belange/Craving"; Summenscore bis max. 60 Punkte; Differenzierung in unproblematisch, problematische und pathologische Nutzung	Pawlikowski et al. 2013, nach Young 1998
Computerabhängigkeitsskala (CSAS)	Berücksichtigt Offline- und Online-Spiele; liegt in zwei Versionen für Jugendliche (7. bis 10. Klassenstufe) und Erwachsene (16 bis 49 Jahre) vor; 18 Items mit vier Abfragestufen (stimmt nicht, stimmt kaum, stimmt eher, stimmt genau); Ergebnisse mit DSM-V-Suchtkriterien verknüpft sowie als Summenwert für Schweregrad der Belastung	Rehbein et al. 2015a
Gaming Disorder Test (GDT)	Vier Test-Items setzen die Kernkriterien der Videospielsucht-Diagnose im ICD-11 der WHO um; Fünf-Punkt-Likert-Skala; Summenwert zwischen 4 und 20, wobei höhere Werte problematisches Spielverhalten anzeigen; nicht als Diagnose-Test gedacht, aber zur Identifikation gefährdeter Spieler:innen	Pontes et al. 2019
Internet Gaming Disorder Scale (IGDS)	Vier frei kombinierbare Testskalen, davon zwei lange (27 Items, entweder polytom oder dichotom abgefragt) und zwei kurze (9 Items, ebenfalls polytom oder dichotom); basiert auf den DSM-5-Kriterien der APA	Lemmens et al. 2015
Skala zum Computerspielverhalten (CSV)	Version für Frühadoleszente (bis 15. Lebensjahr) und Spätadoleszente (ab 16. Lebensjahr); orientiert sich an Suchtkriterien stoffgebundener Süchte sowie der Glücksspielsucht aus dem ICD-10; direkte Operationalisierung der Suchtkriterien in Testfragen; integriert offene und geschlossene Fragen	Wölfling et al. 2011

Name des Tests	Inhaltliche Charakteristika	Quelle
Skala zum Onlinesucht-verhalten (OSV)	Allgemeineres Verfahren zur Quantifizierung von Suchtverhalten bei verschiedenen Internetanwendungen unter Erwachsenen; sechs Items zu Kernkriterien einer Internetsucht; filterbar je nach Hauptanwendung (Games, Einkaufen, Chatten, Recherche, Streaming z. B.); Summenwert von max. 30 Punkten, Abhängigkeit ab 13 Punkten	Wölfling et al. 2010
Fragebogen zu Internet-nut-zungs-erwartungen	Zwei Skalen zur Messung von Internetnutzung als Vermeidungshandlung sowie zur positiven Verstärkung; Mittelwerte zwischen 1 (niedrige Erwartung) und 6 (hohe Erwartung)	Brand et al. 2014
Test zur Vertrautheit mit Computer-anwendungen (VECA)	Ratingskala zur Vertrautheit mit zwölf verschiedenen Computeranwendungen	Richter et al. 2001
Inventar zur Computer-bildung (INCOBI)	Kombinatorisches Instrument mit Wissenstests (theor. und prakt. PC-Wissen), Rating-Skalen zur Vertrautheit und Sicherheit mit PC-Anwendungen, sowie zur persönlichen Einstellung in Bezug auf Computer-Anwendungen	Richter et al. 2010
Kurzfragebogen zu Problemen beim Computer-gebrauch (KPC)	Vier-Punkt-Skala (trifft gar nicht zu, trifft eher nicht zu, trifft eher zu, trifft genau zu) zur persönlichen Bedeutung verschiedener PC-Tätigkeitsfelder; Summenwert mit psychotherapeutischem Handlungsbedarf ab 28 Punkten	Petry 2010
Big-Five-Inventory (BFI)	Misst die Persönlichkeitseigenschaften Neurotizismus, Extraversion, Offenheit, Verträglichkeit und Gewissenhaftigkeit mit einem Ergebniswert zwischen 1 (niedrig) und 5 (hoch); deutschsprachige Kurzversion	Rammstedt & John 2007

Name des Tests	Inhaltliche Charakteristika	Quelle
Brief Symptom Inventory (BSI)	Erfasst die subjektive Beeinträchtigung durch körperliche und psychische Symptome (z. B. Depressivität, Angst, Aggressivität); Mittelwerte zwischen 0 (keine Belastung) und 4 (hohe Belastung)	Franke 2000
Emotion Regulation Questionnaire (ERQ)	Zehn selbstbezogene Aussagen zur Reaktion in emotionalen Situationen, deren Antworten auf zwei Skalen (1: Neubewertung / 2: Unterdrückung) einzahlen	Abler & Kessler 2009
Coping Inventory for Stressful Situations (CISS)	Bewertung von 48 Items (unterschiedliche Aktivitäten) nach ihrer persönlichen Relevanz in schwierigen und stressigen Situationen; Fünf-Punkt-Skala („gar nicht" bis „sehr stark"); Antwortverhalten wird drei Coping-Dimensionen zugeordnet: Task/sachlich-lösungsorientiert, Emotion/selbstorientiert-emotional; Avoidance/ablenkend-verdrängend	Cosway et al. 2000
Fragebogensammlung zur Rolle des Computers im eigenen Leben	Mehrere Instrumente zur Rolle des Computers und Internets für das emotionale Befinden in den Dimensionen Selbstwert, Aggressivität, Flow-Erleben und sozialer Kontakt	Schuhler & Vogelgesang 2011 und 2013, nach Schütz et al. 2006, Heubrock & Petermann 2008, Rheinberg et al. 2003 und Horowitz et al. 2000

Abbildung 21: Statistische Testinstrumente zum individuellen Umgang mit Computer, Internet und Videospielen in der Übersicht (eine Darstellung)

4.3 Gesellschaftliche Verbreitung (Prävalenz)

Seit die American Psychological Association (APA) und die Weltgesundheitsorganisation (WHO) über eine Formalisierung der Diagnose Videospielsucht nachdenken (beginnend etwa mit der Jahrtausendwende), haben sich Autor:innen und Beiträge aus verschiedenen Ländern und in steigender Frequenz mit einer empirischen Bestimmung der gesellschaftlichen Verbreitung (Prävalenz) pathologischem Videospielens beschäftigt (Feng et al. 2018). Es liegt deshalb bis heute ein solider Forschungsstand als Fundament für die wissenschaftliche Debatte über Fallzahlen im internationalen Raum sowie in Deutschland vor. Gleichzeitig wird deutlich, dass eine relevante Anzahl renommierter Forscher:innen, vor allem aus der klinischen Medizin, substanzielle Zweifel an der Aussagekraft empirischer Daten zur Videospielsucht-Verbreitung hat und dementsprechend deren Aufnahme in internationale Klassifikationen wie das DSM-5 und die ICD-11 kritisiert. Die folgenden Ausführungen wollen beiden Dimensionen dieser Diskussion Rechnung tragen, und erläutern deshalb zunächst die quantitative Datenbasis zur Prävalenz der Videospielsucht im Sinne der WHO- und APA-Suchtkriterien, bevor anschließend die wesentlichen Kritikpunkte zusammengetragen werden. Weiterhin haben Studien zum pathologischen Nutzungsverhalten digitaler Medien aus den vergangenen knapp 20 Jahren verschiedene inhaltliche Schwerpunkte. Teilweise beziehen sich die Autor:innen und Testinstrumente auf eine generelle Internetsucht, teilweise adressieren sie spezifische Unterformen wie Social-Media- oder Videospielnutzung. Während der Schwerpunkt dieser Arbeit klar auf Beiträgen zur Videospielsucht-Prävalenz liegt, werden der Vollständigkeit halber auch solche themenverwandten aktuellen Studien mit in die folgende Klassifikation einbezogen.

Datenbasis zu einer generalisierten Internetsucht

Insgesamt lässt sich festhalten, dass die Prävalenzwerte zum pathologischen Internetgebrauch in den großen (Fallzahlen), prominent veröffentlichten (Peer Review/Fachzeitschriften) und häufig zitierten Erhebungen im einstelligen Prozentbereich doch relativ große Unterschiede aufweisen. Die Werte zum Anteil der internetabhängigen Personen in den Studien bewegen sich zwischen einem und fast acht Prozent, was sich auf drei Gründe zurückführen lässt. Zum einen beziehen sich unter dem Titel *Internetsucht* publizierte Studien längst nicht immer auf dasselbe Untersuchungsobjekt, sondern können vielfältige Handlungsfelder (etwa Recherche, Nachrichten, Videospiele, soziale Netzwerke) gemeinsam abfragen oder sich nur auf eines oder zwei davon spezialisieren. Darüber hinaus liegen unterschiedliche soziodemographische Schwerpunkte vor, wodurch zumindest der Schluss naheliegt, dass pathologisches Nutzungsverhalten nicht automatisch in allen Bevölkerungsgruppen gleich stark ausgeprägt ist. Drittens schließlich lagen insbesondere in den frühen Forschungsjahren ab 2000 keine standardisierten Erhebungsinstrumente vor, was die Vergleichbarkeit von Befunden zusätzlich einschränkt. Für den Bereich der Videospielsucht haben sich in den vergangenen fünf bis zehn Jahren allerdings einige hoch reliable Testskalen etabliert (vgl. Kap. 4.2), die auch zunehmend breite Verwendung finden. Befunde zur gesellschaftlichen Prävalenz pathologischen Internetgebrauchs sind vor diesem Hintergrund also nur sehr vorsichtig zu interpretieren. Da sich viele Autor:innen allerdings auf Heranwachsende und Schüler:innen konzentrieren, bestehen zumindest ähnlich gelagerte Parameter, die einen Vergleich nicht völlig obsolet erscheinen lassen. Für Schüler:innen im Jugendalter geben internationale Studien in diesem Zusammenhang einen Anteil pathologischen Internetgebrauchs von 5,5 Prozent für China (Deng et al. 2007) an, 5,9 Prozent für Griechenland (Siomos et al. 2008), 3,8 Prozent für den Iran (Ghassemadazeh et al. 2008), 5,0 Prozent für Italien (Poli & Agrimi 2012), 7,5 Prozent für Nordzypern (Bayrahtar & Gün 2007), 1,9 Prozent für Norwegen (Johannsson & Götestam 2004) und 1,6 Prozent für Südkorea (Kim et al. 2006). Interpretieren lassen sich diese Werte insofern, als es angesichts der stark digital geprägten Lebens- und Freizeitgestaltung vor allem unter Kindern und Jugendlichen (mpfs 2016; 2019) plausibel wäre, dass exzessive Internetnutzung in diesen Gruppen stärker verbreitet ist als in der Gesamtgesellschaft. Denn während eine Internetsucht-Prävalenz von fünf und mehr Prozent gesamtgesellschaftlich betrachtet ziemlich hoch wäre, legen jüngere Studien für breite Bevölkerungsschichten deutlich niedrigere Werte nahe. Die *PINTA-DIARI-Studie* zur Prävalenz der Internetabhängigkeit in der deutschen Bevölkerung zwischen 14 und 64 Jahren (Rumpf et al. 2011; Bischof et al. 2013) geht von rund einem Prozent pathologischer Internetnutzer:innen aus. Aufgrund ihrer außergewöhnlich großen Stichprobe von über 15.000 Fällen und der expliziten Operationalisierung von DSM-V-Suchtkriterien bildet diese Untersuchung für die deutsche Medizin und Politik bis heute einen verlässlichen Benchmark (Illy & Florack 2018; te Wildt 2015). Allerdings gelten laut PINTA-DIARI 4,6 weitere Prozent der Deutschen als internetsuchtgefährdet, weisen also problematische Nutzungsmuster auf. Auch liegen die Prävalenzwerte für jüngere (Heavy-User-)Gruppen klar erhöht: So erfüllen 2,4 Prozent der 14- bis 24-Jährigen in dieser Erhebung die Kriterien einer manifesten Sucht, unter den 14- bis 16-Jährigen sind es bereits vier Prozent. Te Wildt (2015) geht davon aus, dass dieser Anteil weiter steigt, wenn Unter-14-Jährige miteinbezogen werden. Insgesamt sind in der PINTA-DIARI-Stichprobe etwas mehr Männer als Frauen betroffen. Unter Jugendlichen weisen Mädchen überwiegend eine pathologische Social-Media-Nutzung auf, Jungen sind eher süchtig nach Videospielen (Illy & Florack 2018). Abbildung 22 zeigt relevante Studien zur gesellschaftlichen Prävalenz pathologischer Internetnutzung noch einmal in der Übersicht.

Jahr	Land	Sample-Details	Mess-instrument	Prävalenz	Quelle
2017	Deutschland	n=535; 13-15 Jahre	z. B. Short Internet Addiction Test	3,0%	Riedel et al. 2017
2014	Deutschland	n=2.512; Gesamt-bevölkerung	nicht näher bezeichnet	2,1%	Müller et al. 2014
2013	Deutschland	n=15.000; 14-64 Jahre	Compulsive Internet Use Scale	1,0%	Bischof et al. 2013
2012	Italien	n=2533; Jugendliche	Internet Addiction Test	5,0%	Poli & Agrimi 2012
2009	Deutschland	n=256;	nicht näher bezeichnet	5,1%	Müller & Wölfling 2009
2008	Iran	n=1.968; 14-16 Jahre	Internet Addiction Test	3,8%	Ghassema-dazeh et al. 2008
2008	Griechen-land	n=2.200; 12-18 Jahre	Diagnostic Question-naire for Internet Addiction	5,9%	Siomos et al. 2008
2007	China	n=5.760; Mittel-schüler	Zehn-Item-Fragebogen	5,5%	Deng et al. 2007
2007	Nordzypern	n=686; Jugendliche	nicht näher bezeichnet	7,5%	Bayrahtar & Gün 2007
2006	Südkorea	n=1.573; Jugendliche	nicht näher bezeichnet	1,6%	Kim et al. 2006

Jahr	Land	Sample-Details	Mess-instrument	Prävalenz	Quelle
2006	Italien	n=275; Jugendliche	PROMIS-Fragebogen; Internet Addiction Scale	5,4%	Pallanti et al. 2006
2004	Norwegen	n=3.237; 12-18 Jahre	nicht näher bezeichnet	1,9%	Johannsson & Götestam 2004
2001	Deutschland	n=7.091; Jugendliche	nicht näher bezeichnet	3,2%	Hahn & Jerusalem 2001
1999	USA	n=17.251	nicht näher bezeichnet	6,0%	Greenfield 1999

Abbildung 22: Auswahl internationaler Studien zur Prävalenz pathologischer Internetnutzung (eigene Darstellung)

Datenbasis zu einer spezifischen Videospielsucht

Trotz der im Vergleich zur generellen Internetnutzung deutlich konkreteren Anwendungsmaterie und konsensfähiger Testskalen variieren die Prävalenzwerte in reinen Videospielsucht-Studien auch heute noch stark. Feng et al. (2018), die 27 empirische Beiträge der Suchtforschung zum Thema Gaming aus den Jahren zwischen 2007 und 2016 vergleichen, finden Angaben zum Anteil pathologischer Fälle zwischen 0,7 und 15,6 Prozent. Der Mittelwert liegt bei 4,7 Prozent. Auffallend sei aus Sicht der Autor:innen insbesondere der weitgehend gleichbleibende Sucht-Mittelwert über fast zehn Jahre hinweg, in denen ansonsten die Internetnutzungsdauer und -verfügbarkeit in der Bevölkerung deutlich angestiegen sei. Wenngleich für Fengs et al. Vergleichsstudie nur solche Beiträge ausgewählt wurden, die mehr als 200 Fälle analysieren und zudem keine klinischen, sondern natürliche Populationen abbilden, zweifeln die Autor:innen dennoch an der Generalisierbarkeit ihrer Ergebnisse. Grund dafür ist die niedrige Anzahl der qualifizierten Studien pro Jahr sowie der hauptsächliche Fokus auf Schüler:innen und Jugendliche (auch hier große Unterschiede nach Alter, Klassenstufe etc.). Auch weisen Feng et al. darauf hin, dass keine einheitlichen Erhebungstests verwendet wurden, selten Angaben zum konkreten Erhebungszeitraum gemacht wurden sowie eine zu große Varianz in den Befunden vorliegt, um von einer verlässlichen Basis für die Einschätzung der gesellschaftlichen Bedeutung des Phänomens Videospielsucht zu sprechen. Beiträge in deutscher Sprache, die in

Fengs et al. Studie nicht berücksichtigt wurden, sowie nach 2016 erschienene englischsprachige Publikationen lassen zwei Trends erkennen. Einerseits bewegen sich die berichteten Prävalenzwerte für manifest-abhängiges Videospielen in vergleichsweise niedrigen Bereichen, andererseits identifizieren die Autor:innen um diese eindeutigen Fälle herum eine teilweise deutlich größere Anzahl von Personen mit bedenklich-exzessivem Spielverhalten. Severo et al. (2020) berichten, dass 38,2 Prozent von 555 befragten brasilianischen Schülern (High School) bereits Suchtsymptome erlebt hätten, während mittels der DSM-V-basierten Internet Gaming Disorder Scale (IGDS) 18,2 Prozent der Befragten hier klar als Hochrisikofälle eingestuft werden. Beranuy et al. (2020), die 535 spanische Berufsschüler:innen (Altersdurchschnitt 18,35 Jahre; SD: 2,13; 78,5 Prozent männlich) ebenfalls mit der Internet Gaming Disorder Scale befragten, erzielten mit 1,9 Prozent pathologischen und weiteren 1,9 Prozent Risikofällen vergleichsweise geringe Ergebniswerte. Rehbein et al. (2010) bestätigen für die deutsche Bevölkerung (n=15.168) den relativierenden Effekt älterer Nutzergruppen und gehen von einer Videospielsucht-Prävalenz von 3,3 Prozent aus. Batthyany et al. (2009) liefern mit 2,7 Prozent als abhängig eingestuften Fällen unter 1.068 österreichischen Jugendlichen dagegen auch in vermeintlich anfälligeren Kreisen recht niedrige Werte. Die insbesondere auf exzessiv-risikoreiches Verhalten ausgerichtete Studie von Grüsser et al. (2005) zur Computernutzung im Kindesalter spricht wiederum von hohen 9,3 Prozent Risikofällen unter 321 Befragten. Sehr engagiert in der deutschen Videospielsucht-Forschung ist überdies die Krankenkasse DAK (2016; 2019), die gemeinsam mit dem Deutschen Zentrum für Suchtfragen in zwei Studien Jugendliche und junge Erwachsene unter anderem mit Hilfe der *Internet Gaming Disorder Scale* (IGDS) zu ihrem Nutzungsverhalten befragt hat (Studie 1: n=1.531, 12-25 Jahre; Studie 2: n=1.000, 12-17 Jahre). Die Erhebung unter 12- bis 25-Jährigen ergab bei 8,4 Prozent der männlichen Teilnehmer für eine Diagnose ausreichende Suchtkriterien, unter den Mädchen und Frauen waren es dagegen nur 2,9 Prozent. Im Durchschnitt kommen die Autor:innen damit auf 5,7 Prozent pathologischer Fälle. In ihrer zweiten Erhebung für die kleinere Gruppe der 12- bis 17-Jährigen stand insbesondere die risikoreiche Nutzung im Fokus. 15,4 Prozent der Befragten, also gesamtgesellschaftlich hochgerechnet 465.000 Jugendliche in dieser Altersgruppe, weisen demnach ein gefährdetes (oder pathologisches, hier keine Differenzierung) Videospielverhalten auf. Festhalten lässt sich angesichts dieses Forschungsüberblicks, dass pathologische Videospielnutzung im Sinne der Definitionen und Kriterien von WHO und APA eine gesellschaftlich relevante Erscheinung sind. Eine gesamtgesellschaftliche Prävalenz von knapp einem Prozent, wie sie die konservativsten der referierten Studien annehmen, wäre aus psychologisch-medizinischer Sicht bereits eine ernstzunehmende Größe. Gleichzeitig ist trotz der methodischen Varianz hinsichtlich Testskalen mit guten Argumenten anzunehmen, dass gerade in jungen Nutzergruppen die manifesten Fallzahlen sowie die Risikofälle

Jahr	Land	Sample-Details	Mess-instrument	Präva-lenz	Quelle
2020	Spanien	n=535; Berufs-schüler:innen	Internet Gaming Disorder Scale	1,9%	Beranuy et al. 2020
2019	Deutsch-land	n=1.000; 12-17 Jahre	z. B. Inter-net Gaming Disorder Scale	5,7%	DAK 2019
2017	USA, UK, Kanada, Deutsch-land	n=18.932	Brief indicators checklist	0,7%	Przybyl-ski et al. 2017
2016	Korea	n=2.024; Schüler:innen der Klassen 8 und 9	DSM-5-Kriterien	5,9%	Yu & Cho 2016
2016	Deutsch-land	n=3.967; Schüler:innen der Klassen 9 bis 12	Assess-ment of Internet and Computer Addiction Scale-Gam-ing	5,2%	Dreier et al. 2017
2016	Schweiz	n=5.983; junge Erwachsene (Alter m=20,3 Jahre)	Game Addiction Scale	2,3%	Khazaal et al. 2016
2016	Finnland	n=293; 13-24 Jahre	Game Addiction Scale	9.1%	Männik-kö et al. 2015
2015	Estland, Deutsch-land, Italien, Rumänien, Spanien	n=8.807; Schüler:innen Sekundarstufe	Young Diagnostic Question-naire	3,6%	Strittmat-ter et al. 2015

Jahr	Land	Sample-Details	Mess-instrument	Präva-lenz	Quelle
2015	Deutsch-land	n=11.003; Schüler:innen der 9. Klasse	Computer-abhängig-keitsskala	1,2%	Rehbein et al. 2015b
2014	China	n=24.103; Schüler:innen der Klassen 4 bis 8	Young Diagnostic Question-naire	3,4%	Li et al. 2014
2013	Ungarn	n=2.804; Schüler:innen der Klassen 8 bis 10	The develop-ment of the problematic online gam-ing ques-tionnaire	4,6%	Pápay et al. 2013
2012	Europa (12 Länder)	n=11.956; Schüler:innen	Young Diagnostic Question-naire	2,6%	Durkee et al. 2012
2011	Nieder-lande	n=1.572(T1); n=1.476 (T2); Schüler (Alter m=14,4 Jahre)	Compulsive Internet Use Scale	1,6%	Van Rooji et al. 2011
2010	Deutsch-land	n=15.168; Jugendliche	Nicht näher bezeichnet	3,3%	Rehbein et al. 2010
2009	Österreich	n=1.068; Jugendliche	Nicht näher bezeichnet	2,7%	Batthya-ny et al. 2009

Abbildung 23: Auswahl internationaler Studien zur Prävalenz pathologischer Videospielnutzung (eigene Darstellung)

deutlich weiter oben im einstelligen Prozentbereich liegen können. Abbildung 23 fasst relevante Studien zur Videospielsucht noch einmal tabellarisch zusammen.

Vor allem aus der Psychologie und Psychiatrie regt sich gegen die Formalisierung der Videospielsucht als eigenständiges Krankheitsbild im ICD-11 der WHO auch Widerstand. Es gibt Forschungsgruppen, die bereits seit den ersten WHO-internen Beratungen vor einer Anerkennung und Aufnahme dieser Diagnose gewarnt haben.

Aus einer Reihe forschungsmethodischer Gründe betrachten diese Kritiker:innen die Videospielsucht-Kodifizierung zum jetzigen Zeitpunkt als verfrüht und kontraproduktiv (z. B. Bean et al. 2017; Van Rooji et al. 2018; Ferguson et al. 2017). Selbst nach drei Jahrzehnten der Forschung mangele es demnach an klinischer Validierung und Langzeitstudien, an Normdaten und Standardisierung in Tests, an Methodentransparenz in empirischen Beiträgen sowie an einem angemessenen Diagnosemaßstab (Suchtkriterien). Infrage gestellt wird beispielsweise, ob es sich bei exzessivem Computerspielen überhaupt um ein psychologisch bedenkliches Verhalten handle oder lediglich um einen Aspekt digitalkultureller Lebensgestaltung. Die pauschale Übernahme von Suchtkriterien stoffgebundener Süchte sowie der (analogen) Glücksspielsucht bewirke nicht automatisch valide Diagnosen in einem völlig anderen Handlungskontext. Vor allem der sensible Übergang von unbedenklichem Freizeitverhalten hin zum Risiko-Gaming und von dort aus wiederum der Schritt hin zur manifesten psychischen Störung (z. B. Willemse 2016) könne noch nicht ausreichend klar definiert werden. Auch weil gerade unter Jugendlichen und jungen Erwachsenen, die als besonders anfällig für pathologisches Videospielen gelten, sehr viele Nutzer:innen ihr exzessives Verhalten von ganz alleine wieder ablegen, sei eine harte Suchtdefinition in diesem Bereich deutlich schlechter vertretbar als bei den chemischen Suchtprozessen stoffgebundener Substanzen. Mehrere Faktoren einer Suchtdiagnose im Sinne des DSM-V seien vor diesem Hintergrund hoch umstritten, beispielsweise dass Videospiele einen Großteil des Denkens und Handelns bestimmen, dass sonstige Hobbies vernachlässigt werden oder dass Freunde und Familie darunter leiden. Zu groß sei die Gefahr, ein potenziell unbedenkliches Verhalten auf diese Weise vorschnell zu pathologisieren und Heranwachsende entsprechend ungerechtfertigt mit psychologischen Diagnosen und Therapien zu stigmatisieren. Videospielsucht-kritische Beiträge befürchten insgesamt eine verfrühte und von öffentlicher Panik beziehungsweise politischem Druck getriebene Formalisierung der Diagnose (vgl. Moral Panic Theory and Video Games, Cohen 1972). Dadurch würde sich wiederum die öffentliche Abwehrhaltung gegenüber Videospielen nur verfestigen, und die spielinhärenten Vorteile (z. B. Befriedigung emotionaler Bedürfnisse, intellektuelle Stimulation, prosoziales Verhalten, lern- und kreativitätsfördernd) würden gefährdet. Umgekehrt sehen zumindest Bean et al. (2017) bei aller Kritik auch die Vorteile einer offiziellen Diagnose Videospielsucht: Ein gemeinsamer Referenzstandard kann effektive Behandlungsangebote fördern (Best Practice), außerdem werden Forschungsanstrengungen verstärkt und Krankenkassen beziehungsweise Versicherer werden zur Förderung von Behandlungen motiviert. Illy & Florack (2018) sowie Ferguson et al. (2017) weisen noch auf die ungeklärte Rolle der im Videospielsucht-Kontext häufig diagnostizierten Komorbiditäten hin. Viele Menschen, die Symptome einer Videospielsucht erfüllen, leiden demnach auch unter weiteren psychischen Störungen, vor allem unter dem Aufmerksamkeitsdefizit- und Hyperaktivitätssyndrom (ADHS), unter Depressionen und Angststörungen. Auch stoffgebundene Abhängigkeiten (Alkohol und Drogen) stehen oft in unmittelbarem Zusammenhang mit exzessiver Mediennutzung. Aus diagnostischer Sicht stellt sich die Frage, ob es sich dabei um voneinander unabhängige Krankheiten handelt oder ob eine davon vorherrscht und die anderen erst auslöst. Theoretisch vorstellbar wäre also, dass suchtartige Videospielnutzung lediglich symptomatischer Ausdruck der eigentlichen Depression oder Angsterkrankung ist. Umgekehrt könnte sich eine Depression erst entwickeln, wenn und weil eine Person videospielsüchtig ist. Für die Formalisierung schließlich spielt also nicht nur die Kausalität eine Rolle, sondern auch, ob es sich überhaupt um zwei eigenständige Krankheiten handelt. Richtigerweise wenden Illy und Florack zwar ein, dass die Behandlung selbst unabhängig davon sowieso auf beide Krankheiten eingehen müsse. Dennoch befürchten die Kritiker:innen der Videospielsucht-Diagnose Fehlbehandlungen, solange die Forschung nicht geklärt habe, wie genau sich Komorbiditäten im Kontext exzessiver Videospielnutzung zueinander verhalten.

4.4 Behandlung und Rehabilitation

In der Psychologie und Psychiatrie haben sich über die vergangenen zehn Jahre zahlreiche Therapieeinrichtungen und Rehabilitationsprogramme etabliert, die es ermöglichen, Internet- und Videospielsüchtige professionell zu behandeln. In der internationalen Öffentlichkeit kontrovers diskutierte Ansätze wie chinesische Internetsucht-Camps, die Betroffene mit militärischem Drill wieder zur Vernunft bringen wollen, bilden dabei eine wenig seriöse Ausnahme (Katsidou 2014; Fullerton 2017). Nach dem Tod eines Patienten im Jahr 2017 hat die chinesische Staatsregierung diese Praktiken unter großem außenpolitischem Druck schließlich eingestellt (Ives 2017). Anstelle von harter körperlicher Arbeit und Elektroschock-Therapie setzt China, ähnlich wie einige weitere Länder im asiatischen Raum, nun auf harte politische Regeln zur Einschränkung der Internet- und Videospielnutzungszeit vor allem unter Kindern und Jugendlichen. So dürfen Minderjährige etwa in der japanischen Präfektur Kagawa seit Beschluss im März 2020 an Arbeitstagen nur 60 Minuten lang Videospiele spielen, am Wochenende sind es 90 Minuten. Jugendliche bis hin zum High-School-Alter müssen außerdem um 21 Uhr das Smartphone weglegen. Von der High School an ist die Nutzung bis 22 Uhr erlaubt. Ausgenommen von dieser Regel ist der Einsatz des Gerätes zum Lernen (Schlottag 2020). In Europa ist der Weg ein anderer: Hier sollen vor allem medienpädagogische Prävention und Psychotherapien dabei helfen, Suchtentstehung im Kontext digitaler Mediennutzung zu reduzieren und betroffenen Nutzer:innen Linderung zu verschaffen. Bert te Wildt (2015, 160 ff.), Chefarzt der Psychosomatischen Klinik Kloster Dießen und Gründer der Online-Suchtambulanz *OASIS* (Kriegel 2016), betont dabei den konservativen Ansatz in der deutschen

Medizin: Behandelt werde ausschließlich, wer zweifellos das Vollbild einer Internet- beziehungsweise Videospielabhängigkeit aufweise, da sich in vielen Fällen Abhängigkeitssymptome von selbst erledigen, wenn junge Menschen selbstbestimmt am Leben teilzuhaben beginnen. Haben sich umfassende Suchtsymptome allerdings über mindestens zwölf Monate hinweg verfestigt, sollte eine Therapie folgen, die insbesondere zwei übergeordnete Handlungsziele verfolgt: die *Entwicklung digitaler Abstinenz* sowie die *Eröffnung alternativer Handlungsspielräume*. Eine vollständige Abstinenz von digitaler Mediennutzung im Sinne einer psychiatrischen Intervention bezogen auf die habitualisierten Verhaltensmuster ist in vielen Fällen auch dauerhaft unumgänglich, um Rückfälle zu vermeiden. Te Wildt hat die Erfahrung gemacht, dass Patient:innen nach anfänglicher Weigerung oft zustimmen, sobald sie erkennen, wie schwierig und risikoreich der Versuch einer kontrollierten Nutzung für sie ist. Dennoch kann es je nach Fall eine Option sein, anstelle eines vollständigen Nutzungsstopps im Rahmen gewisser Kontrollmechanismen (Zeitlimit, Angehörige, Filtersoftware etc.) schrittweise auf eine gesündere Nutzung hinzuarbeiten. Auch bei starken Entzugserscheinungen, beispielsweise im Sinne depressiver oder aggressiver Phasen, weil Betroffene das Gefühl haben, einen großen Teil ihrer Identität zu verlieren, kann eine kontinuierliche Reduzierung des abhängigen Verhaltens manchmal mehr Sinn machen als der harte Schnitt.
Ein Schwerpunkt der Behandlung von Internet- und Videospielsüchtigen liegt im verhaltenstherapeutischen Bereich. Medikamentöse und tiefenpsychologische Maßnahmen treten demgegenüber deutlich zurück (Illy & Florack 2018). Ziel ist es insbesondere, erlerntes negatives Verhalten durch wiederholtes Anwenden von positivem Verhalten zu ersetzen. Die Aufklärung über Suchtkriterien und -dynamiken (Psychoedukation) bildet in der Regel den Ausgangspunkt der Therapie. Geschaffen werden soll in diesem ersten Schritt das Bewusstsein, dass das angestrebte neue Verhalten persönliche Vorteile haben wird. Gleichzeitig ist es für den Erfolg einer Internetsuchtbehandlung essentiell, solche alternativen Tätigkeiten (Hobbys und Interessen, soziale Kontakte) zu finden, um die emotionale Leere zu füllen, die durch das Beenden der Sucht entsteht (te Wildt 2015, 166 ff.). In diesem Zusammenhang ist es von großer Bedeutung, die emotionalen Ursachen des Suchtverhaltens zu erkennen, um nicht lediglich Symptome zu behandeln, deren vordergründiges Abschalten dann letztendlich nur zu einer Suchtverschiebung auf andere (digitale) Tätigkeiten oder eine andere Symptomatik führt (Illy & Florack 2018). Ein suchtartiges Videospielverhalten könnte in diesem Sinne beispielsweise zu einem suchtartigen Anschauen von eSport-Matches werden. Kritiker:innen fordern deshalb, verstärkt auch tiefenpsychologische Behandlungsteile in die Internet- und Videospielsuchttherapien einzubeziehen. Darüber hinaus spielt auch ein angemessener Umgang mit Komorbiditäten in der Behandlung eine wichtige Rolle. Abgesehen von der Frage nach kausalen Zusammenhängen kann es für den Erfolg einer Verhaltenstherapie zum Suchtverhalten nötig sein, weitere

akute psychische Störungen medikamentös zu kontrollieren. Inhaltlich basieren die Therapiekonzepte bei pathologischem Internet- und Videospielgebrauch auf einer Mischung körpertherapeutischer (Sport/Bewegung und Kreativität/Motorik), soziotherapeutischer (Angsttraining, Selbstwertgefühl stärken, schrittweise soziale Kontakte aufbauen) und autonomiefördernder Ansätze (Wohnen und Leben, Schule und Beruf) (te Wildt 2015). Gerade mit Blick auf den Übergang aus der Sucht und Therapie in ein eigenständiges Leben ist es für Psychotherapeut:innen sinnvoll, weitere Fachleute (Sozialarbeiter:innen, Arbeitgeber:innen, Familie) miteinzubeziehen. Wölfling et al. (2013, 41 ff.) fassen die vier Phasen einer kognitiv-behavioralen Therapie der Internet- und Videospielsucht komprimiert zusammen:

- **Diagnostik**: Sucht- und biografische Anamnese, Problem- und Verhaltensanalyse, Zieldefinition
- **Motivation und Psychoedukation**: Individuelles biologisch-psychosoziales Erklärungsmodell, Diskussion von Veränderungszielen, Ableiten konkreter therapeutischer Maßnahmen
- **Intervention**: Problem- und Verhaltensanalysen (Wochenprotokolle), Vermittlung funktionaler Stressbewältigungsfähigkeiten, Aufbau sozialer Kompetenzen, Expositionsbehandlung
- **Transfer und Stabilisierung**: Rückfallprophylaxe (Notfallpläne, Kontrollmechanismen, Netzwerk von Helfer:innen), Reflexion der Therapieerfolge

Erste Hilfe bei problematischer Internet- und Videospielnutzung beziehungsweise bei manifesten Suchtsymptomen bieten grundsätzlich alle Kinder- und Hausärzt:innen, Fachärzt:innen für psychosomatische Medizin und Psychotherapie sowie für Psychiatrie und Psychotherapie. In akuten Fällen mit starken Symptomen helfen zudem psychiatrische und psychosomatische Institutsambulanzen (in der Regel an Universitätskliniken), der sozialpsychiatrische Dienst und die (Bezirks-) Kliniken für Psychiatrie und Psychotherapie. In Extremfällen (Selbst- oder Fremdgefährdung) kann zudem durch einen gesetzlichen Betreuer oder auf Basis des Psychiatrischen Krankengesetzes (Psych-KG) eine Zwangseinweisung veranlasst werden. Der Fachverband Medienabhängigkeit führt eine interaktive Online-Liste registrierter und speziell mit Medienabhängigkeit erfahrener Praxen und Einrichtungen (FV-Medienabhängigkeit 2020). Angesichts des noch nicht flächendeckend in psychotherapeutischen Praxen etablierten Betreuungsangebotes für Internet- und Videospielsucht (te Wildt 2015) leisten im Augenblick vor allem *spezialisierte Suchtberatungsstellen und Fachambulanzen* effektive Hilfe. Suchtberatungsstellen sind dabei das niedrigschwelligere Angebot und gehen in ihren offenen Sprechstunden sowie in regelmäßigen Einzel- und Gruppentreffen auf vielfältige praxisrelevante Themen im Kontext einer Sucherkrankung ein. Neben der eigentlichen Suchtbehandlung, für die meist an spezialisierte Personen und Einrichtungen vermittelt wird, setzen sich Suchtberater:innen (häufig ausgebildete

Sozialpädagog:innen) auch mit finanziellen und beruflichen Aspekten der Suchtbehandlung auseinander. Beispielhaft für eine auf Internet- und Videospielsucht spezialisierte Beratungsstelle steht die Initative *Lost in Space* in Berlin unter Leitung von Gordon Emons, der auch als Experte in der empirischen Konzeptentwicklung dieser Arbeit mitgewirkt hat. In dem großteils von der Caritas Berlin getragenen Projekt bieten ausgebildete Sozialpädagog:innen offene und geschlossene Gesprächsrunden zur Vorsorge, Begleitung und Nachsorge von medienbezogenen Suchterkrankungen an, außerdem Einzelberatungen sowie Schulungen für Fachleute aus dem sozialen Bereich. Eingebunden ist *Lost in Space* in ein enges Netzwerk von Fachstellen der Psychologie/Psychiatrie sowie der Jugend- und Lebenshilfe. Ausgehend vom Erstkontakt mit *Lost in Space* kann so entschieden werden, ob und welche weiterführenden Gespräche oder Therapien im Einzelfall geboten sind. Längerfristige psychotherapeutische Programme bieten in der Regel psychologische und psychiatrische Fachambulanzen an Universitätskliniken oder in Spezialkliniken an. Jakob Florack (Vivantes Klinikum Berlin), Susanne Pechler (Isar-Amper-Klinikum München-Ost), Klaus Wölfling (Universitätsklinikum Mainz) und Bert te Wildt (Psychosomatische Klinik Kloster Dießen), alle vier beteiligt an der empirischen Studie im Rahmen dieser Arbeit, leisten in Deutschland Pionierarbeit mit speziell auf Videospielsucht zugeschnittenen Sprechstunden und Therapien. Das Spektrum der Behandlungsangebote umfasst in der Regel ambulante oder stationäre Einzel- oder Gruppentherapien für unterschiedliche Altersgruppen. Abbildung 24 zeigt beispielhaft ein von Wölfling und Kolleg:innen in Mainz angebotenes Gruppentherapieprogramm über 15 Sitzungen hinweg:

Speziell für Kinder und Jugendliche existieren diverse stationäre Programme, die besonders geschützte Räume zur gemeinsamen Entwicklung in der Gruppe bieten sollen. Projekte wie das *Teen Spirit Island* im Kinder- und Jugendkrankenhaus auf der Bult in Hannover (Möller 2011), *Auxilium Reloaded* der stationären Jugendhilfe in Dortmund oder das Rehazentrum *INSULA* in Bischofswiesen arbeiten mit Patient:innen ganzheitlich an den körperlichen Folgen und psychischen Ursachen für medienbezogene Suchtkrankheiten. Dabei sind die Heranwachsenden oft bewusst nicht in klassischen Krankenhäusern untergebracht, sondern trainieren gemeinsam den Umgang mit sich selbst und der realen Welt in einem Umfeld, das vielfältige Freizeitaktivitäten und Sozialkontakte bietet. An den Gedanken der frühzeitigen Rückführung in ein eigenständiges Leben in der realen Welt schließen auch integrierte beziehungsweise systemische Behandlungskonzepte an, die einen Mix aus stationärer, tagesklinischer und ambulanter Therapie anbieten. Auch das soziale Umfeld des Patienten oder der Patientin wird unmittelbar in die Behandlung einbezogen, um nutzerexterne Suchtfaktoren besser zu kontrollieren, Verständnis zu schaffen und ein Kontrollnetzwerk für die Zeit nach der Therapie zu etablieren. Mit Projekten wie *OASIS* (Online-Ambulanz-Service zur Diagnostik und Beratung von Internetsüchtigen) und *OMPRIS* (Onlinebasiertes Motivations-

Sitzung	Thema	Inhalte
1	Kennenlernen, Therapieziele	• Vorstellung des Therapieprogramms • Gegenseitiges Kennenlernen/Vorstellungsrunde • Besprechung Abstinenzversuch Folgewochen • Erarbeitung individueller Therapieziele (Therapievertrag) • Einführung Wochenprotokolle zur Selbstbeobachtung
2	Auslösende und aufrechterhaltende Suchtfaktoren	• Abstinenzrunde: Auswertung des Abstinenzversuchs • Auswertung der Wochenprotokolle • Erarbeitung eines Teufelskreismodells
3	Ressourcen und Alternativstrategien	• Abstinenzrunde: Was klappt gut? Wo gibt es Probleme? • Sammeln von Alternativstrategien • Suche und Verschriftlichung von Ressourcen
4	Psychoedukation	• Abstinenzrunde • Vergleich Verhaltenssucht – Substanzabhängigkeit • Kosten-Nutzen-Analyse: Suchtverhalten und Abstinenz
5	Entwicklung individueller Entstehungsmodelle	• Abstinenzrunde • Einführung des TRIAS-Modells (Suchtdreieck) • Erarbeitung individueller Störungsmodelle
6	Entwicklung individueller SORCK-Schemata I	• Abstinenzrunde • Einführung SORCK-Schema (Stimulus, Organismus, Reaktion, Konsequenz) • Erarbeitung individueller Modelle der Entstehung suchtartigen Verhaltens anhand der Wochenprotokolle
7	Entwicklung individueller SORCK-Schemata II	• Abstinenzrunde • Fortsetzung: Erarbeitung individueller Modelle der Entstehung suchtartigen Verhaltens anhand der Wochenprotokolle • Wiederholung: Kosten-Nutzen-Analyse Suchtverhalten/Abstinenz

Sitzung	Thema	Inhalte
8	Exposition mit Reaktions-verhinderung	• Abstinenzrunde • Ziel: Suchtreizen künftig (besser) widerstehen • Besprechung Szenario: Suchtreize treten auf – gesteigertes Verlangen – Notfallplan • Exposition: Patient:innen kommen mit Suchtreizen (Bsp. Videospielen) in Kontakt • Nachbesprechung: Emotionale Konsequenzen, Lösungsstrategien
9	Anerkennung und Selbst-wert	• Abstinenzrunde • Psychoedukation zu Selbstwert und Selbst-wirksamkeitserwartung
10	Entwicklung und Medien-affinität	• Abstinenzrunde • Zusammenhang der psychischen Auffälligkeit mit der individuell-biografischen Mediennutzung
11	Entwicklung und Medien-affinität	• Abstinenzrunde • Fortsetzung: Zusammenhang der psychischen Auffälligkeit mit der individuell-biografischen Mediennutzung
12	Rückfall-prophylaxe	• Abstinenzrunde • Antizipation eines Rückfalls, möglicher Rückfallsituationen und auslösender Bedingungen
13	Vertiefende Bearbeitung	• Abstinenzrunde • Bearbeitung der individuellen Störung und Lösungsstrategien
14	Vertiefende Bearbeitung	• Abstinenzrunde • Bearbeitung der individuellen Störung und Lösungsstrategien
15	Therapie-abschluss	Reflexion der Therapieerfolge und Veränderungen durch die Abstinenz

Abbildung 24: Gruppentherapieprogramm zur Behandlung von Internetsüchten nach Wölfling et al. 2013, 58 ff.

programm zur Reduktion des problematischen Medienkonsums und Stärkung der Veränderungsmotivation bei Computerspielabhängigkeit und Internetsucht) geht das LWL-Universitätsklinikum Bochum seit mehreren Jahren außerdem einen interessanten Schritt: weg von der stationären analogen Klinik und hinein in die virtuelle Welt der Patient:innen (Kolakowski 2020). Internetnutzer:innen und Gamer:innen können sich so ganz unverbindlich und niedrigschwellig auf Webseiten über Suchtsymptome und Behandlungsansätze informieren, psychologisch fundierte Selbsttests auf Basis der DSM-V- und ICD-Kriterien ausfüllen und per (Video-)Chat Kontakt zu den OASIS-/OMPRIS-Fachärzt:innen aufnehmen. Erstgespräche sowie Therapiesitzungen können anschließend über bis zu vier Wochen hinweg ebenfalls online und kostenlos stattfinden. Die Projektträger erhoffen sich davon insbesondere, besser Brücken zwischen den beiden aus Patientensicht oft sehr weit entfernten digitalen und realen Welten zu bauen.

4.5 Zwischenfazit: Videospielsucht und Gesellschaft

In den Kapiteln 2 bis 4 dieser Arbeit wurde eine pathologische Nutzung digitaler Medien und virtueller Online-Welten als Risikofeld und Grenzüberschreitung in einer gesellschaftlichen Kultur der Digitalität beschrieben. Insbesondere das Handlungsfeld Gaming, eine der ersten und bis heute größten Subkulturen mediatisierter und medialisierter Kommunikation, eignet sich gut zur konzeptuellen Veranschaulichung der Entstehungsdynamiken und Erscheinungsformen suchtartiger Mediennutzung im Digitalen. Die Darstellungen im vierten Kapitel dieser Arbeit haben gezeigt, dass pathologische Videospielnutzung als Resultat eines komplexen Zusammenspiels medialer, individualpersönlicher sowie sozialer Kontextfaktoren zu verstehen ist. Schon deshalb kann eine abschließende Bewertung nur auf der eingehenden Beschäftigung mit Nutzungsmotivationen und Gratifikationen sowie mit der dazugehörigen Nutzungshistorie im Einzelfall erfolgen. Dennoch liegt mit den Suchtkriterien des DSM-V-Katalogs der American Psychological Association, der kürzlich von der Weltgesundheitsorganisation bestätigt wurde, ein einheitliches Diagnoseschema für Fachärzt:innen der Psychologie und Psychiatrie vor. Die ersten auf Medien- und Videospielsucht spezialisierten Behandlungspraxen und Fachkliniken können gut mit diesen Diagnosekriterien arbeiten und betonen, dass nur bei sehr stark ausgeprägter und langfristig stabiler Symptomatik die Diagnose Internet- oder Videospielsucht gestellt wird. Diverse öffentlich geteilte Portraits und Suchtgeschichten Betroffener bestätigen außerdem sehr plastisch, dass zunehmend aufmerksamkeitsoptimierte, unendliche Videospielwelten exzessives und pathologisches Verhalten befördern und auslösen können. Dennoch halten sich hartnäckig auch kritische Stimmen innerhalb der Medizin und Psychologie/Psychiatrie. Argumentiert wird, dass über die psychische und soziokulturelle Natur exzessiver Internet- und Videospielnutzung noch zu wenig bekannt sei. Aktuelle Suchtkriterien, die von stoffgebundenen Süchten (Alkohol, Drogen) und von der Glücksspielsucht abgeleitet wurden, könnten vor diesem Hintergrund ein völlig normales Verhalten in einer mediatisierten Gesellschaft vorschnell pathologisieren. Immer wieder zu beobachtende Spontanremissionen, also das plötzliche eigenständige Ablegen des suchtartigen Verhaltens anlässlich bestimmter Lebensereignisse (erste:r Partner:in, Eintritt ins Berufsleben, neue Hobbys etc.), bergen zudem das Risiko, vor allem Jugendliche durch eine Diagnose ohne faktische Grundlage zu stigmatisieren. Belegt werden diese Kritikpunkte unter anderem auch mit der bislang vergleichsweise heterogenen empirischen Datenbasis zur gesellschaftlichen Prävalenz der Internet- beziehungsweise Videospielsucht. Internationale Studien zur Verbreitung exzessiver beziehungsweise pathologischer Nutzung digitaler Medien liefern Prävalenzwerte zwischen einem und zehn Prozent. Allerdings variieren die Befunde soziodemographisch stark mit der ausgewählten Grundgesamtheit und Stichprobe. Auf Kinder und Jugendliche fokussierte Untersuchungsdesigns produzieren in der Regel höhere Prozentwerte als Studien zur breiten Bevölkerung (z. B. 14-64 Jahre). Auch sind auf diesem noch recht jungen Forschungsfeld bislang keine standardisierten, vergleichbaren Testinstrumente zum Einsatz gekommen, wobei diesbezüglich gerade in den vergangenen vier bis fünf Jahren eine klare Professionalisierung zu erkennen ist. Insgesamt lässt sich aus dem empirischen Forschungsstand damit ableiten, dass exzessive Internet- und Videospielnutzung vor allem unter Heranwachsenden ein relevantes Phänomen geworden ist. Auch liegen vor allem bei vielen Kindern, Jugendlichen und jungen Erwachsenen, immer öfter aber auch bei älteren Nutzer:innen zweifellos einzelne DSM-V-Suchtkriterien vor. Wie groß aber die Zahl der Fälle ist, die tatsächlich über lange Zeit einen manifesten Leidensdruck ohne Möglichkeit zur eigenständigen Verhaltensänderung spüren und damit klar abhängig sind, lässt sich noch nicht fundiert bestimmen. Nicht zuletzt stellt sich auch die Frage nach der Rolle von Komorbiditäten (v. a. Depression, Angststörungen und ADHS), die oft gemeinsam mit einer Internet- oder Videospielsucht diagnostiziert werden. Abbildung 25 zeigt die wesentlichen Aspekte der Diskussion um eine formalisierte Videospielsucht noch einmal in der Übersicht:

Der gesellschaftliche Umgang mit der Videospielsucht lässt sich im Augenblick als alarmiert-reaktiv beschreiben. Die mediale und politische Öffentlichkeit behandelt das Thema ereignisbezogen punktuell, etwa zum Zeitpunkt der WHO-Entscheidung über die Anerkennung dieses neuen Krankheitsbildes oder anlässlich größerer Prävalenz-Studien wie die der DAK aus dem Jahr 2019. Die daraufhin entstehende Debatte offenbart nach wie vor recht weit auseinanderliegende Pole von Videospielgegner:innen und -befürworter:innen. Im Ergebnis entsteht dadurch oft eine unproduktive Pattsituation, zu beobachten etwa bei der Frage, ob eSport förderungswürdiger Sport sein darf, oder in der Diskussion über eine Regulierung von

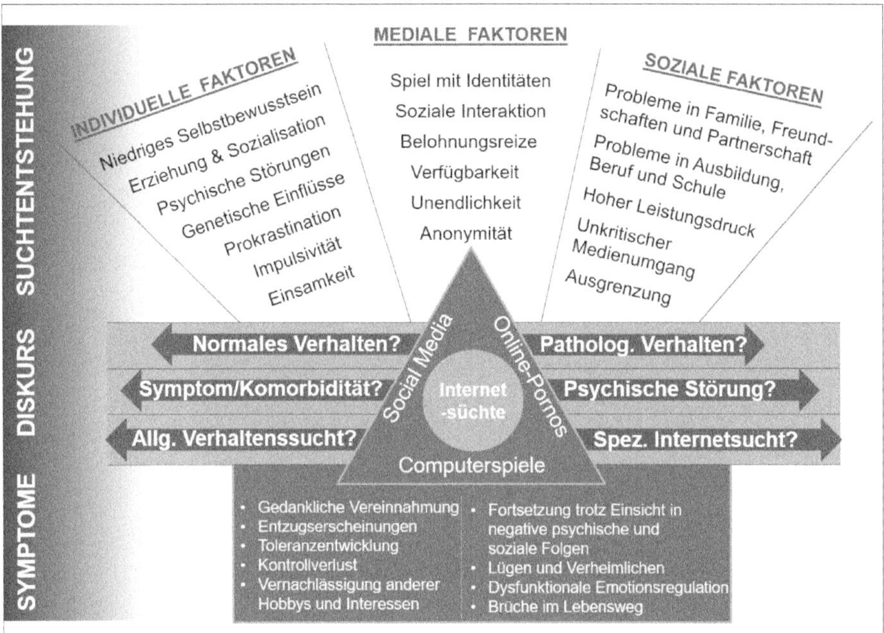

Abbildung 25: Videospielsucht als Prozess- und Diskursmodell: Internetsüchte, die beispielsweise in Zusammenhang mit Computerspielen, sozialen Medien oder Online-Pornos auftreten können, entstehen als Kombination aus individuellen, medialen und sozialen (Risiko)Faktoren. Anhand eines von stofflichen Süchten (Alkohol, Drogen) sowie von der Glücksspielsucht abgeleiteten Symptomkatalogs lassen sich Internetsüchte bislang zufriedenstellend diagnostizieren. Dennoch stellt sich langfristig die Frage, ob exzessive Internet- und Videospielnutzung nicht völlig normal ist in einer mediatisierten Gesellschaft. Zu klären bleibt weiterhin die Rolle von Komorbiditäten wie Depression, ADHS oder Angststörungen; exzessives Videospielen könnte lediglich Symptom dieser eigentlichen Erkrankungen sein. Offen bleibt schließlich, ob angesichts vielfältiger spezifischer Verhaltensstörungen im analogen und digitalen Bereich (z. B. auch Kaufen, Essen, Sex) eine allgemeine Verhaltenssucht als kodifizierte Sammeldiagnose nicht zielführender wäre als ein handlungsfeldspezifischer Ansatz. (eigene Darstellung nach Illy & Florack 2018; Van Rooij et al. 2018; Bean et al. 2017; Ferguson et al. 2017; Stodt et al. 2015; Pieschl & Porsch 2014)

Glücksspielelementen in Videospielen (Lootboxen) in Deutschland (vgl. Kap. 3.5). Einer damit eher beobachtenden Politik steht ein vergleichsweise aktives Suchthilfesystem gegenüber, das wie oben gesehen bereits mit der Einrichtung mehrere Fachkliniken, ambulanter Sprechstunden und langfristiger Therapieprogramme reagiert hat. Wenngleich die Übersichtskarte des Fachverbands Medienabhängigkeit noch keine flächendeckende Abdeckung des gesamten deutschen Bundesgebietes offenbart, ist in diesem Bereich mit weiteren Angeboten zu rechnen, die auf Basis der WHO-Kodifizierung professionellen fachlichen Standards genügen werden. Diese Arbeit argumentiert deshalb im folgenden Kapitel 5, dass Internetsüchte – darunter hier insbesondere die Videospielsucht – deutlich stärker präventiv und handlungsbegleitend adressiert werden müssen. Gerade Heranwachsende sollten umfassend auf deren Funktionsregeln und die Chancen und Risiken virtueller

(Spiel-)Welten vorbereitet werden. Besonders wichtig ist darüber hinaus aus Sicht dieser Arbeit eine intensive Begleitung der Nutzer:innen und Spieler:innen beim Nutzen und Spielen. Das Internet bildet hier für die Familie, das soziale Umfeld und die pädagogischen Fachkräfte, die einem Heranwachsenden grundsätzlich helfend zur Seite stehen (könnten), noch zu häufig eine Black Box. Präventive Maßnahmen und rehabilitative Angebote sind in der Argumentation dieser Arbeit deshalb absolut nötig, verlieren aber einen substanziellen Teil ihrer potenziellen und angestrebten Wirkung, weil weder kontrolliert werden kann, wie gut ein:e Nutzer:in das präventiv Vermittelte tatsächlich verinnerlicht hat und umsetzt, noch wann er oder sie Gefahr läuft, abhängiges Verhalten zu entwickeln, oder ob ein solches bereits vorliegt. In den Kapiteln 5 und 6 erarbeitet dieser Text unter Rückgriff auf bestehende theoretische Konzepte und praktische Handlungsbeispiele die Vorstellung einer ganzheitlichen Medienkompetenzvermittlung für und in digitalen (Spiel-)Welten. Prävention, Begleitung und Rehabilitation werden darin als ständig miteinander verzahnte Elemente begriffen, um den und die individuelle:n Nutzer:in (nicht nur) im Sinne des Suchtrisikos optimal zu unterstützen. Kapitel 7 schlägt darauf aufbauend das pädagogische Wirkprinzip einer aufsuchenden, psychosozialen Jugendarbeit (im Analogen als mobile Jugendarbeit oder Streetwork bekannt) als methodische Brücke vor, um bestehende Präventions- und Rehabilitationsangebote durch begleitende Vor-Ort-Betreuung im Internet beziehungsweise Gaming zu verknüpfen. Die Vorstellung von einer Digital Streetwork als Methode begleitender Medienkompetenzvermittlung wird schließlich in Kapitel 8 konzeptuell modelliert und anschließend in einer empirischen Expert:innenbefragung auf ihre praktische Anwendbarkeit hin überprüft sowie inhaltlich ausdifferenziert.

5 Virtuelle (Spiel-)Welten und Pädagogik

Digitale Medien und Videospiele spielen für die Pädagogik aufgrund ihres omnipräsenten Charakters eine bedeutende Rolle. Fakt ist, dass Kinder und Jugendliche immer früher und häufiger in Kontakt mit virtuellen Welten kommen (mpfs 2016, 2018 und 2019). Dadurch findet nicht nur ein wachsender Teil ihrer sozialen Kommunikation medienvermittelt statt, sondern auch immer stärker ihre gesellschaftliche Sozialisation (Hoffmann & Wagner 2013; Spanhel 2020). In sozialen Netzwerken, auf Nachrichten-Plattformen und in Videospielen bilden sich Heranwachsende politische Meinungen, reflektieren und entfalten ihre individuellen Werte und Identitäten, und entwachsen der Kontrolle sowie dem Schutz ihrer Eltern (Boyd 2014, 203; Kammerl et al. 2015). Das breite Handlungsfeld der Pädagogik, hier verstanden als wert- und wissensorientierte Bildung und Erziehung, kommt deshalb gar nicht umhin, digitale Medien in seine Tätigkeiten miteinzubeziehen. Dabei kann die medienpädagogische Arbeit ganz unterschiedliche inhaltliche Schwerpunkte beziehungsweise methodische Zugänge wählen. Eine wichtige Unterscheidung ist beispielsweise, ob Medien technisch-instrumentell als Werkzeug der Wissensvermittlung (der Lehrfilm im Unterricht, der Smartscreen anstelle einer Tafel, das Videospiel *Minecraft* als Architektur-Lernprogramm) oder als soziokultureller Handlungsraum (Chancen und Risiken, Subkulturen, Webarchitektur) verstanden werden. Beide Perspektiven spielen für die Gestaltung von Bildungsangeboten, aber auch im sozialen Umgang mit Familie und Freunden eine wichtige Rolle. Diese Arbeit beschäftigt sich insbesondere mit der kulturell-emotionalen Bedeutung und Faszination digitaler Welten für die Heranwachsenden. Insofern blenden die Ausführungen in Kapitel 5 zur Medienpädagogik den Einsatz digitaler Medien zur reinen Wissensvermittlung weitgehend aus. Das Augenmerk liegt im Sinne der obigen Diskussion über pathologische Videospielnutzung auf der Frage, wie aus pädagogischer Sicht mit digitalen Welten grundsätzlich und mit digitalen Spielwelten im Speziellen umgegangen werden kann und soll. Teilkapitel 5.1 diskutiert deshalb zunächst verschiedene Grundhaltungen gegenüber Internet und Videospielen in der Pädagogik, die zwischen einem stark restriktiven und einem sehr liberalen Pol unterschiedliche Schattierungen aufweisen. Außerdem stellt sich die Frage nach der Verantwortlichkeit zur Durchsetzung und Kontrolle der daraus entstehenden Ziele und Regeln. Ist es primär die Aufgabe der Eltern, der Lehrer:innen, der Plattformbetreiber oder der Politik, für einen kompetenten Umgang mit digitalen Medien zu sorgen? Und wie sehen diese zu vermittelnden

Medienkompetenzen überhaupt aus? Nach der Grundsatzdiskussion über Nutzen oder Nicht-Nutzen definiert Kapitel 5.2 vermittelnd einen Katalog von Fähigkeiten, die es Nutzer:innen ermöglichen sollen, sich auf eine bewusste, gesunde und produktive Art und Weise im virtuellen Raum zu bewegen. Im anschließenden Textteil 5.3 wird der Blick dann auf medienpädagogische Pilotprojekte und Best-Practice-Beispiele gerichtet, die Medien- beziehungsweise Videospielnutzung zum Zwecke der digitalen und persönlichen Potenzialentfaltung fördern und lenken.

5.1 Verbieten oder fördern?

Bislang liegen prominente Projekte zur Behandlung und Vorsorge von pathologischem Internet- und Videospielgebrauch überwiegend in medienpsychologischer Hand (Kammerl 2013; Dreier et al. 2015). Das Suchthilfesystem unterscheidet dabei neben seiner diagnostischen und rehabilitativen Haupttätigkeit drei Arten der Suchtprävention: Die *universelle Suchtprävention* richtet sich beginnend bereits im Vorschulalter auf sehr niedrigschwelligem Niveau an breite Bevölkerungsschichten und setzt stark auf die Arbeit mit Multiplikatoren wie Eltern und Lehrer:innen. Inhaltlich sind Angebote universeller Suchtprävention als Lebenskompetenzförderung zu beschreiben. Im Zentrum steht hier die Vermittlung von grundsätzlichen Empfehlungen und Verhaltensweisen zum Umgang mit Problemen sowie mit bekannten suchtfördernden Substanzen beziehungsweise Handlungskontexten. Daneben adressiert die *selektive Suchtprävention* im Bereich Medien spezifisch die Risikogruppen exzessiver und pathologischer Nutzung, bislang vor allem Jungen und junge Männer. Eindringlicher und am konkreteren Beispiel wird der eigene Medienkonsum hier kritisch reflektiert und mit Anstößen zur Verhaltensänderung verknüpft. Die *indizierte Suchtprävention* richtet sich schließlich an Personen, die bereits ein manifestiertes Risikonutzungsverhalten aufweisen. (Medien-) Psycholog:innen arbeiten bei diesen Angeboten bereits diagnostisch, intervenieren im Sinne einer eigenständigen Reflexion und Verhaltensänderung, und vermitteln bei Bedarf in längerfristige professionelle Betreuungsstrukturen. Aus mehreren Gründen spricht sich Kammerl dafür aus, präventive Aufklärungsarbeit zu Internet- und Videospielsüchten nicht allein der klassischen Suchprävention zu überlassen. So sei die Internetnutzung im Unterschied zu stofflichen Drogen oder dem Glücksspiel ein elementarer Bestandteil gesellschaftlicher Integration. Traditionelle Abstinenzkonzepte würden deshalb langfristig nicht greifen und zudem die Chancen und Potenziale virtueller Welten für die soziale Persönlichkeitsentwicklung negieren. Auch lasse sich eine intensive von einer pathologischen Internetnutzung häufig nicht klar unterscheiden, die komplexen Wirkungsdynamiken (vgl. Abb. 17) seien außerdem zu instabil. Es bestehe also die Gefahr einer für

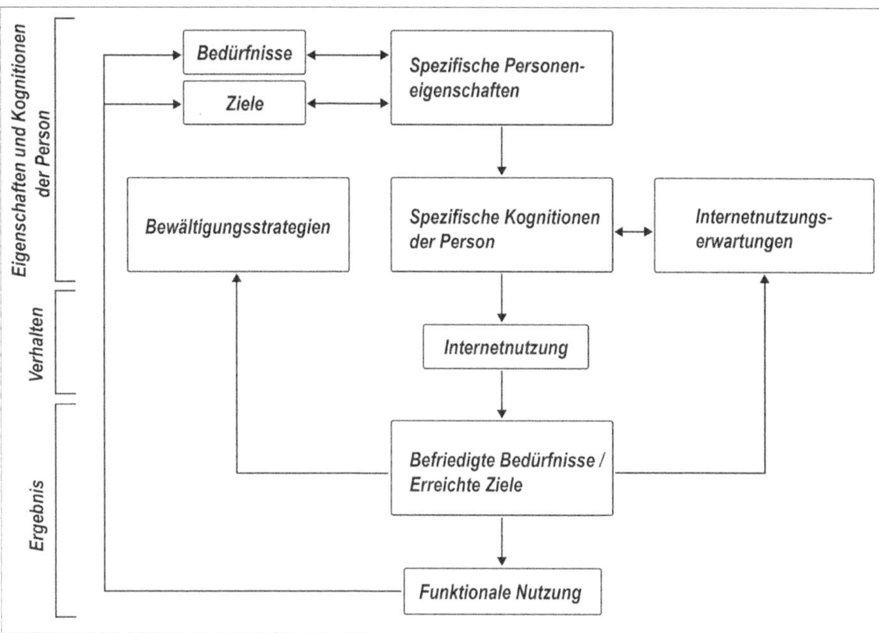

Abbildung 26: Modell zur funktionalen Internetnutzung nach Stodt et al. (2015)

die Nutzer:innen nachteiligen Stigmatisierung und vorschnellen Pathologisierung unbedenklichen Verhaltens.

Neben dieser Kritik an der diagnostischen Zuverlässigkeit sowie an den sozialen Signalen einer psychologisch geprägten Präventionsarbeit gibt es noch andere Argumente dafür, warum digitale Medien einen genuinen Arbeitsbereich auch innerhalb der Pädagogik bilden sollten. Denn Online-Nachrichtenportale, soziale Netzwerke und Videospiele konstituieren neben der Familie, neben Peergroups und der Schule nicht mehr nur einen Aspekt der gesellschaftlichen Sozialisation, sondern werden zum elementaren Bestandteil jeder Form der Sozialisation (Hoffmann & Wagner 2013). Wenn gesellschaftliche Orientierung, soziale Integration und die Persönlichkeitsentwicklung aber digital-virtuell stattfinden, dann ist es die Aufgabe einer lebensweltorientierten (Medien-)Pädagogik (Röll 2012), sich eingehend damit zu beschäftigen. In der medienpädagogischen Fachdebatte wird deshalb immer wieder gefordert, Medien als Gegenstand und Hilfsmittel der Wissensvermittlung und Persönlichkeitsentwicklung in vielfältige Angebote der schulischen Lehre sowie der offenen, außerschulischen Jugendarbeit einzubeziehen (ebd., Lutz & Ring 2019). Betont wird eine eintauchende und inklusive pädagogische Grundhaltung, die weniger auf „repressive Module" wie gesetzliche Verbote oder technische Filter setzt, sondern einen intrinsisch motivierten Umgang der Kinder und Jugendlichen fördert. Das soll gelingen durch breitflächige Medienkompetenzvermittlung, Alterskennzeichen und Empfehlungen sowie ein

konsequentes Community Management im Netz (Hammer & Gutruf 2012). Lutz und Ring plädieren deshalb für eine „neue Spielpädagogik", die Videospiele nicht nur als Risikofeld oder als Mittel zum Zweck (Game Based Learning) sieht, sondern auch die sozialintegrativen und kreativen Potenziale des Gaming anerkennt.
Als hauptverantwortliche gesellschaftliche Instanzen der präventiven Medienarbeit werden in der öffentlichen und wissenschaftlichen Diskussion regelmäßig vor allem die Familie (Eltern) sowie die Schule (Lehrer:innen) genannt. Die Gründe für den starken Fokus auf speziell diese beiden Akteure liegen allerdings nur teilweise in ihrem institutionellen sozialen Charakter sowie in ihrer räumlichen und emotionalen Nähe zu den Heranwachsenden. Vielmehr scheint es, systemisch bedingt, schlicht unwahrscheinlich, dass andere Beteiligte wie etwa die Internet-Wirtschaft (Plattformbetreiber, Games-Entwickler etc.) oder die Politik willens und fähig sind, maßvolle und reflektierte Internet- und Videospielnutzung effektiv zu fördern (King et al. 2018; Király et al. 2017). So konzentrieren sich medienpädagogische Beiträge auf das unmittelbare soziale Umfeld der jungen Nutzer:innen und fordern beispielsweise eine feste Verankerung von Medienbildung im schulischen Fachunterricht (z. B. Wagner 2013). Schaumburg und Prasse (2019, 105 ff.) fassen die diesbezüglichen bildungspolitischen beziehungsweise curricularen Vorgaben der vergangenen 25 Jahre in Deutschland sehr übersichtlich zusammen: Ein Grundsatzpapier zur Verankerung von Medien in der Schule war der Orientierungsrahmen *Medienerziehung in der Schule*, den die Bund-Länder-Kommission für Bildungsplanung im Jahr 1995 verabschiedete (BLK 1995). Medien werden hier als integrativer Bestandteil des Unterrichts skizziert, in der Art ihrer Anwendung zu differenzieren nach Alters- und Bildungsstufen. Methodische Schwerpunkte sollen auf der „Nutzung von Medien", dem „Einblick in Wirkungsweise und Produktionsbedingungen" sowie der „praktisch-gestalterischen Medienarbeit" liegen. Diese schon recht umfassenden Anforderungen wurden im Jahr 2012 von der Kultusministerkonferenz (KMK) in ihrer Erklärung *Medienbildung in der Schule* noch um die beiden Aspekte „Einsatz von Medien zur Unterstützung und (innovativen) Gestaltung von Lernprozessen" sowie „Befähigung von Schülern zum Selbstschutz vor negativen Einflüssen und Wirkungen von Medien" erweitert. Explizit werden außerdem die dafür notwendige Lehreraus- und -weiterbildung sowie die technische Ausstattung der Bildungseinrichtungen unterstrichen. Als Reaktion auf den ausbleibenden Effekt dieser Empfehlungen in den Lehrplänen der Bundesländer (z. B. Bos et al. 2014) setzte die Kultusministerkonferenz im Jahr 2016 noch das Strategiepapier *Bildung in der digitalen Welt* auf, das sechs konkrete Kompetenzen zur Nutzung digitaler Medien als Zielvorgabe für schulische Medienbildung formulierte. Die KMK hat zudem einen Zeitrahmen zur Umsetzung festgelegt. So sollen Schüler:innen, die ab dem Schuljahr 2018/19 in die Grund- oder Sekundarstufe eintreten, diese kompetenzorientierten Bildungsziele im Umgang mit digitalen Medien erwerben können – beginnend in der Grund-

schule. Festgehalten wird bei der Medienkompetenzvermittlung nach wie vor an dem fachintegrativen Ansatz. Demnach müssen jeder Fachlehrplan und jede:r Fachlehrer:in am jeweils konkreten Unterrichtsgegenstand überlegen, wie Medien einbezogen und dabei die Vermittlung fachlicher Inhalte mit der Nutzung von beziehungsweise Reflexion über Medien verbunden werden können. Alternativ dazu werden immer wieder Konzepte eines eigenen, neuen Faches „Informatische Bildung" (Döbeli Honegger et al. 2013) oder „Digitale Medienbildung und Informatik" (Brandhofer 2014) diskutiert.

Neben der Schule gilt die Familie als zentraler Ort zur Vermittlung von Medienkompetenz. Dabei ist die Auseinandersetzung über digitale Medieninhalte, -wirkungen und ein gesundes Nutzungsverhalten nicht nur eine Chance familiären Handelns, sondern wird aus pädagogischer Perspektive auch zur essentiellen Pflicht. Studien zeigen nämlich, dass digitale Mediennutzung (auch Videospiele) für Heranwachsende heute zu einem wichtigen Faktor beim Aufbau von Vertrauen und emotionaler Nähe im Verhältnis zwischen Eltern und Kindern geworden ist (Lampert 2013). Medien bilden ein gemeinsames Interesse sowie Diskussionsthema und sind Ausdruck beziehungsweise Ort des Geschehens rollenbezogener Aushandlungsprozesse (Kammerl et al. 2015). Gemeinsames Videospielen von Eltern und Kindern kann zudem eine emotionale Basis für eine konstruktive familiäre Kommunikation bilden, und damit zu einem zentralen Werkzeug der gegenseitigen Unterstützung werden. Gleichzeitig verkörpern virtuelle (Spiel-)Welten aber auch bewusst geschaffene, elternferne Handlungsräume und Rückzugsorte, in deren geschütztem Rahmen Jugendliche ihre Unabhängigkeit entwickeln. Anhand von Dilemma-Interviews, in denen Jugendliche in hypothetischen Zwangslagen zwischen zwei sich gegenseitig ausschließenden Handlungsoptionen wählen müssen, konnten Kammerl und Kollegen (2015) diesen emanzipatorischen Charakter des Videospiels gut nachweisen. So benutzten die Befragten Videospiele auch dazu, gegenüber Eltern und Freunden ablehnende Haltungen zu manifestieren: War eine bestimmte Bitte, Aufgabe oder Regel nicht spannend genug oder wurde sie als unfair empfunden, wurde stattdessen lieber (erst recht) gespielt. Umgekehrt dienen diese Konfliktsituationen auch zur moralischen Reflexion und Wertevermittlung. Digitale Medien und Videospiele reichen somit aus sozialpädagogischer Perspektive über die Gewalt- oder Suchtdebatten hinaus. Auch deshalb rät Klaus Lutz (2013), Medienpädagoge und pädagogischer Leiter des *Medienzentrums PARABOL* in Nürnberg, zur sozialen und partizipativen Einbeziehung von Videospielen nicht nur in den Familienalltag.

Theoretische Modelle medienpädagogischer Erziehungsstile unterscheiden in der Regel anhand bestimmter Variablen wie *eigene Medienerfahrung der Eltern/Lehrer:innen*, *Haltung gegenüber Medien/Videospielen* und *Arten der Beschäftigung mit Medien als Teil der Erziehung/Bildung* mehrere Archetypen. Friedrichs et al. (2014) beziehen außerdem noch die grundlegenden erzieherischen Werte

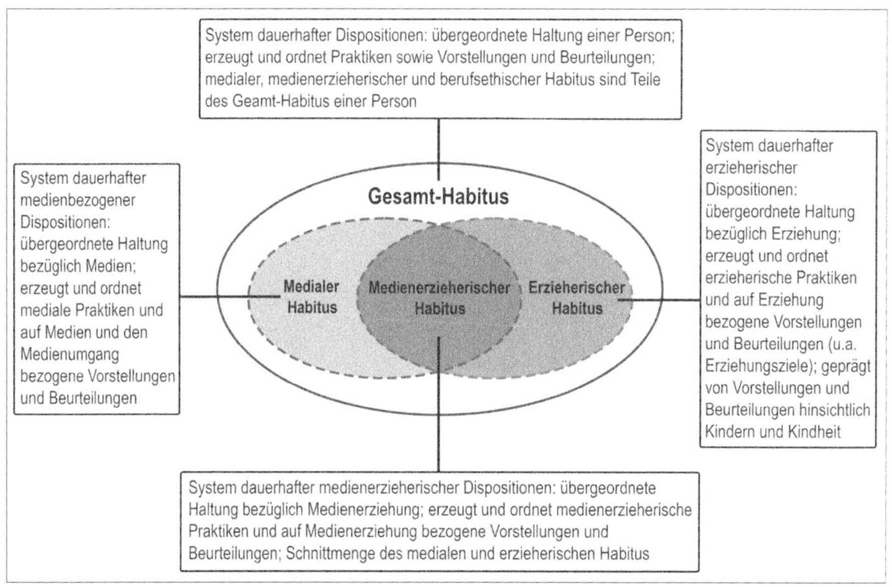

Abbildung 27: Medienerzieherischer Habitus als Schnittmenge des medialen und des erzieherischen Habitus von Friedrichs et al. (2014, 9) nach Friedrichs (2013, 4) und Bourdieu (1993)

und Einstellungen der Eltern unabhängig vom Medienkontext mit ein. Auf Basis von Bourdieus Habitus-Konzept (1993, 98) modellieren sie den *medienerzieherischen Habitus* als Schnittmenge des elterlichen *medialen Habitus* („ein System von dauerhaften medienbezogenen Dispositionen, die als Erzeugungs- und Ordnungsgrundlagen für mediale Praktiken und auf Medien und den Medienumgang bezogene Vorstellungen und Beurteilungen fungieren"; siehe auch Friedrichs 2013, 3) und des *erzieherischen Habitus* (die allgemeinen erzieherischen Dispositionen). Je nachdem, wie Eltern und Lehrer:innen selbst Videospiele bewerten und nutzen, und je nachdem, wie sie grundsätzlich über Erziehung denken, gerät ihr familiärer und schulischer Umgang mit digitalen Medien und Videospielen.

Geisler 2019 konkretisiert das Habitus-Konzept in seiner Klassifikation pädagogischer Zugänge zu Videospielen. Zunächst unterscheidet er vier Grundmuster gesellschaftlicher Haltung gegenüber Spielen: *naiv* (Spiele sind kurios und für Kinder, aber ohne größeren Nutzen), *puritanisch* (das Spiel als Verführung), *zweckmäßig* (Spiel als Werkzeug der Wissensvermittlung) und *idealisiert* (Spielen als Ausdruck menschlicher Freiheit und Echtheit). Entsprechend der unterschiedlichen Ausprägungen des medialen Habitus formuliert Geisler anschließend die dazugehörigen medienpädagogischen Ansätze zum Umgang mit Videospielen:

- **Bewahrpädagogisch**: Kinder und Jugendliche sollen vor allem vor den Risiken von Videospielen geschützt werden. Ergebnis ist ein drastisches Blocken potenziell risikoreicher Medieninhalte, das nur sehr bedingt zur Medienkompetenzvermittlung dient.

- **Kritisch-emanzipativ**: Mediennutzer:innen werden als vergleichsweise passiv betrachtet, die Internetnutzung als Reiz-Reaktion-Schema verstanden. Es folgt deshalb eine eher wissenschaftlich und autoritär geprägte Aufklärung samt dem Appell zum kritischen Medienumgang.
- **Bildungstechnologisch**: Medien werden insbesondere nach ihrer Einsatzfähigkeit und Effizienz in Bildungs- und Lernprozessen bewertet und genutzt. Die soziokulturelle Bedeutung medialer Handlungswelten im Leben der Heranwachsenden spielt eine deutlich untergeordnete Rolle.
- **Handlungsorientiert**: Medien werden vor allem als wichtiger Teil des menschlichen Sozialhandelns verstanden und thematisiert. Der pädagogische Fokus richtet sich deshalb vorwiegend darauf, die Nutzungsautonomie der Heranwachsenden zu stärken.

Ergänzend zu Geislers pädagogischen Grundhaltungen gegenüber digitalen Medien und Spielen legen Schaumburg und Prasse (2019, 126 ff.) im Sinne des medienerzieherischen Habitus eine Klassifikation der konkreten Konzepte schulischer Medienerziehung vor, die medienbezogenes Handeln im Unterricht als Kontinuum zwischen einem stark ablehnenden, verweigernden und einem stark anerkennenden, integrativen Pol begreifen. *Bewahrende* Pädagog:innen versuchen Kinder und Jugendliche demnach aufgrund der zugeschriebenen vornehmlich negativen Wirkungen grundsätzlich von Medien fernzuhalten. Es findet deshalb im Ergebnis überhaupt kein Umgang damit statt. Demgegenüber beziehen *reparierpädagogische* Ansätze digitale Medien sehr wohl ein, haben aber ausschließlich das Ziel, belastende Erfahrungen der Kinder und Jugendlichen zu verarbeiten. Auch hier liegen also negative Wirkungsvermutungen zugrunde, die allerdings in therapeutische Motivationen und eher rehabilitative Medientrainings münden. Der *aufklärende* und der *reflektierende* pädagogische Ansatz ähneln sich darin, dass die Produktionsmechaniken und Wirkungsmechanismen digitaler Medien(produkte) im Vordergrund stehen. Es geht also beiden Ansätzen darum, ein Bewusstsein unter Heranwachsenden für die Architektur und Immersion virtueller Welten zu schaffen. Ziel ist der oder die kritische Mediennutzer:in, der oder die Chancen und Risiken gleichermaßen kennt und auf dieser Basis kompetente Nutzungsentscheidungen trifft. Der zentrale Unterschied liegt darin, dass aufklärende Medienpädagogik mit aktiv-erklärenden Pädagog:innen und eher passiv-aufnehmenden Schüler:innen arbeitet, während der reflektierende Zugang auf Interaktivität und das Erarbeiten von Vor- und Nachteilen bei der Mediennutzung anhand von Beispielfällen durch die Schüler:innen selbst aufbaut. Als letzten und interaktivsten medienpädagogischen Ansatz nennen Schaumburg und Prasse schließlich den *handelnden und partizipierenden*. Medienaneignung und -kompetenzentwicklung werden hier noch stärker als laufender Prozess verstanden, der am besten anhand konsequenter und begleiteter Auseinandersetzung mit der

Materie gelingt. Kinder und Jugendliche werden deshalb mit Aufgabenstellungen konfrontiert, die aktive Mediennutzung erfordern. Diese kann sich je nach Alter und Erfahrung auf eher navigatorischem (Webarchitektur verstehen und benutzen lernen), anwendungsbezogenem (Webtools kreativ einsetzen, Informationen recherchieren) oder reflektierendem (soziale, emotionale, ethische Fragestellungen) Niveau bewegen. Dichotom vereinfacht, aber auch sehr plastisch und pointiert zusammenfassend identifizieren Betton und Woollard (2019) schließlich eine hierarchisch-ablehnende („Banning-Blaming-Educating") und eine partizipativ-erforschende („Explore-Inquire-Ally") Medienpädagogik.

Pädagogische Handlungsempfehlungen auf dem Weg zu einem autonomen und gesunden Umgang mit virtuellen (Spiel-)Welten können sich beispielsweise an Nunner-Winklers (1990, 674 f.) sequentiellem Stufenmodell zum selbstbestimmten Medienhandeln orientieren. Die Soziologin nennt einen freiheitlichen Medienzugang (Stufe 1) als wichtige Voraussetzung für das Entwickeln intrinsischer Motivation, zu lernen und zu reflektieren. Entscheidend sei in diesem Stadium außerdem, eine funktionierende Impulskontrolle zu erlernen, um dem eigenen Wollen verlässlich Grenzen setzen zu können. Auf die strukturelle und affektive Basis aufbauend, folgt die Phase der Selbstbestimmung im Medienhandeln (Stufe 2). Es geht nun darum, die eigenen Motivationen und Nutzungsanreize besser zu verstehen und anschließend mit guten Gründen eine von mehreren gegebenen Handlungsalternativen im Umgang mit medialen Angeboten auszuwählen. Ein echt autonomer Umgang mit Medien(inhalten) bedarf schließlich noch der Fähigkeit, sich selbst auf Basis ethischer Überlegungen eigene Bewertungskriterien für ein bestimmtes mediales Angebot zu erarbeiten, und daraufhin Handlungsalternativen überhaupt erst zu definieren, aus denen anschließend gut begründet und freiheitlich ausgewählt wird (Stufe 3). Lee et al. (2019) fordern zusätzlich zur autonomen Rolle der Nutzer:innen im Prozess der Medienkompetenzvermittlung, dass Medienlernen immer auch der komplexen Wirkungsdynamik aus medialen, individuellen und sozialen Faktoren Rechnung trägt, wie sie oben bereits in den Erläuterungen zur Suchtentstehung beschrieben wurden (vgl. Abbildungen 17 und 18). Ausschließlich die medialen Risikofaktoren (Pull-Faktoren) zu kontrollieren, reicht in ihren Augen zur Suchtprävention nicht aus, da Kinder und Jugendliche mit psychischen oder sozialen Problemen eine exzessive Mediennutzung auch bewusst forcieren (Push-Faktor). Erfolgreiche Medienpädagogik bedinge deshalb gleichermaßen die Thematisierung und Kontrolle der extern-hineinziehenden und der intern-hineindrängenden Aspekte im Verhältnis der Heranwachsenden zu virtuellen (Spiel-)Welten.

Einige Autor:innen formulieren bereits sehr konkrete und ausdifferenzierte Praxistipps für präventive medienpädagogische Arbeit in Familie und Schule. Beispielhaft sollen im Folgenden die Vorschläge der Medienpsycholog:innen Isabel Willemse (2016, 94 ff.) und Bert te Wildt (2015, 250 ff.) sowie des Medienpädagogen

Rudolf Kammerl (2013) kurz vorgestellt werden. Willemse schlägt beispielsweise vor, die Impulskontrolle Heranwachsender durch klare Regeln wie Zeitlimits bei der Nutzung zu unterstützen. Allerdings betont sie dabei, dass diese Regeln flexibel an die sich schnell verändernden Lebenssituationen im Kindes- und Jugendalter angepasst und zudem immer gemeinsam ausgehandelt werden sollen – einschließlich schriftlicher Fixierung und Sanktionskatalog. Tritt problematisches Verhalten auf, rät sie weiterhin zur sachlichen, ruhigen Nachbesprechung, unter anderem mit Hilfe des Vergleichs zur sonstigen Mediennutzung im Familienverbund. Wichtig für die Empfänglichkeit der Kinder und Jugendlichen in solchen Diskussionen sei ein grundlegendes Interesse der Erwachsenen an den Online-Welten, in denen sich ihre Kinder bewegen. Willemse befürwortet deshalb eine gemeinsame Nutzung von beispielsweise Videospielen, bei der die Heranwachsenden ihr Fachwissen weitergeben können und eine Vertrauensbasis für kritische Analysen entsteht. Ein beidseitiges Grundverständnis der Materie ermöglicht auch gemeinsame kreative Online-Projekte, die der Nutzung mehr Sinn und eine Richtung verleihen. Umgekehrt sollten Eltern und Kinder auch gemeinsame Medienpausen einlegen. Dafür wiederum sollten frühzeitig alternative Interessen geweckt und Handlungsräume erschlossen werden, durch die eine Forderung nach Verzicht nicht mehr so existenziell wirkt. Te Wildt schließt gut an diesen Punkt an mit seiner Empfehlung, in der frühen Kindheit überhaupt keine digitalen Medien einzusetzen. Im haptischen Kontakt mit der realen und sozialen Umwelt soll dagegen eine solide „innere Welt" für die Heranwachsenden entstehen, die später im Prozess der digitalen Sozialisation und Emanzipation vom Elternhaus als Anker und Rückzugsort dienen kann – gerade dann, wenn sie emotional überfordert sind (Stichwort: Resilienz, Karidi et al. 2018; Steinmaurer 2019). Te Wildt bevorzugt außerdem endliche Fantasie-Geschichten gegenüber offenen (Online-)Spielwelten ohne echte Dramaturgie, um auch ohne elterliche Vorschriften gewisse Grenzsetzungen zu schaffen. Das Schutzargument vieler Eltern, die ihre Kinder im Zweifel lieber stundenlang vor dem Bildschirm wissen, anstelle sie mit den Gefahren der echten Welt zu konfrontieren, bezeichnet te Wildt dabei als Trugschluss. Denn im Internet spiegeln sich die Gefahren der analogen Welt (z. B. Gewalt, Sucht, Mobbing, sexuelle Belästigung) und wirken zudem wesentlich geballter und unkontrollierter auf Kinder und Jugendliche ein. Unabdingbar für die Herausbildung stabiler Persönlichkeiten und medienkompetenter Nutzungsweisen sei zusammenfassend eine reale und körperliche soziale Basis als Gegengewicht zur virtuellen Welt. Medienpädagogische Projekte sollten außerdem konkrete und endliche Ziele setzen.

Kammerl (2013) legt, aufbauend auf solche generellen Hinweiskataloge, einige interessante Impulse für aktive und kreative Medienarbeit im Videospielkontext vor, die im Rahmen der Peer-to-Peer-Kampagne *Dein Spiel. Dein Leben – Find your Level* entstanden sind. Gemeinsam mit Medienpädagog:innen haben hier 100 Jugendliche über Maßnahmen nachgedacht, die für mehr Spaß und Maß im Online-Gaming

Tipps zum Medienmanagement im Lebensverlauf und Alltag

- Lassen Sie Ihr Kind die Mediengeschichte so gut und behutsam wie möglich nachschreiten, von den einfachen analogen Kulturtechniken wie Lesen, Schreiben und Rechnen zu den komplexen digitalen Technologien.
- Bedenken Sie, dass Kinder erst mit durchschnittlich acht Jahren dazu in der Lage sind, Realität und Fiktion sicher auseinanderzuhalten. Bis zu diesem Zeitpunkt haben Fernseher, Spielkonsolen und Computer in Kinderzimmern nichts zu suchen.
- Führen Sie Tagebuch darüber, wie viel Zeit Sie und Ihre Familienmitglieder im Internet verbringen.
- Nutzen Sie Software, die Ihnen am Ende des Tages eine genaue Aufstellung davon gibt, womit Sie wie viel Zeit verbracht haben. Das steigert die Veränderungsmotivation.
- Legen Sie für sich und Ihre Kinder altersentsprechende Zeitkontingente fest, zum Beispiel zunächst täglich ein bis zwei Stunden und später sieben bis vierzehn Stunden Internetnutzung pro Woche.
- Nutzen Sie Zeitschaltuhren und denken Sie daran, alle internetfähigen Bildschirmmedien miteinzubeziehen.
- Achten Sie darauf, dass bestimmte Medieninhalte wie *Sex and Crime* erst im fortgeschrittenen Jugendalter zumutbar sind. Bis dahin gibt es Filtersoftware.
- Achten Sie auf medienfreie Zeiten, zum Beispiel mindestens eine Stunde nach dem Aufstehen, vor dem Zubettgehen und bei Mahlzeiten.
- Behalten Sie stets im Blick, was Ihre Kinder alles nicht erleben und erlernen, wenn sie vor Bildschirmmedien sitzen.
- Führen Sie medienfreie Zeiträume ein, die Sie mit der ganzen Familie anderweitig planen und gestalten, zum Beispiel jeden Tag eine Stunde nach dem Abendessen.
- Machen Sie einen Tag oder mindestens einen Abend in der Woche medienfrei.
- Planen Sie jedes Jahr eine Woche Medienfasten mit der ganzen Familie.
- Nehmen Sie auf Reisen so wenig Computer wie möglich mit.
- Helfen Sie Ihren Kindern, den Alltag so zu gestalten, dass sie sich am Ende des Tages wünschen, sie hätten mehr Zeit für sportliche und kreative Beschäftigungen.
- Fördern Sie frühzeitig aktiv die Erfahrung und Wertschätzung von Freundschaften in der unmittelbaren zwischenmenschlichen Begegnung.

Abbildung 28: Tipps zum Medienmanagement im Lebensverlauf und Alltag nach te Wildt (2015, 267 f.)

sorgen können. Empfohlen wird unter anderem, dass eine Spielgemeinschaft (Clan, Gilde etc.) klare Anforderungen und Zielsetzungen an die gemeinsame Spielnutzung und -zeit formuliert, zum Beispiel feste Trainings- und Raid-Zeiten. Hintergrund ist dabei nicht nur die effizientere Abstimmung untereinander, sondern gerade auch die Beschränkung der Spielaktivitäten auf eben jene Zeitintervalle im Sinne einer gesunden Game-Life-Balance. Diese Abstimmungsprozesse sollen ferner demokratisch organisiert werden. Eine Spielgemeinschaft soll deshalb klare inhaltliche Zuständigkeiten vergeben und Instrumente der Mitbestimmung aller Mitspieler:innen wie etwa Wahlen oder gemeinsame Sprachchat-Sitzungen einführen. Zu den regelmäßigen Gaming-Sessions treten außerdem gemeinsame Aktivitäten im echten Leben, etwa offene Clubtreffen oder Ausflüge. Gegenseitige Achtsamkeit und Sensibilisierung für Gaming-Risiken sollen dafür sorgen, dass Probleme und Handicaps von Mitgliedern frühzeitig erkannt und rücksichtsvoll thematisiert werden. Ein Netzwerk von mehreren Spielgemeinschaften, zu denen regelmäßiger Kontakt besteht, soll schließlich den sozialen Charakter des Gaming weiter stärken und zusätzliche Sicherheitsnetze gegen exzessive Nutzung sowie ein Abdriften in emotionale Abgründe spannen.

5.2 Digitale Medienkompetenz

In Kapitel 5.1 wurde thematisiert, dass eine präventive Medienpädagogik kompetenzorientiert arbeiten soll, um einen autonomen und maßvollen Umgang von Heranwachsenden mit virtuellen (Spiel-)Welten zu ermöglichen. Zwischen der Grundsatzentscheidung darüber, ob digitale Mediennutzung unter Heranwachsenden eher bewahrpädagogisch verhindert oder handlungspädagogisch gefördert werden soll, und den sehr praxisorientierten Handlungsimpulsen ergibt sich deshalb auch für die Medienpädagogik eine definitorische Herausforderung: Was genau meint der Begriff Medienkompetenz überhaupt, insbesondere im digitalen Online-Kontext? Welche inhaltlichen Aspekte trägt diese Sammelbezeichnung? Von welchen konkreten Kompetenzen der Kinder und Jugendlichen sprechen wir folglich? Als Grundlage der praktischen Medienkompetenzvermittlung, zu deren Instrumentarium sich auch das in dieser Arbeit entwickelte empirische Handlungskonzept zählt, soll nachfolgend auf Basis klassischer medienpädagogischer Konzepte und spezifischer Erweiterungen für den digitalen Kontext eine Medienkompetenz-Definition erarbeitet werden.
Fachhistorisch ist das deutschsprachige Medienkompetenz-Konzept zunächst vom angloamerikanischen *Literacy-Ansatz* abzugrenzen. So beziehen sich medienbezogene Literacy-Konzepte insbesondere auf die Fähigkeit, Medien aufgabenbezogen und zur Informationsgenerierung zu benutzen. „Media Literacy" (Aufderheide & Firestone 1993), „Information Literacy", „Computer Literacy", „ICT Literacy" oder im Deutschen

„Computerkompetenz" (Richter et al. 2001) und „Informationskompetenz" sind in diesem Sinne stark prozessual geprägte Begriffe, die objektiv formulierbare Regeln zur Benutzung von Medientechnologien und Webarchitekturen beschreiben. Diese Regeln kann jede:r Nutzer:in erlernen, um die entsprechenden Nutzungskompetenzen zu erwerben, die zur Produktion von Medieninhalten und informativem Wissen nötig sind (Gapski & Tekster 2009). Jüngere Beiträge fassen diese „individuellen Fähigkeiten einer Person [...], Computer und neue Technologien zum Recherchieren, Gestalten und Kommunizieren von Informationen zu nutzen und diese zu bewerten [...]" auch als „Digitale Kompetenzen" zusammen (EU 2016). Demgegenüber steht der Medienkompetenz-Ansatz im Sinne von Dieter Baacke (1973; 1996) in einer wesentlich weniger medien- und nutzungstechnischen Tradition, sondern baut auf die soziologisch geprägten Ansätze kommunikativen Handelns von Noam Chomsky (1969) und Jürgen Habermas (1971) auf. Im Vordergrund stehen dementsprechend nicht die vordergründig ausgeführten Tätigkeiten im Mediengebrauch (Navigieren, Benutzen, Recherchieren, Verstehen, Komponieren und Senden), sondern die subtil dahinterliegenden sozialen Botschaften (Absichten, Meinungen, interpersonale Beziehungen, Machtverhältnisse). Baackes Kompetenzbegriff zielt wesentlich stärker als der Literacy-Ansatz darauf ab, dass Nutzer:innen die Motivationen hinter einer medialen Botschaft erkennen können und das Potenzial einer Medientechnologie zur sozialen Kommunikation verstehen. Damit verfolgt er einen ähnlichen Ansatz wie die Autor:innen der Medienlogik (Altheide & Snow 1979; Wiedel 2015; Thieroff 2016) und Medialisierungsforschung (Meyen 2009; Meyen et al. 2015), die ebenfalls nach den übergeordneten Gründen für eine bestimmte thematische Auswahl und gestalterische Präsentation fragen. Der Medienkompetenz-Begriff nach Baacke lässt sich also als pädagogische Antwort auf die bedeutende Rolle computervermittelter Kommunikation für individuelle und gesellschaftliche Sozialität (Hoffmann & Wagner 2013; Krotz & Hepp 2012), sowie auf die sich daraus ergebenden medieninhärenten Akteur-Struktur-Dynamiken (Hepp, Breiter & Hasebrink 2018; Hepp 2015) verstehen. Baacke möchte mit seinem Medienkompetenz-Modell einen konzeptuellen Rahmen schaffen, mit dessen Hilfe die praktische Pädagogik die sozialkommunikativen Potenziale und Risiken von Medien an Nutzer:innen vermitteln kann, mit dem Ziel eines autonomen und gestalterischen Gebrauchs.

In Baackes Modell bildet die Fähigkeit zur handwerklichen, aufgabenbezogenen Informationsrecherche, -konstruktion und -weitergabe im Sinne der Literacy-Forschung lediglich eine von mehreren Zielgrößen. Er greift diesen Aspekt in zwei seiner vier Kompetenzfelder auf und unterscheidet dabei eine *informative und instrumentell-qualifikatorische Medienkunde* (historisches Wissen über Medien und Produktionsbedingungen, außerdem praktisches Bedienungswissen) sowie eine *rezeptive und interaktive Mediennutzung* (Medien zielorientiert für eigene Zwecke einsetzen und mit digitalen Medien interagieren können). Zu diesem Grundlagenwissen hinzu kommt einerseits die Fähigkeit zur *innovativen und krea-*

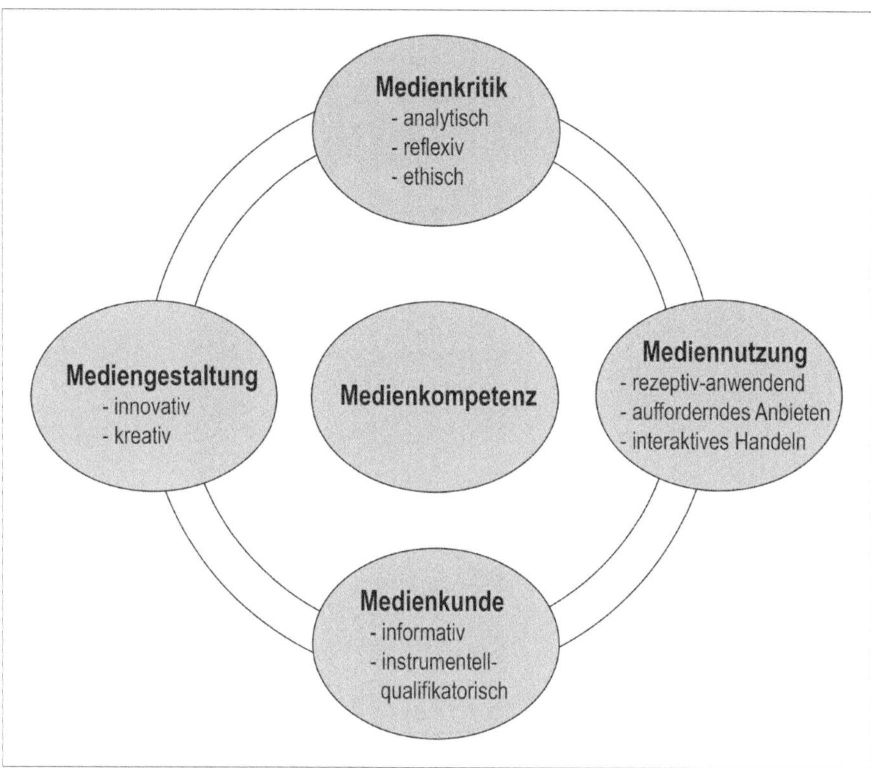

Abbildung 29: Medienkompetenz als Modell nach Dieter Baacke (1996)

tiven Mediengestaltung. Baacke meint damit eine ästhetische Weiterentwicklung bestehender Medieninhalte und -architektur unter Anwendung ihrer strukturellen Funktionslogiken. Der oder die Nutzer:in erhebt sich auf diese Art über seine bzw. ihre passive Rolle und beginnt – zum Beispiel als Prosument:in (Knieper et al. 2011) –, die mediale Realität durch eigenes kommunikatives Handeln mitzugestalten. In diesem fortgeschrittenen Mediennutzungsstadium wird schließlich Baackes viertes Kompetenzfeld wichtig, das eine *analytische, reflexive und ethische Fähigkeit zur Medienkritik* einfordert. Das (eigene) soziale Medienhandeln soll demnach vor dem Hintergrund seiner gesellschaftlichen und individuellen Auswirkungen auf sich selbst und andere Personen analytisch und moralisch bewertet werden. Das Desiderat der Verantwortung im Umgang mit digitalen und vernetzten Medien ist eine der großen Stärken von Baackes Medienkompetenz-Konzept und gewinnt in Zeiten stark interaktiver (ebd.), filterloser (Hohlfeld et al. 2020) und aufmerksamkeitsoptimierter (Thieroff 2016; Franck 1998) Webkommunikation enorm an Bedeutung (Demmler et al. 2015).

Neuere Beiträge zur Entwicklung von Medienkompetenz-Modellen speziell für vernetzte Online-Kommunikation beziehen sich in der Regel inhaltlich und strukturell auf Dieter Baacke. Schorb (2008) greift die wesentlichen von Baacke genannten Aspekte

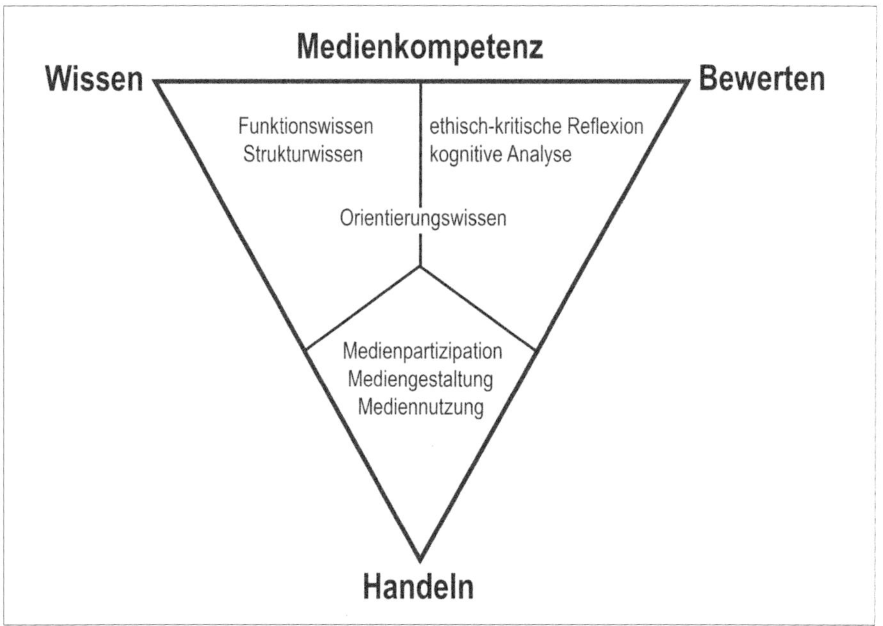

Abbildung 30: Modell der Medienkompetenz von Schorb (2008, 79)

ebenfalls auf, modelliert Medienkompetenz allerdings praxisorientiert als Dreieck mit den zentralen Kompetenzpolen *Wissen*, *Bewerten* und *Handeln*. Reziprok in Austausch stehen diese Anwendungsfelder beziehungsweise Fachgebiete mit einem Nukleus, den Schorb als *Orientierungswissen* bezeichnet. In diesem Zentralspeicher sammeln sich sozusagen alle Erfahrungen und Erkenntnisse, die Nutzer:innen im praktischen Umgang mit digitalen Medien gewinnen. Dieses Wissen kann dann wiederum für die folgenden (Inter-)Aktionen angewandt werden. Medienpädagogische Impulse helfen in diesem dynamischen Prozessgeflecht dabei, begleitet eine Grundlage an Wissen und Erfahrung zu generieren, um sich ab einem gewissen Punkt autonom selbst antreiben und weiterentwickeln zu können.
Buckingham (2008) stellt in seinem Internetkompetenz-Modell wie Baacke vier tragende Kompetenzsäulen vor, setzt den inhaltlichen Schwerpunkt dabei aber noch deutlich stärker auf die Fähigkeit der Nutzer:innen zur reflektierten Medienkritik. Im Einzelnen unterscheidet er die folgenden inhaltlichen Aspekte:

- **Representation***:* Bewertung der Glaubwürdigkeit und Verlässlichkeit von Inhalten im Internet
- **Language***:* Bewertung und Nutzung verbaler und visueller Rhetoriken, die Leser:innen ansprechen sollen
- **Production***:* Identifikation der Nutzungsmotivationen von Content-Produzenten sowie der Autor:innen selbst
- **Audience***:* Verständnis der eigenen Nutzungsmotivationen sowie derjenigen anderer Nutzer:innen

Insgesamt tritt mit Schaumburg und Prasse (2019, 105 ff.) die Fähigkeit zur Medienkritik im Zeitverlauf klar in den Vordergrund medienpädagogischer Kompetenzkataloge (z. B. Tulodziecki et al. 2010, 181; Ganguin 2004, 4; Sowka et al. 2015), wahrscheinlich auch deshalb, weil das rein prozessuale Anwendungsverständnis inzwischen bereits in sehr jungem Alter stark ausgeprägt ist. Gleichzeitig steht außer Frage, dass eine immer größere Masse subtil-affektiv wirkender Medieninhalte auch ein sensibleres Bewusstsein für deren Wirkungsintentionen und -mechanismen erfordert. Angesichts ansteigender Nutzungszeit und -intensität, begrifflich gefasst unter anderem als *Always Online-Phänomen* (Hager & Kern 2017), hält mit der *Selbstregulation bei der Mediennutzung* eine neue Fähigkeit Einzug in den Kanon der wichtigsten Medienkompetenzen. Stodt et al. (2015) gestehen der Kontrolle des eigenen Internetverhaltens anhand persönlicher Standards (vereinfacht als Zeitmanagement bezeichnet) in ihrem Modell der Internetnutzungskompetenz sogar ein eigenes von insgesamt vier Kompetenzfeldern zu. Neben dem regulativen Aspekt stehen hier die *technische Expertise* (Bedienung von Software, Hardware und Webanwendungen), die *Produktion und Interaktion* (kreative Nutzung des Internets zur Veröffentlichung eigener Inhalte und zum Zweck sozialer Kommunikation) sowie die *Reflexion und kritische Analyse* (Glaubwürdigkeit, Relevanz, Produktionslogik, Senderintentionen) im Fokus.

Insgesamt bieten die genannten Medienkompetenz-Modelle eine gute Basis, um mit Blick auf die empirische Studie dieser Arbeit die Leitlinien einer **Medienkompetenz im Gaming** zu skizzieren. Dafür greift der Text auf bereits bestehende Kategorisierungen zurück und formuliert anhand der Kapitel 3 (Gaming) und 4 (Videospielsucht) einige anwendungsbezogene Kompetenzfelder und Themenschwerpunkte aus:

- **Technische Expertise**: Gamer:innen, und damit prinzipiell auch Pädagog:innen und Eltern, die mit Gaming in Kontakt kommen, sollten zunächst in der Lage sein, Heimcomputer (PC) und (mobile) Spielkonsolen unter Verwendung der gängigen Ein- und Ausgabegeräte technisch-strukturell souverän zu bedienen. Das umfasst insbesondere das Ein- und Ausschalten, die motorische Handhabung von Maus und Tastatur beziehungsweise Controller, die Navigation in Menüs und Spieleinstellungen, die Bedienung sozialer Funktionen (Text- und Sprachchat, Mitspieler:innen finden, Lobbys bilden) und Spielmodi aktivieren.
- **Produktion und Interaktion**: Ein Zeichen von Medienkompetenz im Gaming ist auch die Fähigkeit, Spielprinzipien strategisch zu durchblicken und mit motorischen Eingaben so darauf zu reagieren, dass Spielziele erreicht werden und individueller wie kollektiver Spielspaß entsteht. Es geht also zugespitzt formuliert darum, ein gewisses Talent mitzubringen und durch Training auf ein befriedigendes Spielniveau (sog. Skill) zu gelangen. Neben der eigenen Spielmotivation ist ein ausreichender Skill bei der Interaktion mit anderen

Spieler:innen wichtig, sei es in kooperativen oder kompetitiven Settings, um als authentisch wahrgenommen und respektiert zu werden.

- **Medienkunde**: Ein kompetenter Umgang mit virtuellen Videospielangeboten setzt weiterhin breite Kenntnisse der Strukturen und Akteure innerhalb der Spielebranche voraus. Dazu zählt insbesondere Wissen über aktuelle Hardware (Prozessoren, Grafikkarten, Bildschirme, Eingabegeräte etc. samt Steuerungsoptionen) und Software (Videospiele, Kommunikationstools, Anti-Cheat-Clients etc.). Daneben hilft es, die wichtigsten handelnden Akteure am Videospielmarkt (Entwickler-Studios und Publisher) sowie zentrale Informationsquellen (journalistische Szene-Portale) zu kennen. Auch die dominierenden Spielprinzipien (im Augenblick z. B. Battle Royale, Open World, Service Games, Lootboxen) und spielkulturelle Teilphänomene (z. B. eSport, Cosplay, Modding) sollten bekannt sein.
- **Medienkritik**: Um für sich selbst kompetente Nutzungsentscheidungen treffen zu können, bedarf es der Fähigkeit zur Durchdringung und Bewertung zentraler Motivationen bei der Entwicklung von Spielangeboten sowie der Wirkung von Spielmechaniken auf die Nutzer:innen. Es ist beispielsweise wichtig, affektive Zustände und Gratifikationen wie Immersion und Flow-Erleben zu verstehen, um verschiedene Spieler:innentypen und die darauf abzielenden Strategien bei der Spielentwicklung zu identifizieren. Neben der reinen Spieler:innenbindung sind in diesem Zusammenhang auch die gängigen Strategien der Monetarisierung von Spielzeit mit Hilfe dieser emotionalen Zugänge von Bedeutung. Zur Einordnung des sozialen Potenzials von Videospielen ist ein Gespür für die Intentionen, subtilen Botschaften und Machtverhältnisse nötig, die der sozialen Interaktion im Gaming zugrunde liegen. Mit Hilfe dieses Kontextwissens lassen sich wichtige Gratifikationen (z. B. Sozialität, Kreativität und Eskapismus) und Risiken (z. B. Gewalt und Schockmomente, Mobbing und sexuelle Belästigung sowie Rassismus) des Gaming aus Nutzer:innensicht erkennen und in die eigene Nutzungsreflexion einbeziehen.
- **Selbstregulation**: Eng verbunden mit dem Aspekt der Medienkritik ist schließlich der Faktor der Impulskontrolle beim Videospielen. Essentiell ist, aufhören zu können, wenn sich ein Gefühl der Überlastung einstellt beziehungsweise wenn der ursprüngliche Spaß am Spiel verloren geht. Echte Gaming-Kompetenz ist in diesem Zusammenhang aber nur dann gegeben, wenn die zugrundeliegenden Dynamiken der Entstehung exzessiv-kompensierenden sowie pathologischen Videospielens bekannt sind und mit einschlägigen körperlichen und mentalen Symptomen verknüpft werden können. Der oder die Spieler:in muss also wissen, aus welchen Gründen er oder sie auf gewisse Spiele und Spielmechaniken außergewöhnlich stark reagiert, welche denkbaren negativen Folgen ein unkontrolliertes Ausleben dieser Faszination für ihn oder sie haben

kann und wann er oder sie dabei ist, psychische Grenzen zu überschreiten. Spätestens in diesem Moment, bestenfalls aber deutlich vorher, muss er oder sie zudem in der Lage sein, diese Prozesse zu reflektieren und sein oder ihr Verhalten zu ändern.

5.3 Digitale Medienkompetenzvermittlung: Status quo

In Deutschland lässt sich die Medienkompetenz-Lage im Augenblick als ambivalent bis leicht positiv beschreiben: Kinder und Jugendliche kommen immer früher in Kontakt mit digitalen Medien und virtuellen (Spiel-)Welten, haben außerdem recht weitreichenden Zugriff auf alle möglichen Medieninhalte (mpfs 2016, 2018 und 2019). Gleichzeitig etablieren Eltern immer häufiger medienbezogene Regeln in der Familie und entwickeln ihrerseits ein umfangreicheres Medienwissen, weil sie selbst zunehmend Zeit in sozialen Netzwerken und mit Videospielen verbringen (Süddeutsche Zeitung 2019; USK 2020b; scoyo 2015). Die Heranwachsenden stört deshalb auch wesentlich weniger der Umstand, dass ihre Internetnutzung zeitlich oder inhaltlich limitiert wird, sondern eher, dass derartige Regeln nicht für den gesamten Haushalt gelten (ebd.). Nur selten halten sich Eltern nämlich an ihre eigenen guten Ratschläge und achten bei sich selbst auf regelmäßige Medienpausen. Einzuwenden bleibt weiter, dass eine Beschränkung der Nutzungszeit alleine noch keine Medienkompetenzvermittlung bedeutet. Weder gilt der Zeitfaktor als entscheidend bei der Suchtentstehung (z. B. Bergmann und Hüther 2013, 133 ff.), noch erwächst aus der bloßen Zeitbegrenzung automatisch ein autonomes Medienhandeln, das nämlich zusätzlich zur basalen Impulskontrolle ein tiefes Verständnis von Senderintentionen und Wirkmechanismen verlangt (Buckingham 2008; Schaumburg und Prasse 2019, 105 ff.). In diesem Sinne lässt es sich als sinnvollen ersten Schritt bezeichnen, dass Eltern insgesamt näher an die Lebenswelt ihrer Kinder heranrücken und sich eingehender damit beschäftigen, gerade weil vormals analoge Prozesse der Rollenfindung und Identitätsentwicklung heute in und mit Hilfe von digitalen Medien stattfinden (Lampert 2013; Kammerl et al. 2015; Hoffmann & Wagner 2013). Gleichzeitig führen gerade diese Emanzipationsprozesse vom Elternhaus auch dazu, dass Heranwachsende ihre Online-Aktivitäten eben nicht offenbaren und diskutieren wollen (Weber 2013). Es ist also davon auszugehen, dass viele Eltern trotz eigener Medienerfahrung und gewissen Nutzungsregeln bislang lediglich an der Oberfläche dessen kratzen können, was ihre Kinder tatsächlich im Netz tun und erleben. Es ist folglich nicht verwunderlich, dass wissenschaftliche Beiträge parallel zum Anstieg der medienerzieherischen Maßnahmen in der Familie dennoch auf eine Kluft hinweisen, die zwischen der Außenperspektive (Risiken, Unverständnis, Flucht und Sucht) und der Innenperspektive (Kreativität, Sozialität, „Zuhause") auf Videospiele herrscht

(Hemminger 2016). Genau diese Diskrepanz zwischen Wissen/Dabeisein(-Dürfen) und Nicht-Wissen/Zuschauen(-Müssen) dürfte letztlich auch mitverantwortlich sein für die polarisierende öffentliche Diskussion über digitale Spiele (Breiner & Kolibius 2019b, 5). Im Grunde genommen sagen weder die Befürworter:innen noch die Kritiker:innen des Gaming per se etwas Falsches, denn wie oben mehrfach angesprochen gibt es alle benannten Potenziale und Risiken tatsächlich. Problematisch aus Sicht einer risikobewussten und potenzialentfaltenden Medienpädagogik ist jedoch die Unausgewogenheit und Pauschalisierung im öffentlichen Diskurs. Zu häufig betonen Beiträge entweder nur die Risiken oder nur die Chancen digitaler Medien, zu selten wird zwischen dem einzelnen Sucht- oder Gewaltfall und der großen Masse unauffälliger Spieler:innen differenziert. Begründet liegt dieses ambivalente gesellschaftliche Verhältnis ein Stück weit in der historischen Skepsis, mit der Medieninnovationen und deren kulturelle Auswirkungen gesellschaftlich aufgenommen und gespiegelt werden. Leick (2019) zeigt in diesem Zusammenhang anhand vieler plastischer Fallbeispiele anschaulich auf, wie die grundlegende Unsicherheit im Umgang und die Angst vor negativen Folgen digitaler Medien in den vergangenen 25 Jahren konsequent als Paradigma den öffentlichen Diskurs dominiert haben.

Es verwundert also nicht, dass Medienpädagog:innen in ihrer Arbeit mit Eltern beziehungsweise Familien auch heute noch eine teils starke Unsicherheit im Umgang mit digitalen (Spiel-)Welten sowie relevante individuelle Unterschiede in der Qualität medialer Erziehung feststellen (Lutz 2013; Bröhm 2018). Ganz im Gegenteil: Auch die Pädagogik selbst ist nicht über eine gewisse traditionelle Medienskepsis erhaben. Zwar berichten Schaumburg und Prasse (2019, 236) von einer deutschlandweit durchaus positiven Einstellung von Lehrer:innen gegenüber der Rolle der Medien im Unterricht, und zwar nicht nur als Hilfsmittel zur Wissensvermittlung, sondern auch als gesellschaftskulturelles Phänomen. Und wenngleich der Anteil medienoffener Pädagog:innen im internationalen Vergleich in Deutschland eher niedrig ist, so lässt sich doch eine breitflächig vorhandene Motivation zur aktiven Medienkompetenzvermittlung feststellen. Gleichzeitig sehen deutsche Lehrer:innen die vor allem anwendungsbezogene Medienerziehung überwiegend als Aufgabe der Eltern an und definieren ihre Rolle eher punktuell unterstützend. Dazu kommt, dass Schaumburg und Prasse zwar gute Technologiekompetenzen (Anwendungswissen) in der professionellen Pädagogik sehen, allerdings auch größere Lücken im inhaltlichen Kontextwissen (Medienkunde) sowie im reflektorischen Bereich (Psychoedukation und Medienkritik) (ebd., 246; unterstützend: Rheinneckarblog 2018). Dazu kommt, dass auf institutioneller (Schulen) und systemischer Ebene (Bildungspolitik des Bundes und der Länder) nach wie vor manifeste Unterschiede zwischen Anspruch und Wirklichkeit bestehen. Anstelle einer breitflächigen, intensiven Medienkompetenzvermittlung in der schulischen Bildung stehen eine ungenügende medientechnische Infrastruktur, die zaghafte

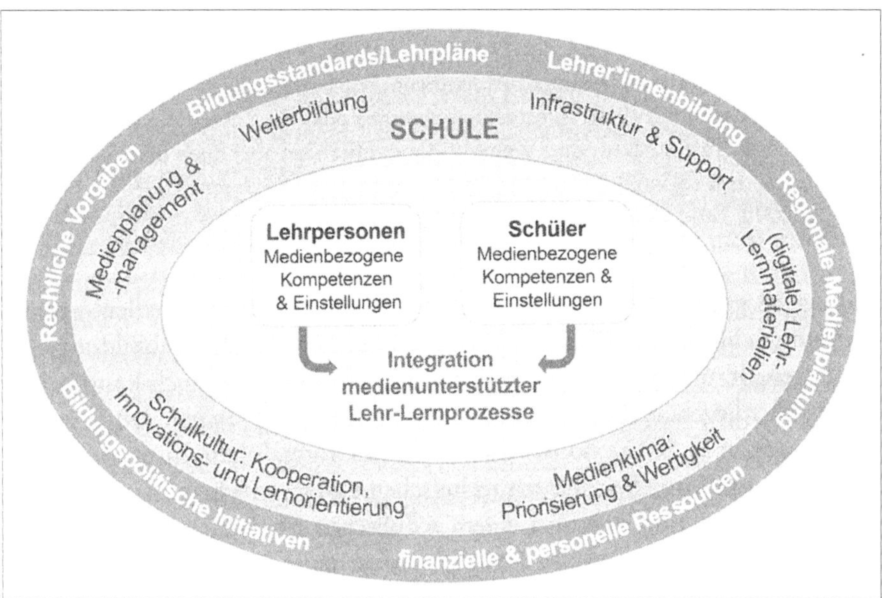

Abbildung 31: Rahmenbedingungen der (digitalen) Medienintegration in Schulen nach Schaumburg und Prasse (2019, 226)

Integration des Themas Medienkompetenz in Lehrpläne sowie keine verpflichtenden Lehrerfortbildungen (Schaumburg & Prasse 2019, 123 f.; Röhrich 2018; Frankfurter Neue Presse 2018). Abgesehen von den individuellen Grenzen haben deutsche Lehrer:innen, die offen gegenüber einer aktiven Medienkompetenzvermittlung sind, also auch mit diversen systemischen Hürden zu kämpfen.

Gezielte schulische Medienpädagogik findet deshalb oft punktuell und unter Einbeziehung von Gastdozierenden und Workshopleiter:innen aus dem Journalismus (Themen z. B. digitale Nachrichtenkompetenz und Fake News; Heinke & Sengl 2020), aus der Psychologie und Jugendhilfe (exzessives Spielen und Sucht, Glücksspiel und Schulden, Pornographie; Dreier et al. 2015) sowie aus der Sozialpädagogik (Medienwissen und -produktion, Chancen und Risiken in der Medienerziehung; Süddeutsche Zeitung 2017) statt. Größere Projekte, in denen alle Aspekte digitaler Medienkompetenzen (Technikwissen, Anwendung und Produktion, Reflexion und Kritik, Regulation und Kontrolle) mit Kindern und Jugendlichen risikobewusst, aber erforschungsorientiert eingeübt werden, sind in Deutschland nach wie vor selten und finden weit überwiegend in der außerschulischen, offenen Jugendarbeit statt. Geisler (2019) berichtet auf Basis seiner Studie zur Verwendung von Videospielen in Bildungskontexten von einer auffallend geringen Rücklaufquote trotz breiter Streuung über alle relevanten pädagogischen Netzwerke. Von 92 erfassten Projektleitern arbeiten 72 Prozent in der offenen Jugendarbeit zum kompetenten, konstruktiven Gaming und 52 Prozent in Schulen. Die Projekte richten sich dabei im Kern an die Altersgruppe der 13- bis 16-Jährigen

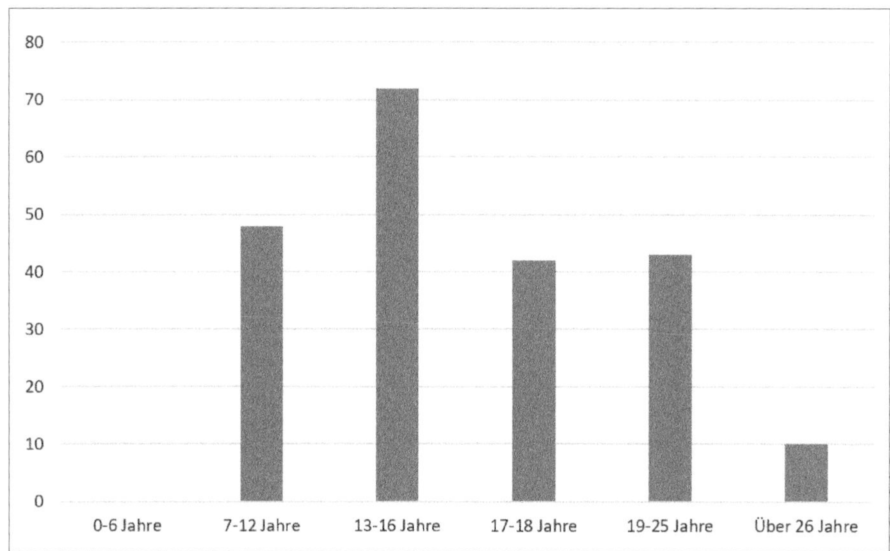

Abbildung 32: Zielgruppen von 92 befragten Pädagog:innen in Gaming-Projekten zu Bildungszwecken in Deutschland nach Alter (in Prozent, Mehrfachantworten erlaubt) (Geisler 2019)

(bei 70 Prozent der Befragten der Fall), teilweise aber auch an jüngere (sieben bis zwölf Jahre, 48 Prozent der Befragten) und ältere Zielgruppen. Zehn Prozent der Befragten leiten beispielsweise Projekte mit Über-50-Jährigen. Auffallend ist vor dem Hintergrund eines im Lebensverlauf immer früheren Kontaktes zu digitalen (Spiel-)Welten, dass keine:r der im bildenden Gaming aktiven Pädagog:innen in dieser Studie Zielgruppen unter sieben Jahren anspricht.

Außerschulische Projektarbeit zur Vermittlung von Medienkompetenz (im Gaming) kann auf ganz unterschiedliche Art und Weise stattfinden. Der Freiburger *Kommunikation und Medien e.V.*, eine gemeinsame ehrenamtliche Initiative von Medien- und Sozialpädagog:innen, Journalist:innen und kreativen Mediengestalter:innen, bietet unter anderem individuelle Gespräche und Coachings für Eltern und Familien an, legt Handreichungen und Bildungskonzepte vor und veranstaltet Workshops zu Chancen und Risiken digitaler Medien in der Jugend- und Erwachsenenbildung. Mit Projektreihen wie *Frag Moritz*, der *Medienakademie* und *Freiburgerinnen aus aller Welt* adressiert der Verein regelmäßig vielfältige Zielgruppen in Praxisworkshops (Badische Zeitung 2018). Auch generationenübergreifende Arbeit steht im Zentrum mehrerer Medienkompetenz-Projektangebote. Beliebt sind dabei Szenarien, in denen ältere Nutzer:innen – zum Beispiel Eltern oder Rentner:innen – mit Hilfe der Anleitung und Unterstützung Jugendlicher einen Zugang zur Welt der digitalen Medien und Spiele finden. Mit seinem Eltern-LAN (local area network, lokales Rechnernetzwerk) bringt das *Medienkompetenz-Netzwerk* im westfälischen Hamm beispielsweise gezielt etwa 20 Familien gemeinsam vor den PC, und lässt interessierte Eltern und Jugendliche unter strukturierten Bedingungen und begleitet von pädagogischen Fachkräften gegeneinander antreten. Über niedrigschwellige Spielerfahrungen wird so wertvolles Medienwissen als Basis für den weiteren familiären Dialog über gesundes Gaming und seine Bedeutung im Lebensalltag Heranwachsender vermittelt (Westfälischer Anzeiger 2018). In eine ganz ähnliche Richtung geht das Generationenprojekt des *Computerprojekt Köln e.V.* und der *Sozial-Betriebe-Köln*, in dem Senior:innen mit Hilfe interaktiver Videospiele vor allem aus den Bereichen Sport, Racing und Rätsel/Geschicklichkeit geistig und körperlich aktiviert werden. Das Projekt möchte zudem den sozialen Dialog fördern, indem ein Großteil der Einführung und Betreuung von Jugendlichen geleistet wird. Gerade die Möglichkeit für Heranwachsende, in medienpädagogischen Projekten die klassische Hierarchie des Schulunterrichts zu verlassen und ihr Hobby selbst als Expert:innen an Erwachsene zu vermitteln, erhöht die Wahrscheinlichkeit eines gelingenden Dialogs vor allem mit Blick auf Kritik und Regulierung der Videospielnutzung enorm (Kohring & Heinz 2012). Speziell über die ästhetische Bedeutungskraft von Videospielen kommt das *Erfurter Institut für Computerspiel – Spawnpoint* ins Gespräch mit Jugendlichen. Im *Artworks Contest* sollen Gamer:innen auf möglichst kreative Weise ihren Einsatz im Videospiel als Screenshot festhalten. Die Kunstwerke werden anschließend analog ausgestellt und von einer Jury prämiert. Daneben thematisieren Workshops der Reihe *Mein Avatar und ich* anhand praktischer Figuren-Design-Prozesse mit Jugendlichen die identitätsbildende Rolle des Gaming. Das Projekt *Comic-Shots* benutzt Videospiele schließlich als grafische und dramaturgische Basis zur Erstellung von Comics. Die Jugendlichen machen erst eine Reihe von Screenshots im Spiel und versehen diese anschließend mit handlungsformenden Fantasie-Dialogen. Ein vielversprechender medienpädagogischer Zugang zu Kindern und Jugendlichen sind Projekte rund um das Thema eSport: Das kompetitive Gaming sorgt für eine hohe intrinsische Mitmachmotivation, fördert den sozialen Kontakt und bietet gute Ansatzpunkte zu Treffen und Austausch in der realen Welt, etwa über gemeinsame Trainingsräume (Lutz 2019). Zudem lässt sich eSport angesichts der inzwischen großen Spieler:innenzahlen im ganzen Land gut lokal organisieren, vergleichbar mit oder als Teil von klassischen Sportvereinen (ESBD 2020; Betzholz 2019). Wo häufig noch kein Platz für das Thema Videospiele im schulischen Curriculum ist, bilden engagierte Lehrer:innen zum Beispiel Gaming-Arbeitsgruppen (AGs), die über das gemeinsame wettbewerbsorientierte Spielen immer wieder auch Möglichkeiten der selbstkritischen Reflexion über Spiele und Spielverhalten ermöglichen (Bonn & Karsch 2019). Dass in diesem Bereich durchaus eine relevante Anzahl medienpädagogischer Initiativen im deutschen Schulsystem besteht, zeigen auch die Teilnehmerzahlen der *Deutschen Games Schulmeisterschaft (DGS)*. Im Jahr 2019 haben 500 Schulteams mit mehr als 600 aktiven Spieler:innen an den Wettbewerben in mehreren Spieldisziplinen (z. B. League of Legends, Rocket League, FIFA) teilgenommen (Lange 2019).

Medienkompetenzvermittlung im Bereich der Videospiele befindet sich also aktuell in einem nach wie vor frühen Stadium, etabliert aber zunehmend professionelle Netzwerk-Strukturen. Am Beispiel des Bundeslandes Bayern soll im Folgenden veranschaulicht werden, wie das Thema Videospiele in eine strukturell bereits sehr gut aufgestellte und thematisch vielfältig arbeitende außerschulische Medienkompetenzvermittlung eingebunden werden kann. Zwei ganz zentrale Institutionen für Medienpädagogik in der Arbeit mit Kindern und Jugendlichen sind in Bayern das *JFF – Institut für Medienpädagogik in Forschung und Praxis* sowie der *Bayerische Jugendring*. Das Münchner JFF versteht sich dabei als Kompetenzzentrum für landesweite praktische Projekte und wissenschaftliche Forschung in den Bereichen digitaler Wandel, Medienerziehung im Kindes- und Jugendalter, gesellschaftliche Inklusion mit und in digitalen Medien, Jugendmedienschutz, Gaming und Social Media sowie politische und kulturelle Bildung. Daraus entstehen inhaltlich vielfältige Fragestellungen, die sich in Forschungs- und Praxisprojekte einteilen lassen und mit Hilfe institutseigener Akteure sowie in Kooperation mit staatlichen und freien Projektträgern der Kinder- und Jugendhilfe umgesetzt werden. In der Forschung beschäftigt das JFF Kommunikations-, Bildungs- und Erziehungswissenschaftler:innen mit Schwerpunkten in der Medienaneignung, -nutzung und -wirkung im Kontext individueller, familiärer und soziokultureller Entwicklung, Integration/Inklusion und Lebensgestaltung. Neben den eigenen Veröffentlichungen gibt der an das JFF angeschlossene *kopaed-Verlag* ausgewählte wissenschaftliche Beiträge der (inter-)nationalen Medienpädagogik heraus. Hervorzuheben ist in diesem Zusammenhang die *Fachzeitschrift merz – medien+erziehung*, deren sechs jährliche Ausgaben wissenschaftliche Reflexion und empirische Handlungspraxis als Schwerpunkt-Themenhefte bündeln. Für diese Arbeit sind unter anderem die Ausgaben *Aufwachsen in komplexen Medienwelten* (2013), *Digitale Heimat* (2014) und *Computerspiele in der Jugendarbeit* (2019) relevant. Auf der praktischen Seite organisiert das JFF zum einen gemeinsam mit dem Bayerischen Jugendring, einem Dachverband von fast 400 landesweiten, regionalen und örtlichen Jugendorganisationen, die bezirksgebundene Medienfachberatung. Die bayerischen Medienfachberater:innen sind in der Regel ausgebildete Sozialpädagog:innen mit Schwerpunkten im Bereich (digitaler) Medien und adressieren als Ansprechpartner:innen für Jugendgruppen und Elternverbände in Sprechstunden und Praxisprojekten alle denkbaren Themen der außerschulischen Jugendmedienarbeit. Sie sind als Netzwerk organisiert, betreuen wechselnde Kooperationen und sind teilweise institutionell angebunden an örtliche Jugend- und Medienzentren. Diese Außenposten der praktischen Kinder- und Jugendarbeit sind dann auch in der Regel die Orte des Geschehens für die organisierte medien- und gamespädagogische Projektarbeit in Bayern. Das an das JFF gekoppelte und vom Sozialreferat/Stadtjugendamt der Stadt München geförderte *Medienzentrum München (MZM)* organisiert unter dem Projektdach der *ComputerspielAkademie* zum Beispiel Themen-Talks (z. B. Gaming als Beruf),

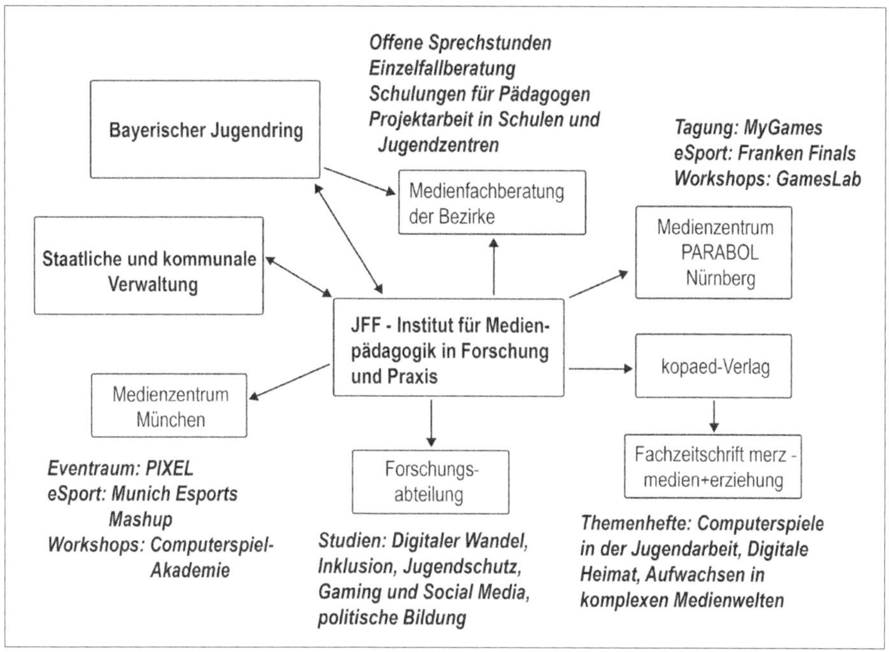

Abbildung 33: Gaming als Thema der außerschulischen Jugendarbeit in Bayern: Das JFF-Netzwerk (beispielhafter Auszug, eigene Darstellung basierend unter anderem auf Medienzentrum München 2021a & 2021b; Medienzentrum PARABOL 2021; JFF – Institut für Medienpädagogik 2021)

Public Viewing von eSport-Turnieren, Hardware-Workshops (z. B. PC selbst bauen) und interaktive Ausstellungen (z. B. *Retro Games Week*) für 12- bis 26-Jährige. Gemeinsam mit dem Kreisjugendring München-Stadt richtet das MZM außerdem das eSport-Turnierformat *Munich E-Sports Mashup* aus, bei dem Jugendliche ab zwölf Jahren lokal in drei Münchner Jugendzentren alleine sowie in Teams an Vorausscheidungen teilnehmen und sich für die Finalrunde in mehreren Spieldisziplinen qualifizieren. Organisiert und medial produziert wird das Event ebenfalls von den Jugendlichen, die den gesamten Turnierverlauf in Spezialteams (z. B. Spielorganisation, Spieltechnik, Beleuchtung und Dokumentation) begleiten. Als Begegnungsstätte für Kinder, Jugendliche und Erwachsene hat das MZM im Kulturzentrum Gasteig den *Veranstaltungsraum PIXEL* eröffnet, in dem Medienprojekte ganz unterschiedlicher Themenfelder (Gaming, Film, Podcast, Foto, Programmieren) und Formate (offene Besuchszeiten und Sprechstunden, Workshops für Einzelpersonen, Familien und Schulklassen etc.) stattfinden. Finanziell getragen wird das Projekt von dem *Münchner Netzwerk für Medienkompetenz Interaktiv*, das als Teil der städtischen Referate für Kultur, Soziales und Bildung insgesamt etwa 60 freie Träger, Vereine und Bildungseinrichtungen vereint. Nach einem ähnlichen Ansatz, wie er dem *PIXEL* zugrunde liegt, leitet Klaus Lutz als Medienfachberater für Mittelfranken in Nürnberg das *Medienzentrum PARABOL*. Auch hier finden Projekte zur Rolle von und zum Umgang mit allen klassischen und neuen Medien statt, wobei gerade das Thema Gaming von Lutz und seinen Mitarbeitern in den vergangenen Jahren sehr intensiv in der Projektarbeit aufgegriffen wurde. In Workshop-Formaten wie dem *GamesLab* oder der *MyGames-Jugendtagung* wird am praktischen Beispiel der diskursive Austausch über Videospiele und ihre emotionale beziehungsweise soziale Bedeutung gefördert. Das jährliche eSport-Turnierformat der *Franken Finals* ist strukturell vergleichbar mit dem *Munich E-Sports Mashup* oder der *Deutschen Games Schulmeisterschaft*, findet auch lokal statt und wird von den Jugendlichen selbst organisiert. Mit 300 realen Zuschauer:innen in der Nürnberger Tafelhalle und einem kommentierten Livestream auf der Streaming-Plattform *Twitch* im Jahr 2018 repräsentieren die *Franken Finals* dabei eine beachtenswert umfangreiche und professionelle gamespädagogische Jugendarbeit. (Medienzentrum München 2021a & 2021b; Medienzentrum PARABOL 2021; JFF – Institut für Medienpädagogik 2021).

6 Modellbildung I: Ganzheitliche Medienkompetenzvermittlung im Digitalen

Die Kapitel 2 bis 5 dieses Textes (Kultur der Digitalität, Gaming, Videospielsucht und digitale Medienpädagogik) haben alle wesentlichen theoretischen Grundlagen zusammentragen, auf denen der empirische Denkansatz dieser Arbeit basiert. Die nun folgende Zusammenfassung dient der medienpädagogischen Problematisierung der bisherigen theoretischen Erkenntnisse sowie daran anschließend der Definition einer empirischen Forschungsnische. Da in den Ergebniskapiteln 11 und 12 später ein handlungsleitendes Modellkonzept vorgestellt wird, findet im Zuge der Erarbeitung des forschungsleitenden Interesses außerdem eine theoriebasierte Modellentwicklung statt, deren Grundannahmen anschließend methodisch operationalisiert und mit empirischen Daten überprüft beziehungsweise angereichert werden. Diese Modellentwicklung hat bereits oben mit der Entwicklung von Medienkompetenz-Kriterien im Gaming begonnen und setzt sich in diesem Teilabschnitt nun als Plädoyer für eine ganzheitliche Medienkompetenzvermittlung im Digitalen fort. Da, so die Argumentation dieses Textes, eine solche zur konstruktiven und gesunden Integration virtueller (Spiel-)Welten in den Lebensalltag Heranwachsender nötig wäre, aber in Deutschland längst noch nicht gegeben ist, besteht entsprechend Forschungs- und Handlungsbedarf. Kapitel 7 schlägt als konzeptuellen Lösungsansatz die Arbeits- und Wirkprinzipien einer aufsuchenden, psychosozialen Jugendarbeit vor, die im realweltlichen, analogen Kontext als Streetwork bekannt ist. Die theoretisch-modellhafte Zusammenführung der empirischen Leerstellen einer ganzheitlichen Medienkompetenzvermittlung mit den vermuteten überbrückenden Effekten klassischer Straßensozialarbeit mündet schließlich in der textlichen und grafischen Vision einer Digital Streetwork in Kapitel 8. Empirisch überprüft wird diese Idee konkret anhand des Gaming und ausgehend von der Videospielsucht, allerdings mit dem Ziel einer Modifizier- und Anwendbarkeit dieses Ansatzes auch für weitere digitale Einsatzfelder (z. B. soziale Netzwerke).

Problematisierung: Gaming, Videospielsucht und Medienpädagogik

Gaming wurde in dieser Arbeit als Pionier einer Kultur der Digitalität beschrieben, die das soziokulturelle Leben in Deutschland seit gut 25 Jahren immer stärker prägt (Krotz 2018; Meyen 2009; Stalder 2016; game e.V. 2020a). Gerade Heranwachsende haben nachweislich nicht nur einen sehr zeitintensiven Bezug zum digitalen Spielen, sondern vollziehen auch ganz zentrale Schritte ihrer Persönlichkeitsentwicklung sowie ihrer sozialen Rollenfindung und Integration mit Hilfe virtueller Spiele (game e.V. & GfK 2020a; mpfs 2016 & 2019; Yee 2020; Boyd 2014, 203; Kammerl et al. 2015). Dabei bewegen sie sich in einer auf intensive Immersion und erfüllende Flow-Zustände (Buschek 2007) zugespitzten digitalen Ökonomie der Aufmerksamkeit (Franck 1998; Wendelin 2012, 7 f.; Gunther & Storey 2003; Schimank 1988 & 2007). Diese provoziert mit emotionalen Reizen und Spielmechaniken ein tiefes und langanhaltendes Abtauchen in endlose fantastische Welten mit tausenden Gleichgesinnten sowie ständigen Herausforderungen und Belohnungen, die ihrerseits hübsch verpackt daherkommen oder für kleines Geld zu erwerben sind. Die Videospielindustrie versteht es mittlerweile sehr gut, jeden erdenklichen Spieler:innentypen inhaltlich optimal abzuholen und die individuellen emotionalen Gratifikationen des Videospielens zu maximieren (Dietrich 2020; Halley 2019). In diesem Umfeld kann es dazu kommen, dass einzelne Spieler:innen die Kontrolle über ihr Spielverhalten verlieren und sich lieber um ihre mächtigen Avatare und die gemeinsamen Abenteuer mit ihren virtuellen Freunden kümmern als um ihre Pflichten und Probleme in der realen Welt (Illy & Florack 2018, 104 f.; WHO 2020, 6C51). Diese Flucht aus dem echten Leben wird aber nie ausschließlich durch das Medium ausgelöst, sondern muss als komplexes Zusammenspiel von persönlichen psychischen Schieflagen, Stress im sozialen Umfeld und medialen Anreizen verstanden werden (Te Wildt 2015, 90). Auch unabhängig von der Videospielnutzung bestehende psychische Störungen, darunter vor allem Depression, Angststörung und ADHS, können mitverantwortlich für die Entstehung eines exzessiven oder pathologischen Spielverhaltens sein (Ferguson et al. 2017; Illy & Florack 2018). Wird aus der grundsätzlichen Begeisterung schrittweise ein Zwang zu spielen, um negative Gefühle zu verdrängen, dann gehen die kreativen und sozialen Potenziale des Gaming komplett verloren. Es folgen stattdessen noch häufigere Konflikte mit dem realen sozialen Umfeld, Brüche im Lebensweg wie ein verpasster Schulabschluss sowie körperliche Überlastungssymptome (Illy & Florack 2018, 7 ff.; Abb. 5). Wenngleich die diagnostizierten Fallzahlen exzessiven und pathologischen Videospielgebrauchs auf die Gesamtbevölkerung bezogen mit etwa einem bis drei oder vier Prozent (je nach Altersgruppe) momentan nicht für eine Volkskrankheit sprechen, bewegt sich die gesellschaftliche Prävalenz im psychotherapeutisch relevanten Bereich (Feng et al. 2018; Abb. 23). Diese Aufgabe übernimmt in Deutschland gerade vorwiegend das Suchthilfesystem. Die Anerkennung der Videospielsucht als eines eigenständigen Krankheitsbildes durch die Weltgesundheitsorganisation (WHO) im Jahr 2018 hat diesbezüglich strukturelle und finanzielle Türen geöffnet, wobei speziell auf pathologisches Gaming ausgerichtete Suchtambulanzen und psychiatrische Sprechstunden-Angebote bereits seit gut zehn Jahren existieren (Graf 2017; Lohr 2017; Przybilla 2018; Möller 2011; FV-Medienabhängigkeit 2020). Mit Hilfe von Suchtkriterien, die auch zur Diagnose von stoffgebundenen Süchten sowie der Glücksspielsucht verwendet werden, kann eine nach eigener Aussage sehr konservativ agierende

deutsche Suchtmedizin trotz der vehementen Zweifel renommierter Forscher:innen an der Validität dieses Vorgehens zielführend arbeiten (Bert te Wildt 2015, 160 ff.; Bean et al. 2017; Van Rooji et al. 2018; Ferguson et al. 2017). Als Verhaltenssucht wird die Videospielsucht in der Regel auch verhaltenstherapeutisch behandelt, mit dem Ziel einer dauerhaften Abstinenz von den auslösenden digitalen Tätigkeiten oder einer gestärkten Impulskontrolle (Wölfling et al. 2013, 41 ff. & 58 ff.).
Aus medienpädagogischer Perspektive betrachtet führt bei manifest vorliegendem Suchtverhalten kein Weg an einer psychotherapeutischen Behandlung vorbei. Gleichzeitig ist gerade das Gaming als jugendkulturelles Phänomen für die meisten Heranwachsenden zumindest in einem gewissen Altersabschnitt ein alltagsbestimmendes Thema. Die hohen Werte exzessiver Videospielnutzung in der Adoleszenz führen im Zeitverlauf auch deshalb nicht automatisch zu einer ähnlich hohen Zahl von Suchtfällen, weil sich das Spielverhalten mit dem Übergang in andere Lebensabschnitte (z. B. von der Schule in den Beruf oder mit Beginn der ersten ernsthaften Beziehung) sehr oft radikal ändert und minimiert (Willemse 2016). Wenngleich häufig einzelne Suchtsymptome vorliegen, sind die meisten Heranwachsenden letztendlich ohne nachhaltige Probleme in der Lage, sich selbst Grenzen zu setzen und diese auch dauerhaft einzuhalten. Allerdings ist von vielen Betroffenen auszugehen, die zwar irgendwann von selbst den Ausstieg schaffen, davor aber durchaus ernstzunehmende emotionale, körperliche, finanzielle, berufliche oder soziale Schwierigkeiten durchleben. Um suchtgefährdete Kinder und Jugendliche a) nicht erst aufzufangen, wenn bereits pathologisches Verhalten vorliegt, b) auch temporäre Exzessivphasen samt negativer Konsequenzen zu verhindern, und c) Gaming an sich nicht vorschnell zu stigmatisieren, sollten psychologisch-rehabilitative Angebote durch pädagogisch-präventive Arbeit ergänzt werden. Diese verfolgt das zentrale Ziel der Vermittlung von Medienkompetenz, einem Kompendium von Anwendungs- und Reflexionsfähigkeiten in Bezug auf digitale Medien beziehungsweise Spiele (Baacke 1993; Schorb 2008; Stodt et al. 2015). Insbesondere Heranwachsende, prinzipiell aber genauso ältere Nutzer:innen, sollen über die den virtuellen (Spiel-)Welten zugrundeliegenden Intentionen und Wirkmechaniken Bescheid wissen und ihre eigenen Emotionen gegenüber diesen Angeboten und Handlungsräumen im ethischen und gesundheitlichen Sinne besser bewerten und autonom steuern können. Der Blick in die medienpädagogische Handlungspraxis zeigt, dass Medienkompetenzvermittlung in Deutschland momentan nur sehr punktuell stattfindet und stark vom (ehrenamtlichen) Engagement einzelner Personen oder Träger der (außerschulischen) Jugendarbeit abhängt. Pilotprojekte finden beispielsweise in medienaffinen Jugendzentren, in freiwilligen Arbeitsgruppen an Schulen oder in (e)Sportvereinen statt (ESBD 2018 & 2020; Lutz 2019; Betzholz 2019; Bonn & Karsch 2019; Kohring & Heinz 2012). Eine breitflächige und fest institutionalisierte Medienkompetenzvermittlung könnte langfristig vorwiegend der familiären Erziehung sowie der schulischen Bildung als Aufgabenfeld zufallen.

Allerdings erschweren beziehungsweise verhindern strukturelle Herausforderungen bislang die Realisierbarkeit dieser Idealvorstellung. Im schulischen Bereich fehlt es häufig an der medientechnischen Infrastruktur sowie am angemessenen Raum für das Thema Medienkompetenz in den Lehrplänen (Schaumburg & Prasse 2019, 123 f.; Röhrich 2018; Frankfurter Neue Presse 2018; Geisler 2019). Dazu kommen Lehrer:innen, die in der Breite zwar ihre Offenheit gegenüber digitalen Medien als Unterrichtsgegenstand kommunizieren, allerdings nicht immer über die nötigen eigenen Kompetenzen im Umgang damit verfügen und dazu einem tendenziell medienskeptischen schulpädagogischen (Ausbildungs-)System angehören (Schaumburg und Prasse 2019, 236 & 246). Zwangsläufig fördern deshalb nur vereinzelte und tendenziell jüngere Lehrer:innen die kreativ-produktive und kritisch-reflexive Auseinandersetzung mit sozialen Netzwerken, Videospielen und digitalen Nachrichten. Ein angemessener Standard der Medienkompetenzvermittlung in der schulischen Fläche liegt in Deutschland allerdings noch in weiter Ferne. Zuhause in den Familien ist zumindest erkennbar, dass das Nutzungsverhalten digitaler Medien und insbesondere der Umgang mit Videospielen flächendeckend thematisiert und reguliert wird (Süddeutsche Zeitung 2019; USK 2020b; scoyo 2015). Gerade weil viele junge Eltern selbst bereits mit Videospielen und sozialen Netzwerken aufgewachsen sind, besteht hier eine vergleichsweise hohe Themen- und Nutzungskompetenz. Dass die familiäre Auseinandersetzung mit digitalen Spielen aber eine thematisch tiefere Ebene erreicht und das individuelle Nutzungsverhalten der Kinder mit emotionalen Gratifikationen und reizorientierten Spielmechaniken verknüpft wird, ist auch hier die Ausnahme. Zumeist bewegen sich Regeln zum Medienumgang in der Familie im Bereich der reinen Impulskontrolle. Etabliert werden zum Beispiel begrenzte Nutzungszeiten pro Tag oder Woche. Dabei sind sich Eltern ihrer Vorbildfunktion nicht immer bewusst und nutzen selbst häufiger digitale Medien, als sie es ihren Kindern erlauben. Dazu kommt, dass soziodemographisch heterogene Familien flächendeckend niemals eine ähnlich stabile Medienkompetenzvermittlung gewährleisten können, wie es professionell ausgebildetes pädagogisches Personal zu leisten vermag (Kammerl et al. 2015; Hoffmann & Wagner 2013; Weber 2013).

Im Sinne eines Zwischenfazits lässt sich deshalb festhalten, dass sich die Vermittlung digitaler Medienkompetenzen mit speziellem Fokus auf den Bereich der gesunden und potenzialfördernden Videospielnutzung in Deutschland schrittweise professionalisiert, allerdings noch substanzielle Leerstellen aufweist. Ein zu starker Fokus liegt im Augenblick auf dem psychologisch-rehabilitativen Bereich, allerdings nicht nur aus Gründen einer medienskeptischen gesellschaftlichen Grundhaltung. Es ist vielmehr auch so, dass ohne spezielle medienpädagogische Beachtung zwangsläufig vor allem die pathologischen Extremfälle zutage treten, die dann aufgefangen werden müssen. Da Internet- und Videospielsüchte außerdem medizinisch anerkannte psychische Störungsbilder darstellen, ist es aus medienpädagogischer Sicht zudem absolut zu befürworten, dass eine flächendeckende Versorgung mit spezialisierten Diagnosestellen und Therapieangeboten besteht. Diesbezüglich wurden in den vergangenen zehn Jahren schon solide Strukturen geschaffen. Um dennoch ein gewisses Gleichgewicht im Umgang mit den Themen Internet und Videospiele herzustellen, sollte das präventive Engagement deutlich ausgebaut werden, und zwar vor allem in der schulischen und außerschulischen Medienpädagogik beziehungsweise Jugendarbeit. Oben wurden einige praktische Projektbeispiele und institutionelle Organisationskonzepte zur kompetenzorientierten Integration von Webanwendungen und Videospielen in Erziehungs- und Bildungskontexte erläutert, von denen Sozialpädagog:innen, Lehrer:innen und Politiker:innen auf allen Ebenen lernen können (Medienzentrum München 2021a & 2021b; Medienzentrum PARABOL 2021; JFF – Institut für Medienpädagogik 2021). Auch die kommunikations-, erziehungs- und bildungswissenschaftlich orientierten Forschungsdisziplinen sollten auf konzeptueller Ebene und empirisch unterfüttert Ideen entwickeln, wie digitale Medien im Lebensverlauf frühzeitig, spielerisch-produktiv, aber dennoch kompetenzorientiert aufgegriffen werden können. Schließlich gilt es nicht nur, dem psychologisch-rehabilitativen Ansatz einen pädagogisch-präventiven entgegenzusetzen, sondern beide Bereiche entfalten erst dann ihre volle Wirkung, wenn Netzwerkeffekte auftreten. Kompetente Medien- und Videospielnutzung ist dabei zu verstehen als langfristiger Prozess, der elementarer Bestandteil des Lebens künftiger Generationen sein wird. Immer früher kommen Kinder in Kontakt mit virtuellen (Spiel-)Welten, immer länger bewegen sie sich in ihrer Jugend und als Erwachsene darin. Sie durchlaufen große Teile ihrer identitären und sozialen Persönlichkeitsentwicklung medienvermittelt, und sollten in diesen bedeutsamen Jahren ohne stabiles Selbstverständnis und gefestigte Werte trotzdem die emotionsoptimierten Reize digitaler Medien regelmäßig hinterfragen und kompetenzorientiert steuern können. Selbst emotionale Schieflagen und nachteilige Mediennutzungsarten beziehungsweise -erfahrungen dürfen nicht dazu führen, dass dauerhafte Störungen entstehen. Medienpädagogische Arbeit sollte deshalb nicht punktuell verstanden, sondern im Sinne der Nutzer:innen ganzheitlich betrachtet werden und beständig erfolgen. In diesem Zusammenhang fällt vor allem auf, dass momentan aus pädagogischer Sicht so gut wie keine Kontrolle über das eigentliche Spielgeschehen und -verhalten der Kinder und Jugendlichen stattfindet. Heranwachsende werden einerseits in geschützten Projektumgebungen sowie anhand typischer Modellszenarien vorbereitet, andererseits werden Extremfälle exzessiver Internet- und Videospielnutzung psychotherapeutisch aufgefangen. Das eigentliche medienpraktische und soziokulturelle Handeln der Kinder und Jugendlichen in den virtuellen (Spiel-)Welten bleibt für medienpädagogische Institutionen und Akteure großteils ein blinder Fleck. Gründe dafür, dass das Online-Verhalten Heranwachsender nach wie vor eine pädagogische Black Box darstellt, liegen in der Anonymität des Internets sowie in den Nutzungsmotivationen der Kinder und Jugendlichen. Wenn virtuelle (Spiel-)Welten aus Sicht der Jugendlichen gerade dafür da sind, alltägliche Probleme zu vergessen und ungestört Zeit mit sich selbst und Freunden zu verbringen, dann wird jeder – noch so unterstützend gedachte – Zugriff und Einfluss von Erwachsenen systematisch und effektiv blockiert. Der pädagogisch motivierte und kompetenzbezogen sicher sinnvolle Einblick in die tatsächliche Mediennutzung, mit dem präventive und rehabilitative Initiativen evaluierend und koordinierend verbunden werden könnten, wird somit durch die Motive der Nutzung selbst quasi ausgeschlossen.

Lösungsvorschlag: Ganzheitliche Medienpädagogik und aufsuchende Sozialarbeit im Digitalen

Bevor dieser Text die Wirkprinzipien einer aufsuchenden Sozialarbeit im Digitalen als Brücke zwischen medienpädagogischen Präventions- und Rehabilitationsmaßnahmen vorschlägt, soll noch einmal im Detail die zugrunde gelegte Vision einer ganzheitlichen Medienkompetenzvermittlung erläutert werden. Gegeben ist wie oben beschrieben zunächst die Vorstellung von einer lebenslangen Bedeutung virtueller (Spiel-)Welten für Heranwachsende. Für einen gesunden, konstruktiven und potenzialentfaltenden Umgang mit digitalen Medienangeboten existieren dabei klare Kompetenzkataloge, die wie am Beispiel des Gaming gesehen für spezifische Handlungsfelder empirisch ausgestaltet werden können. Ganzheitliche Medienkompetenzvermittlung im Sinne dieser Arbeit trägt der Omnipräsenz digitaler Medien im Lebensalltag Rechnung, indem sie dauerhaft Wirkung entfalten will, nicht nur punktuell und analog, sondern gerade auch begleitend im realen Anwendungsfeld. Dieser begleitende, digitale Ansatz ganzheitlicher Medienkompetenzvermittlung kann eine substanzielle Lücke bestehender Präventions- und Therapieangebote schließen, die bislang weitgehend isoliert voneinander in kontrollierbaren Schutzräumen (Therapiegruppen, Projekt-Workshops etc.) abseits der eigentlichen Orte des Geschehens stattfinden. Genau durch diese Trennung, die auch dem frühen Entwicklungsstadium institutionalisierter digitaler Medienpädagogik geschuldet ist, verlieren beide Seiten aber substanziell an Wirkkraft. Die autonome Aneignung von Kompetenzen gelingt vor allem anhand realer Erfahrungen, die immer wieder reflektiert und bedeutungsbezogen verdichtet werden müssen. Dieser Prozess kann aber nicht zufriedenstellend und ohne größere Zwischenfälle gelingen, wenn Kinder und Jugendliche nur einmalig bei Gastvorträgen oder in Projektwochen über die Chancen und Risiken von virtuellen (Spiel-)Welten aufgeklärt werden. Wesentlich zielführender und in seinem Erfolg außerdem besser kontrollierbar wäre es, wenn die Heranwachsenden bei ihren Versuchen, diese abstrakten Empfehlungen am konkreten intrinsisch motivierten Beispiel (indem sie z. B. Videospiele spielen) umzusetzen, professionell begleitet würden. Auch aus Sicht der Psychologie bzw. der Psychiatrie, die mit Nutzer:innen

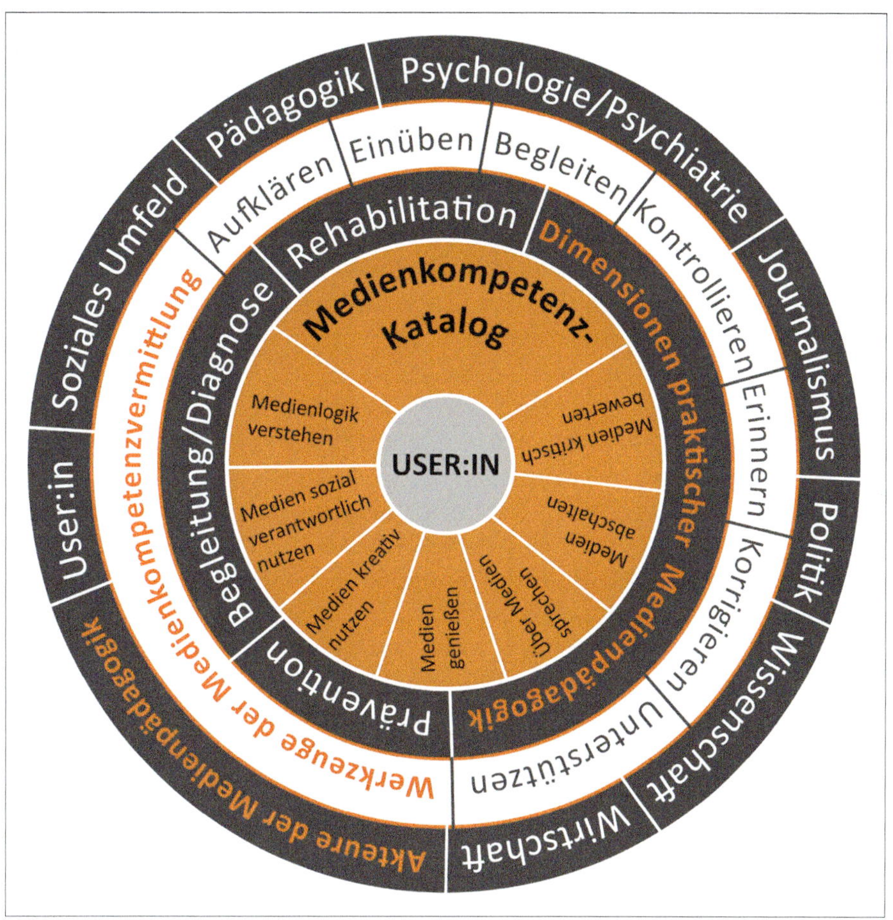

Abbildung 34: Modell ganzheitlicher Medienpädagogik und -kompetenzvermittlung (eigene Darstellung auf Basis von Pieschl & Porsch 2014; Hipeli 2014; Baacke 1996; Willemse 2016; te Wildt 2015; Kalbitzer 2016)

überwiegend erst dann in Kontakt kommt, wenn sich gestörtes Nutzungsverhalten bereits manifestiert hat, hätte ein ganzheitlich-begleitender Ansatz der Medienkompetenzvermittlung mehrere Vorteile. Zum einen könnten Risikofälle wesentlich früher identifiziert und professionell betreut werden, was die Chance erhöhen würde, die Zahl der manifesten Suchtentwicklungen zu verringern. Außerdem wäre die Möglichkeit einer wesentlich feinfühligeren, weil besser informierten Prüfung von Suchtkriterien im Anwendungsalltag über längere Zeit hinweg gegeben. Drittens schließlich ließe sich auf diesem Weg der konservative Diagnose-Gedanke zielführender umsetzen, um eine vorschnelle Pathologisierung soziokulturell eventuell normalen Verhaltens zu verhindern. Insgesamt könnten die Arbeitsstrategien und das Fachwissen aus Medienpädagogik und Psychologie/

Psychiatrie wechselseitig eingebracht werden, um für den Einzelfall im laufenden Nutzeralltag optimal passende Handlungsoptionen zu bestimmen.

Abbildung 34 zeigt die Vision einer ganzheitlichen Medienkompetenzvermittlung in virtuellen (Spiel-)Welten als einzelfallorientiertes Zusammenspiel verschiedener Handlungsebenen, die hier in konzentrischen Kreisen modelliert werden. Jeder Kreis kann dabei unabhängig von allen anderen beliebig gedreht werden, um je nach persönlicher Erfahrung und Verhalten eines Nutzers oder einer Nutzerin sowie nach der aktuellen medienpädagogischen Zielsetzung im Zusammenspiel vernetzter Akteursgruppen denkbare (Be-)Handlungsimpulse darzustellen. Das Modell integriert um den oder die Nutzer:in selbst herum vier kombinierbare Stufen der Medienkompetenzvermittlung, im Anwendungsfall zu lesen (beziehungsweise zu kombinieren) von innen nach außen:

- **Medienkompetenz-Katalog**: Überlegt wird zunächst, welche der definierten digitalen Medienkompetenzen im speziellen Handlungskontext (bspw. Gaming) stärker und welche schwächer ausgeprägt sind. Daraus ergibt sich dann, welche Kompetenzfelder gezielt adressiert werden.
- **Dimensionen praktischer Medienpädagogik**: Je nachdem, wie erfahren der oder die Nutzer:in bereits im Umgang mit dem jeweiligen Handlungsgegenstand ist, und abhängig von der Art seines oder ihres Verhaltens (unauffällig-normal vs. auffällig-gestört), bieten sich eher aufklärend-präventive, begleitend-diagnostische oder therapeutisch-rehabilitierende Maßnahmen an.
- **Maßnahmen der Medienkompetenzvermittlung**: Eng mit den vorgenannten Dimensionen sind auch die pädagogischen Leitverben verknüpft, mit deren Hilfe genauer definiert werden kann, auf welche Art beziehungsweise wie aktiv dem oder der Nutzer:in ein bestimmter Kompetenzbereich nähergebracht werden soll.
- **Akteure der praktischen Medienpädagogik**: An dieser Stelle werden bewusst mehr Instanzen genannt als die oben als hauptverantwortlich bezeichneten Familien, die Schulpädagogik sowie die Psychologie und Psychiatrie. Gewisse Prozesse der Medienkompetenzaneignung könnten beispielsweise dem oder der User:in selbst überlassen werden, im Sinne des Erfahrungslernens. Politiker:innen organisieren außerdem den institutionellen und rechtlichen Rahmen, wenn Jugendmedienschutznormen erlassen und medienpädagogische Projekte initiiert beziehungsweise gefördert werden. Wissenschaftler:innen forschen zur Nutzung und Wirkung digitaler Medien in der Gesellschaft, entwickeln und evaluieren zudem medienpädagogische Handlungskonzepte. Auch Wirtschaftsakteure können über ihren prägenden Einfluss auf Spielmechaniken, soziale Funktionen im Spiel und Nutzungsstatistiken als relevante Instanz wirksamer Medienkompetenzvermittlung begriffen werden (Griffiths & Pontes 2019).

Zwei zentrale strukturelle Elemente sind entscheidend beziehungsweise nötig dafür, dass ein solches komplexes System der Medienkompetenzvermittlung funktionieren kann. Erstens müssen alle beteiligten und handelnden Akteure über *solides (Grund-)Wissen im Bereich digitaler Medienkompetenzen* verfügen. Die Chancen und Risiken der digitalen Kommunikation, die Intentionen und Arbeitsstrategien von Anbietern sowie die Nutzungsmotivationen und Medienwirkungen auf User:innen-Seite müssen hier zum Allgemeinwissen werden. Weiterhin sollten alle Akteure über die Fähigkeit zur ethisch-normativen Reflexion und Kritik gegenüber unendlichen und aufmerksamkeitsoptimierten virtuellen (Spiel-)Welten verfügen. Dabei wird ein allseitiges, also systemisches Interesse an der kompetenten, konstruktiven und gesunden Internetnutzung von Heranwachsenden unterstellt, aus dem heraus sich der Wille zur Medienkompetenzförderung speist. Selbst in der konsumorientierten Digitalwirtschaft kann ein solches Interesse an gesunden Nutzer:innen gesehen werden. Schließlich nützt eine maßvolle, aber kontinuierliche Webnutzung langfristig betrachtet nicht nur dem Geldbeutel. Auch die Stimmung in der Community profitiert davon, wenn bei möglichst vielen Nutzer:innen dauerhaft der Spaß im Vordergrund steht und Sieg oder Niederlage keine existenzielle Bedeutung für das persönliche Wohlbefinden haben. Zweitens sollten *koordinierende Instrumente und Entscheidungsprozesse* etabliert werden, um für den oder die individuelle:n Nutzer:in zu verschiedenen Zeitpunkten jeweils bestimmen zu können, welcher medienpädagogische Akteur welche Kompetenz auf welche Art und Weise fördern kann und soll. Es geht also auch darum, Netzwerkstrukturen zwischen den Akteuren der Medienpädagogik zu etablieren, um nutzer:in- und situationsbezogen effizient optimale Unterstützung aktivieren zu können.
Diese Arbeit schlägt deshalb vor, digitale Streetworker:innen im Bereich der Medienkompetenzvermittlung einzusetzen, um die Black Box der virtuellen (Spiel-)Welten für medienpädagogische Impulse zu erschließen, präventive und rehabilitative Ansätze durch den begleitenden Charakter aufsuchender Sozialarbeit zu verbinden und als Brücke zwischen allen Akteuren der Medienkompetenzvermittlung bedarfsbezogen zu vermitteln. Der niedrigschwellige und lebensweltbezogene Ansatz einer aufsuchenden psychosozialen Jugendarbeit (Streetwork) kann dabei zum entscheidenden Faktor für die Akzeptanz von sozialpädagogischen Akteuren durch Heranwachsende an ihren ansonsten bewusst abgeschotteten digitalen Rückzugsorten werden. Schaffen es digitale Streetworker:innen, von den Kindern und Jugendlichen als authentische und gleichwertige Teile dieser virtuellen Welten wahrgenommen zu werden, dann könnte Medienkompetenzvermittlung im Digitalen tatsächlich als dauerhafter, begleitender und ganzheitlicher Prozess im Sinne des obigen Modells funktionieren. Wichtig ist zu betonen, dass der oder die digitale Sozialarbeiter:in in diesem Szenario keine der genannten Fachstellen ersetzen kann und soll, wenngleich er oder sie selbst ebenfalls sehr gut über die Handlungs- und Nutzungslogiken virtueller (Spiel-)Welten Bescheid wissen muss.

Der Digital Streetwork fällt eher die Aufgabe zu, Heranwachsenden im Alltag auf der virtuellen Straße eine begleitende Sicherheit zu geben und ihre Wünsche und Sorgen dabei intensiv und individuell aufzunehmen. Gegenüber der Familie, die zwar einen guten Einblick in das Nutzungsverhalten der Kinder und Jugendlichen hat, die emotional aber dafür auch oft zu eng mit diesen verbunden ist, könnte der oder die digitale Streetworker:in als unbeteiligte:r Dritte:r zudem in Problemfällen einen Vertrauensvorteil haben. Außerdem kann er oder sie frei von familiären Abhängigkeiten die Interessen der Nutzer:innen vertreten und auch unangenehme Impulse setzen, beispielsweise im Suchtfall eine Therapie empfehlen. Gleichzeitig darf Digital Streetwork nicht an Lehrer:innen, Psychotherapeut:innen oder Eltern vorbei handeln, sondern unterstützt deren Arbeit und Wirkung, indem sie den Heranwachsenden hilft, erlernte Medienkompetenzen zielführend anzuwenden, und bei Bedarf weitere Fachimpulse aus dem medienpädagogischen Netzwerk anfordert. Diese Impulse müssen sich nicht immer unmittelbar an individuelle Nutzer:innen richten, sondern können auch strukturelle Maßnahmen für die gesamte (Spiel-)Community bedeuten. Zusammenfassend könnten digitale Streetworker:innen als Akteur:innen der begleitenden Medienkompetenzvermittlung das Anwendungshandeln Heranwachsender substanziell fördern, die Effizienz präventiver und rehabilitativer Angebote deutlich erhöhen und eine wertvolle Quelle struktureller Optimierung virtueller (Spiel-)Welten im Sinne gesunder und konstruktiver Nutzung werden. Kapitel 8 dieses Textes wird diesen Denkansatz als Basis der empirischen Studie dieser Arbeit beispielhaft als Digital-Streetwork-Handlungskonzept zur Vermeidung suchtartiger Videospielnutzung ausarbeiten. Zuvor soll Kapitel 7 im Folgenden aber noch einmal im Detail die Arbeitsstrategien und Wirkprinzipien der aufsuchenden psychosozialen Sozialarbeit (Streetwork) sowie relevante fachinterne Digitalisierungsansätze erläutern.

7 Digital Streetwork als Denkansatz und Handlungsprinzip

Eine digitalisierte aufsuchende psychosoziale Jugendarbeit, wie sie oben als zentrales Brückenglied ganzheitlicher Medienpädagogik und Medienkompetenzvermittlung skizziert wurde, erwächst aus der Fachtradition sozialer Arbeit. Damit stellen Digital-Streetwork-Konzepte im Sinne dieser Arbeit distinkte Handlungsfelder dar, die auf eigenen gesetzlichen Grundlagen fußen sowie im Rahmen autonomer Ausbildungs- und Anwendungsstrategien umgesetzt werden. Der folgende Text hat deshalb teilweise einführenden und teilweise anwendungsbezogen-konzeptuellen Charakter. Die Ausführungen gliedern sich in drei inhaltliche Blöcke und behandeln zunächst grundlegende Ziele und Arbeitsgrundsätze der sozialen Arbeit (vgl. Kap. 7.1) und der aufsuchenden sozialen Arbeit (vgl. Kap. 7.2). Danach stehen insbesondere die Chancen und Herausforderungen der Digitalisierung im Bereich Streetwork im Fokus (vgl. Kap. 7.3).

7.1 Grundprinzipien sozialer Arbeit

Mit dem Deutschen Berufsverband für Soziale Arbeit e.V. (2016) wird soziale Arbeit als praxisorientierte Profession und wissenschaftliche Disziplin verstanden, die „gesellschaftliche Veränderungen, soziale Entwicklungen und den sozialen Zusammenhalt sowie die Stärkung der Autonomie und Selbstbestimmung von Menschen fördert". Sie vertritt dabei insbesondere die „Prinzipien sozialer Gerechtigkeit, die Menschenrechte, die gemeinsame Verantwortung und die Achtung der Vielfalt". Theorien der sozialen Arbeit, der Human- und Sozialwissenschaften sowie indigenes Wissen bilden die handlungsleitende Grundlage sozialer Arbeit. Unter Einbindung der jeweiligen Handlungsstrukturen (bspw. des sozialen und beruflichen Umfelds) will sie Menschen befähigen und ermutigen, die Herausforderungen des Lebens zu bewältigen und das eigene Wohlergehen zu verbessern. In seinem Lehrbuch zu den Methoden sozialer Arbeit formuliert Wendt (2015) vier konkrete Werte und Haltungen, mit deren Hilfe diese soziale Mission im praktischen Alltag gelingen soll:

- **Kongruenz / Authentizität**: Zwischen Sozialarbeiter:in und Klient:in existiert keine bestimmte Rollenverteilung, weder sprachlich noch inhaltlich. Der oder die Sozialarbeiter:in öffnet sich demnach in gleichem Maße mit all seinen oder ihren Stärken und Schwächen, wie es auch der oder die Beratene tun soll. Diese bewusste Demonstration von Hoffnungen und Ängsten soll eine offene und vertrauensvolle Atmosphäre schaffen, innerhalb derer über wahre Emotionen und Weltbilder gesprochen werden kann.

- **Wertschätzung / Vertrauen**: Unabhängig von Äußerlichkeiten, Gedanken und Meinungen nehmen Sozialarbeiter:innen ihr Gegenüber ernst und hören ihm zu. Wichtig wird dieser Leitsatz in Momenten, in denen sich Beratene nicht an soziale Konventionen halten. Es könnte beispielsweise sein, dass Klient:innen körperliche Hygiene oder einen angemessenen Umgangston sowie Respekt in der Zweierbeziehung, aber auch gegenüber Dritten vermissen lassen.
- **Empathie**: Entscheidend für den Erfolg sozialer Arbeit ist zudem die Fähigkeit, die „private Wahrnehmungswelt des anderen" zu betreten und in ihr heimisch zu werden (vgl. auch Seithe 2008, 64). Unabhängig von ihrer subjektiven Bewertung versuchen Sozialarbeiter:innen dabei, sich in die Gefühlswelt und die Handlungsmotive der Beratenen bestmöglich einzufühlen, ohne jedoch ihre eigenen Gefühle dem anzupassen.
- **Raum schaffen und aktiv zuhören**: Da Vertrauensaufbau und Sich-Öffnen als Prozesse zu verstehen sind, ist es wichtig, den Beratenen in zeitlich-räumlicher Hinsicht die nötige und angemessene Ruhe zu vermitteln. Zu vermeiden sind unter anderem strenge Zeitlimits in Gesprächen oder hektisches Treiben an Treffpunkten. Im Gespräch selbst gilt es, geduldig und interessiert zu verfolgen, was das Gegenüber sagt, wobei gerade auch die nonverbalen Kommunikationsinhalte (Gestik, Mimik, Pausen) aufzunehmen sind.

Ein wichtiger Baustein im Instrumentarium der Sozialarbeit ist die Diagnose, definitorisch zu verstehen als „unterscheidende Erkenntnis" (Weykirch 2011, 188 f.). Zu diagnostizieren verlangt von der Fachkraft, Informationen und Daten zu sammeln, die sowohl aus eigenen Beobachtungen als auch aus Aussagen Dritter stammen können. Diese Informationen und Daten, beispielsweise zum Umgang einer Person mit Videospielen, sind anschließend im Lichte formalisierter (Sucht-)Kriterien zu prüfen, interpersonal zu vergleichen und handlungsleitend zu bewerten. Diagnostische Ansätze können dabei objektiv-klassifizierend anhand standardisierter Erhebungs- und Auswertungsinstrumente (Testfragebögen, Kompetenzfeststellungsverfahren) oder im Zuge qualitativ-rekonstruktiver Verfahren (fallbezogen gestaltete Gespräche) stattfinden. Im diagnostischen Prozess ist weiterhin zu bedenken, dass die (Re-)Konstruktion eines Falles von der diagnostischen Kompetenz der Sozialarbeiter:innen abhängt. Außerdem können Zeit- und Ressourcenmangel, Handlungsdruck, eine expertokratische Sozialisation oder ein geringes Vertrauen in die Kompetenz der Betreuten den Diagnoseprozess nachteilig beeinflussen. Auch eigene biografische Erfahrungen des Sozialarbeiters oder der Sozialarbeiterin, unangemessene Normalitätsvorstellungen oder die routinierte

Verknüpfung des aktuellen mit vergangenen Fällen können eine Diagnose aufgrund Vorprägung verfälschen.
Methodisch betrachtet machen sich Berater:innen in der sozialen Arbeit also ein Bild von der Person des oder der Ratsuchenden, nehmen seine oder ihre Situation und Umwelt wahr, um ihn oder sie anschließend bei der Selbstbeobachtung und Lösungsfindung zu unterstützen. Ziel ist, die Fähigkeiten der Beratenen sowie ihr Vertrauen in die eigene Autonomie zu stärken (Wendt 2015, 179). Dabei kommen verschiedene Beratungsverfahren zum Einsatz, die je nach Lage des individuellen Falles unterschiedlich große Anteile im gesamten Arbeitsprozess einnehmen können (ebd., 180 ff.). Die *personenzentrierte Beratung* zielt beispielsweise direkt auf eine gestärkte Unabhängigkeit des Individuums. Im Mittelpunkt der Gespräche und Maßnahmen steht hier dementsprechend nicht ein konkretes symptomatisches Problem beziehungsweise Verhalten, sondern die persönlichen Kompetenzen sowie das Selbstbild der Beratenen. Im Sinne der Hilfe zur Selbsthilfe soll die mentale Resilienz gestärkt werden, damit die Betroffenen nicht nur das akute, sondern auch künftige Probleme selbstbestimmt lösen können (vgl. auch Rogers 1972, 36). Da die personenzentrierte Beratung aber ähnlich einer tiefenpsychologischen Arbeit stark auf die emotionale Substanz einer Person zugreift, sind aus Sicht der Sozialarbeiter:innen einige sensible Risikofelder zu beachten. Gerade emotionale Machtaspekte spielen hier eine bedeutende Rolle: Weder darf eine Beratung mit Blick auf das Eltern-Kind-Verhältnis entmündigend wirken, noch sollte sich zwischen Sozialarbeiter:in und Klient:in eine zu enge emotionale Beziehung entwickeln. Auch die emotionale oder materielle Ausnutzung einer notlagebedingten Abhängigkeit verbietet sich an dieser Stelle. Gleichzeitig sollten Sozialarbeiter:innen auch nicht zu autoritär auftreten, um den Klient:innen nicht zu vermitteln, dass ihre bisherige Lebensführung komplett unangemessen war. In diesem Zusammenhang ist es außerdem wichtig, Formen der Kolonialisierung zu vermeiden, also das Überstülpen fremdgesteuerter Erwartungen und Werte der Sozialarbeiter:innen, die beispielsweise aus deren eigener Biografie oder aus gesellschaftlichen Funktionslogiken erwachsen können. Schließlich dürfen auch individuelle Strategien und Einschränkungen im Gesprächsverhalten des oder der Klienten:in vom Sozialarbeiter oder von der Sozialarbeiterin nicht ausschließlich innerhalb dessen oder deren eigener Weltanschauung aufgenommen und verstanden werden. Die personenzentrierte Beratung ergänzen kann der *systemorientierte Ansatz*. Im Vordergrund stehen hier die Bedürfnisse eines Menschen innerhalb einer sozialen Umwelt, die wiederum in aller Regel einer Ungleichverteilung von Ressourcen unterliegt und in der vielfältige Interessenskonflikte zwischen den Beteiligten auftreten. Ziel der Systemorientierung sozialer Arbeit ist es deshalb, mit den Beratenen gemeinsam diese Akteur-Struktur-Dynamiken zu reflektieren und sowohl mental-emotional, aber auch im konkreten Handeln dahingehend abzuändern, dass sich die eigene Sicht auf Erfolgskriterien innerhalb dieser sozialen

Umwelt konstruktiv entspannt. Dazu beziehen Sozialarbeiter:innen die für den oder die Beratene:n wichtigsten weiteren Personen mit in Gespräche und Maßnahmen ein. Als drittes Beratungsverfahren im Methodenmix sozialer Arbeit gilt schließlich die *Lösungsorientierung*, die davon ausgeht, dass der oder die Beratene bereits über das zur Problemlösung notwendige Handwerkszeug verfügt. Der oder die Sozialarbeiter:in muss demnach lediglich dabei helfen, diese Fähigkeiten zu aktivieren. Zu den Strategien lösungsorientierter Beratung gehören die folgenden methodischen Ansatzpunkte:

- **Erkennen von Ausnahmen**: Gerade dann, wenn das gesamte systemische Weltbild von der oder dem Beratenen als ein einziges großes Problem betrachtet wird, wandelt sich der Beratungsvorgang: Gesucht wird nicht mehr nach den anzupackenden negativen Momenten, sondern nach den positiven Ausnahmen in der omnipräsenten Negativität. Anschließend wird versucht, genau diese positiven Momente gezielt im Handlungsalltag zu provozieren und gleichzeitig die mentale Wertschätzung für solche positive Erfahrungen zu erhöhen.
- **Orientierung an realistischen Zielen**: In aller Regel ist es nicht zielführend, den absoluten Idealzustand, den der oder die Beratene sich häufig als Maßstab seiner oder ihrer Sicht auf die Dinge nimmt, auch als Zieldefinition sozialer Beratung zu verwenden. Es gilt stattdessen, kleinteiligere und schneller erreichbare Ziele zu vereinbaren und deren Erreichung regelmäßig zu kontrollieren, um darauf aufbauend die nächsten kleinen Schritte zu gehen. Im besten Fall handelt es sich dabei außerdem um Ziele, die der oder die Beratene selbst beziehungsweise mitformuliert hat.
- **Wahrnehmung von Einwirkungsmöglichkeiten**: Dem oder der Beratenen wird im Verlauf seiner oder ihrer schrittweisen Entwicklung immer wieder explizit vor Augen geführt, über welche persönlichen Stärken und Ressourcen er oder sie verfügt, die zur bisherigen und weiteren Verbesserung seiner oder ihrer Situation bereits beitragen und beigetragen haben. Indem Stärken und Leistungen regelmäßig plastisch vor Augen geführt werden, verbunden mit der Motivation zur weiteren Nutzung dieser Kompetenzen, treten selbstverstärkende mentale Positivspiralen ein.

In manchen Fällen beziehungsweise für bestimmte Aufgabenbereiche einer Beratung, die entweder inhaltlich sehr komplex ausfallen oder sich auf soziale Interdependenzen beziehen, kann ein gruppenpädagogisches Setting den individuellen Fortschritt eines oder einer Beratenen besser fördern als die Arbeit im Zweierteam mit dem oder der Sozialarbeiter:in (Wendt 2015, 239 ff.). Die Gruppe ermöglicht aufgrund ihrer sozialen Intelligenz und Kreativität eine individuelle und kollektive Leistungssteigerung und wird mit ihren eigenen sozialen Beziehungen und Machtverhältnissen automatisch zur Simulation realer Handlungskontexte.

Grundregeln für gegenseitiges Feedback in Gruppen	
Beschreibend:	Eigenwahrnehmung und eigene Reaktion werden beschrieben, dabei aber nicht moralisch bewertet oder auf der Suche nach Senderintentionen interpretiert.
Konkret:	Erst, wenn abstrakte Begriffe anhand konkreter Beispiele erläutert werden, können Botschaften erfasst, reflektiert und geändert werden.
Angemessen:	Die Bedürfnisse beider Parteien werden ausgewogen berücksichtigt.
Brauchbar:	Es werden nur Verhaltensweisen adressiert, die das Gegenüber ändern kann.
Erbeten:	Im Optimalfall wird Feedback vom Gegenüber erbeten.
Zur rechten Zeit:	Grundsätzlich wirkt Feedback umso besser, je früher es auf das jeweilige Verhalten folgt. Allerdings spielen weitere Faktoren eine Rolle, unter anderem die Bereitschaft und Zugänglichkeit des Gegenübers.
Klar und prägnant:	Die Verständlichkeit des Feedbacks wird überprüfbar, indem der oder die Gesprächspartner:in aufgefordert wird, das Gesagte in eigenen Worten zu wiederholen.
Korrekt:	Je mehr Personen beteiligt sind, umso eher besteht die Möglichkeit zu überprüfen, ob inhaltlich angemessen und regelgeleitet Feedback gegeben wurde.

Abbildung 35: Grundregeln für gegenseitiges Feedback in Gruppen nach Wendt 2015, 113 f.

Innerhalb von Arbeitsgruppen kann deshalb ein bestimmtes positives Verhalten anstelle der bloßen theoretischen Vermittlung trainiert werden. Außerdem besteht Raum für experimentelle Haltungen, die wiederum unmittelbar sozial gespiegelt und selbstreflexiv von mehreren Personen gemeinsam ausgewertet werden können. Diese Resonanzen wirken allerdings nur dann auch konstruktiv für alle Beteiligten, wenn klare Regeln zur Vermittlung von Feedback (vgl. Abb. 35) unter den Gruppenmitgliedern bekannt sind und beherrscht werden.
Aufgabe der Sozialarbeiter:innen als Gruppenleiter:innen ist es insbesondere, diese Prozesse der Selbsterkenntnis und der gemeinsamen Weiterentwicklung strukturell zu leiten und zu lenken – je nach Bedarf eher autoritativ, kollegial oder weitgehend unbeteiligt. Die Gruppenführung orientiert sich dabei chronologisch an den folgenden Ankerpunkten nach Wendt (ebd., 239 ff.):

- **Forming**: Entwicklung einer offiziellen Zielsetzung als Grundlage der Gruppenbildung
- **Storming**: Gruppe diskutiert eigenständig Ziele und Erwartungen, Gruppenleiter:in strukturiert lediglich die Inhalte und hilft bei Verständnisfragen
- **Norming**: Entwicklung und Formulierung tragfähiger Regeln der Gruppenzusammenarbeit, Gruppenleiter:in moderiert
- **Performing**: Gruppe arbeitet nach den vereinbarten Regeln auf die vereinbarten Ziele hin
- **Re-Forming**: Gruppenarbeit wird bilanziert, aufgetretene Konflikte werden verhandelt, Regeln bei Bedarf angepasst

Neben gruppenbezogenen Übungssettings ist das Zweiergespräch eines der zentralen Elemente in der sozialen Arbeit, weshalb Gesprächstechniken in der täglichen Arbeit eine große Bedeutung haben. Wendt (ebd., 91 ff.) betont in diesem Zusammenhang vor allem das Prinzip der gewaltfreien Kommunikation, um die Beziehung zwischen den Kommunikationspartner:innen auch in Konfliktsituationen zu fördern statt zu belasten. Gewaltfreie Kommunikation bedeutet in erster Linie, Beobachtungen wertneutral mitzuteilen, eigene Gefühle kausal erklärend zum Ausdruck zu bringen und Handlungsimpulse bittend statt fordernd zu setzen. Ziel ist insofern eine ermutigende Gesprächsführung, wichtig insbesondere beim Erstgespräch, um möglichst schnell eine stabile emotionale Basis zwischen Sozialarbeiter:in und Klient:in zu legen. Abbildung 36 zeigt mit Wendt (ebd., 102 ff.) eine Zusammenstellung wichtiger Strategien einer ermutigenden und verständnisvollen Gesprächsführung:
Inhaltlich versteht sich das Erstgespräch als breiter Auftakt der gemeinsamen Arbeit und kann den Anlass der Kontaktaufnahme, die Familien- und Lebens-/Wohnverhältnisse, die soziale und schulische/berufliche Situation, Gesundheit und Konsumverhalten, das Freizeitverhalten sowie vorherige Hilfen thematisieren. Der oder die Sozialarbeiter:in versucht beim Erstgespräch, aber auch in den weiteren Sitzungen, die besprochenen Fakten, Themen und Einschätzungen des oder der Beratenen bestmöglich in ihrer Kausalität und Emotionalität zu verstehen. Gerade negative, problemorientierte Sichtweisen werden lösungsorientiert hinterfragt. Dafür stehen mehrere strategische Fragetechniken zur Verfügung (Abb. 37).

Strukturen eines ermutigenden und verständnisvollen Gessprächs	
Individualisieren:	Hilfesuchende werden als einzigartige Menschen mit individuellen Eigenschaften, Bedürfnissen und auch Problemen begriffen.
Subjektgerechte Sprache wählen:	Adaptiert wird das Sprachniveau des Gegenübers, mit einer einfachen Sprache und klaren Botschaften.
Verbalisieren helfen:	Das Gesagte und das Herausgehörte werden wiederholt, um klare Aussagen zu erzielen.
Paraphrasieren:	Die verbalisierten und nonverbalen Aussagen des Gegenübers werden mit eigenen Worten wiederholt, wodurch dieser Klarheit über das selbst Gesagte erlangt und es bestätigen oder revidieren kann.
Spiegeln:	Gesprächsinhalte oder Verhalten (Wortwahl, Gestik, Mimik) des Gegenübers werden angenommen und wiederholt.
Rück- und Nachfragen stellen:	Durch vertiefende und klärende Nachfragen werden der Gesprächsfluss erhalten, Verständnisprobleme beseitigt und die Selbstreflexion des Gegenübers angeregt.
Verdeutlichen:	Aussagen des Gegenübers werden mit Sprachbildern und Beispielen ergänzt.
Ich-Botschaften senden:	Zum Verbalisieren emotionaler und kontroverser Zusammenhänge ist es sinnvoll, bewusst die Subjektivität der eigenen Wahrnehmung zu betonen.
Konfrontieren:	Trotz Ich-Botschaften wird deutlich kommuniziert, wie ein bestimmtes (problematisches) Verhalten wirkt.
Entdynamisieren:	In der gemeinsamen Arbeit werden bewusst Pausen angesetzt, vor allem dann, wenn festgefahrene Konflikte drohen.
Übersetzen:	Unter mehreren Beteiligten wird ein Verständnis für die Gefühlswelt der Einzelnen geschaffen, um deren Handeln besser verständlich zu machen.

Entdramatisieren:	Es wird bewusst eine übersteigert dramatische Schilderung einer Situation gegeben, um das Gegenüber zu einer beschwichtigenden, realistischen Darstellung zu bewegen.
Verflüssigen:	Absolut klingende Situationsbeschreibungen werden durch relativierende Einordnungen entschärft.
Verweisen:	Bereits in der Situationsbeschreibung des Gegenübers enthaltene Lösungsansätze werden aufgegriffen.
Unterscheiden:	Vergangenes Verhalten und hypothetische Szenarien werden als solche benannt, um die Unterschiede zur gegenwärtigen realen Situation herauszuarbeiten.
Zeitlich einordnen:	Die besprochenen Einzelaspekte im Handeln und Fühlen des Gegenübers werden zu einer „inneren" Geschichte verknüpft.
Differenzieren:	Verschiedene Erklärungsansätze werden nebeneinandergestellt und verglichen.
Verstärken:	Es werden positiv-motivierende Rückmeldungen gegeben.
Anregen:	Es werden Denkanstöße gegeben, zum Beispiel verpackt als Frage.
Projizieren:	Im Sinne einer gedanklichen Reise in die Zukunft werden Visionen entwickelt.
Skalieren lassen:	Das Gegenüber soll seine Gefühle und Erfahrungen in ihrer Intensität und Bedeutung auf einer Skala zuordnen.
Pausen und Schweigen:	Indem der oder die Sozialarbeiter:in bewusst schweigt, wenn das Gegenüber nichts mehr zu einem Thema sagen kann oder will, wird ein inhaltlich gewinnbringender Rededruck erzeugt.

Abbildung 36: Strukturen eines ermutigenden und verständnisvollen Gesprächs in einer eigenen Darstellung modifiziert nach Wendt 2015, 102 ff. (dieser wiederum unter Verweis auf Erler 2003, Weinberger 2011, Hege 1974 und Ruhe 2014)

Frageformen in sozialpädagogischen Gesprächen

Reflexive Fragen
- Gesprächspartner:in soll eigenes Verhalten hinterfragen und Position beziehen
- Bsp.: „Haben Sie je bereut, auf's Land gezogen zu sein?"

Ressourcenaufdeckende Fragen
- Aufmerksamkeit des Gegenübers auf (Lösungs-)Möglichkeiten richten
- Bsp.: „Was würde ein Mensch, der Sie gut kennt, als Ihre wesentlichen Eigenschaften und Fähigkeiten hervorheben?"

Spekulative, zukunftsorientierte Fragen
- Eröffnen gedanklichen Raum für Alternativen zur momentanen Wirklichkeit
- Bsp.: „Was wäre, wenn…?"

Lösungsorientierte Fragen
- Lenken den Blick auf (positive) Ausnahmen und bereits gefundene Lösungen
- Bsp.: „Sie haben mir berichtet, dass… War das erfolgreich?"

Zirkuläre Fragen
- Statt Informationen direkt zu erfragen, wird nach (Fremd-)Einschätzungen und Wirkungen gefragt, um Scham und Reserviertheit auszuschalten
- Bsp.: „Was denken Sie, was Ihr Mann denkt, wie Sie sich fühlen?"

Strategische Fragen
- Manipulieren den Gesprächsverlauf im Sinne des oder der Fragenden
- Bsp.: „Es war doch richtig, dass...?"

Provozierend-reflektierende Fragen
- Fordern zu einer Stellungnahme heraus
- Bsp.: „Warum bewerten Sie…eigentlich so negativ?"

Prozess-/Metafragen
- Beziehen sich auf die Gesprächsstruktur zum Zwecke der Effektivität und Sicherheit des Gesprächspartners oder der Gesprächspartnerin
- Bsp.: „Sie haben jetzt mehrere Themen angeschnitten. Worüber sollten wir zuerst sprechen, was meinen Sie?"

Abbildung 37: Frageformen in sozialpädagogischen Gesprächen nach Wendt 2015, 110 ff.

7.2 Aufsuchende soziale Arbeit

Die Notwendigkeit einer mobilen und aufsuchenden Sozialarbeit leitet Krafeld (2004, 35 ff.) von drei zentralen Kritikpunkten ab, die er im klassischen Leitbild der Jugendarbeit identifiziert. Zum einen stört ihn deren *Einrichtungszentrierung*, also das Sammeln von Jugendlichen eines bestimmten Einzugsbereiches in Jugendzentren, um diese von allen unerwünschten sonstigen Aufenthaltsorten wegzubekommen und kanalisiert ansprechen zu können. Diese Art „Staubsaugerpädagogik" (ebd., 36) sei schon deshalb nicht zielführend, weil die wenigsten Jugendlichen Lust hätten, jeden Tag ihrer Freizeit an ein- und demselben Ort und mit den immer selben, nicht zwingend nur sympathischen Menschen zu verbringen. Außerdem halte sich in Einrichtungen der stationären Jugendarbeit auch nur selten eine soziodemographisch wohldurchmischte Gesamtgruppe auf. Dominierte hier bis zu den 1970er-Jahren noch die bildungsorientierte Mittelschicht, prägen nach Krafeld (ebd.) seit Anfang der 2000er beinahe nur noch Kinder und Jugendliche aus sozial benachteiligten Schichten die Jugendzentren. Einrichtungszentrierte Jugendarbeit solle deshalb nicht aufgegeben, wohl aber durch weitere und mobilere Methoden ergänzt werden, um breitere Zielgruppen zu erreichen und damit auch der realen Lebenswelt der Jugendlichen besser gerecht zu werden. Vor diesem Hintergrund lassen sich auch Krafelds weitere Kritikpunkte gut fassen, die sich auf eine *Gruppen-* und *Aktivitätenzentrierung* klassischer Jugendarbeit beziehen. Demnach verfolge das Prinzip Jugendzentrum auch das Ziel, Jugendliche in stabilen Gruppen zu organisieren, um darauf aufbauend Veränderungsprozesse einzuleiten. Dass diese aber ganz häufig bereits in gewachsenen sozialen Cliquen organisiert sind und deshalb überhaupt keine Lust auf eine neue, vermeintlich stabilere Gruppe haben, werde zu oft vernachlässigt. Selbiges gilt für pädagogisch ausgeklügelte und zweifellos konstruktiv gedachte Arbeitsprojekte und Freizeitveranstaltungen für Jugendliche in Jugendzentren, die aber ständig der Gefahr unterliegen, die eigentlichen Interessen der Zielgruppe zu negieren, nicht cool und authentisch genug daherzukommen oder in der unmittelbaren, kommerziell geprägten Umwelt in besserer Qualität verfügbar zu sein. Krafeld (2004, 16) befürwortet deshalb eine intensive Orientierung an der realen Lebenswelt von Kindern und Jugendlichen, die vor allem auch deren Interaktionen und Konflikte mit der sozialen Umwelt aufgreift. Wichtig sei aufsuchende Sozialarbeit heute auch, weil das gesellschaftliche Leben und individuelle Biographien auch im Jugendalter zunehmend entstrukturiert und ohne kalkulierbare Muster stattfinden. Kinder und Jugendliche fänden zudem immer weniger öffentliche Freiräume vor, um sich auf ihrem Weg hin zu gesellschaftlicher Teilhabe sozial zu entfalten. Dadurch entstehe im Generationenkontakt sowie gegenüber öffentlichen Kontrollinstanzen zunehmend Konfliktpotenzial und jugendliche Cliquen suchen sich zunehmend digitale beziehungsweise virtuelle Plätze, um sich auszuleben (ebd.).

Begrifflich gefasst wird eine aufsuchende, psychosoziale Jugendarbeit in der Regel als Streetwork. Ergänzend zu Krafelds bedarfsorientierter Herleitung sollen zwei Definitionen im Folgenden klar umreißen, welches pädagogische Grundverständnis der Streetwork dieser Arbeit und ihrer späteren Modellbildung zugrunde liegt und welche methodischen Leitlinien eine solche Tätigkeit prägen. Die erste Begriffsdefinition stammt vom *Bundesarbeitsgemeinschaft Streetwork – Mobile Jugendarbeit e. V.* (2007) und setzt insbesondere einen grundlegenden, institutionellen Rahmen aufsuchender Ansätze im Kontext des gesamten Instrumentariums der Jugendarbeit:

> Streetwork und Mobile Jugendarbeit wenden sich (insbesondere jungen) Menschen zu, für die der öffentliche Raum, vor allem Straßen und Plätze, von zentraler Bedeutung sind. Da diese Personen in der Regel von anderen sozialen Dienstleistungen nicht mehr erreicht werden (wollen), begeben sich Streetwork und Mobile Jugendarbeit zu deren Treffpunkten. Streetwork und Mobile Jugendarbeit versuchen, die Lebenswelt ihrer AdressatInnen (wenn möglich mit ihnen gemeinsam) lebenswerter zu gestalten und/oder Alternativen aufzuzeigen, welche ein minder gefährdendes Zurechtkommen im öffentlichen Raum ermöglichen.

Legitimiert wird Streetwork hierin also ganz in Krafelds Sinne als wirkungserweiterndes Werkzeug, das über die Grenzen stationärer Jugendarbeit hinaus jene Orte aufsucht, an denen sich Kinder und Jugendliche aufhalten, die nicht von klassischen einrichtungszentrierten Projekten erreicht werden. Außerdem sprechen die Autor:innen, wenngleich etwas zaghaft, ihren Willen aus, gleichberechtigt mit den Jugendlichen über authentische und konstruktive Maßnahmen und Aktivitäten nachzudenken. Ein gutes Stück konkreter und in der Bereitschaft zur Arbeit auf Augenhöhe mit den Jugendlichen offener, definiert Gref (1995, 17 f.) das Arbeitsprinzip der aufsuchenden Jugendarbeit:

> Streetwork verlangt demnach, „sich auf Lebenseinstellungen der Zielgruppe einzulassen, die in aller Regel nicht den eigenen entsprechen, gewohntes Sozialarbeiterterrain zu verlassen, sich in das unmittelbare Lebensumfeld der Zielgruppe zu begeben, sich auf die dort herrschenden Spielregeln einzulassen, sich stärker als Person in den beruflichen Interaktionsprozeß einzubringen als in klassischen Feldern der Sozialarbeit, berufliches Handeln flexibel dem jeweiligen Bedarf anzupassen (Arbeitsinhalte, Arbeitszeiten) und sich mit häufig wechselnden Situationen zu arrangieren, sich mit einem Geflecht unterschiedlicher, oft diffuser Rollenerwartungen (durch Zielgruppe, Träger, Öffentlichkeit) auseinanderzusetzen, selbst seine berufliche Rolle – auch gegen Widerstände – zu definieren und klar zu agieren.

Sehr anschaulich zeichnet Gref (1995) damit das Bild von Sozialarbeiter:innen, die zwar nach wie vor Profis mit pädagogischem Wissensvorsprung bleiben, diese Rolle allerdings in hohem Maße auf die Regeln und Wünsche ihrer Zielgruppe bezogen ausüben. Somit integrieren sich nicht vorrangig die Jugendlichen in eine pädagogisch geprägte Freizeit- und Arbeitsgruppe, wie es beispielsweise im Jugendzentrum der Fall wäre, sondern die Pädagog:innen adaptieren ihre

Handlungsimpulse an zeiträumliche Strukturen sowie an soziale Rollen und Hierarchien der Jugendlichen. Auch inhaltlich kann sich in Grefs (ebd., 16) Augen eine lebensweltorientierte, aufsuchende Jugendarbeit nicht nur an pädagogisch definierten Themen und Projekten orientieren, sondern muss flexibel auf all jene Herausforderungen und Hilfswünsche eingehen, die im Leben der Adressat:innen eben gerade bestehen. Dieser ganzheitliche Ansatz berücksichtigt demnach alle möglichen Problemlagen im psychosozialen Bereich (Sucht, Angst, Depression etc.), im Privaten wie im Beruflichen sowie in den persönlichen Lebensumständen (Wohnung, Nahrung, Geld). Angesichts dieses breiten Handlungsspektrums kann es immer wieder nötig sein, dass der oder die Streetworker:in themenspezifisch weitere Fachleute in seine oder ihre Arbeit einbezieht beziehungsweise Kinder und Jugendliche an diese weitervermittelt. Das soziale Umfeld einer Person – beispielsweise also die natürlich gewachsene Clique – wird aus pädagogischer Sicht dabei nicht (automatisch) als Störfaktor gesehen, sondern als unterstützendes Moment, das Stabilität, Selbstwert und Entwicklungschancen bietet (Wendt 2015, 328 f.). Unter den wesentlichen Arbeitsprinzipien aufsuchender Jugendarbeit ist der niedrigschwellige Zugang zur Zielgruppe als Türöffner und Basis jeglichen Vertrauens zwischen Sozialarbeiter:in und Jugendlichen hervorzuheben. Niedrigschwelligkeit bedeutet dabei nicht lediglich eine einfache Erreichbarkeit und Zugänglichkeit, sondern versteht sich als glaubwürdige Lebensweltorientierung sowohl der Person, als auch der Maßnahmen der Sozialpädagog:innen (ebd., 329 ff.). Nur wenn der oder die Streetworker:in die Lebenswelt der Jugendlichen mit all ihren sozialen Strukturen und Hierarchien, individuellen und kollektiven Einstellungen, Interessen sowie Freizeitaktivitäten nicht nur akzeptiert, sondern ein Stück weit auch selbst lebt (oder gelebt hat oder leben kann), kann authentische Akzeptanz entstehen. Diese Street Credibility bildet die Grundlage eines jeden Vertrauensaufbaus und wird später zur wichtigen Voraussetzung für pädagogische Interventionen. Krafeld (2004, 57 ff.) überführt diese abstrakte Zielvorstellung in seinen Kurztipps zum Erstkontakt und Beziehungsaufbau zwischen Streetworker:in und Jugendlichen in das praktische Handeln: Die Kontaktaufnahme selbst soll demnach in alltagsüblichen Welten und Situationen stattfinden, also etwa im Park, wo die Clique sich sowieso aufhält. Transparent sollte der oder die Streetworker:in sich selbst und seine oder ihre Tätigkeit kurz vorstellen, ohne aber zu locken oder künstlich Probleme herbeizureden. Professionelles Handeln bedeutet in diesem Zusammenhang außerdem aufzutreten, wie man eben ist – auch hinsichtlich der Kleidung, Wortwahl und Gestik. Wenn klar ist, aus welchem Grund sich der oder die Pädagog:in an diesem Ort aufhält und was er oder sie inhaltlich anbietet, folgen unverbindlich feste Ansprechzeiten und Kontaktmöglichkeiten. Damit hat er oder sie sich sozusagen als Gast auf fremdem Territorium legitimiert, der Erstkontakt ist abgeschlossen. Dennoch besteht bereits bei diesem ungezwungenen, kurzen Auftakt die Möglichkeit, erste Informationen über die Zielgruppe zu sammeln

und (nonverbale) Reaktionen einzelner Gruppenmitglieder auf das sozialarbeiterische Angebot aufzunehmen. Hilfreich ist in diesem Moment ein:e anwesende:r Kolleg:in, der oder die besser auf das Verhalten der Jugendlichen achten kann, während die Streetwork-Tätigkeit vorgestellt wird. Gerade weil professionelle pädagogische Arbeit im Streetwork-Kontext nicht ohne eine enge persönliche Beziehung möglich ist, kommt der Tätigkeit im Streetworker-Team eine wichtige regulierende Bedeutung zu. Nicht immer gelingt es den Sozialpädagog:innen selbst nämlich problemlos, einen ausgewogenen Kompromiss aus freundschaftlichem und professionellem Zugang in einer Beziehung zu finden. Häufig haben die Jugendlichen recht starke Bedürfnisse nach Harmonie, Ankommen und Beziehungen, die das Angebot des Streetworkers oder der Streetworkerin (re) aktiviert. Statt einer gewissen natürlichen und altersbedingten Grenzziehung entwickeln sich manchmal zu starke emotionale Zugkräfte, deren Kontrolle dann den außenstehenden und insofern objektiveren Teamkolleg:innen obliegt. Dabei steht außer Frage, dass eine etwas tiefergehende emotionale Beziehung in der Streetwork für den professionellen Erfolg dieses Verhältnisses dienlicher ist als eine zu strikte Trennung von Beziehungsaufbau und pädagogischer Arbeit. Krafeld (2004, 57 ff.) warnt deshalb davor, emotional labile Beziehungen zu früh mit harten, pädagogischen Zielsetzungen und Interventionen zu belasten. Auch sollten Sozialpädagog:innen keinen evolutionären Schnitt vollziehen und von einer Stufe der Beziehungsarbeit in ein professionell-pädagogisches Stadium übergehen, das sie als *die eigentliche Arbeit* ansehen. Kahl (1995, 96) ergänzt hier und warnt davor, Straßensozialarbeit als Erziehungsmodell im Sinne eines *Ich weiß, was gut für dich ist* zu begreifen. Eine solche Denkhaltung berücksichtige nicht, welche Lebensgeschichten und -erfahrungen Klient:innen der Streetwork mit sich brächten, die oft jahrelang unter Extrembedingungen (über)leben mussten. Gleichermaßen gilt Zurückhaltung in Bezug auf die persönlichen Haltungen und Werte, die der oder die Streetworker:in aufgrund eigener Erfahrungen im Lebensverlauf (zum Beispiel eine eigene Sucht) herausgebildet hat. Denn „eine der größten Gefahren für den Streetworker in seiner Rolle besteht darin, daß er nicht gelebte oder reflektierte Eigenanteile in seine Klientel projiziert und über diese, im Bewußten oder Unbewußten, ausagiert" (ebd., 94).
Weitere spezifische Aspekte der Arbeit als Streetworker:in fasst Wendt (2015, 322 ff.) zusammen:

- **Vertrauensschutz und Anonymität***:* Ohne das Einverständnis der Klient:innen sollen Streetworker:innen keine personenbezogenen Aufzeichnungen anfertigen oder Fallinhalte mit Dritten besprechen. Das gilt gerade auch für Kolleg:innen im Streetwork-Team sowie für weitere Fachleute, die in einen individuellen Beratungsverlauf miteinbezogen werden.
- **Parteilichkeit***:* Mobile Sozialarbeit ist auch eine Art Interessenvertretung der Klient:innen, ohne dabei aber zwingend deren Weltanschauung und

Meinungen zu teilen. Es geht vielmehr darum, auch im sozialen und öffentlichen Umfeld ein Verständnis für das Denken und Handeln der Zielgruppen zu schaffen. Gerade gegenüber der klassischen Schulpädagogik, der Polizei oder dem Jugendamt ist es – bis zu einer gewissen ethisch-moralischen und rechtlichen Grenze – wichtig, den Jugendlichen zur Seite zu stehen.

- **Interkulturelle Dialogfähigkeit**: So wie die Streetworker:innen auf die etablierten kulturellen Praktiken und Regeln der Jugendlichen Rücksicht nehmen, müssen sie auch aus interkulturellen Unterschieden resultierendes abweichendes Normverhalten wahrnehmen und akzeptieren.
- **Flexibilität und Sensibilität**: Der oder die Streetworker:in muss in der Lage sein, sich und seine oder ihre Arbeit den oft schnell wechselnden Gegebenheiten im Leben der Jugendlichen anzupassen. Außerdem besteht beständig die Pflicht, das Gleichgewicht aus Zurückhaltung und Intervention zu hinterfragen und zu wahren. Grenzziehungen durch den oder die Sozialarbeiter:in sollten sehr vorsichtig passieren und dürfen weder den psychosozialen Kern des Einzelnen, noch der Gruppe substanziell beeinträchtigen. Sofern nicht akute psychische oder physische Gefahr droht oder anderweitig harte rechtliche Grenzen überschritten werden, macht es beispielsweise mehr Sinn, andersartige Wertesysteme proaktiv vorzuleben statt vorzuschreiben.
- **Vernetzung**: Aufsuchende psychosoziale Jugendarbeit muss, wie oben gesehen, in der Lage sein, ein sehr breites Feld an individuellen Herausforderungen und Problemstellungen zu adressieren. Der oder die Streetworker:in ist insofern ein thematischer Allrounder, der im Detail aber auf das Wissen der jeweiligen Fachstellen und -kollegen zurückgreifen können muss. Dafür benötigt er oder sie ein Netzwerk, das alle relevanten Arbeitsfelder (z. B. Psychotherapie, Schuldenberatung, Wohnungsvermittlung etc.) abdeckt.
- **Beziehung vor Aktivität**: Das Hauptaugenmerk liegt in der Streetwork auf dem Beziehungsaufbau zwischen Sozialpädagog:in und Klient:in. Dieses Vertrauen dient als Basis jeglicher gemeinsamen Arbeit. Konkrete Aktivitäten können Teil dieser Arbeit sein, sind allerdings nicht Selbstzweck oder zwingender Projektrahmen und sollten sich inhaltlich zudem weit überwiegend nach den Wünschen der Zielgruppen richten.

Relevante institutionelle Herausforderungen bei der Umsetzung von Projekten aufsuchender, psychosozialer Jugendarbeit werden bei Krafeld (2004, 15 ff.) übersichtlich zusammengefasst. Seiner Einschätzung nach haftet Streetwork tendenziell ein negatives Image an, weil sie aus öffentlicher Sicht häufig als Symptom einer gescheiterten stationären Schul- und Sozialpädagogik betrachtet werde. In dieser Argumentation dürfte Streetwork also von vornherein überhaupt nicht nötig sein, wodurch laut Krafeld die Möglichkeiten zur Institutionalisierung und Kooperation von und mit Streetwork-Programmen in der Praxis verringert werden. Dazu komme, dass an aufsuchende Sozialarbeit häufig übertriebene Anforderungen gestellt werden, sowohl in zeitlicher Hinsicht als auch in Bezug auf den erzielten Effekt (ebd., 19 ff.). Diese illusorische Erwartungshaltung beobachtet Krafeld immer wieder auch im sozialen Umfeld der Klient:innen. Gründe sieht er in einem mehr auf Zurechtweisung als auf Dialog ausgerichteten Eltern-Kind-Verhältnis sowie darin, dass Jugendliche im öffentlichen Raum grundsätzlich eher als Störfaktor gesehen werden. Dabei werde in der Regel übersehen, dass aufsuchende Sozialarbeit ein spezialisiertes, professionelles Berufsfeld darstellt, das finanzielle Mittel benötige und auf einen schrittweisen individuellen Beziehungsaufbau angewiesen sei. Die Vorstellung, man könne punktuell eine ganze Gruppe Jugendlicher zu einer normkonformen Verhaltensänderung bewegen, berge deshalb ein gewisses Hinderungspotenzial.

Dementsprechend nennt Krafeld (2004, 29 ff.) auch eine unzureichende und zeitlich stark begrenzt nutzbare Ausstattung und Infrastruktur als einen häufigen Nachteil bei der Initiierung von Streetwork-Projekten. Dazu kommen teils prekäre Arbeitsbedingungen, die vor allem Vertragskonditionen und Teamstrukturen betreffen. Dadurch, dass sich aufsuchende Jugendarbeit traditionell in einem Graubereich zwischen klassisch-institutionalisierter Pädagogik, Familienhilfe und persönlichem Coaching befindet, drohen immer wieder Interessenskonflikte zwischen Anforderungen und Erwartungen verschiedener Akteure (z. B. Träger, Schule, Polizei, Eltern, Nachbarschaft, Streetwork-Team, Jugendlichen) an die konkreten Zielsetzungen und Methoden der Streetwork. Ein insgesamt negativer Denkansatz bei der Initiierung von Streetwork-Projekten, der vor allem ein anstößiges Verhalten der Jugendlichen sieht und Sozialarbeit entsprechend als beseitigend und reinwaschend wahrnimmt, könne zudem das kreative und soziale Potenzial dieser Projekte mindern. Dazu komme, dass Mitarbeiter:innen in Streetwork-Projekten oft nur unzureichend aus- und fortgebildet werden. So hänge der Fortbestand dieser Initiativen häufig ausschließlich am außerordentlichen Engagement Einzelner. Aufsuchende psychosoziale Sozialarbeit lässt sich insgesamt als eine nicht ganz einfache Tätigkeit außerhalb normierter gesellschaftlicher Handlungsstrukturen, wohl aber mit einem gesellschaftlichen Auftrag verstehen. Streetworker:innen bewegen sich dabei auf einem schmalen und immer wieder neu zu definierenden Grat zwischen den Ansprüchen und Zweifeln ihrer Zielgruppen und ihrer Auftraggeber. Dazu kommen weitere Stakeholder im pädagogischen und sozialen Umfeld der Jugendlichen sowie Akteure staatlicher Jugendhilfe und Rechtsaufsicht. Im Optimalfall muss der oder die Streetworker:in allen diesen Organen und Einzelpersonen gegenüber authentisch und verlässlich auftreten. An vielen Stellen bedeutet das einen nur extrem schwer zu realisierenden Kompromiss zwischen Kumpanei und Kontrolle, Nähe und Distanz, Legalität und Illegalität (Kahl 1995, 92 f.). Inhaltlich erfolgversprechend sind Streetwork-Projekte immer dann, wenn der oder die Sozialarbeiter:in mehr Anwalt als Richter sein darf, in Ruhe solide

Beziehungen zu seinen oder ihren Klient:innen aufbauen kann und sich in einem Netzwerk von Fachleuten bewegt, an die er oder sie sich im Problemfall gemeinsam mit den Jugendlichen wenden kann.

7.3 Digitalisierung der aufsuchenden Sozialarbeit

Wissenschaftliche Beiträge zur sozialen Arbeit weisen über verschiedene Argumentationswege darauf hin, dass diese Tätigkeit im digitalen Raum mindestens ebenso notwendig sei wie im analogen. Beranek et al. (2019, 231 ff.) leiten sozialarbeiterischen Handlungsbedarf im Kontext virtueller Welten beispielsweise unter Rückgriff auf die normative Handlungstheorie (Staub-Bernasconi 1998) sowie auf die Bewältigungstheorie (Böhnisch 2002; 2016) her. Die normative Handlungstheorie fokussiert dabei insbesondere das Machtgefälle zwischen Anbietern und Nutzer:innen im Internet und kritisiert dementsprechend hauptsächlich den Verlust von Privatsphäre sowie die uneinsehbare Datenproduktion und -verwendung aus Nutzer:innensicht (z. B. vertiefend: Rifkin 2002; Fuchs 2019; Staab 2018). Es sei vor diesem Hintergrund die Aufgabe sozialer Arbeit, zu verhindern, dass durch das kapitalistisch geprägte Missverhältnis von Geben und Nehmen in digitalen *Social Communities* keine unkontrollierten sozialen, gesundheitlichen und finanziellen Nachteile für einzelne Mitglieder der Gesellschaft entstehen (Staub-Bernasconi 2012, 271). Demgegenüber setzt die Bewältigungstheorie wesentlich weniger systemisch-normativ an, sondern konzentriert sich ganz im Sinne dieser Arbeit auf die Triebkräfte und Erscheinungsformen individualpsychischer Kompensationsstrategien aufgrund sowie bei der Nutzung von digitalen Technologien und virtuellen (Spiel-)Welten. Ausgegangen wird von der Annahme, dass bei der Bewältigung von nicht erfüllten sozialen Bedürfnissen oder Enttäuschungen regelmäßig auch selbst- und fremdzerstörerisches Verhalten entsteht (Böhnisch 2016a, 12; 2002, 220 f.). Im Zuge gesellschaftlicher Digitalisierung erkennt Böhnisch einen solchen destruktiven sozialen Abspaltungsdruck beispielsweise aufgrund von prekären Arbeitsbedingungen und der Angst vor dem Verlust von Arbeit. Auch wegen einer mentalen Überlastung durch die Omnipräsenz digitaler Inhalte und Reize oder infolge realitätsferner Perfektion samt Like-and-Share-Prinzipien in sozialen Netzwerken kann sich bei Nutzer:innen selbst- oder fremdschädliches Gedankengut entwickeln. Eine negative Gedankenspirale kann schließlich auch aufgrund von seelischen Belastungen durch die im Netz dargestellte psychische und physische Gewalt entstehen. Derartige (Ver)Störungen münden, in Verbindung mit einem Mangel an digitaler Medienkompetenz, dann vor allem bei Jugendlichen unter anderem in der Entstehung suchtartigen Nutzungsverhaltens, in Mobbing sowie in sozialer Exklusion. Soziale Arbeit müsse hier ansetzen und zusätzlich zu den analogen auch die digitalen Dimensionen der Lebensbewältigung erkennen und

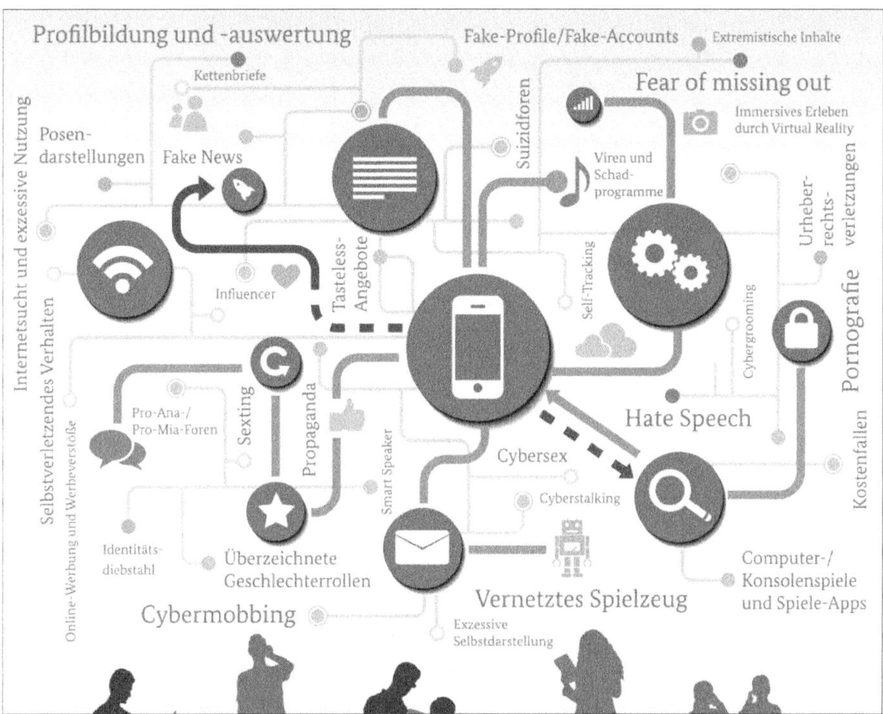

Abbildung 38: Herausforderungen für Kinder und Jugendliche in digitalen Handlungswelten als Cluster-Darstellung im Gefährdungsatlas der Bundesprüfstelle für jugendgefährdende Medien (BPjM) 2019

aktiv adressieren (Böhnisch 2016b, 95). Um die Liste von Ansatzpunkten sozialer Arbeit im Digitalen im Sinne der normativen Handlungstheorie sowie der Bewältigungstheorie substanziell zu erweitern, wird an dieser Stelle auf die umfangreiche Klassifikation des Gefährdungsatlas der Bundesprüfstelle für jugendgefährdende Medien (2019) aus dem Jahr 2019 verwiesen (vgl. auszugsweise Abb. 38).
Abgesehen von den spezifischen sozialpsychologischen und rechtlich-materiellen Problemstellungen aus Nutzer:innensicht in digitalen Handlungswelten befürworten Kutscher (2015) sowie Iske und Kutscher (2020) eine Digitalisierung der sozialen Arbeit auch noch aus einem anderen Grund. Demnach löse das Internet, trotz seiner oben diskutierten integrativen Potenziale (z. B. Baecker 2019, 17 ff., 93 ff.), analoge soziale Ungleichheiten keineswegs auf. Soziodemographische Gräben in der Gesellschaft spiegeln sich vielmehr in digitalen Welten, sowohl im Sinne eines *Digital Divide* (Nutzung vs. Nicht-Nutzung digitaler Medien) als auch in Form einer *Digital Inequality* (kompetenzabhängig unterschiedliche Nutzungsarten digitaler Welten, auch: Second-Level Digital Divide). Der bloße Zugang zur vernetzten Gesellschaft bedeutet deshalb nicht automatisch ein Plus an sozialer Integration und demokratischer Teilhabe. Umgekehrt ist im Digitalen ebenso ein Bedarf an sozialer Arbeit vorhanden, wobei Iske und Kutscher (2020, 123) feststellen, dass

die sozial benachteiligten Zielgruppen in bereits bestehenden sozialpädagogischen Online-Beratungsangeboten deutlich unterrepräsentiert sind.
Beranek et al. (2019, 237 ff.) fordern deshalb die verstärkte Integration digitaler Infrastrukturen in Einrichtungen der praktischen Sozialarbeit, verbunden mit einer grundständigen Vermittlung von Medienkompetenz an praktizierende Sozialarbeiter:innen. In diesem Zusammenhang stellt Hoffmann (2020) großen Nachholbedarf fest, weil der gesamte Bereich der Medienpädagogik in der Ausbildung von Sozialpädagog:innen bislang eine untergeordnete und standortbezogen stark uneinheitliche Rolle spiele (auch: Helbig & Roeske 2020). Aktuelle wissenschaftliche Beiträge im Fach der Sozialpädagogik sind sich allerdings einig, dass gerade die soziale Arbeit ihrem Anspruch der Lebenswelt- beziehungsweise Sozialraumorientierung künftig nur dann gerecht werden könne, wenn sie medienpädagogische Ansätze in Ausbildung und Berufspraxis deutlich intensiver aufgreift (Kergel 2020).
Diskutiert werden im Fach vor diesem Hintergrund schon seit einigen Jahren verschiedene methodische Settings digitaler Sozialarbeit, die sich primär an Kinder und Jugendliche richten soll. Kutscher (2015) nennt in diesem Zusammenhang unter anderem explizit auch die Ingame-Sozialarbeit in Videospielen. Zum Status quo der praktischen Verbreitung bremst sie allerdings die Euphorie und stellt zwar fest, dass viele Anbieter der Kinder- und Jugendhilfe bereits mit eigenen Accounts in digitalen Netzwerken vertreten seien, jedoch die Intensität und Qualität der tatsächlichen Arbeit nur schwer beurteilt werden könne. Fünf Jahre später kommt Bollig (2020) speziell zur Digitalisierung aufsuchender Sozialarbeit (Streetwork) zu einem ganz ähnlichen Ergebnis. Zwar beobachte sie seit längerem die Entstehung vielfältiger innovativer Begriffe wie „Streetwork/MJA im Internet" (Glück 2006), „virtuelles Streetworking" (Schindler 2008), „Webwork" (Pritzens 2011), „virtuelle Jugend(sozial)arbeit" (Rösch 2013), „aufsuchende Beratung im Netz" (Allenberg 2018), „hybride Streetwork" (Brock 2017) sowie „Digital Streetwork". Letztere wird sowohl in der Präventions- und Interventionsarbeit mit sich radikalisierenden Jugendlichen (Dinar & Heyken 2017) als auch im Kontext einer „aufsuchenden Informations- und Beratungsarbeit" in der Arbeit mit jungen Geflüchteten (Pfeffer-Hoffmann & Stapf 2018) verwendet. Bollig (2020) registriert allerdings sehr unterschiedliche Methoden(verständnisse) hinter diesen Bezeichnungen und befürchtet, dass dabei überwiegend „auf pragmatische Weise versucht wird, den Herausforderungen der Digitalisierung im jeweiligen Kontext angemessen zu begegnen und somit eine kontinuierliche, kritische und arbeitsfeldspezifische Auseinandersetzung über mögliche Auswirkungen tendenziell vernachlässigt wird" (Bollig 2020, 470). Verstanden werden kann diese Generalskepsis vor allem als Hinweis darauf, dass sich die fachinternen Vorstellungen von einer virtuell-aufsuchenden Sozialarbeit bislang im abstrakt-visionären Stadium bewegen, wohingegen konkrete Handlungskonzepte, die ausgewählte digitale

Herausforderungen mit bestehenden sozialpädagogischen Praktiken verknüpfen, augenblicklich noch fehlen.

Mit der methodischen Adaption aufsuchender Sozialarbeit im Digitalen beschäftigen sich Pritzens (2011) und Klein und Pulver (2020), deren wichtigste Punkte nachfolgend zusammengefasst werden:

- Kommunikation in digitalen Handlungswelten verläuft zumindest anfangs weitgehend textbasiert. Kritisch zu betrachten ist dabei insbesondere das Wegfallen informeller beziehungsweise nonverbaler Äußerungen. Diese müssen von Sozialarbeiter:innen sowie von Klient:innen explizit eingepflegt werden. Beispielsweise Emojis können beim Visualisieren textergänzender Emotionen sehr gut behilflich sein.
- Dennoch bilden Missverständnisse in der Kommunikation, die auch aufgrund unterschiedlicher Bewertungen von Emojis oder kontextloser Textbotschaften entstehen können, ein Risikofeld einer ortsungebundenen und asynchronen Online-Beratung. Außerdem soll die leibliche analoge Beratung einen entschleunigenden Schutzraum abseits des eigentlichen Alltagsgeschehens bilden. Unsicher ist, ob solche Effekte auch im Internet möglich sind, wo sich Alltagsnutzung und Beratung unter Umständen nicht trennen lassen. Auch wäre eine geringere Verbindlichkeit seitens der Klient:innen denkbar, verbunden mit einer höheren Abbruchquote. Umgekehrt kann der sozialpädagogische Online-Service auch als Gewinn an Flexibilität begriffen werden, durch dessen einfache Verfügbarkeit und dessen anonymen Charakter die Hemmschwellen Betroffener sinken können (ergänzend: Loew 2020).
- Da öffentliche Diskussionen und Beiträge von und mit Sozialarbeiter:innen im Digitalen von allen mitgelesen werden können, ist eine erhöhte Sensibilität im Umgang mit den eigenen Postings geboten. Vermieden werden sollten einerseits unangemessen polarisierende oder zu intime eigene Meinungen und Einblicke, andererseits aber auch rechtlich relevante oder intime Informationen über Jugendliche. Umgekehrt bilden öffentlich geführte Diskussionen für Jugendliche, deren Hemmschwelle zur direkten Kontaktaufnahme noch zu hoch liegt, einen niedrigschwelligen Einstieg in die Sozialberatung.
- Insgesamt eröffnen sich im Online-Kontakt zu den Jugendlichen diverse Fragen und Problemstellungen bezüglich der dabei generierten Daten und deren Schutz. Chat-Applikationen, deren Inhalte an unbekannten Orten beziehungsweise außerhalb des Kontrollbereichs der an der Unterhaltung Beteiligten gespeichert werden, sind für die engere Fallarbeit ungeeignet (auch: Bollig 2015; Kutscher 2020). Auf der anderen Seite muss auch ethisch diskutiert werden, inwiefern der oder die Sozialarbeiter:in selbst Big-Data-Analytics in der diagnostischen Arbeit verwenden darf und sollte, um das Nutzungsverhalten und die Persönlichkeitsprofile der Jugendlichen zu erfassen (Schrödter et al. 2020).

- Da die Diffusions- und Empfehlungsmechanismen sozialer Netzwerke (Hohlfeld & Godulla 2015, 21) das Anlegen öffentlich einsehbarer Streetwork-Profile nahelegen, besteht die Pflicht zur professionellen Gestaltung und Pflege mehrerer Accounts. Eine zentrale Herausforderung ist dabei, sich als digitale:r Streetworker:in über ausführliche und transparente Informationen authentisch von Fake-Profilen und Falschinformationen abzugrenzen (auch: Bollig 2015).

Pritzens (2011), der schon frühzeitig eine Integration digitaler Medien in die praktische Streetwork befürwortet hat, stellt im Jahr 2011 fest, dass Träger von Streetwork-Projekten und Streetworker:innen selbst durchaus schon mit eigenen Accounts in sozialen Netzwerken vertreten sind. Damit werde eine digitale Anlaufstelle für Jugendliche geschaffen, vergleichbar mit einer Homepage, die beispielsweise eine Chatberatung anbietet oder auch von den Jugendlichen selbst mitgestaltet werden kann. Darüber hinaus beobachtet Pritzens vereinzelt sogar eine aktive und aufsuchende Beratungsarbeit der Sozialarbeiter:innen, die sich mit transparenten Streetwork-Accounts frei im Netz bewegen, feste Ansprech- beziehungsweise Online-Zeiten anbieten und webgebundene Veranstaltungen und Projekte organisieren. Bis zum Jahr 2020 finden sich allerdings seit dieser Pionierpublikation im deutschsprachigen Raum nur sehr wenige zitierfähig dokumentierte Projektaktivitäten im Bereich digitaler Streetwork. Prominentes Beispiel ist hier die Initiative *„Debate//Dehate" der Amadeu-Antonio-Stiftung* (Dinar & Heyken 2017) aus den Jahren 2016 (hauptsächliche Projektarbeit) und 2017 (Publikation des Projektberichts samt Handlungsempfehlungen). *Debate//Dehate* hatte als Projekt die Zielsetzung, die digitale Debattenkultur im demokratischen Sinne zu fördern, indem gezielt popularisierende, menschenfeindliche Inhalte im Web 2.0 aktiv durch Gegenrede und Versachlichung entschärft wurden. Die Projektmitarbeiter:innen richteten dafür persönliche Social-Media-Accounts ein, die Arbeitgeber und Projekttätigkeiten klar zu erkennen gaben. Mit diesen Profilen suchten sie gezielt nach Posts und Kommentaren speziellvon Jugendlichen, die rechtsradikale, menschenfeindliche Gesinnungen oder Botschaften aktiv kommunizierten oder befürworteten (etwa durch Likes und Shares). Reagiert wurde in solchen Fällen mit pädagogischer Counterspeech, zu verstehen entweder als privates und Post-bezogenes Ansprechen von Urhebern mit dem Ziel langfristiger Eins-zu-eins-Arbeit oder als entlarvendes *Debunking*, also öffentliches Reagieren und Mitdiskutieren mit dem Ziel, auch vor stillen Mitleser:innen demokratische Stärke zu demonstrieren. Dabei ging es weniger um das öffentliche Zurschaustellen der Haltlosigkeit radikaler Argumentationsschemata, sondern im Vordergrund stand immer die kontinuierliche und konstruktive Beziehungsarbeit mit den Autor:innen. Zum Einsatz kamen in den Gesprächen und Kommentaren deshalb vorwiegend zirkuläre und provozierend-reflektierende Fragetechniken (vgl. oben Abb. 37; Wendt 2015, 110 ff.) sowie wirkungsbezogene Ich-Botschaften (ebd., 102 ff.), die

nach den Gründen dieser extremen Kommunikation und den damit verbundenen individuellen Emotionen suchen. Da es sich dennoch um sensible Themen handelte, die inhaltliche Grundhaltung der Streetworker:innen eine kritische war, und in der teilanonymen Social-Media-Kommunikation zusätzlich nonverbale Hinweisreize fehlen, wurde viel Zeit in die Vorbereitung niedrigschwelliger empathischer Erstnachrichten zum Kontaktaufbau investiert. In ihrem Projektbericht empfehlen Dinar und Heyken (2017) unter anderem, die Länge, den Wortschatz und den allgemeinen Sprachduktus an die erkennbaren Kommunikationsgewohnheiten des Adressaten weitmöglichst anzupassen. Wichtig sei weiterhin, wertschätzend nachzufragen, anstatt moralisch anzuklagen und sich selbst (Person, Tätigkeit, Grund der Kontaktaufnahme) entsprechend vorzustellen. Wird nicht direkt Kontakt mit dem oder der Urheber:in eines Posts aufgenommen, sondern ein diskursiver Kommentar daruntergesetzt, wird neben der nach wie vor empathischen Ansprache auch die pointierte sachliche Gegenargumentation zur Bestärkung stiller Mitlesender wichtiger. Dazu kommt, dass die *Debate//*-Projektmitarbeiter:innen neben eigenen Impulsen gezielt jene Jugendlichen durch Likes und Kommentare unterstützten, die den Mut hatten, sich in Kommentarspalten explizit gegen rassistische Hetze zu positionieren.
Rückblickend auf ihre Arbeit im Digital-Streetwork-Projekt *Debate//* fassen die Autorinnen der Antonio-Amadeu-Stiftung (Dinar & Heyken 2017, 31 f.) einige relevante Herausforderungen samt Lösungsansätzen zusammen, die sich bei dem Versuch einer konstruktiven Kontaktaufnahme mit Jugendlichen in sozialen Netzwerken stellen können:

- „Das Alter der/des Jugendlichen ist für Nicht-Freunde nicht einsehbar oder generell nicht im Profil vermerkt" (ebd. 31).
  Vorschlag: Freundschaftsanfrage auf Verdacht senden, um danach bessere Infos zu bekommen (moralisch schwierig), Profilaktivitäten (Likes, Shares) auswerten und Rückschlüsse auf Altersgruppe ziehen.
- „Die Jugendlichen kennen die ansprechenden Personen (hier: Mitarbeiter*innen der Amadeu-Antonio-Stiftung) außerhalb der Online-Welt nicht, und die Ansprache landet im Spam-Ordner" (ebd. 31).
  Vorschlag: Mit Rücksicht auf das Prinzip der Freiwilligkeit kaum eine Alternative vorhanden.
- „Die Ansprache bringt die Schwierigkeit der schriftlichen Sprache mit sich. Klangform der Stimme und Betonungen fallen weg, was zu Missverständnissen auf beiden Seiten führen kann" (ebd. 31).
  Vorschlag: Niedrigschwellige Ansprache, keine akademischen Phrasen, Emoticons verwenden, gut durchdachte inhaltliche Struktur.
- „Die Jugendlichen haben kein Bedürfnis geäußert, sich zu unterhalten. Eine Ansprache kann von ihnen schnell als übergriffig gewertet und ignoriert werden. Hinzu kommt, dass es für Jugendliche unangenehm sein kann, in ihrem

»virtuellen Kinderzimmer« – also auf ihrem privaten Facebook-Account – von einer Person angesprochen zu werden, die dies als Arbeitsauftrag ausführt" (ebd.32).
Vorschlag: Ähnlich wie oben im Sinne der Freiwilligkeit aufsuchender Sozialarbeit kaum eine Handlungschance.
- „In sehr häufigen Fällen werden in Postings viele unterschiedliche Themen durcheinandergeworfen" (ebd. 32).
Vorschlag: Versuch, im Subtext das eigentliche dahinterstehende Thema zu identifizieren, ansonsten gezielter Fokus auf ein ausgewähltes Thema.
- „Fakten werden oftmals verdreht und Quellen nur teilweise, fälschlich oder gar nicht angegeben" (ebd. 32).
Vorschlag: Guter Kenntnisstand zur allgemeinen thematischen Diskussion, außerdem gezielte Vorabrecherche zum jeweils speziellen Thema, Sammeln und Posten seriöser Quellen und Links.

Im Fazit des Projektberichts plädieren Dinar und Heyken (2017, 33 ff.) schließlich für eine deutlich aktivere Anerkennung des Web 2.0 als Teil sozialer Arbeit auf wissenschaftlicher und handlungspraktischer Seite. Da die Erfolgsrate der Eins-zu-eins-Kontaktaufnahmen im Projekt *Debate//* im Verhältnis zum zeitlichen Aufwand noch ausbaufähig gewesen sei, empfehlen sie weiterhin die Ausweitung der *One-to-Many*-Maßnahmen digitaler Streetworker:innen, um sich über längerfristige Community-Arbeit eine solide Basis an Reputation und Kontakten im jeweiligen Handlungsfeld aufzubauen. So lasse sich eventuell die Erfolgsrate in der Einzelberatung erhöhen, weil Expertise und Authentizität des Sozialarbeiters oder der Sozialarbeiterin in den Augen der Jugendlichen kontinuierlich anwachsen können und zudem gewisse Empfehlungsmechaniken greifen. Zwei weitere Modellprojekte digitaler Streetwork zum Thema Migration und Integration initiierte das Bildungsunternehmen *Minor – Projektkontor für Bildung und Forschung* (2018) gemeinsam mit verschiedenen sozialen Beratungsträgern in Berlin (Projekt *Neu in Berlin*, Zeitraum 2016 bis 2019) sowie im gesamten deutschen Bundesgebiet (Projekt *Migrationsberatung 4.0 – Gute Arbeit in Deutschland*, Zeitraum 2018 bis 2019). Das Projektteam *Neu in Berlin* recherchierte in sozialen Netzwerken die relevanten Fragen Neuzugewanderter in den polnisch-, französisch-, arabisch- und englischsprachigen Communities in Berlin. Ziel war anschließend, die wichtigsten Informationen proaktiv in die jeweiligen Online-Gruppen und Diskussionen hineinzutragen. Am Projekt *MB 4.0* beteiligte Sozialarbeiter:innen gingen über das bloße Informieren hinaus und unterstützten Arbeitssuchende aus Polen, Rumänien und Bulgarien nach der Kontaktaufnahme im Netz längerfristig in Einzelarbeit bei der Jobsuche und Arbeitsmarktintegration. Im Erfahrungsbericht bestätigt der Projektträger einige zentrale Handlungsempfehlungen zur aufsuchenden Sozialarbeit in sozialen Netzwerken, die sich auch im oben referierten Forschungsstand sowie im Projekt der Amadeu-Antonio-Stiftung wiederfinden: die transparente Darstellung der Person und Tätigkeit des Streetworkers oder der Streetworkerin im Profil, schrittweiser Reputations- und Community-Aufbau, Eingehen auf Falschinformationen und Hate Speech sowie das Bilden eines verlässlichen Netzwerks an Fachstellen zum Verweisen (in die analoge Welt). Darüber hinaus sprechen sich die *Minor*-Mitarbeiter:innen dafür aus, die Administrator:innen von Diskussionsforen mit ins Boot zu holen, eine gewisse Antwortgeschwindigkeit zu sichern und auf die etablierte Selbsthilfekultur in den sozialen Netzwerken konstruktiv einzugehen.

8 Modellbildung II: Digital Streetwork am Beispiel Videospielsucht

Die Zielsetzungen und Arbeitsstrategien einer aufsuchenden psychosozialen Jugendarbeit (Streetwork), wie sie in Kapitel 7 dargestellt wurden, sind rein konzeptuell betrachtet gut in der Lage, die oben beschriebene empirische Lücke im begleitenden Teil einer ganzheitlichen Medienpädagogik zu schließen. Im zweiten Teil der Modellbildung dieser Arbeit soll deshalb konkretisierend und am Beispiel des Arbeitsfeldes Videospielsucht prozessorientiert dargestellt werden, wie eine ganzheitlich begriffene Medienkompetenzvermittlung funktionieren könnte. Bestehende Ansätze (außer)schulischer Prävention (vgl. Kap. 5) und psychotherapeutischer Rehabilitation (vgl. Kap. 4) werden dabei durch begleitende Streetwork-Maßnahmen zielgruppenbezogen und effizienzsteigernd verbunden. Den konzeptuellen Rahmen bildet die in Kapitel 6 (Modellbildung I) geschilderte Vorstellung von einer ganzheitlichen Medienkompetenzvermittlung in Bezug auf digitale und virtuelle (Spiel-)Welten. Ziel dieses Ansatzes ist es, nicht lediglich punktuell präventiv vor der Nutzung und rehabilitativ im Falle unangemessenen Nutzungsverhaltens tätig zu werden. Präventive Handlungsimpulse sollen vielmehr begleitend im realen Online-Alltag von Heranwachsenden vertieft werden, um Nutzungserfahrungen unmittelbar und gemeinsam zu reflektieren. Wissens- oder emotionsbedingte Schieflagen sollen dabei frühzeitig erkannt, kompetenzfördernd ausgeglichen und wenn nötig mit psychologisch-rehabilitativen Maßnahmen behandelt werden. Simpel ausgedrückt bedeutet das: Exzessive und suchtartige Internetnutzung, in diesem Fall insbesondere bezogen auf Videospiele, kann – in der Theorie – dann am besten verhindert werden, wenn es die Medien- und Spielpädagogik schafft, mit den Kindern und Jugendlichen auch während des Spielens zu arbeiten, nicht nur davor und danach. Dafür muss allerdings das Internet selbst als pädagogischer Handlungsraum erschlossen werden, was wie gesehen bislang problematisch ist. Ein Grund dafür liegt beispielsweise darin, dass das Netz für Heranwachsende ein wichtiger Ort der Abnabelung vom Elternhaus ist, an dem heute große Teile der eigenen Identitätsfindung und Sozialisation innerhalb der Peer Group ablaufen (Hoffmann & Wagner 2013; Boyd 2014, 203; Kammerl et al. 2015). Zudem fungieren virtuelle (Spiel-)Welten als Rückzugsräume für Jugendliche, wenn diese dem emotionalen Stress im realen Alltag entfliehen und ungestört abschalten wollen (Jeng & Teng 2008; Yee 2020). Gerade Eltern und Lehrer:innen und weiter gefasst Institutionelle der erziehenden Erwachsenenwelt sind deshalb im Netz schlicht und einfach nicht gewollt. Dazu kommt, dass die Heranwachsenden in aller Regel auch einen nicht zu unterschätzenden Wissensvorsprung bei der Bedienung der Technik und der Navigation in digitalen Handlungswelten haben (Spiegel 2010; Hemminger 2016; Süddeutsche Zeitung 2019). Selbst dann, wenn Eltern und Lehrer:innen also wollen, was durchaus immer häufiger passiert (USK 2020b; scoyo 2015; Schaumburg und Prasse 2019, 236), bestehen substanzielle Hürden beim Zugang zu virtuellen Welten wie dem Gaming. Dass das Nutzungs- beziehungsweise Spielverhalten von Kindern und Jugendlichen bislang eine pädagogische *Black Box* ist und wohl auch bleiben wird, muss also nicht verwundern. Um dennoch eine begleitend-diagnostische Komponente im Prozess der Medienkompetenzvermittlung im Digitalen zu etablieren, reflektiert diese Arbeit die Integration von Digital-Streetwork-Programmen in medienpädagogische Arbeitsansätze. Die lebensweltorientierten und akzeptierenden Methoden der aufsuchenden Jugendsozialarbeit (Wendt 2015) sollen dabei helfen, in Social-Media- und Gaming-Communities professionelle Pädagog:innen zu platzieren, die von den Kindern und Jugendlichen wegen ihres authentischen Auftretens dort auch tatsächlich gewollt sind und fachlich anerkannt werden. Darüber hinaus sollen digitale Streetworker:innen als Nukleus eines Netzwerks von Fachleuten sowie als Bindeglied zwischen Jugendlichen und ihrem sozialen Umfeld dafür sorgen, dass alle in Abbildung 34 vorgeschlagenen Akteure der Medienkompetenzvermittlung nur in den nötigen Fällen, dann aber zur richtigen Zeit und auf Maßnahmenebene zielführend in Aktion treten können. Abbildung 39 modelliert zur Veranschaulichung dieser Wirkungsvermutung beispielhaft die Organisationsstrukturen sowie Handlungsprozesse einer Digital Streetwork im Gaming mit speziellem Fokus auf exzessives und pathologisches Nutzungsverhalten unter Kindern und Jugendlichen. Gedacht ist ganzheitliche Medienkompetenzvermittlung hier prinzipiell als chronologisches Ablaufmodell mit den drei aufeinander aufbauenden Teilabschnitten *Prävention*, *Begleitung/Diagnose* und *Rehabilitation*. Gleichzeitig steht außer Frage, dass in der individuellen Nutzungshistorie Heranwachsender gerade präventive und rehabilitative Impulse mehr als einmal sowie zu mehreren Zeitpunkten sinnvoll sein und eingesetzt werden können. Beispielsweise ist denkbar, dass auf präventive Schulung eine dennoch schädliche Nutzung folgt, die ihrerseits therapeutische Maßnahmen erfordert, deren Erkenntnisse neue Präventionsmaßnahmen für den künftigen Umgang mit virtuellen (Spiel-)Welten induzieren. Gleichermaßen könnte es sein, dass Rehabilitation nötig ist, bevor überhaupt präventiv gehandelt werden kann, weil sich von Haus aus bereits schädliches Nutzungsverhalten entwickelt hat oder weil manifeste andere psychische Störungen vorliegen, ohne deren Behandlung eine kompetente Mediennutzung nicht denkbar ist.

Dieses idealtypische und plastische Ablaufmodell der Medienkompetenzvermittlung ist also grundsätzlich chronologisch angelegt, kann sich aber im längerfristigen Nutzungsverlauf wiederholen (wenn etwa eine befristete Abstinenz nötig ist) oder muss wie beispielhaft beschrieben punktuell vor- und nachjustiert werden. Die koordinierende Instanz und Konstante aller Präventions- und Rehabilitations-

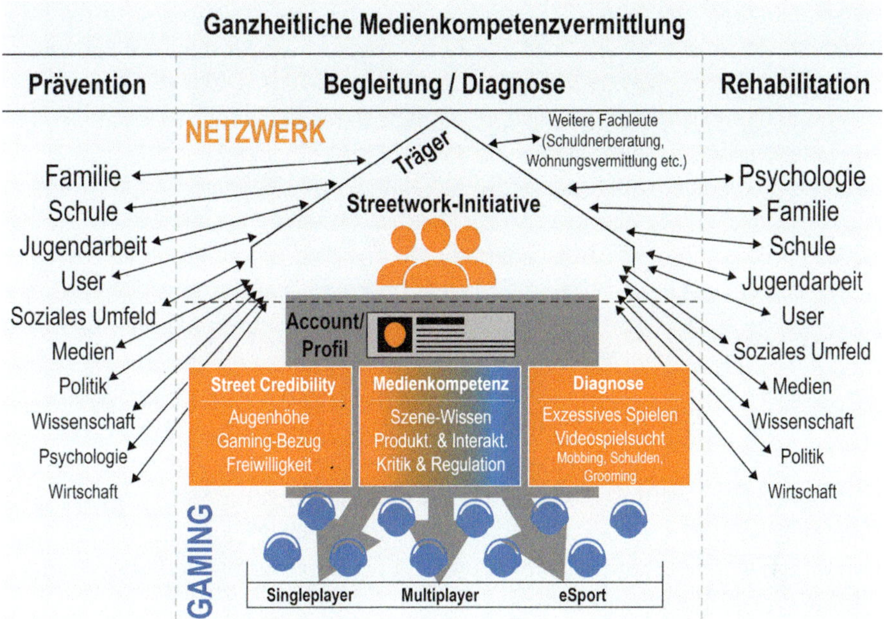

Abbildung 39: Organisationsstrukturen und Handlungsprozesse digitaler Streetwork als Teil ganzheitlicher Medienkompetenzvermittlung im Gaming am Beispiel exzessiven und pathologischen Nutzungsverhaltens (eigene Darstellung)

maßnahmen zur Vermeidung und Behandlung exzessiven und pathologischen Videospielens kann dabei eine begleitend-diagnostische digitale Streetwork sein. Aufsuchende Sozialarbeiter:innen, die als Teil der Gaming-Szene sozusagen auf der virtuellen Straße intensiv mitbekommen, wie der Nutzungsalltag und das konkrete Nutzungsverhalten von Heranwachsenden aussehen, sind in der Lage, präventiv vermittelte Verhaltensweisen zu fördern und negative Nutzungsarten beziehungsweise -erfahrungen zu erkennen und zu behandeln. Fachspezifische Begriffe wie *Diagnose* oder *Behandlung* sind in diesem Zusammenhang relativ zu verstehen: Der oder die digitale Streetworker:in muss wie im Analogen auch über ein solides Grundwissen der relevanten Risikofelder (hier vor allem: suchtfördernde Spielmechaniken, Motivationen exzessiven Videospielens, Suchtdynamiken und -symptome) sowie der Strategien und Fähigkeiten konstruktiv-gesunder Nutzung (Medienkompetenzen im Gaming) verfügen. Dieses breite Spektrum an Fähigkeiten ermöglicht es, anhand des beobachteten realen Nutzungsalltags fallbezogen Rückschlüsse auf den Bedarf an präventiver Impulsschulung, an rehabilitativer Therapie sowie an enger oder lockerer Begleitung zu erkennen. Digitale Streetworker:innen diagnostizieren in diesem Sinne also beispielsweise nicht etwa eine psychische Erkrankung, sondern den Bedarf an professionell-psychologischer Einschätzung oder Betreuung. Gleichermaßen vermitteln sie nicht zwingend umfassendes Grundlagenwissen in allen fünf oben definierten Kompetenzfeldern autonomer

Games-Nutzung (vgl. Kap. 5.2), können aber punktuell nachsteuern und praxisrelevante Wissens- und Diskursfelder an die schulische oder familiäre Pädagogik rückmelden. Digital Streetwork ist demgemäß auch als Auge, Ohr und Hand klassischer und häufig stationärer Medienpädagogik sowie fachärztlicher Rehabilitation zu verstehen. Gleichzeitig wird klar, dass die begleitende und diagnostische digitale Streetwork-Arbeit ein hochspezialisiertes Set an Fähigkeiten benötigt, um Zugang zum tatsächlichen Handlungsalltag der Heranwachsenden zu bekommen (Krafeld 2004, 15 ff.; Kahl 1995). Aufsuchende psychosoziale Jugendarbeit im Digitalen ist deshalb keinesfalls ein untergeordnetes oder rein erweiterndes Werkzeug institutioneller Pädagogik und Psychologie/Psychiatrie, sondern ein gleichwertiger Kooperationspartner im Medienkompetenz-Vermittlungsprozess. Insofern gehen das Aufgabenfeld und der (potenzielle) Wirkungsgrad der Digital Streetwork auch klar über die Kontrolle der in Schule und Elternhaus vermittelten Regeln zum Umgang mit digitalen Medien hinaus. Digitale Straßensozialarbeiter:innen werden vielmehr zu ganz zentralen Weggefährt:innen und Mentor:innen der Kinder und Jugendlichen, haben Teil an deren positiven und negativen Nutzungserfahrungen und verleihen die nötige emotionale Stabilität, um autonome Medienkompetenz schrittweise im Feld zu erarbeiten.

Digital Streetwork und Videospielsucht als Arbeitsprozess

Wie könnte eine aufsuchende, psychosoziale Jugendarbeit im Gaming vor dem Hintergrund der Diskussion über exzessives und pathologisches Nutzungsverhalten also konkret aussehen? Im Zentrum der Modellgrafik in Abbildung 39 steht der digitale Streetworker oder die digitale Streetworkerin (orange). Diese:r arbeitet nicht alleine, sondern ist Teil einer professionell organisierten Streetwork-Initiative, die mehrere Einsatzteams von jeweils mindestens zwei Kolleg:innen umfasst, um insgesamt größtmögliche Wirkung zu entfalten und in der täglichen Arbeit selbstevaluierende Mechanismen zu garantieren. Denn wie oben gesehen, beinhaltet die längerfristige und enge Beziehungsarbeit des Streetwork-Ansatzes das Risiko zu großer emotionaler Nähe zwischen Klient:in und Sozialarbeiter:in, wodurch objektive Fallbewertungen schwierig werden und nötige Interventionen eventuell nicht mehr im ausreichenden Maße gesetzt werden (Krafeld 2004, 57 ff.). Insofern arbeiten also auch digitale Streetworker:innen in Kleingruppen zusammen, sodass jeder einzelne Fall regelmäßig von Außenstehenden beobachtet und gemeinsam diskutiert werden kann. Wirtschaftlich und rechtlich gesteuert werden alle beteiligten Fachberater:innen von einem organisationalen Träger, der Ressourcen für die Arbeit vor Ort generiert und effizient verteilt. Außerdem versteht sich diese Dachorganisation als Ansprechpartner für weitere Akteure der Medienkompetenzvermittlung im Sinne dieser Arbeit und ist ein ganz zentraler Punkt im Netzwerk der Medienkompetenz-Fachstellen, das wie gesehen für die

Effektivität der digitalen Streetwork von essentieller Bedeutung ist. Jede:r einzelne Sozialarbeiter:in, jedes Einsatzteam und die Streetwork-Organisation als solche können optimalerweise auf enge und verlässliche Kontakte zu präventiv und rehabilitativ tätigen Fachstellen zurückgreifen. Dabei geht es insbesondere darum, theoretische Einschätzungen mit praktischen Erfahrungsberichten anzureichern und system- wie fallbezogen konkreten Handlungsbedarf zu kommunizieren. Zentrale Netzwerk-Kontakte sind aufgrund ihrer elementaren Rolle für das emotionale Reifen und jeglichen Wissenserwerb von Heranwachsenden insbesondere die Familien und Freunde, die Schule und Jugendarbeit sowie die Psychologie/Psychiatrie. Auch die Wissenschaft und Politik gelten als relevante Adressaten digitaler Straßensozialarbeit, können sie doch über Grundlagenforschung und Evaluationsstudien sowie mittels Gesetzgebung und Ressourcenverteilung zumindest mittelbar die Voraussetzungen und Rahmenbedingungen einer zielführenden Medienkompetenzvermittlung beeinflussen. Als momentan im Vergleich am wenigsten wichtiger Netzwerk-Partner der Digital Streetwork wird hier die Wirtschaft beziehungsweise Videospielindustrie betrachtet. Dabei offenbart sich allerdings ein gewisses Dilemma, denn einerseits bremsen die gewinnorientierten Handlungsmotivationen der Videospielindustrie zwangsläufig ihr sozialpädagogisches Wirken (Griffiths & Pontes 2019). Was vorrangig zählt, ist schließlich, dass Gamer:innen möglichst lange spielen und dabei möglichst viel Geld ausgeben. Gleichzeitig kann die Entwicklung exzessiv-pathologischen Spielverhaltens (auch) aufgrund aufmerksamkeitsoptimierter, hoch emotionaler Spielmechaniken langfristig betrachtet keinesfalls im Interesse der Entwicklerstudios und Turnierveranstalter sein. Schließlich sollen gerade die besonders faszinierten und investitionsfreudigen Spieler:innen möglichst lange spielen und nicht krankheitsbedingt dauerhaft ausscheiden. Auch Spielcommunities sollen von positiven sozialen Handlungen und vom Spaß am Spiel geprägt sein und keinesfalls unter zwanghaft sozialfeindlichen Impulsen kompensierender Spieler:innen leiden. Schließlich spielt auch die (mediale) Außenwirkung eine gewisse Rolle, denn Eltern, Lehrer:innen und Politiker:innen werden unter Umständen nicht gerade offener gegenüber Videospielen, wenn zusätzlich zur Gewaltdebatte drastische Suchtgeschichten den öffentlichen Diskurs dominieren. Im Digital-Streetwork-Netzwerk sollte und könnte deshalb auch die Videospielwirtschaft, die schließlich über sehr starke Werkzeuge zur Förderung gesunden Spielverhaltens verfügt, ein wertvoller und gleichwertiger Partner sein. Zu nennen sind abschließend noch weitere Fachstellen im Netzwerk klassischer Streetwork wie Schuldnerberater:innen, Wohnungsvermittler:innen oder Anwält:innen, die auch im Kontext der digitalen Medienkompetenzvermittlung und Videospielsucht von Bedeutung sein können.

Für die im Team organisierten und gut vernetzten digitalen Streetworker:innen geht es darum, Zugang zur digitalen Gaming-Straße zu finden. Dafür legen sie sich nach dem Vorbild der oben beschriebenen Projekterfahrungsberichte (Dinar &

Heyken 2017; Minor – Projektkontor für Bildung und Forschung 2018) eigene Accounts in relevanten sozialen Netzwerken wie *Facebook* und *Instagram*, bei Streaming-Diensten wie *Twitch* und *YouTube* sowie auf Spielplattformen wie *Steam* und *Battle.net* an. Wichtig ist, dass diese Profile transparent gestaltet sind und alle nötigen Informationen zur Organisation und Tätigkeit enthalten (Pritzens 2011). Auch konkrete Ansprechzeiten beziehungsweise Kontaktmöglichkeiten und weiterführende Weblinks können dort eingepflegt werden. Dem Charakter der Streetwork entsprechend gehen die digitalen Sozialarbeiter:innen im Gaming proaktiv auf die Jugendlichen zu, wobei der entscheidende Faktor für den Erfolg dieser Kontaktversuche im Aufbau einer soliden Street Credibility (Gref 1995) besteht. Mehrere Aspekte in der Persönlichkeit des Streetworkers oder der Streetworkerin, in seinem oder ihrem Verhältnis zu Videospielen sowie in seiner oder ihrer Zielgruppenansprache entscheiden darüber, ob er oder sie als authentischer Teil der Gaming-Szene anerkannt oder als pädagogische:r Kontrolleur:in abgestempelt und blockiert wird. Wichtig ist zunächst ein klar erkennbarer, intrinsisch motivierter und gewachsener eigener Gaming-Bezug. Digitale Streetworker:innen im Gaming sollten insofern selbst Gamer:innen (gewesen) sein. Was sie in Gaming-Netzwerken oder im Spiel tun, darf nicht unbeholfen wirken, ihre Diskussionsbeiträge nicht angelesen. Hier hilft es, sich auf die kommunikativen Besonderheiten des digitalen Raums einzulassen, insbesondere auf das Wegfallen nonverbaler beziehungsweise körperlicher Hinweisreize, die beispielsweise durch eine offenherzige Nutzung von Emojis in eigenen Beiträgen ersetzt werden können (Klein und Pulver 2020). Im Gaming haben sich diesbezüglich subkulturell ganz bestimmte Smiley-Motive mit distinkten semantischen Bedeutungen entwickelt, die der oder die digitale Streetworker:in kennen und angemessen einbinden sollte. Selbiges gilt für den verwendeten Wortschatz in der Kommunikation mit jugendlichen Gamern, der intellektuell nicht weit über dem der Zielgruppe liegen und zumindest hin und wieder den oft an englischsprachige Fachbegriffe angelehnten Szene-Slang aufgreifen sollte (ebd.). Neben der Authentizität als Spieler:in sollte der oder die digitale Streetworker:in glaubhaft das Prinzip *Alles kann, nichts muss* vermitteln und die Jugendlichen entsprechend nicht belehren wollen, sondern Unterstützung auf freiwilliger Basis anbieten. Die Folge ist allerdings kein passives und stationäres Zur-Verfügung-Stehen, sondern der oder die digitale Streetworker:in nimmt als gleichberechtigter und teilweise sogar hierarchisch untergeordneter Gast und Beobachter konsequent am Gaming-Alltag teil. Er oder sie interessiert sich für die Regeln und Aktivitäten der Heranwachsenden und akzeptiert ihre gewachsenen Organisationsstrukturen (z. B. Clans, Gilden, eSport-Teams). Dennoch wird er oder sie nicht zu einem oder einer bloßen Mitspieler:in, sondern wahrt den Grat zwischen spielbegeistertem Kumpel und zielorientiertem Profi. Treten also manifeste Suchtfälle auf, sind selbst- oder fremdschädigende Verhaltensweisen zu befürchten oder werden Straftaten begangen, dann haben digitale Streetworker:innen

trotz aller Akzeptanz und Augenhöhe die berufsethische und rechtliche Pflicht zu intervenieren. Dies gelingt am besten in der Einzelfallarbeit, also in der Zweierbeziehung zwischen Sozialarbeiter:in und Klient:in. Da eine solche ein hohes Maß an gegenseitigem Vertrauen erfordert und gerade die Jugendlichen absolut vom Willen und der Fähigkeit der Streetworker:innen zur Hilfe überzeugt sein müssen, sollten der Eins-zu-Eins-Ansprache die genannten offenen und gruppenbezogenen Tätigkeiten vorausgehen (Dinar & Heyken 2017). Ganz im Sinne des Marken- und Community-Aufbaus beginnt die Digital Streetwork demnach als niedrigschwelliges und zwangloses Aneinander-Gewöhnen als Basis vertiefter Sozialpädagogik und bedarfsbezogener Weitervermittlung.
Ist der oder die digitale Streetworker:in als Teil der Gaming-Szene akzeptiert und hat breite Community- und Beziehungsprozesse eingeleitet, wächst der Anteil gezielter medienpädagogischer Maßnahmen in seiner oder ihrer täglichen Arbeit. Mit der *Vermittlung von Medienkompetenzen* und der *Diagnose von Risiko- und Suchtfällen* lassen sich zwei primäre Aufgabenfelder der digitalen, psychosozialen Jugendarbeit im Gaming identifizieren. In Kapitel 5.2 wurden die wesentlichen Teilbereiche digitaler Medienkompetenz bereits für das Handlungs- und Arbeitsfeld Gaming definiert (techn. Bedienungswissen und Medienkunde – im Modell als Szene-Wissen zusammengefasst, Produktion und Interaktion, Medienkritik sowie Selbstregulation). An dieser Stelle soll zur Prozessbeschreibung der Digital Streetwork deshalb eine komprimierte Zusammenfassung genügen: Ziel digitaler Sozialarbeiter:innen im Gaming ist es, den Heranwachsenden ein kritisches Bewusstsein für die Funktionslogik ihrer geliebten Freizeitbeschäftigung zu vermitteln. Leitlinien dieser Gamingkompetenzvermittlung sind zunächst die Fähigkeit zur sinnstiftenden Bedienung von Ein- und Ausgabegeräten sowie die kognitive Erfassung von Spielzielen und unterstützenden, sozialen Funktionen beziehungsweise von Software (z. B. Kommunikationstools wie *Teamspeak* oder *Discord*). Ferner gilt es, die aktive Nutzung von Videospielen zu fördern, gerade auch mit Blick auf kreative, kooperative und kompetitive Aspekte. Auf dem Weg hin zur kritischen Reflexion von Spielinhalten und Strategien der Monetarisierung wird eine breite Wissensbasis bezüglich relevanter Akteure, Trends im Spieldesign, kultureller Szene-Phänomene sowie Innovationen im Hard- und Software-Bereich geschaffen. Medienkritik im Gaming bedeutet dann, dieses Wissen vor allem aus Nutzer:innensicht und im Sinne emotionaler (Sucht-)Dynamiken zu deuten. Im Fokus stehen also die Intentionen, mit denen Games entwickelt und gespielt werden, sowie die darauffolgenden emotionalen und sozialen Wirkungsprozesse. Auch zentrale Risiken im Gaming, darunter die Suchtentwicklung, aber genauso Gewalt und Schockmomente, Rassismus, Mobbing oder sexuelle Belästigung kommen ausdrücklich zur Sprache. Das Aufzeigen dieser negativen Seiten des Gaming dient insbesondere einer autonomen Steuerung des eigenen Spielverhaltens (Selbstregulation), soll aber auch sensibilisieren und Hemmschwellen senken, sei

es bei eigenen negativen Erfahrungen oder wenn solche bei Dritten beobachtet werden. Der oder die digitale Streetworker:in verdeutlicht für solche Situationen, in denen die Grenzen medienkompetenten Handelns überschritten werden, seine oder ihre Ansprechbarkeit und Unterstützung. Das Modell hebt farblich hervor, dass die Medienkompetenzvermittlung im Gaming nicht ausschließlich von den digitalen Streetworker:innen geleistet wird und werden muss. Wenngleich sie diesbezüglich im Regelfall einen Wissens- und Reflexionsvorsprung gegenüber den Heranwachsenden haben, verfügen diese aus eigener Erfahrung sowie aufgrund von Diskussionen in Familie und Schule bereits über gewisse Kompetenzen. Im Vordergrund steht insofern, fallbezogen proaktiv zu ergänzen sowie den Abgleich bereits bestehenden Wissens und Könnens mit neuen Erfahrungen im Nutzungsalltag zu moderieren. Treten extreme Szenarien wie beispielsweise manifestes Suchtverhalten, Stalking oder existenzielle finanzielle Nöte ein, ziehen die digitalen Streetworker:innen außerdem externe Fachkräfte hinzu und gliedern damit einen Teil der Kompetenzvermittlung aus. In diesem Zusammenhang ist es auch im Digitalen beziehungsweise im Gaming wichtig, sensibel mit ethisch-moralischen und rechtlichen Normen und Grenzüberschreitungen umzugehen. Wichtig ist zunächst zu entscheiden, wann überhaupt ein Eingreifen geboten ist, welche Konfliktsituationen also nicht mehr von den Jugendlichen im Rahmen ihrer gesellschaftlichen Sozialisierung oder als Teil digitalkultureller Sozialität verhandelt und gelöst werden können. Greift der oder die Sozialarbeiter:in schließlich ein, besteht aus Klientenperspektive ein bedeutender Unterschied darin, ob ein Problem innerhalb des als sozial-unterstützend empfundenen Netzwerks oder unter Einbezug der *anderen Seite*, also beispielsweise mit Hilfe von Strafverfolgungsbehörden und dem Jugendamt gelöst wird (Wendt 2015). Wenngleich die Bewertung, ab wann ein:e Sozialarbeiter:in (im Gaming) nicht mehr als authentisch und vertrauenswürdig empfunden wird, weil er oder sie beispielsweise auch Kontakte zur Polizei oder zum Gericht pflegt, individuell sicher sehr unterschiedlich ausfällt, ist hier insgesamt große Vorsicht geboten. Gerade mit Blick auf exzessive und pathologische Videospielnutzung muss sensibel definiert und individuell abgeschätzt werden, inwiefern beispielsweise auch Lehrer:innen, Eltern und Psycholog:innen als feindlich empfunden werden und deren Aktivierung das Vertrauensverhältnis zwischen Gamer:in und digitalem oder digitaler Streetworker:in gefährden kann. In jedem Fall dürfte ein behutsamer und längerfristiger Beziehungsaufbau auch diesem Risiko vorbeugen.

Grundsätzlich ist die Diagnose von Herausforderungen und Problemlagen bei der Internet- und Videospielnutzung ein ganz entscheidendes Thema und Arbeitsfeld für die digitalen Sozialarbeiter:innen. Verstanden als unterscheidende Erkenntnis (Weykirch 2011, 188 f.) und bezogen auf individuelle Nutzer:innen bildet der Diagnoseprozess die zentrale Basis für Entscheidungen über die inhaltlichen Schwerpunkte der Medienkompetenzvermittlung. Auch die Frage, ob externes

Fachpersonal hinzugezogen werden muss, hängt ganz entscheidend davon ab, wie die Digital Streetworker:innen das Nutzungsverhalten ihrer Klienten:innen bewerten. Diagnose bedeutet insofern auch, die Grenzen der eigenen Hilfsmöglichkeiten als Digital Streetworker:in zu definieren. Am Beispiel Videospielsucht erklärt, braucht Digital Streetwork also praxistaugliche Bewertungskriterien, konkrete Indikatoren und Symptomkataloge, um eine Einschätzung über den Normalitätsgrad eines bestimmten Spielverhaltens treffen zu können. Dabei helfen die Videospielsuchtkriterien im Sinne des von WHO und APA anerkannten psychischen Störungsbildes (te Wildt & Rehbein 2010; Evers-Wölk 2019, 72), nach denen auch die professionelle Psychologie und Psychiatrie bewertet. Der oder die digitale Streetworker:in muss demnach zumindest tief genug in die mental-emotionalen Dynamiken der Suchtentstehung sowie in verhaltenstypische Erscheinungsformen pathologischen Spielgebrauchs eingeführt worden sein, um manifestes Suchtverhalten jedenfalls auch als solches zu erkennen. Gerade angesichts der auch fachpsychologisch noch kontrovers diskutieren Grauzonen exzessiven Nutzungsverhaltens, bei dem zusätzlich die realistische Möglichkeit besteht, dass es sich spontan und selbstgesteuert wieder ändert (te Wildt 2015, 160 ff.), ist auch für die Straßensozialarbeit Vorsicht bei der (vorschnellen) Diagnose geboten. Hier könnte eine fallbezogene Abstimmung und Beratung nicht nur im größeren Streetwork-Team, sondern gerade auch mit den Psycholog:innen und Psychiater:innen im Netzwerk ganzheitlicher Medienkompetenzvermittlung Handlungssicherheit bieten. Die spezifische Aufgabe und Chance digitaler Streetworker:innen ist es in diesem sensiblen Diagnoseprozess, valide Indikatoren im tatsächlichen Nutzungsalltag der Heranwachsenden zu finden, anhand derer sich abstrakte Suchtkriterien speziell für den Gaming-Kontext operationalisieren lassen. Generell birgt eine dermaßen enge Arbeit am Klienten auch unabhängig von der Suchtdiagnose die Möglichkeit, ein soziokulturell und ethisch „normales" (man könnte auch sagen: realistisches) Verhalten in virtuellen (Spiel-)Welten (Willemse 2016; Bean et al. 2017; Van Rooji et al. 2018; Ferguson et al. 2017) zu skizzieren. Es geht also in der Digital Streetwork nicht nur darum, bestehende Kriterien der Suchtdiagnose empirisch valide und frühzeitig abzufragen, sondern die Zielrichtung und Gestalt der Diagnose selbst zu validieren. Freilich bedarf es dafür eines fachlichen Aushandlungsprozesses über die harten (bspw. Spielstatistiken und sozialen Aktivitäten persönlicher Accounts und Profile) und die weichen (etwa explizite Aussagen im Gespräch, beobachtete soziale Interaktion etc.) Indikatoren, die einer solchen Validierung zugrunde liegen.

Bezogen auf das konkrete Vorgehen des digitalen Sozialarbeiters oder der digitalen Sozialarbeiterin im Gaming bei seiner diagnostischen Arbeit kommen insbesondere die in Kapitel 7.1 beschriebenen Gesprächs- und Fragetechniken (Wendt 2015, 103 ff. & 110 ff.; Erler 2003; Weinberger 2001; Hege 1974; Ruhe 2014) zum Einsatz. Das persönliche Gespräch – im Digitalen nicht körperlich zu verstehen, sondern eher textbasiert, später eventuell auch per Telefon oder face-to-face im Voice-/Videochat – bildet auch in der digitalen Straßensozialarbeit das zentrale Werkzeug fallbezogener Diagnose und Beratung. Dem ganzheitlichen Wesen der aufsuchenden psychosozialen Sozialarbeit entsprechend sowie angesichts der komplexen emotionalen Prozesse bei der Videospielsucht-Entstehung (Stichwort auch: Komorbiditäten) ist davon auszugehen, dass in Beratungssituationen mehrere und individuell sehr unterschiedliche Problemlagen zum Ausdruck gebracht werden. Auch ein auf Videospielsuchtprävention und Medienkompetenzvermittlung spezialisiertes Streetwork-Programm wird sich deshalb mit der kompletten Bandbreite jugendlicher Erfahrungswelten auseinandersetzen müssen. Unabhängig vom Suchtaspekt werden begleitende Sozialarbeiter:innen zwangsläufig zu Vertrauenspersonen für prinzipiell alle im Gefährdungsatlas der BPjM (2019) genannten Problemfelder, die sich unmittelbar bei der Internet- und Videospielnutzung (Sucht, Glücksspiel, Mobbing, Grooming etc.) oder daran anschließend im realen Leben (Schulden, Wohnungsnot, Schulabbruch, Beziehungsverlust etc.) ergeben können. Es würde deshalb der Lebensweltorientierung und Effektivität aufsuchender Sozialarbeit nicht gerecht, digitale Streetwork im Gaming strikt auf lediglich ein Arbeitsfeld wie die Videospielsucht zu begrenzen – selbst, wenn diesbezüglich eine gewisse Schwerpunktsetzung denkbar ist. Fraglich ist außerdem, ob nachhaltige vertrauensvolle Beziehungsarbeit mit Kindern und Jugendlichen überhaupt möglich ist, wenn sich der oder die Streetworker:in nur für ein ganz bestimmtes Thema interessiert. Schließlich widerspricht eine thematisch enge Diagnoseführung auch der breiten Medienkompetenz-Definition, die dem ganzheitlichen Modell der Medienpädagogik in dieser Arbeit zugrunde liegt. Videospielsucht ist somit ein wichtiges Handlungsfeld aufsuchender Jugendarbeit, steht allerdings mit Blick auf die Handlungsrealität neben weiteren substanziellen Herausforderungen, denen sich Heranwachsende nicht nur im Gaming stellen müssen. Eine begleitende Digital Streetwork, die auf gesundes und kompetentes Mediennutzungsverhalten abzielt, sollte dieser psychosozialen Komplexität in Ausbildung und Netzwerk entsprechend ganzheitlich gerecht werden.

9 Empirisches Forschungsinteresse

Nachdem in der Modellbildung eine Digital Streetwork (vgl. Kap. 8) als Werkzeug und zentrales Brückenglied ganzheitlicher Medienkompetenzvermittlung (vgl. Kap. 6) entwickelt wurde, geht diese Arbeit nun zur Produktion eigener empirischer Daten über, die bei der handlungspraktischen Validierung dieser Modellkonstrukte helfen sollen. Aufgabe des folgenden Kapitels 9 ist es deshalb, den konkreten empirischen Forschungsbedarf darzustellen, den die Theorieentwicklung dieses Textes anzeigt. Ferner gilt es, speziell für diese Studie relevante empirische Fragestellungen und bislang unerforschte Themenfelder auszuwählen. Es muss also überlegt und entschieden werden, welche Forschungsfelder zugunsten wissenschaftlicher Konsekutivität und praxisbezogener Handlungsfähigkeit (Modellprojekte) priorisiert beforscht werden sollten. Die Identifikation distinkter Forschungsnischen versteht sich im Folgenden deshalb als Kombination aus der anknüpfenden Abgrenzung vom bestehenden Forschungsstand auf der einen und der begründeten Auswahl zielführender empirischer Leerstellen auf der anderen Seite. Diesem Zweischritt trägt das folgende Kapitel strukturell Rechnung, indem es zunächst ein breites *Forschungsprogramm Ganzheitliche Medienkompetenzvermittlung in virtuellen (Spiel-)Welten* entwickelt, das die wichtigsten Forschungsaspekte der Theoriebasis dieser Arbeit in Frageform präsentiert und jeweils den dazugehörigen aktuellen Forschungsstand zukunftsorientiert resümiert. Dadurch entsteht ein vielfältiges Forschungsfeld von der Beschreibung einer mediatisierten Kultur der Digitalität bis hin zur Detailkonzeption einer aufsuchenden Jugendarbeit im Gaming zur Medienkompetenzvermittlung und Suchtvermeidung. Anschließend werden bestimmte inhaltliche Teilbereiche dieser Klassifikation ausgewählt und zu einem *Katalog forschungsleitender Fragestellungen dieser Arbeit* komponiert. Für diesen entwickelt Kapitel 10 schließlich ein methodisches Untersuchungsdesign, das sog. *Forschungsprogramm Ganzheitliche Medienkompetenzvermittlung in virtuellen (Spiel-)Welten.*

Zur Systematik der folgenden Klassifikation: Präsentiert werden jeweils die forschungsprägenden Fragestellungen zu den fünf großen Theoriekapiteln dieser Arbeit, das heißt zur Kultur der Digitalität, zum Gaming als digitalkulturellem Teilphänomen, zur psychischen Störung einer Videospielsucht, zur Medienpädagogik und Medienkompetenzvermittlung für das Digitale und im Digitalen sowie zum Digital-Streetwork-Ansatz. Jede Fragestellung wird im Fließtext zusammenfassend besprochen, wobei der aktuelle Forschungsstand sowie der weitere

Forschungsbedarf skizziert werden. Auf diese Weise gelingt es, transparent und begründet eigene empirische Schwerpunkte zu setzen.

Forschungsfeld: Kultur der Digitalität

- Wie definiert sich eine Kultur der Digitalität und wie kommt sie zustande?
Vor allem der kommunikationswissenschaftliche Zugang über die Modelle einer Mediatisierung (Krotz 2018; Krotz & Hepp 2012; Hepp & Krotz 2014) und Medialisierung der Gesellschaft (Meyen 2009; 2014; Meyen et al. 2015) erlaubt es hier schon sehr gut, medientechnische Innovationen und digitale Handlungsräume mit Blick auf deren soziokulturellen Auswirkungen zu verstehen. Im Sinne eines Abstraktionsprozesses lassen sich konkrete Trends bei der Produktion und Rezeption digitaler Inhalte sinnstiftend verdichten, gerade auch mit Blick auf neue Formen gesellschaftlicher und sozialer Organisation beziehungsweise Interaktion. Francks (1998) Ansatz einer Ökonomie der Aufmerksamkeit, Altheides und Snows (1979) Medienlogik-Konzept und Schimanks (1988; 2007) systemtheoretische Akteur-Struktur-Dynamiken verdeutlichen anschaulich (neue) kommunikative Regeln und Strategien im Digitalen. Die kommunikativen Figurationen nach Krotz und Hepp (2015; Hepp et al. 2018) sind darüber hinaus gut in der Lage, die Dynamiken und Erscheinungsformen privatkommunikativen Handelns im Zeitalter omnipräsenter digitaler Medien zu erfassen. Das Konzept der *deep mediatization* (Hepp 2018) integriert zudem den nicht-menschlichen Anteil smarter Kommunikation im Netz. Zusammenfassend lässt sich damit sagen, dass die Herleitung einer Kultur der Digitalität über Metaprozesse sozialen Wandels argumentativ problemlos funktioniert und auch weite Teile des sozialen und kommunikativen Handelns unter digitalen Bedingungen theoretisch wie empirisch bereits erfasst sind. Gleichzeitig müssen solche umfassenden Erklärungsansätze in einer hoch dynamischen Digitalbranche ständig überprüft und empirisch angereichert werden. Zudem besteht die Notwendigkeit, empirisch stärker als bisher die Folgenperspektive einzunehmen und in der Forschung nach den ethischen, demokratischen und psychischen Auswirkungen mediatisierten und medialisierten Handelns zu fragen.
- Welche medientechnischen Geräte prägen eine Kultur der Digitalität?
Wenngleich die Medientechnik-Frage nicht im Zentrum dieser Arbeit steht, so bildet sie doch einen relevanten Aspekt sowohl im Mediatisierungskonzept (Effekte alltäglicher Medienpräsenz auf gesellschaftliches Zusammenleben) sowie in der Medienkompetenzvermittlung (Medienkunde und Bedienungswissen). Außerdem hängt die Gestalt des soziokulturellen Gebrauchs, also eine handlungsprägende Medienlogik, auch von den gegebenen technischen

Rahmenbedingungen ab. Sind stationäre und mobile Endgeräte digitaler Medientechnik mittlerweile gesamtgesellschaftlich verbreitet (Breunig et al. 2020) und als bekannt vorauszusetzen, liegt Forschungspotenzial künftig vor allem im Bereich der Augmented- und Virtual-Reality-Technologien.

- Welche virtuellen Handlungsräume prägen eine Kultur der Digitalität?
  Ähnlich wie im Falle medientechnischer Innovationen sind auch die Orte, an denen sich öffentliche und private Kommunikation im Digitalen abspielen, weitgehend bekannt. Allerdings entstehen und verschwinden soziale Netzwerke und Tools wesentlich schneller und in größerer Zahl, als das bei technischen Endgeräten beziehungsweise bei medialen Vermittlungstechniken der Fall ist. Auch die soziale Funktion eines bestimmten Netzwerks oder Portals kann sich im Zeitverlauf substanziell verändern, wenn beispielsweise zunehmend institutionelle Akteure hineindrängen und private Kommunikation daraufhin abwandert. Deutlich wird schließlich ebenfalls, dass je nach Handlungsmotivation (z. B. beruflich vs. privat) von den User:innen verschiedene Netzwerke genutzt werden oder bestimmte Portale vor allem in einer speziellen Subkultur und Szene (z. B. *Discord* im Gaming) verbreitet sind. Insofern ist die kommunikationswissenschaftliche Forschung in jedem Fall dazu angehalten, konsequent zu beobachten, welche Bevölkerungsschichten welche sozialen Netzwerke zu welchem Zweck nutzen.
- Welche Funktionslogiken prägen soziale Interaktion und Kommunikation in einer Kultur der Digitalität?
  Die Grundparadigmen sozialer Interaktion und Kommunikation in virtuellen Handlungswelten sind gut erforscht. Referentialität (neue Inhalte bauen auf bestehenden auf), Gemeinschaftlichkeit (Handeln im Netzwerk bzw. als Gruppe) und Algorithmizität (Big Data und automatisierte Entscheidungsverfahren) (Stalder 2016, 95 ff.) lassen sich auf einer abstrakten Ebene als prägende Elemente digitaler Kommunikation begreifen. Konkrete Handlungsphänomene wie hybride Prosument:innen, also Nutzer:innen, die sowohl Inhalte produzieren als auch rezipieren (Knieper et al. 2011), oder das Umgehen massenmedialer Multiplikatoren bei der strategischen Kommunikation gegenüber dispersen Publika (Hohlfeld et al. 2020) verbildlichen zudem strukturelle Veränderungen in der öffentlichen und privaten Digitalkommunikation. Die Leitlinien einer digitalen Medienlogik (Emotion, Originalität, Superlative, Negativismus, Personalisierung, Meinung und Kontext etc.; Thieroff 2016) wiederum zeigen, wie zugespitzt und aufmerksamkeitsoptimiert kommunikative Botschaften im Internet – primär im öffentlichen, zunehmend aber auch im privaten Bereich (Kellner-Zotz 2018) – ausgestaltet werden. An diese Phänomene schließen zahlreiche ethische und rechtliche Fragestellungen vor allem in der Folgenperspektive an (z. B. Urheberrechte und Datenschutz, Medienkritik und -kontrolle, Fake News), die auch wissenschaftlich zunehmend adressiert werden sollten.

- Wie verändern medientechnische Endgeräte und virtuelle Handlungsräume analoge beziehungsweise realweltliche Gesellschaftsstrukturen?
  Weniger nutzer:innenzentriert und psychologisch gedacht, sondern eher prozessorientiert stellt sich die Frage, inwiefern digitale Medien die Funktionslogik der analogen Welt verändern (können). Aufgegriffen wird dieser Aspekt einer Kultur der Digitalität beispielsweise in der Arbeitsmarktforschung, wenn es darum geht, welche Tätigkeiten unter Einbezug digitaler Medien effizienter oder weniger fehleranfällig gelingen können (Thimm & Bächle 2019b). Gleichzeitig sind damit auch gewisse Ängste verbunden, weil nie ganz sicher ist, ob alte Jobs wegfallen werden, neue entstehen oder wer am Ende dabei auf der Strecke bleiben könnte. Gerade für den Bereich der Medizin und Gesundheit lässt sich aber beispielsweise festhalten, dass digitale Medientechnologien nachweislich schon positive Entwicklungen ermöglicht haben (Baecker 2019, 93 ff.). Weitere beliebte Forschungsthemen sind, unter dem Trendbegriff *Industrie 4.0* zusammengefasst, smarte, also vernetzte, selbstständig und kollaborativ agierende Maschinen in der Produktion, im Dienstleistungssektor und im privaten Gebrauch sowie spielorientierte Adaptionen und Aufgabenstellungen in Lernszenarien und Produktionsprozessen (Gamification, Stampfl 2016). Da sich die beschriebenen Technologien sowie ihre Integration in klassische gesellschaftliche Organisations- und Produktionsstrukturen allerdings überwiegend noch im Planungs- und Teststadium befinden, besteht hier fortdauernd großer Folgenforschungsbedarf.
- Wie gestaltet sich das Verhältnis von menschlicher und künstlicher Intelligenz?
  Ein ganz spezieller Diskussions- und Forschungsbereich behandelt die Vermenschlichung smarter Medientechnik zunächst formunabhängig im Sinne autonomer Lern- und Entscheidungsprozesse. Die Frage ist demnach, ob es möglich und sinnvoll ist, Maschinen zu konstruieren, die auf Basis von Big Data, Anwendungserfahrung und selbst definierten Kriterien (teil)autonome Handlungsentscheidungen treffen. Vor allem ethische Aspekte spielen hier eine Rolle, angefangen bei dem Grunddilemma, ob datenbasiert entscheidenden Maschinen überhaupt Wertvorstellungen beigebracht werden können. Schließlich könnte ein großes Interesse daran bestehen, dass die Technik in Konfliktsituationen, die menschliches Leben oder Wohlbefinden betreffen, nicht ausschließlich ökonomisch beziehungsweise sachlich entscheidet. Noch relevanter wird dieser Punkt mit Rücksicht darauf, dass autonom lernende Maschinen ab einem gewissen Punkt eventuell ihre ganz eigenen Entscheidungskriterien definieren könnten. Zur Angst vor einem Ersetztwerden des Menschen aufgrund einer allumfassenden Überlegenheit der Maschine (Kurzweil 2006) tritt also noch die Sorge um menschenfeindliche Robotertechnologie. Gleichzeitig bauen Menschen nachweislich schnell emotionales Vertrauen auf, sobald ein solcher Roboter in einer humanoiden Gestalt da-

herkommt (Thimm et al. 2019). Insgesamt ist das Forschungspotenzial zum Mensch-Roboter-Verhältnis groß, zumal hier bislang nur wenig ausgereifte Prototypen in Labor-Experimenten zum Einsatz kommen.

- Welche Chancen und Risiken bergen virtuelle Handlungsräume aus Nutzer:innensicht?
  Die Frage nach den Auswirkungen digitaler Kommunikation begleitet prinzipiell alle Diskussionen und Forschungsaktivitäten zu diesem Thema. Es soll deshalb vor dem speziellen Hintergrund dieser Arbeit vor allem noch einmal der Zuschnitt auf die Nutzer:innen- und Folgenperspektive erfolgen. Spannend ist weiter zu beobachten, wie der oder die Nutzer:in das Nebeneinander von analog-realem und medienvermittelt-virtuellem Leben handhabt und verkraftet (Braumüller & Hartmann-Tews 2017; Karidi et al. 2018). Gerade aus einer risikobewussten Sicht heraus gilt es, die bereits soliden Erkenntnisse über sender- und empfängerbezogene Grenzüberschreitungen in virtuellen Handlungs- und Spielwelten (z. B. Wiedel 2019) zu validieren und zu ergänzen. Gleiches gilt für die tatsächlichen (heißt: empirisch gelebten) Potenziale digitaler Kommunikation, denn auch hier fehlen der Forschung noch Langzeitdaten. Dennoch bietet der Kenntnisstand über Chancen und Risiken virtueller Handlungsräume insgesamt schon eine tragfähige Basis zur Anschlussforschung, wie sie diese Arbeit beispielsweise im medienpädagogischen Bereich leistet.

Forschungsfeld: Gaming

- Was ist unter Gaming im Sinne einer Kultur der Digitalität zu verstehen?
  Aus zwei Gründen ist es notwendig, Gaming als Forschungsgegenstand definitorisch auszugestalten und einzugrenzen. Zum einen muss klar sein, dass es sich um medienvermittelte Spielsettings handelt, in dieser Arbeit Videospiele genannt, und nicht auch um analoge Spiele (Esposito 2005). Videospiele zu spielen kann bedeuten, Immersion und Flow-Zustände (Le Diberder 1998; Newman 2004) freiwillig und mit selbstbestimmten Spielmotivationen beziehungsweise -zielen zu erfahren (Hobby, Rückzugsort/Schutzraum, Freundeskreis, Eskapismus/Kompensation) (Yee 2020; Weber 2013; Lampert 2013; Kammerl et al. 2015; Hoffmann & Wagner 2013) oder fremdgesteuert in pragmatischen Szenarien (Game-based Learning, Serious Games, Gamification) (Stampfl 2016; Dörner et al. 2016, 3). Zum zweiten muss geklärt werden, ob Gaming als enger, handlungsorientierter Begriff (Videospiele spielen) oder als kulturelles Gesellschaftsphänomen (Gaming-Industrie, eSport, Clans und Gilden, Cosplay etc.) verstanden wird.

- Welche gesellschaftlichen Erscheinungsformen und Handlungsfelder gibt es im Gaming?
  Unterscheiden lassen sich wie bereits angesprochen zunächst Gaming-Teilszenen, die selbstgesteuert und freizeitorientiert handeln, und der Einsatz von Spielelementen beziehungsweise -mechaniken zur Leistungssteigerung in spielfremden Szenarien. Im ersten Fall wird alleine oder in der sozialen Gruppe kooperativ oder kompetitiv gespielt, wobei die Auswahl von Spielen, Spielzielen und Spielweisen weitestgehend den Nutzer:innen selbst überlassen bleibt. Demgegenüber steht der pädagogische Einsatz von Videospielen (Serious Games) zur Vermittlung von Grundlagen- (Bsp. Geographie, Physik), Diskurs- (Bsp. Politik, Wirtschaft) und Praxiswissen (Bsp. Training, Rehabilitation) (Göbel 2016, 329 ff.). Der Sammelbegriff *Gamification* (Stampfl 2016) beschreibt den Einsatz von Spielmechanismen in fachfremden Handlungsfeldern (z. B. Unternehmen, Verwaltung), wobei standardisierte, emotionslose und anstrengende Tätigkeiten für den oder die Nutzer:in ansprechender gestaltet werden sollen. Zwischen Freizeit-Gaming und Serious Gaming liegt noch die eSport-Szene, also professionell-wettbewerbsorientiertes Gaming, das mit hohem Leistungsdruck und organisatorischen Zwängen verbunden ist. Neben dem Videospielen selbst existieren schließlich Fanszenen und Subkulturen, die sich um Spielwelten und -charaktere oder aber um besonders beliebte oder erfolgreiche Spieler:innen (Streamer:innen, eSport-Teams) herum organisieren (Zimmermann & Falk 2020; Zych 2019; Walter 2019). Die zentralen Handlungsfelder im Gaming sind damit aus Sicht der Forschung gut erschlossen.
- Welche Akteure, Spielarten und Subkulturen prägen die Gaming-Szene?
  Forschungspotenzial liegt dementsprechend eher in der kleinteiligeren Beobachtung von Akteuren, Spielmechaniken und spielbezogenen Aktivitäten gaming-externer Branchen. Gerade in der und um die stark wachsende eSport-Szene herum entsteht ein nicht zu unterschätzendes Korpus von Wirtschaftsorganisationen, Medienproduktionen, Sponsoring- und Werbeaktivitäten sowie Wettangeboten (Scholz 2019, 119; Fiedler et al. 2018, 149; Fairly Odd Streamers 2020). Damit gehen neben den Profispieler:innern vielfältige neue Berufsbilder einher, wobei auch Akteure aus dem klassischen Sport- und Wirtschaftssystem strukturelle und finanzielle Interessen entwickeln. Ein zweites wichtiges Forschungsfeld sind und bleiben die emotionalen Anreiz- und Monetarisierungsmechaniken von Videospielen. Offene Spielwelten, individualisierbare Spielcharaktere, der Fokus auf soziale Spielerlebnisse, Lootboxen und Mikrotransaktionen sowie eine realitätsnahe grafische Darstellung bilden ganz zentrale Trends der Spieler:innenbindung (Halley 2019; Graf 2017). Gerade medienpädagogisch motivierte Forschung sollte diese dynamischen Entwicklungen konsequent beobachten.

- Welche Bedeutung hat Gaming als Wirtschaftsfaktor und Freizeitbeschäftigung in der Gesellschaft?
  Da Gaming ein vergleichsweise junges gesellschaftskulturelles Phänomen ist, hängt die Notwendigkeit kommunikationswissenschaftlicher und medienpädagogischer Forschung immer auch ein Stück weit an der gesamtgesellschaftlichen Bedeutung dieses Feldes. Dazu ist zunächst festzuhalten, dass Gaming in all seinen Facetten, vorwiegend aber als Freizeitbeschäftigung für Heranwachsende, als Gegenstand familiärer Aushandlungsprozesse sowie als Wirtschaftsbranche empirisch eingehend erfasst wird. Es lässt sich demnach sehr gut einschätzen, welche Rolle Videospiele gesellschaftlich spielen, wobei die Daten eine enorme Verbreitung unter Nutzer:innen aller soziodemographischen Gruppen belegen (game e.V. 2020b; game e.V. & GfK 2020a; Bitkom 2020a). Vor allem aufgrund der wachsenden eSport-Szene und mit Hilfe des Free-to-Play-Finanzmodells gewinnt das Gaming auch an ökonomischer Bedeutung und Kraft (Bitkom 2020c; game e.V. 2020c; game e.V. 2020d). Abgesehen davon also, dass Langzeitstudien in diesem Bereich weitergeführt werden und im Detailgrad verfeinert werden sollten, ist der Forschungsstand hier als zufriedenstellend zu bewerten.
- Welche Nutzungsmotivationen, -erfahrungen und -gratifikationen prägen das Gaming?
  Aus medienpädagogischer Sicht sind die Fragen nach den Intentionen und Gratifikationen der Videospielnutzung ganz entscheidend, denn diese Aspekte steuern maßgeblich die Erfolgsaussichten und methodischen Zugänge bei der Medienkompetenzvermittlung. Ebenso wichtig bei der pädagogischen Bedarfsanalyse und Maßnahmenplanung sind die tatsächlichen Erfahrungen der Spieler:innen während ihrer Nutzung, die nicht immer selbst gesteuert werden können und das individuelle Verhältnis zum Gaming als wesentlicher Einflussfaktor mitprägen. Mit Blick auf den Forschungsstand ist festzuhalten, dass grundlegende Spielmotivationen, Gratifikationen und Spieler:innentypen vergleichsweise intensiv und damit anschlussfähig analysiert wurden (Bartle 1996; Yee 2020). Größere empirische Leerstellen befinden sich demgegenüber im Bereich der Spielerfahrungen. Was tatsächlich im Spiel passiert, mit welchen Mitteln individuelle Spielziele verfolgt werden, wie sich soziale Interaktion in diesem Zusammenhang gestaltet und wie frustrierende Spielsituationen bewältigt werden, lässt sich bislang nur abstrakt und retrospektiv nachvollziehen. Entsprechend groß ist der diesbezügliche Forschungsbedarf, verbunden mit der Erschließung neuer beobachtender Zugänge zum Handlungsfeld Gaming.
- Welche Chancen und welche Risiken prägen die Gaming-Kultur aus Nutzer:innensicht?
  Auch hier wurden Potenziale und Risiken des Gaming explizit und implizit in den vorangegangenen Fragestellungen angesprochen und sollen nun

insbesondere noch einmal aus Nutzer:innensicht und medienpädagogisch motiviert zugespitzt werden. Plädiert wird dafür, in der Forschung noch stärker Wert auf die Frage zu legen, welche der Digitalchancen (z. B. soziale Integration, kreative Produktion, entspannender Eskapismus etc.) und Digitalgefahren (z. B. Schock und Verrohung, Rassismus, Mobbing, Belästigung und Sucht) im Gaming tatsächlich eine große Rolle spielen. Dabei wirbt diese Arbeit für eine kulturspezifische Haltung und beobachtende Ansätze, die quantitative und qualitative Befragungen durch Vor-Ort-Verhaltensanalysen ergänzen. Nur auf diesem Weg kann auch aufseiten der Forschung eine Gamingkompetenz entstehen, deren Erkenntnisse anschließend eine zielgruppen- und lebensweltorientierte medienpädagogische Handlungspraxis fördern.

Forschungsfeld: Videospielsucht

- Gibt es aus medizinischer und psychologischer Sicht ein Krankheitsbild Videospielsucht?
  Die offizielle Antwort, festgeschrieben in den internationalen Klassifikationen psychischer Krankheiten der American Psychological Association (APA) und der Weltgesundheitsorganisation (WHO 2020), lautet: ja. Mitgetragen wird diese Diagnose überwiegend auch vom Forschungsstand, der bezüglich Suchtfaktoren, -dynamik und Prävalenz zwar als umfassend, allerdings auch als wenig standardisiert (Testinstrumente) und noch zu selten affirmativ (gerade hinsichtlich der Prävalenz) zu bezeichnen ist. Mit den kritischen Beiträgen, die neben Langzeitstudien auch spezifischere Videospielsucht-Kriterien und Kausalitätsforschung bezüglich bekannter Komorbiditäten fordern (Illy & Florack 2018; Ferguson et al. 2017), sieht auch diese Arbeit noch breiten Forschungsbedarf.
- Mit welchen Suchtkriterien beziehungsweise anhand welcher Symptome lässt sich pathologisches Videospielverhalten diagnostizieren?
  Die psychologische/psychiatrische Diagnose einer Videospielsucht hat bislang keine originär für den Gaming-Bereich gültigen Suchtkriterien entwickelt, sondern orientiert sich hierbei an stoffgebundenen Süchten sowie an der Glücksspielsucht (Illy und Florack 2018, 7 ff.). Liegen fünf der neun auf diesem Wege definierten Kriterien über einen Zeitraum von mindestens zwölf Monaten vor, darf die Diagnose in der Regel gestellt werden. Große Teile der Forschung äußern sich dabei positiv zur Validität dieses Ansatzes auch im Bereich des Videospielens. Kritiker:innen stellen dagegen infrage, ob die im analogen Raum und am Beispiel artfremder Störungsbilder entwickelten Suchtkriterien automatisch auch für ein neuartiges digitalkulturelles Phänomen wie das Gaming gelten können (Bean et al. 2017; Van Rooji et al. 2018; Ferguson et al. 2017). Da im Fach allerdings schon seit gut zehn Jahren

damit gearbeitet wird und führende deutsche Videospielsucht-Expert:innen eine stark konservative Diagnosepraxis kultivieren, nimmt dieses Arbeit eine ausreichende Verlässlichkeit an. Gleichwohl wird ein andauernder, intensiver empirischer Abgleich klassischer Suchtkriterien mit den Verhaltensnormen und -gewohnheiten der Netzkultur nahegelegt.

- Wo liegen die Grenzen zwischen harmlos-gesunder, exzessiv-risikoreicher und pathologisch-schädlicher Videospielnutzung?
  Fachmedizinisch und verhaltenspsychologisch gibt es auf diese Frage noch keine abschließende Antwort, was vor allem daran liegen könnte, dass die Normen und Gewohnheiten einer Gaming-Kultur im Suchthilfesystem noch nicht verinnerlicht und abschließend verstanden wurden. Es ist schlicht noch nicht ganz klar, wie ein normales Nutzungsverhalten in einer stark mediatisierten Gesellschaft – und damit auch im Gaming – aktuell und künftig aussehen wird. Aus diagnostischer Sicht lassen sich anhand der Videospielsucht-Kriterien durchaus Grenzen ziehen, sodass beispielsweise bei höchstens einem oder zwei schwächeren Symptomen noch unbedenkliches, bei drei bis vier stärkeren Symptomen risikoreiches und schließlich ab fünf langfristig manifestierten Symptomen süchtiges Verhalten angenommen wird (Illy und Florack 2018, 7 ff.; te Wildt & Rehbein 2010; Evers-Wölk 2019, 72). Anschließend an die oben geschilderten Zweifel einiger Fachbeiträge an der Validität von Suchtkriterien muss aber auch hier vermieden werden, Nutzer:innen in der Breite vorschnell zu pathologisieren (Willemse 2016). Wenn sich also abzeichnen sollte, dass ein laut Diagnose-Kriterien risikoreiches oder pathologisches Verhalten plötzlich für weite Teile gerade der Kinder und Jugendlichen gilt, sollte der medizinische Diskurs auch seine Normwerte hinterfragen. Allerdings zeigen aktuelle Prävalenzwerte einen solchen Trend nicht an, weshalb hier ein moderater fortdauernder Forschungsbedarf gesehen wird.
- Wie weit sind exzessiv-risikoreiche und pathologisch-schädliche Videospielnutzung gesellschaftlich verbreitet?
  Die Prävalenzdiskussion zur Videospielsucht-Diagnose im Sinne der DSM-V- (APA) und ICD-11-Krankheitskataloge (WHO) ist infolge der beschriebenen Vorläufigkeit von Suchtkriterien, Normwerten und empirischen Testfragebögen eine recht kontroverse. Kritische Stimmen stützen sich auch auf die teilweise stark unterschiedlichen Prävalenzwerte in internationalen quantitativen Nutzungsstudien. Mit Blick auf die Forschungsergebnisse zur Internet- und Videospielsucht der vergangenen zehn bis zwanzig Jahre bestätigen sich gewisse Unsicherheiten, denn hier werden zwischen ein und mehr als zehn Prozent der Befragten als süchtig bezeichnet, weit mehr Personen außerdem als gefährdet (vgl. Kap. 4.3, im Speziellen Abb. 23). Zurückzuführen sind diese Unterschiede unter anderem auf nicht-standardisierte Erhebungsinstrumente und soziodemographisch nicht vergleichbare Stichproben. Allerdings haben

sich mittlerweile einige Testskalen etabliert, außerdem adressieren jüngere Studien zunehmend auch jüngere Altersgruppen, in denen exzessives und pathologisches Nutzungsverhalten deutlich stärker zu beobachten ist. Damit können höhere Prävalenzwerte auch zielführender interpretiert werden, denn soziodemographisch sehr breit gehaltene Studien (bspw. 14-64 Jahre; Bischof et al. 2013) weisen in der Regel eine sehr niedrige Prävalenz aus. Zudem zeigt sich, dass gerade im Kindes- und Jugendalter im Abstand von nur wenigen Jahren und Klassenstufen relevant höhere und niedrigere Prävalenzen zu beobachten sind, was ein Stück weit für eine gewisse Normalität zeitweiser Exzessivnutzung in dieser Lebensphase sprechen könnte. Insgesamt besteht im Fach dennoch ein konservativer Konsens, dass eine manifeste Internet- oder Videospielsucht gesamtgesellschaftlich betrachtet mit rund einem Prozent Prävalenz psychologisch relevant und behandlungsbedürftig ist. Auch angesichts der immer früheren Kontakte Heranwachsender mit Online-Anwendungen und Videospielen sieht diese Arbeit anhaltend hohen qualitativen und quantitativen Forschungsbedarf, um Suchtdynamiken frühzeitig zu erkennen und zu behandeln.

- Welche videospielsuchtfördernden Faktoren gibt es und wie laufen die Dynamiken der Suchtentstehung ab?
  In ihrer Entstehung lässt sich exzessive und pathologische Internetnutzung als komplexes Geflecht aus medialen (z. B. immersive Spielerlebnisse, soziale Spielfunktionen, offene Spielwelten, Individualisierbarkeit von Avataren), individualpsychischen (z. B. niedriges Selbstbewusstsein, Einsamkeit, Prokrastination, andere psychische Störungen wie Depression, Angst oder ADHS) und sozialen Faktoren (z. B. Probleme in Familie, Schule/Ausbildung, Freundeskreis oder Partnerschaft) beschreiben (te Wildt 2015, 90). Das medizinisch-psychologische Wissen erlaubt insofern eine sehr kompetente Einschätzung von Risikofällen sowie eine zielführende Suchtanamnese und Therapie. Einschlägige Klassifikationen von Spieler:innentypen und Gratifikationen im Gaming (Yee 2020) und Studien zum Flow-Erleben (Schuhler & Vogelgesang 2011; 2013; Rheinberg et al. 2003) während des Spielens helfen zusätzlich bei der Anwendung dieser Dynamiken auf den Bereich der Videospiele. Noch nicht ganz klar ist dabei, wie genau Komorbiditäten (also bspw. Angststörungen, Depression und ADHS) im Einzelfall sowohl kausal auslösend, als auch gegenseitig verstärkend zusammenwirken. Während deshalb kritische Beiträge infrage stellen, ob es eine eigene Krankheit Videospielsucht überhaupt gibt, oder ob es sich dabei lediglich um ein Symptom anderer psychischer Störungen handelt, reagieren gerade praktizierende Psycholog:innen und Psychiater:innen pragmatisch: Da sowieso alle bestehenden Störungsbilder behandelt werden müssen, spiele diese nur sehr schwer zu lösende Henne-Ei-Frage nicht die entscheidende Rolle (Westfälische Nachrichten 2017; Illy & Florack 2018). Der

Bereich der Suchtentstehung und -dynamik ist aus Sicht dieser Arbeit deshalb weitgehend verstanden und erforscht.

- Wie wird pathologisches Videospielverhalten psychotherapeutisch behandelt?
Da suchtartige Videospielnutzung unabhängig von der WHO-Anerkennung kein ganz neues Phänomen ist, setzen sich die Suchthilfesysteme weltweit bereits seit gut zehn Jahren damit auseinander und haben mittlerweile professionelle Therapie-Ansätze entwickelt. In den vergleichsweise stark betroffenen asiatischen Regionen sind teils rigorose politische Beschränkungen des Zugangs und der Spielzeit unter Heranwachsenden in Kraft getreten (Schlottag 2020). Militärischer Drill, der videospielsüchtige Jugendliche beispielsweise in China eine Zeit lang zur Vernunft bringen sollte, wurde auf internationalen Druck hin als Gegenmittel wieder verworfen (Katsidou 2014; Fullerton 2017, Ives 2017). Seitdem hat sich weltweit, und so auch in Deutschland, eine verhaltenstherapeutische Behandlung mit Einzel- und Gruppenaktivitäten etabliert, die auf Abstinenz, alternative Hobbys und Kompensationsstrategien sowie auf soziale Kontrollmechanismen und Notfallpläne setzt (te Wildt 2015, 166 ff.; Wölfling et al. 2013, 41 ff.; 58 ff.). Interessant bleibt dabei vor allem die Frage, inwiefern Betroffene nach einer psychotherapeutischen Intervention wieder eine gesündere Nutzung digitaler Medien aufbauen können. Schließlich funktionieren berufliche und soziale Teilhabe heute kaum mehr komplett ohne computervermittelte Kommunikation. Forschungspotenzial liegt demnach vor allem in der Frage, unter welchen Voraussetzungen therapierte Exzessivnutzer:innen wieder Teil virtueller (Spiel-)Welten werden können.

Forschungsfeld: Digitale Medienkompetenzvermittlung

- Anhand welcher Fähigkeiten lässt sich bestimmen, ob eine Person im Digitalen medienkompetent handeln kann und dies auch tut?
Die wesentlichen Kompetenzfelder im Umgang mit digitalen Medien lassen sich ausgehend von Baackes Medienkompetenz-Modell (1993) anhand darauf aufbauender, speziell auf Online-Kommunikation zugeschnittener Beiträge zielführend beschreiben. Neben der technischen Expertise (Bedienungswissen), der Medienkunde (Anbieter, Tools, Geschäftsmodelle etc.) und der Medienproduktion liegen wichtige Schwerpunkte heute auf den Fähigkeiten zur ethisch-normativen Medienkritik (Anbieterintentionen, Anreizmechanismen, Themenauswahl und Präsentation etc.) sowie zur resilienten Selbstregulation bei der Mediennutzung (z. B. Stodt et al. 2015). Die Aufgabe künftiger Forschungsbemühungen wird es sein, diese abstrakten Wissensfelder einerseits auf spezifische Handlungskontexte (bspw. das Gaming) zuzuschneiden, so wie es diese Arbeit in Kapitel 5.2 versucht. Deutlich konkreter allerdings sollten

empirische Projekte herausfiltern, welche Detailkompetenzen tatsächlich gebraucht werden (bspw. welche Geräte müssen wirklich bedient, welche Akteure und Spiele tatsächlich gekannt, welche Spielmechaniken kritisiert werden können etc.). Anhaltender Forschungsbedarf ergibt sich diesbezüglich schon aus der Innovationskraft der Internet- und Gaming-Branche.

- Welche Akteure sind primär für die Vermittlung von digitaler Medienkompetenz verantwortlich?
  Unterschieden werden muss hier zwischen einem faktischen Status quo und der potenzialorientierten Konzeption ganzheitlicher Medienkompetenzvermittlung im Sinne dieser Arbeit. Digitale Medienkompetenzvermittlung konzentriert sich, das spiegelt der Forschungsstand sehr gut, momentan auf die gesellschaftlichen Institutionen Familie, Schule, Jugendarbeit und Psychologie/Psychiatrie (USK 2020b; scoyo 2015; Schaumburg und Prasse 2019, 236; Geisler 2019; Kammerl 2013; Dreier et al. 2015). Wenngleich damit aus Sicht der Jugendlichen sehr einflussreiche und fachkompetente Instanzen genannt werden, sieht diese Arbeit noch deutlich breitere Akteursgruppen als fähig und insofern verantwortlich an, kompetenten Medienumgang zu vermitteln. Darunter fallen beispielsweise die Politik (Ressourcen verteilen, Rahmenbedingungen schaffen), die Wissenschaft (Grundlagenforschung, innovative Konzeptentwicklung und Evaluation), der Journalismus (Online-Aufmerksamkeitslogik erklären, Faktencheck, Multiplikator für andere Medienkompetenz-Akteure) sowie die Wirtschaft (ethische Normen beachten, Schutzmechanismen etablieren, gesundes Nutzungsverhalten belohnen). Nicht zuletzt ist auch der oder die User:in selbst als Vorbild und Teil einer Peer Group für die Vermittlung und Anwendung medialer Nutzungskompetenzen verantwortlich. Forschungsprojekte sollten hier neben der Modellentwicklung zur ganzheitlichen Medienpädagogik, die alle genannten Akteure integriert, auch empirisch methodische Ansatzpunkte (Welche Akteure erreichen die Nutzer:innen an welchen Stellen am besten?) und das institutionelle Selbstverständnis (Welche Akteure sind bereit, digitale Medienkompetenz zu vermitteln?) adressieren.
- An welche Zielgruppen richtet sich digitale Medienkompetenzvermittlung vorrangig?
  Die zentralen Zielgruppen digitaler Medienkompetenzvermittlung sind und bleiben nach einhelliger Meinung in der pädagogischen und psychologischen Forschung Heranwachsende. Bislang konzentrieren sich medienpädagogische Maßnahmen genauso wie die Suchtprävention auf jugendliche Altersgruppen, mit Ausschlägen sowohl in das junge Erwachsenenalter sowie in das Kindesalter (Geisler 2019). Da die Prävalenzstudien zur Internet- und Videospielsucht von einer besonders exzessiven Nutzung in Jugendjahren ausgehen, ist diese Schwerpunktsetzung im Suchtkontext auch gerechtfertigt. Gerade mit Blick

auf weitere Grenzüberschreitungen in einer Kultur der Digitalität, zu denen beispielsweise Fake News, Rassismus, Mobbing, sexuelle Belästigung oder schockierende Webinhalte gehören, wird der Bedarf aktiver Medienkompetenzvermittlung auch in wesentlich breiteren Gesellschaftsschichten deutlich. Kinder bewegen sich immer früher auch unbegleitet in virtuellen Welten, Erwachsene immer länger und ältere Personen finden immer häufiger den Zugang (mpfs 2016, 2018 und 2019; Hager & Kern 2017; Spiegel 2010; Dollinger 2009, 46 ff.). Insofern befürwortet diese Arbeit die medienpädagogische Konzentration auf das Kindes-, Jugend- und frühe Erwachsenenalter etwa zwischen 7 und 21 Jahren, sieht aber künftig Bedarf auch in der frühkindlichen Pädagogik sowie im breiten Erwachsenenalter.

- Wie digitalmedienkompetent sind Heranwachsende im Augenblick?
  Angesichts der nur schwer einsehbaren tatsächlichen Internetnutzung ist es aus Sicht der Forschung keine triviale Aufgabe, den Status quo der gesellschaftlichen Medienkompetenz einzuschätzen. Studien fokussieren sich auch diesbezüglich vor allem auf Kinder, Jugendliche und Familien, die sie nach dem Besitz von Mediengeräten, dem Nutzungsverhalten, Berührungspunkten mit einschlägigen Risikoszenarien sowie nach sozialen Aktivitäten und Aushandlungsprozessen bei der Mediennutzung befragen (z. B. mpfs 2016, 2018 und 2019; Riedel et al. 2017; Waller et al. 2019). Festzuhalten ist dabei, dass in den Bereichen technische Expertise (Verfügbarkeit und Bedienungswissen), Medienkunde (hier vor allem Kenntnis des Software- und App-Marktes) und Produktion/Interaktion überwiegend solide Kompetenzen bestehen. Auch wird klar, dass die genannten Risikofelder digitaler Kommunikation keine abstrakten sind, sondern auch schon Kinder mit Mobbing, zweifelhaften Accounts und Anfragen sowie mit gewalthaltigen Inhalten in Berührung kommen (Riedel et al. 2017; Waller et al. 2019). Gerade in Familien wird Internet- und Videospielnutzung zumindest überwiegend zeitlich reguliert, selten allerdings tiefergehend inhaltlich problematisiert oder mit Suchtdynamiken verknüpft (scoyo 2015). Insgesamt werden die inhaltlichen Aspekte digitaler Medienkompetenz im Sinne dieser Arbeit, vor allem die produktions- und interaktionsorientierten, die medienkritischen sowie die selbstregulatorischen, in den großen Studien nur partiell und eher randständig behandelt. Dieser Umstand mag auch daran liegen, dass sich diese Aspekte in Befragungen nur schwer abbilden lassen, höchstens in experimentellen und beobachtenden Designs oder in qualitativen Fallanalysen. Um also abseits der normativen Digitalkompetenz-Definition auch einen empirischen Stand der Dinge speziell der reflexiven und latenten Aspekte digitaler Medienkompetenz zu erfassen, wirbt diese Arbeit dafür, Befragungen zum Nutzungsverhalten mit beobachtenden Zugängen zu ergänzen.

- Wird digitale Medienkompetenz im Augenblick breitflächig und effektiv vermittelt?
  Oben wurde festgestellt, dass Familie, Schule, Jugendarbeit und Psychologie/ Psychiatrie in medienpädagogischen Beiträgen regelmäßig als engagierte Akteure der Medienkompetenzvermittlung benannt werden. Was für sich genommen schon nach einem recht breiten Ansatz klingt, lässt außer Acht, dass virtuelle Welten nur in wenigen Familien konstruktiv besprochen werden und digitale Medien im schulischen Curriculum kaum Platz finden (Schaumburg & Prasse 2019, 123 f.; Röhrich 2018; Frankfurter Neue Presse 2018). Eltern haben selbst noch zu selten einen Bezug zur digitalen Jugendkultur (auch, weil sie dort häufig nicht erwünscht sind; Weber 2013), Lehrer:innen handeln noch zu häufig bewahrpädagogisch oder verfügen nicht über die nötigen Ressourcen (Zeit, Wissen, Medientechnik; Schaumburg und Prasse 2019, 236 f.; Röhrich 2018; Frankfurter Neue Presse 2018). Im Ergebnis gerät familiäre Medienkompetenzvermittlung trotz wachsender Bemühungen und Erfolge (Hemminger 2016) in der Fläche noch zu uneinheitlich und inhaltlich partiell. Gleiches gilt für die schulische Medienkompetenzvermittlung, deren Qualität und Reichweite stark vom Interesse und von den Ressourcen individueller Lehrkräfte abhängt (Bonn & Karsch 2019; Heinke & Sengl 2020). Die außerschulische Jugendarbeit, wo sich aufgrund der geringeren hierarchischen Defferenz zwischen Jugendlichen und Sozialpädagog:innen durchaus spannende Ansätze umfassender Medienkompetenzvermittlung beobachten lassen (z. B. Westfälischer Anzeiger 2018; Kohring & Heinz 2012; Lutz 2019; Abb. 33), kann inhaltlich als Vorbild dienen, erreicht allerdings mit ihren wenigen medienpädagogischen Aktivposten nur begrenzte Zielgruppen. Weitere oben genannte (potenzielle) Akteure der Medienkompetenzvermittlung bleiben teilweise deutlich hinter ihren hier postulierten Einflussmöglichkeiten zurück. Punktuelle Workshops, Schulbesuche oder Spamfilter bilden die Ausnahmen. Dazu kommt, dass Medienkompetenz-Impulse (z. B. Workshops zu Fake News, zum digitalen Mobbing oder im Rahmen der Suchtprävention) schnell einen stark warnenden Charakter bekommen, der schützend gedacht ist, aber als bevormundend und einschränkend empfunden werden kann (Lutz & Ring 2019). Zusammenfassend findet digitale Medienkompetenzvermittlung also statt, allerdings nicht in der Fläche, oft nur punktuell und mit eher erzieherischem Charakter. Aus Forschungssicht sind deshalb neue Ansätze zu entwickeln, wie Ressourcen effektiver eingesetzt, gesellschaftliche Akteure stärker motiviert und erste Erfolgsbeispiele aus Familie, Schule und Jugendarbeit quantifiziert werden können.

- Welche Strategien eignen sich besonders gut zur Vermittlung von digitaler Medienkompetenz?
  Die Literatur befasst sich vorwiegend mit der Vermittlung von digitaler Medienkompetenz im familiären Kontext, als Teil schulischer Bildung sowie in Projekten der außerschulischen Jugendarbeit. Klar wird dabei, dass in allen drei Bereichen theoretisch großes Potenzial liegt, aber momentan noch bremsende Kräfte wirken. Familien können aufgrund großer Unterschiede in der eigenen Medienkompetenz und ohne jede Normierung keine qualitativ ausreichende Medienpädagogik in der Fläche leisten (Lutz 2013; Bröhm 2018). Lehrer:innen bewegen sich wiederum in einem zu starren und eher konservativ geprägten Regelkorsett, sodass es bisweilen an der nötigen Infrastruktur, am curricularen Freiraum sowie an der persönlichen Bereitschaft mangelt, die Medienkompetenzvermittlung höher zu priorisieren (Schaumburg und Prasse 2019, 236 f.; Röhrich 2018; Frankfurter Neue Presse 2018). Impulse im Unterricht zum gesunden Umgang mit digitalen Medien leisten vereinzelt auch Journalist:innen, Psycholog:innen/Psychiater:innen und Medienfachberater:innen (Heinke & Sengl 2020; Dreier et al. 2015; Süddeutsche Zeitung 2017). Außerschulische Jugendarbeit schafft es in Modellprojekten zur digitalen Medienkompetenzvermittlung gut, die Kinder und Jugendlichen authentisch zu erreichen und Lernprozesse interaktiv zu gestalten, findet aber nur sehr punktuell statt (Westfälischer Anzeiger 2018; Kohring & Heinz 2012; Lutz 2019; Abb. 33). Unter dem Leitgedanken ganzheitlicher Medienkompetenzvermittlung schlägt diese Arbeit deshalb vor, bestehende Ansätze und Akteure symbiotisch zu vernetzen, um Ressourcen und Fachwissen zielführender einzusetzen und Heranwachsende präventiv-vorbereitend, diagnostisch-begleitend und – wenn nötig – rehabilitativ-rückführend zu adressieren. Besondere strategische Bedeutung kommt dabei der begleitenden Komponente zu, die durch ihren Zugriff auf den tatsächlichen Nutzungsalltag den Erwerb von wertvollem Anwendungswissen fördern und positive wie negative Nutzungserfahrungen unmittelbar pädagogisch aufgreifen soll. Eng eingebunden in ein Netzwerk aller Akteure der Medienkompetenzvermittlung könnte es so gelingen, autonome Handlungskompetenzen in virtuellen (Spiel-)Welten wesentlich *intensiver* (weil dauerhaft statt punktuell), stärker *praxisorientiert* (weil am Ort des Geschehens, nicht im Laborprojekt) und *konstruktiv-niedrigschwellig* (weil freundschaftlich und teilnehmend, nicht mit dem erhobenen Zeigefinger) zu fördern. Als verbindendes Glied und impulssteuernden Nukleus dieses Netzwerks schlägt diese Arbeit das Arbeitsprinzip aufsuchender, psychosozialer Jugendarbeit (Streetwork) vor. Die authentische und akzeptierende Herangehensweise der Straßensozialarbeit ermöglicht der Medienpädagogik den schwierigen Zugang zum digitalen Herrschaftsbereich der Heranwachsenden, von wo aus bedarfsbezogen und fallorientiert Maßnahmen der Medienkompetenzvermittlung initiiert werden

können. Ausgehend von dieser Konzeptualisierung besteht großer empirischer Forschungsbedarf, der mit einer konsequenten theoretischen Verfeinerung einhergehen muss.

Forschungsfeld: Digital Streetwork

- Welche Arbeitsprinzipien zeichnet aufsuchende psychosoziale Jugendarbeit aus? Die Grundlagen der analogen Straßensozialarbeit, wie sie auch im Digitalen zur Anwendung kommen sollen, sind im aktuellen Forschungsstand umfassend beschrieben. Streetworker:innen können vor allem deshalb so gut mit bildungsfernen Zielgruppen – hier zu verstehen als (bewusst) nicht von der klassischen (Medien-)Pädagogik erreichbar – arbeiten, weil sie authentisch als Teil der Lebenswelt Jugendlicher wahrgenommen werden und wertschätzend-empathisch deren soziale Spielregeln und Aktivitäten akzeptieren (Wendt 2015). Sie schaffen gegenseitiges Vertrauen, indem sie sich klar auf die Seite ihrer Klient:innen stellen, aber gleichzeitig offen ihre professionell-pädagogische Tätigkeit kommunizieren. Diese steht als freiwilliges Angebot im Raum und wird nicht aufgezwungen, sondern potenzialorientiert erklärt und empfohlen (Krafeld 2004, 57 ff.; Kahl 1995, 96). Dennoch werden alleine die Anwesenheit, Persönlichkeit und Vorbild-Funktion der Straßensozialarbeiter:innen im Umfeld von Heranwachsenden und Cliquen zu einem handlungsleitenden Orientierungspunkt und zu einer emotionalen Stütze im Leben ihrer Klient:innen. Durch ihre dauerhafte Präsenz wachsen mit der Zeit stabile emotionale Beziehungen, die dann, wenn Klient:innen aktiv Hilfe suchen oder harte ethische und rechtliche Grenzen überschritten werden, als Basis der professionellen Einbindung von beispielsweise psychologischem oder juristischem Fachpersonal dienen (Wendt 2015).
- Ist es denkbar, die Methoden aufsuchender Sozialarbeit auch auf der digitalen Straße einzusetzen?
  Bereits seit gut zehn Jahren fordern Beiträge im Fachbereich der Erziehungswissenschaften, dass sich der Anspruch lebensweltorientierter Sozialarbeit in einer mediatisierten Gesellschaft nur mit Hilfe digitaler Methoden und Projektinhalte umsetzen lässt (Pritzens 2011; Kutscher 2015; Beranek et al. 2019, 231 ff.). Speziell in der aufsuchenden Sozialarbeit, zu der auch klassische Streetwork zählt, existieren aus den vergangenen Jahren bereits Beispiele, wie digitale Streetwork unter anderem im Rahmen von Antirassismus-Kampagnen (Dinar & Heyken 2017) oder als Teil der gesellschaftlichen Integrationshilfe (Minor – Projektkontor für Bildung und Forschung 2018) funktionieren kann. Allerdings reicht der empirische Erfahrungsschatz zur Einsatzfähigkeit aufsuchender Ansätze im Digitalen über diese ersten, zeitlich begrenzten Modellversuche noch nicht hinaus. Eine langfristige und ganzheitlich vernetzte

digitale Streetwork, wie sie diese Arbeit für den Bereich der Medienkompetenzvermittlung am Beispiel Gaming und Videospielsucht modelliert, geht mit Blick auf ihren Zielkatalog, auf die Anzahl der beteiligten Akteure sowie auf die Intensität der Beziehungsarbeit mit den Jugendlichen weit über die bislang dokumentierten Szenarien hinaus. Da allerdings eine grundsätzliche Offenheit der praktischen Sozialarbeit für digitale Straßensozialarbeit im Forschungsstand fraglos durchscheint und erste Tests gelaufen sind, ist es sehr wohl denkbar, dass erfolgreiche Streetwork auch im digitalen Kontext möglich ist. Befürwortet werden deshalb längerfristige Initiativen im praktischen Regelbetrieb, die auf erste Erkenntnisse zur strategischen Erreichbarkeit von Heranwachsenden im Netz aufbauen und die im Sinne qualitativer und quantitativer Evaluation wissenschaftlich eng begleitet werden.

- Kann eine digitale Streetwork als begleitender Faktor der Medienkompetenzvermittlung die bestehenden präventiven und rehabilitativen Angebote zielführend ergänzen?
  Speziell auf das Arbeitsfeld der Medienkompetenzvermittlung bezogen liegen bislang keine empirischen Erfahrungswerte zum Einsatz aufsuchender Straßensozialarbeit vor. Aus theoretischer Perspektive besteht im Sinne des obigen Prozessmodells durchaus Hoffnung, dass digitale Streetworker:innen hier zu einem wertvollen und effektivitätssteigernden Faktor werden können. Digital Streetwork erschließt in dieser Vorstellung den kompletten Bereich der tatsächlichen Mediennutzung, kann also kontrollieren, welche digitalen Medienkompetenzen im Einzelfall vorhanden sind, und wie Heranwachsende mit medialen Angeboten und positiven wie negativen Nutzungserfahrungen im sozialen Web umgehen. Weil diese Einsichten zudem nicht verdeckt stattfinden, sondern die Streetworker:innen authentische und akzeptierte Mitglieder der digitalen Cliquen sind, besteht die Möglichkeit zur unmittelbar pädagogischen Unterstützung im Bedarfsfall. Außerdem können von den digitalen Streetworker:innen gesteuert auch alle anderen (potenziellen) Akteure der Medienkompetenzvermittlung zielführend aktiviert, hinzugezogen und geschult werden. Es geht aus Sicht der Forschung nun vor allem darum, das empirische Potenzial dieses Ansatzes auszuloten. Dafür ist einerseits eine handlungsfeldspezifische Konkretisierung nötig (Wie genau geht Digital Streetwork beispielsweise zur Vermeidung suchtartiger Nutzung im Gaming vor?), die von einer Evaluation der realen Umsetzung (heißt: keine Laborexperimente, sondern echte Streetworker:innen auf der echten digitalen Straße) ergänzt wird.
- Welche Fähigkeiten benötigt ein:e digitale:r Streetworker:in, um auf der digitalen Straße akzeptiert zu werden?
  Auf einer abstrakten Ebene lässt sich diese Frage schon relativ gut beantworten. Digitale Streetworker:innen brauchen zunächst einmal alle Fähigkeiten klassischer Straßensozialarbeiter:innen, angefangen von der Empathie im

Umgang mit Heranwachsenden, von denen sie aufgrund ihrer akzeptierenden und authentischen Herangehensweise im jeweiligen Handlungsfeld als gleichwertiges Mitglied und Expert:in anerkannt werden. Authentizität und Expertentum entstehen als Kombination aus einem klar erkennbaren persönlichen Bezug (Wissen, Faszination, Problembewusstsein, eigener Lebensweg) zur Lebenswelt der Heranwachsenden und dem praktischen Nachweis (Wissen, Vorbildfunktion, erfolgreiche Unterstützung) professioneller Fähigkeiten im Zeitverlauf. Entscheidend ist dabei auch, dass der oder die digitale Streetworker:in zumindest implizit Partei für seine oder ihre Zielgruppen ergreift, sich also sozial solidarisiert, ohne dabei aber die eigene Sonderrolle zu verlieren. Aufgabe der empirischen Forschung ist es, anwendungsbezogen das wünschenswerte Maß an Branchen- und Fachwissen zu definieren, mit dem gleichermaßen Street Credibility und pädagogische Facharbeit möglich werden. Am Beispiel Gaming und Videospielsucht stellt sich somit die Frage, was genau Gaming-Kompetenz seitens des oder der Streetworker:in bedeutet. Stoffsammlungen, wie sie im theoretischen Teil dieser Arbeit (vgl. Kap. 5.2) entstanden sind, müssen dafür mit starkem Klient:innen-Fokus konkretisiert werden.

- Wo befindet sich die digitale Straße?
  Auch die Frage nach der digitalen Straße lässt sich auf verschiedenen Ebenen beantworten. Diese Arbeit plädiert zunächst dafür, im Rahmen von digitaler Sozialarbeit bestimmte Handlungsfelder der digitalen Jugendkultur zu fokussieren. Diese Zuspitzung kann entweder thematisch (z. B. Gaming, Jobsuche, politischer Diskurs) oder portalorientiert (z. B. Instagram, Twitch, sueddeutsche.de) stattfinden. Beide Ansätze haben ihre Vor- und Nachteile: Ein thematischer Aufhänger kann die Identifizierung von pädagogischen Herausforderungen und zu erlernenden Kompetenzen vereinfachen, muss allerdings zusätzliche Arbeit investieren, um die tatsächlichen Orte des Geschehens zu finden. Der portalorientierte Zugang weiß dagegen automatisch, wo sich die jeweilige digitale Straße befindet, nämlich im ausgewählten Portal selbst, muss allerdings erst die Themen ergründen, die dort aus Sicht der Sozialarbeit eine Rolle spielen. In der Gaming-Streetwork, die hier als konkretes Beispielszenario fungiert, gilt es demnach, empirisch noch wesentlich genauer zu definieren, auf welchen Portalen ein:e Streetworker:in letztendlich mit seiner oder ihrer Arbeit die größten Erfolgschancen hat.
- Wie funktionieren Zugang und Beziehungsaufbau in der digitalen Streetwork?
  Aus der analogen Straßensozialarbeit ist bekannt, dass authentische Streetworker:innen beim Erstkontakt zur Zielgruppe vor Ort gleichzeitig transparent und zurückhaltend agieren sollten. Die konkrete Tätigkeit sollte demnach ohne Einschränkungen offenbart werden, allerdings ebenso ohne erhobenen Zeigefinger oder eine vorschnelle Problematisierung des beobachteten oder eines hypothetischen Verhaltens (Kahl 1995, 96). Vielmehr geht

es darum, bei Bedarf Unterstützung zu signalisieren. Ähnlich niedrigschwellig funktioniert dann auch der Beziehungsaufbau. Der oder die Streetworker:in ist kontinuierlich im sozialen Raum seiner oder ihrer Zielgruppe anwesend, ansprechbar und beobachtet sensibel das Geschehen vor Ort. Teilweise kann es auch Sinn machen, sich proaktiv am Geschehen zu beteiligen, beispielsweise über gemeinsam organisierte Veranstaltungen, deren Ideen und Inhalte allerdings immer aus der Mitte der Zielgruppe stammen sollten (Wendt 2015, z. B. 329 ff.). Im Kontakt mit den Heranwachsenden gelten dabei grundsätzlich deren (kommunikative) Regeln, die der oder die Sozialarbeiter:in bei eigenen Beiträgen aufgreift. Nach dem Prinzip der Gegenseitigkeit gibt er oder sie beim schrittweisen Kennenlernen außerdem auch emotionale Details aus seinem oder ihrem eigenen Leben preis, um sich als Vertrauensperson zu legitimieren. Erste Digital-Streetwork-Projekte haben gezeigt, dass gerade der Erstkontakt im anonymen Netz besonders sensibel ist, da dieser häufig rein textbasiert abläuft und von einer großen Skepsis der Zielgruppe begleitet wird (Dinar & Heyken 2017, 31 f.). Ein längerfristiger Beziehungsaufbau nach rein digitalem Erstkontakt ist in der Literatur noch nicht spezifisch dokumentiert worden. Hier herrscht dementsprechend hoher empirischer Forschungsbedarf, um übergreifend Erfolgsstrategien zu entwickeln, die allerdings gleichsam für jedes konkrete Anwendungsfeld angepasst werden müssen.

- An welche Zielgruppe(n) richtet sich Digital Streetwork primär?
  Eine rein digital begriffene Straßensozialarbeit adressiert prinzipiell, ähnlich wie in der realen Welt, breite Zielgruppen, die sich je nach thematischem Hauptfokus soziodemographisch einschränken lassen. Für den Bereich der Medienkompetenzvermittlung liegen Schwerpunkte wie oben geschildert auf Heranwachsenden, wobei hier wiederum das Jugendalter als wichtigster Arbeitszeitraum gilt (Geisler 2019). Es gibt allerdings gute Argumente dafür, digitale Streetwork auch schon im Kindesalter sowie unter jungen Erwachsenen einzusetzen, da virtuelle (Spiel-)Welten zu immer früheren Zeitpunkten im Leben erschlossen werden und Always-Online-Gewohnheiten auch erwachsen gewordene Digital Natives betreffen. Das Thema Videospielsucht zeigt in diesem Zusammenhang anschaulich, dass in einer Kultur der Digitalität klassische Risikobereiche soziodemographisch betrachtet längst ausfächern. Ausgehend von dem nach wie vor validen Befund, dass ein Schwerpunkt der Medienaneignung und -nutzung im Jugendalter liegt, sollten sich Forschungsvorhaben mit dem Bedarf digitaler sozialer Arbeit und Medienkompetenzvermittlung auch in jüngeren und älteren Zielgruppen auseinandersetzen.
- Auf welche Problemfelder im Umgang mit virtuellen Handlungswelten konzentriert sich digitale Straßensozialarbeit?
  Zunächst einmal ist festzuhalten, dass aufsuchende soziale Arbeit ihrem Wesen entsprechend ein sehr offener pädagogischer Ansatz ist, der nicht

das eine ausgewählte Problem kennt, das er behandelt und um das herum er alle Umwelt ausblendet. Es wäre deshalb auch im Kontext der Videospielsucht-Debatte nicht zielführend, zu eng am speziellen Risikophänomen zu denken. Ganzheitliche Medienkompetenzvermittlung inklusive aufsuchender und begleitender Methoden adressiert grundsätzlich alle im Modell digitaler Medienkompetenz (Stodt et al. 2015) genannten Wissens- und Handlungsfelder und setzt sich umgekehrt mit allen im digitalen Gefährdungsatlas der Bundesprüfstelle für jugendgefährdende Medien (2019) genannten Risiken der Online-Nutzung auseinander. Dennoch ergibt es aus Gründen der Effizienz und Spezialisierung in Digital-Streetwork-Projekten Sinn, bestimmte Schwerpunktrisiken (z. B. Videospielsucht) auszuwählen, ähnlich wie es sich auch lohnt, einzelne Handlungsfelder (z. B. Gaming) oder Plattformen (z. B. Twitch) zu definieren. Gegenstand der empirischen Forschung wird es auch im Prozess der optimalen Ressourcenverteilung sein, gewisse Risikoschemata zu identifizieren, die Risikofelder global und zudem in Abhängigkeit von bestimmten Communities und Plattformen priorisieren lassen.

- Welche konkreten Maßnahmen unterstützen die aufsuchende Medienkompetenzvermittlung im Digitalen?
  Auf einer globalen Ebene erscheint es sinnvoll, in der digitalen Streetwork wie auch in der analogen Straßensozialarbeit auf das Einzel- und Gruppengespräch als zentrales Werkzeug zu setzen. Unterstützt durch verständnisvolle, aber dennoch ergründende Fragetechniken (Wendt 2015, 103 ff. & 110 ff.; Erler 2003; Weinberger 2001; Hege 1974; Ruhe 2014) und eine akzeptierende, aber dennoch anregende Haltung der Sozialarbeiter:innen sollte auch im Digitalen eine wirksame Fallarbeit möglich sein. Gerade in früheren Stadien des Vertrauens- und Beziehungsaufbaus können außerdem gemeinsame Aktivitäten der Streetworker:innen mit ihren Klient:innen helfen, die neben der emotionalen Annäherung auch gute Einblicke in die Gewohnheiten und das soziale Miteinander der Zielgruppe bieten. Abgesehen von diesen generellen Strategien ist es aus Sicht dieser Arbeit aber Gegenstand künftiger Forschungs- und Praxisprojekte, für verschiedene digitale Handlungsfelder spezifische Sets an Maßnahmen zu erarbeiten und zu evaluieren. Die Studie im Rahmen dieser Arbeit liefert beispielsweise vertiefende Vorschläge dafür, was ein:e digitale:r Streetworker:in im Gaming mit seinen oder ihren Klient:innen unternehmen könnte, um Vertrauen zu schaffen und diagnostische Einblicke zu erhalten. Idealerweise entstehen daraus auch wieder Erkenntnisse, die sich für andere Digitalcommunities und -portale adaptieren lassen. Dennoch bedarf jedes individuelle Projektsetting eines individuellen inhaltlichen Zuschnitts, so wie beispielsweise Debunking und Counterspeech bei der Antirassismus-Streetwork in Social-Media-Kommentarspalten.
- Wo liegen die Grenzen einer digitalen Straßensozialarbeit?

Aus zwei Gründen kann ein:e Streetworker:in an Grenzen seiner oder ihrer Wirksamkeit stoßen. Zum einen kann es passieren, dass Klient:innen eine (weitere) Beziehungsarbeit nicht zulassen, kein Vertrauen aufbauen und sich gegen das Hilfsangebot der aufsuchenden Sozialarbeit entscheiden. Die Literatur betont hier unabhängig von der Ursachendiskussion das Prinzip der Freiwilligkeit und spricht sich insofern gegen jegliche Form von Drängen oder Zwang aus. Auch in der Streetwork bedeutet ein „Nein" somit *Nein* (Dinar & Heyken 2017, 31 f.). Wenn also die oben empfohlenen und im Digitalen weiter verfeinerten Strategien der niedrigschwelligen Ansprache und der begleitenden Unterstützung mit all ihren Maßnahmen und Motivationstechniken bei einem Klienten oder einer Klientin nicht funktionieren, dann ist das zu akzeptieren. Die digitale Streetwork muss deshalb nicht enden, aber wird auch nicht wesentlich intensiver oder – aus pädagogischer Perspektive – effektiver. Daneben kann es passieren, dass ein:e digitale:r Streetworker:in besonders in extremen Fällen an fachliche Grenzen stößt. Wenn beispielsweise eine manifeste Sucht vorliegt, hohe Schulden bestehen, Obdachlosigkeit bevorsteht oder akute Selbst- oder Fremdschädigung droht, ist spezialisiertes Fachwissen mit radikalen Handlungsmöglichkeiten nötig, um akute Problemlagen zügig zu lösen (Gref 1995, 17 f.; Wendt 2015, 328 f.). Eine ausgeprägte Videospielsucht bedarf beispielsweise einer professionellen Psychotherapie, eventuell verbunden mit einer dauerhaften psychologischen Betreuung. Streetworker:innen lösen solche Extremfälle durch ihr breites Netzwerk an Fachkolleg:innen aus verschiedensten Handlungsfeldern, die sie bei Bedarf koordinierend hinzuziehen können. Wichtig ist, dass solche pädagogischen Interventionen zur richtigen Zeit erfolgen, ohne dass dem oder der Streetworker:in dabei seine oder ihre emotionale Beziehung zu dem oder der Klient:in im Weg steht oder diese währenddessen zerbricht (Krafeld 2004, 57 ff.). Gerade für den digitalen Raum und die dort dominierenden Risikofelder muss empirische Forschung für Streetworker:innen beobachtbare Indikatoren (Diagnosemöglichkeiten und -kriterien) definieren und Turning Points festlegen, die im Sinne gelber oder roter Ampeln als Grenzen digitaler Streetwork eine fachspezifische Weitervermittlung induzieren.

- Wie laufen Austausch- und Abstimmungsprozesse in einem (medienpädagogischen) Digital-Streetwork-Netzwerk ab?
  Der Netzwerk-Gedanke prägt nicht nur die alltägliche Arbeit in realweltlichen und digitalen Streetwork-Initiativen, sondern bildet auch ein Kernkriterium ganzheitlich begriffener Medienpädagogik. Digitale Straßensozialarbeiter:innen bauen ein breites (Online-)Netzwerk von Akteuren der sozialen Arbeit und Unterstützung auf, innerhalb dessen sie bedarfsgerecht Informationen austauschen und reflektieren. Im Kontext der Medienkompetenzvermittlung nicht nur im Gaming besteht dieses Netzwerk primär aus den dafür zuständigen

gesellschaftlichen Institutionen, also Familie, Schule, Psychologie/Psychiatrie, sozialem Umfeld, Politik, Medien, Wissenschaft und Wirtschaft. Der oder die digitale Streetworker:in als handlungsbegleitendes medienpädagogisches Moment vertieft präventive Impulse im realen Anwendungskontext, beobachtet das Nutzerverhalten, hilft bei der Reflexion von Nutzungserfahrungen und setzt bei Bedarf rehabilitative Interventionen. An ganz unterschiedlichen Stellen ist es theoretisch vorstellbar und angebracht, Netzwerk-Akteure empirisch zu schulen, beratend hinzuzuziehen und leitend zu aktivieren. Wie genau die Zusammenarbeit in einem Medienkompetenz-Netzwerk aussehen kann, das stationäre und punktuelle Angebote der Prävention und Rehabilitation mit begleitenden Streetwork-Methoden verbindet, muss wissenschaftlich begleitet im praktischen Projektkontext überprüft werden. Eine phänomenologisch und strukturell bereits gut vorbereitete digitale Straßensozialarbeit im Gaming mit Schwerpunkt Videospielsucht könnte hier effizient wertvolle empirische Daten generieren.

- Wie lässt sich eine digitale Streetwork formalrechtlich und wirtschaftlich organisieren?
  Da es sich bei digitaler Streetwork um eine professionelle Tätigkeit mit hohem Zeitaufwand und berufsspezifischen Tätigkeitsprofilen handelt, muss die Forschung zur Einsatzfähigkeit aufsuchender Sozialarbeit im Prozess der Medienkompetenzvermittlung auch deren infrastrukturelle Organisation mitdenken. In der Praxis kosten Ausbildung und Einsatz digitaler Streetworker:innen Geld, und es bedarf koordinierender Stellen zur Disposition von Arbeitsteams und Netzwerk-Akteuren. Der digitale Kommunikationsrahmen erlegt der Straßensozialarbeit zudem erhöhte Anforderungen an datenschutzrechtliche Sensibilität und Absicherung auf (Klein & Pulver 2020; Bollig 2015; Kutscher 2020; Schrödter et al. 2020). Empirisch ist deshalb zu klären, welche organisatorischen Träger und Finanzierungsmodelle für Modellprojekte sowie für eine angestrebte Verstetigung digitaler Streetwork im lokalen und überregionalen Raum infrage kommen.

Katalog forschungsleitender Fragestellungen dieser Arbeit

Im Forschungsprogramm zur ganzheitlichen Medienkompetenzvermittlung im Digitalen werden viele Ansatzpunkte empirischer Forschung genannt, die grundlegende Fragestellungen zur gesellschaftlichen Transformation im Mediatisierungsprozess bearbeiten, zur Analyse digitalkultureller Teilphänomene wie dem Gaming anregen und dabei spezifische medienpädagogische Herausforderungen wie eine pathologische Internet- und Videospielnutzung problematisieren. Zur empirischen Überprüfung wird in diesem Zusammenhang ein ganzheitliches und netzwerkorientiertes Vorgehen bei der Medienkompetenzvermittlung vorgeschlagen, das sich in bestehende medienpädagogische Strukturen eingliedern muss. Als Bindeglied zur fruchtbaren Vernetzung und Leistungssteigerung schulischer, familiärer und psychologischer/psychiatrischer Medienkompetenzvermittlung werden die niedrigschwelligen aufsuchenden Methoden der Straßensozialarbeit vorgeschlagen. Eine Digital Streetwork soll dabei helfen, die pädagogische *Black Box Internet* auf eine von den Nutzer:innen akzeptierte Art und Weise zu erschließen, um Mediennutzungswissen und -erfahrungen kompetenz- und autonomieorientiert zu vermitteln. Emotional schädliche Extremfälle wie die Entstehung suchtartigen Verhaltens, Mobbing und sexuelle Belästigung, die Verbreitung rassistischer Ideologien und strategischer Fake News sollen dadurch vor allem aus Sicht von Heranwachsenden bei der Nutzung virtueller Handlungswelten vermieden werden. Es geht nun darum, die realweltliche (umfasst hier analoge und virtuelle Strukturen) Umsetzbarkeit und Validität dieser Modellkonzepte und Wirkungsvermutungen schrittweise empirisch zu überprüfen. Diese Arbeit soll neben der umfassenden Modellentwicklung einen eigenen Beitrag zu dieser empirischen Überprüfung leisten und erste Analysedaten generieren. Wenngleich mit guten Argumenten jedes einzelne der oben genannten Forschungsfelder hier adressiert werden könnte, entscheidet sich diese Arbeit für ein detailorientiertes und klar eingegrenztes Forschungsinteresse. Da in den übrigen Forschungsfeldern bereits substanzielle Forschungsdaten vorliegen, geht es zunächst vor allem darum, die Funktionsfähigkeit aufsuchender psychosozialer Sozialarbeit im Digitalen (kurz: Digital Streetwork) im Allgemeinen sowie zum speziellen Zwecke der Medienkompetenzvermittlung zu prüfen. Der Hauptfokus der Studie im Rahmen dieser Arbeit liegt deshalb auf der potenzialabschätzenden Adaption des Streetwork-Ansatzes für die digitale Medienkompetenzvermittlung. Da zudem häufiger darauf hingewiesen wurde, dass grundlegende Arbeitsprinzipien der Straßensozialarbeit in virtuellen Handlungswelten für den jeweiligen kulturell-thematischen und technisch-strukturellen Rahmen individualisiert werden müssen, wird hier beispielbezogen verfahren. Digital Streetwork als Teil ganzheitlicher Medienkompetenzvermittlung soll dementsprechend hier empirisch insbesondere im Handlungsfeld Gaming und mit dem Arbeitsschwerpunkt Videospielsucht untersucht werden. Von diesem spezifischen inhaltlichen Zuschnitt verspricht sich die Arbeit neben sehr plastischen Befunden vor allem konzeptuelle Tiefe sowie handlungspraktischen Mehrwert. Ist ein ausgewähltes Beispielszenario einmal in all seinen Aspekten durchdrungen und skizziert, so die Annahme, lässt sich das dabei entstandene Modell- und Prozesswissen vergleichsweise einfach auch auf andere medienpädagogische Themenfelder (z. B. Facebook/Rassismus, Instagram/Schönheitsstreben, Nachrichtenportale/Fake News) anwenden. Die Hauptforschungsfrage der empirischen Studie in dieser Arbeit lautet deshalb:

Welche Möglichkeiten hat eine aufsuchende psychosoziale Medienkompetenzvermittlung (Digital Streetwork), pathologischer Videospielnutzung entgegenzuwirken?

Drei untergeordnete Forschungsteilaspekte sollen uns dabei helfen, uns diesem Forschungsinteresse empirisch anzunähern. Da (exzessiv-pathologisches) Gaming als Untersuchungsgegenstand ausgewählt wurde, greift der Katalog forschungsleitender Fragestellungen zunächst dessen gesellschaftliche Relevanz auf. Vor allem die vergleichsweise junge und in größeren Teilen noch kontrovers geführte öffentliche und die wissenschaftliche Diskussion über ein psychisches Krankheitsbild Videospielsucht prägen die Stoßrichtung der ersten Teilforschungsfrage:

1 Gibt es in Deutschland ein gesellschaftliches Problem mit exzessivem Videospielen?

Anzumerken ist eingangs, dass aufgrund der nationalen Unterschiede vor allem in der institutionalisierten Medienpädagogik und Suchthilfe, aber auch zugunsten eines forschungsökonomisch effizienten Vorgehens Deutschland als Referenzgröße der empirischen Erhebung ausgewählt wurde. Wenn später also empirische Daten zur gesellschaftlichen Debatte über Gaming und Videospielsucht, aber auch zur rechtlichen und organisatorischen Institutionalisierung von Digital Streetwork (im Gaming) erhoben und interpretiert werden, beziehen sich diese auf deutsche User:innen, Akteure der Medienpädagogik und Gesetze. Zur Erläuterung des ersten Teilforschungskomplexes: Da Gaming als gesellschaftskulturelles Phänomen in der Literatur sehr gut erschlossen ist und auch die wesentlichen Dynamiken der Videospielsucht-Entstehung bekannt sind, hat diese pointierte Problemfrage teilweise affirmativen Charakter und soll überdies einige Detailaspekte konkretisieren. Zum Beispiel ist noch zu klären, wie selbst konservative Prävalenzwerte pathologischen Gamings von rund einem Prozent normativ zu bewerten sind. Sind diese Zahlen aus gesamtgesellschaftlicher Sicht zu vernachlässigen, bedenklich oder höchst alarmierend? Entsprechend dieser Einordnung ergibt sich dann auch ein geringerer oder größerer Bedarf an medienpädagogischen Maßnahmen. Als Forschungsfrage könnte man demnach formulieren:

1.1 Wie sind Prävalenzwerte pathologischer Videospielnutzung von einem Prozent aus gesellschaftlicher Sicht zu bewerten?

Aus der Literatur geht hervor, dass sich präventive und rehabilitative Angebote der Medienkompetenzvermittlung in Deutschland überwiegend an Jugendliche richten, seltener an junge Erwachsene und erst in Ansätzen an Kinder und ältere Bevölkerungsgruppen. Demnach ist davon auszugehen, dass auch exzessive und pathologische Videospielnutzung nicht für alle Nutzer:innen gleichermaßen ein Risiko darstellt, sondern bestimmte soziodemographische Schwerpunkte vorliegen müssen. Es ist aber auch bekannt, dass ein Kontakt zu virtuellen (Spiel-)Welten immer früher im Leben stattfindet, *Digital Natives* immer älter werden und zusätzlich immer mehr ältere Deutsche neu einsteigen (mpfs 2016, 2018 und 2019;

Hager & Kern 2017; Spiegel 2010; Dollinger 2009, 46 ff.). Um Digital-Streetwork-Zielgruppen also bestimmen und priorisieren zu können, wird noch einmal gefragt:

1.2 Sind bestimmte Bevölkerungsgruppen stärker videospielsuchtgefährdet beziehungsweise -betroffen als andere?

Da Straßensozialarbeit wie oben erläutert ganzheitlich agiert und selbst bei einem Suchtschwerpunkt auf alle sozialen Problemlagen reagieren können muss, richtet sich der Blick auch auf die weiteren spezifischen pädagogischen Herausforderungen im Gaming. Ganz im Sinne des individuellen Zuschnitts der Streetwork-Ausbildung und -Diagnosefähigkeit interessiert somit als drittes:

1.3 Gibt es neben dem exzessiven Spielkonsum noch weitere substanzielle soziale Probleme in der Gaming-Szene?

Auch wieder vor dem Hintergrund der zukunftsorientierten Gestaltung von Forschungs- und Praxisprojekten der aufsuchenden Medienkompetenzvermittlung im Internet strebt diese Studie einen globalen Ausblick auf die Zukunft des Gaming und der Videospielsucht in der Gesellschaft an. Abschließend wird deshalb in diesem Forschungsblock gefragt:

1.4 Wie wird sich Gaming als gesellschaftliches Phänomen in den kommenden 10 bis 20 Jahren in Deutschland entwickeln?

Der zweite Teilforschungsblock beschäftigt sich mit der Vermittlung von Medienkompetenz im Gaming, allerdings eher im Sinne eines Status quo. Der Digital-Streetwork-Ansatz bleibt dementsprechend an dieser Stelle noch außen vor. Durchaus kritisch wird stattdessen beleuchtet, ob Gaming im Rahmen der deutschen Medienpädagogik überhaupt eine Rolle spielt und wie Gaming-bezogene Projektinitiativen der Medienkompetenzvermittlung im Augenblick aussehen. Ähnlich wie die Forschungsfragen zum Gaming und zur Videospielsucht nimmt der Medienkompetenz-Block in dieser Studie eine der Digital Streetwork gegenüber etwas untergeordnete Rolle ein, weil hierzu in der Theorie ebenfalls bereits empirisch gedeckte Aussagen und Anhaltspunkte zu finden sind. Trotzdem hängt die Sinnhaftigkeit aufsuchender Methoden der Sozialarbeit als Teil der Medienkompetenzvermittlung in Deutschland in bedeutendem Maße davon ab, dass die vermuteten Leerstellen beziehungsweise Koordinierungsschwierigkeiten in der Praxis tatsächlich bestehen. Insofern erscheint es legitim, zusätzlich zum Forschungsstand auch hier noch einmal die Frage zu stellen:

2 Wird Medienkompetenz im Gaming in Deutschland im Augenblick zielführend gefördert?

Mehrere Teilaspekte spezifizieren auch diese global gehaltene Fragestellung. So wurde beispielsweise oben unter Stichwörtern wie *Medienskepsis* oder *Moral Panic* (Cohen 1972; Leick 2019) darüber diskutiert, dass neue Medien und ihre Subkulturen, darunter auch das Gaming, gesellschaftlich traditionell mit einer gewissen Skepsis aufgenommen werden. Aneignungs- und Akzeptanzprozesse verlaufen deshalb vergleichsweise schleppend, weil relativ hohe Hürden anfänglicher Ablehnung zu überwinden sind. In der öffentlichen Debatte werden in diesem Zusammenhang eher die negativen Seiten und Risiken neuer Medien betont, denen gegenüber sich mit der Zeit eine breiter werdende Front radikaler Befürworter:innen formiert. Im Ergebnis entsteht dann eine polarisierende und wenig bewegliche Patt-Situation, im Gaming-Kontext sichtbar unter anderem beim Versuch, professionellen eSport als Sport im Sinne der gemeinnützigen öffentlichen Fördersysteme anzuerkennen (ESBD 2019). Da sich eine intensiv-konstruktive oder eine zaghaft-abwehrende Haltung der Medienpädagogik gegenüber dem Gaming als Thema und Werkzeug der Medienkompetenzvermittlung auch mit der öffentlichen Grundsatzhaltung erklären lässt, wird gefragt:

2.1 Wird Gaming im öffentlichen Diskurs als konstruktives, förderungswertes Kompetenzfeld wahrgenommen?

Einen im Grundsatz ähnlichen, aber etwas differenzierteren Ansatzpunkt verfolgt auch die nächste Teilforschungsfrage im Medienkompetenz-Block, die ergründen soll, welche Instanzen in der Gesellschaft und Medienpädagogik sich in der Gaming-Kontroverse auf welcher Seite positionieren. Auch für die spätere Diskussion über fähige und motivierte Netzwerk-Partner einer digitalen Straßensozialarbeit relevant, möchte diese Studie wissen:

2.2 Engagieren sich bestimmte Teilbereiche der Gesellschaft besonders stark für oder gegen Medienkompetenzvermittlung im Gaming?

Da eine ganzheitlich begriffene Medienkompetenzvermittlung im Gaming den Anspruch hat, bestehende und potenzielle Akteure und Initiativen durch Digital Streetwork zu vernetzen, ist es zusätzlich zum Forschungsstand sinnvoll, auch in dieser Studie noch einmal den Status quo der praktischen Gaming-Pädagogik zu klären. In der Literatur werden neben psychotherapeutischen Rehabilitationsprogrammen (Illy & Florack 2018; te Wildt 2015, 166 ff.; Wölfling et a. 2013, 58 ff.) und nicht näher ausgeführten Schul-AGs (Bonn & Karsch 2019) vor allem einige interessante Projekte der außerschulischen Jugendarbeit genannt. Diese setzen unter anderem auf kreatives und kompetitives begleitetes Spielen, wobei die Heranwachsenden regelmäßig tragende Rollen bei der Organisation von virtuellen und realweltlichen Veranstaltungen einnehmen. Sie lernen ihr Hobby außerdem anhand ausgewählter und durchaus risikobewusster Fragestellungen in Workshops und Jugendtagungen zu reflektieren. Im Generationendialog vermitteln sie wichtige Kompetenzen im Gaming schließlich bewusst an Einsteiger:innen und Außenstehende weiter und unterstützen eine beidseitige Sensibilisierung für Faszination und Vorsicht in virtuellen (Spiel-)Welten (z. B. Westfälischer Anzeiger 2018; Kohring & Heinz 2012; Lutz 2019; Abb. 33). Diese Arbeit kann aus solchen Beispielen für ihren Digital-Streetwork-Ansatz viel lernen und fragt deshalb vertiefend:

2.3 Welche methodischen Ansätze der Medienkompetenzvermittlung im Gaming gibt es?

Unmittelbar anschließend und auch hier wieder vertiefend im Sinne dieser Arbeit rücken speziell sozialpädagogische Methoden, insbesondere aufsuchende Sozialarbeit im außerschulischen Rahmen, bei der Medienkompetenzvermittlung in den Mittelpunkt. Auf dem Weg hin zu einer Digital Streetwork im Gaming gilt es vor allem bereits bestehende artverwandte Projektansätze und Arbeitsmethoden symbiotisch und ressourceneffizient aufzugreifen. Ergänzend zur allgemein gehaltenen Forschungsfrage nach Methoden der Medienkompetenzvermittlung im Gaming interessiert hier deshalb:

2.4 Welche Rolle spielen sozialpädagogische Ansätze bei der Vermittlung von Medienkompetenz im Gaming?

Da diese Studie thematisch den Akzent auf die Prävention und Behandlung suchtartiger Videospielnutzung legt, konzentriert sich das Forschungsinteresse auf eben diesen Untersuchungsgegenstand. Es ist deshalb wichtig zu wissen, inwiefern medienpädagogische Akteure und Projekte sich speziell mit dem Thema Videospielsucht auseinandersetzen und individuelles Spielverhalten auch vor diesem Hintergrund beobachten, hinterfragen und bei Bedarf gesundheitsorientiert intervenieren. Bekannt ist, dass in Deutschland bereits in größerem Maße psychotherapeutische Behandlungsangebote bestehen, die allerdings weitgehend passiv-stationär agieren und von Betroffenen aktiv aufgesucht werden müssen. Erste Projekte bewegen sich zudem auch in die virtuelle Welt hinein und bieten niedrigschwellige Online-Erstgespräche an (Kolakowski 2020). Abgesehen davon spricht der Forschungsstand für eine vergleichsweise konservative und nur sehr punktuelle Thematisierung exzessiven Spielverhaltens in der deutschen Medienpädagogik, insbesondere was den konstruktiv-einübenden und begleitenden Aspekt betrifft. Dennoch ist von einer wachsenden Offenheit schulischer und außerschulischer (Medien)Pädagog:innen gegenüber einer kompetenz- und autonomiefördernden Suchtprävention im Gaming auszugehen. Auf der Suche nach Best-Practice-Beispielen wird hier deshalb gefragt:

2.5 Werden Fälle exzessiven und suchtartigen Videospielens auf eine dem Gegenstand individuell angemessene Art und Weise identifiziert und behandelt?

Klar ist, dass diese Arbeit mit ihren Modellen einer ganzheitlichen Medienkompetenzvermittlung und einer digitalen Streetwork sehr konkrete eigene Vorstellungen davon hat, wie eine zielführende Medienpädagogik im Gaming aussehen könnte. Der Text ist sich dabei aber bewusst, dass diese Überlegungen noch der empirischen Validierung bedürfen. Das hier präsentierte Konzept sollte deshalb offen bleiben für weitere bereichernde Impulse auf struktureller (Akteur-Struktur-Dynamiken) und auf inhaltlicher Ebene (förderwürdige Potenziale und kontrollbedürftige Risiken). Das Forschungsinteresse dieser Studie soll diese Offenheit gegenüber ergänzenden Sichtweisen signalisieren und noch vor dem eigentlichen Test seines eigenen Ansatzes fragen:

2.6 Welche Schwerpunkte sollte eine Gaming-Pädagogik der Zukunft setzen?

Im dritten Forschungsblock, der inhaltlich den Schwerpunkt dieser Studie bildet und anteilig deshalb auch den größten Raum einnimmt, geht es schließlich um die empirische Ausgestaltung einer digitalen Straßensozialarbeit im Gaming. Weiterhin dient das ausgewählte Setting der Videospielsucht als konzeptueller Rahmen, mit dessen Hilfe ein realitätsnahes und detailorientiertes Durchdenken der praktischen Arbeitsprozesse möglich wird. Die Auswahl der Teilforschungsfragen greift die wesentlichen im Digital-Streetwork-Prozessmodell (vgl. Kap. 8, Abb. 39) geschilderten Handlungsfelder digitaler Streetworker:innen sowie die infrastrukturellen Rahmenbedingungen der Straßensozialarbeit im Gaming auf. Stark praxisbezogen wird somit gefragt, wie genau digitale Streetwork im Gaming im Detail ablaufen und funktionieren könnte. Bedingung für diese praktische Ausarbeitung ist allerdings, dass ein Digital-Streetwork-Konzept in seinen grundlegenden Wirkungsvermutungen empirisch überhaupt realistisch erscheint. Die übergeordnete Fragestellung des Forschungsblocks zur aufsuchenden Medienpädagogik im Gaming lautet deshalb:

3 (Wie) Lässt sich das Konzept der aufsuchenden Straßensozialarbeit (Streetwork) aus dem analogen Raum gewinnbringend zur Medienkompetenzvermittlung in die digitale Gaming-Sphäre übertragen?

Als erster größerer Themenblock interessiert bei der Konzeption digitaler Streetwork, welche (Fach-)Persönlichkeiten überhaupt in der Lage sind, die pädagogische *Black Box Internet und Gaming* zu öffnen. Es geht also darum, zu definieren, wie ein:e digitale:r Streetworker:in sein muss, um gegenüber den Nutzer:innen die nötige Street Credibility zu bekommen. Drei relevante Kategorien betont das Forschungsdesign neben der oben besprochenen und vorausgesetzten Fähigkeit zur Empathie gegenüber anderen Menschen: Zum einen ist es wichtig, das für die Streetwork im Gaming nötige *Fachwissen und die Erfahrung mit der Materie* zu definieren. Oben wurde darüber gesprochen, dass Medienpädagog:innen selbst ein hohes Maß an digitaler Medienkompetenz benötigen, um diese zielführend vermitteln zu können. Auch hat dieser Text in Kapitel 5.2 bereits ein breites Set denkbarer Gaming-Kompetenzen erarbeitet. Im Sinne der authentischen Akzeptanz durch die Zielgruppe und der gleichzeitigen professionellen Arbeitsfähigkeit soll hier genau umrissen werden, wie stark der Gaming-Bezug erfolgreiche digitaler Streetworker:innen sein muss und welche weitere Fachausbildung zu verlangen ist. Spannend ist weiterhin die Frage nach eventuellen *soziodemographischen Schwerpunkten bei der Auswahl von digitalen Streetworker:innen*. Gibt es mit Blick auf die Zielgruppen im Gaming, auf Street Credibility, Erstkontakt und Beziehungsaufbau Grund zur Annahme, dass sich bestimmte Personengruppen besser für diese Tätigkeit eignen als andere? Ein dritter und speziell auf das Schwerpunktthema der Gaming-Streetwork (hier: Videospielsucht) bezogener Persönlichkeitsfaktor liegt im *persönlichen Bezug digitaler Streetworker:innen zu den adressierten Risikofeldern*. Zu entscheiden ist, ob es einer Straßensozialarbeit zum exzessiven und pathologischen Gaming nützt, wenn der oder die Streetworker:in selbst eine gewisse Suchterfahrung mitbringt, oder ob sich eine derartige Vorprägung eher negativ auswirkt (Kahl 1995, 94). Es könnte auch sein, dass an dieser Stelle ein sensibler Grat definiert werden muss, welche Art Suchterfahrung der professionellen Arbeit (noch) dient, und ab welchem Punkt der eigene Lebenslauf des Sozialarbeiters oder der Sozialarbeiterin den Klienten oder die Klientin eher zusätzlich belastet. Mit diesen vertiefenden drei konkreten Aspekten im Hinterkopf wird in dieser Studie dennoch offen gefragt:

3.1 *Über welche persönlichen und fachlichen Eigenschaften sollte ein:e Gaming-Streetworker:in verfügen?*

Die nächste Teilforschungsfrage zur digitalen Streetwork bildet eins-zu-eins die oben in diesem Kapitel (vgl. Abschnitt zum Forschungsfeld Digital Streetwork) beschriebene Diskussion über (primäre) Zielgruppen der Gaming-Sozialarbeit ab. An dieser Stelle soll deshalb der zusammenfassende Hinweis genügen, dass insbesondere geklärt werden muss, inwiefern neben dem sehr wichtigen Jugendalter auch Kinder und junge Erwachsene oder sogar ältere Bevölkerungsgruppen jetzt und in Zukunft von digitaler Straßensozialarbeit adressiert werden sollten:

3.2 *An welche Zielgruppen sollte sich ein Gaming-Streetwork-Ansatz primär richten?*

Aus Sicht digitaler Sozialarbeiter:innen fragt sich zunächst, an welchen Orten sie ihre Zielgruppe am besten erreichen, wo sich also in diesem Sinne die digitale Straße befindet. In Kapitel 3 wurde die Gaming-Szene schon nach verschiedenen Kriterien umrissen und eingeteilt (z. B. Singleplayer vs. Multiplayer, Casual Gaming vs. eSport, selbst Spielen vs. Spiele-Streaming und Fankulturen). Auch nach technischen Endgeräten (PC, Konsole, Handheld/Mobile, VA/AR) lassen sich unterschiedliche Kontaktpunkte auswählen, von denen manche für digitale Streetworker:innen einfacher (z. B. soziale Netzwerke im Online-Gaming) und andere schwieriger (z. B. Offline-Singleplayer-Gaming) zu erreichen sind. Auch könnte es sein, dass die einschlägigen sozialen Herausforderungen im Gaming nicht für jede Spielart und -plattform gleichermaßen stark gelten. Insofern ist aus Effektivitäts- und Erreichbarkeitsgesichtspunkten sehr konkret zu definieren, was unter der digitalen Straße im Gaming in Abhängigkeit vom jeweiligen Projektsetting zu verstehen ist:

3.3 Welche Zugangswege zur Zielgruppe bieten sich beim Aufbau eines Digital-Streetwork-Programms im Gaming an?

Nach der Identifizierung von Kontaktpunkten muss sich ein Digital-Streetwork-Konzept damit auseinandersetzen, wie eine konstruktive Zielgruppenansprache und darauf aufbauend ein schrittweiser Beziehungsaufbau im Gaming gelingen kann. Vor allem hinsichtlich des Erstkontaktes sowie im Prozess der emotionalen Annäherung ist eine *authentische Selbstdarstellung der digitalen Streetworker:innen* von enormer Bedeutung. Aus der Literatur können hier schon wesentliche Handlungsfelder und Kriterien abgeleitet werden, beispielsweise das Erstellen transparenter Accounts und Nutzerprofile, das Aufgreifen der kanal- (z. B. der Textchat als zentrales Kommunikationsmittel) und szenespezifischen (z. B. Slang und Emojis) Eigenheiten sowie die generell zurückhaltende und auf Freiwilligkeit basierende Vorstellung der Streetwork-Tätigkeit. Wichtig ist nun, diese Empfehlungen für den Gaming-Kontext noch zu spezifizieren, also genau festzulegen, wie eine möglichst niedrigschwellige Kontaktaufnahme gegenüber Gamer:innen aussehen könnte. Nach erfolgtem Erstkontakt ist zu klären, mit welchen *Maßnahmen des Beziehungsaufbaus* Gaming-Streetwork operieren sollte. Auch an dieser Stelle soll näher definiert werden, in welchen Momenten Einzel- und Gruppengespräche Sinn ergeben und welche Aktivitäten der Medienkompetenzvermittlung sich in den Gaming-Alltag der Klient:innen autonomieorientiert integrieren lassen. Es geht schließlich auch darum, die *inhaltlichen Grenzen der Tätigkeit als Gaming-Streetworker:in* zu skizzieren. Mit Blick auf das Netzwerk an spezialisierten Fachstellen vor allem im Bereich der Videospielsuchtprävention und -rehabilitation ist demnach über Punkte in der Beziehungsarbeit zu diskutieren, an denen aufgrund gefährdet-exzessiver Nutzung oder manifesten Suchtverhaltens die Einbeziehung handlungsfähiger Dritter (z. B. Familie und soziales Umfeld, Psychotherapeut:innen und Lehrer:innen) sinnvoll oder dringend geboten ist. Zusammengefasst werden diese Detailforschungsaspekte hier mit der Leitfrage:

3.4 Unter welchen Voraussetzungen gelingen Zielgruppenansprache und Beziehungsaufbau in der Gaming-Streetwork?

Die Notwendigkeit der Zusammenarbeit mit weiteren medienpädagogischen Akteuren gerade in Extremfällen zeigt schon an, dass auch der oder die digitale Streetworker:in nicht spontan und isoliert arbeiten kann, sondern dass im Sinne der hier betonten Ganzheitlichkeit gewisse organisationale Rahmenbedingungen bestehen müssen. Zentrale Bedingung lebensweltorientierter Straßensozialarbeit ist in diesem Zusammenhang das *Expert:innen-Netzwerk von Akteuren der Medienkompetenzvermittlung*. In den Modellen zur ganzheitlichen Medienkompetenzvermittlung und zur Digital Streetwork im Gaming (vgl. Abbildungen 34 und 39) wurden schon zahlreiche Netzwerk-Mitglieder identifiziert und priorisiert. Empirisch ist nun anhand bereits beobachtbarer Beispiele akteursbezogen die Potenzialabschätzung fortzuführen. Gleichzeitig muss überlegt werden, in welche bestehenden Initiativen der Medien- und Sozialpädagogik ein Digital-Streetwork-Projekt im Sinne ökonomischer und rechtlicher Trägerschaft integriert werden könnte. Bezogen auf die tatsächliche Fallarbeit weist die Literatur im digitalen Kontext außerdem auf datenschutzrechtliche Risiken hin, wenn private Kommunikation über Tools nicht kontrollierbarer Drittanbieter stattfindet. Es müssen also Werkzeuge entwickelt werden, mit denen digitale Streetwork den eigenen und insbesondere den *(Daten)Schutzinteressen ihrer Klient:innen* gerecht werden kann. Die abschließende Teilforschungsfrage in dieser Studie zur Konzeption einer digitalen Straßensozialarbeit im Gaming lautet somit:

3.5 Welche zusätzlichen Rahmenbedingungen müssen für eine funktionierende Streetwork im Gaming geschaffen werden?

10 Methodisches Vorgehen

Ausgehend von der theoriebasierten Modellierung einer ganzheitlichen Medienkompetenzvermittlung im Digitalen (vgl. Kap. 6, Abb. 34) und einer Digital Streetwork im Gaming mit Schwerpunkt Videospielsucht (vgl. Kap. 8, Abb. 39) hat Kapitel 9 den empirischen Forschungsbedarf präsentiert, der in Zusammenhang mit diesen Konstrukten und Wirkungsvermutungen besteht. Für die empirische Studie im Rahmen dieser Arbeit wurden Forschungskomplexe erkenntnisorientiert priorisiert und ein Katalog forschungsleitender Fragestellungen erstellt. Aufgabe von Kapitel 10 ist es, das sozialwissenschaftliche Untersuchungsdesign zu beschreiben, das der empirischen Datenerhebung und -analyse zugrunde liegt. Mehrere Schritte sind bei der methodischen Umsetzung zu beachten. Zunächst geht es darum, eine grundlegende Entscheidung über die Erhebungsmethode (v. a. Befragung vs. Inhaltsanalyse vs. Beobachtung vs. Experiment) zu treffen (vgl. Kap. 10.1). Eine wichtige Rolle bei der Methodenwahl spielt zum einen der Forschungsstand, das heißt die Frage, wie weit die theoretischen und empirischen Kenntnisse zu den in diesem Text entwickelten Modellen bereits reichen. Darüber hinaus muss eingeschätzt werden, welche Feldzugänge und Datenquellen dem nächstlogischen Forschungs- und Erkenntnisschritt optimal zuarbeiten. Da diese Studie qualitativ arbeitet, folgt die Identifizierung relevanter inhaltlicher Indikatoren, mit denen erste Vorstellungsbilder über die handlungspraktische Realität entwickelt werden können. Dafür werden die abstrakten Forschungsfragen in ein empirisches Erhebungsinstrument (z. B. Fragebogen oder Kategoriensystem) überführt, mit dem sich die latenten Theorieaspekte gegenstandsbezogen untersuchen lassen (vgl. Kap. 10.2). Diese Studie führt leitfadengestützte Expert:innen-Interviews und konstruiert dafür einen Interview-Leitfaden. Dieser muss inhaltlich in der Lage sein, die forschungsleitenden Fragestellungen umfassend abzubilden und theoriebezogen (also nachvollziehbar und transparent auf Basistheorie, Prozessmodelle und Forschungslücken bezogen) in plastische, lebensweltorientierte Fragestellungen umzuwandeln. Einerseits bedarf der Digital-Streetwork-Ansatz als Brückenglied ganzheitlicher Medienkompetenzvermittlung wie oben dargestellt unbedingt einer (weiteren) praktischen Ausarbeitung und einer handlungsfeldbezogenen Funktionsüberprüfung. Andererseits müssen Interviewpartner:innen in der Lage sein, klare Antworten zu geben, was nur funktioniert, wenn abstrakte Modelle anhand von konkreten Beispielen und mit einem praxisorientierten Wortschatz diskutiert werden können. Auf die Fragebogen-Konstruktion folgt die Auswahl von Expert:innen beziehungsweise Gesprächspartner:innen im Sinne einer empirischen

Stichprobe (vgl. Kap. 10.3). Gerade im qualitativen Design, das oftmals mit wenigen Datenquellen arbeitet, von denen jede einzelne allerdings umso ergiebiger sein sollte, bedarf es einer durchdachten und textlich gut begründeten Stichprobengestaltung. Die 20 für diese Studie befragten Personen werden dementsprechend kurz portraitiert und in ihrer Eignung als Expert:innen im Sinne des theoretischen Samplings (Dimbath et al. 2018) reflektiert. Der abschließende Schritt des Kapitels zum methodischen Vorgehen bei dieser Studie besteht in der Verfahrensdokumentation (insbesondere Durchführung der Datenerhebung und Datenanalyse) sowie in der Diskussion von Gütekriterien qualitativer Sozialforschung (vgl. Kap. 10.4).

10.1 Erhebungsmethode: Das leitfadengestützte Expert:innen-Interview

Digital Streetwork im Gaming als begleitender Ansatz in der Medienpädagogik und Schlüsselelement einer ganzheitlichen Medienkompetenzvermittlung besteht momentan vor allem als theoretisches Konzept. Globale Handlungsansätze und Wirkungsvermutungen können gemeinsam mit ersten praktischen Erkenntnissen zu einem soliden grafischen Prozessmodell verdichtet werden. Der empirische Forschungsstand erlaubt es allerdings noch nicht, detaillierte und mit ausreichender Sicherheit als wirkungsvoll zu bezeichnende Handlungsleitlinien zu erstellen. Noch wesentlich stärker müssen die grundlegenden theoretischen Vermutungen und Modelle deshalb anhand konkreter arbeitspraktischer Beispielszenarien inhaltlich ergänzt sowie in ihrer strukturellen Umsetzbarkeit und pädagogischen Wirkungskraft untersucht werden. Die Studie in dieser Arbeit geht in diesem Zusammenhang den ersten Schritt und setzt sich das Ziel, eine digitale Straßensozialarbeit im Gaming mit dem inhaltlichen Schwerpunkt Videospielsucht empirisch zu überprüfen und konzeptuell weiter auszugestalten. Methodisch gearbeitet wird zu diesem Zweck mit qualitativen, leitfadengestützten Expert:innen-Interviews (Misoch 2019, 65 ff. & 119 ff.). Denn angesichts des hohen Abstraktionsgrades des in Kapitel 8 vorgestellten Digital-Streetwork-Modells fehlt einer quantitativen, beweisenden Untersuchung noch die nötige Wissensbasis. Es wäre ohne Detailwissen zum (potenziellen) Ablauf der Gaming-Streetwork schlicht nicht möglich, abstrakte Vorgänge weit genug auf den alltäglichen Erfahrungshorizont der Befragten herunterzubrechen und in evaluierenden Studien mit großen Teilnehmer:innenzahlen aussagekräftige Antworten zu erhalten. Ziel soll an dieser Stelle deshalb die Generierung erster stabiler Vorstellungsbilder über die Realität sein. Dafür braucht es vertiefende Detailarbeit am Digital-Streetwork-Prozessmodell, verbunden mit grundsätzlichen Machbarkeitsanalysen aus der empirischen Realität. Diese wiederum können besonders gut mit spezifisch nach Fachwissen ausgewählten empirischen Quellen gelingen. Somit besteht die erste große methodische Ent-

scheidung dieser Studie in der Wahl eines qualitativen Untersuchungsdesigns, das seiner Natur entsprechend explorativ und einzelfallbezogen in die Tiefe forscht. Da die erhobenen Daten puzzlestückartig ein valides Meinungs- und Handlungsspektrum abbilden sollen, dessen übergreifende Leitlinien thesenförmig zugespitzt werden (Mayring 2002, 19 ff.; Misoch 2019, 25 ff.), ist auch der qualitative Ansatz ressourcenintensiv und verlangt Quellenvielfalt. Digital Streetwork im Gaming kann als Modellkonzept auf diese Weise in ihrer grundsätzlichen Sinnhaftigkeit diskutiert und ablaufbezogen ausgestaltet werden – allerdings nur, wenn die nötige Qualität der ausgewählten empirischen Quellen gegeben ist.
Qualitative (ebenso wie quantitative) Forschung hat verschiedene methodische Alternativen und kann insbesondere befragend, beobachtend oder inhaltsanalytisch vorgehen (Lamnek & Krell 2016, 285 ff.; Atteslander 2010, 71 ff.). Es wäre unter anderem denkbar, die Forschungsfragen in Gesprächen mit den Akteuren im Digital-Streetwork-Prozess, auf Basis von Beobachtungen der digitalen Straßensozialarbeit selbst oder durch die Analyse Digital-Streetwork-bezogener Inhalte (Gaming-Kommunikation, Falldokumentationen, Projektkonzepte und -berichte) zu beantworten. Da allerdings noch keine institutionalisierte praktische Gaming-Streetwork existiert, wirken beobachtende und inhaltsanalytische Zugänge derzeit verfrüht und ineffizient. Es bleibt die dagegen hier vielversprechende Erhebungsmethode der Befragung, die auf verbalisiertes Sozialverhalten samt individueller Erfahrungen, Argumente, Meinungen und Bewertungen abzielt (Atteslander 2010, 109 ff.). Ein theoretisch-abstrakt gehaltenes Digital-Streetwork-Modell mit Gaming- und Videospielsucht-Zuschnitt kann in seiner empirischen Erklärungskraft stark von den Einschätzungen und Erfahrungen der beteiligten Akteure profitieren. Rein praxisbezogen betrachtet kann das Modell zudem ausreichend gegenstandsbezogen konkretisiert werden, um seinerseits Ausgangspunkt empirischer Modellprojekte zu werden, die anschließend methodisch triangulierend (Mayring 2002, 147 f.) evaluiert werden können. Im Rahmen des qualitativen Forschungsansatzes dieser Studie wird demzufolge eine qualitative Befragung in Form von Leitfaden-Interviews durchgeführt.
Die Entscheidung, wer genau befragt werden soll, um den Katalog forschungsleitender Fragestellungen dieser Arbeit ausführlich zu bearbeiten, fällt im Rahmen einer Fachwissen-Effizienz-Abwägung. Es wird also versucht, in möglichst großem Umfang sehr qualifizierte Aussagen zu vergleichsweise breiten Themenfeldern zu erheben. Für einen anspruchsvollen Kompromiss wie diesen bietet sich die Methode des leitfadengestützten Expert:innen-Interviews an (Misoch 2019, 119 ff.), das zu den am häufigsten eingesetzten Verfahren in der empirischen Sozialforschung zählt (Meuser & Nagel 2009, 465). Als Expert:innen werden hier Personen bezeichnet, die durch „institutionalisierte Kompetenz zur Konstruktion von Wirklichkeit" sowie über ein spezielles Sonderwissen verfügen (Hitzler 1994). Dieses Sonderwissen wird in der Regel sowohl über spezialisierte Ausbildungswege

sowie mit Hilfe großer Anwendungserfahrung in ganz bestimmten Handlungsfeldern und gesellschaftlichen Teilbereichen erworben (Misoch 2019, 119). Meist manifestiert sich der Expert:innenstatus dabei in Ausbildungszertifikaten, Berufsrollen und institutionellen Positionen. Neben diesem objektiven Ansatz besteht auch die Möglichkeit, Sonderwissen voluntaristisch zu definieren und damit von klaren gesellschaftlichen Strukturen abzukoppeln (Bogner & Menz 2001). Wenngleich es zweifellos Fälle geben mag, in denen institutionell legitimierte Personen über weniger Sonderwissen zu einem bestimmten Thema verfügen als andere, die keinen objektiven Sonderstatus vorweisen können, birgt dieses Vorgehen aus wissenschaftlicher Sicht gewisse Risiken. So leidet zum einen das Kriterium der Transparenz beziehungsweise der intersubjektiven Nachvollziehbarkeit, weil latentes Sonderwissen ohne Bindung an gesellschaftliche Sonderrollen stark davon abhängt, dass ein:e bestimmte:r Forscher:in ausnahmsweise sehr tiefgehend mit einer bestimmten Person vertraut ist und deren Sonderwissen anschließend intersubjektiv überzeugend darstellen und begründen kann. Diese Vorgehensweise gestaltet den Forschungsprozess aus Sicht dieser Arbeit nicht unbedingt zuverlässiger, weil dem potenziellen Plus hochwertiger Daten eine eingeschränkte Legitimation der Datenquellen gegenübersteht. Prinzipiell könnte ohne institutionelle Anbindung und zertifizierte Belege jeder Mensch zum Experten werden, sofern er über irgendeine Art besondere Information verfügt (Bogner und Menz 2005, 40 ff.). Im Sinne der intersubjektiven Nachvollziehbarkeit knüpft diese Arbeit den Experten-Status an eine durch institutionelle Rollen, Ausbildungswege und Zertifikate gestützte Argumentation. Mit Liebold und Trinczek (2009, 34) wird davon ausgegangen, dass diese objektiven Auswahlkriterien neben ihrer argumentativen Stabilität auch eine gesellschaftliche Durchsetzungsfähigkeit der jeweiligen Berufsgruppen, Institutionen und Einzelpersonen repräsentieren, deren Wissen insofern auch gesellschaftlich als spezialisiert anerkannt wird und handlungsleitend wirkt. In der Befragung selbst haben Expert:innen zwei wichtige Aufgaben, die die Vermittlung von Betriebswissen und Kontextwissen umfassen. Betriebswissen bezieht sich insbesondere auf Handlungsstrategien und Maßnahmen im eigenen (persönlichen/institutionellen) Handlungsbereich, während Kontextwissen auf Erfahrungen mit den Handlungsstrategien und Maßnahmen anderer systemischer Akteure (Branchenkenntnis) abzielt (Meuser & Nagel 2009, 470 f.). Der große Vorteil eines Experten oder einer Expertin als Gesprächspartner:in und sein oder ihr zentraler empirischer Mehrwert bestehen also darin, dass hier jederzeit die Möglichkeit besteht, vom eigenen Handeln zum jeweiligen Fachbereich zu abstrahieren, und umgekehrt Branchentrends am eigenen Beispiel zu veranschaulichen. Damit sind Expert:innen-Interviews potenziell (weil stark abhängig von der Auswahl geeigneter Personen) eine forschungsökonomisch hocheffiziente Erhebungsmethode im qualitativen Setting. Für diese Studie, die ein Digital-Streetwork-Konzept im Gaming systemisch auf alle wesentlichen beteiligten Akteure abstimmen und dennoch bestimmte Prozessschritte im Detail ausarbeiten möchte, eignen sich Expert:innen-Interviews damit sehr gut zur Datenerhebung. Ziel ist es hier bei der Auswahl von Gesprächspartner:innen, Personen mit institutionell gestütztem Sonderwissen im Prozess der (suchtbezogenen) Medienkompetenzvermittlung im Gaming zu finden, die breite Erfahrungswerte im Sinne des ganzheitlichen Prozessschemas (Prävention/Begleitung/Rehabilitation, vgl. Abb. 39) mitbringen, selbst allerdings bereits in einem spezifischen Teilbereich beziehungsweise mit einem spezifischen Projekt praktische Erfahrung gesammelt haben. Wünschenswert ist zudem, dass sich diese unterschiedlich akzentuierten Arbeitsschwerpunkte zu einer Großgruppe ergänzen, die alle relevanten Prozessschritte ganzheitlicher Medienkompetenzvermittlung und damit auch alle Forschungsfragen dieser Studie zufriedenstellend abdecken kann.

Nachdem nun die Durchführung qualitativer Expert:innen-Interviews argumentativ hergeleitet und begründet wurde, liegt ein abschließender Schwerpunkt dieses Textabschnitts zur Erhebungsmethode auf der Bedeutung des Interview-Leitfadens als konkretem Erhebungsinstrument in dieser Studie. Im Unterschied zur quantitativen Sozialforschung, die in Befragungen großer Personengruppen mit standardisierten Testinstrumenten und eher geschlossenen Frageformen arbeitet, trägt der Interview-Leitfaden mit vielen freien Redeanteilen der Interview-Partner:innen dem offenen und auch induktiven Charakter qualitativer Forschung Rechnung (Misoch 2019, 65 ff.). Dabei fungiert er als roter Faden im Interview-Ablauf, der zwar alle wichtigen zu besprechenden Themenfelder listet und gewisse Grundregeln der Gesprächsführung (z. B. Warmup-Phase, vom Abstrakten zum Konkreten oder umgekehrt, chronologische oder argumentative Dramaturgie) berücksichtigt, allerdings eine eigene inhaltliche Schwerpunktsetzung durch die Befragten erlaubt und fördert. Je nachdem also, zu welchen Themenkomplexen der oder die Interview-Partner:in am meisten beitragen kann, verschieben sich zeitliche Rhythmen und vertiefende Impulse durch den oder die Interviewer:in. Wichtig ist allerdings, dass im Sinne der Vergleichbarkeit trotzdem alle wesentlichen Themenaspekte in allen Interviews angesprochen werden. Denn wenngleich in leitfadengestützten Interviews das Anpassen an die individuelle Persönlichkeit der Befragten durchaus erkenntnisfördernd ist (ebd., 66 f.), müssen Interviewer:innen ihre Rolle im Gespräch klar definieren. Besonders in Bezug auf das eigene Fachwissen (Laie vs. Experte), die Gesprächshaltung (konstruktiv vs. kritisch, aktiv vs. passiv) und die Informationen zum Forschungshintergrund (offen vs. verdeckt) sollte in allen Gesprächen vergleichbar vorgegangen werden (Lamnek & Krell 2016, 325 f.; Misoch 2019, 213). Selbiges gilt zur Kontrolle von Interviewer:innen-Effekten auch für die Interview-Situation an sich, die einheitlich gestaltet werden sollte und bei der sich vor allem Face-to-face-Gespräche oder Telefon-Interviews anbieten, um Interaktion zu ermöglichen und Informationen im Kontext (v. a. Gestik, Mimik, Emotionen) zu erfassen (ebd., 169 ff.). Da in dieser

Studie eine Reihe von Frageblöcken erkenntnisorientiert und konstruktiv abgefragt und Expert:innen mit unterschiedlichen Fachschwerpunkten im Netzwerk ganzheitlicher Gamingkompetenzvermittlung einbezogen werden sollen, wirkt der semi-strukturierte Interview-Leitfaden als Erhebungsinstrument sehr zielführend. Somit steht zusammenfassend das qualitative, leitfadengestützte Expert:innen-Interview als Erhebungsmethode in dieser Studie fest, und Kapitel 10.2 kann mit der Konstruktion des empirischen Erhebungsinstruments fortfahren.

10.2 Erhebungsinstrument: Der Interview-Leitfaden

Einige zentrale Funktionen des Interview-Leitfadens in der qualitativen Befragung wurden oben bereits genannt, darunter seine inhaltliche Flexibilität bei dennoch garantierter Vollständigkeit und Stringenz sowie die offene Fragegestaltung. Die große Stärke dieses Erhebungsinstruments ist es somit, dass ein guter Kompromiss aus Effizienz und Vielfalt entsteht, weil auf das gesamte Themenwissen der Interviewpartner:innen zugegriffen werden kann, weil zudem die Möglichkeit zur kausalen oder erweiternden Nachfrage besteht, aber trotzdem eine in sich abgeschlossene und strukturierte Dramaturgie gewahrt wird. Eben diese Prinzipien leiten auch die Konstruktion des Interview-Leitfadens im Rahmen dieser Studie, der nachfolgend inhaltlich beschrieben und transparent aus der Theorie beziehungsweise aus dem Forschungsinteresse heraus entwickelt wird. Abbildung 40 zeigt das gesamte Erhebungsinstrument im Überblick so, wie es gedruckt in den Interviews zum Einsatz gekommen ist. In Kapitel 9 dieses Textes wurden die wesentlichen Forschungsfelder in Zusammenhang mit einer digitalen Straßensozialarbeit als begleitendem Faktor ganzheitlicher Medienkompetenzvermittlung in virtuellen (Spiel-)Welten ausführlich umrissen. Klar wurde dabei, dass der größte empirische Forschungsbedarf momentan in den Bereichen *Computerspielen und Videospielsucht in Deutschland*, *Digitale Medienkompetenzvermittlung (im Gaming)* sowie *Aufsuchende Sozialarbeit im Gaming (Digital Streetwork)* liegt. Für jeden dieser drei Erkenntnisblöcke wurden anschließend aus einem Kanon wichtiger Fragestellungen die passenden ausgewählt und in einem Katalog forschungsleitender Fragestellungen priorisierend strukturiert. Klar wurde dabei, dass ein Schwerpunkt der empirischen Datenerhebung im Bereich der praxisbezogenen Umsetzung von Streetwork-Methoden im Gaming mit Schwerpunkt Suchtprävention und -diagnose liegt. Die Frageblöcke zur gesellschaftlichen Bedeutung des Gaming an sich sowie der Videospielsucht im Speziellen und zum Status quo digitaler Medienkompetenzvermittlung bilden den argumentativen Rahmen (Identifikation von gesellschaftlichem Handlungsbedarf) des Digital-Streetwork-Konzeptes. Sie sollen im konkreten Interview aber auch ein schrittweises Eindenken der Gesprächspartner:innen bis hin zu dem dann recht speziellen Konzeptansatz

Hinweise vor Gesprächsstart
Mich interessiert sowohl Ihre persönliche Meinung als auch Ihre Erfahrung als professionelle/r <hier Funktionsbeschreibung einsetzen>. Ich bitte Sie deshalb, nicht nur Aussagen zu tätigen, die Sie zweifelsfrei mit quantitativen Daten belegen können. Genauso spannend und wichtig sind für mich Einzelfallbeispiele und persönliche Eindrücke!

Eingangsfragen/Gesprächsstart
- Stellen Sie sich bitte kurz vor: Wer sind Sie und was tun Sie?
  - Wenn Sie an eine durchschnittliche Arbeitswoche denken, welche Rolle spielt dabei das Thema Gaming?
- Wie sind Sie dazu gekommen, sich beruflich mit dem Bereich Gaming zu beschäftigen?
  - Haben Sie einen speziellen persönlichen Bezug zum Gaming?

Computerspielen und Videospielsucht in Deutschland
Vorbemerkung: Es ist völlig klar, dass Gaming mehrere, ganz unterschiedliche positive Aspekte hat: Gaming kann ein hochsoziales Phänomen sein, die individuelle Kreativität immens fördern, lässt sich wunderbar zu Lernzwecken einsetzen, ermöglicht die Auseinandersetzung mit sehr ernsthaften gesellschaftspolitischen Themen und – last but not least – es kann, je nach Szenario, einerseits sehr entspannend wirken und lässt uns andererseits miteinander in Wettbewerb treten.
- Inwieweit haben wir (dennoch) in Deutschland ein Problem mit exzessivem Computerspielen?
- Möglicherweise sind bestimmte Bevölkerungsgruppen stärker videospielsuchtgefährdet als andere. Inwieweit entspricht das Ihrer Erfahrung?
- Welche anderen (rechtlichen/ethischen/sozialen) Probleme sehen Sie abgesehen vom exzessiven Spielkonsum noch in der Gaming-Szene?
- Wenn Sie an die Zukunft denken: Wie könnte sich Gaming als gesellschaftliches Phänomen in Deutschland in den kommenden 10 bis 20 Jahren entwickeln?
  - An welchen Stellen entsteht dadurch gesellschaftlicher Handlungsbedarf?

Medienkompetenzvermittlung im Gaming
- Wie nehmen Sie die öffentliche und wissenschaftliche Diskussion und Haltung gegenüber Gamer:innen wahr?
  - Welche Auswirkungen hat diese Stimmungslage auf die Diskussion über exzessives und suchtartiges Videospielen?
- Welche Einstellung gegenüber verantwortungsbewusstem Gaming beobachten Sie in der Öffentlichkeit und bei relevanten Entscheidungsträgern?
  - u. a. Journalismus, Politik, Wirtschaft, Gamer:innen, Eltern, Pädagog:innen
- Welche Maßnahmen und Initiativen beobachten Sie (analog und digital), die dazu beitragen, gesundes Gaming zu fördern?
- Halten Sie die klassischen Suchtkriterien des ICD-11 oder DSM-V für angemessen, um Vielspieler:innen als süchtig zu diagnostizieren?
  - Anhand welcher (anderen) Kriterien würden Sie entscheiden, ob bzw. wann das Videospielen schädlich für eine Person ist?
- Welche Ansatzpunkte und Herausforderungen sehen Sie für die Zukunft, um einen maßvollen und kompetenten Umgang mit Videospielen zu erreichen?
  - inhaltliche Schritte, verantwortliche Akteure

Aufsuchende Sozialarbeit (Streetwork) im Gaming
- Wenn ich von „Streetwork im Gaming" spreche, was stellen Sie sich spontan darunter vor?
- Wenn Sie sich den oder die digitale:n Streetworker:in im Gaming malen dürften: Wie sähe er oder sie aus?
- Welche Persönlichkeitseigenschaften und Fähigkeiten benötigt ein:e digitale:r Streetworker:in im Gaming-Bereich?
  - Kategorien z. B.: Fachwissen und Erfahrung (Gaming-Szene), Alter/Bezug zur Zielgruppe, pädagogische und rechtliche Ausbildung, Bezug zu den adressierten Problemfeldern (exzessives Gaming, Mobbing, sexuelle Belästigung)

- Wie kann man Zugang finden zu (besonders gefährdeten Gruppen von) Gamer:innen?
    - Wo und wie findet der Erstkontakt statt?
        - online/offline, gezielte Suche/"Schleierfahndung"
    - Was spricht dafür und was dagegen, dass sich ein:e Streetworker:in im Gaming direkt von Anfang an als solche:r outet?
    - Wie könnte sich ein:e Digital Streetworker:in in bestehende Gaming-Community-Strukturen einfügen?
        - Online-Clan-Strukturen, Gaming e.V., lose Spielgemeinschaften
    - Inwieweit funktioniert ein Digital-Streetwork-Konzept im Gaming auf allen Spielplattformen?
- Was könnte ein:e digitale:r Streetworker:in konkret tun, um in seiner oder ihrer Community einen maßvollen, konstruktiven Umgang mit Videospielen zu fördern (sowohl spiel- als auch persönlichkeits- und umfeldbezogen)?
    - Wie kann der Spielbetrieb selbst in positive Bahnen gelenkt werden?
        - Kann es auch ein Zuviel an pädagogischer Helfermentalität geben?
    - Wie wichtig ist eine Mischung aus online- und offlinebasierten Angeboten?
        - z. B. gemeinsame Sportaktivitäten, Eventbesuche, Vereinsheim etc.
    - Sind individuelle oder gruppenbezogene Gespräche denkbar, um problematisches Spielverhalten bewusst zu reflektieren und Ziele/Gegenmaßnahmen zu erarbeiten?
        - Wer initiiert diese Gespräche?
    - Welche sonstigen Kontrollmechanismen gibt es für Digital Streetworker:innen, um das Spielverhalten ihrer „Schützlinge" im Auge zu behalten?
- Wo liegen die Grenzen eines digitalen Streetworkers oder einer digitalen Streetworkerin im Gaming?
    - Wofür ist er oder sie von Haus aus nicht zuständig? Wobei braucht er oder sie zwingend Unterstützung?
        - Aufgaben, die grundsätzlich andere Akteure besser bzw. eigenständig erfüllen können (z. B. Eltern, Bildungssystem, Psychologie/Psychiatrie, Politik, Gamer:innen selbst)
    - Wie erkennt er oder sie, wann der Punkt erreicht ist, diese externe Unterstützung einzufordern?
        - Muss er oder sie bereits zu Beginn seiner praktischen Arbeit diese Netzwerke haben/knüpfen?
        - Welche Akteure und Fachstellen sollten in einem Digital-Streetwork-Netzwerk in jedem Fall vertreten sein?
- Wie könnte eine Digital-Streetwork-Initiative in Deutschland institutionalisiert werden?
    - In welche bestehenden Initiativen/Projekte für maßvolles, konstruktives Gaming könnte ein Digital-Streetwork-Ansatz integriert werden?
    - Welche Entscheidungsträger/Einrichtungen könnten ein eigenständiges Digital-Streetwork-Projekt im Gaming fördern?
- Gibt es (in Deutschland) bereits Initiativen, die dem Prinzip einer digitalen Streetwork nahekommen?
    - Was zeichnet diese Initiativen aus? Wie gehen sie vor?
    - Wie messen diese Initiativen ihren Erfolg? Sind sie erfolgreich?

Abbildung 40: Interview-Leitfaden zur qualitativen Expert:innen-Befragung im Rahmen dieser Studie mit den inhaltlichen Schwerpunkten *Computerspielen und Videospielsucht in Deutschland, Medienkompetenzvermittlung im Gaming* und *Aufsuchende Sozialarbeit im Gaming*

fördern. Die narrative Grundstruktur des Interview-Leitfadens orientiert sich deshalb an der Reihenfolge der drei wesentlichen Forschungskomplexe. Klar ist dabei, dass im Sinne der lebensweltorientierten Operationalisierung abstrakter Forschungsfragen hin zu allgemeinverständlichen und gegenstandsbezogenen Interview-Fragen eine inhaltliche Konkretisierung erfolgen muss. Insofern werden auch hier nicht einfach Forschungsfragen im Wortlaut übernommen, sondern alltagssprachlich umformuliert, narrativ neu angeordnet sowie in mehrere praktische Einzelaspekte aufgeteilt. Was dabei allerdings erhalten bleibt, ist die argumentative Grundstruktur der Arbeit sowie die Vollständigkeit des Forschungsinteresses. Um die wissenschaftlich getriebenen Fragestellungen herum entsteht zudem ein sozialer Gesprächsrahmen, der über die Modalitäten der Datenerhebung und -auswertung informiert, zwischen den einzelnen Themenkomplexen überleitet und insbesondere zu Beginn des Gesprächs einige persönliche Fragen zum Aufwärmen beinhaltet. Vor dem eigentlichen Gesprächsstart fand eine Phase der persönlichen Begrüßung statt, die insbesondere dazu diente, die Dokumentation und Aufzeichnung des Gesprächs formal abzusichern und den oder die Gesprächspartner:in auf den qualitativen Charakter der Studie einzustimmen. Als Expert:in sollte er oder sie hier sowohl persönliche Einschätzungen und Handlungsstrategien einbringen, als auch das in seiner oder ihrer institutionellen Tätigkeit erworbene Branchen-Wissen. Es war deshalb wichtig, für beide Aspekte zu sensibilisieren und gerade auch zur freien Meinungsäußerung zu ermutigen. Der eigentliche Interview-Start stand anschließend unter dem Zeichen des Abbaus von Nervosität und des Aufbaus einer emotionalen Gesprächsbasis zwischen Interviewer und Interviewten. Es wurden deshalb vergleichsweise einfache Fragen zur beruflichen Tätigkeit gestellt, die allerdings durchaus Themenbezug aufweisen (Rolle von Gaming im Alltag, persönlicher Bezug zum Gaming). Das half dem Forscher im fortschreitenden Gesprächsverlauf unter anderem dabei, den Erfahrungshorizont des Gegenübers besser einzuschätzen, den Detailgrad der Nachfragen zielführend zu steuern und wertende Aussagen kompetenter einzuordnen. Nach dieser Informations- und Aufwärmphase (Misoch 2019, 68 f.) wurde der erste substanzielle Frageblock zur gesellschaftlichen Bedeutung von Gaming und Videospielsucht in Deutschland eingeleitet. Da die Befragten vergleichsweise spontan mit diesem Interview konfrontiert wurden und vorher nicht bereits mehrere Hundert Seiten Theoriedebatte gelesen hatten, wurde eine klarstellende Vorbemerkung zum Tenor dieser Erhebung eingebunden. Möglichst kurz wurde darauf hingewiesen, dass Gaming hier zwar überwiegend aus einer problemzentrierten Perspektive betrachtet wird, die allerdings im Ergebnis zur Entwicklung potenzialfördernder Handlungskonzepte dienen soll. Angesichts der polarisierenden Gaming-Debatte in Öffentlichkeit, Pädagogik und Psychologie/Psychiatrie sollte damit erreicht werden, dass starke Gaming-Befürworter:innen unter den Befragten nicht in eine verschließende Abwehrhaltung rücken, und umgekehrt (versteckte) Gaming-Kritiker:innen nicht in ein radikales Hau-Drauf-Schema verfallen. Der Forscher wollte außerdem als neutrale Instanz wahrgenommen werden, die sich zwar gut im Thema auskennt und Digital Streetwork im Gaming konkret durchdacht hat, allerdings keine bestimmten Ansprüche oder feste Meinungen zur Umsetzbarkeit dieses Ansatzes hat.

Da die Forschungsfragen zum Gaming und zur Videospielsucht in dieser Studie ohnehin sehr alltagsnah formuliert werden konnten, bestand auch mit Blick auf den Interview-Leitfaden wenig Anlass zu einer weiteren alltagsnahen Modifikation. Sowohl die globale Problemfrage zum exzessiven Computerspielen als auch die soziodemographische Unterscheidung von Risikogruppen wurden deshalb im Wortlaut unverändert übernommen. Bei der Suche nach weiteren speziellen Gaming-Problemfeldern im Sinne der ganzheitlichen Streetwork-Methode wurden im Vergleich zum Forschungsfragen-Katalog lediglich noch impulsgebende Denkkategorien (rechtlich/ethisch/sozial) angegeben. In der Nachbetrachtung wäre dieser Hinweis allerdings gar nicht nötig gewesen, da alle 20 Befragten ohne größere Bedenkzeit die gleichen drei bis vier Problemfelder genannt haben. Die Frage nach der Zukunft des Gaming als gesellschaftlichem Phänomen sollte bereits zur Diskussion über Medienpädagogik und Suchtprävention hinführen und wurde deshalb nach einem offenen Brainstorming noch mit dem Hinweis auf den erwarteten gesellschaftlichen Handlungsbedarf ergänzt. Dieser Blick von den harten Fakten ausgehend hin zur latenten Grundsatzeinschätzung des Sinns und Zwecks von Gaming als gesellschaftlichem (und vor allem jugendlichem) Handlungsfeld eröffnete den Medienkompetenz-Frageblock. Zunächst sollten die Befragten ihre Wahrnehmung insbesondere der öffentlichen Diskussion über Gaming schildern, wenn sinnvoll, wurde außerdem nach der Wahrnehmung des wissenschaftlichen Diskurses gefragt. Diese wiederum sehr offen gehaltene Fragestellung wurde anschließend im Sinne der dazugehörigen Forschungsfrage 2.1 (Gaming als förderungswertes Kompetenzfeld?) zugespitzt. Da in der Basistheorie eine stark gespaltene Haltung zum Gaming in der Gesellschaft diagnostiziert wird (Breiner & Kolibius 2019b, 4 f.; Leick 2019; ESBD 2019), fragen Forschungsinteresse und Leitfaden spezifisch nach der Einstellung zum Gaming einzelner gesellschaftlicher Teilsysteme beziehungsweise medienpädagogischer Akteure. Auch auf der Handlungsebene sollten die nur sehr vorsichtig optimistischen Einschätzungen des Forschungsstandes (USK 2020b; scoyo 2015; Hemminger 2016; Schaumburg und Prasse 2019, 236 & 246; Röhrich 2018; Frankfurter Neue Presse 2018) überprüft werden, indem aktuell existierende Maßnahmen und Projektinitiativen der Medienkompetenzvermittlung im Gaming adressiert wurden. Da konkrete Videospielsucht-Kriterien für mehr oder weniger alle Akteure ganzheitlicher Medienkompetenzvermittlung zu einer wichtigen Bewertungsgrundlage werden, in der wissenschaftlichen Debatte aber nicht unbedeutende Kritik an deren aktueller Geltungskraft laut wird (Bean et al. 2017; Van Rooji et al. 2018; Ferguson et al. 2017), wurde im Rahmen der suchtbezogenen Maßnahmen speziell auch dieser Punkt nochmals zur Diskussion gestellt. Für den Fall, dass Befragte bestehende Suchtkriterien ablehnen, wurde eine Nachfrage zu alternativen Bewertungsmaßstäben vorbereitet. Abschließend sollten Wünsche und Vorschläge an die Methoden und Inhalte künftiger Gaming-Pädagogik geäußert werden.

Um eine der ganz zentralen Forschungsfragen dieser Arbeit nach der gewinnbringenden Übertragbarkeit analoger Streetwork-Arbeitsprinzipien in das Gaming zu bearbeiten, wurden die Interview-Fragen dem chronologischen Arbeitsprozess einer Gaming-Streetwork entsprechend angeordnet. Das hypothetische Durchspielen der konkreten Arbeitsabläufe von der Auswahl und Ausbildung geeigneter Sozialarbeiter:innen über die Identifikation von Zielgruppen, die Kontaktaufnahme und den Beziehungsaufbau bis hin zu den Grenzen der Digital Streetwork sollte Denkprozesse beschleunigen, einen stringenten Gesprächsverlauf fördern und Detailfragen immer im Rahmen des großen Ganzen beurteilen lassen. Der Interview-Leitfaden setzt also auch hier wieder alle Teilforschungsfragen in derselben Reihenfolge um und ergänzt diese punktuell. So wurde unter anderem direkt zum Einstieg in den Streetwork-Frageblock frei überlegt, was sich die Befragten spontan darunter vorstellen, wenn die Rede von *Streetwork im Gaming* ist. Interessanterweise wurden die grundlegenden Ziele und Arbeitsansätze des in Kapitel 8 präsentierten Ablaufmodells auch von den nicht in der Streetwork tätigen Expert:innen eigenständig erfasst und beschrieben (mehr dazu im Ergebniskapitel 11). Dieses einführende Brainstorming wurde neben seiner Funktion als Denkanstoß auch immer wieder zur Priorisierung von Themenfeldern (Wo besteht im Einzelfall besonders großes Wissen und Interesse?) und zur argumentativen Anknüpfung durch den Forscher genutzt. Die Frage nach der Persönlichkeit und Ausbildung erfolgreicher digitaler Sozialarbeiter:innen folgte einem ähnlichen Schema: Zunächst durften sich die Befragten mit Wörtern ihre:n Gaming-Streetworker:in malen, was einerseits wiederum auffallend ergiebig, andererseits zwangsläufig noch recht assoziativ funktioniert hat. Insofern wurden ergänzend mit den vier Kategorien *Fachwissen und Erfahrung im Gaming*, *Alter und Bezug zur Zielgruppe*, *fachpädagogische und rechtliche Ausbildung* sowie *Bezug zu den adressierten Problemfeldern* einige zentrale Erfolgsfaktoren in der Gaming-Sozialarbeit diskutiert (z. B. Krafeld 2004, 29 ff.; Gref 1995; Kahl 1995, 94).

Die Forschungsfragen 3.2 bis 3.4 dieser Studie zu den Zielgruppen, Zugangswegen, Maßnahmen des Beziehungsaufbaus und den Grenzen in der digitalen Streetwork werden im Interview-Leitfaden eng miteinander verknüpft und deshalb teilweise ineinander verwoben. So impliziert die Frage nach Zugangswegen zu besonders gefährdeten Gruppen von Gamer:innen zwingend eine Überlegung, wer denn überhaupt besonders gefährdet ist und wo dementsprechend die Streetwork-Prioritäten liegen sollten. Explizit wurde im Zuge des Kontaktaufbaus, der oben als Schlüsselmoment gerade in anonymen digitalen Welten beschrieben wurde (Pritzens 2011; Klein & Pulver 2020; Dinar & Heyken 2017, 31 f.), nach Orten der Kontaktaufnahme (Definition der digitalen Straße, online vs. offline), nach den Gesprächsinhalten beim Erstkontakt (v. a. Transparenz vs. Geheimhaltung) und nach Möglichkeiten der institutionellen beziehungsweise sozialen Eingliederung der digitalen Streetwork in bestehende Gaming-Strukturen (v. a. Clans und Gilden,

eSport-Teams und lose Spielergemeinschaften) gefragt. Wichtig war an dieser Stelle auch das potenzialabschätzende Gegenüberstellen von technischen Plattformen (PC vs. Konsole vs. mobile Endgeräte) und Spielarten (v. a. Singleplayer vs. Multiplayer). Der Beziehungsaufbau als elementare Grundvoraussetzung für jede Interventionsfähigkeit im Bedarfsfall füllt auch den Großteil der Zeit des oder der digitalen Streetworker:in im Gaming. Allerdings stellen sich mit Blick auf das Portfolio an vertrauensbildenden Maßnahmen gerade im Online-Bereich mehrere Fragen, die zu großen Teilen auf den zwei Grundentscheidungen beruhen, ob Digital Streetwork nur beobachtet oder auch am Spielgeschehen teilnimmt und ob Digital Streetwork nur virtuell stattfindet oder auch Offline-Komponenten haben kann und soll. Der Interview-Leitfaden nähert sich diesen Themenfeldern an, indem offen über denkbare Angebote der begleitenden Jugendarbeit im Gaming nachgedacht wurde. Als gezielte inhaltliche Impulse wurden dabei immer wieder unterschiedliche Handlungsmaximen wie eine emotionale Bindung (spricht z. B. für intensives Mitspielen), reflektierende Einzel- und Gruppengespräche (benötigen Spielpausen und hohe individuelle Bereitschaft) und harte Diagnoseparameter (Datafizierung des Spielverhaltens) eingebracht, die miteinander in Einklang zu bringen sind. So gestaltete sich der Abschnitt zu Maßnahmen und Beziehungsaufbau in den Gesprächen vergleichsweise individuell anhand wechselseitig vorangetriebener Dramaturgien, woraus sich allerdings ein umfassendes Meinungs- und Ideenspektrum mit vielen konkreten Projektbeispielen ergeben hat.
In der Diskussion über die Grenzen der digitalen Sozialarbeit im Gaming wurde in dieser Studie insbesondere auf den Suchtkontext abgestellt. Grundsätzlich ist themenunabhängig in diesem Zusammenhang zu klären, für welche Aufgaben im ganzheitlichen medienpädagogischen Prozess ein:e digitale:r Streetworker:in nicht (alleine) zuständig ist – eine Frage, die schon deshalb Bedeutung erlangt, weil aufsuchende Sozialarbeit ein so breites Arbeitsfeld ist, in dem sich Prävention, Begleitung, Diagnose und Rehabilitation selten klar trennen lassen. Etwas klarer in der Zielrichtung, aber angesichts latenter Diagnosekriterien nicht unbedingt einfach gestaltet sich die Grenzdefinition hinsichtlich der Videospielsucht. Soweit die rein theoretische Debatte hier also tragen kann, hat der Leitfaden versucht, diese *Turning Points* zu umreißen, an denen die Werkzeuge der digitalen Streetworker:innen für eine nachhaltige Verhaltensänderung nicht mehr ausreichen.
Unter dem Stichwort Rahmenbedingungen versteht der Katalog forschungsleitender Fragestellungen alle personellen, ökonomischen und rechtlichen Strukturen, die den digitalen Sozialarbeiter:innen bei ihrer Arbeit helfen und diese in verschiedener Hinsicht erst ermöglichen. Besonders im Fokus stehen in dieser Studie das Expert:innen-Netzwerk, aus dem heraus digitale Streetwork inhaltliche Unterstützung erhält (z. B. wenn manifestes Suchtverhalten vorliegt), die institutionelle Trägerschaft als finanzielle Stütze und disponierende Instanz sowie der hier infrastrukturell verstandene Datenschutz zur Abwicklung sozialpädagogischer

Einzelfallarbeit in kontrollierten und abhörsicheren Kommunikationsräumen. In den Interviews wurde diesbezüglich gefragt, welche gesellschaftlichen Akteure als Träger oder Förderer für derartige Initiativen infrage kämen beziehungsweise in welche bestehenden Gaming-Projekte eine digitale Streetwork integriert werden könnte. Den inhaltlichen Abschluss des Leitfadens bildet die Frage, ob (in Deutschland) bereits langfristig und professionell organisierte Gaming-Streetwork existiert, im positiven Antwortfall verbunden mit der Bitte um Details zur Gestalt dieser Projekte. Da allerdings keine:r der 20 befragten Expert:innen ähnliche Ansätze in der Praxis kannte, wird dieser Punkt in der Ergebnispräsentation (Kapitel 11) nicht weiter aufgegriffen und von dieser Arbeit als zusätzlicher Forschungsanlass aufgefasst.

10.3 Empirische Stichprobe: 20 Expert:innen

Mit Bezug zur Literatur wurde ein:e Expert:in oben als Person mit Sonderwissen in einem spezifischen gesellschaftlichen Feld bezeichnet, das intersubjektiv nachvollziehbar auch durch institutionelle Rollen, Fachausbildungen und Zertifikate belegbar ist (Bogner & Menz 2001). Der besondere Mehrwert eines Experten oder einer Expertin im Interview ist, dass er oder sie sowohl individuelles Betriebswissen, also eigene Handlungsstrategien und Bewertungen zu einem bestimmten Thema, als auch Kontextwissen einbringen kann, das sich wiederum auf branchenweite Erfahrungen bezieht (Meuser & Nagel 2009, 470 f.). Somit ist das qualitative, leitfadengestützte Expert:innen-Interview als Erhebungsmethode in der Lage, anhand weniger Quellen dennoch sehr breite Fallkenntnisse zu erlangen und daraus übergreifende Thesen zu bilden. Allerdings hängt dieses Erkenntnispotenzial stark von der begründeten und zielführenden Auswahl der Expert:innen ab, die bei zu geringer Felderfahrung, fehlendem Branchenüberblick oder Schwächen in der pointierten Formulierung ihres Wissens eine qualitative Erhebung auch schnell ins Leere laufen lassen können. Es ist deshalb zunächst Ziel dieses Teilkapitels, die Auswahl der 20 für diese Studie befragten Expert:innen auf globaler (Berufsgruppen und sich ergänzende Fachbereiche) und individueller (persönliche Portraits) Ebene zu erläutern. Leitgedanke bei der Rekrutierung der empirischen Stichprobe für diese Studie war, dem Prinzip ganzheitlicher Videospielsuchtpädagogik entsprechend verschiedene Akteure der Medienkompetenzvermittlung einzubeziehen, die auch in Abbildung 39 oben explizit benannt werden. Insbesondere wurden hier die drei großen Berufsfelder der Medien- und Sozialpädagogik (inklusive Streetwork), der Psychologie/Psychiatrie und des Gaming (inklusive Videospieljournalismus) ausgewählt. Weitere bedeutende medienpädagogische Instanzen wie das soziale Umfeld (inklusive Eltern) und die Videospielwirtschaft wurden hier vorerst ausgeklammert, was insbesondere an ihrer noch peripheren Rolle im Digital-Streetwork-Modell liegt

(Wirtschaft nicht willens, soziales Umfeld nicht professionell organisiert; King et al. 2018; Hemminger 2016). Die inhaltliche Arbeit am Kernkonzept erfolgt in dieser Arbeit deshalb mit Hilfe der im Kern beteiligten, gleichzeitig fachlich erfahrensten und institutionell am besten organisierten Akteure.
Diskutieren könnte man noch darüber, inwiefern neben der medienpädagogischen Seite auch die Heranwachsenden und Gamer:innen selbst darüber entscheiden können sollten, ob und wie ein Digital-Streetwork-Modell, das schließlich zentral auf die Akzeptanz dieser Zielgruppen angewiesen ist, funktionieren kann. Innerhalb des qualitativen Rahmens versucht diese Arbeit dahingehend einen gangbaren Kompromiss zu finden: Da a) Spieler:innen bestenfalls in größerer Anzahl und mit einer gewissen soziodemographischen Vielfalt einbezogen werden müssten, b) die Klient:innenperspektive zudem ganz andere inhaltliche Schwerpunkte sowie eine eigene Ansprache verlangt, und c) detaillierte Einzelinterviews in dieser jungen Zielgruppe weniger ergiebig scheinen, spricht vieles für eine zweite, methodisch angepasste Erhebungswelle (z. B. Gruppendiskussionen). Auch sollte den Kindern und Jugendlichen gegenüber bereits mit einem medienpädagogisch intensiv durchdachten und entsprechend detaillierten Ablaufmodell begegnet werden, das ja gerade Ziel dieser Interview-Reihe ist. Insofern befürwortet diese Arbeit die empirische Überprüfung des Digital-Streetwork-Ansatzes im Gaming durch dessen Zielgruppen (Heranwachsende, aber auch deren Familien), sieht diesen Schritt allerdings als nachgeordnet an und konzentriert sich auf die professionell-medienpädagogische Konzeptausgestaltung. Trotzdem hält dieser Text es für wichtig, die Spieler:innenperspektive bereits zu diesem Zeitpunkt der Konzeptreflexion mitzudenken. Es wurden deshalb in diese Studie auch Experten einbezogen, die ohne den klassischen pädagogischen Hintergrund große Gaming-Projekte leiten, in der Regel organisiert als eingetragene Vereine, oder die als Videospieljournalisten nach wie vor aktiver Teil der Gaming-Szene sind.
Folgende Kriterien spielten somit bei der Rekrutierung der Expert:innen für diese Arbeit eine Rolle:

- Die Expert:innen verteilen sich zur umfassenden Beantwortung der Forschungsfragen möglichst gleich auf die drei großen Arbeitsfelder der Medienpädagogik (Schwerpunkt hier im außerschulischen Bereich sowie in der Streetwork), der Psychologie/Psychiatrie sowie des Gaming (Vereinsleitung und Journalismus).
- Jede:r Expert:in hat nachweislich entweder einen Arbeitsschwerpunkt im Bereich Videospielsucht, beschäftigt sich mit den ökonomischen und sozialen Trends in der Gaming-Szene oder engagiert sich im institutionellen Kontext für gesundes, konstruktives Videospielen.

Die Gesamtzahl von 20 Leitfaden-Interviews versteht sich als Kombination aus Vollständigkeits- und Effizienzgesichtspunkten. Sichergestellt wurde, dass genügend Expert:innen rekrutiert wurden, um das Forschungsinteresse eingehend zu

Medien- und Sozialpädagogik	**Linus Einsiedler, Medienpädagoge** Medienpädagogischer Referent am JFF – Institut für Medienpädagogik, tätig insbesondere im Medienzentrum München (PIXEL) **Gordon Emons, Sozialpädagoge** Dienststellenleiter der Internetsuchteinrichtung Lost in Space des Caritasverbandes für das Erzbistum Berlin **Bernd Endres, Sozialpädagoge** Referent des Bayerischen Jugendrings für Kommunal- und Jugendpolitik, kommunale Jugendarbeit und Jugendarbeit in Gemeinden **Matthias Fack, Sozialpädagoge** Präsident des Bayerischen Jugendrings **Klaus Lutz, Medienpädagoge** Pädagogischer Leiter des Medienzentrums PARABOL in Nürnberg, Medienfachberater für den Bezirk Mittelfranken und 2. Vorstandsvorsitzender des JFF – Institut für Medienpädagogik **Tilmann Pritzens, Sozialarbeiter/Streetworker** Fachberater Streetwork für den GANGWAY e.V. in Berlin **Dr. Gabriele Weitzmann, Justitiarin** Geschäftsführerin des Bayerischen Jugendrings
Psychologie/ Psychiatrie	**Dr. Jakob Florack, Facharzt für Psychiatrie und Psychotherapie** Oberarzt der Kinder- und Jugendpsychiatrie, Psychotherapie und Psychosomatik am Vivantes Klinikum im Friedrichshain, Berlin **Dr. Susanne Pechler, Fachärztin für Psychiatrie und Psychotherapie** Oberärztin und Leiterin Psychosomatik, Psychiatrie, Gerontopsychiatrie und Sucht sowie ärztliche Leitung der Medienambulanz am kbo-Isar-Amper-Klinikum München-Ost **Dr. Florian Rehbein, Diplom-Psychologe** Wissenschaftlicher Mitarbeiter am Kriminologischen Forschungsinstitut Niedersachsen e.V. **Dr. med. Bert te Wildt, Facharzt für Psychiatrie und Psychotherapie** Chefarzt der Psychosomatischen Klinik Kloster Dießen **Dr. Klaus Wölfling, Diplom-Psychologe** Psychologische Leitung der Sabine M. Grüsser-Sinopoli Ambulanz für Spielsucht an der Poliklinik und Klinik für Psychosomatische Medizin und Psychotherapie in Mainz

bearbeiten – ein Faktor, der erst nach den ersten Interviews eingeschätzt werden konnte und von der tatsächlichen Gesprächsqualität abhängt. Da die Interviews dieser Erhebung als sehr ergiebig bezeichnet werden können, hat sich die in der Projektplanung angepeilte Anzahl von 20 Gesprächen als angemessen erwiesen. Abbildung 41 präsentiert die Befragten nach Arbeitsfeldern, woraufhin 20 Kurzportraits folgen, in denen die Auswahl anhand von Arbeitsschwerpunkten und

Gaming (-Journalismus)	**Daniel Budiman, Journalist und Medienmanager** Head of Strategy und Moderator bei der Rocket Beans Entertainment GmbH **Salvatore Gallace, Marketing Manager** Vorsitzender des Mighty Pixels eSports Club e.V. **Dimitry Halley, Journalist** Redakteur bei der Webedia Gaming GmbH (v. a. Gamestar) **Marc Helbig, Softwareingenieur** Mitglied des Vorstands und Headcoach beim 1. Berliner eSport-Club e.V. **Frank Nehring, Unternehmer und Team-Manager** Geschäftsführer und 1. Vorsitzender des 07 Gera eSport Vereins **Sascha Reißner, Student der Berufsbildung (Informatik/Wirtschaft)** Stellvertretender Vorstand und Technischer Leiter beim Magdeburg eSports e.V. **Matthias Remmert, Journalist und Medienmanager** Senior Vice President TV and Media Production bei der Freaks 4U Gaming GmbH **Kevin Woost, Fachinformatiker** Jugendschutzbeauftragter beim Leipzig eSport e.V.

Abbildung 41: Übersicht der 20 befragten Expert:innen nach Arbeitsfeldern im Sinne dieser Arbeit sowie unter Angabe der Namen, Berufe und aktuellen Tätigkeiten

Berufserfahrungen begründet wird. Die Vorstellungstexte basieren auf öffentlich einsehbaren Daten, auf Beiträgen im öffentlichen Diskurs (z. B. Medienberichterstattung) sowie auf Interview-Inhalten (Eingangsfragen zur Person und Tätigkeit).

Linus Einsiedler, Medienpädagoge

Medienpädagogischer Referent am JFF – Institut für Medienpädagogik, tätig insbesondere im Medienzentrum München (PIXEL)

Das medienpädagogische Netzwerk des JFF wurde oben in Kapitel 5 bereits mit speziellem Blick auf Gaming-Projekte besprochen (vgl. auch Abbildung 33). Linus Einsiedler ist einer der medienpädagogischen Referenten am JFF (seit 2018), die sich besonders gut mit digitalen Medien und virtuellen (Spiel-)Welten auskennen. Seine praktische Arbeit findet vor allem im Veranstaltungsraum *PIXEL* statt, der vom JFF und dem Medienzentrum München speziell für Projekte zur Medienbegegnung, -produktion und -reflexion geschaffen wurde. Einsiedler konzipiert und leitet multimediale Workshops, Ausstellungen und Informationsveranstaltungen zur Förderung eines kompetenten Medienumgangs. Dazu gehören neben Filmfestivals, Fotowettbewerben oder Programmierkursen auch Gaming-Events. Im Interview betonte Einsiedler den generationsübergreifen-den Ansatz, bei dem Eltern und Kinder gemeinsam spielen und ihre Erfahrungen und Entscheidungen bewusst hinterfragen sollen. Weil die Angebote des *PIXEL* freiwillig sind und beispielsweise als LAN-Partys in entspanntem Rahmen stattfinden, gelingt hier der niedrigschwellige

Dialog mit den Kindern und Jugendlichen. Als junger Medienpädagoge mit großem technischem Fachwissen und engem Bezug zur Gaming-Szene, der bereits über größere Erfahrung in der praktischen und begleitenden Spielpädagogik verfügt, wird Linus Einsiedler zum interessanten Experten für diese Studie.

Gordon Emons, Sozialpädagoge

Dienststellenleiter der Internetsuchteinrichtung Lost in Space des Caritasverbandes für das Erzbistum Berlin

Im Auftrag der Caritas Berlin leitet Gordon Emons die Beratungsstellen *Café Beispiellos* für süchtige Glücksspieler:innen (seit 2004) sowie *Lost in Space* für Internet- und Videospielabhängige (seit 2006). Mit einem Team von Sozialpädagog:innen und Psycholog:innen bietet *Lost in Space* offene Sprechstunden sowie Einzel- und Gruppentherapien zu medienbezogenen Suchtformen an (z. B. Pornografie, soziale Medien, Gaming). Diese realweltlichen Angebote werden überwiegend von jungen Erwachsenen zwischen 20 und 30 Jahren wahrgenommen, die zumeist freiwillig den Kontakt aufnehmen. Dabei müssen sich die Mitarbeiter:innen von *Lost in Space* nicht nur mit dem Suchtverhalten an sich auseinandersetzen, sondern werden auch mit allen möglichen anderen sozialen Problemlagen konfrontiert (z. B. Mobbing oder Abo- und Schuldenfallen). Neben den stationären Sprechstunden und Verhaltenstherapien leistet Emons auch intensiv Aufklärungsarbeit zu Risiken und Kompetenzen im Umgang mit virtuellen (Spiel-)Welten. Mit seinem Team besucht er beispielsweise Schulen und spricht als Internet- und Videospielsuchtexperte in ausführlichen Beiträgen mit Journalist:innen (Graf & Kogel 2017). Gordon Emons ist aufgrund seiner vielfältigen Aktivitäten und seines ganzheitlichen Ansatzes der Kompetenzvermittlung und Suchtprävention im Gaming ein attraktiver Experte im Sinne dieser Arbeit.

Bernd Endres, Sozialpädagoge

Referent des Bayerischen Jugendrings für Kommunal- und Jugendpolitik, kommunale Jugendarbeit und Jugendarbeit in Gemeinden

Als Referent des Bayerischen Jugendrings hat Bernd Endres von Haus aus ein Hauptinteresse daran, im kommunalen und (über)regionalen Raum verschiedene Initiativen und Akteure der Jugendarbeit gewinnbringend miteinander zu vernetzen. In seiner Schwerpunktarbeit zur offenen und mobilen Jugendarbeit inklusive Streetwork bis zum Jahr 2019 hat Endres unter anderem festgestellt, dass sich analoge Angebote – sowohl stationäre als auch aufsuchende – in der mediatisierten Gesellschaft schwerer tun, ihre Klient:innen effektiv zu erreichen. Dabei betont er, dass sich die Heranwachsenden insgesamt seltener in Jugendtreffs und auf der realen Straße bewegen, und wenn, dann weniger empfänglich für die Angebote der außerschulischen Jugendarbeit sind. Endres sieht deshalb im Sinne des niedrigschwelligen und lebensweltorientierten Ansatzes durchaus Potenzial in einer digitalen Jugendarbeit, mit der Sozialpädagog:innen ihre bestehenden Angebote ergänzen und den Kontakt halten können. Auch inhaltlich sollten sich digitale Ansätze mit den virtuellen Lebenswelten der Heranwachsenden auseinandersetzen, unter denen die Gaming-Szene eine sehr wichtige ist. Als Experte bringt Bernd Endres diese Beobachtungen insbesondere zum Zwecke der strukturell-organisationalen Ausgestaltung aufsuchender Sozialpädagogik im Netz und Gaming in diese Studie ein.

Matthias Fack, Sozialpädagoge

Präsident des Bayerischen Jugendrings

Das Thema Videospiele in der gesellschaftlichen Diskussion und als Gegenstand pädagogischer Auseinandersetzung treibt Matthias Fack schon lange um. Den Präsidenten des Bayerischen Jugendrings stört dabei vor allem die überwiegend negative Grundhaltung, mit der diese unter Heranwachsenden extrem beliebte Freizeitbeschäftigung öffentlich beurteilt wird. Als selbst leidenschaftlicher Videospieler kann Fack auf eine große Fachkenntnis zurückgreifen, wenn er als Kopf eines der größten Netzwerke der Jugendarbeit im Bundesland Bayern über die Lebenswelten und Bedürfnisse seiner Zielgruppen nachdenkt. Entsprechend offensiv und konstruktiv möchte er das Thema Videospiele auch in die praktische Medienpädagogik integrieren. Dem Bayerischen Jugendring stehen als Netzwerk-Partner des JFF, des Bayerischen Kulturministeriums und der praktischen Jugendarbeit im schulischen und außerschulischen Kontext (auch Jugend- und Medienzentren sowie Vereine) dafür sehr breite Ansatzpunkte und ein gewisses Stimmgewicht zur Verfügung. Dieser strukturelle Ein- und Überblick macht Matthias Fack gemeinsam mit seinem großen Szene-Wissen zu einem wertvollen Experten für diese Studie.

Klaus Lutz, Medienpädagoge

Pädagogischer Leiter des Medienzentrums PARABOL in Nürnberg und Medienfachberater für den Bezirk Mittelfranken

Klaus Lutz verkörpert eine videospieloffene medienpädagogische Grundhaltung bereits seit vielen Jahren. Der Medienfachberater und Leiter des Medienzentrums *PARABOL* in Nürnberg wirbt regelmäßig in Literaturbeiträgen dafür, dass eine pädagogisch konstruktive Auseinandersetzung mit Gaming nur dann gelinge, wenn dessen Potenziale aktiv gefördert werden (Lutz 2013 & 2019; Lutz & Ring 2019). Auch Lutz sieht die Herausforderungen und Risiken des (exzessiven) Videospielens, möchte diese aber durch das Schaffen konkreter Spielziele und sozialer Interaktion zwischen Spieler:innen auch in der echten Welt proaktiv verringern. Die von Lutz und dem *PARABOL* initiierten Gaming-Projekte wie das eSport-Turnier *Franken-Finals*, die Jugendtagung *MyGames* oder die Praxis-Workshops im *GamesLab* zielen deshalb vorwiegend auf interaktives und verantwortungsvolles Videospielen nicht nur im Digitalen ab. Denn Lutz überlässt die Planung und Durchführung dieser (Groß)Veranstaltungen hauptsächlich den Jugendlichen. Auf diese Weise bekommen seine Projekte einen stark akzeptierenden und begleitenden Charakter. Weil Klaus Lutz Gaming als bedeutendes pädagogisches Handlungsfeld begreift, als Medienfachberater tiefe Einblicke in die überregionale medienpädagogische Handlungspraxis besitzt und bereits über längere Zeit erfolgreich mit Gamer:innen im digitalen und analogen Kontext arbeitet, betrachtet ihn diese Arbeit als gewinnbringenden Experten.

Tilmann Pritzens, Sozialarbeiter/Streetworker

Fachberater Streetwork für den GANGWAY e.V. in Berlin

In der aufsuchenden psychosozialen Jugendarbeit ist Tilmann Pritzens ein Digitalpionier. Bereits vor knapp 15 Jahren (Beginn etwa 2007) hat der beim Berliner Streetwork-Projekt GANGWAY e.V. tätige Sozialpädagoge festgestellt, dass seine Klientel zunehmend in digitale Welten abwandert. Insbesondere die Kontaktaufnahme und die alltägliche kommunikative Beziehungsarbeit wurden aus pädagogischer Sicht dadurch zunächst schwieriger, weil die Heranwachsenden den Kontakt untereinander nun auch von zuhause aus halten konnten und ein Entfliehen aus dem Alltag auch in der digitalen Welt möglich war. Gleichzeitig machte Pritzens aber die Erfahrung, dass das Bedürfnis nach sozialem Austausch und persönlicher Nähe deshalb nicht geringer wurde, genauso wenig wie die sozialen Problemlagen und Herausforderungen. Er hat deshalb sehr früh damit begonnen, selbst in sozialen Netzwerken aktiv zu werden (damals *Jappy* oder *Knuddels*, später dann *Facebook*, *Twitter* und *Skype*), und schnell positive Rückmeldungen bekommen beziehungsweise Fallarbeit leisten können. Seine ersten Erfahrungen in der digitalen Streetwork hat Pritzens (2011) gemeinsam mit einer klaren Empfehlung auch in der Fachliteratur publiziert. Diese Studie kann insofern für die empirische Ausgestaltung ihres theoretischen Digital-Streetwork-Modells am Beispiel Gaming viel von einem Experten wie Tilmann Pritzens lernen.

Dr. Gabriele Weitzmann, Justitiarin

Geschäftsführerin des Bayerischen Jugendrings

Digital Streetwork bewegt sich in einem rechtlich betrachtet nicht ganz einfachen, weil undurchsichtigen und teilweise noch nicht abschließend geregelten Rahmen. Schon bei der Definition der benötigten Fachkenntnisse und Ausbildungswege digitaler Sozialarbeiter:innen betritt die Diskussion Neuland, weil potenzielle Zielgruppen und Kontakte dort dermaßen zahlreich sind, dass ein:e einzelne:r Fachpädagog:in nur einen geringen Wirkungsgrad entfalten kann. Nachzudenken wäre also beispielsweise über den Einsatz von Multiplikator:innen und

Aufklärungsarbeit durch Peers, deren fachliche Qualifikation allerdings mit geltendem Recht in Einklang zu bringen ist. Ein weiteres Feld rechtlicher Diskussion in der digitalen Straßensozialarbeit ergibt sich rund um das Thema Datenschutz. Vor allem in der Einzelfallarbeit kommen intime und unter Umständen strafrechtliche relevante Informationen zur Sprache, die hohe Anforderungen an die Sicherheit der verwendeten Kommunikationssoftware stellen. Nicht zuletzt muss gerade in der Gaming-Streetwork auch über Altersfreigaben und Spielegenres (v. a. Shooter) diskutiert werden. Aber darf und soll sich der oder die Sozialarbeiter:in hier überhaupt beteiligen? Aus organisatorischer Perspektive muss zudem geklärt werden, wie sich eine Fallarbeit im grenzenlosen Internet mit der eigentlich regional begrenzten Zuständigkeit von Sozialarbeiter:innen verträgt. Als Justiziarin des Bayerischen Jugendrings und selbst passionierte Gamerin wird Gabriele Weitzmann in dieser Studie zur Expertin für die rechtlichen Rahmenbedingungen digitaler Jugendsozialarbeit.

Dr. Jakob Florack, Facharzt für Psychiatrie und Psychotherapie

Oberarzt der Kinder- und Jugendpsychiatrie, Psychotherapie und Psychosomatik am Vivantes Klinikum im Friedrichshain, Berlin

Eine prominente Stimme in der öffentlichen Diskussion über das Krankheitsbild der Videospielsucht und dessen psychotherapeutische Behandlung ist Jakob Florack. Der Facharzt für Psychiatrie und Psychotherapie hat gemeinsam mit seinem Kollegen Daniel Illy im Jahr 2016 eine Spezialsprechstunde zur Internet- und Videospielabhängigkeit am *Vivantes Klinikum im Friedrichshain* in Berlin gegründet. Daran schließen sich im Bedarfsfall verhaltenspsychologische Einzel- und Gruppentherapien an, bei denen auch die gesamte Familie miteinbezogen werden kann. Als großes Plus bei dieser Arbeit empfindet es Florack, dass er selbst mit Videospielen aufgewachsen ist und den Spielalltag seiner Klient:innen ebenso wie deren Spielmotivationen und suchtfördernde Trends im Spieldesign gut kennt. Florack und Illy haben zudem den *Ratgeber Videospiel- und Internetabhängigkeit* (2018) sowie das *Behandlungsmanual Videospiel- und Internetabhängigkeit: Verhaltenstherapeutisch-orientierte Gruppenbehandlung zur Teilabstinenz bei Adoleszenten* (2021) veröffentlicht und sind – auch wegen ihres jungen Alters und der damit einhergehenden Augenhöhe – beliebte Gesprächspartner zum pathologischen und gesunden Gaming im Videospieljournalismus (Graf 2017). Da die gesellschaftliche Auseinandersetzung mit Internet- und Videospielsüchten zu großen Teilen von rehabilitativen Angeboten dominiert wird (Dreier et al. 2015) und Suchtkriterien eine wichtige Rolle bei der Einzelfallbewertung auch durch digitale Streetworker:innen spielen, ist Jakob Florack als Spiel- und Diagnose-erfahrener Facharzt ein Experte und Gewinn für diese Erhebung.

Dr. Susanne Pechler, Fachärztin für Psychiatrie und Psychotherapie

Oberärztin und Leiterin Psychosomatik, Psychiatrie, Gerontopsychiatrie und Sucht sowie ärztliche Leitung der Medienambulanz am kbo-Isar-Amper-Klinikum München-Ost

Für Susanne Pechler ist klar, dass Internet- und Videospielsüchte keine Trendphänomene oder sich von selbst lösende Phasen im Leben von Jugendlichen und jungen Erwachsenen sind, sondern dass es sich dabei um gefährliche und behandlungsbedürftige Verhaltensmuster handelt. Gleichzeitig bemängelt die Leiterin der Medienambulanz am *kbo-Isar-Amper-Klinikum München-Ost* insgesamt einen zu passiven und unangemessen polarisierenden öffentlichen Umgang mit diesen Krankheitsbildern. Soziale Netzwerke und Gaming seien grundsätzlich nichts Schlechtes, ihre Nutzung völlig normal. In bestimmten vulnerablen Entwicklungsfenstern sei auch eine intensivere beziehungsweise exzessive Nutzung nicht automatisch ein Anzeichen für abhängiges Verhalten. Wohl aber entstehe solches immer wieder, wenn nämlich psychische Vulnerabilitäten und emotionale Schieflagen vor allem im sozialen Umfeld mit suchtfördernden Spielmechaniken zusammentreffen. Solche Fälle bedürfen in Pechlers Augen eindeutig fachärztlicher Behandlung, zumal in aller Regel weitere psychische Störungsbilder als Komorbiditäten vorliegen. Für die Existenz solcher Dynamiken, verbunden mit einer sensiblen Annäherung an Suchtkriterien (In welchen Fällen ist ein exzessives Verhalten wirklich bedenklich?), fordert Pechler groß angelegte, ausgewogene Informationskampagnen und eine Auseinandersetzung in Schulen und Familien. Mit Blick auf den Digital-Streetwork-Ansatz diskutiert sie unter anderem über den Einsatz von Peers als Multiplikator:innen. Susanne Pechler bereichert diese Studie deshalb als Expertin aufgrund ihrer ärztlichen Erfahrung mit dem Störungsbild der Videospielsucht, ihrem vertieften Einblick in den gesellschaftlichen Umgang damit und ihren klaren Lösungsansätzen.

Dr. Florian Rehbein, Diplom-Psychologe

Wissenschaftlicher Mitarbeiter am Kriminologischen Forschungsinstitut Niedersachsen e.V.

In seiner wissenschaftlichen Arbeit am *Kriminologischen Forschungsinstitut Niedersachsen* beschäftigt sich Florian Rehbein schwerpunktmäßig mit der empirischen Erhebung und Analyse stoffungebundener Suchterkrankungen unter Kindern und Jugendlichen. Die Videospielsucht bildet für ihn hier wiederum ein aktuelles und dementsprechend priorisiertes Forschungsfeld. Rehbein, der nach grundständigen Studienabschlüssen in der Sozialpädagogik und Psychologie im Bereich Erziehungs- und Sozialwissenschaften promoviert und habilitiert hat, ist seit zehn Jahren eine feste Säule in der Literatur zur Videospielsucht-Dynamik,

-Diagnostik und -Prävalenz. Besonders hervorzuheben sind seine Beteiligung an der Entwicklung der DSM-V-basierten *Computerspielabhängigkeitsskala* (Rehbein et al. 2015a) sowie die Durchführung landesweiter Studien zur Verbreitung exzessiven und pathologischen Gaming-Verhaltens unter deutschen Jugendlichen (Rehbein et al. 2015b). Florian Rehbein kann als Experte insbesondere bei der Zielgruppendefinition, Verhaltensdiagnostik und Grenzdefinition in der digitalen Streetwork mithelfen.

Dr. med. Bert te Wildt, Facharzt für Psychiatrie und Psychotherapie

Chefarzt der Psychosomatischen Klinik Kloster Dießen

Unter den prägenden Akteuren der Internet- und Videospielsuchtmedizin in Deutschland nimmt Bert te Wildt aus zwei Gründen eine exponierte Stellung ein. Zum einen hat er in seiner klinischen Tätigkeit als Facharzt für Psychiatrie und Psychologie an der *Sozialpsychiatrischen Tagesklinik der Medizinischen Hochschule Hannover* (2010-2012), am *LWL-Universitätsklinikum* für Psychosomatische Medizin und Psychotherapie der Ruhr-Universität Bochum (2012-2018) sowie an der *Psychosomatischen Klinik Kloster Dießen* (seit 2018) in leitenden Funktionen sehr intensive Praxiserfahrung mit verschiedenen internetbezogenen Störungsbildern sammeln können. Darüber hinaus hat er mit der am LWL-Universitätsklinikum der Ruhr-Universität Bochum beheimateten Onlinesucht-Ambulanz eines der ersten virtuellen Beratungs- und Therapieangebote in diesem Bereich initiiert. Te Wildt ist damit also bereits einen interessanten Schritt im Sinne lebenswelt- und phänomenorientierter Suchtbehandlung gegangen. Zum zweiten hat te Wildt dieses große Praxiswissen genutzt, um den deutschsprachigen und internationalen Forschungsstand zu Internet- und Videospielsüchten mit umfassenden Grundlagenwerken (te Wildt et al. 2010; te Wildt 2015) und Testinstrumenten (te Wildt & Rehbein 2010) zu bereichern. Auch für die (politische) Prävalenzeinschätzung liefert er quantitative Daten sowie Gutachten (Wölfling et al. 2015). Bert te Wildt, der gemeinsam mit der Videospielbranche großgeworden ist, ist in dieser Studie deshalb ein Experte mit breitem klinischem Erfahrungsschatz, der für eine grundlegende Erfolgseinschätzung und strukturelle Richtungsgebung eines Digital-Streetwork-Ansatzes im Gaming gehört werden sollte.

Dr. Klaus Wölfling, Diplom-Psychologe

Psychologische Leitung der Sabine M. Grüsser-Sinopoli Ambulanz für Spielsucht an der Poliklinik und Klinik für Psychosomatische Medizin und Psychotherapie in Mainz

Große klinische Diagnose- und Behandlungserfahrung im Bereich der Videospielsucht verbindet Klaus Wölfling mit einer engagierten und fortdauernden empirischen Diagnose- und Prävalenzforschung. Der Diplom-Psychologe hat die psychologische Leitung der *Sabine M. Grüsser-Sinopoli Ambulanz für Spielsucht an der Poliklinik und Klinik für Psychosomatische Medizin und Psychotherapie in Mainz* inne und setzt sich im Arbeitsalltag mit allen Formen von Internetsüchten diagnostisch und therapeutisch auseinander. Gaming beziehungsweise Videospielsucht nimmt dabei eine wichtige Rolle ein, wenngleich Wölfling betont, dass andere analoge und onlinebasierte Suchtformen (etwa Glücksspielsucht, Pornografie-Sucht, Social-Media-Sucht oder Kaufsucht) in ihrer Gesamtheit nach wie vor überwiegen. Dennoch kennt er sich nicht nur sehr gut mit der reinen Videospielsucht-Diagnose aus, die er durch die Entwicklung und Validierung von Testinstrumenten wie der *Skala zum Computerspielverhalten* (CSV-S) verfeinert (Wölfling et al. 2011), sondern hat regelmäßig auch suchtfördernde Trends bei der Spielentwicklung im Blick (Dreier et al. 2017). Wölfling entwickelt ferner eigene Videospielsucht-Therapieprogramme (Wölfling et al. 2013) und analysiert als Gutachter die gesellschaftliche Prävalenz der Erkrankung (Wölfling et al. 2015). Seine große Erfahrung in der klinischen Diagnostik und Therapie macht Klaus Wölfling für die Definition neuralgischer Punkte bei der Suchtprävention und -diagnose in der digitalen Streetwork (Spiele und Spielelemente, harte und weiche Indikatoren) sowie bei der symbiotischen Vernetzung von digitalen Sozialarbeiter:innen und Fachärzt:innen zum Experten in dieser Studie.

Daniel Budiman, Journalist und Medienmanager

Head of Strategy und Moderator bei der Rocket Beans Entertainment GmbH

Als „Herzblutgamer", wie er sich selbst bezeichnet, und Mitgründer des Gaming-Privatsenders *Rocket Beans TV* hat Daniel Budiman die Videospielbranche aus Nutzer- und Anbieter-Perspektive über viele Jahre hinweg sehr intensiv kennengelernt. Der Journalist und Medienmanager hat sich bereits in den frühen 2000er-Jahren als Moderator bei Pionierprojekten des Videospieljournalismus wie *GIGA* (2003 bis 2006) und *MTV Game One* (2006 bis 2014) über das private Spielen hinaus in der Szene engagiert und professionalisiert. Als einer von fünf Gesellschaftern der Rocket Beans Entertainment GmbH hat Budiman seit 2012 erfolgreich den Anspruch, in vielfältigen Formaten (neben dem eigentlichen Gaming z. B. auch Film- und Literatur-Rezensionen, dazu Quizformate, Thementalks und Live-Event-Shows) wirtschaftlich profitables Internetfernsehen für eine erwachsen gewordene erste Gaming-Generation zu veranstalten. Neben seiner Tätigkeit als Moderator und Host vor der Kamera befasst sich Budiman mittlerweile vorwiegend mit der strategischen Ausrichtung des Senders und engagiert sich als Workshop-Leiter und Berater in den Bereichen Game Design und Monetarisierung. Wichtig ist ihm speziell mit Blick auf dieses letztgenannte Tätigkeitsfeld, dass die bekannten emotionalen Wirkungsmechanismen in Videospielen nicht zum Zwecke der optimalen wirtschaftlichen Effizienz und auf Kosten des Spielerlebnisses (weil bspw. repetitiv und unkreativ) oder der Spieler:innengesundheit (z. B. Suchtdynamik und

Kostenfallen) eingesetzt werden. Stattdessen plädiert Budiman für wirtschaftlich maßvolles Gamedesign, das vor allem den sozialen und kreativen Charakter betont, um externe Kontrollen beispielsweise durch Jugendschutz-Instanzen oder Eltern (Budiman selbst hat drei Kinder im Schulalter) möglichst selten zu erfordern. Als Urgestein und Kenner der Gaming-Branche mit enormem Hintergrundwissen zur Online-Aufmerksamkeitslogik sowie zu den Chancen und Risiken des Videospielens und gerade auch mit Blick auf sein persönliches Engagement für gesundes Gaming ist Daniel Budiman ein attraktiver Experte für diese Studie.

Salvatore Gallace, Marketing Manager

Vorsitzender des Mighty Pixels eSports Club e.V.

Salvatore Gallace ist einer von fünf Experten in dieser Studie, die kompetentes, soziales und konstruktives Gaming durch die Gründung großer Vereinsprojekte aus der Szene selbst heraus fördern. Er betreibt mit dem *Mighty Pixels eSports Club* eine eingetragene Spieler:innen-Community in Konstanz am Bodensee, die vor allem Spieler:innen aus dem Südwesten Deutschlands mit eigenen Club-Räumlichkeiten samt Gaming-Ausstattung (PCs, Konsolen, Fernseher, Beamer u.Ä.) die Möglichkeit gibt, miteinander, gegeneinander, sowie im Wettbewerb mit anderen Teams und Vereinen zu spielen. Die Vereinsstruktur fördert dabei das zielorientierte gemeinsame Training, stärkt – gerade durch den körperlichen, realweltlichen Charakter – das soziale Erleben und schafft eine Basis gegenseitigen Vertrauens. Über gemeinsame Veranstaltungen, die abgesehen vom strukturierten Trainingsbetrieb auch Public Viewing im eSport, Themen-Workshops oder Ausflüge zu Spielemessen umfassen, soll ziellose und exzessive individuelle Nutzung verhindert werden. Neben seiner Vereinstätigkeit hat Gallace auch spielbezogen wesentlich zur konstruktiven Struktur der deutschen Gaming-Szene beigetragen, indem er für die unter Gelegenheitsspieler:innen und eSport-Teams beliebte Autofußball-Simulation *Rocket League* ein Ligensystem gegründet hat. In der *Nitro League* waren in der 2019 zu Ende gegangenen dritten Saison insgesamt 118 Teams aktiv. Registriert sind Stand März 2021 über 7.300 Spieler:innen. Sein vielseitiges und erfolgreiches Engagement für soziale Strukturen und eine zielgerichtete, maßvolle Spielenutzung in Deutschland machen Salvatore Gallace zu einem interessanten Experten für diese Studie.

Dimitry Halley, Journalist

Redakteur bei der Webedia Gaming GmbH (v. a. Gamestar)

Als Journalist und Videospielredakteur hauptsächlich für die *Gamestar* verfügt Dimitry Halley über tiefgehendes Fachwissen bezüglich der Logiken der Videospiel-Entwicklung und -Nutzung. Als Medium ist die *Gamestar* wie alle journalistischen Akteure im Online-Bereich gleichermaßen auf intensive Kontakte zur

Videospielwirtschaft (Spiele- und Hardware-Neuheiten, Geschäftsmodelle und Marktstrukturen), auf konsequente Wettbewerbsanalyse (andere Journalist:innen und Medien) sowie auf gründliche Zielgruppenforschung (Wünsche und Anregungen im qualitativen Dialog und aus quantitativen Nutzungsdaten) angewiesen. Halley kann deshalb nicht nur die Trends im Spieldesign vor dem Hintergrund einschlägiger Potenziale und Risiken aus Nutzer:innensicht bewerten, sondern erlebt in Kommentarspalten und Multiplayer-Spieletests auch das Sozialverhalten und die unterschiedlichen Spieler:innentypen sehr unmittelbar. Abgesehen vom reinen Newsgeschäft verfasst er regelmäßig reflektierende Meinungsbeiträge zur Intention hinter bestimmten Spielmechaniken und Geschäftsmodellen (speziell auch im Suchtkontext, Halley 2019) sowie zu deren (potenzieller) Wirkung auf die Spieler:innengemeinschaft. Dimitry Halley wird als professioneller Akteur in der Gaming-Szene mit institutionalisiertem Wissen über Nutzungsangebote und -dynamiken zu einem wertvollen Experten bei der bedarfsorientierten Ausgestaltung von Handlungsprozessen in der digitalen Streetwork.

Marc Helbig, Softwareingenieur

Mitglied des Vorstands und Headcoach beim 1. Berliner eSport-Club e.V.

Wie auch die übrigen vier Gaming-Vereine, die in diesem Kapitel portraitiert werden, ist der *1. Berliner eSports-Club* Mitglied im *Esport Bund Deutschland* (ESBD). Marc Helbig ist Mitglied des Vorstands und Headcoach beim 1. BeSC. Im Verein, der ähnlich funktioniert wie oben die *Mighty Pixels*, koordiniert Helbig mit seinem Vorstandsteam den Trainingsalltag, die Nutzung des Vereinsheims sowie Veranstaltungen um das eigentliche Spielen herum. Darüber hinaus dokumentiert der 1. BeSC seinen Wettkampfbetrieb in fünf verschiedenen Spielen mit Live-Übertragungen auf der Streaming-Plattform *Twitch*, die auch für öffentliche Trainingseinheiten und Community-Stammtische genutzt wird. Helbig selbst blickt auf eine erfolgreiche Karriere im kompetitiven *League of Legends*-Spielbetrieb zurück. Im Esport Bund Deutschland hat er zudem die Trainer:innen-Ausbildung für den Breiten- und eSport koordiniert. Aufgrund seiner potenzialfördernden Vereinsleitung und seiner Erfahrung in der landesweiten Gaming-Verbandsarbeit mit Schwerpunkt Trainer:innen-Ausbildung wird Marc Helbig, der selbst Gamer ist, zu einem wichtigen Experten für die Formulierung detaillierter Kompetenzprofile und Maßnahmenkataloge begleitender Sozialpädagogik im Gaming.

Frank Nehring, Unternehmer und Team-Manager

Geschäftsführer und 1. Vorsitzender des 07 Gera eSport Vereins

Mit dem *07 Gera eSport Verein* hat Frank Nehring auf lokaler Ebene ein Vorzeigeprojekt strukturierten, ziel- und sozialorientierten Gamings geschaffen. Ursprünglich aus einer einschneidenden Beobachtung im Bekanntenkreis entstanden, hat der Unternehmer ohne eigene Gaming-Historie einen Gaming-Verein gegründet, der in das bestehende Netzwerk sozialer Initiativen der Stadt Gera integriert ist und Mehrwerte generiert, die weit über das gemeinsame Zocken hinausreichen. Wie auch in den anderen hier portraitierten Gaming-Vereinen der Fall, bietet *07 Gera eSport* einen strukturierten Trainingsalltag in mehreren Spielen insbesondere für die lokale Community an und verfügt über ein solide ausgestattetes Vereinsheim. Gleichzeitig integriert sich der Verein in das Angebot klassischer Sportvereine im Stadtgebiet und lässt seine Mitglieder beispielsweise auch im Volleyball oder Fußball gegen andere örtliche Teams antreten. Der Gaming-Club wird dadurch nicht als Konkurrenz, sondern ergänzender Akteur wahrgenommen und unterstützt neben der körperlichen und realweltlichen Verfassung seiner eigenen Mitglieder auch die anderen ehrenamtlichen Angebote vor Ort. Daneben entfaltet *07 Gera eSport* einen sozialpädagogischen, karitativen Charakter, indem der Verein mit Streetworker:innen in Gera kooperiert und Jugendliche mit Problemen bei Bedarf in seine betreuten Strukturen aufnimmt. Anstelle eines Mitgliedsbeitrags werden die Jugendlichen und jungen Erwachsenen vom Verein außerdem ermutigt, städtische Sozialprojekte zu unterstützen und sich beispielsweise in Alten- und Pflegeheimen zu engagieren. Zu nennen bleibt schließlich die Rolle des *07 Gera eSport Vereins* als eine Art Kompetenzzentrum digitaler Handlungswelten und Ansprechpartner für interessierte Bürger:innen und Fachstellen. Da sich in diesem Zusammenhang reges Interesse vor allem der Spieler:innen-Eltern gezeigt hat und auch die städtische Diakonie ihre Suchtberatung auf den digitalen Bereich ausweiten möchte, professionalisiert sich der *07 Gera eSport Verein* und versucht, das dafür nötige sozialpädagogische Fachwissen beispielsweise in Kooperation mit der Thüringer Landesmedienanstalt zu sichern. Frank Nehring ist als Initiator des *07 Gera eSport Vereins* samt all seiner Tätigkeitsfelder und Netzwerk-Partner für den ganzheitlichen Ansatz digitaler Medienkompetenzvermittlung und Streetwork im Gaming insofern ein Vorbild und Experte in dieser Arbeit.

Sascha Reißner, Student der Berufsbildung (Informatik/Wirtschaft)

Stellvertretender Vorstand und Technischer Leiter beim Magdeburg eSports e.V.

Sascha Reißner hat als Teil der Vereinsleitung beim *Magdeburg eSport e.V.* ganz ähnliche Strukturen und Werte in der Landeshauptstadt Sachsen-Anhalts etabliert, wie es die *Mighty Pixels* am Bodensee und der *1. BeSC* in Berlin getan haben. Der Magdeburger Gaming-Verein bietet im Kern vor allem eine enge, lokale und (über)regionale Community an, die in verschiedenen Spielen sowohl wettbewerbsorientiert im eSport als auch kooperativ und spaßbezogen in der Freizeit aktiv ist. Die Mitglieder des *Magdeburg eSports e.V.* können sich dazu in einem technisch gut ausgestatten Vereinsheim und Trainingszentrum treffen und aufhalten. Des Weiteren investieren Reißner und Kolleg:innen, die gute Beziehungen zum *Esport*

Bund Deutschland und dessen Trainerausbildung unterhalten, viel Arbeit in eine gleichermaßen leistungs- und gesundheitsfördernde Trainingsstruktur. Reißner berichtet hierzu im Interview von einem detailliert geplanten Mix aus theoretischen (Taktik und Gegneranalyse) und praktischen Impulsen (Reaktionen, Positionen und Abstimmung im Team), aus Spiel- und Ruhephasen, Sitzen und Bewegung. Auch in Magdeburg hat sich außerdem gezeigt, dass ein reges öffentliches Interesse an der Vereinstätigkeit besteht. Politiker:innen, Unternehmer:innen sowie vor allem auch Eltern sind häufiger zu Gast, um mehr über das digitale Leben der Jugendlichen sowie über die ehrenamtliche Community-Arbeit des Vereins zu erfahren. Sascha Reißner wird deshalb als Vertreter eines der wenigen bereits professionell geleiteten Gaming-Vereine mit (über)regionaler Vernetzung und Strahlkraft in Deutschland zu einem wichtigen Experten für diese Arbeit.

Matthias Remmert, Journalist und Medienmanager

Senior Vice President TV and Media Production bei der Freaks 4U Gaming GmbH

Ähnlich wie Daniel Budiman ist auch Matthias „Knochen" Remmert ein Pionier und Wegbegleiter der Professionalisierung der Gaming-Szene in Deutschland. Remmert engagiert sich bereits seit dem Jahr 2001 in verschiedenen redaktionellen Tätigkeiten sowie als Projektleiter im eSport für eine sozial und zielorientiert strukturierte Gaming-Gemeinschaft, die als solche dann auch transparent und integrativ in die (analoge) Gesellschaft integriert werden kann. Remmert hat beispielsweise als Moderator und Live-Kommentator im eSport (z. B. Talkformat *Knochen's eSport Sofa* und *Counter-Strike*-Fachportal *99Damage*) stark zum Aufbau medialer Berichterstattung beigetragen, die sich längst nicht mehr nur an das Gaming-Fachpublikum richtet. Mit *ran eSports* hat Remmert, dessen Arbeitgeber *Freaks 4U Gaming* (eine eSport-Marketingagentur) hier wesentlich für die Content-Produktion verantwortlich ist, als Moderator den Schritt in das lineare Fernsehprogramm geschafft. Nach wie vor belegen Gaming-Formate auch aus Jugendschutzgründen zwar Randsendeplätze im Free-TV – *ran eSports* lief im Sommer und Herbst 2020 beispielsweise um 0:45 Uhr auf *ProSieben MAXX* – oder sind grundsätzlich hinter Bezahlschranken versteckt (Bsp. *eSports1*, der Gaming-Ableger des Sportsenders *Sport1*). Dennoch hat die Integration von Gaming-Inhalten in das klassische Fernsehen für die öffentliche Diskussion über Bedeutung und Akzeptanz digitaler Spiele durchaus Signalwirkung. Matthias Remmert beschäftigt sich seit knapp 20 Jahren in seiner eigenen Freizeit sowie beruflich mit den Produktions- und Nutzungslogiken im Gaming, hat die damit verbundenen Chancen und Risiken zudem als Journalist und Community-Manager eingehend beobachtet und reflektiert. Auch weil er sich dabei konsequent für die Stärkung von Gamer:innen-Rechten und -Gesundheit eingesetzt hat, wird er für die Entwicklung eines Digital-Streetwork-Ansatzes im Gaming zum attraktiven Ansprechpartner.

Kevin Woost, Fachinformatiker

Jugendschutzbeauftragter beim Leipzig eSport e.V.

Auch in Leipzig ist in den vergangenen rund fünf Jahren (Gründungsjahr 2016) ein Leuchtturmprojekt des institutionell organisierten Gaming entstanden. Der *Leipzig eSports e.V.* verfolgt dieselben Ziele wie seine Pendants in Konstanz, Berlin oder Magdeburg, organisiert also für Spieler:innen primär aus Stadt und Umland eine digitale und analoge Community mit Vereinsheim, eSport-Trainingsalltag und Freizeitprogramm. Auch in Leipzig wird allerdings schnell klar, dass der Stellenwert eines Gaming-e.V. weit über den klassischen Vereinsalltag, wie man ihn etwa aus Sportvereinen kennt, hinausgeht. Denn Videospielen wird als Freizeitbeschäftigung vor dem Hintergrund der kontroversen öffentlichen Debatte mit großem, oft aber kritischem Interesse verfolgt. Gleichzeitig registriert auch Kevin Woost, dessen besonderes Augenmerk im *Leipzig eSports e.V.* auf Nachwuchsförderung und Jugendschutz liegt, eine hohe Bereitschaft zur konstruktiven Auseinandersetzung im öffentlichen Umfeld seines Vereins. Auch in Leipzig hat der örtliche Gaming-Verein damit eher die Funktion eines Kompetenzzentrums, das neben der eigentlichen Mitgliederarbeit immer wieder nach außen informiert und als Sachverständiger in der Fachdiskussion auftritt. Dass sich der *Leipzig eSports e.V.* in die Leipziger Vereinswelt so gut integrieren konnte, liegt auch daran, dass Woost und Kolleg:innen ihrerseits diese Integrationsbereitschaft immer wieder signalisieren. So steuern sie beispielsweise regelmäßig Input zum *Safer Internet Day* bei, stellen Gaming als Hobby und Kulturgut in Kooperationsprojekten mit Bibliotheken und Museen vor, organisieren Elternabende und laden zu Fachvorträgen ein. Kevin Woost ist als treibende Kraft hinter dieser kompetenzorientierten und gesellschaftsoffenen Vereinsführung ein wertvoller Experte für diese Studie.

10.4 Qualitative Gütekriterien – Durchführung der Studie – Auswertung der Daten

Qualitative Forschung muss sich trotz ihres offenen und nicht gesellschaftsrepräsentativen Ansatzes an bestimmten Kriterien sozialwissenschaftlich-empirischer Güte messen lassen (Mayring 2016, 140 ff.; Lamnek & Krell 2016, 141 ff.). Ziel ist es dabei, die Bedeutungskraft der erhobenen Daten von der Person des oder der individuellen Forscher:in abzugrenzen und für eine möglichst weitreichende Objektivierung zu sorgen. Im letzten Schritt der Ausführungen zum methodischen Vorgehen in dieser Studie soll deshalb in drei Schritten auf die strukturelle und argumentative Systematik eingegangen werden, die der empirischen Erhebung selbst sowie der Destillation übergreifender Erkenntnisse und Thesen aus diesem Datenmaterial zugrunde liegen. Im ersten Schritt werden für den Kontext qualitativer Sozialforschung zentrale Gütekriterien vorgestellt und geprüft. Es geht hier also darum, empirische Bewertungsmaßstäbe dieser Studie überhaupt erst einmal zu definieren. Damit verbunden ist allerdings der Übersichtlichkeit halber auch direkt deren argumentative Adaption für diese Studie, es wird also begründet, warum diese Gütekriterien hier gegeben sind. Da sich allerdings bestimmte Faktoren, darunter beispielsweise die *Verfahrensdokumentation* und *Regelgeleitetheit* (Mayring 2016, 145), erst in ihrem Vorliegen einschätzen lassen, wenn gewisse Verfahren(sregeln) dokumentiert worden sind, leistet dieser Kapitelabschnitt genau dies. In den Schritten zwei und drei werden insofern die wesentlichen Strukturen der Durchführung (Wie genau wurden mit Hilfe des Erhebungsinstruments von den 20 Expert:innen Daten generiert?) und Auswertung (Wie genau wurden aus den generierten Daten übergreifende Erkenntnisse und Thesen extrahiert?) erläutert. Diesen abschließenden Ausführungen zum Untersuchungsdesign dieser Studie folgt dann die Präsentation der zentralen Befunde in Kapitel 11.

Qualitative Gütekriterien

In der sozialwissenschaftlich-empirischen Forschung ist entsprechend der Koexistenz quantitativer und qualitativer Erhebungsmethoden auch zwischen quantitativen und qualitativen Gütekriterien zu unterscheiden. Standardisiert und halbstandardisiert ausgerichtete quantitative Untersuchungsdesigns müssen sich insbesondere an ihrer *Gültigkeit/Validität* (Wurde tatsächlich das erhoben, was erhoben werden sollte?), *Zuverlässigkeit/Reliabilität* (Funktionieren die Erhebungsinstrumente bei einer erneuten Messung genauso [gut]?), *Objektivität* (Sind die Daten frei von Einflüssen durch den oder die Forscher:in beziehungsweise können gut dokumentiert von einer dritten Person problemlos verstanden werden?) und *Generalisierbarkeit/Repräsentativität* (Gelten die anhand einer empirischen Stichprobe erhobenen Daten auch für die Grundgesamtheit?) messen lassen. Mayring und Lamnek/Krell argumentieren, dass sich diese Bewertungsmaßstäbe für qualitative Studien nicht eignen. Verwiesen wird hier insbesondere a) auf die Orientierung an offenen Forschungsfragen anstelle von geschlossenen Hypothesen, b) auf eine Einzelfall- und Detailanalyse anstelle grobkörniger Verteilungsaspekte in der sozialen Masse sowie c) auf die starke Rolle des oder der interpretierenden Forscher:in bei der qualitativen Erhebung gegenüber dem autonomen quantitativen Erhebungsinstrument (Mayring 2016, 19 ff. & 141 f.; Lamnek & Krell 2016, 141 f.; Kelle 2008, 13; Küchler et al. 1981). Kiefl und Lamnek (1984, 476) schließen daraus, dass im qualitativen Design eine Entscheidung über die tatsächliche Güte der Untersuchung stark vom individuellen Forschungsgegenstand und Untersuchungsziel abhängt. Gleichzeitig, dem schließt sich diese Arbeit an, sieht die Literatur qualitative Forschung aber nicht als losgelöst von jeglicher Struktur und Objektivität an. Lamnek und Krell (2016, 33 ff.; ähnlich bei Mayring 2016, 24 ff.) formulieren einen Katalog methodologischer Prinzipien qualitativer

Sozialforschung, die den qualitativen Denk- und Forschungsrahmen definieren und gegenüber quantitativen Ansätzen abgrenzen. Ein erstes wichtiges Kennzeichen qualitativer Untersuchungsdesigns ist demnach deren *Offenheit*, abgeleitet aus dem „Unbehagen an einer Sozialforschung, die aufgrund standardisierter Erhebungsinstrumente und vorab formulierter Hypothesen nur die Informationen aufnehmen […] kann, die nicht vorab durch das methodische Filtersystem ausgesiebt worden sind" (Lamnek & Krell 2016, 33). Qualitative Forschung zielt demgegenüber darauf ab, einen Forschungsgegenstand beziehungsweise eine empirische Quelle in seiner und ihrer Gesamtheit zu betrachten, wobei fragestatt hypothesenorientiert verfahren wird. Dadurch sollen auch unerwartete und instruktive Informationen aufgenommen werden, die über den bisherigen Erfahrungshorizont des Forschers oder der Forscherin hinausreichen. Gerade wenn auf vergleichsweise neuen und wenig erschlossenen Untersuchungsfeldern gearbeitet wird, bietet sich ein offener Zugang an, mit dem sich erste stabile Vorstellungen der Realität herausbilden lassen. Gleichzeitig, das betonen unter anderem Reichertz (2009, Abs. 27) und Mayring (2016, 28), bedarf ein offenes empirisches Forschen trotzdem umfassender theoretischer Vorarbeit und Feldkenntnisse. Schließlich muss der oder die qualitative Forscher:in in der Lage sein, die erhobenen Daten erkenntnisgewinnend zu interpretieren und (quantifizierbar) zu verdichten (ebd., 35 f. & 37 f.). Lamnek und Krell (2016, 34 f.) beschreiben *qualitative Forschung* weiterhin *als Kommunikation*. Gilt Interaktion zwischen Forscher:in und Erforschten in der quantitativen Sozialforschung eher als Störgröße, extrahieren qualitative Ansätze ihren Erkenntnisgewinn gerade aus der reziproken Kommunikation dieser beiden Entitäten. Forscher:in und Beforschte:r handeln in diesem Sinne die zu erforschenden Wirklichkeitsdefinitionen miteinander aus, wobei die empirische Quelle als deutungs- und theoriemächtig (also sozusagen valide) angenommen wird. Qualitative Daten sind insofern das Ergebnis kommunikativer Interaktion und dadurch sozial und subjektiv geprägt. Weil diese Interaktionsprozesse zu unterschiedlichen Zeitpunkten jeweils auch verschieden ablaufen und sich deren Ergebnisse dadurch verändern können, ist es umso wichtiger, dass qualitative Forschung regelgeleitet vorgeht und dieses Vorgehen außerdem für Dritte gut dokumentiert (Mayring 2016, 37 & 145 f.). Lamnek und Krell (2016, 35 & 36 f.) fassen diese interaktive Bedeutungskonstruktion zwischen Forscher:in und Beforschten samt der damit einhergehenden Dokumentationspflichten mit den beiden methodologischen Prinzipien des *Prozesscharakters von Forschung und Gegenstand* sowie der *Explikation* in der qualitativen Sozialforschung zusammen. Eine offene, interaktive und prozesshafte qualitative Untersuchungsmethodik verlangt vom Forscher oder der Forscherin schließlich eine konsequente Reflexion der erhaltenen Daten, verbunden mit einer flexiblen Anpassung der Erhebungsinstrumente und -schwerpunkte. Je nachdem, in welche Richtung sich die Datenerhebung also inhaltlich bewegt, sollten sich sowohl das kontextualisierte Wirklichkeitsbild des

Forschers oder der Forscherin sowie die weiteren Forschungsschritte anpassen. Voraussetzung für diese schrittweise und quellenorientierte Integration informativer Impulse in ein valides Ergebnisbild sind ein solides Vor- und Kontextwissen sowie die Bereitschaft zur konsequenten Evaluierung der bestehenden Erkenntnisse. Die *Reflexivität von Gegenstand und Analyse* sowie eine anhaltende *Flexibilität* in der Erhebungs- und Ergebnisstruktur (Lamnek & Krell 2016, 36 f.) schließen damit die Klassifikation methodologischer Prinzipien in der qualitativen Sozialforschung nach Lamnek und Krell ab.
Mayring (2016, 144 ff.) ergänzt hier noch und listet anwendungsbezogen sechs konkrete Qualitätsfaktoren für eine qualitative empirische Erhebung, die im Folgenden vorgestellt und für die Studie im Rahmen dieser Arbeit geprüft werden:

- **Verfahrensdokumentation:** Mayring schreibt: „Das schönste Ergebnis ist wissenschaftlich wertlos, wenn nicht das Verfahren genau dokumentiert ist, mit dem es gewonnen wurde" (Mayring 2016, 144). Im Unterschied zur quantitativen Forschung, deren verwendete Techniken und Messinstrumente in der Regel standardisiert und durch Quellen belegbar seien, werden qualitative Untersuchungsdesigns spezifisch für den individuellen Untersuchungsgegenstand entwickelt. Um also den Forschungsprozess für andere nachvollziehbar werden zu lassen (vgl. auch Kirk & Miller 1986), fordert Mayring (2016, 145) für eine qualitativ gut dokumentierte Studie die Explikation des Vorverständnisses, der Zusammenstellung des Analyseinstruments, der Durchführung sowie der Auswertung der Datenerhebung. In dieser Arbeit wurde über acht Theoriekapitel hinweg schrittweise ein argumentatives Grundkonstrukt entwickelt, das fortschreitend zum Zwecke der Modellentwicklung integrativ zugespitzt und anschließend im Sinne der Darstellung empirischer Forschungsnischen (Kapitel 9) reflektiert wurde. Insofern ist klar erkenntlich, aus welchem grundlegenden Vorverständnis sowie mit welcher konkreten theoretischen Zielrichtung diese empirische Studie durchgeführt wird. Das empirische Analyseinstrument (hier: der Interview-Leitfaden) wurde anschließend mit ständigem Bezug zu den – wiederum transparent aus der Basistheorie abgeleiteten – Forschungsfragen inhaltlich beschrieben und bildet deren wesentliche Erkenntnisblöcke gegenstandsbezogen ab. Die strukturellen Prinzipien und praktischen Abläufe der Datenerhebung und -auswertung werden im Verlauf dieses Kapitels noch eingehend beleuchtet. Mayrings Kriterium der Verfahrensdokumentation kann deshalb für diese Studie als erfüllt betrachtet werden.
- **Argumentative Interpretationsabsicherung**: Dieses Gütekriterium zielt im Kern darauf ab, vor allem bei der Datenauswertung nicht wahl- und haltlos Thesen oder (Fakten)Behauptungen aufzustellen, die weder von harten Daten, noch von einer nachvollziehbaren Argumentationslogik gedeckt sind. Hier soll eine argumentative Interpretationsabsicherung insbesondere

durch das detaillierte Darstellen eines Meinungsspektrums der befragten Expert:innen zu jedem Ergebnisblock entstehen, unterstützt durch einschlägige direkte Interview-Zitate. Auf diese Weise wird es, immer in Verbindung mit dem theoriegeleiteten Basismodell (vgl. dazu insbesondere Kapitel 6 und 8), in den Ergebnis- und Reflexionskapiteln 11 und 12 unabhängig von der ganz persönlichen Haltung einzelner Akteur:innen möglich, die argumentative Interpretationslinie dieser Arbeit nachzuvollziehen.

- **Regelgeleitetheit**: Zusammenfassend zielt Mayring mit seinem Kriterium der Regelgeleitetheit darauf ab, dass die transparent zu dokumentierenden Strategien der Datenerhebung und -auswertung ihrerseits klaren Regeln folgen sollen. Es geht also darum zu zeigen, dass beispielsweise eine Leitfaden-Befragung von 20 Expert:innen bei aller ergebnisoffenen Einzelfallarbeit ein Meinungsspektrum (samt anschließender Interpretationsarbeit) dennoch auf vordefinierte und gleichbleibende Art und Weise konstruiert. In dieser Studie wurde ein gleichbleibender, in klare Erkenntnisblöcke aufgeteilter Leitfaden verwendet, mit dessen Hilfe die nach definierten Grundsätzen ausgewählten Expert:innen befragt wurden. Der Text begründet zudem das Vorliegen zentraler Gütekriterien qualitativer Sozialforschung in dieser Studie und analysiert jedes Interview-Transkript auf dieselbe Art und Weise. Obwohl die einzelnen Ergebnisblöcke im Sinne des qualitativen Erkenntnisgewinns zwangsläufig nicht aus jedem einzelnen Interview exakt gleich viel Input erhalten (weil nicht 20-mal der- bzw. dieselbe Expert:in befragt wurde und sich aufgrund verschiedener Fachbereiche auch unterschiedliche Gesprächsschwerpunkte ergeben haben), wurden alle Leitfaden-Inhalte mit allen Expert:innen besprochen. Insofern folgt das methodische Vorgehen dieser Studie bei gleichzeitiger Erkenntnisorientierung klaren Regeln.
- **Nähe zum Gegenstand**: Die geforderte Gegenstandsnähe bezieht sich im Kontext einer qualitativen Befragung vor allem auf den Zugang der Interview-Partner:innen zum Thema der Studie. Im Sinne einer Lebensweltorientierung auch bei der Datenerhebung sollen die beforschten Subjekte im Unterschied zum bewusst manipulierenden Experiment möglichst unverfälschte Eindrücke ihres sozialen Handelns offenbaren. Das Expert:innen-Interview bildet hier insofern einen Sonderfall, als nicht nur die befragte Person an sich im Vordergrund steht, sondern gerade auch ihr Branchen- beziehungsweise Fallwissen. Die Nähe zum Gegenstand bezieht sich speziell in dem vorliegenden Setting also einerseits auf die grundlegende Thematik sowie auf die Fähigkeit zur hypothetischen Konzeptarbeit. Da bei der Auswahl der Expert:innen hier speziell darauf geachtet wurde, dass nur Personen mit einschlägiger Erfahrung im Gaming, mit dem Phänomen der Videospielsucht sowie mit sozialer Arbeit im Bereich der Videospiele

rekrutiert wurden, kann die Nähe zum Gegenstand in Mayrings Sinne angenommen werden. Die ausführlichen Interview-Transkripte unterstützen diese Annahme.

- **Kommunikative Validierung**: Mayring etabliert das Gütekriterium der kommunikativen Validierung in der qualitativen Forschung als gleichzeitig erkenntnissicherndes und -erweiterndes Instrument. Dadurch, dass die aus der Datenerhebung gezogenen Erkenntnisse im Nachhinein noch einmal mit den beforschten Subjekten besprochen beziehungsweise von diesen bewertet und/oder freigegeben werden, sollen Aussagekraft und Wahrheitsgehalt steigen. Auch soll sich in diesem Schritt die Rolle der Beforschten als denkende Subjekte (statt lediglich Datenlieferanten) manifestieren (Groeben & Scheele 1977; Sommer 1987). Ein derartiger zweistufiger Erhebungsprozess wurde in dieser Arbeit nicht angewandt, aus Erkenntniseffizienz- und forschungsökonomischen Gründen. Die abstrakten Modellstrukturen zur Digital Streetwork im Gaming, auf deren Basis die Forschungsfragen dieser Studie gebildet wurden, konnten mit einem Erhebungsschritt zielführend in ihrem Sinngehalt reflektiert und inhaltlich konkretisiert werden. Zweifellos hätte ein zweiter Erhebungsschritt in Einzelfällen zu einer nachträglichen Erweiterung bestimmter Vorschläge führen können. Allerdings konnten sich alle Befragten im eigentlichen Gespräch so schnell und tiefgehend eindenken, dass kein Anlass zum Zweifel an ihren Bewertungen und Anregungen besteht. Ohne hier substanzielle Ergänzungen oder Revisionen zu erwarten, wäre eine komplette zweite Erhebungsrunde aus Sicht dieser Arbeit forschungsökonomisch wenig zielführend. Dazu kommt, dass die Interview-Transkripte allen Befragten zur Freigabe zugesandt wurden, also durchaus die Möglichkeit zum Ergänzen oder Streichen gegeben war. Diese wurde aber fast ausschließlich auf sprachlicher und stilistischer Ebene wahrgenommen, nur sehr selten wurde inhaltlich marginal ergänzt. Mayrings Kriterium der kommunikativen Validierung hat in dieser Studie demnach lediglich abgeschwächt Einzug gefunden.
- **Triangulation**: Methodische Triangulation, also das Bearbeiten desselben Katalogs forschungsleitender Fragestellungen mit unterschiedlichen methodischen Zugängen und in mehreren Erhebungsschritten, ergibt auch in den Augen dieser Arbeit sehr viel Sinn. Wie die Vorschläge zur empirischen Anschlussforschung unten in Kapitel 13 aufzeigen, werden auch zur empirischen Ausgestaltung und Überprüfung des Digital-Streetwork-Ansatzes (nicht nur) im Gaming weitere konzept- und anwendungsbezogene Studien vorgeschlagen (darunter Befragungen, Beobachtungen und Experimente), mit deren Hilfe die hier erarbeiteten Grundlagen erkenntnisorientiert ergänzt werden sollten. Auch klar ist aber, dass bestimmte Datenquellen (v. a. Gamer:innen und Videospielwirtschaft) erst nachgeordnet

einbezogen werden sollten, wenn ein Digital-Streetwork-Konzept in seinen praktischen Grundzügen ausgearbeitet worden ist. Dieser wichtige erste Schritt wiederum bedarf ressourcenintensiver Forschungsarbeit mit vielfältigen Quellen (hier konkret: Expert:innen). Diese Arbeit hat sich deshalb entschlossen, fokussiert und gründlich diesen ersten Erhebungsschritt anzugehen, mit dem Ziel umfassender inhaltlicher Impulse aus ganz verschiedenen Tätigkeitsbereichen und Denkkulturen. Dennoch bedürfen die hier erhobenen Daten einer weiteren empirischen Validierung und sollten bis zur tatsächlichen Durchführung und Auswertung weiterer Studien sehr vorsichtig interpretiert werden. Das Qualitätskriterium der Triangulation wird hier aber ausdrücklich mitgedacht und findet seinen Widerhall unter anderem in der Erarbeitung eines breiten Forschungsprogramms *Ganzheitliche Medienkompetenzvermittlung in virtuellen (Spiel-)Welten* in Kapitel 9 sowie in der Formulierung konkreter Vorschläge für die empirische Anschlussforschung in Kapitel 13 dieses Textes.

Durchführung der Studie

Wichtige Angaben zur Durchführung dieser Studie betreffen insbesondere die Struktur der Interviewführung (Zeitraum gesamt, Länge Einzelgespräch, Medium, Rolle und Einfluss des Interviewers, Dokumentation der Gesprächsinhalte). Die 20 Leitfaden-Interviews wurden im Zeitraum zwischen dem 10. April und dem 5. September 2019 geführt. Die Rekrutierung der Befragten erfolgte dabei in mehreren Wellen, um eine intensive Vorbereitung auf jedes Gespräch zu gewährleisten und im Falle einer Notwendigkeit zur strukturellen Korrektur (bspw. weil sich zeigt, dass bestimmte Fragekomplexe mit dem bestehenden Expert:innen-Kreis nicht ausreichend beantwortet werden können) reagieren zu können. Eine solche Justierung der Auswahlprozesse zum Zwecke eines optimalen Erkenntnisgewinns sollte im Sinne von Mayrings Qualitätskriterien allerdings nicht willkürlich und ohne guten Grund geschehen. In dieser Studie war beides nicht nötig, es musste weder zusätzlich nachrekrutiert noch nachträglich ausgeschlossen werden. Die 20 Interviews konnten dementsprechend alle planmäßig geführt werden. Drei angefragte Expert:innen lehnten die Anfrage aus inhaltlichen Gründen ab, einmal mit Verweis auf thematisch besser geeignete Kolleg:innen innerhalb derselben Institution. Für die Qualität der Daten war es somit eher zuträglich, diese drei Personen nicht zu befragen, um randständige und repetitive Aussagen zu vermeiden. Da auf Basis der oben präsentierten Auswahlkriterien vor der Rekrutierung eine nach Fachbereichen geordnete Liste mit 100 potenziellen Expert:innen angelegt wurde, war es zudem kein Problem, entsprechend gut geeignete Alternativen anzufragen. Angesprochen wurden alle Expert:innen zunächst telefonisch samt anschließender Info-Mail bei grundsätzlichem Interesse. Die Gesprächspartner:innen wurden darüber informiert,

dass es sich um eine wissenschaftliche Befragung zu den Erfolgschancen eines Digital-Streetwork-Ansatzes im Gaming mit speziellem Fokus auf das Risikofeld der Videospielsucht handelt. Außerdem wurde am Telefon sowie in der E-Mail begründet, warum die jeweiligen Personen aus Sicht des Forschers mit ihrer spezifischen Praxiserfahrung wertvolle Beiträge zu dieser Studie liefern können. Der detaillierte Katalog von Forschungsfragen sowie der ausführliche Interview-Leitfaden gingen den Expert:innen vorab dagegen nicht zu, um eine unvoreingenommene und für alle gleich spontane Befragungssituation zu gewährleisten.
Die Gespräche für diese Studie wurden vollständig telefonisch geführt. Misoch (2019, 169 f.) fasst zusammen, dass in der Literatur Face-to-face-Gespräche als idealer Modus für tiefgehende qualitative Befragungen bezeichnet werden. Grund dafür ist deren maximal persönlicher Charakter, wodurch insbesondere auch alle nonverbalen Kommunikationsinhalte wahrgenommen werden können und der Forscher oder die Forscherin seine oder ihre Rolle als inhaltlich anregende:r Gesprächspartner:in optimal ausfüllen kann. Die „partielle Reduktion des Einflusses des Interviewenden" (ebd., 171) bezeichnet Misoch aber gerade auch als denkbaren Vorteil des Telefon-Interviews. Effekte auf das Antwortverhalten von Gesprächspartner:innen, die sich beispielsweise aus der körperlichen Konstitution, dem Alter, der Stimme oder Ausstrahlung des oder der Interviewer:in ergeben können, werden durch das medienvermittelte Erhebungssetting relativiert. Ganz im Gegenteil kann es einem ehrlichen und offenen Gesprächsverhalten sogar dienlich sein, wenn Gesprächspartner:innen physisch nicht anwesend sind – wenngleich es sich bei dieser Befragung nicht um außerordentlich persönliche oder intime Aspekte handelte. Für Telefon-Interviews in dieser Studie sprechen weiterhin die Vorteile der Ressourceneffizienz und der Nachhaltigkeit, da die Befragten in ganz unterschiedlichen Teilen Deutschlands sitzen und 20 Hin- und Rückreisen für jeweils etwa eine gute Stunde Gespräch mit enormen Zeit- und Kostenaufwänden sowie Umweltbelastungen verbunden gewesen wären. Dass am Telefon dennoch gewisse nonverbale Kontextinformationen verloren gehen können und dazu die Kontrolle über Interviewsituation und Kommunikationsfluss (weil bspw. von jedem Ort aus telefoniert werden kann und Ablenkungen beim Gesprächspartner nicht direkt erkennbar oder adressierbar sind) eingeschränkt ist, gilt zweifellos auch für diese Studie. Auch muss sich jede qualitative Erhebung mit den denkbaren Interviewer:in-Effekten beschäftigen, die sich aus der starken Rolle des Forschers oder der Forscherin im Gespräch zwangsläufig ergeben. Misoch (ebd., 213 ff.) nennt diesbezüglich vor allem die Themenkenntnis (Laie vs. Experte), die Fragehaltung (neutral-offen vs. voreingenommen-pointiert) und den Status (wissenschaftliche und fachthematische Qualifikationen) als relevante Einflussfaktoren. Dabei ist allerdings auch klar, dass ein:e reflektierende:r Forscher:in viele dieser Aspekte bewusst steuern kann und dadurch eine individuelle transparente Begründung möglich ist.

In dieser Studie hat der Forscher den Interviewten signalisiert, dass er selbst über breite Kenntnisse zum Forschungsfeld Gaming verfügt und das Digital-Streetwork-Modell ebenfalls auf umfangreicher fachlicher Recherche beruht. Gleichzeitig wurde betont, dass weder eine fachpädagogische noch eine psychologische oder medizinische Ausbildung zugrunde liegt. Auch wurde konsequent darauf hingewiesen, dass sich der Wirkungsbereich des Forschers auf die Theorieentwicklung beschränkt, deren empirische Konkretisierung allerdings ganz entscheidend vom Input und von der Projekterfahrung der Expert:innen abhängt. Auf diese Weise ist eine aus Sicht dieser Arbeit produktive Gesprächsatmosphäre entstanden, in der auf Augenhöhe diskutiert werden konnte, aber die inhaltlichen Hoheitsbereiche der beiden Gesprächspartner:innen klar definiert waren. Um zu verhindern, dass der stark risikobezogene Interview-Leitfaden gerade von den konstruktiv-ermutigend arbeitenden Pädagog:innen und Gamer:innen unter den Expert:innen als einseitig voreingenommen wahrgenommen wird, wies der Forscher zu Beginn des suchtbezogenen Frageblocks deutlich auf die risikoorientierte, aber im Ergebnis nutzungsfördernde Rolle der Gaming-Streetwork hin. Wenngleich also auch in dieser Studie Interviewer-Effekte definitiv gegeben sind, wurden aus Forschersicht erfolgreich mehrere Maßnahmen getroffen, um einen zielführenden Kompromiss zwischen thematischer Nähe (Augenhöhe, Gesprächsfluss) und inhaltlicher Unvoreingenommenheit (klare Hoheitsbereiche, betonte Neutralität) zu ermöglichen.

Auswertung der Daten

Der erste Schritt der Datenauswertung in dieser Studie bestand in der Dokumentation der Interview-Inhalte. Die Befragten wurden zum Gesprächsstart darauf hingewiesen, dass der Forscher das Interview zur späteren Verschriftlichung und Analyse gerne aufzeichnen würde, allerdings nur mit ihrem ausdrücklichen Einverständnis. Wurde dies bejaht, was in allen 20 Fällen geschah, zeichnete der Forscher die Telefonate mit einem Audio-Recorder auf. Die Mitschnitte der Gespräche, zwischen 37 Minuten und 120 Minuten lang (Median: 64,5 Minuten, vgl. Abbildung 42) wurden anschließend auf einer Festplatte gesichert und nacheinander transkribiert. Misoch (ebd., 263 ff.) weist darauf hin, dass die Transkription von Interviews nach unterschiedlichen Regeln ablaufen kann, die allerdings in jedem Fall für jedes Gespräch einer zusammengehörigen Reihe gleich bleiben müssen. Zu unterscheiden ist grundsätzlich zwischen einer vollständigen und einer selektiven Transkription sowie zwischen einem Basistranskript (Fokus auf verbale Daten) und einem Feintranskript (offen für nonverbale Aspekte, sprachliche Akzentuierungen sowie narrative Strukturen). Oben wurde schon erwähnt, dass in dieser Studie weniger die Persönlichkeit der Gesprächspartner:innen im Vordergrund steht, sondern eher deren Fachwissen und professionelle Einschätzung. Vor diesem Hintergrund beschränkt sich die Transkription in dieser Studie ebenfalls auf das rein faktisch

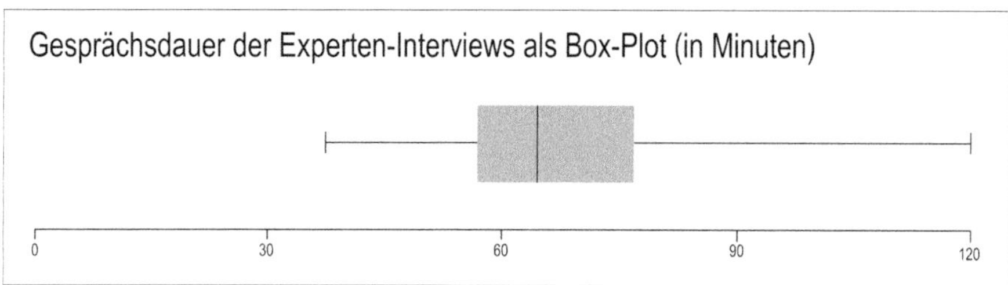

Abbildung 42: Gesprächsdauer der Expert:innen-Interviews in dieser Studie in Minuten als Box-Plot-Diagramm

und verbal Geäußerte und verzichtet auf die Dokumentation nonverbaler Aspekte, Betonungen und narrativer Gesprächsstrukturen. Dafür wurden jedoch alle Interviews vom Forscher vollständig transkribiert, auch weil der ständige Themenfokus inhaltlich abschweifende Aussagen automatisch verhinderte. Vor der komprimierenden und interpretierenden Analyse der Interview-Daten gingen alle Transkripte noch einmal den Interview-Partner:innen zu, mit der Bitte um inhaltliche Kontrolle und Freigabe. Wie oben erwähnt, wurden in diesem Schritt vorwiegend kleinere sprachliche Verbesserungen des spontanen Gesprächswortlautes vorgenommen, jedoch keine substanziellen inhaltlichen Neufassungen. Insofern kann auf deskriptiver Ebene von einer hohen Datenqualität ausgegangen werden.

Die Analyse der Daten aus den Interviews findet in dieser Arbeit theoriegeleitet und thesengenerierend statt. Unter Rückgriff auf die von Mayring (2016, 114 ff.) sowie Lamnek und Krell (2016, 379 ff.) formulierten Prozessstrukturen lässt sich das methodische Vorgehen hier als mehrstufig und gleichzeitig detailorientiert wie ganzheitlich beschreiben. Der Erhebung liegt ein umfangreicher Katalog forschungsleitender Fragestellungen zugrunde, die gleichzeitig als deduktive Analysekategorien in dieser Studie zu verstehen sind.

Die Interview-Inhalte, die zwar leitfadenorientiert erhoben wurden und demnach in ihrer inhaltlichen Gesamtheit vergleichbar sind, jedoch nicht immer in derselben Reihenfolge und Tiefe abgefragt wurden (Stichwörter: flexibler Gesprächsfluss und individuelle Erfahrungshorizonte), werden also im Sinne des Forschungsinteresses strukturell neu geordnet und zusammengeführt. Im Ergebnis kommen dadurch zu jeder Forschungskategorie die passenden Aussagen aus allen 20 Interviews zusammen. Es entsteht einerseits ein Meinungs- und Erfahrungsspektrum aus vielen singulären Detaildaten, was dem Digital-Streetwork-Modell im Gaming empirische Konkretion verleiht. Außerdem kann diese empirische Impulssammlung zu übergeordneten Ergebnisthesen verdichtet werden. Somit wird die Datenanalyse den beiden großen Forschungszielen dieser Arbeit gerecht, die nach dem Ob (Bewertung) und Wie (Ausgestaltung) aufsuchender psychosozialer Jugendarbeit in virtuellen (Spiel-)Welten fragen. Auch bleibt die Analyse qualitativer Interview-Daten offen für empirische Daten, die sich keiner der zugrunde gelegten Forschungskategorien zuordnen lassen. Hier können induktiv, also aus dem Material heraus neue Kategorien gebildet werden, die in der theoriebasierten Modellentwicklung nicht berücksichtigt wurden. In dieser Studie bestand allerdings kein Anlass, das deduktive Forschungsinteresse aus den Interviews heraus um wesentliche Aspekte zu ergänzen. Alle Aussagen ließen sich einer bestehenden Kategorie zuordnen. Dieser Umstand lässt sich einerseits auf die breite Theoriebasis dieser Studie zurückführen, mag andererseits aber auch an der insgesamt noch sehr geringen empirischen Erfahrung mit aufsuchender Sozialarbeit im digitalen Gaming- und Sucht-Kontext liegen. Es ist davon auszugehen, dass erste längerfristige Initiativen in diesem Bereich noch diverse gegenstandsspezifische Aspekte hervorbringen, die im analogen Raum beziehungsweise in anderen thematischen Kontexten nicht mitgedacht werden. Zum Beispiel im rechtlichen Bereich (z. B. sichere Kommunikationswege, jugendschutzkonforme Maßnahmen, institutionelle Zuordnung von Klient:innen) wirft Gaming-Streetwork zahlreiche elementare und in dieser Arbeit nur sehr unterkomplex behandelte Fragestellungen auf, wie ein Recherche-Telefonat mit dem auch im Gaming aktiven Streetworker Ralf Berg aus Welver in Nordrhein-Westfalen vom 12. November 2020 belegt. Berg sieht beispielsweise Legitimationsprobleme gegenüber staatlichen Trägern, wenn ein:e Streetworker:in im Digitalen nicht jugendfreie Videospiele mitspielt, ohne das genaue Alter der Mitspieler:innen zu kennen. Ein niedrigschwelliger und lebensweltbezogener Zugang zu den Jugendlichen könne allerdings genau diese Situation häufiger erfordern. Auch komme ein:e Sozialarbeiter:in im Digitalen zwangsläufig mit Klient:innen in Kontakt, die nicht seinem oder ihrem analogen Einzugsgebiet angehören. Obwohl sich Berg ausschließlich an Jugendliche gehalten habe, die er bereits aus seiner analogen Arbeit kannte, habe sich der Kreis von Mitspieler:innen schnell erweitert, weil digitale jugendliche Cliquen in der Regel über Stadtgrenzen hinausreichen. Rein rechtlich müsste Berg diese „externen" Personen von seiner Arbeit ausschließen oder weitervermitteln, was ihm jedoch lebensfremd erscheint und mit großem logistischem Aufwand verbunden wäre.

11 Ergebnispräsentation

Bevor die zentralen Befunde dieser Studie zur Realisierbarkeit eines Digital-Streetwork-Ansatzes im Gaming mit Schwerpunkt Videospielsucht präsentiert werden, macht es Sinn, einige Anmerkungen zur Systematik der Ergebnispräsentation voranzustellen. Erhoben wurden die Daten auf Basis eines Katalogs forschungsleitender Fragen sowie mit Hilfe eines Interview-Leitfadens, der die Struktur der Forschungsfragen im Wesentlichen übernommen hat. Gefragt wurde im Interview somit zunächst nach dem Stellenwert von Gaming und Videospielsucht in der deutschen Gesellschaft. Anschließend wurde über die Bereitschaft zur Vermittlung digitaler Medienkompetenz durch verschiedene gesellschaftliche Akteure sowie mit Bezug zu konkreten Handlungsbeispielen gesprochen. Der dritte Fragekomplex hat schließlich das Konzept digitaler Streetwork im Gaming als begleitender Faktor und Nukleus ganzheitlicher Medienkompetenzvermittlung mit Blick auf konkrete Ablaufprozesse diskutiert. Die Ergebnispräsentation in diesem Kapitel folgt dieser Dramaturgie und präsentiert zu den im Forschungsinteresse (Kapitel 9) genannten Teilaspekten jener drei Forschungsblöcke die wesentlichen Aussagen aus den Interviews. Der Text priorisiert dabei erkenntnisgeleitet nach Aussagekraft und Neuheitswert, bringt also zu jedem einzelnen Themenkomplex nur die wertvollsten Beiträge aus den Interviews. Ziel ist es, zu jeder (Teil-)Forschungsfrage die wichtigsten Inhalte im Sinne eines Meinungsklimas beziehungsweise Erfahrungsspektrums zusammenzuführen. Dementsprechend werden auch nur die für einen Frageblock treffendsten und argumentativ stärksten direkten Quellzitate eingebunden. Welche der 20 Expert:innen demnach besonders prominent mit ihren Aussagen und Argumenten vertreten sind, unterscheidet sich je nach Ergebniskapitel. Der Vorteil dieses Vorgehens liegt in einer wesentlich höheren Stringenz und Aussagekraft der Datenpräsentation, die inhaltlich aber nichtsdestoweniger auf den vollständigen Beiträgen aller 20 Interviews basiert. Jedes Ergebnisteilkapitel schließt mit einer zugespitzten, zusammenfassenden Ergebnisthese. Häufig werden zudem plastische Ergebnisgrafiken beigefügt.

11.1 Computerspielsucht in Deutschland

In den Interviews spiegeln sich bei der Problematisierung exzessiven und pathologischen Videospielens die wesentlichen Argumente, die bereits in der Darstellung der wissenschaftlichen und öffentlichen Diskussion im Theorieteil dieser Arbeit erkennbar sind. Insbesondere die befragten Psycholog:innen und Psychiater:innen, deren Beurteilung auf harten Falldaten und ausführlichen Diagnose-Katalogen beruht, sehen in der Videospielsucht auch in Deutschland eine behandlungsbedürftige psychische Störung. Gesamtgesellschaftliche Prävalenzwerte von einem Prozent als unbedeutend zu bezeichnen, sei zynisch, da andere anerkannte mentale Erkrankungen wie beispielsweise die Glücksspielsucht (Prävalenz von rund 0,8 Prozent) oder die Schizophrenie (0,5 Prozent) teilweise wesentlich geringere Verbreitungswerte aufweisen. Dazu kommt eine Konzentration von Suchtsymptomen unter Heranwachsenden. Zwischen 1,2 und 1,7 Prozent der Jugendlichen weisen demnach ein manifestes Suchtverhalten auf. Der Anteil risikoreich-exzessiver Gamer:innen betrage hier zudem rund 10 Prozent, unter männlichen Jugendlichen sogar 17 Prozent. Da bei der Videospielsucht aus klinischer Sicht außerdem nicht mehr oder weniger (Spontan-)Remissionen, also eigenständiges Ablegen des Suchtverhaltens zu beobachten seien als bei stofflichen Süchten, gebe es keinen Anlass zu einer abweichenden Einordnung (insbes. Interviews te Wildt, Rehbein, Wölfling).

> „Ich würde mich da stark an der ‚PINTA'-Studie von Rumpf und Kollegen orientieren, die für die 12- bis 64-Jährigen zu einer Prävalenzeinschätzung von etwa einem Prozent kommt. Da sind allerdings die Social-Media-Süchtigen und die Cybersex-Süchtigen mit inbegriffen. Gleichzeitig muss man bedenken, dass diese Studie von 2013 und damit schon wieder recht alt ist. Jüngere Teilstudien von Jugendlichen und jungen Erwachsenen weisen durchaus höhere Prozentsätze in diesen Altersgruppen auf. Das liegt auch daran, dass wir bisher noch nicht wirklich gegengesteuert haben. Insofern finde ich eine vorsichtige Schätzung von einem Prozent Computerspielsüchtiger in Deutschland gerechtfertigt. Das wären dann 800.000 Menschen, überhaupt keine geringe Zahl beispielsweise im Vergleich zu 0,8 Prozent Glücksspielsüchtigen. Schizophrenie liegt bei etwa 0,5 Prozent. Es braucht nicht wahnsinnig hohe Zahlen, um von einem Problem zu sprechen." – Bert te Wildt, Facharzt für Psychiatrie und Psychotherapie

> „Zumal exzessives Spielen nicht gleichzusetzen ist mit einer Gaming Disorder. Ich spreche hier nicht von dem nochmal deutlich größeren Personenkreis, der aufgrund einer täglichen Spielzeit von mehr als 4,5 Stunden als Exzessivspieler einzustufen ist. [...] Exzessives Spielverhalten betrifft bei Jugendlichen etwa zehn Prozent, von den Jungen etwa 17 Prozent." – Florian Rehbein, Diplom-Psychologe

Demgegenüber stehen eine Reihe neutraler beziehungsweise vorsichtiger Aussagen zum gesellschaftlichen Problemcharakter abhängigen Gamings. Die Existenz der psychischen Störung an sich wird hier anerkannt, ebenso deren fachärztliche Behandlungsbedürftigkeit. Gewarnt wird allerdings davor, die reine phänomenlogische Größe der Krankheit sowie in der Folge ihre gesellschaftliche Bedeutung zu dramatisieren. Videospiele können demnach zu Suchtverhalten führen, seien aber nicht in erster Linie Suchtmittel. Dementsprechend sei abhängiges Verhalten im Umgang mit Videospielen auch längst nicht in der Breite der Gesellschaft zu beobachten. Auch sei Vorsicht geboten bei der Annahme, dass problematisches Videospielen in Deutschland stark zunehme, da ansteigende Zahlen in den vergangenen zehn Jahren auch an der diagnostischen Anerkennung liegen, durch die mehr bestehende Fälle erfasst wurden (insbes. Interviews Budiman, Endres, Emons, Florack).

> „Nein, ich glaube nicht, dass wir explizit in Deutschland ein großes Problem haben damit, dass wir zu viele Videospiele spielen. Gleichzeitig haben wir in Deutschland aber ein großes Kommunikationsproblem zwischen zwei Lagern, sozusagen eine kulturelle Differenz zwischen denjenigen, die mehr, und denen, die weniger im Internet unterwegs sind." – Daniel Budiman, Journalist und Medienmanager

> „Ja, glaube ich schon, und zwar in ganz unterschiedliche Richtungen, weil vor allem das Denken darüber, was dort abläuft, gerade in der Allgemeinbevölkerung noch sehr schwarz-weiß geprägt ist. Dadurch ist ein gesunder Umgang damit auch oft schwer möglich, wenn beispielsweise Eltern direkt schon an Sucht denken, wenn ihr Sohn mehrere Stunden am Stück spielt. Da fehlt es oft auch daran, die positiven Aspekte im Gaming zu sehen. Uns alle, auch die Wissenschaft und Beratung, stellt das vor große Herausforderungen, auch weil sich Spiele und Spielen so schnell verändert. Da entstehen wahnsinnig viele Dinge, die reizvoll sind und Interesse wecken, hinter denen aber auch Gefahren stecken, und es dauert immer eine gewisse Zeit, bis man die durchschaut." – Gordon Emons, Sozialpädagoge

> „Einige wenige haben damit ein Problem, ja. […] Ich habe mich selbst lange genug in Online-Gaming-Communities aufgehalten und dabei auch zeitweise sehr intensiv gespielt, aber alles andere noch halbwegs auf die Reihe bekommen. Aber da gab es Leute, die dann stolz in ihrem Online-Profil eine Signatur hatten, dass sie mehr als 10.000 Stunden in ‚World of Warcraft' verbracht haben. Ich habe das bei einem meiner Gildenmitglieder dann mal ausgerechnet: Das hieße, dass er seit Release des Spiels mehr als acht Stunden am Tag damit verbracht haben muss. Er hatte also mehr als eine Vollzeitstelle in diesem Spiel verbracht." – Jakob Florack, Facharzt für Psychiatrie und Psychotherapie

Eine dritte erkennbare Position zur Videospielsuchtproblematik in den Interviews formuliert schließlich deutliche Kritik am öffentlichen Umgang mit dem – auch hier grundsätzlich anerkannten – Krankheitsbild Videospielsucht. Exzessive Nutzung virtueller (Spiel-)Welten wird insofern über alle Altersgruppen hinweg als kulturell normal angesehen. Dass einer unbedeutenden Zahl von pathologischen Einzelfällen vergleichsweise (zu)viel Aufmerksamkeit und große Ressourcen zuteilwerden, sei auf ein grundlegendes gesellschaftliches Akzeptanzproblem von Gaming sowie auf das fehlende Verständnis älterer Generationen für dieses jugendkulturelle Handlungsfeld zurückzuführen. Ausgegangen wird deshalb von einer unangemessenen gesellschaftlichen Problematisierung (insbes. Interviews Lutz, Weitzmann, Woost).

> „Ich glaube nicht, dass wir in Deutschland damit ein Problem haben. Ich glaube, dass einige Personen damit ein persönliches Problem haben, so wie es sich mit allen Dingen verhält, die exzessiv betrieben werden können." – Gabriele Weitzmann, Justitiarin

> „Nein, wir haben genauso ein Problem mit exzessivem Gaming wie mit exzessivem Fußballspielen. Wir haben eher ein Akzeptanzproblem, das ist ähnlich wie damals nach Einführung des Buchdrucks, als alle Leute still in der Ecke saßen und gelesen haben. Heute kann man eben mit einem Computerspiel nichts anfangen, wenn man es selbst noch nicht erlebt hat. Ein Beispiel: Wenn die Mutter das Abendessen zubereitet und das Fußballspiel in die Verlängerung

geht, dann ist die Mutter in der Regel nicht böse und erwartet, dass der Torwart jetzt aber zum Essen nach Hause kommt. Wenn allerdings das ‚League of Legends'-Match zehn Minuten länger dauert, weil es eben keine festen Zeiten gibt, die so ein Spiel dauert, dann gibt es in vielen Familien Ärger." – Kevin Woost, Fachinformatiker

„Klar, es gibt Leute, die ein Problem damit haben, das ist aber eine relativ kleine Gruppe. Ich glaube, der Schwerpunkt liegt im Augenblick viel zu stark auf dieser relativ kleinen Gruppe. Es gibt eine große Menge von Jugendlichen, vor allem Jungs, die Gaming zu ihrer Hauptfreizeitbeschäftigung gemacht haben, die damit sehr unproblematisch umgehen. Auf diese Jugendlichen fehlt gerade der Blick, darauf, wie man sie begleiten kann. Die Ressourcen fließen im Augenblick überwiegend in die relativ kleine Gruppe der pathologischen Nutzer." – Klaus Lutz, Medienpädagoge

Der Gültigkeit von etablierten Suchtkriterien zur Diagnose abhängigen Videospielverhaltens wird von den befragten Expert:innen überwiegend befürwortet.

„Ja. Da gibt es auch viele Diskussionen, aber das betrifft die letzten 10 oder 20 Prozent der Entscheidungsfindung. Ich denke bei 90 Prozent der Fälle trifft eine Diagnose da immer ganz gut. Aber da gibt es viele Diskussionen und Streits. Ich denke, mindestens 80 Prozent bildet dieser Ansatz gut ab und ich gebe gerne zu, dass man bei den letzten 20 Prozent etwas verfeinern könnte. Aber aus meiner Perspektive ist das auch eine akademische Diskussion, deswegen hören Sie aus meiner Antwort auch ein bisschen Gelassenheit darüber heraus." – Klaus Wölfling, Diplom-Psychologe

Dennoch wird sich – ähnlich wie in der fachmedizinischen Forschungsdebatte – dafür ausgesprochen, den aktuellen und noch recht jungen Diagnoseprozess weiterhin kritisch zu reflektieren. Insbesondere die unklare Rolle von Komorbiditäten wie Depression, ADHS oder Angststörungen bei der Entstehung suchtartigen Videospielverhaltens wird immer wieder hervorgehoben. Suchtkriterien-Kataloge nehmen hierauf bislang keine Rücksicht, weshalb eine vorschnelle Pathologisierung des Gaming erfolgen könnte. Selbiges könne auch für individuelle Spieler:innen gelten, weil eine pauschale Suchtdiagnose bei Vorliegen von fünf der neun formulierten Suchtkriterien keine Rücksicht darauf nehme, dass manche davon weicher und andere härter zu bewerten seien. Umgekehrt lässt sich dieser Umstand aber auch positiv verstehen, weil auf diese Weise auch schon Fälle im Anfangsstadium behandelt werden können (insbes. Interviews Rehbein, Woost, Fack).

„Die neun DSM-V-Kriterien sind im Jahr 2013 als Forschungsdiagnose etabliert worden und spiegeln in meinen Augen den damaligen Kenntnis- und Literaturstand gut wider. Zwei Kriterien sehe ich persönlich etwas kritisch. Allerdings muss man für eine Diagnose mindestens fünf von neun Kriterien erfüllen, wobei manche Kriterien etwas leichtere, manche etwas schwerwiegendere Symptome abbilden. Man sollte Jugendlichen auch die Chance geben, Hilfen schon frühzeitig bei ersten computerspielbezogenen Problemen in Anspruch zu nehmen, und nicht erst dann, wenn schon sehr schwerwiegende Probleme eingetreten sind. Dafür eignet sich dieser Diagnose-Ansatz aus meiner Sicht gut, weil auch durch fünf der etwas weicheren Kriterien bereits eine Verdachtsdiagnose möglich ist." – Florian Rehbein, Diplom-Psychologe

> „Ich bin da allerdings ein bisschen vorsichtig, weil die Fragen nach der Alkoholsucht aus meiner Sicht sehr schnell auf ein schädliches Verhalten hindeuten. Nur weil jemand beispielsweise viel spielt, muss das noch nichts Negatives bedeuten, weil man sich über das Spielen auch starke soziale Netzwerke aufbauen kann." – Kevin Woost, Fachinformatiker

Dennoch könne man an einzelnen von stofflichen Süchten übernommenen Symptomen durchaus Kritik üben. Das betrifft beispielsweise die *Dysfunktionale Gefühlsregulation*, denn Medien werden schon immer dafür eingesetzt, Gefühle zu regulieren. Auch die *Gedankliche Vereinnahmung* müsse mit Vorsicht behandelt werden, weil eine Abgrenzung zum leidenschaftlichen Gaming sehr schwierig sei. Angesprochen wurde auch die potenzielle Auswirkung einer gesellschaftlich anerkannten Videospielsucht-Diagnose auf das Verhalten von Eltern, die sich in der Folge aus der Verantwortung zurückziehen könnten, ihren Kindern einen gesunden Spielumgang beizubringen.

Gefragt nach den Hauptgründen, aus denen suchtartige Videospielnutzung vor allem unter Heranwachsenden in Deutschland entstehen kann, nennen die Expert:innen zum einen die psychologisch extrem gut durchdachten Spielmechaniken, die Nutzer:innen vor allem in psychisch vulnerablen Phasen dazu bringen, viel Zeit und Geld zu investieren:

> „Ich glaube schon, dass wir damit ein Problem haben, weil wir darüber nicht gut aufklären. Computerspielen ist aus meiner Sicht nichts Böses, aber wir klären über die Risiken exzessiven Spielkonsums vor allem dann, wenn jemand in einer vulnerablen Phase ist, nicht genügend auf. Das gilt entsprechend für die gesamte Gamification, die eben nicht nur lässig ist, sondern auch Risiken hat. Das sind ja nicht nur nette Spiele, sondern psychologisch extrem gut gemachte und hochwirksame Produkte." – Susanne Pechler, Fachärztin für Psychiatrie und Psychotherapie

Exzessives Gaming sei außerdem oft Symptom tieferliegender Probleme in der eigenen Persönlichkeit oder im sozialen Umfeld von Jugendlichen, wodurch sich die Empfänglichkeit für solche Spiellogiken potenziere. Kritisiert wird auch der deutsche Jugendschutz, der bei seiner Prüfung zu wenig Rücksicht auf jene suchtfördernden Spiellogiken nehme:

> „Jugendliche kommen sehr viel früher im Leben mit Gaming als mit Glücksspielen oder problematischen Substanzen in Berührung, und viele Spiele sind gerade für risikobehaftete Jugendliche eigentlich gar nicht geeignet, aber im Rahmen der Altersfreigabe trotzdem für Kinder und Jugendliche freigegeben worden." – Florian Rehbein, Diplom-Psychologe

Dazu führe fehlendes Wissen und fehlender Wille zur Auseinandersetzung mit den Risiken und den nötigen Kompetenzen zur gesunden Videospielnutzung in der breiten Bevölkerung, im Speziellen aber auch unter Eltern dazu, dass Kindern und Jugendlichen ein unbeschränkter und unreflektierter Konsum digitaler Spiele ermöglicht wird:

Abbildung 43: Schaubild zum Ergebnisblock „Computerspielsucht in Deutschland": Die Expert:innen sind sich einig, dass exzessives und suchtartiges Videospielen in Deutschland vorkommen. Auf Basis der DSM-V-Suchtkriterien schätzen vor allem die befragten Psycholog:innen und Psychiater:innen eine Prävalenz von einem Prozent für pathologisches Gaming in der Gesamtgesellschaft. Unter Jugendlichen ist der Wert mit 1,7 Prozent etwas erhöht. Deutlich mehr Personen gelten demgegenüber als risikoreich-exzessive Spieler:innen. Hier liegt der Wert nach Kenntnisstand der Expert:innen bei rund zehn Prozent für alle Geschlechter und bei rund 17 Prozent für männliche Jugendliche. Unterschiede ergeben sich unter den Befragten bei der Risikobewertung dieser Werte (eigene Darstellung).

> „Ich bin eher der Meinung, dass oft zu große Skepsis und voreilige Verbote vor allem aus dem Unwissen über die Materie resultieren. Es würde sehr helfen, sich öfter gemeinsam hinzusetzen und über das Spielen selbst besser zu verstehen, wie die Materie funktioniert." – Linus Einsiedler, Medienpädagoge

> „Bleiben wir mal beim Beispiel ‚Fortnite'. Ich glaube eben gerade nicht, dass sich viele Eltern damit auseinandersetzen, sondern im Zweifel wird vielleicht eher noch ein Spiel gekauft, das gar nicht für das Kind geeignet ist, weil es dann ruhig ist. Was ich aus meinem Umfeld und auch an Schulen mitbekomme, ist, dass sich Kinder auch dadurch öfter nicht unbedingt positiver verhalten. Ich denke schon, dass sich diese Trends verschlimmern werden, wenn kein Umdenken stattfindet." – Matthias Remmert, Journalist und Medienmanager

Insgesamt lassen sich die Erkenntnisse zum Themenblock „Computerspielsucht in Deutschland" zu folgender Ergebnisthese verdichten, grafisch außerdem dargestellt in Abbildung 43: *Videospielsucht ist in Deutschland mit Prävalenzwerten zwischen 1,0 (Gesamtbevölkerung) und 1,7 Prozent (Jugendliche) aus medizinischer Sicht ein ernstzunehmendes und behandlungsbedürftiges Problem, lässt sich allerdings mit Hilfe der DSM-V-Suchtkriterien gut erkennen und sollte nicht zu einer stark restriktiven öffentlichen Einstellung gegenüber Gaming an sich führen. Suchtfördernd wirken insbesondere emotional zugespitzte Spielmechaniken, psychische Prädispositionen unter Nutzer:innen sowie ungenügende Kontrollmechanismen aufseiten des Jugendschutzes und innerhalb von Familien.*

11.2 Weitere (sozial)pädagogische Herausforderungen im Gaming

Im Sinne ganzheitlicher und lebensweltbezogener Straßensozialarbeit wurden die Expert:innen gefragt, welche weiteren sozialen Herausforderungen sie im Gaming neben der Suchtproblematik noch beobachten. Hintergrund dieser Fragestellung ist eine priorisierte Ausbildung digitaler Gaming-Streetworker:innen, die in ihrer späteren Arbeit gezielt auf die wichtigsten Handlungsfelder achten und eingehen sollen. Insgesamt wurden in den Gesprächen zahlreiche Problemstellungen angesprochen, die auch in der Klassifikation von Grenzüberschreitungen in einer Kultur der Digitalität (vgl. dazu Kapitel 2.2) sowie im digitalen Gefährdungsatlas der Bundesprüfstelle für jugendgefährdende Medien (2019) genannt werden. Klar wird dadurch vor allem, dass die Risikofelder digitaler Handlungswelten auch im Gaming gelten. Außerdem zeigt sich, dass die hochsoziale, aber gleichzeitig anonyme Subkultur des Gaming mit ihren überwiegend jungen Nutzer:innen und eigenen sozialen Netzwerken einen außerordentlich guten Nährboden für antisoziales, extremes und widerrechtliches Verhalten bietet. Besonders hervorgehoben wird unter anderem, dass in vielen Spiele-Communities eine regelrechte Beleidigungskultur (Flaming) herrscht, die oft punktuell (beleidigt wird, wer gerade stört, mitspielt, gewinnt etc.), teilweise aber auch längerfristig und strukturell (gezielte Ausgrenzung von Personen beispielsweise in Rollenspielen) stattfindet:

> „Ansonsten geht es in Foren und Lobbys schon ziemlich rau zu, das muss man schon sagen; auch bei ‚YouTube' ist das so, das weiß ich aus meinem Berufsalltag, weil man da selbst häufiger in die Schusslinie gerät. Die Art und Weise, wie sich Leute dort anfeinden, was einem da auch teilweise an den Kopf geworfen wird, das ist schon intensiv. Viele Leute tun das dann als Trashtalk ab, wie es eben im Sport so ist, man will den anderen provozieren, dass er schlechter spielt. Aber es gibt da schon schlimme Sachen, allein, dass es inzwischen gängig ist, Leuten Krebs an den Hals zu wünschen. Ich kann mir gut vorstellen, dass das vielen Spielern nahegeht." – Dimitry Halley, Journalist

> „Ja, durchaus, nämlich was die Art der Kommunikation im Gaming angeht. Ich habe den Eindruck, dass durch die unregulierte und anonyme Atmosphäre im Gaming in Zusammenspiel mit einem sehr kompetitiven Umfeld eine Kommunikationsform entsteht, bei der man sich eher anfeindet. Im Fachjargon nennt man das dann ‚toxic' beziehungsweise einen toxischen Umgang miteinander. Dagegen versucht auch die Industrie, Maßnahmen zu ergreifen, indem sie prosoziales Verhalten fördert. In Spielen wie Overwatch wird es beispielsweise sanktioniert, wenn sich Leute toxisch verhalten." – Jakob Florack, Facharzt für Psychiatrie und Psychotherapie

Vor allem das willkürliche Beschimpfen führen manche der Gesprächspartner:innen auf grundlegende Unzufriedenheit im eigenen Leben und den Drang nach Aufmerksamkeit zurück. Werden Nutzer:innen beispielsweise in Foren direkt und sachlich auf ihr antisoziales Verhalten angesprochen, können sie selbiges oft nicht begründen und sind sogar bereit, sich zu entschuldigen:

> „Ich habe beispielsweise angefangen, die Leute einzeln anzuschreiben oder mit ihnen zu telefonieren, wenn sie in Foren oder ähnlichem eine sehr drastische Meinung geäußert haben. Sonst werden die meistens von Moderatoren weggeblockt, weil sie gegen die Kommunikationsregeln handeln. Wenn man dann aber mal mit denen redet, dann zeigt sich oft, dass diese Personen keinerlei sozialen Austausch im realen Leben haben. Sie können gut schreiben und äußern schnell ihre Meinung, weisen aber im direkten Gespräch Defizite auf." – Daniel Budiman, Journalist und Medienmanager

> „Ich habe früher Leute, die bei ‚99Damage' im Forum oder in Newskommentaren ohne jede Konstruktivität wild beleidigt haben, persönlich angeschrieben und nach dem Grund dieses Verhaltens gefragt. Häufig wurde dann sehr schnell zurückgerudert, sich entschuldigt und auch die eigene schlechte Stimmung als Grund angegeben. Durch das persönliche Anschreiben haben sie dann erst realisiert, welche Wirkung ihre Aussagen hatten." – Matthias Remmert, Journalist und Medienmanager

Neben Hatespeech, Flaming und Mobbing wurde in den Interviews vor allem die Gefahr der Verschuldung und Glücksspielsucht genannt, die von Free-to-Play-Spielmodellen, Mikrotransaktionen für kosmetische Spielgegenstände, Lootboxen mit zufälligem Inhalt und eSport-Wettportalen ausgeht:

> „Mir fallen noch die Mikrotransaktionen in Spielen ein, durch die manche Menschen Unmengen an Geld ausgeben, weil sie sich in diesen Suchtspiralen verlieren, diese sogenannten ‚Wales', also Wale, die einem Unternehmen dann 1.000 Dollar einbringen, weil sie so lächerlich viel Geld ausgeben. Auch das sind Punkte, die man gerade im Hinblick auf Minderjährige als bedenklich bezeichnen kann. Denn natürlich sind kostenpflichtige bunte Lootboxen (virtuelle Schatztruhen mit zufälligen Spielgegenständen, Anm. d. Verf.) Geschäftspraktiken, auf die man aufpassen muss, selbst wenn ich sie nicht als grundlegend böse bezeichnen würde." – Dimitry Halley, Journalist

> „In manchen Computerspielen sind auch Glücksspielelemente implementiert. [...] Ein prominentes Beispiel wäre dafür, dass in ‚GTA 5' jetzt kürzlich ein Casino eröffnet hat und da muss man mal sehen, wie das auf die Gamer-Szene wirkt, ob das mit Echt-Geld funktioniert und so weiter. Das sind solche Tendenzen, die ich meine. [...] Die Masse sind eher Personen, die in populäre Spiele wie beispielsweise ‚GTA 5' gehen und da dann auch etwas einsetzen oder mit Lootboxen oder mit dem sogenannten Skin-Betting bei ‚Counter-Strike' – das ist eine Form, bei der man auf bestimmte Texturen und Designs wetten kann – ein Problem haben." – Klaus Wölfling, Diplom-Psychologe

Kritisiert wird in diesem Zusammenhang auch wieder eine nicht ausreichende familiäre Kontrolle:

> „Wir haben festgestellt, dass viele unserer Jugendlichen sich unter falschen Angaben ein Paypal-Konto eröffnen, um mit ihrem eigenen Geld online zahlen zu können. Wir haben deshalb mit den Sparkassen und Mastercard zusammen eine Kreditkarte entwickelt, die speziell auf die Bedürfnisse der Jugendlichen zugeschnitten ist, mit der sie sich ihre Gaming-Inhalte kaufen können und die gleichzeitig per App von den Eltern kontrolliert werden kann. Wir versuchen also schon, auch auf Schattenseiten hinzuweisen und aufzuklären, wobei unserer Erfahrung

nach insbesondere die Eltern diejenigen sind, die aufgeklärt werden müssen. Ganz oft assoziieren sie nämlich gar nichts Negatives damit, wenn ihr Sohn oder ihre Tochter stundenlang vor dem PC oder der Konsole sitzt; sie sind eher froh, denn er trinkt ja keinen Alkohol und ist nicht ständig auf Partys." – Frank Nehring, Unternehmer und Team-Manager

Videospieljournalist Daniel Budiman weist zudem auf die Tendenz zur sozialen Vereinsamung im sozialen Gaming hin. Er führt diesen vordergründigen Widerspruch darauf zurück, dass gerade Gaming-Liebhaber:innen Gleichgesinnte oft ausschließlich online finden, wo Sozialität und Kommunikation aber keine Pausen haben. In der Folge verbringen Gamer:innen teilweise extrem viel Zeit im Netz, weil es dort immerzu etwas Neues zu sehen und zu besprechen gibt, außerdem immer irgendjemand online ist. Abgesehen vom sozialen Druck, der durch dieses *Always-Online-Prinzip* entsteht, bleiben auch alle verbliebenen Kontakte in der realen Welt nach und nach auf der Strecke:

„Vereinsamung. Auch in meinem persönlichen Bekanntenkreis gibt es eine Entwicklung hin zu Personen, die sehr oft sehr lange im Netz unterwegs sind. [...] Dafür gibt es aber auch soziale Gründe: Zum Beispiel habe ich, nachdem ich bei der Serie ‚Game of Thrones' nach Staffel 3 ausgestiegen bin, irgendwann mit vielen Leuten nicht mehr reden können. Ähnlich ist das beim Fußball ja auch. Das Gaming ist insofern ein Sonderfall, weil dort alles digital stattfindet, in einer unfassbaren Geschwindigkeit und ohne ein Ende. Es gibt also keine zwingenden Pausen mehr, und man wird in bestimmte größere Spiele und Marken so tief hineingezogen, dass es einem schwerfällt, mit Leuten zu kommunizieren, die dieses Thema nicht mitgehen. Umgekehrt geht man dieses Tempo aber auch sehr bereitwillig mit, weil es gerade im Gaming und den eng damit verbundenen Themen wie beispielsweise Animes oft nur im Netz die Leute gibt, die sich auch dafür interessieren. Im Dorf auf dem Land interessiert sich dafür vielleicht keiner; man wird sogar eher noch dafür gescholten, wenn man zockt. Und umso glücklicher ist man dann, wenn man endlich Leute trifft, die sich auch dafür interessieren." – Daniel Budiman, Journalist und Medienmanager

Zur Sprache kommt auch das Risikofeld Gewalt im Gaming, wenn auch untergeordnet, weil gerade unter Gaming-affinen Personen wahrscheinlich längst akzeptiert und sozialisiert. Kevin Woost bemängelt in diesem Zusammenhang insbesondere die Wirkungslosigkeit des Jugendschutzes am Beispiel zweier unter Kindern sehr beliebter Videospiele:

„Beispielsweise fällt ein Spiel nur dann unter die Prüfung der USK, wenn es auf einem Medium veröffentlicht wird – rein digitale Veröffentlichungen können also nicht geprüft werden. [...] Das sehr beliebte Spiel ‚Fortnite' ist ein gutes Beispiel: Es kam ursprünglich als Einzelspieler-Spiel heraus mit der Wertung USK 12 und einer relativ simplen Spielmechanik, es laufen Zombies auf einen zu und man muss dafür sorgen, dass man nicht stirbt. Irgendwann kam dann ergänzend ein Online-Modus heraus, in dem man auch dafür sorgen muss, dass man nicht stirbt, aber das geht nur, indem andere von Menschen gesteuerte Spieler sterben. Hier war dann, anders als bei Horden von Zombies, die auf einen zurennen, nicht mehr so klar, wer gut und wer böse ist. Die USK hat dann auch gesagt, dass der Online-Modus nicht unter die 12er-Regelung fallen kann, sie hatte aber keine Möglichkeit zur Prüfung, weil er nicht auf einem gesonderten Medium, sondern rein online veröffentlicht worden war. Juristisch gesehen ist das Spiel also ab 18 und darf nicht ohne Einlasskontrolle öffentlich ausgestrahlt werden.

Abbildung 44: Schaubild zum Ergebnisblock „Weitere (sozial)pädagogische Herausforderungen im Gaming“: Heranwachsende spielen Videospiele aus ganz unterschiedlichen Gründen, sind aber vor allem auf der Suche nach sozialem Kontakt, emotionaler Stimulierung sowie Entspannung. Die Videospielbranche gestaltet ihre Produkte dementsprechend sehr immersiv, langlebig, voller Gratifikationen und Anreizmechaniken. Ein weiterer Schwerpunkt liegt auf kooperativen und kompetitiven Spielmodi. Eine unregulierte und naive Nutzung virtueller Spielwelten birgt jedoch insbesondere für emotional labile Nutzer:innen auch einige Risiken. Antisoziales Verhalten in der Spieler:innen-Community, endlose Spielwelten und Glücksspiel-Elemente sind prominente Risikofelder, die gerade bei jugendlichen Gamer:innen Suchtspiralen, körperliche Krankheiten, Armut und soziale Isolation bewirken können (eigene Darstellung).

> Diese Pressemitteilung der USK haben Eltern aber kaum gelesen. Auch für ‚Minecraft‘, ein Spiel, das für Eltern etwa auf einer Ebene mit Lego liegt, wurden nachträglich Online-Spielmodi entwickelt, in denen es nicht mehr um das Aufbauen geht, sondern darum, menschliche Gegner mit Schwertern und Pfeilen zu töten.“ – Kevin Woost, Fachinformatiker

Genannt werden als weiteres sozialpädagogisches Arbeitsfeld im Gaming noch rassistische Gruppierungen wie die *Reconquista Germanica*, die sich in Videospielnetzwerken wie *Steam* organisieren und dort anonym, inhaltlich aber umso offenherziger ihre Weltanschauung kommunizieren. Im Vergleich zum Flaming oder zu nutzerschädlichen Finanzierungsmodellen werden rassistische Inhalte aber als weniger Gaming-spezifisch angesehen, ebenso Pornographie und sexuelles Grooming:

> „Das hat per se nicht unbedingt etwas mit der Gamer-Community zu tun, aber die sind dort eben aktiv. Das geht bis hin zu Extremfällen wie der ‚Reconquista Germanica‘, einer rechtsradikalen Gruppierung, die sich als Gamer getarnt auf ‚Discord‘ organisiert und rassistische Inhalte verbreitet haben.“ – Daniel Budiman, Journalist und Medienmanager

> „Über die Sucht hinaus würde ich vor allem die anderen Formen der Internetsucht, die häufig auch als komorbide Störungen auftreten, benennen. Da haben wir es zum Beispiel durch die soziale Isolierung oder durch den Rückzug durch das Gaming auch mit exzessivem Porno-Konsum zu tun oder manchmal auch mit Glücksspiel." – Klaus Wölfling, Diplom-Psychologe

> „Aber gerade beim Gaming, wo man über das gemeinsame Spielen sehr schnell Kontakte knüpfen kann, müssen wir aus meiner Sicht nochmal verstärkt auf die Themen Kriminalität oder auch Pädophilie und weitere eingehen. Dort kann man sehr einfach in ganz unterschiedliche Rollen schlüpfen." – Tilmann Pritzens, Sozialarbeiter/Streetworker

Folgende Ergebnisthese und Abschlussgrafik lassen sich zu den weiteren (sozial-) pädagogischen Herausforderungen im Gaming bilden:
Aus Sicht der Sozialpädagogik lässt sich Videospielsucht nicht als singuläres Risikofeld begreifen, sondern existiert als eine von diversen sozialen Herausforderungen im Gaming (darunter Mobbing und Hatespeech, Rassismus, Pädophilie, Vereinsamung, Glücksspiel und weitere Schuldenfallen sowie illusionäre Weltbilder), die entweder spiel- oder nutzergetrieben entstehen.

11.3 Gesellschaftlicher Stellenwert des Gaming in Deutschland

Zum gesellschaftlichen Stellenwert des Gaming in Deutschland äußern sich die Expert:innen durchaus unterschiedlich, wenngleich sich die Einzelpositionen vorwiegend auf einem Spektrum zwischen neutral und pessimistisch bewegen. Insofern ist übergreifend festzuhalten, dass kein:e Befragte:r momentan der Ansicht ist, dass Gaming in der Breite der Bevölkerung vollständig anerkannt und akzeptiert wird. Eine besonders kritisch eingestellte Gruppe von Interviewten spricht von einer nach wie vor großen Ablehnung gegenüber der Kulturgruppe Gamer:innen, wobei Stereotype von gewaltliebenden Kellerkindern dominieren, die den ganzen Tag lang Shooter spielen und nicht mehr nach draußen gehen. Daran schließt sich das Klischee des sozialunfähigen Vielspielers an, das ebenfalls genannt wurde. Gaming-Verhalten werde teilweise auf Basis großen Unwissens und – auch vor dem Hintergrund der Suchtdiskussion – grundsätzlich abwertend betrachtet und skandalisiert. Die komplexen Leistungen, die Gamer:innen beim Spielen erbringen, und die vielen kreativen und sozialen Prozesse innerhalb der Videospielcommunity werden demnach in der Öffentlichkeit kaum verstanden oder honoriert (insbes. Interviews Halley, Lutz, Fack).

> „Dennoch (trotz grundlegender Öffnung, Anm. d. Verf.) erfährt man immer noch große Ablehnung gegenüber der Kulturgruppe ‚Gamer'; es gibt immer noch Stereotype von gewaltliebenden Kellerkindern, die den ganzen Tag lang ihre Shooter spielen und nicht mehr nach draußen gehen. Ich glaube nicht, dass man schon sagen kann: ‚Ach, ihr wart am Wochenende in den Bergen – wir haben ‚Max Payne' gezockt'." – Dimitry Halley, Journalist

> „Es gibt wenig Anerkennung für die Leistungen, die Gamer erbringen, außerdem wenig Verständnis und Einsicht in die komplexen Prozesse, die im Gaming ablaufen. Wenn ich an

die komplexen motorischen und taktischen Fähigkeiten denke, die Jugendliche für Spiele wie ‚League of Legends' oder auch für Shooter-Spiele brauchen, das Verständnis für komplizierte Spielzusammenhänge. Sehr negativ wird immer die geringe Aktivität draußen gesehen. Das Sitzen vor dem Computer wird immer noch sehr stark vom Fußballspielen draußen abgegrenzt. Auch die Sozialisationsräume und die Kommunikationsstrukturen, die Jugendliche über Gaming erschlossen und aufgebaut haben, werden nach wie vor sehr negativ gesehen, weil die Face-to-face-Kommunikation zu kurz kommt, weil zu wenige persönliche Beziehungen gepflegt werden. Das sehe ich nicht so." – Klaus Lutz, Medienpädagoge

Den harten Kritiker:innen gegenüber stehen einige Expert:innen, die vorwiegend oder zumindest auch positive Entwicklungen im Verhältnis zwischen Gaming und seiner gesellschaftlichen Umwelt feststellen. Es wird betont, dass sich die öffentliche Diskussion zunehmend versachlicht, auch weil Gamer:innen und deren herausragende öffentliche Persönlichkeiten und Communities deutlich stärker wahr- und ernstgenommen werden. Dieser Umstand lässt sich ein Stück weit darauf zurückführen, dass immer mehr Gamer:innen der ersten Generation erwachsen werden, eigene Kinder bekommen und mit ihrem differenzierten Szene-Wissen auch öffentlichkeitsrelevante Positionen bekleiden (etwa in der Pädagogik, Politik oder im Journalismus) (insbes. Interviews Einsiedler, Remmert).

„Ja, das auf jeden Fall. Im Fernsehen gezeigt zu werden, das war schon ein wichtiger Schritt, denn gerade für ältere Generationen ist es aus meiner Sicht auch eine gewisse Auszeichnung, wenn etwas im Fernsehen läuft. Erst gestern hatte ich passenderweise eine Familie aus meiner Heimat hier zu Besuch, deren Kinder auch gerade anfangen zu zocken. Da machen sich die Eltern natürlich ebenfalls Gedanken und entwickeln eine gewisse Skepsis, waren aber sehr offen dem Thema gegenüber, nachdem ich erklärt habe, wie die Szene mittlerweile strukturiert ist und funktioniert. Insgesamt, das hat man auch im vergangenen Europawahlkampf gesehen, ist die Wahrnehmung gegenüber den Persönlichkeiten und Communities, die sich im Internet bilden, schon eine etwas andere geworden. Letzten Endes weckt das Gaming auch immer stärkere wirtschaftliche Interessen, wenn wir an all die großen Turniere mit hohen Preisgeldern denken. Und die erste große Gamer-Generation ist inzwischen über 30 Jahre alt; diese Leute kommen jetzt in Entscheider-Positionen und stehen dem Gaming natürlich wesentlich aufgeschlossener gegenüber." – Matthias Remmert, Journalist und Medienmanager

Eine dritte Gruppe von Aussagen zum aktuellen Stellenwert des Gaming in Deutschland nimmt hierzu integrativ Stellung und sieht gleichzeitig die traditionellen, dialogbremsenden Stimmen und die wachsende Dialogbereitschaft in der Gesellschaftsöffentlichkeit. Ergebnis ist hier allerdings in der Regel, dass konstruktive Ansätze der Annäherung zwischen Gaming und restlicher Gesellschaft durch anhaltende, sehr kritische Extrempositionen nachhaltig minimiert beziehungsweise kleingehalten werden. Weil sich in diesem Umfeld auch viele Gaming-Befürworter radikalisieren, herrsche in größeren Teilen der Gesellschaft die Auffassung: ‚Das, was die da treiben, das ist kein Sport, das ist nicht gemeinnützig. Da sitzen ein paar Leute, die Daddeln als Hobby haben.'" – Sascha Reißner, Student der Berufsbildung (Informatik/Wirtschaft)

Ausgehend von der Feststellung, dass die Gesellschaft offenbar recht geteilter Meinung darüber ist, welchen Stellenwert Gaming hat oder genießen sollte, wurde in den Gesprächen um eine Differenzierung nach gesellschaftlichen Teilsystemen gebeten. Es ging also darum, herauszufinden, ob bestimmte Teilsysteme wie die

Politik, die Wissenschaft, die Pädagogik oder der Journalismus als überwiegend Gaming-freundlich oder -feindlich gelten können oder ob sich das ambivalente Stimmungsbild auch innerhalb dieser Handlungsfelder wiederfindet. Dabei wurde bezüglich des Teilsystems Wissenschaft deutlich, dass auch hier keine klare Aussage in die eine oder andere Richtung möglich ist. Zwar wurde angemerkt, dass gerade die psychologisch-klinische Forschung einen recht differenzierten Dialog zum Gaming und dessen Krankheitsbildern führe. Gleichzeitig wurde aber auch in diesem Zusammenhang auf die in Kapitel 4 zur Videospielsucht umrissenen polarisierenden Beiträge hingewiesen, die Gaming entweder für sehr bedenklich oder sehr unbedenklich erklären. Was allerdings auffällt, ist ein sehr Gaming-freundliches Bild, das gerade die Vertreter:innen der Psychologie/Psychiatrie in dieser Studie von medienpädagogischer und sozialwissenschaftlicher Forschung haben (insbes. Interviews te Wildt, Rehbein, Florack, Pechler).

> „Ich erlebe nach wie vor ein starkes Schwarz-Weiß-Denken. Es gibt einerseits Forschung, die vor allem deutlich machen will, wie toll Computerspiele sind und wie vielschichtig man sie einsetzen kann, gerade auch im Bereich der Medienpädagogik. Das empfinde ich manchmal als etwas einseitig. Klar, auch die medizinisch-psychologische Forschung, in der es um Themen wie Sucht geht, hat eine gewisse Einseitigkeit. Es gibt schon Kollegen, die da sehr konservativ herangehen und insbesondere negative Daten präsentieren. Wenn es dann darum geht, Haltungen zu entwickeln bis hin zu politischen Forderungen, da herrscht dieses Schwarz-Weiß-Denken. Die Kollegen in der Psychologie, die sehr gute Forschung betreiben, haben in der Regel eine sehr differenzierte Haltung zum Thema." – Bert te Wildt, Facharzt für Psychiatrie und Psychotherapie

> „Aus der Innenperspektive in Heilberufen und der dazugehörigen Wissenschaft nehme ich die Diskussion sehr differenziert und positiv wahr. In den Populärmedien werden dann nur bestimmte Schnipsel herausgezogen, dazu kommen Argumente im Sinne von Manfred Spitzer, das Internet mache uns alle dumm und wir werden digital dement. Demgegenüber beobachte ich, auch von medien- und kommunikationswissenschaftlicher Seite, oft eine ausschließlich positive Überhöhung der Chancen und Potenziale des Gaming. Beidem würde ich nicht zustimmen, beides hört man aber innerhalb der wissenschaftlichen Debatte auch recht selten. Dort nehme ich eher ausgewogene Haltungen wahr, die das Für und das Wider digitaler Spiele sehen." – Jakob Florack, Facharzt für Psychiatrie und Psychotherapie

Mit Blick auf die familiäre und schulische Pädagogik bestätigt sich zum großen Teil das ambivalente Bild des Forschungsstands, allerdings mit einer eher positiven Perspektive in Bezug auf Eltern (immer offener, weniger panisch) und einem kritischeren Blick auf Lehrer:innen (zu selten motiviert oder fähig, Spiele einzubinden):

> „Ich hatte mal die Situation, dass ich in einem Restaurant mit einem Kollegen über Gaming gesprochen habe, da sind dann fünf Lehramtsstudierende vorbeigekommen und haben ihr Entsetzen darüber bekundet, wie man nur so verherrlichend über Gaming sprechen könne, weil das doch der letzte Mist sei, gefährlich für Kinder, und sie als Erzieher würden ihren Kindern niemals vermitteln, dass so etwas gut sein kann. Zu dieser Sicht auf Gaming eine Brücke zu schlagen, das ist einfach ein so weiter Weg." – Dimitry Halley, Journalist

„Im Bereich der Pädagogik stellt sich die Lage eher amivalent dar. Es gibt viele junge Pädagogen, grob gesprochen unter 40, die mit dem Gaming aufgewachsen und entsprechend offen sind, denen wiederum viele andere Pädagogen – alte wie junge – gegenüberstehen, die überhaupt keinen Bezug zum Thema Gaming haben. Da gibt es dementsprechend teilweise sehr dicke Mauern und andererseits oft sehr große Offenheit und Versuche, dieses Medium in die Pädagogik miteinzubeziehen. Und dann gibt es die Leute, die grundsätzlich nicht abgeneigt sind, aber auch nichts dafür tun." – Kevin Woost, Fachinformatiker

„Wenn ich mir da die Elternabende und insgesamt die Angehörigenarbeit anschaue, die wir hier leisten, dann waren Eltern vor fünf Jahren noch sehr panisch angesichts dessen, dass ihr Kind viel spielt, und dann eventuell sogar noch Ego-Shooter. Diese stark ablehnende Haltung hat sich im Laufe der Zeit verändert, auch weil die Eltern selbst inzwischen näher am Spiel und am Spielen sind, vielleicht selbst spielen, aber in jedem Fall Spiele realistischer wahrnehmen. In Bezug auf Ego-Shooter, die oft sehr kriegerisch daherkommen, dominiert nicht mehr die Angst davor, das Kind könne zum Amokläufer werden, sondern da herrscht eher Unverständnis, wie man angesichts von Kriegen und Nöten auf dieser Welt solche Spiele spielen kann." – Gordon Emons, Sozialpädagoge

Die Medienlandschaft behandelt das Thema Gaming den Expert:innen zufolge noch nicht oft genug, und wenn, dann teilweise mit großem Unwissen. Es gibt aber auch sehr positive Beispiele:

„Selbst in seriösen Medien enthalten Artikel über Risiken im Gaming offensichtliche faktische Fehler. Da werden Spieletitel falsch geschrieben, Genres verwechselt, aber dann wird trotzdem über Videospielsucht debattiert. […] Aber es gibt natürlich auch sehr positive Beispiele. Zum Beispiel schreibt Caspar von Au in der ‚Süddeutschen Zeitung' sehr differenziert darüber. Im Deutschlandfunk hatte ich auch mal ein Interview, das dann Teil eines ganz tollen Beitrags wurde, mit unterschiedlichen Meinungen, von mir als Kliniker, mit Aussagen eines Jugendlichen von mir, dazu der Neurobiologe Christian Montag. Das gibt es also schon auch." – Jakob Florack, Facharzt für Psychiatrie und Psychotherapie

Vergleichsweise restriktiv gegenüber Videospielen wird die deutsche Politik beurteilt. Hier habe sich in den vergangenen 15 Jahren kaum etwas verändert, zu oft bewege sich die Argumentation noch auf dem Niveau der klassischen Killerspieldebatte. Gerade die Vertreter der Gaming-Vereine in dieser Studie berichten dagegen von regem Interesse regionaler Politiker:innen und Unternehmer:innen an ihrer Arbeit. Ganz ähnlich verhält es sich nach Expert:innen-Meinung im Sportsystem: Auf nationaler Ebene herrsche eine abwehrende Haltung, wie die Diskussion über eine Anerkennung des eSport durch den *Deutschen Olympischen Sportbund* (ESBD 2018) anschaulich zeigt. In den lokalen Sportvereinen wiederum sei man Gaming-freundlich eingestellt, sofern auch die Gamer:innen selbst Kooperationswillen zeigen (insbes. Interviews Woost, Lutz, Reißner).

Diese Kooperationsbereitschaft vonseiten der Gaming-Szene scheint nicht immer gegeben, was in dieser Studie unter anderem auf die bewusste Abkehr der Gamer:innen von der Gaming-kritischen Öffentlichkeit zurückzuführen ist. Gleichzeitig gebe es immer mehr Hardcore-Gamer:innen, die sich selbst eingestehen, dass die diskutierten sozialen Probleme wie eine Videospielsucht tatsächlich existieren. Hieraus entstehen dann ebenfalls eine gewisse Offenheit und Kompromissbereitschaft in der öffentlichen Diskussion:

> „Für mich ist die aktuelle Diskussion darüber, ob eSport Sport ist, das beste Beispiel. Es gibt viele Leute, die in dieser Anerkennung eine große Bedeutung sehen, wegen der ganzen Fördermittel und der Gemeinnützigkeit für die Vereine, die damit verbunden sind. Es gibt aber auch viele, die einfach sagen: ‚Ach, eSport kann auch so existieren, es ist eigentlich egal, was die anderen machen'. Es gibt viele Leute, für die ist es absolut okay, im eSport so ein bisschen außerhalb dazustehen oder im Gaming generell, aber ich denke nicht, dass das die nachhaltige und langfristige Lösung ist." – Marc Helbig, Softwareingenieur

> „Das trifft eher auf die Hardcore-Gamer zu, die sehr viel Zeit investieren, eventuell sogar eSport betreiben, aber mit ihrem Verhalten gut zurechtkommen. Die merken natürlich schon, dass es jetzt eine Debatte gibt – auch eine berechtigte Debatte – über Spieler, die damit ein Problem haben. Selbst diejenigen, die ihr Spielverhalten gut im Griff zu haben glauben, wissen in der Regel von jemandem zu berichten, auf den oder die dies offensichtlich nicht zutrifft. Das stellt auch eine Ambivalenz bei dieser ganzen Diskussion dar." – Florian Rehbein, Diplom-Psychologe

Der Blick in die Zukunft des Gaming in Deutschland offenbart eher Optimismus unter den Befragten dieser Studie, durchzogen allerdings von gewissen Zweifeln. Es wird mit einer fortschreitenden Öffnung der Gesellschaft gegenüber Gaming-Themen gerechnet, wodurch positive Effekte auf Anerkennung und Förderung entstehen sowie eine nutzungsbefürwortende Pädagogik. Selbst, wenn Gamer:innen Stück für Stück in breite gesellschaftliche Entscheider-Positionen hineinwachsen werden, dauere dieser Prozess (geschätzt werden etwa 10 bis 15 Jahre) aus medienpädagogischer Sicht aber zu lange. Auch könne nicht zwingend damit gerechnet werden, dass eine solche automatische „Gamifizierung" der Politik oder Schulpädagogik tatsächlich passiere, weil Alltagswissen nicht ausreiche, um sozialen Herausforderungen im Videospielkontext angemessen zu begegnen. Es brauche insofern dennoch zügig fachspezifische Ausbildungsinhalte in allen Bereichen digitaler Medienkompetenz im Gaming für Pädagog:innen und sonstige mit Gaming befasste gesellschaftliche Akteure (insbes. Interviews Endres, Halley, Weitzmann, Emons, Woost, Lutz, Einsiedler, Remmert, Pechler, Reißner).

> „Tendenziell ja, wobei ich nicht das Gefühl habe, dass dieser Prozess wahnsinnig langsam vorangeht. Ich glaube, dass sich das System schon zunehmend öffnet für das Thema Gaming – nicht zuletzt werden Gaming-Mechanismen ja auch eingesetzt, um Leistung und Effizienz zu steigern. Aber gerade in der Politik nehme ich eben einen starken Fokus auf Schutzmaßnahmen wahr, wo sich einige Entscheidungsträger eher rückwärts orientieren." – Gabriele Weitzmann, Justitiarin

> „Ich muss die Frage mit Nein beantworten, selbst wenn ich der Meinung bin, dass sich in zehn Jahren das meiste von selbst gelöst haben wird. Trotzdem darf es nicht so lange dauern, denn es liegt aus meiner Sicht nicht per se am Alter. Selbst meine Großmutter hat gut verstanden, was wir hier machen, und findet es gut. Deshalb muss es auch möglich sein, die Bedeutung von Gaming älteren Menschen mit einer demokratischen Einstellung zu vermitteln. Ich bin nicht dafür, es auszusitzen, deshalb haben wir uns auch an der Gründung eines Verbands beteiligt und sind als Verein dort Mitglied." – Kevin Woost, Fachinformatiker

Thesenförmig können die Befunde zum gesellschaftlichen Stellenwert des Gaming in Deutschland damit auf die folgende Art und Weise zusammengefasst werden: *In der breiten Öffentlichkeit werden Gamer:innen mittlerweile bewusster gesehen und ernster genommen, wobei Gaming als Freizeitbeschäftigung und professioneller Sport nach wie vor eher negativ bewertet wird. Wenngleich sich die öffentliche Diskussion insgesamt etwas versachlicht zu haben scheint, stehen sich grundsätzlich weiterhin zwei klar voneinander getrennte Lager der Befürworter:innen und der Gegner:innen gegenüber. Vorsichtig konstruktive Debatten und Annäherungsversuche systemischer und individueller Akteure werden durch sehr laute Extrempositionen immer wieder (bewusst) torpediert. Gaming wird als Thema gemeinsam mit den Gamer:innen im Zeitverlauf zunehmend in alle Gesellschaftsbereiche hineinwachsen, allerdings greifen diese Automatismen zu langsam und nicht vollumfänglich. Speziell in Bezug auf politische und pädagogische Handlungskontexte wird deshalb weiterhin verstärkte Aufklärungs- und Lobbyarbeit nötig sein.*

11.4 Medienpädagogik im Gaming

Zum Status quo der Medienpädagogik im Gaming wird unter den Expert:innen eine potenzialorientierte Sichtweise deutlich. Es werden viele Ansatzpunkte identifiziert, die momentan nicht oder nur unzureichend bedient werden. Positiv zu vermerken ist dabei zunächst, dass insgesamt auch eine – allerdings nur langsam – zunehmende Offenheit in der Gesellschaft gegenüber einer konstruktiven Einbindung von Videospielen in Bildungs- und Erziehungsprozesse wahrgenommen wird. Das liegt auch daran, dass es gerade in der außerschulischen Jugendarbeit deutlich schwieriger geworden ist, schulisch stark geforderte Jugendliche mit zunehmend digitalen Freizeitbeschäftigungen noch in der Breite zu erreichen. Innerhalb der Familie dominieren häufig unhinterfragt pessimistische Einstellungen zum Gaming, die zu einer restriktiven Haltung führen und für Konflikte zwischen Eltern und Kindern sorgen. Gamer:innen entwickeln dann ihrerseits oft eine starke Abwehrhaltung, was auch die psychotherapeutische Arbeit im Suchtfall erschwert:

> „Wir haben zunächst die Herausforderung, dass die Schule immer mehr Raum einnimmt. Dementsprechend später finden dann auch die Erholungsphasen der Kinder und Jugendlichen statt. Bei Jugendzentren hat das zur Folge, dass vielerorts das Projektangebot stark zurückgegangen ist und diese Orte insbesondere als Treffs zum ‚Chillen' genutzt werden. Dazu sind mancherorts auch die reinen Besucherzahlen stark zurückgegangen, weil man auch auf anderen Wegen den Kontakt pflegen kann. Das ist eine kulturelle Veränderung." – Bernd Endres, Sozialpädagoge

> „Da haben wir aus meiner Sicht das Problem, dass viele Pädagogen selbst noch nicht ausreichend über Medienkompetenz verfügen. […] In meiner klinischen Arbeit merke ich, dass diese extremen Meinungen häufig übernommen werden. Eltern neigen dann dazu, das Gaming zu sehr zu dämonisieren und alle intrafamiliären Probleme nur auf das Vielspielen abzuwälzen. Die Jugendlichen entwickeln demgegenüber eine sehr starke Abwehrhaltung, was es uns

schwierig macht, da überhaupt den Zugang zu gewinnen." – Jakob Florack, Facharzt für Psychiatrie und Psychotherapie

Medienpädagogische Projekte, die Gaming als Handlungsfeld anerkennen und aufgreifen, gibt es sowohl an Schulen als auch im außerschulischen Kontext. Allerdings wird in beiden Bereichen keine ausreichende fachliche Qualifikation für solche Tätigkeiten gesehen, die zudem nur sehr punktuell und unkoordiniert stattfinden:

„Das klingt jetzt natürlich etwas plakativ und pauschal, aber ich habe den Eindruck, dass Sozialpädagogen außerhalb der Schulen digitalen Medien insgesamt etwas offener gegenüberstehen als Lehrkräfte, die in vielen Fällen recht restriktiv damit umgehen. In beiden Berufsgruppen fehlt aber noch immer viel Sicherheit im Umgang damit, nicht nur in Bezug auf das Gaming." – Gordon Emons, Sozialpädagoge

„Ich beobachte, dass es immer mehr zu diesem Thema gibt, aber alles noch recht unkoordiniert abläuft. Ich bekomme aus meinem eigenen Fachgebiet reihenweise Einladungen zu Workshops und Symposien, aber es wirkt auf mich alles noch wenig konzertiert." – Jakob Florack, Facharzt für Psychiatrie und Psychotherapie

Auch im Gaming bemühen sich immer mehr Personen und Institutionen (Clans, Gilden, eSport-Teams etc.) darum, Spieler:innen einen strukturierten und zielorientierten Spielalltag zu ermöglichen. Da die Leitung von Gaming-Vereinen und -Communities aber meist von ehrenamtlichen Personen ohne pädagogische Ausbildung ausgeübt wird, können problematischere Fälle nicht angemessen behandelt werden:

„Das halte ich für eine sehr gute Frage, denn ich bin ganz klar der Meinung, dass Leitungsfunktionen in Gaming-Communities und -Vereinen unbedingt von Pädagogen besetzt sein müssen. Denn genau diese Förderung von Personen, die einen problematischen Umgang mit Spielen pflegen, übernehmen diese Vereine und Communities. [...] Im Augenblick habe ich den Eindruck, dass manche Communities oder Vereine durch einen falschen Umgang mit problematischen Fällen die Situation eher noch verschlimmern; diese Kids werden dort nämlich nicht abgeholt, sondern abgewiesen. [...] als Ehrenamtlicher, der ausschließlich seine Freizeit investiert, um solch ein Projekt zu leiten, hat man einfach nicht die Lust und Energie, sich dann auch noch als eine Art Ersatzerziehungsberechtigter um eine andere Person zu kümmern." – Salvatore Gallace, Marketing Manager

Obwohl sich die Öffentlichkeit zunehmend für das Thema Gaming zu öffnen scheint, folgt auf Absichtserklärungen noch zu selten konkretes Handeln, beispielsweise in der Videospielwirtschaft, im institutionalisierten Jugendschutz sowie in der psychologischen Verbandsarbeit:

„Gleichzeitig finde ich, dass die Spielebranche ihre Produkte oft auf eine Art und Weise verkauft, die eher Vorurteile schürt, als sie abzubauen. Der Mainstream-Markt verkauft sich in erster Linie über Ballereien, Gewalt und rasante Action – das sind die großen Triple-A-Spiele.

> Inhaltlich gibt es mit ‚Red Dead Redemption 2' oder ‚GTA V' durchaus Spiele mit hohem kulturellen Wert, aber nach außen hin verkaufen sie sich trotzdem über Ballerei und Action. Die Filmindustrie und auch der Buchmarkt verkaufen sich auf einem Mainstream-Level wesentlich diverser als die Gaming-Branche, die immer noch sehr pubertär über das Krawallkino daherkommt." – Dimitry Halley, Journalist

> „[...] Viele Spiele sind gerade für risikobehaftete Jugendliche eigentlich gar nicht geeignet, aber im Rahmen der Altersfreigabe trotzdem für Kinder und Jugendliche freigegeben worden. [...] Der institutionalisierte Jugendschutz, wie er momentan mit der Unterhaltungssoftware Selbstkontrolle besteht, ist dabei, sich selbst überflüssig zu machen. Denn er beansprucht, Beeinträchtigungen und Gefährdungen, die von Spielprodukten ausgehen, im Rahmen einer Alterseinstufung zu reflektieren, blendet dann aber zentrale Kriterien aus. Von bestimmten Altersfreigaben kann demnach sogar eine Gefahr ausgehen, sofern sie falsche Sicherheit vortäuschen." – Florian Rehbein, Diplom-Psychologe

> „Ich mache nebenbei auch Filmprüfungen für die FSK und finde, das wäre ein sehr aufwändiges Verfahren (suchtfördernde Mechaniken in Spielen bei der USK-Prüfung mitzudenken, Anm. d. Verf.). Man müsste ja dann eine Art psychiatrisches Gutachten über Spiele erstellen, weil diese Mechanismen ja gerade nicht vordergründig sind, sondern oft unterbewusst ablaufen. Deshalb funktionieren sie ja so gut." – Gabriele Weitzmann, Justitiarin

> „Etwas kritisch sehe ich auch, dass der Fachverband für Medienabhängigkeit als eigentlich zentrale Institution dafür noch häufig eine eher pessimistische Haltung gegenüber digitalen Medien einnimmt." – Jakob Florack, Facharzt für Psychiatrie und Psychotherapie

Dennoch sehen die Expert:innen auch konkrete Bestrebungen und Maßnahmen, die zumindest als Auftakt einer breitflächigen und inhaltlich angemessenen Spielpädagogik bezeichnet werden können. Gaming wird unter anderem schrittweise als Handlungsfeld in fachpädagogische Regelungskataloge und Ausbildungsprogramme integriert sowie in Vorträgen und Praxisworkshops an Schulen und im Generationen-Dialog aufgegriffen. In der Gaming-Szene selbst professionalisieren sich Vereine außerdem zunehmend, sodass Trainingskonzepte und Spielstrukturen immer stärker auch fachpädagogisch und -psychologisch begründet sind (insbes. Interviews Woost, Wölfling, Fack, Reißner).

> „Ich würde das positiv betrachten, denn beispielsweise in unserer Arbeit als Jugendring beobachten wir eine Sensibilisierung der Politik über die gesellschaftliche Debatte, wodurch dann Mittel zur Verfügung gestellt werden, um regional Fachleute zu beschäftigen und Beratungsstellen einzurichten. Auch aus der Wirtschaft heraus besteht diese Bereitschaft zur Unterstützung, wenn wir beispielsweise an Gelder aus wirtschaftsnahen Stiftungen denken, die immer öfter für Projekte der Medienpädagogik und Medienkompetenzvermittlung ausgegeben werden." – Bernd Endres, Sozialpädagoge

> „Wir arbeiten zum Beispiel darauf hin, das SGB VIII (Sozialgesetzbuch, Anm. d. Verf.) zu reformieren, in dem Medienkompetenz allein unter dem Schutzaspekt gesehen wird; da haben wir eine Stellungnahme ausgearbeitet, in der wir vor allem die positiven Aspekte im Gaming hervorgehoben haben. Außerdem arbeiten wir eng mit dem JFF (Institut für Medienpädagogik in Forschung und Praxis, Anm. d. Verf..) zusammen, dort sind unsere Medienfachpädagogen projektbezogen tätig. In Bayern haben wir auf Bezirksebene flächendeckend Strukturen geschaffen, in deren Rahmen beispielsweise Medienfachberater in Schulen gehen und Workshops anbieten; da geht es auch um Gaming, aber auch um andere (digitale) Medien. Immer wieder veranstalten wir Fachtag0e zur Internetnutzung, auch zum Gaming, mal mit

dem JFF zusammen, mal unabhängig davon, um die Fachleute untereinander zu vernetzen und fortzubilden." – Gabriele Weitzmann, Justitiarin

„Es gibt schon einige Funktionen, die sagen: ‚Hey, du hast schon so und so lange gespielt – willst du nicht mal eine Pause machen?', oder eine obligatorische Warnung am Anfang vieler Spiele, dass man regelmäßig Pausen machen soll. Es kann schon sein, dass das in manchen Situationen das Zünglein an der Waage ist, wenn man sich drei Stunden lang festgespielt hat und dann dieser Hinweis auftaucht. Darauf nehmen aber in meinen Augen nicht viele Menschen Rücksicht, gerade wenn du aktiver Zocker bist, dann lässt du dir von solchen Hinweisen nichts sagen." – Dimitry Halley, Journalist

„Was wir im Moment zum Beispiel noch ausarbeiten, ist, wie so ein Training bei uns im Vereinsheim ablaufen soll. Es gibt kaum Beispiele, an denen man sich orientieren kann. Das, was wir tun, ist im Prinzip Grundlagenforschung. Wir probieren verschiedene Strukturen aus, wie ein Training aufgebaut sein kann, zum Beispiel, dass wir lieber mit einem Theorieblock anfangen und mit einem praktischen Block dann vervollständigen, als dass wir das Ganze als ein 90 Minuten Zuhör-Seminar gestalten. Da haben wir gemerkt, dass nach einer halben oder Dreiviertelstunde die Aufmerksamkeitsspanne gerade von Jugendlichen komplett weg ist." – Sascha Reißner, Student der Berufsbildung (Informatik/Wirtschaft)

Für die künftige Medienpädagogik im Gaming-Bereich wünschen sich die Befragten, dass Heranwachsende schon in sehr jungem Alter adressiert und dann bis ins Erwachsenwerden hinein konsequent begleitet werden. Dabei soll der Fokus nicht nur auf Risiko- oder Suchtfällen liegen, sondern es sollen alle Kinder und Jugendlichen von pädagogischen Spielangeboten profitieren. Es gehe darum, auch in der breiten Masse die Gaming-Kompetenz zu erhöhen, um präventiv die Entstehung problematischen Spielverhaltens zu verhindern beziehungsweise solches bereits in frühem Stadium zu erkennen und zu behandeln. Dafür sei es allerdings nötig, in Schulen und Gaming-Vereinen pädagogisches Fachpersonal zu installieren, unterstützt von struktureller und finanzieller gesellschaftspolitischer Anerkennung und Förderung. Plädiert wird außerdem und unabhängig vom konkreten institutionellen Handlungskontext für spielerische und dialogorientierte Ansätze in der Medienpädagogik, die an keiner Stelle zu verschult geraten dürfe (insbes. Interviews Endres, Budiman, Rehbein, Lutz, Einsiedler),

„Es klingt immer so profan, aber Dialog ist aus meiner Sicht das Einzige, was funktioniert. Dass man sich als Erwachsener einfach mal dazu setzt, zuschaut, mitspielt, Interesse für ein Thema zeigt, auch wenn man es vielleicht nicht versteht. [...] Es macht keinen Sinn, nur Regeln aufzustellen, aber es macht auch keinen Sinn, alles im Dialog lösen zu wollen. [...] Ich habe zuhause einen Siebenjährigen, der natürlich auch voll Bock hat, Videospiele zu spielen. Absurderweise bin ich da wesentlich strenger als andere Eltern, weil ich mich sehr viel mit dem Thema beschäftige." – Daniel Budiman, Journalist und Medienmanager

„Aus meiner Sicht müsste man den Jugendlichen institutionell Flächen und Gelegenheiten bieten, ihre Computerspielkompetenzen zu zeigen und zu nutzen. Eine Möglichkeit wäre es, Schulmannschaften zu bilden und Jugendhäuser mit einem Schwerpunkt auf Gaming auszustatten. Dass man also Anlaufstellen und Gelegenheiten schafft, bei denen man dann auch gemeinsam über Computerspiele und Spielnutzung sprechen und reflektieren kann. Computerspiele könnten auch im Unterricht eine Rolle spielen, so wie es in Schweden beispielsweise schon geschieht, oder sogar in Kitas und Horten – sodass man keine Gegenwelt organisiert und sagt: ‚Ihr spielt ja sowieso daheim, dann sollt ihr bei uns lieber Wasser schöpfen'. Das war

> jetzt natürlich etwas sehr provokativ, aber dass man eben den Dialog sucht und das Thema Gaming durchaus mit aufnimmt, das wäre extrem wichtig." – Klaus Lutz, Medienpädagoge

Die Expert:innen präsentieren zusätzlich zu diesen grundsätzlichen Handlungsstrategien auch einige interessante Ideen, wie Gaming-Kompetenz in der breiten Gesellschaft und speziell unter Pädagog:innen zielführend gestärkt werden könnte. Dabei wird auch der Wille deutlich, Gaming und eSport mit analogen Freizeitangeboten gerade im Sportbereich zu vernetzen, um von deren pädagogischem Fachwissen zu profitieren und Gaming-begeisterte Heranwachsende auch an körperliche Sportangebote heranzuführen (insbes. Interviews Pechler, Budiman, Remmert).

> „Ich fände es zum Beispiel super, wenn es eine Art verpflichtendes digitales Jahr gäbe, also eine Art Internetführerschein. Dafür lachen mich viele aus, aber ich halte es für sehr sinnvoll, dass alle Leute verstehen, wie die Ökonomie des Internets funktioniert." – Daniel Budiman, Journalist und Medienmanager

> „Pädagogen müssen grundsätzlich darin geschult werden, nach welchen Prinzipien unsere heutige Kommunikationskultur funktioniert. [...] Diese Kompetenz muss aber nach einem festgeschriebenen Lehrplan und staatlich gefördert umgesetzt werden. [...] Es gibt auch Initiativen und Events, die sich dieses Themas annehmen, zum Beispiel die ‚re:publica' oder die ‚Media Convention', das passiert aber dann meistens eher aus ökonomischen Interessen heraus. Würden auf solchen Events Pädagogen immer ein festes Kontingent an Vorträgen oder Workshops besuchen (müssen), und zwar von Leuten, die täglich in der Praxis damit arbeiten, dann wäre das aus meiner Sicht ein guter Schritt." – Daniel Budiman, Journalist und Medienmanager

> „Ich bin, wie eben schon gesagt, für deutlich mehr Aufklärung und Dialog. Ich fände es zum Beispiel toll, wenn Eltern und Kinder in Jugendhäusern oder ähnlichem auch mal die Gelegenheit hätten, zusammen zu zocken. Das muss auch nicht immer dasselbe Spiel sein, aber auf die Art kommt man einfacher ins Gespräch und lernt spielerisch. Auch Sportvereine bieten sich dafür an, deshalb bin ich ein großer Fan davon, dass Sportvereine eSport-Abteilungen aufbauen. Dort gibt es dann erstens einen erfahrenen Trainer und ein strukturiertes Angebot, andererseits gelingt über diesen Weg aber eventuell auch das Heranführen an andere Sportarten, ganz im Sinne des Ausgleichs und gesunden Maßes." – Matthias Remmert, Interview im Anhang, Z. 107-114

Folgende pointierte Ergebnisthese schließt das Ergebnisteilkapitel zur Medienpädagogik im Gaming ab:
Gaming ist ob seiner Omnipräsenz im jugendlichen Leben zwangsläufig auch in pädagogischen Prozessen ein Thema geworden, wird allerdings sowohl in der Schule, als auch in der Familie noch überwiegend restriktiv, laienhaft und längst nicht flächendeckend behandelt. Selbst sozialpädagogische Initiativen, die im Gaming beziehungsweise von Gamer:innen geschaffen wurden, verfehlen oft ihren Zweck, weil es hier wiederum an thematischer Objektivität und pädagogischem Fachwissen mangelt. Auf Maßnahmenseite sollte auf eine steigende Bereitschaft zur Förderung gesunden Gamings in Psychologie, Pädagogik und Videospiel-

wirtschaft aufgebaut werden, wobei konstruktive und kompetenzfördernde Strukturen im Dialog und auf Augenhöhe mit den Spieler:innen zu etablieren sind.

11.5 Die Person des oder der Gaming-Streetworker:in

Bevor in den Interviews die spezifischen Persönlichkeitsaspekte *Gaming-Bezug, Fachliche Ausbildung, Suchterfahrung* und *Alter und Geschlecht* angesprochen wurden, durften die Expert:innen frei assoziieren, was sie sich unter Streetworker:innen im Gaming vorstellen. Insgesamt wurden hier spontan bereits recht fachkompetente und umfassende Tätigkeitsbeschreibungen gegeben, die sich mit dem Zitat von Matthias Fack, Präsident des Bayerischen Jugendrings, eingangs dieses Ergebnisblocks sehr anschaulich zusammenfassen lassen:

> „Das Alter ist aus meiner Sicht relativ unerheblich, aber es ist in der Regel ein Mann, einfach weil Gaming nach wie vor überwiegend ein Thema für Jungs ist. Gleichzeitig muss natürlich die Kompetenz für spielende Mädels und junge Frauen genauso gegeben sein. Er sollte dem Fachkräftegebot des SGB VIII (Sozialgesetzbuch, Anm. d. Verf.) genügen, also pädagogisch versiert sein. Und er muss selbstverständlich sehr gut über aktuelle Entwicklungen im Gaming Bescheid wissen, auch mit Blick auf die damit zusammenhängenden psychischen Prozesse und Effekte. Abgesehen davon kann das aus meiner Sicht kein Mensch sein, der nur die Tastatur schwingen kann, sondern es braucht jemanden, der auch in der Lage ist, persönliche Beziehungen aufzubauen. In gewissem Maße also eine eierlegende Wollmilchsau. So sind aber alle Sozialarbeiter – zumindest die erfolgreichen." – Matthias Fack, Sozialpädagoge

Als erster Detailaspekt zur Person des oder der Gaming-Streetworker:in stand dessen oder deren Bezug zur Gaming-Szene im Fokus, ganz im Sinne der nötigen Street Credibility im Kontaktaufbau mit den Heranwachsenden. Die Antworten zeichnen diesbezüglich das Bild erfahrener Gamer:innen, die nach wie vor gerne selbst aktiv werden und über ein respektables Können im Spiel verfügen. Gleichzeitig, und damit gelingt der Kompromiss zwischen Freund:in und Pädagog:in, hat er oder sie aber deutlich tiefergehendes Wissen über Nutzungsmotivationen, Spielstrukturen und deren psychologische Effekte. Dieses Wissen kann er oder sie durch das eigene Handeln als Vorbild für Zielgruppen und Mitspieler:innen niedrigschwellig kommunizieren. Seine oder ihre praktische Spielerfahrung erlaubt es ihm und ihr, die Jugendlichen im (gemeinsamen) praktischen Spielbetrieb kennenzulernen und damit zu demonstrieren, dass er oder sie auf derselben Seite steht und weiß, wie die Dinge laufen. Nicht nur durch ihren Skill auf dem Server beweisen Gaming-Streetworker:innen diese Authentizität, sondern auch in Gesprächen über anstehende Turniere, Teams und Stars im eSport. Im besten Fall verfügt er oder sie sogar über ein eigenes Netzwerk in der Szene und kann erfolgreiche Spieler:innen, Team-Manager:innen oder Turnierorganisatoren in seine oder ihre Arbeit einbeziehen. Auch mit Blick auf den fachpädagogischen und -psychologischen Teil ihrer Ausbildung kommt es Sozialarbeiter:innen im Gaming zugute, wenn sie über ihr späteres Arbeitsumfeld gut Bescheid wissen. Abstrakte Fachtheorie können sie auf diesem Weg wesentlich besser verstehen und direkt mit Anwendungsbeispielen verknüpfen (insbes. Interviews Rehbein, Nehring, Emons, Florack, Gallace, Helbig, Pechler, Einsiedler).

> „Es wäre also schon ganz gut, wenn so ein Jugendsozialarbeiter über das Jugendphänomen Gaming in all seinen zentralen Aspekten Bescheid wüsste. (...) Er sollte sich mit Spielen auskennen, muss kein Profispieler sein, aber vertraut mit der Materie. Und er sollte auch selbst gespielt haben. Wenn jemand geschult werden soll, der noch überhaupt keine Ahnung von Spielen hat, dann wird das so ad hoc wahrscheinlich eher schwierig. Denn die Jugendlichen sprechen in Games auch eine eigene Sprache, und man verrät sich relativ schnell, wenn man selbst noch nie gespielt hat. Ich glaube schon, dass es hilft, wenn man den Jugendlichen das Gefühl vermittelt, dass man das Faszinationspotenzial von Spielen kennt und in dieser Hinsicht sozusagen einer von ihnen ist." – Florian Rehbein, Diplom-Psychologe

> „Ich finde, er oder sie muss die Spiele nicht selbst spielen und dann wie ein Trainer bestimmte Spieltaktiken vorgeben können. Wichtig ist mir aber, dass sich ein digitaler Sozialarbeiter sehr gut auskennt mit den eSport-Strukturen, welche Spiele gespielt werden, welche Topteams und Turnierformate es gibt. Außerdem sollte er ein sehr guter Netzwerker sein beziehungsweise bereits ein breites Netzwerk in der Szene besitzen." – Frank Nehring, Unternehmer und Team-Manager

> „Ich erlebe es in meiner Arbeit, dass es ein enormer Vorteil ist, wenn man dazu über ein reichhaltiges Wissen verfügt. Für mich ist es oft ein großer Türöffner, wenn die Jugendlichen sehen, dass ich das kenne, wovon sie sprechen. Ich frage oft nach dem ersten Computerspiel, und wenn ich das dann erkenne, was sie beschreiben, dann baut man plötzlich eine Beziehung auf – das ist auch das Entscheidende, die Beziehung zueinander. Dadurch hat das Fachwissen schon einen relativ hohen Stellenwert. Kollegen von mir haben eine ähnliche Sprechstunde zum exzessiven Videospielen schon einmal mit einem Team aus weniger Gaming-erfahrenen Psychologen ins Leben gerufen, das hat nach dem, was ich höre, nicht so besonders gut funktioniert." – Jakob Florack, Facharzt für Psychiatrie und Psychotherapie

> „Er muss viel wissen über Gaming, auch wenn er nicht jedes Spiel spielen können muss. Denn der Sozialarbeiter muss nicht die Mannschaft trainieren oder Matches analysieren oder mit den Leuten zusammenspielen. Er muss allerdings die Struktur des Spiels verstehen, die Spielmotivationen, -mechaniken und -effekte, die dahinterstecken. Daraus hervorgehend muss er die Anforderungen, die bestimmte Spiele an die Spieler stellen, verstehen. Denn nur dann kann er bei Konflikten einschreiten und sinnvolle Lösungsansätze präsentieren." – Salvatore Gallace, Marketing Manager

> „Ich glaube zunächst einmal, dass das eine Person macht, die nah an dieser Welt dran ist. Den Kids ist es sehr wichtig, über die aktuellen Trends zu sprechen. [...] Gleichzeitig gibt es für Kids nichts Cooleres, als die Expertenrolle einzunehmen und dir bestimmte Dinge auch mal zeigen und erklären zu können. Verständnis und Begeisterung müssen also da sein, aber nicht zwingend das Wissen über alle neuesten Trends." – Linus Einsiedler, Medienpädagoge

Mit Blick auf die fachliche Ausbildung der Gaming-Streetworker:innen schlagen die Expert:innen zwei unterschiedliche Herangehensweisen vor. Zum einen sollte eine Person, die den Anspruch hat, sozialpädagogisch umfassend mit Heranwachsenden zu arbeiten (heißt: auch diagnostisch und rehabilitativ), auch entsprechend umfangreich und professionell ausgebildet sein. Bevorzugt wird diesbezüglich eine grundständige Ausbildung zu Sozialpädagog:innen, die naturgemäß verschiedene Möglichkeiten zur Spezialisierung bietet. Hier sollten Schwerpunkte auf Psychologie, Ernährungswissenschaften und Streetwork (im Gaming, sofern möglich) gesetzt werden. Allgemein wird die Fähigkeit zur sozialen Arbeit mit Jugendlichen als Kernkriterium der Gaming-Streetwork-Ausbildung gesehen. Die ebenfalls sehr wichtigen psychologischen Aspekte im Videospielsucht-Setting sollten im Rahmen einer anschließenden Fortbildung vermittelt werden. Gleichzeitig sei es aber auch genauso denkbar, dass ausgebildete Psycholog:innen/Psychiater:innen zusätzlich die nötigen sozialpädagogischen Inhalte erlernen, um Gaming-Streetwork zu verrichten. Ins Spiel gebracht wird daneben auch eine Sporttrainer-Lizenz, die vor allem in der praktischen Spiel- und Trainingsarbeit mit Spielergruppen (Clans, Gilden, eSport etc.) helfen kann. In jedem Fall sollte ein:e Sozialarbeiter:in im Gaming am Ende allerdings dem Fachkräftegebot des deutschen Sozialgesetzbuches (SGB VIII) entsprechen (insbes. Interviews Endres, Rehbein, Weitzmann, Emons, Remmert, Fack, Pechler).

> „Genau so funktioniert die Ausbildung zum Sozialpädagogen, die aus verschiedenen Bezugsfachbereichen wie der Psychologie oder Ernährungswissenschaft Grundlagen vermittelt. Dazu muss dann ein spezielles Spartenwissen kommen, das in Weiter- und Zusatzausbildungen zur Streetwork im Gaming vermittelt werden kann. Da geht es, nur als Beispiel aus der Weiterbildung zum Streetworker, beispielsweise darum, Strategien zu erlernen, wie man in acht Stunden Arbeitszeit gut mitbekommt, wo in dem – teilweise recht großen – eigenen Sozialraum überhaupt Hilfe benötigt wird." – Bernd Endres, Sozialpädagoge

> „Eine fachpädagogische Ausbildung ist sicherlich von Vorteil, denn es handelt sich schließlich um eine anspruchsvolle Aufgabe. Das psychologische Know-How, beispielsweise rund um eine Gaming Disorder, das kann man sicherlich im Rahmen von Fortbildungen auch erwerben. Man muss in diesem Kontext keine Diagnose stellen, aber sollte sensibilisiert sein für die unterschiedlichen Motivationen zu spielen und die daraus möglicherweise folgenden Problemlagen. [...] Ausgebildete Sozialpädagogen werden in diesem Bereich höchstwahrscheinlich schon einiges fachlich vorweisen können. Trotzdem könnte man im Rahmen einer Weiterbildung zum digitalen Streetworker noch einmal gezielt solche Techniken in typischen auf das Gaming bezogenen Interaktionen durchspielen." – Florian Rehbein, Diplom-Psychologe

> „Vielleicht gehen diese Personen dann auch schon im Studium das Gaming-Thema gezielt mit an. Aber das Aufgabenfeld ist für mich zu komplex, deshalb gehe ich schon von einem Fachstudium aus, um nicht in eine unqualifizierte Form abzudriften. [...] Ja, und wenn es tatsächlich ein Angebot der Jugendhilfe wäre, wie es Streetwork ja klassischerweise ist, dann gilt da auch das Fachkräfte-Gebot aus dem SGB VIII, und dafür braucht es dann die einschlägige pädagogische Qualifikation." – Gabriele Weitzmann, Justitiarin

Angesichts der doch recht zeit- und ressourcenintensiven Fachausbildung von Gaming-Streetworker:innen wäre ergänzend zur Reichweitensteigerung über einen rein informativ beziehungsweise präventiv angelegten Multiplikatoren-Ansatz nachzudenken. Die Expert:innen schlagen auch Schulungssysteme für Ehrenamtliche vor, die breite Spieler:innengruppen für Phänomene wie Videospielsucht sensibilisieren und bei Bedarf auf professionelle Gaming-Sozialarbeiter:innen verweisen könnten. Neben der gewonnenen Breitenwirkung könnte es sich im Kontakt mit den Jugendlichen auch durchaus als Vorteil erweisen, wenn Gleichaltrige ohne einschüchternden Pädagogen- oder Psychologen-Status die nötige Aufklärungsarbeit leisten. Klar ist allerdings, dass ehramtliche Multiplikator:innen inhaltliche Grenzen beachten müssen und die tatsächliche Facharbeit den ausgebildeten Profis vorbehalten bleibt (insbes. Interviews Endres, te Wildt, Rehbein, Einsiedler).

> „Mir stellt sich schon die Frage, ob nicht ein breites Schulungssystem für Ehrenamtliche Sinn macht, denn wie viele Spiele und Personen kann eine Fachkraft alleine erreichen und betreuen? Auf der anderen Seite gibt es auch in Jugendzentren ganz viele Jugendliche, die mitlaufen, während das wirklich Wichtige eigentlich die Einzelfallhilfe ist, wenn ein Problem auftaucht." – Bernd Endres, Sozialpädagoge

> „Intuitiv hängt auch das wieder stark von der Person und Persönlichkeit ab. Ich bin, eventuell auch aufgrund meines eigenen Hintergrundes, nicht der größte Fan von einem sehr stark pädagogisch standardisierten Vorgehen. Wenn also den thematisch sehr gut aufgestellten Personen beispielsweise in Workshops noch die Techniken zur Vermittlung von Projektinhalten an Jugendliche beigebracht werden, dann kann das für den Projektkontext auch schon ausreichen. Wenn bestimmte Themen stark vertieft oder diskutiert werden müssen, dann kann man immer noch einen Pädagogen dazu holen." – Linus Einsiedler, Medienpädagoge

Ein wichtiger Hinweis in den Gesprächen für diese Studie betrifft noch den thematischen Fokus einer Gaming-Streetwork. Trotz des Videospielsucht-Rahmens in dieser Arbeit, und unabhängig davon, dass auch analoge Streetwork durchaus inhaltliche Schwerpunkte setzt, sollte in Ausbildung und Praxis ganzheitlich gedacht werden. Gaming-Streetworker:innen sollten mit allen sozialen Problemstellungen umgehen können und wollen, auch wenn es sich dabei nicht um Suchtverhalten handelt:

> „Ja, ich glaube schon, dass man da erfahrene Leute braucht, zumal unser Hilfelandschaft ja hochgradig spezialisiert ist. Ganz oft gibt es Hilfe nur für eine bestimmte Gruppe von Menschen, oder nur für ein bestimmtes Einzelproblem – selbst im Streetwork. Sobald dieses Merkmal, also beispielsweise Drogenabhängigkeit, wegfällt, endet auch die Zuständigkeit. Ich bin sehr froh, dass wir das bei ‚GANGWAY' nicht so machen. So häufig gibt es Jugendliche, die sich öffnen und sagen: ‚So, jetzt haben wir dieses Problem gelöst, jetzt würde ich gerne das nächste angehen', und die dann weitergeschickt werden zu einem anderen Kollegen oder einem anderen Träger. Bevor die sich der nächsten Person noch einmal öffnen, brechen sie lieber ab." – Tilman Pritzens, Sozialarbeiter/Streetworker

Sehr vorsichtig äußern sich die Befragten zum Effekt eigener Suchterfahrungen des oder der Gaming-Streetworker:in auf seine oder ihre Sozialarbeit im Videospielsucht-Kontext. Zwar werden durchaus die empathischen Vorteile gesehen, Personen dabei zu haben, die die Betroffenen-Perspektive gut kennen. Zudem könnte automatisch eine gewisse Korrelation zwischen denen bestehen, die sich für Videospielsucht-Streetwork engagieren, und denen, die einen persönlichen Bezug dazu haben. Dennoch sollte vermieden werden, falsche Botschaften an die Jugendlichen zu senden, indem alleine durch die attraktive, bezahlte Arbeit im Gaming Suchtprobleme bagatellisiert werden. Umgekehrt wäre es auch denkbar, dass persönlich suchterfahrene Streetworker:innen die Suchtdynamiken und -folgen zu stark einschätzen und deshalb eine sehr restriktive Arbeitshaltung mit zu starken Hilfsimpulsen entwickeln. Insofern sei beim Einsatz suchterfahrener Sozialarbeiter:innen im Gaming darauf zu achten, dass es sich um hochreflektierte Personen mit mehrjähriger Abstinenz handelt. Die Gefahr, dass ein:e Streetworker:in über seine oder ihre Tätigkeit selbst wieder angefixt wird, sei nie ganz auszuschließen. Die Expert:innen betonen zudem, dass eine grundständige Fachausbildung verbunden mit der nötigen Empathie auch ohne persönliche Betroffenheit eine qualitativ angemessene Beratung ermöglichen (insbes. Interviews Endres, te Wildt, Rehbein, Emons, Florack, Wölfling, Einsiedler, Fack, Pechler, Helbig).

> „Wer diese Arbeit macht, muss eine zutiefst selbstreflektierte Person sein. Ich habe schon mit Streetworkern gesprochen, die sagten, sie hätten alle Drogen schon einmal ausprobiert, um zu wissen, worüber die Jugendlichen da sprechen. Das ist sicherlich kein Ansatz, den ich in meiner Funktion unterstützen würde. Gleichzeitig ist so eine Person ein Profi in diesem Bereich und kann prinzipiell sehr gut mitsprechen über Effekte und Gefahren. Solche Personen dabei zu haben, kann in jedem Fall ein Vorteil sein – das wird man aber in der Fachwelt kaum finden." – Bernd Endres, Sozialpädagoge

> „Ich würde es nicht zur Voraussetzung machen. Wenn solche Vorerfahrungen vorhanden sind, dann kann man die sicher hilfreich nutzen, sofern man das mit einer gewissen Distanz reflektieren kann. Die reine Betroffenen-Perspektive muss man aber hinter sich gelassen haben, um nicht eine falsche Botschaft auszusenden, indem der Problemhintergrund des Streetworkers von den Jugendlichen idealisiert wird. So nach dem Motto: Selbst wenn ich Probleme mit meiner Mediennutzung habe, kann ich das für mich ja später noch positiv nutzen." – Florian Rehbein, Diplom-Psychologe

> „Ich gehe von sehr kompetenten Mitarbeitern aus, und dann ist es tatsächlich nicht so relevant, ob die schon mal so etwas mitgemacht haben oder nicht. Es ist wohl ein Vorteil, wenn sie im Gaming selbst die Erfahrung haben und solche Fälle vielleicht aus dem engeren Umfeld kennen, aber es ist aus meiner Sicht keine Pflicht. Es kommt natürlich auch darauf an, wie weit sie das schon verarbeitet haben. Man sollte nicht zu emotional rangehen, sondern einen bestimmten professionellen Abstand zu den betroffenen Leuten haben." – Marc Helbig, Softwareingenieur

An das Alter von Gaming-Streetworker:innen gibt es aus dem Expertenkreis in dieser Studie verschiedene Anforderungen, die insbesondere mit den spezifischen inhaltlichen Aufgaben verknüpft sind. Zwar wurde oben von Peers gesprochen, die den Jugendlichen als Multiplikator:innen ein bestimmtes Grundwissen zu Risikofeldern wie der Videospielsucht vermitteln könnten. Dennoch setzen die Befragten das Mindestalter für Gaming-Streetwork nicht unter 18 Jahre an. Grund dafür ist vor allem, dass jüngeren Personen nicht zugetraut wird, mit schwierigeren Fällen beziehungsweise Persönlichkeiten angemessen umzugehen, selbst wenn es sich nur um Verweisberatung handeln sollte. Des Weiteren wird befürchtet, dass Gaming-Streetworker:innen, deren Alter zu nahe an dem der Zielgruppe liegt, nicht in ausreichendem Maße respektiert werden könnten – und zwar sowohl von den Heranwachsenden, als auch von deren Eltern. Mit Verweis auf das sozialpädagogische Fachkräftegebot in Deutschland und die mehrjährige Ausbildung (in der Regel Studium) zu Sozialpädagog:innen oder Psycholog:innen/Psychiater:innen wird argumentiert, dass realistisch betrachtet sowieso kein:e Gaming-Streetworker:in jünger als Anfang/Mitte 20 Jahre sein könne. Es wird deshalb vorgeschlagen, für Sozialarbeiter:innen im Gaming als groben Richtwert die Altersspanne von 25 bis 35 Jahren anzusetzen. Damit soll einerseits genügend Vorsprung an Lebenserfahrung und professionellem Wissen gegenüber den Jugendlichen gewährleistet werden und andererseits ein Augenhöhe-Verhältnis auch gegenüber deren Familien und Umfeld. Angemerkt wird auch, dass zu alte Streetworker:innen eventuell nicht mehr ernstgenommen würden von ihren sehr jungen Adressat:innen. Praktische Erfahrungswerte aus dem Kreis der Befragten widersprechen diesem Argument jedoch. Tenor ist hier eher, dass gerade im anonymen und körperlosen Netz Altersunterschiede gar nicht so sehr zum Tragen kommen, selbst wenn sie bekannt sind. Vielmehr zählen Authentizität, Empathie und fachliche Kompetenz. Keine Diskussion herrscht in der Geschlechtsfrage. Die Expert:innen erkennen keinen Grund, die Eignung eines bestimmten Geschlechts anzuzweifeln (insbes. Interviews Endres, Rehbein, Nehring, Weitzmann, Emons, Florack, Woost, Lutz, Einsiedler, Remmert, Gallace, Reißner).

> „Das Mindestalter sollte aus meinen Erfahrungen heraus bei etwa 20 Jahren liegen und ein Höchstalter spielt eigentlich keine Rolle. Ich bin selbst 48 Jahre alt und Familienvater, werde aber von den Mitgliedern als vollwertig angesehen, weil ich in Gesprächen über die deutsche und internationale eSport-Szene mitreden kann. Dahingehend ist das Alter eigentlich Nebensache; allerdings möchte man sich auch nicht mit einem 16- oder 17-Jährigen, der ja nicht in derselben Lebensphase ist wie man selbst, über solche persönlichen Probleme unterhalten." – Frank Nehring, Unternehmer und Team-Manager

> „Am besten kommen aus meiner Sicht Personen an, die noch nicht zu alt, aber auch nicht mehr zu jung sind, die sozusagen ein ganz gutes Bindeglied zwischen Jugendlichen und Eltern darstellen und von beiden als coole beziehungsweise erfahrene Experten angesehen werden. […] 20 bis 40 Jahre alt." – Kevin Woost, Fachinformatiker

> „Ich finde, es gibt eher nach unten als nach oben eine Grenze. Er muss ein Stück weit draußen sein aus der eigenen Jugendsozialisation. 30 Jahre plus halte ich für gut. Er kann auch älter sein oder werden, wenn er sich für die Szene interessiert und auf dem Laufenden bleibt. Es gibt auch sehr gute Streetworker jenseits der 50, aber selten sehr gute, die 25 Jahre alt sind." – Klaus Lutz, Medienpädagoge

> „Das ist schwer zu sagen, eventuell fällt es ab 40 Jahren sehr schwer, in der Szene noch vollständig akzeptiert zu werden. Zu jung sollte er dagegen auch nicht sein, weil er sonst noch zu nah an den anderen Jungs dran ist. Ob sich ein 16-Jähriger von einem Anfang-20-Jährigen groß belehren lässt, halte ich für fraglich. […] Das kommt natürlich immer auch ein bisschen auf die persönliche Reife an, aber als grobe Eingrenzung würde ich den Bereich von 25 bis 35 Jahren nennen." – Matthias Remmert, Journalist und Medienmanager

Als Ergebnisthese zum Forschungsblock „Die Person des oder der Gaming-Streetworker:in" steht somit:

Digital Streetwork im Gaming

Wie stellen Sie sich die Person des oder der digitalen Gaming-Streetworker:in vor?

GAMING-BEZUG
- tief in der Szene verankert, selbst an der Grenze zum Ungesunden
- durchblickt Gameplay-Mechanismen und Finanzierungsmodelle
- hat selbst Spaß am Spiel (Street Credibility) und verfügt über ein Expert:innen-Netzwerk
- spielt ähnlich gut wie die Zielgruppe

FACHLICHE AUSBILDUNG
- Alternative 1: Sozialpädagogisches Studium als Kern, psychologische Kenntnisse sowie Gaming-Know-How über Weiterbildungen (Fachkräftegebot des SGB VIII)
- Alternative 2: Pädagogische Schulung Ehrenamtlicher, die breite Spieler:innengruppen sensibilisieren (Ansatz der Augenhöhe)

SUCHTERFAHRUNG
- Eigene Suchterfahrung schafft Vertrauen und Bewusstsein, birgt jedoch Gefahr des Rückfalls, der Bagatellisierung und eines übertriebenen Rettungswillens
- Ausgeprägte (Selbst)Reflexionsfähigkeit und zeitlicher Abstand als Grundvoraussetzungen
- Fachausbildung kompensiert Nähe zur Sucht

ALTER & GESCHLECHT
- Mindestalter zwischen 16 (ehrenamtliche Multiplikator:innen) und Mitte 20 Jahren (abgeschlossenes Studium, gefestigte Persönlichkeit und von Jugendlichen wie Erwachsenen als Expert:in anerkannt)
- Kein Höchstalter oder bevorzugtes Geschlecht, Authentizität als entscheidender Faktor

Abbildung 45: Schaubild 1 zum Ergebnisblock „Die Person des oder der Gaming-Streetworker:in“: Die befragten Fachleute zeichnen das Bild von Gaming-Streetworker:innen, die selbst tief in der Szene verankert sind, gleichzeitig allerdings professionell sozialpädagogisch ausgebildet wurden. Einen eigenen Bezug zu einschlägigen sozialen Problemfeldern im Gaming (hier: Sucht) sehen die Expert:innen eher kritisch und gehen nur in Ausnahmefällen von nachhaltigen Vorteilen aus. Da digitale Streetworker:innen gleichzeitig authentisch (Street Credibility) und fachlich überzeugend auftreten müssen, wird ein ungefähres Einstiegsalter von Mitte 20 Jahren vorgeschlagen (eigene Darstellung).

Streetworker:innen im Gaming verfügen über ein großes Szene-Wissen, spielen selbst leidenschaftlich gerne und durchblicken gleichzeitig die positiven und negativen Effekte von Gameplay-Mechanismen und Finanzierungsmodellen. Sie verfügen entweder über ein grundständiges sozialpädagogisches Studium samt Fortbildung im psychologischen Bereich (Fachkraft) oder aber werden als Ehrenamtliche pädagogisch und psychologisch geschult (Multiplikatoren). Da eigene Suchterfahrungen Vor- und Nachteile für die Streetwork-Arbeit mit sich bringen, braucht es entweder extrem reflektierte Personen mit großem Abstand zur eigenen Abhängigkeit oder aber eine Fachausbildung, die fehlende persönliche Suchterfahrungen kompensiert. Gegenüber der Gaming-Authentizität stehen soziodemographische Faktoren wie Alter und Geschlecht zurück, deshalb sollte hier vor allem eine gewisse persönliche Reife gewährleistet sein (Fachkraft ab etwa Mitte 20 Jahre, ehrenamtliche:r Multiplikator:in schon ab 16 Jahre).

Die Abbildungen 45 und 46 zeigen außerdem noch einmal die wichtigsten Befunde dieser Befragung zur Persönlichkeit und Fachkompetenz der Gaming-Streetworker:innen in der Übersicht.

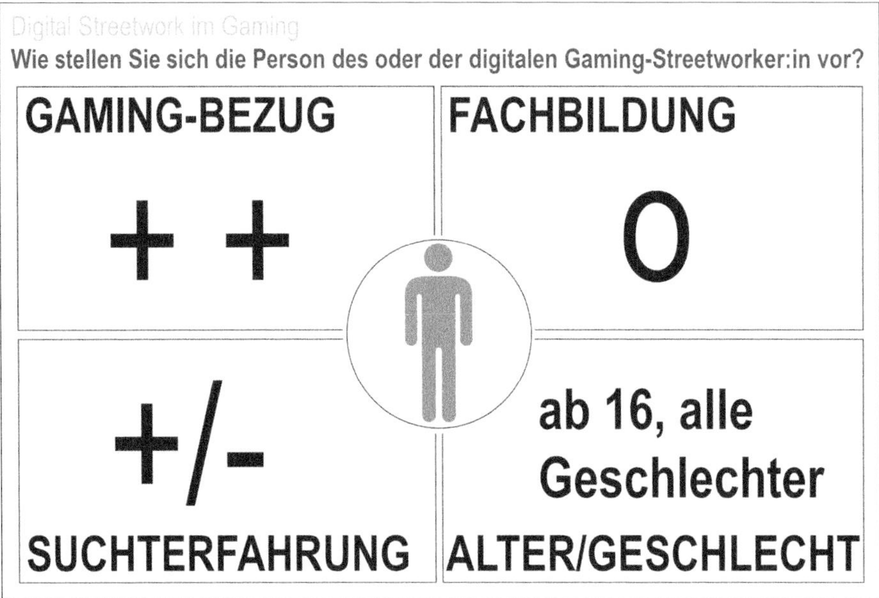

Abbildung 46: Schaubild 2 zum Ergebnisblock „Die Person des oder der Gaming-Streetworker:in": Unterstützt werden könnten sozialpädagogisch ausgebildete, digitale Streetworker:innen von ehrenamtlichen Multiplikator:innen. Diese Personen sollten ebenfalls den intensiven Gaming-Bezug haben, brauchen allerdings für ihre Informationsarbeit keine Ausbildung im Sinne des Fachkräfte-Gebots im deutschen Sozialgesetzbuch. Da Multiplikator:innen noch etwas intensiver als die Streetworker:innen selbst auf Augenhöhe mit den Jugendlichen kommunizieren dürfen und sollen, wird das Mindestalter auf 16 Jahre herabgesetzt. Es kann sich also auch um Peers handeln. Mit Blick auf die eigene Suchterfahrung gilt wieder große Vorsicht (eigene Darstellung).

11.6 Zielgruppen der Streetwork im Gaming

Über ausdifferenzierte Zielgruppen und an einzelne Jahrgänge beziehungsweise Alterskohorten angepasste Digital-Streetwork-Maßnahmen wurde in dieser Studie nur peripher diskutiert. Bezug genommen wird an dieser Stelle insbesondere auf den Klassifizierungsfaktor Alter. Die inhaltliche Diskussion, ob beispielsweise ein exklusiv für den Suchtkontext angelegtes Streetwork-Modell funktionieren kann oder ob vielmehr grundsätzlich alle Gaming-inhärenten Risikofelder gleichbedeutend adressiert werden müssten, wird an mehreren Stellen dieser Arbeit immer wieder eröffnet, wenngleich auch sie in dieser Videospielsucht-Modellstudie keinen Schwerpunkt bildet.

> „Instinktiv kommen mir zuerst die Jugendlichen zwischen 13 und 15 Jahren in den Kopf, die mittlerweile alle, auch unabhängig vom Geschlecht, ‚Fortnite' zocken – das ist für sie das eine Spiel, auch in der Schule. Aber eigentlich sollte man schon früher ansetzen, denn sobald die Kinder ein Tablet bedienen können, werden Spiele gespielt. Da spielen Games eine etwas andere Rolle, und man muss dementsprechend auch anders damit umgehen, aber auch in

dem Alter machen Projekte sicher Sinn. Mit steigendem Alter muss sich dann auch der Ansatz ändern, die Projekte müssen zum Beispiel cooler werden." – Linus Einsiedler, Medienpädagoge

„Wir haben jetzt gerade am Beispiel ‚Counter-Strike' gesprochen, und ich dachte dabei an die Leute, die dort gerne flamen (schimpfen und beleidigen, Anm. d. Verf.). Aber besonders kribbelt es bei mir, wenn ich an die Leute denke, die jetzt gerade 13 oder 14 Jahre alt sind – die spielen im besten Fall kein ‚Counter-Strike'; genau die müsste man erreichen, denn die haben noch eine sehr lange Online-Zeit vor sich." – Matthias Remmert, Journalist und Medienmanager

„Ich würde sagen, vom Anspruch her richtet er sich an die Gamer allgemein, egal ob ein problematisches Spielverhalten vorliegt oder nicht." – Matthias Fack, Sozialpädagoge

Als Ergebnisthese zu den Zielgruppen im Gaming lässt sich in dieser Arbeit also festhalten:
Prinzipiell sollte eine Gaming-Streetwork alle Gamer:innen adressieren, angefangen bei den Jüngsten, die immer früher digitale Endgeräte bedienen dürfen, über alle Schulklassen hinweg bis hinein in das frühe Erwachsenenalter. Besonders im Vordergrund stehen sollten allerdings die klassischen Jugendjahre, wiederum mit Schwerpunkt auf den 13- bis 15-Jährigen. Inhaltlich müssen Digital-Streetwork-Projekte im Gaming mit den Zielgruppen wachsen und sich dementsprechend in ihren praktischen Ansätzen verändern.

11.7 Zugangswege zur Zielgruppe in der Gaming-Streetwork

Auf der Suche nach der digitalen Straße in der digitalen Streetwork wird in den Interviews deutlich, dass ein Erstkontakt zur Zielgruppe gar nicht unbedingt ausschließlich im Netz stattfinden muss. Die Expert:innen differenzieren vielmehr zwischen analogen und digitalen Kontaktpunkten, wobei durchaus symbiotische Wechselwirkungen bestehen können. Die Präsentation in diesem Ergebniskapitel geht dementsprechend zunächst auf die vorgeschlagenen Offline-Zugangswege ein, wobei auch einige zentrale Hürden benannt werden. Nach demselben Schema findet anschließend die Darstellung von Kontaktpunkten im Online-Kontext statt. Gaming-Sozialarbeit wird in den Interviews zwingend mit einem starken Online-Anteil verknüpft, was sich aus der Digitalität dieses Handlungsfeldes ergibt, aber auch an die zunehmend virtuellen Aufenthaltsorte der Heranwachsenden anschließt. Da sich Jugendliche heute zum Videospielen in der Regel im Netz befinden und ihre sozialen Kontakte immer öfter auch während des Spiels beziehungsweise um das Spiel herum stattfinden, muss Gaming-Streetwork zwangsläufig ihren Schwerpunkt ebenfalls im Internet haben. Wie mehrere Gesprächspartner:innen betonen, halten sich die Jugendlichen dennoch nicht ununterbrochen im Netz auf, sondern verbringen nach wie vor einen relevanten Teil ihrer Schul- und Freizeit in der realen Welt. Auch dort könne Gaming-Streetwork anknüpfen, um das höhere Vertrauen sowie das Plus an Verbindlichkeit der physischen Präsenz für den grundlegenden Kontakt- und Beziehungsaufbau zu nutzen:

> „Das (die anonyme Online-Kontaktaufnahme, Anm. d. Verf.) ist natürlich eine schwierige Situation, zumal wir den Kindern und Jugendlichen ja immer sagen, dass Sie im Internet nicht Leuten vertrauen sollen, die sie nicht kennen. Wenn sich Herr XY da anbietet als Sozialpädagoge, weil er sieht du spielst den ganzen Tag, und sich gerne mal treffen will." – Klaus Lutz, Medienpädagoge

Angesprochen werden könnten Heranwachsende insofern beispielsweise an Schulen, entweder als Teil des Regelunterrichts oder als zusätzliches, freiwilliges Angebot (z. B. Gaming-AGs oder Schulteams im eSport). Die Schüler:innen könnten in einem solchen Setting gemeinsam Verantwortung übernehmen und zusätzlich zum reinen Spielvergnügen wichtige Team-Strukturen etablieren, die räumlichen Rahmenbedingungen mitgestalten und verschiedene Veranstaltungen organisieren. Dazu zählen die Expert:innen in dieser Studie neben klassischen eSport-Turnieren (Schulmeisterschaften o.Ä.) ausdrücklich auch pädagogisch motivierte Formate wie beispielsweise das Eltern-LAN zum gemeinsamen Austausch über Videospielinhalte in der Familie oder Fachvorträge (von Psycholog:innen, Profi-Spieler:innen oder Spieleentwickler:innen). Gaming könnte auf diesem Wege sozialpädagogisch begleitet und gesellschaftsoffen, aber dennoch selbstbestimmt und auf Augenhöhe mit den Heranwachsenden stattfinden. Die Schule bietet sich hier vor allem deshalb als Organisationsrahmen an, weil dort im Unterschied zur freiwilligen außerschulischen Jugendarbeit in Jugend- oder Medienzentren deutlich breitere Zielgruppen zumindest angesprochen werden können – unabhängig davon, ob dann Interesse und Eigenmotivation bestehen. Verbunden ist der schulische Ansatz allerdings mit diversen Hürden, die sich unter anderem aus der in Kapitel 5.3 (Status quo digitaler Medienkompetenzvermittlung in Deutschland) angesprochenen Zurückhaltung des deutschen Schulsystems gegenüber Gaming als pädagogischem Werkzeug ergeben (insbes. Interviews Halley, Gallace, Reißner).

> „Ja und nein, denn die Spieler, die sich am Abend sehr lange in Online-Welten bewegen, sind tagsüber ja auch irgendwo, zum Beispiel in Schulen. Dort wird einem der Zugang aber aus unterschiedlichen Gründen erschwert. Es gibt in Deutschland das interessante Format der ‚ComputerSpielSchule', die kann man aber an zwei Händen abzählen. Dort gibt es mit Gaming-Hardware ausgestattete Räume, in denen die Kinder alleine, aber auch mit ihren Eltern und Großeltern in Anwesenheit von Fachkräften spielen. So lässt sich auch die virtuelle Welt mit der analogen, realen sehr gut verknüpfen. In Konstanz könnten wir diese Rolle übernehmen, aber dafür müssten wir beispielsweise an Schulen mit Plakaten oder ähnlichem auf unser Angebot hinweisen, was wir nicht dürfen. Denn diesen betreuten Rahmen an sich finden auch die Eltern in aller Regel gut; sie müssten nur noch mehr davon mitbekommen." – Salvatore Gallace, Marketing Manager

> „Ich würde wahrscheinlich direkt dahin gehen, wo die Kinder sind. Ich würde zum Beispiel etwas an Schulen machen, denn wenn ich mich nur online bewege, schmeiße ich mein großes Netz aus in der Hoffnung, dass darin irgendetwas hängenbleibt. Dieser persönliche Bezug,

> dass ich denjenigen schon einmal gesehen habe, wäre für mich ein ganz entscheidender Punkt. Wenn irgendein Typ aus dem Internet erzählt, dass ich nicht beleidigen soll, ist das schwierig. Ich würde eher die direkte Aufklärungsarbeit stärken." – Sascha Reißner, Student der Berufsbildung (Informatik/Wirtschaft)

In der außerschulischen Jugend(sozial)arbeit bestehen demgegenüber deutlich weniger Handlungszwänge und -einschränkungen. Gaming könnte dort sehr prominent in das Portfolio von Angeboten einbezogen werden. Auf Maßnahmenseite kommen hier grundsätzlich auch die eben schon genannten infrage, also etwa der pädagogisch begleitete Aufbau von eSport-Teams, Clans und Gilden, die Organisation von Turnieren und gemeinsame Ausflüge beispielsweise zu Gaming-Messen oder Profi-Meisterschaften. Im Sinne der Ressourceneffizienz klingt zudem die Idee spannend, dass professionell ausgebildete Gaming-Sozialarbeiter:innen nicht (nur) ein eigenes Gaming-Projekt gründen, sondern mehrere Vereine und Teams parallel betreuen. Es wäre denkbar, dass ein:e digitale:r Streetworker:in – auch im analogen Kontext – als mobile:r Expert:in über Gaming-Institutionen regelmäßige Kontaktzeiten zu einer Vielzahl von Jugendlichen bekommt. Auch den neuralgischen Punkt der Zielgruppenansprache beim Erstkontakt (dazu mehr in Kapitel 11.9) würde ein solcher Ansatz entschärfen. Gaming-Streetworker:innen könnten über die jeweilige Vereins- beziehungsweise Teamleitung fachlich eingeführt und legitimiert werden. Im besten Fall entsteht so auf einfache Art und Weise ein recht enger Kontakt zu relativ vielen Jugendlichen (insbes. Interviews Lutz, Einsiedler, Remmert, Pechler).

Gerade die institutionelle Eingliederung von Gaming-Projekten in das Portfolio traditioneller Sportvereine, die dann regelmäßig von Gaming-Streetworker:innen besucht und betreut werden, könnte aus Perspektive der Jugendlichen (Coolness-Faktor) und der Gesellschaft (Akzeptanz-Faktor) gewinnbringend sein:

> „Ich glaube auch, sofern die Finanzierung von staatlicher Seite gesichert ist, dass solch eine Tätigkeit in Vereinen am besten angesiedelt ist, denn (Sport)Vereine als Marken sind für die Jugendlichen strukturell und in der Außendarstellung aus meiner Sicht am attraktivsten. [...] Ja, wobei ich glaube, dass der Verein grundsätzlich mehr Fläche bietet als ein Jugendzentrum, und zwar was die Breite der Sportarten angeht, die angeboten werden, sowie in der gesellschaftlichen Akzeptanz. Sportvereine sind, ohne dass das falsch verstanden werden soll, aus meiner Sicht von allen Mitgliedern der Gesellschaft angesehen und respektiert. Aus eigener Erfahrung weiß ich, dass das bei Jugendzentren nicht immer der Fall ist, weil sie teilweise nur mit bestimmten gesellschaftlichen Gruppen oder Schichten assoziiert werden. [...] Das könnte dann durch eine staatliche Förderung ausgeglichen werden. Nichtsdestotrotz bin ich weiter für eine Eingliederung des eSports in Vereine, weil auch der sportliche Gedanke eben genau dort fest verankert ist, und in diesem Sinne wollen wir ja auch den eSport positionieren." – Matthias Remmert, Journalist und Medienmanager

Neben aufsuchenden Gaming-Streetworker:innen, die als Gäste am Gaming-Vereinsleben teilnehmen, wäre auch ein sozialpädagogisch geleitetes Gaming-Zentrum mit umfassender Trainings- und Schulungsausstattung denkbar, das eSport-Teams, Vereine oder lockere Spiel-Communities besuchen könnten:

> „Ich könnte mir zum Beispiel gut vorstellen, dass so eine Person in einem Jugendzentrum sitzt, in das die Kids nach der Schule kommen, Hausaufgaben machen und anschließend zocken. Ich glaube, so etwas wird wichtiger in einer Gesellschaft, in der immer öfter beide Elternteile berufstätig sind. Dieser Sozialarbeiter könnte auch mehrere Vereine oder Institutionen im Umkreis betreuen, [...] eventuell jeweils einmal in der Woche für ein paar Stunden. Schön fände ich es auch, wenn es innerhalb eines Vereins oder sogar mit mehreren Vereinen zusammen Veranstaltungen gäbe, zum Beispiel einen Ausflug zu einem großen Profi-Gaming-Event, interne Turniere oder Kreismeisterschaften." – Matthias Remmert, Journalist und Medienmanager

> „Man kann es auch machen wie die Finnen, die haben Gaming-Häuser, da melden die Eltern ihre Kinder, an und dann spielen die mit denen. Da gibt es auch andere Angebote, Teambuilding-Events, da wird über problematische Aspekte beim (Viel-)Spielen gesprochen und so weiter." – Klaus Lutz, Medienpädagoge

Kritik an Gaming-Streetwork in der schulischen und außerschulischen Offline-Jugendarbeit bezieht sich insbesondere auf deren befürchtete Selektivität. Zum einen könnte es sein, dass im analogen Setting ausschließlich diejenigen Heranwachsenden erreicht werden, die ohnehin solche Angebote wahrnehmen und über ein vergleichsweise stabiles Sozial- und Gaming-Verhalten verfügen. Zum anderen könnte es sein, dass gerade in Gaming-Problemfällen (etwa einem Suchtfall) ein anonymer Online-Vertrauensaufbau sogar nötig ist, um überhaupt irgendeine Art von persönlicher Offline-Arbeit zu ermöglichen:

> „Oder ich kann die in Jugendzentren finden, in denen sie LAN-Partys veranstalten, wobei ich da auf diejenigen zugehe, die ja bereits im Jugendzentrum sind." – Matthias Fack, Sozialpädagoge

> „Es gibt viele, auch für Jugendliche absolut nachvollziehbare Momente, in denen man sich persönlich treffen muss – zum Beispiel, wenn eine Suchttherapie dringend nötig ist, oder wenn es um strafrechtlich relevante Inhalte geht. Da weiß man schon nicht, wer diesen Chat eventuell mitliest, wer irgendwann mal das Handy knackt oder konfisziert. Ich habe auch noch keinen Jugendlichen erlebt, der in solchen Momenten nicht bereit gewesen wäre, den Weg auf sich zu nehmen und sich persönlich zu treffen. Wichtig ist nur, dass man online diese Brücke und dieses Vertrauen aufbaut." – Tilmann Pritzens, Sozialarbeiter/Streetworker

Weitere Vorschläge der Expert:innen zum Offline-Kontaktaufbau in der Gaming-Sozialarbeit betreffen die Integration des Themas Gaming in zielgruppenrelevante Vortragsreihen sowie die Kooperation mit Influencer:innen und Profi-Teams an gemeinsamen Messeständen (z. B. auf der Spielemesse *gamescom*):

> „Es gibt ja auch noch diverse andere Wege und Plattformen. Man könnte auf Veranstaltungen wie der ‚gamescom' gemeinsam mit Clans und Teams einen Stand nutzen und sich dort präsentieren. Dort kann man face-to-face mit Jugendlichen in Kontakt treten, denn zur ‚gamescom' gehen auch viele Jugendliche, die sich ansonsten nur online bewegen." – Frank Nehring, Unternehmer und Team-Manager

> „Wir versuchen das im Augenblick vorwiegend über Vorträge im Rahmen von Messen oder Vortragsreihen. Man muss aber dazu sagen, dass sich dort eher selten Eltern aufhalten, und insgesamt meistens Menschen, die schon ganz gut wissen, wovon man redet. [...] Wir sind öfter für Vorträge oder Workshops in Einrichtungen der Jugendhilfe und an Schulen. Auch zum ‚Safer Internet Day' veranstalten wir jährlich Workshops mit siebten oder achten Klassen, in denen wir auf Chancen und Risiken des eSports und des Gaming allgemein eingehen." – Kevin Woost, Fachinformatiker

Grundlage der online-gebundenen Gaming-Streetwork ist in den Augen der Expert:innen eine gemeinsame virtuelle Plattform aller Gaming-Streetworker:innen, von der aus sozialarbeiterische Dienstleistungen für einzelne Spieler:innen, Gaming-Communities und deren soziales Umfeld (vor allem Eltern) angeboten werden. Mehrfach wurde in den Interviews dabei betont, dass jedes Gaming-Streetwork-Projekt sehr sensibel mit den von den Jugendlichen geschaffenen sozialen Räumen umgehen muss. Da Gaming-Umgebungen bewusst freigehalten werden von Eltern und Pädagog:innen, könne der oder die Gaming-Streetworker:in lediglich versuchen, sich den dort gültigen Verhaltensregeln anzupassen, immer in der Hoffnung, dadurch akzeptiert und aufgenommen zu werden. Jedwede Beratung könne dementsprechend auch nur von der Seite und auf Augenhöhe erfolgen, um den Grundsatz der Freiwilligkeit zu wahren und verschließende Abwehrreaktionen zu verhindern. Gleichzeitig solle der oder die Gaming-Streetworker:in aber eine gewisse emotionale Distanz zu den Jugendlichen auch dann wahren, wenn diese extrem offen sind und ihn oder sie tiefgehend in ihre Community- und Teamstrukturen einbinden möchten. Ein:e strukturell zu eng mit einzelnen Personen oder Cliquen verbundene:r digitale:r Sozialarbeiter:in (bspw. als feste:r Spieler:in in einem eSport-Team) könne schnell die neutrale Bewertungsfähigkeit und den Willen zur sachlichen Beratung und Kritik einbüßen. Insofern dient ein interessierter, aber vorsichtiger Kontakt- und Beziehungsaufbau im Gaming sowohl aus Professions-, als auch aus Klient:innenperspektive der Arbeitsfähigkeit der Gaming-Streetworker:innen (insbes. Interviews Lutz, Remmert, Pritzens).

> „Ich beobachte schon, dass Jugendliche virtuelle Räume, zu denen Gaming zählt, oft aufsuchen, um sich einen Raum zu eröffnen, in dem Eltern oder Pädagogen nichts zu melden haben, in dem sie ihre eigenen Regeln vorgeben können. Die Herausforderung von Streetwork ist ja immer, dass man sich in Räume begibt, die von Jugendlichen besetzt sind und sich dann beispielsweise im Park hinstellt und sagt: ‚Hallo, ich bin der Peter, ich würde mich gerne mal mit euch unterhalten, aber ich rufe nicht die Polizei, wenn ihr Haschisch dabeihabt oder wenn ihr 14 Jahre alt seid und Schnaps trinkt. Das ist mir egal, denn ich suche euer Vertrauen und bin einfach eine Anlaufstelle für euch.' Aus meiner Sicht funktioniert dieser Schritt im virtuellen Raum vor allem über die persönliche Bekanntheit, von der aus ich mich dann in den virtuellen Raum begebe – Streetworker, die beispielsweise eine ‚WhatsApp'-Gruppe anbieten oder sich in Online-Communities einbringen. Für den Streetworker im Gaming würde das bedeuten, dass er auch mitspielt, und die Herausforderung wäre, in eine solche Gaming-Struktur mit aufgenommen zu werden. So, wie er im Stadtpark mit den Jugendlichen vielleicht erstmal Fußballspielen würde, um sich auf dieser Basis dann auch zu unterhalten." – Klaus Lutz, Medienpädagoge

> „Halte ich nicht für sinnvoll, denn für mich kommt jemand, der den Kids helfen soll, immer von der Seite dazu, als Coach, Mentor, Unterstützer etc. Ist er aber der Clanchef, dann besteht immer eine Art Abhängigkeitsverhältnis, verbunden mit der Gefahr, rauszufliegen, wenn ich nicht tue, was er sagt. In meinem perfekten Szenario käme er oder sie also von der Seite dazu und würde beraten, auch Erfahrungen aus der Arbeit mit anderen Teams teilen. Er gibt also Input, aber nie von oben herab. Aus dieser Position heraus kann er auch Dinge ansprechen, die ein Chef nicht ansprechen kann, weil da ein ganz anderes Verhältnis und auch ganz andere Verantwortlichkeiten den Mitgliedern gegenüber bestehen. Derjenige, der von außen dazu kommt und dann auch wieder weg ist, der kann wesentlich freier Dinge ansprechen und Einzelfallmeinungen äußern." – Matthias Remmert, Journalist und Medienmanager

> „Auch im Gaming halte ich einen solchen Auftritt (berichtet wurde vorher über den YouTube-Kanal des GANGWAY e.V., Anm. d. Verf.), den man pflegt, für sehr sinnvoll. Dort könnten dann auch Erfahrungen und Fallbeispiele vorgestellt werden, wobei die Betroffenen gar nicht unbedingt selbst vorsprechen müssen. Da kann ich Lösungswege aufzeigen oder Suchttagebücher vorstellen, aber nur, wenn man ganz klar den Eindruck verhindert, dass „mich irgendein Sozialpädagoge hier volllabert". Deshalb ist es so wichtig, dass die Webworker selbst Gamer sind. Wir diskutieren im Alltag ganz oft darüber, ob die Dinge, die wir tun oder tun möchten, authentisch sind, oder ob es sich um einen versteckten Zeigefinger handelt." – Tilmann Pritzens, Sozialarbeiter/Streetworker

Zu unterscheiden ist mit Blick auf Online-Zugänge in der Gaming-Streetwork ganz grundlegend zwischen einem direkten und einem indirekten Ansatz. Bei dem *direkten Zugang* werden die Gaming-Streetworker:innen unmittelbar aktiv, sprechen die Zielgruppen also selbst an, bauen sich eigene Netzwerke auf und führen sozialarbeiterische Maßnahmen durch. Diese Reinform der digitalen Streetwork kann auf Basis der Interviews in dieser Studie auf zwei unterschiedliche Arten gelingen. Zum einen wäre es denkbar, auf das spielbezogene Handeln selbst zuzugreifen, hier zu verstehen sowohl als das gemeinsame Spielen auf Gameservern, als auch als Kommunikation über Videospiele in Foren, Kommentarspalten oder auf Streaming-Plattformen. Hintergrund ist, dass eine unmittelbare und kritische Auseinandersetzung mit Spielinhalten den intrinsisch motivierten sozialen Austausch stark fördert. Auch für eine:n digitale:n Sozialarbeiter:in könnte das gemeinsame Spielen und Diskutieren über Spiele deshalb der natürlichste Zugang zur Zielgruppe sein. Da sich gerade auf Streaming-Portalen und in Foren viele exzessive Nutzer:innen aufhalten, sollten solche Plattformen unbedingt mitgedacht werden, wenn die digitale Straße im Gaming definiert werde. Klar ist allerdings, dass abseits der offenen Ingame-Mitspieler:innensuche sensibel vorgegangen werden sollte. Foren-Threads, die sich mit Gewalt im Spiel oder mit Suchtverhalten beschäftigen, bieten aus pädagogischer Sicht zwar gute Ansatzpunkte, sollten inhaltlich aber nur sachlich und im Redeanteil konservativ ergänzt werden. Ebenso gilt Zurückhaltung, wenn Kleingruppen via Kommunikationstools wie *Teamspeak* oder *Discord* angesprochen werden. Hier sollten ausschließlich öffentliche Kanäle betreten werden, wobei damit gerechnet werden muss, dass auch dort vorwiegend private Unterhaltungen stattfinden. Auch auf der digitalen Straße im Gaming bedarf also jeder einzelne Zugangsort spezifischer Verhaltensregeln (insbes. Interviews Endres, Rehbein, Nehring, Florack, Woost, Einsiedler, Fack, Pritzens).

> „Die andere Möglichkeit wäre, im Sinne des Streetwork-Ansatzes dorthin zu gehen, wo die Jugendlichen sind, also auf die digitale Straße und direkt in die Spiele. […] Die Sozialarbeiter sollten vielleicht sogar auf allen relevanten Plattformen unterwegs sein, da wo die Jugendlichen spielen, wo sie sich zum Spielen verabreden, wo sie über das Spiel diskutieren. Themen wie Spielupdates, Lootboxen und ähnliches sind natürlich sehr gute Anknüpfungspunkte für den Sozialarbeiter, weil da eventuell sowieso schon eine kritische Auseinandersetzung über ein Spiel stattfindet. Von da ausgehend ist der Weg nicht mehr so weit, auch über das eigene Spielverhalten zu sprechen." – Florian Rehbein, Diplom-Psychologe

> „Im Digitalen stelle ich es mir deutlich schwieriger vor als im klassischen Streetwork, den Schritt zu gehen und Gespräche miteinander zu beginnen. […] Sehr wichtig ist glaube ich, dass man mitzockt, denn in diesem Zusammenhang finden ja sehr viele Gespräche statt. Letzten Endes wird in der Gaming-Community ja schon die meiste Zeit gespielt – man verbringt nicht so viel Zeit in Foren und diskutiert da. Vielleicht ist der digitale Streetworker dann sogar noch ziemlich gut, um schnell Respekt zu bekommen." – Linus Einsiedler, Medienpädagoge

> „Es gibt nach Spieletiteln oder Regionen gestaffelt offene ‚Teamspeak'- oder ‚Discord'-Community-Server, über die man die Möglichkeit hat, Kontakt zur jeweiligen Szene zu bekommen. Wir selbst betreiben hier in Gera auch einen solchen Community-Server, auf dem sich mittlerweile rund 300 Menschen – das müssen gar nicht immer nur Jugendliche sein – aufhalten. Wir bewerben diese Plattform via ‚Instagram' und ‚Twitter', und für alle, die neu dazukommen, gibt es dann eine kurze Vorstellungsrunde zum Kennenlernen oder dergleichen." – Frank Nehring, Unternehmer und Team-Manager

Der zweite Ansatz direkter digitaler Straßensozialarbeit im Gaming wird von den Expert:innen insbesondere wegen seiner ausgeprägten Handlungsstrukturen und einer vergleichsweise hohen Verbindlichkeit geschätzt. Konkret geht es darum, dass die Gaming-Streetworker:innen zur Kontaktaufnahme bereits auf bestehende Cliquen mit klaren Hierarchien, festen Ansprechpartner:innen und (kodifizierten) sozialen Handlungsstrukturen zugreifen könnten. Gaming-Clans, -Gilden und eSport-Teams umfassen teilweise mehrere Dutzend Mitglieder, die sich untereinander gut kennen und ihr Spielverhalten in allseitigem Sinne miteinander koordinieren. Gerade die größeren Communities sowie ambitionierte eSport-Vereine folgen ausdifferenzierten Regelkatalogen zum sozialen Umgang miteinander sowie zum zielorientierten gemeinsamen Spiel. An der Spitze dieser Gemeinschaften und Organisationen stehen in der Regel Ehrenamtliche, die einen beträchtlichen Teil ihrer Freizeit in die Administration und Förderung des konstruktiven Miteinanders investieren. Die digitalen Sozialarbeiter:innen im Gaming könnten nun auf Clans zugehen und die bereits bestehenden sozialen Strukturen durch ihre sozialpädagogische Expertise bereichern. Der Kontaktaufbau könnte zum Beispiel über die Clanleitung erfolgen, die die Gaming-Streetworker:innen gegenüber den Clan-Mitgliedern vorstellt, fachlich legitimiert und den Beziehungsaufbau begleitend moderiert. Für den oder die digitale:n Sozialarbeiter:in ließe sich damit der neuralgische Erstkontakt im Vergleich zur reinen digitalen Straße in der Theorie substanziell vereinfachen. Zudem könnte der Community-orientierte Zugang mit relativ geringem Aufwand – denn überzeugt werden muss zunächst nur die Clanleitung – größere Gruppen von Klient:innen erschließen. Es wäre also denkbar, dass Gaming-Streetworker:innen in ihrer Arbeitszeit als Dienstleister mehrere

Clans und Communities parallel betreuen, wobei feste Zeitslots vergeben werden und die individuelle Fallarbeit von der Clanleitung unterstützt beziehungsweise fortgeführt werden könnten (insbes. Interviews Endres, Nehring, Lutz, Einsiedler, Remmert, Gallace, Pritzens).

> „In diesem Szenario wäre man Teil eines komplexeren Teams und Plans im Verein, in dem es jemanden für die Taktik gibt, jemanden für die Fitness und auch jemanden für Pädagogik und Soziales. Ich sehe die Notwendigkeit einer solchen Person auch weniger im Spitzensport, sondern insbesondere im Nachwuchs- und Amateurbereich. Das sollte auch im Interesse der Clans selbst liegen, sagen zu können, dass man sich um seine jungen Leute gut kümmert, dass man auch die Eltern einbezieht und verschiedene Projekte initiiert." – Matthias Remmert, Journalist und Medienmanager

> „Dann müsste aber ein Sozialpädagoge gar nicht fest in einem Clan arbeiten, sondern könnte – eventuell ausgehend von einer gemeinsamen Plattform aller digitalen Sozialarbeiter im Gaming – nur punktuell, zum Beispiel bei konkreten Problemfällen, kostenlos ins Clanleben einbezogen werden. [...] Ich sehe in einer Beratungsstelle eben den Vorteil, dass die Sozialarbeiter dadurch eventuell nicht so stark an die abendlichen Stunden gebunden wären. Wichtig ist einfach, dass den Clans, Gilden und Vereinen klargemacht wird, dass jemand da ist, wenn sie Hilfe brauchen. Wenn dieser Fall eintritt, intensiviert und individualisiert sich der Kontakt wahrscheinlich von selbst. Aber man bräuchte dadurch auch nicht für jeden einzelnen Clan einen Sozialarbeiter." – Salvatore Gallace, Marketing Manager

Möglich wäre auch, dass Gaming-Streetworker:innen nicht als Dienstleister bestehende Teams ergänzen, sondern direkt eigene Communities und eSport-Teams gründen. Der dadurch ansteigenden pädagogisch-konzeptuellen Freiheit steht wiederum ein größerer Rekrutierungsaufwand gegenüber. Auch stellt sich die Frage, unter welchem Label ein Gaming-Streetwork-Clan nach außen auftritt und inwiefern das pädagogische Setting die Mitmachbereitschaft einschränken könnte:

> „Vielleicht funktioniert ein cooler Aufruf, dass man beispielsweise ein eSport-Team gründen möchte, also eine Art Sportverein. Da muss man natürlich ein Wording finden, das nah an dem dran ist, was die Kids auch cool finden. Das könnte gut funktionieren, nur ist man dann im ersten Schritt lediglich ein weiterer Clan, und darauf aufbauend muss man überlegen, wie man das umsetzen kann, was man aus pädagogischer Sicht eigentlich umsetzen will." – Dimitry Halley, Journalist

Unabhängig von diesen strategischen Details befürworten die Expert:innen dieser Studie den Clan-orientierten Ansatz in der Gaming-Streetwork und bezeichnen diesen als *digitales Jugendzentrum*:

> „Man könnte den Weg auch andersherum gehen und als Sozialarbeiter einen eigenen Kanal aufmachen, eine eigene Community gründen. Ich halte es nicht für optimal, sich auf irgendeine Art und Weise in ein Projekt einzuschleusen. Eine eigene Community würde ich dann entsprechend vermarkten, zum Beispiel auf Events wie der ‚gamescom', und mir die Leute auf diesem Wege selbst zu mir holen. [...] Ich sehe diesen eigenen Channel ähnlich wie ein Jugendzentrum oder ein Kompetenzzentrum für Gaming. Es soll ja auch ein Stück weit ein Rückzugsort sein, zum Wohlfühlen, an dem man auch mal über Probleme spricht. Solch einen

> Rückzugsort findet man ja eher nicht auf den Servern und in den Kanälen, in denen man sich ansonsten aufhält." – Frank Nehring, Unternehmer und Team-Manager

Der *indirekte Zugang* zu den Zielgruppen der Gaming-Streetwork schließt an die Diskussion über begrenzte Ressourcen und Reichweiten professioneller digitaler Straßensozialarbeit an. Ausgehend von der Annahme, dass ein:e Gaming-Streetworker:in selbst bei Community-orientiertem Vorgehen nur einen Bruchteil seiner oder ihrer potenziellen Klient:innen adressieren und betreuen kann, schlagen die Expert:innen in den Interviews zusätzliche Multiplikatoren-Projekte vor. Medienpädagogische Grundsätze im Gaming könnten so unkompliziert an breite Nutzer:innengruppen vermittelt werden. Angesprochen wird unter anderem die medienpädagogische Schulung von Moderator:innen in Foren, Kommentarspalten und Live-Chats, die proaktiv über gesundes Gaming informieren, gegenläufige Inhalte und Verhaltensweisen konstruktiv sanktionieren und im Bedarfsfall an professionelle Gaming-Sozialpädagog:innen vermitteln könnten. Als Streetwork-Multiplikatoren kommen ausdrücklich auch von Spieleentwicklern beschäftigte Community-Manager:innen infrage, außerdem (gleichaltrige) Ehrenamtliche. Auf Massenplattformen wie *YouTube*, *Twitch*, *Teamspeak* oder in den Spielen selbst könnten ergänzend Bots und Skripte zum Einsatz kommen, die Gaming-Streetwork-Angebote bewerben und Nutzer:innen regelgeleitet auf selbst- und sozialschädliches Verhalten hinweisen. Moderator:innen und Bots könnten zwar bestimmte Verhaltensmuster sanktionieren, sollten gerade schwierigere Fälle allerdings im Diskurs mit ausgebildeten Sozialpädagog:innen entscheiden. Unterstützung erhoffen sich die Expert:innen außerdem von bekannten Persönlichkeiten der Gaming-Szene, darunter Profi-Spieler:innen, Journalist:innen und Streamer:innen. Diese Akteure verfügen in der Regel über hohe Reichweiten auf mehreren medialen Kanälen und könnten nach einer medienpädagogischen Schulung nicht nur Gaming-Streetwork-Angebote vorstellen, sondern auch die Grundsätze konstruktiven Gamings selbst vorleben. Stellenweise würde es sich außerdem anbieten, mit Turnierveranstaltern zu kooperieren, die regelmäßige Sprechstunden und Betreuungsangebote für ihre teilnehmenden Teams und Spieler:innen anbieten könnten. Vorgeschlagen werden außerdem verschiedene Anreizmechanismen für Gaming-Clans zur pädagogischen Arbeit durch Dachverbände wie den *Esport Bund Deutschland*, darunter zum Beispiel ein Zertifikat für vorbildliche Jugendarbeit bei Kooperation mit einer Gaming-Streetwork-Initiative (insbes. Interviews Budiman, Emons, Remmert, Gallace).

> „Man könnte also einen Standard schaffen, was die Moderation auf verschiedenen Plattformen angeht, auf ‚Discord', ‚Facebook', ‚Twitch', ‚Teamspeak' etc., sodass Moderatoren auf diesen Plattformen weniger ökonomisch, sondern deutlich stärker pädagogisch motiviert agieren." – Daniel Budiman, Journalist und Medienmanager

„Dann könnte ich als jemand, der das Konzept kennt und die Plattform ‚99Damage' mit 500 registrierten Teams und über 10.000 registrierten Spielern betreibt, dieses Angebot in einer News vorstellen und auf Vereine oder Stellen hinweisen, die das schon umsetzen. Bei denen kann man sich dann informieren oder anmelden, wenn man als Clanchef oder Teammitglied schon einmal Probleme mit Streitereien, Mobbing, exzessivem Spielen etc. hatte – was sicherlich bei 80 Prozent der Spieler oder Teams schon mal passiert ist. Man könnte zum Beispiel an jedem Spieltag der ‚99Damage-Liga' einen oder zwei Sozialarbeiter mit auf den ‚Teamspeak'-Server setzen, mit denen die Spieler nach den Matches sprechen können." – Matthias Remmert, Journalist und Medienmanager

„Auch mit den großen Teams kann man sprechen, um dort das Verständnis für den Mehrwert dieser Arbeit zu etablieren, eventuell verbunden mit einem Zertifikat für vorbildliche Jugendarbeit, das sie bekommen, wenn sie einen Sozialarbeiter beschäftigen." – Matthias Remmert, Journalist und Medienmanager

„Der ‚Esport Bund Deutschland' könnte Gaming-Vereinen sogar vorschreiben oder nahelegen, einen Pädagogen dabei zu haben. Wird es nicht vorgeschrieben, müsste man den Vereinen und Communities eben deutlich aufzeigen, welche Vorteile sie davon hätten, einen Sozialarbeiter zu integrieren. Darüber hinaus gibt es auch von Spieleentwicklern angestellte Community-Manager, die beispielsweise öffentliche ‚Discord'-Server verwalten und ständig in Kontakt sind mit Spielern, zu ganz unterschiedlichen Themen. Auch da könnte man in den Diskurs gehen, denn auch diese Leute sollten aus meiner Sicht einen pädagogischen Hintergrund haben." – Salvatore Gallace, Marketing Manager

„Man kann nicht jeden kleinen ‚Discord'-Server und -Channel im Auge behalten. Vielleicht müsste man Bots installieren, die auf bestimmte Hilfsangebote hinweisen und vermitteln – zumindest für ‚Discord' lassen die sich auch sehr einfach programmieren. [...] Dort (auf den Gameservern, Anm. d. Verf.) könnte man Sozialarbeiter nur in Absprache mit den Spieleentwicklern wirklich gut einbinden, als Server-Admins beziehungsweise Community-Manager. Wenn der dann beispielsweise über die Bots auf ein bestimmtes Fehlverhalten aufmerksam gemacht wird, dann könnte er diese Spieler direkt anschreiben und in den Dialog treten, anstatt einfach nur zu bestrafen." – Salvatore Gallace, Marketing Manager

Mehrere Hürden und Herausforderungen werden von den Expert:innen benannt, die eine Online-Kontaktaufnahme in der Gaming-Streetwork erschweren beziehungsweise in ihrer Breitenwirkung einschränken könnten. Zwar halten sich im Online-Gaming wesentlich mehr Jugendliche auf als beispielsweise in analogen Jugendzentren, wodurch Streetwork-Programme effektiver und effizienter arbeiten können. Gleichzeitig stellt vor allem der Offline- und Singleplayer-Bereich einen relevanten schwarzen Fleck dar. Vor allem exzessive und pathologische Nutzung kann hier nur sehr schwer verhindert und diagnostiziert werden:

„Man muss direkt ins Spiel, Sie haben es ja schon gesagt, auf die digitale Straße. Social Media ist zum Beispiel schon wieder ein ganz anderer Bereich. Darüber wird man sie nicht kriegen, vor allem diejenigen nicht, die man eigentlich wirklich ansprechen will. Der digitale Streetworker muss eigentlich mit den Jugendlichen spielen, er muss mit ihnen auf einer coolen Ebene spielen. Das funktioniert natürlich nur für Multiplayer-Spiele. Wenn du ein Singleplayer-Spiel hast, vor dem du ganz alleine sitzt, ist es schwieriger die Leute zu erreichen." – Marc Helbig, Softwareingenieur

Unklar ist außerdem, inwiefern Gaming-Streetwork-Angebote, die aufgrund ihrer Lebensweltorientierung auch Shooter und nicht jugendfreie Videospiele aufgreifen, die Unterstützung von Trägern der Jugendsozialhilfe bekommen. Dagegen sprechen könnten sowohl ethische als auch rechtliche Argumente:

> „Eine Frage, die ich mir noch stelle, ist: Was macht man mit Spielen wie ‚Rainbow Six: Siege', die eigentlich keine Kids spielen sollten, es aber trotzdem tun. Denn die Caritas kann ja nicht einfach einen Gaming-Verein für ‚Counter-Strike' gründen und dann die ganzen 12-Jährigen einladen. […] Dankenswerterweise gibt es diese großen Hype-Spiele wie ‚Minecraft' und ‚Fortnite', die auch ohne Alterseinschränkung freigegeben sind. Aber es stimmt schon, man müsste an die Shooter-Spiele etc. rankommen, sonst übersieht man sicher viele Fälle, die eigentlich jemanden bräuchten." – Dimitry Halley, Journalist

Da breitflächige Digital-Streetwork-Angebote im Gaming sehr ressourcenintensiv sein können, wenn beispielsweise Clans als digitale Jugendzentren gegründet werden, benötigen derartige Initiativen ergiebige personelle und finanzielle Ressourcen. Da zudem im Digitalen regionale Zuständigkeiten praktisch kaum umsetzbar sind, bedürfe wirkungsvolle Straßensozialarbeit im Gaming einer breitflächigen Förderung durch den Bund:

> „Denn dieser Ansatz klingt für mich zunächst einmal sehr ressourcenintensiv – es sein denn, ich lasse mich wegen meines persönlichen Bezugs darauf ein, dieses Spiel in einer Gemeinschaft zu spielen. Wenn ich aber jemanden bezahlen würde, um sich in solche Spielgemeinschaften zu integrieren, dann ginge das mit einem enormen Zeitaufwand einher und man bräuchte eine große Anzahl solcher Streetworker." – Jakob Florack, Facharzt für Psychiatrie und Psychotherapie

> „Vorstellen könnte ich mir beispielsweise eine Art Beratungsstelle, bei der sich Gaming-Communities Streetworker bei Bedarf an die Seite holen können. So eine Initiative müsste aber vom Bund ausgehen, um deutschlandweit dann auch präsent zu sein." – Salvatore Gallace, Marketing Manager

Eine glaubhafte und leistungsfähige Gaming-Sozialarbeit hängt in beträchtlichem Maße auch an der Unterstützung der Gameswirtschaft. Sozialpädagogische Angebote lassen sich im Rahmen aktueller Spielmechaniken nicht gut bewerben und umsetzen. Spieleentwickler sollten deshalb den infrastrukturellen Rahmen schaffen, um Streetworker:innen im Gaming gegenüber ihren Zielgruppen zu legitimieren (etwa über spezielle Abzeichen), bedenkliches Spiel- und Kommunikationsverhalten zu erkennen (anhand von Statistiken und Datenbanken), und aktive Suchtprävention im Spiel selbst zu ermöglichen (Verweisbanner, Kontaktformulare und Chatfunktionen):

> „Ich denke da an Internetforen, wobei die in ihrer Bedeutung ja auch eher abnehmen, und dann muss man sich natürlich ins Spiel begeben, wobei da die Hürde, in Kontakt zu kommen, noch einmal höher wäre als in einem Online-Forum. Wenn man im Spiel über einen Voice-Chat jemanden anspricht, hat das wahrscheinlich eine abschreckende Wirkung im Vergleich zur

mittelbaren Kontaktaufnahme in einem Forum. […] Natürlich im Spiel selbst, aber da hätte ich das Bedenken, dass man da schnell als übergriffig empfunden wird. Denn das gemeinsame Spielen wird dann dafür genutzt, jemanden anzusprechen, obwohl man sich gar nicht beraten lassen wollte und gar nicht mehr die Wahl hat, wenn man eben angesprochen wird." – Jakob Florack, Facharzt für Psychiatrie und Psychotherapie

„Ich habe früher versucht, mir mit einem Avatar im Rollenspiel ‚Second Life' eine Therapiepraxis einzurichten, das war gar nicht so einfach. Denn die Frage stellt sich ja immer, wie Gamer auf ein solches Angebot aufmerksam werden, und da kann man sicher auch ingame (innerhalb eines laufenden Spiels, Anm. d. Verf.) Werbung machen. […] Hat nicht funktioniert. Ich habe zwar Möbel gekauft, aber musste dann feststellen, dass man eine ganze Weile da sein und einiges investieren muss, um Land für das Haus zu kaufen. Dann saß ich da auf meinen Möbeln in der freien Natur und habe versucht, für meinen Avatar ein normales Outfit zu bekommen, das war alles immer irgendwie unangemessen sexy. Außerdem habe ich irgendwann einen mir unerklärlichen Fehler gemacht und bin in eine Art Gefängnis gekommen, und an dem Punkt habe ich aufgehört." – Bert te Wildt, Facharzt für Psychiatrie und Psychotherapie

„Insgesamt haben wir bei ‚GANGWAY' nur selten proaktiv Kontakt zu Jugendlichen im Internet aufgenommen, eben wegen jener Skepsis und der Anonymität; meistens ist das auf bestimmte Hinweise in Einzelfällen hin geschehen. Oft, und gerade dann, wenn wir gescheitert sind, sind wir aber an den Punkt gekommen, dass es optimal wäre, wenn wir mit einwandfrei identifizierbaren Accounts direkt in das Spiel hineinkämen und Kontakt aufnehmen sowie eine Vertrauensbasis schaffen könnten." – Tilmann Pritzens, Sozialarbeiter/Streetworker

Die Arbeit in und mit Clans könnte an Zugkraft verlieren, weil viele dieser Gruppierungen nur sehr lose und unzuverlässig organisiert sind. Denkbar wäre weiterhin, dass digitale Streetworker:innen ungewollt und unbewusst in die Rollen reiner Mitspieler:innen oder Trainer:innen abdriften, wobei der präventive und diagnostisch-rehabilitative Teil ihrer Arbeit auf der Strecke bleiben könnte:

„Manche von diesen Organisationen sind allerdings sehr lose organisiert. Sie haben zwar über hundert Mitglieder, aber erreichen nie alle. Sie können an alle eine Mail schreiben und die Mail wird nur von fünfzig Leuten gelesen. Aber trotzdem erreicht man mehr Leute, als wenn man einfach nur im Spiel unterwegs ist. Angenommen, du hast eine Organisation, die ihre Spieler auch wirklich kennt, dann kann die dir von Anfang an sagen, wer ihre Problemkinder sind." – Marc Helbig, Softwareingenieur

„Das kann ich mir gut vorstellen, frage mich aber, was er oder sie dann dort genau machen soll. Der klassische Streetwork-Gedanke geht ja davon aus, Problemfälle zu behandeln beziehungsweise zurückzuführen. Da geht es ja eher nicht darum, jemandem zu helfen, möglichst schnell das nächste Level zu erreichen." – Matthias Fack, Sozialpädagoge

Nicht alle Webplattformen eignen sich gleich gut für Gaming-Streetwork. Es könnte beispielsweise sein, dass Foren, in denen sich bereits Spieler:innen mit Suchterfahrung untereinander austauschen, aus sozialpädagogischer Sicht nicht besonders ertragreich sind. Streaming-Plattformen wie *Twitch*, wo auf vielen Kanälen in hohem Tempo insbesondere das gezeigte Gameplay besprochen wird, könnten wiederum keinen echten Ansatzpunkt für tiefergehende Diskussionen bieten. Angebote und Maßnahmen digitaler Straßensozialarbeit im Gaming, für die sich Spieler:innen auf gesonderten Webportalen registrieren müssen, könnten außerdem abschrecken:

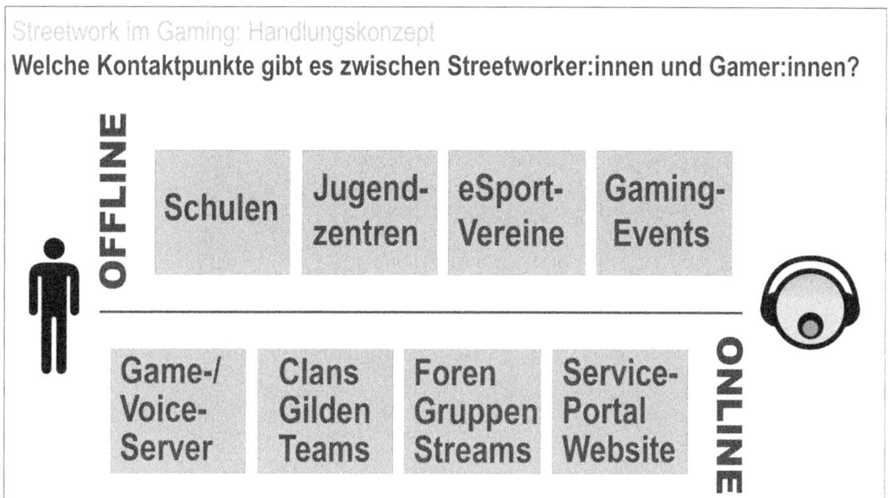

Abbildung 47: Schaubild 1 zum Ergebnisblock „Zugangswege zur Zielgruppe in der Gaming- Streetwork": Streetwork in primär digitalen Handlungsfeldern ist nicht ausschließlich auf Online-Zugangswege angewiesen. Gaming-Streetwork, die ihre Zielgruppen im Netz vor allem auf Game- und Voice-Servern, in Foren und Live-Chats oder über Clans und Gilden kontaktiert, kann auch offline wirken. Vorgeschlagen werden Schulen, Jugendzentren, eSport-Vereine oder Gaming-Events (z. B. Messe gamescom), um über digitale Streetwork-Angebote im Gaming zu informieren und den virtuellen Beziehungsaufbau zu rahmen (eigene Darstellung).

> „Auch Aufrufe in Foren, in denen sich bereits Betroffene untereinander austauschen, gehen etwas am Ziel vorbei, denn diese Leute haben sich ja bereits eingestanden, dass sie ein Problem haben." – Dimitry Halley, Journalist

> „Wenn ich jetzt demgegenüber an ‚Twitch'-Chats denke, da wird sich ja in der Regel über eine bestimmte Spielsituation ausgetauscht, da geht es weniger um den persönlichen Kontakt zueinander." – Frank Nehring, Unternehmer und Team-Manager

> „Was ich immer als lästig empfinde, ist, wenn man sich auf vielen verschiedenen Seiten registrieren und anmelden muss. Ich nutze zum Beispiel auch viel lieber Clanfunktionen innerhalb von Spielen, als für alles immer noch eine eigene Webseite zu erstellen. Wenn wir zum Beispiel bei ‚Forza Horizon' einen Test machen, dann sage ich den Leuten auch: ‚Hey, wir haben hier den Gamestar-Clan, kommt doch mal rein.' Und dann kommen da tausend Leute rein. Aber wenn es eine extra Seite gäbe, auf der man sich für so einen Clan anmelden kann, dann würde da niemand mitmachen." – Dimitry Halley, Journalist

Der Ergebnisblock „Zugangswege zur Zielgruppe in der Gaming-Streetwork" kann abschließend mit folgender Ergebnisthese zusammengefasst werden:
Digitale Straßensozialarbeit im Gaming hat mehrere Möglichkeiten, ihre Zielgruppen anzusprechen, und reicht dabei weit über das klassische Bild des mitspielenden Kumpeltypen, der bei Bedarf angesprochen werden kann und immer erreichbar ist, hinaus. Neben dieser extrem niedrigschwelligen, aber mitunter wenig effizienten Herangehensweise sind auch stärker strukturierte und deutlich proaktivere Ansätze denkbar, darunter die regelmäßige Betreuung von Clans und eSport-Teams oder

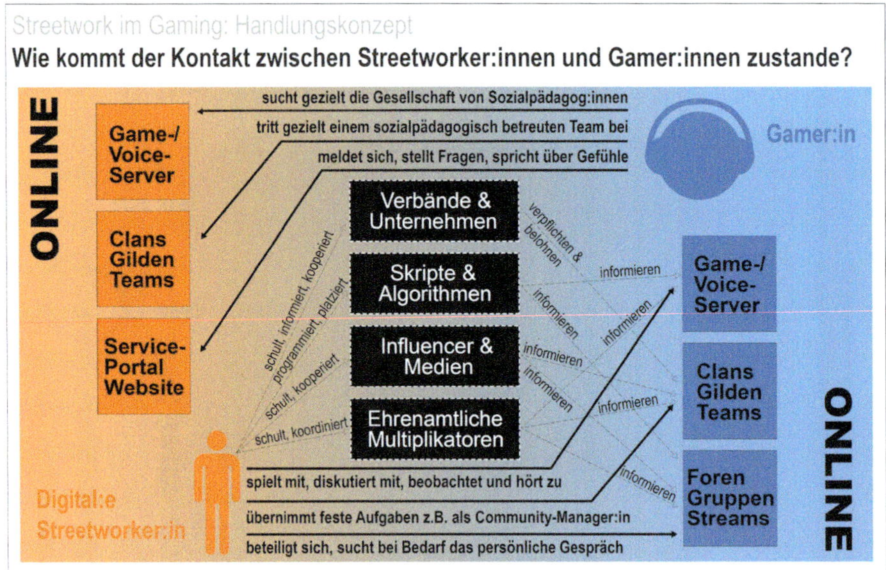

Abbildung 48: Schaubild 2 zum Ergebnisblock „Zugangswege zur Zielgruppe in der Gaming- Streetwork": Der Kontaktaufbau zwischen digitalen Streetworker:innen im Gaming und ihren Zielgruppen kann auf vielfältige Wege zustande kommen und läuft langfristig optimalerweise reziprok ab. Initial geht ein:e Gaming-Streetworker:in (orange) an den beschriebenen Kontaktpunkten (blaue Blöcke) aktiv auf die Gamer:innen zu und passt seine oder ihre konkrete Vorgehensweise an die Eigenheiten des jeweiligen Kanals an. Neben einem direkten und persönlichen Erstkontakt kann auch mit verschiedenen Multiplikatoren gearbeitet werden (schwarze Blöcke), die zunächst geschult und koordiniert beziehungsweise platziert werden müssen. Anschließend gelingt es allerdings umso besser, breite Zielgruppen niedrigschwellig zu informieren und bei Bedarf an die digitalen Streetworker:innen zu vermitteln. Hat sich eine Digital-Streetwork-Initiative im Gaming etabliert, treten Netzwerk- und Empfehlungsmechanismen in Aktion, durch die auch Gamer:innen den Erstkontakt zu Angeboten der Gaming-Streetwork (orange Blöcke) suchen (eigene Darstellung).

die Kooperation mit Turnierveranstaltern besonders an Spieltagen. Mit der Unterstützung von Spieleentwicklern könnten automatisierte Skripte Digital-Streetwork-Funktionen auch direkt in das Spiel integrieren, bewerben und bei schädlichem Verhalten individuell empfehlen. Außerhalb des Internets bieten sich vor allem die Schule, das Jugendzentrum sowie Gaming-Messen und Vortragsreihen als Plattformen zur Zielgruppenansprache an. Die Gaming-Streetworker:innen können ihren eigenen, begrenzten Wirkungsbereich dabei vor allem im Bereich der Aufklärung und Verweisberatung durch Multiplikatoren-Projekte mit Szene-Stars, Clan- und Vereinsleiter*:innen sowie Peers substanziell erweitern. Gleiches gilt prinzipiell auch für Lehrer:innen und Eltern, die entsprechend für Chancen und Risiken im Gaming sowie für die Arbeitsprinzipien und Angebote der Gaming-Streetwork sensibilisiert werden müssten. Relevante Hürden beim Zielgruppen-Zugang digitaler Straßensozialarbeit im Gaming betreffen den Ethik- und Rechtsrahmen (v. a. Umgang mit Shootern und nicht jugendfreien Spielen), die Finanzierung (ressourcenintensiv*

und überregional) sowie die nötige Webarchitektur (glaubhafte Streetwork-Profile, prominente Werbung und Informationen, einfache Kontaktaufnahme).
Die beiden Abbildungen 47 und 48 zeigen die wesentlichen Kontaktpunkte zwischen Gamer:innen und Gaming-Streetworker:innen global betrachtet sowie die detaillierten Kontaktwege speziell im Online-Kontext noch einmal in der grafischen Übersicht (vgl. Abb 47; Abb 48).

11.8 Selbstdarstellung des oder der Gaming-Streetworker:in

Sozialarbeiter:innen im Gaming sollten in den Augen der befragten Expert:innen im Sinne des optimalen Zielgruppenzugangs (Auffindbarkeit, Kontaktaufnahme, Netzwerken) sowie aus Gründen der Transparenz (Gaming-affine:r Sozialpädagoge:in statt pädagogisch interessierte:r Gamer:in oder dubiose:r Gruschler:in) eigene Avatare beziehungsweise Profile in gängigen Gaming-Netzwerken besitzen. Die Profilseiten sollten alle nötigen Informationen zur Person und Tätigkeit enthalten, hinterlegt mit Links zu den Basis-Webseiten der Streetwork-Initiative, auf denen sich Identitäten und Arbeitsschwerpunkte verifizieren lassen. Spezielle grafische Qualitätssiegel, die fest in Gaming-Streetwork-Nutzerprofile eingebunden sind, könnten zusätzlich deren Sonderrolle repräsentieren (insbes. Interviews te Wildt, Halley, Rehbein, Pritzens, Helbig).

> „Aber grundsätzlich würde ich sehr offenen agieren und alle Barrieren soweit es geht abbauen; der Streetworker spricht offen über seine Person und Tätigkeit, und auch auf der Basis-Webseite könnten ergänzende Infos zum Programm stehen, beispielsweise in Form einer FAQ. Da werden dann die zentralen Fragen wie: ‚Warum sind Streetworker überhaupt hier?' möglichst gut verständlich erklärt." – Florian Rehbein, Diplom-Psychologe

> „Eine der wichtigsten Grundlagen des Webwork ist aus meiner Sicht, eine Plattform als Basis zu haben, auf der man Informationen über dich als Webworker, über deinen Träger, deine Arbeitsphilosophie etc. findet. Auf diesen Webseiten gebe ich dann auch einen Überblick über meine zentralen Projekte. Und wenn ich von da aus in die sozialen Netzwerke hineingehe, dann gebietet es beispielsweise unser ‚GANGWAY'-Ansatz, der sehr tief in die Lebenswelt der Jugendlichen hineinreichen möchte, sich ganz genauso zu zeigen, wie man ist und wer man ist. Heißt konkret: Das Profil in diesen sozialen Netzwerken muss all das zeigen, was mit deiner beruflichen Person und Tätigkeit zu tun hat. Jeder Nutzer, auch die Freunde und Eltern, muss die Möglichkeit haben, über dein Bild und Profil herauszubekommen, wer du bist, wo du arbeitest, wie man dich erreichen kann und so weiter. [...] Und natürlich gelten im Gaming andere Arbeitszeiten, aber auch da kann man natürlich eine bestimmte Erreichbarkeit angeben." – Tilmann Pritzens, Sozialarbeiter/Streetworker

Zu überlegen wäre weiterhin, ob nicht auch die (realen) Profilbilder der digitalen Sozialarbeiter:innen durch grafische Overlays deren Tätigkeit betonen sollten. Gerade im Spiel selbst, in Foren oder im Sprach-Chat bilden Gametag und Profilfoto häufig die ersten und einzigen Informationsquellen über eine:n Nutzer:in. Es wäre deshalb gut, wenn auch in diesem deutlich verkürzten Kontext unmissverständlich erkennbar wäre, mit wem es die Heranwachsenden zu tun haben. Grafisch eingebettete Qualitätssiegel oder Logos der Gaming-Streetwork-Dachmarke könnten hier auf einfachem Wege Klarheit schaffen. Um allerdings gleichzeitig die Jugendlichen beim Erstkontakt nicht mit einem maximal transparenten, dadurch aber stark pädagogisch empfundenen Auftreten zu verschrecken, sollte die gängige Kommunikationsatmosphäre des jeweiligen Portals mitgedacht werden. Es gibt zum Beispiel gute Argumente dafür, im Sprach-Chat (via *Teamspeak* oder *Discord*) überhaupt kein Profilbild zu verwenden und das Gametag-Pseudonym höchstens noch mit dem realen Vornamen zu ergänzen:

> „Wenn ich darauf (‚Discord/Teamspeak', Anm. d. Verf.) connecten würde, würde ich vielleicht nicht direkt mit der Tür ins Haus fallen. Das ist jetzt vielleicht ein bisschen widersprüchlich zu alledem, aber ich würde mir erst einen ganz normalen Gamer-Tag geben, der in der Szene gang und gäbe ist, aber direkt dahinter zum Beispiel schon mal einfach meinen Vornamen schreiben. Das machen wir bei uns im Verein auch. Allein dadurch, dass ich den Vornamen dabeihabe, breche ich schon ein bisschen das Eis. Beim Profilbild würde ich auch irgendetwas Cooles wählen. […] Würde ich wahrscheinlich eher nicht machen (ein Bild von sich selbst als Avatar, Anm. d. Verf.). Wie Sie schon gesagt haben, es ist sehr unüblich, dass Leute ein Profilbild von sich selbst haben. Die meisten ‚TeamSpeaks' haben ja ein bestimmtes Spiel als Hintergrund. Wenn ich jetzt auf einen ‚League of Legends-Public-Discord' connecte, dann suche ich mir als Profilbild irgendetwas aus, was mit dem Spiel verbunden ist, ein Profilbild von irgendeinem Helden zum Beispiel." – Sascha Reißner, Student der Berufsbildung (Informatik/Wirtschaft)

Das Auftreten des oder der Gaming-Streetworker:in wäre auf diese Art normal für solche Plattformen und würde das grundsätzliche In-Kontakt-Kommen wahrscheinlich stark fördern. Die nötige professionelle Transparenz müsste dann im Gespräch selbst stattfinden, wobei wiederum fraglich ist, ob die Jugendlichen diese bewusst unspektakulär inszenierte Selbstdarstellung nicht bereits als eine Art Anschleichen oder Hintergehen werten. Schließlich wird auch in den Interviews für diese Studie regelmäßig betont, wie wichtig es für Gaming-Streetworker:innen ist, sich frühzeitig und sehr deutlich von allen möglichen anderen dubiosen Kontaktanfragen im anonymen Netz abzugrenzen. Dazu zählen die Expert:innen hier nicht nur werblich-ökonomische oder sexuelle Motivationen, sondern auch verdeckte Ermittlungen der Strafverfolgungsbehörden:

> „Ja, es muss aus meiner Sicht ein sehr direkter und transparenter Zugang sein, ansonsten entsteht direkt der Eindruck des Sich-Heranschleichens, des Ausspionierens. Das halte ich weder berufsethisch, noch pädagogisch für richtig. Also ein direktes Angebot machen, in Kontakt zu treten, denn ich bin mir sicher, dass Gamer in aller Regel genügend Selbstreflexion besitzen, eigene Probleme zu erkennen. […] Gleichzeitig muss es eine seriöse Adresse geben, eine Verifizierung, um sich von dubiosen Gruschlern und ähnlichen abzugrenzen." – Matthias Fack, Sozialpädagoge

> „Ganz wichtig ist aus meiner Sicht – beispielsweise im Unterschied zum Schulsozialarbeiter –, dass in unserer Arbeit keine Konsequenzen drohen, also Aussagen der Jugendlichen nicht automatisch zu Strafen führen, weil wir nicht Teil dieses Systems sind. […] Es gibt, als Beispiel, von der Polizei in Berlin eine Initiative, die sich ‚Operative Gruppe Jugendgewalt' nennt. Da

> werden junge Kolleg:innen spezialisiert, die auch sehr niederschwellig Vertrauen aufbauen, um daraus aber Informationen zu gewinnen, die ermittlungstaktisch verwertet werden können. Aber das ist nun mal die Arbeit der Polizei. Uns gegenüber sind Jugendliche, die bereits mit dieser Gruppe der Polizei zu tun hatten, dann oft sehr skeptisch." – Tilmann Pritzens, Sozialarbeiter/Streetworker

Eher sollen transparente Gaming-Streetworker:innen diverse Spitzen und Kommentare ihrer Zielgruppen zu ihrer außergewöhnlich offenherzigen Selbstdarstellung (die entsprechend Angriffsfläche bietet) aushalten, bevor sie als Teil einer Spam-Kultur wahrgenommen und geblockt werden:

> „Aber grundsätzlich würde ich sehr offenen agieren und alle Barrieren soweit es geht abbauen; der Streetworker spricht offen über seine Person und Tätigkeit […]. Manchmal brauchen die Streetworker dann aber sicher auch ein dickes Fell." – Florian Rehbein, Diplom-Psychologe

Rufen Gaming-Streetworker:innen eigene Clan- oder eSport-Projekte ins Leben, sollte auch dort von Anfang an klar sein, dass es sich um ein sozialpädagogisch geprägtes Angebot handelt. Um auch an dieser Stelle wieder Transparenz und Coolness in Einklang zu bringen, könnte der Streetwork-Träger als Clan- und Team-Sponsor auftreten, weniger als Initiator und hierarchisch Vorgesetzter. Es wäre somit denkbar, dass auch in den eigens initiierten Gaming-Projekten keine:r der Streetworker:innen die Leitung übernimmt, sondern lediglich gewisse Netiquette-Regeln gelten und vorwiegend von der Seite beraten wird. Die Jugendlichen könnten damit das wesentliche Geschick ihrer Organisation selbst bestimmen, dabei auf sozialpädagogische Unterstützung bauen und gegenüber ihren Peers mit einem echten Sponsor punkten:

> „Man würde, eventuell auch gekennzeichnet als Sponsorship oder ähnliches, den Träger mit auf den Webseiten des Gaming-Clans aufführen und dazu eventuell kurz erklären, wie das Projekt gegründet wurde, wer man ist und was man tut. Ziel sollte dann aber sein, es für die Jugendlichen immer cool genug zu verpacken, eventuell auch intern T-Shirts zu drucken und zu verteilen oder dergleichen. Denn jeder Jugendliche ist gern in einem Clan mit Sponsor. So würde ich versuchen, offen und transparent zu kommunizieren und den Jugendlichen gleichzeitig die Chance zu geben, es nach außen hin cool genug zu verkaufen." – Linus Einsiedler, Medienpädagoge

Zusätzlich zur selbst geschaffenen Transparenz und Authentizität legen die Expert:innen-Interviews eine externe Validierung der Digital-Streetwork-Qualität über die verfügbaren Empfehlungsmechaniken im Gaming nahe. Ziel sollte es für den oder die Sozialarbeiter:in deshalb sein, auf seinen oder ihren Webseiten und Nutzerprofilen möglichst viele positive Bewertungen (Likes, Kommentare, Reviews, Sterne-Skala etc.) zu sammeln. Auch könnte darauf hingearbeitet werden, dass Klient:innen ihrerseits im Bekanntenkreis oder in Gaming-Netzwerken ihre positiven Erfahrungen mit der Gaming-Streetwork teilen. Qualitätssiegel,

Abbildung 49: Schaubild zum Ergebnisblock „Selbstdarstellung des oder der Gaming-Streetworker:in": Am Beispiel des Layouts eines Nutzerprofils auf der Gaming-Plattform Steam wird veranschaulicht, welche Informationen, Abzeichen und sozialen Netzwerke den digitalen Streetworker:innen dabei helfen können, sich transparent, professionell und dennoch authentisch gegenüber ihrer Zielgruppe zu präsentieren. (eigene Darstellung)

die wie oben angesprochen unter anderem in Nutzerprofilen verankert werden könnten, kommen von angesehenen Gaming-Akteuren wie dem *Esport Bund Deutschland*, den Betreibern großer Ligen und Turniere oder von den Spieleentwicklern. Ohnehin hängt die prominente Platzierung eines Qualitätssiegels im Spiel sowie auf Nutzer:innenprofilen zentral von der technischen Unterstützung der Plattformbetreiber ab:

> „Reputation ist ganz wichtig, gerade im Zeitalter der Likes. Wenn ich einen Sozialberater sehe, der 500 Likes hat und eine 4,5-Sterne-Bewertung, dann gehe ich dort eher hin." – Matthias Remmert, Journalist und Medienmanager

> „Es gibt so etwas (Qualitätssiegel in Nutzerprofilen im Gaming, Anm. d. Verf.) auf jeden Fall, aber natürlich nicht mit diesem speziellen Thema. Wenn man das ‚League of Legends'-Profil eines Spielers checkt, dann sieht man beispielsweise, wenn derjenige Profispieler ist. Das kann man nachlesen. Wenn man das Profil ansieht auf der Website, steht bei denen ein extra Label: ‚Spielt in Team XY als Profispieler'. Das muss natürlich vom Publisher gewollt werden und abgesprochen sein. Trotzdem ist es natürlich auch die Frage, ob das funktionieren würde, wenn man direkt sieht, dass das so einer ist, ob man dann nicht von vornherein sagt, mit dem will man nichts zu tun haben." – Marc Helbig, Softwareingenieur

Zu den Strategien der Selbstdarstellung der Gaming-Streetworker:innen lässt sich also festhalten:
Die Sozialarbeiter:innen im Gaming passen ihr Auftreten weitmöglichst an die Gewohnheiten und Präsentationsflächen der Szene an, stellen dabei aber jederzeit transparent ihre Person und Tätigkeit vor. Den Kompromiss aus authentischer Street-Credibility (Kumpel/Coolness) und professioneller Anerkennung (Expert:in/Respekt) gelingt durch die subtile Einbindung von Fachinformationen und pädagogischen Handlungskonzepten in den Gaming-Alltag der Jugendlichen. Vorstellbar sind beispielsweise grafische Qualitätssiegel und positive Bewertungen in Streetwork-Nutzer:innenprofilen auf Gaming-Plattformen wie ‚Steam'. Gaming-Streetwork-Initiativen könnten sich weiterhin im Sinne des Szene-Jargons ansprechende Markennamen geben, die Streetworker:innen selbst entsprechend eingängige – aber nicht zu offenherzige – Gametags. Gaming-Streetwork-Träger könnten außerdem als Clan-/Team-Sponsoren auftreten, um pädagogische Transparenz mit praktischem Mitmachanreiz zu verbinden.
Die wesentlichen Aspekte einer transparenten, aber dennoch szenenahen Selbstdarstellung der digitalen Streetworker:innen im Gaming werden in Abbildung 49 am Beispiel eines schematischen Nutzerprofils im Layout der Gaming-Plattform *Steam* noch einmal komprimiert zusammengefasst.

11.9 Zielgruppen-Ansprache und Erstkontakt

Wenn klar ist, an welchen Orten Gaming-Streetworker:innen den Kontakt zu ihren Zielgruppen aufnehmen können, stellt sich die nächste Frage nach der konkreten Herangehensweise beim Erstkontakt. Es geht schließlich darum, als Gast in einer von den Jugendlichen okkupierten Szene überhaupt erst einmal akzeptiert und dann zunehmend als Expert:in anerkannt zu werden. Drei wichtige Spannungsfelder identifizieren die Befragten in dieser Studie in diesem Zusammenhang. Einerseits muss geklärt werden, ob in der digitalen Gaming-Streetwork ein eher devot-abwartender Ansatz von Vorteil ist oder ob das sozialpädagogische Fachwissen besser aktiv angeboten und vermittelt werden sollte. Hierzu besteht in den Interviews eine sehr klare Meinung, die eine passiv-abwartende Streetwork als unvereinbares Oxymoron bezeichnet. Da die aufsuchende Jugendsozialarbeit gerade Zielgruppen erreichen soll, die nicht von selbst auf stationäre Angebote zugehen, wäre es inhaltlich verfehlt und außerdem wenig erfolgversprechend, auf der digitalen Straße lediglich präsent zu sein. Das Anlegen eigener Accounts auf einschlägigen Gaming-Plattformen, das ‚Herumstehen' (im Gaming *Idlen* genannt) auf öffentlichen *Teamspeak*- und *Discord*-Servern sowie das aktive Videospielen kann im Einzelfall schon zum Erfolg führen, verbraucht jedoch absehbar enorme Ressourcen. Ein:e Gaming-Streetworker:in, der oder die lediglich anwesend ist und sich überwiegend auf die Initiative der Klient:innen verlässt, wäre aus Expert:innen-Sicht ein gutes Stück zu niedrigschwellig – und unter Transparenzgesichtspunkten beinahe schon gefährlich unterschwellig – unterwegs. Mit Nachdruck wird deshalb angeregt, selbst aktiv zu werden und auf die Mitspieler:innen zuzugehen. Das Prinzip der Eigeninitiative kennt lediglich eine harte Grenze, nämlich wenn versucht wird, ohne explizite Einladung in geschlossene Spieler:innengruppen hineinzukommen. Selten gelingt die Abgrenzung offener von geschlossenen Spielrunden dabei problemlos, denn nicht immer erlauben Spiele und Kommunikationstools den Nutzer:innen das aktive Abschließen von Lobbys oder Channels. Da sich auch in der digitalen Welt Cliquen eher nicht vermischen und bereits besetzte Räume respektiert werden, ist außerdem damit zu rechnen, dass viele eigentlich privat gedachte Aktivitäten und Unterhaltungen auf spezifische Schutzmechanismen wie beispielsweise ein Passwort verzichten. Der oder die Gaming-Streetworker:in sollte deshalb zusammenfassend in jedem Fall aktiv den Kontakt zu Spieler:innen aufnehmen, allerdings außerhalb klar gekennzeichneter Bereiche (z. B. die offene Mitspieler:innensuche) sensibel das Einverständnis zur Anwesenheit abfragen und auf harte Absagen gefasst sein (insbes. Interviews te Wildt, Rehbein, Lutz, Pritzens).

> „Ich sage ‚ja', aber nur, wenn er oder sie dazu eingeladen wird. Freiwilligkeit ist das oberste Prinzip, ich würde nie versuchen, in solch einen Voicechat reinzukommen, was ohne weiteres wahrscheinlich sowieso nicht geht. Wenn diese Gemeinschaften irgendwo eine Kontaktadresse haben, dann kann man die durchaus einfach mal kontaktieren, das ist ja ähnlich wie beim klassischen Streetwork auch." – Tilmann Pritzens, Sozialarbeiter/Streetworker

> „Ich fände es problematisch, wenn es zu verfolgend ist, wenn man jemanden einfach so anspricht. Das schreckt süchtige Spieler in meinen Augen eher ab. Wenn das finanzierbar ist, würde ich auf Spielservern, in Foren und unter Let's Play-Videos – also überall dort, wo ich Hotspots vermute für exzessive und süchtige Spieler – publik machen, dass es in irgendeinem Chat oder via ‚Teamspeak' (beliebter Sprach-Chat unter Gamern, Anm. d. Verf.) ein Beratungsangebot gibt. Dann würde ich schauen, ob nicht der eine oder andere von selbst auf mich zukommt." – Bert te Wildt, Facharzt für Psychiatrie und Psychotherapie

> „Ich sehe den Streetwork-Ansatz eigentlich gar nicht als passiv, sondern im Gegenteil, man geht dorthin, wo es wirklich wehtut, wo die Probleme wirklich sind. Ich sitze nicht in meinem Büro im Jugendzentrum und warte, bis jemand anklopft, sondern gehe aktiv auf die Jugendlichen zu, die mir problematisch erscheinen." – Florian Rehbein, Diplom-Psychologe

> „Ich glaube, rein online ist es leichter, eine Beratungsplattform zu haben, zum Beispiel der Caritas, die selbst ein gewisses Standing hat, an die man sich wendet und dann aber auch anonym bleibt. Ich glaube, man muss das aufbauen, im Jugendzentrum gibt es genügend problematische Jugendliche, die gilt es anzusprechen, mal mitzuspielen und von da aus kreisförmig eine Community und Reputation aufzubauen. Dann kann man auch mal offline bei Problemen helfen und gemeinsame Aktivitäten wie eine Fahrt zur ‚gamescom' organisieren. Ich würde niemanden im Netz einfach losschicken." – Klaus Lutz, Medienpädagoge

Das zweite Spannungsfeld bei der Kontaktaufnahme der Gaming-Streetworker:innen mit ihren Zielgruppen betrifft den Umgang mit der Rolle als Sozialpädagog:in und den damit verbundenen professionellen Arbeitszielen. Konkret geht es darum, ob, wie ausführlich und zu welchem Zeitpunkt digitale Sozialarbeiter:innen die Gamer:innen darüber informieren, wer sie sind und warum sie sich in der Szene aufhalten. Obwohl die Expert:innen in dieser Studie das Abschreckungspotenzial einer sehr offenen und ausführlichen Selbstvorstellung direkt zu Beginn des Kontaktes zwischen Streetworker:innen und Jugendlichen sehen, plädieren sie – teilweise nach längerem Abwägen – im Ergebnis durchgehend für das Primat der Transparenz. Ausschlaggebendes Argument ist hier, dass unabhängig von jeder sozialen Hürde, die das initiale Outing als Pädagog:in mit sich bringen könnte, ein Aufdecken der eigentlichen Identität erst zu einem späteren Zeitpunkt (zum Beispiel erst dann, wenn ein Problemfall behandelt werden muss) noch wesentlich nachteiliger wirken würde. Eine belastbare Vertrauensbasis könne nur dann entstehen, wenn beide Seiten von Anfang wissen, worum es wirklich geht. Andernfalls drohe nicht nur der Abbruch bestehender Beziehungen, weil sich die Jugendlichen hintergangen fühlen, sondern auch der nachhaltige Verlust jeder Street Credibility für den oder die Gaming-Streetworker:in aufgrund entsprechender Mundpropaganda. Ziel müsse es sein, die Effekte des Netzwerk- und Empfehlungsmarketings für die eigene Authentizität zu nutzen, um im Zeitverlauf immer weniger Hürden bei der Selbstvorstellung im Erstkontakt mit den Gamer:innen überwinden zu müssen. Vorgeschlagen wird vor diesem Hintergrund, die transparente Selbstoffenbarung möglichst spieler:innen- und spielnah zu vermitteln. Infrage kommt beispielsweise, weniger die sozialpädagogische Tätigkeit in den Vordergrund zu stellen, sondern gegenüber Spieler:innen und Clanleiter:innen gezielt die Vorteile dieser Arbeit für den individuellen und kollektiven Spielspaß beziehungsweise -erfolg herauszustellen. Nur, wenn die Jugendlichen begreifen, wohin sie der Kontakt mit einem oder einer Gaming-Streetworker:in bringen kann, können sie für sich die Sinnfrage beantworten und kompetent darüber entscheiden, ob sie auf sein oder ihr Angebot eingehen möchten. Verbunden ist diese Zieldefinition, die nur auf Basis umfangreichen Gaming-Wissens (individueller Spielmotivationen und Struktur der Szene) gelingt, ohne Zweifel auch mit konkreten Maßnahmen-Katalogen und Kooperationsmodellen. Diese sollte ein:e digitale:r Streetworker:in auch schon im Erstgespräch zumindest schematisch nennen können. Gerade die Kontaktaufnahme mit Clans, Gilden und eSport-Teams bietet hier möglicherweise den Vorteil, mit nur einer größeren Selbstpräsentation, nämlich gegenüber der Gruppenleitung, breite Zielgruppen zu erschließen. Es wäre dann im Gespräch auszuhandeln, wie detailliert vor allem der grundlegende sozialpädagogische Projekthintergrund an die Mitglieder des Clans vermittelt werden muss, und wer diesen Part übernimmt. In den Interviews zu dieser Studie wird vorgeschlagen, dass einer vollständigen, transparenten Erläuterung auf Leitungsebene (Wer sind wir, was ist unser pädagogischer Auftrag und was bieten wir dafür konkret im Gaming an?) eine inhaltlich reduzierte und vor allem aktivitätsorientierte Einführung gegenüber den Mitgliedern (Wer sind wir, wie können wir euer Spielerlebnis konkret verbessern und wie sind wir erreichbar, wenn Fragen oder Probleme auftauchen?) folgt. Die Präsentation vor der bereiten Spieler:innenschaft könnte zudem von der gut informierten Clanleitung unterstützt werden, um vor allem die wichtige positive Grundhaltung und Offenheit gegenüber den digitalen Streetworker:innen zu erreichen (insbes. Interviews Endres, Rehbein, Nehring, Emons, Florack, Fack, Gallace, Pritzens, Reißner, Helbig).

> „Ich glaube, dass man extrem viel Widerstand bekommt, wenn man in ein Spiel wie etwa ‚DOTA 2', das oft exzessiv betrieben wird, hineingeht und dann sagt: ‚Ich bin Streetworker und ich biete hier Beratung an.' Ich würde deshalb sagen, dass man sich in einem ersten Schritt gar nicht als Streetworker zu erkennen gibt und sagt: ‚Hey, lass uns einfach mal quatschen', und dann späterhin: ‚Du, ich mach das übrigens auch professionell und kann dir ja eine Beratung anbieten'. [...] Dabei fällt mir gerade ein: Wenn man erst nach einer halben Stunde Gespräch offenbart, dass man übrigens auch Jugendsozialarbeiter oder ähnliches ist, dann kann das natürlich auch dazu führen, dass sich die Jugendlichen oder jungen Erwachsenen reingelegt fühlen. Das ist sicherlich eine der schwierigsten Fragen, bei der man bestimmt auch Dinge ausprobieren muss." – Jakob Florack, Facharzt für Psychiatrie und Psychotherapie

> „Da bin ich hin- und hergerissen. Einerseits weiß ich nicht, ob sich jemand darauf einlässt, wenn der Hintergrund direkt so offengelegt wird. Das könnte den Eindruck erwecken, dass mich jemand von meinem Spiel wegbringen möchte, worauf Gamer in der Regel recht extrem reagieren. Andererseits könnte der Eindruck des Sich-Anschleichens entstehen, wenn ich mich erst später offenbare. Wenn ich reingehe und sage: ‚Ich bin Gamer, ich bin 20 Jahre alt und habe da eine Schulung mitgemacht im Stile der Netpiloten', dann kann das aus meiner Sicht gut funktionieren, dann ist das nicht direkt der Sozialarbeiter. Dadurch nimmt man dann eine andere Rolle ein." – Gordon Emons, Sozialpädagoge

> „Ich würde damit offen und ehrlich umgehen. Wenn das eine Person ist, die aus der Szene kommt, und dann sagt oder schreibt: ‚Das und das ist meine Mission und ich möchte mich einfach mal ein bisschen hier umschauen und umhören', dann wüsste ich nicht, warum das nicht gehen sollte. Das Schlimmste wäre, wenn man irgendwen anschwindelt, um sich Vertrauen zu erschleichen. Wenn er sagt: ‚Hey, ich bin der Sozialpädagoge, wie kann ich euch helfen?', dann wird er keine Antwort bekommen. Man sollte einerseits kommunizieren, was man möchte, aber nicht so weit gehen und sich zu deutlich outen." – Frank Nehring, Unternehmer und Team-Manager

> „Jeder Streetworker stellt sich den Jugendlichen erst einmal vor, dass klar ist, was er macht. Auf jeden Fall braucht es ein gewisses Maß, um den Anforderungen zu genügen. Aber wo liegt dieses Maß? Ich glaube, man kann diese Transparenz schaffen, auch in den Profilen, denn er oder sie hat ja die Möglichkeit, die Anerkennung über Leistungen im Spiel und ähnliches zu bekommen." – Bernd Endres, Sozialpädagoge

> „Wenn man in einer Beziehung Vertrauen schaffen will, dann darf man nicht täuschen. [...] Ich würde da überhaupt nichts verstecken, sondern die Tätigkeit eher mit einem coolen Label verknüpfen, sodass die Mitarbeiter ganz selbstbewusst sagen: ‚Ja, ich bin ein Digital Streetworker, und das ist auch an meinem Nickname schon erkennbar, und es muss keiner mit mir reden, der nicht mit mir reden will.' Wenn dann gute Arbeit gemacht wird, wenn das Game an sich nicht schlechtgeredet und niemand belästigt wird, und wenn die Gamer andererseits merken, dass da jemand mit Ahnung ist, an den man sich wenden kann, wenn man Sorgen hat, dann kann das klappen. Bei Moderatoren in Foren ist das ja ganz ähnlich, die sind auch gesondert gekennzeichnet und schalten sich neben ihren Pflichten zur Moderation auch einfach mal so in Diskussionen ein, um mitzudiskutieren. Das sind meistens sogar Personen, die ein besonderes Ansehen und Respekt genießen." – Florian Rehbein, Diplom-Psychologe

> „Wenn ich zu einer Gruppe noch nie Kontakt hatte, dann gehe ich auch nicht dorthin, wo die sitzen, Musik hören und kiffen, und sage dann: ‚Hey, was ist denn mit euch los, was macht ihr denn hier für einen Mist?'. Stattdessen gehe ich da hin und sage: ‚Hey, ich wollte mich nur

> mal vorstellen, ich bin Tilmann von ‚GANGWAY', ich mache Straßensozialarbeit und bin hier öfter unterwegs – nur, dass ihr euch nicht wundert.' Meistens kommt dann relativ schnell: ‚Was machst du denn so?' Dann erzähle ich den Jugendlichen meistens, was ich mit anderen Jugendlichen mache, und dann wird sehr schnell Blickkontakt hergestellt und du merkst, dass dieses Thema interessiert. Manchmal bist du für meine Verhältnisse viel zu schnell in der Materie drin, obwohl man sich noch gar nicht kennt, aber da werden dann die großen Kernfragen gestellt." – Tilmann Pritzens, Sozialarbeiter/Streetworker

> „Dazu vielleicht eine Anekdote aus unserem Team: Wir hatten zum Beispiel einen, der uns lange Zeit nicht gesagt hat, dass er bei der Polizei arbeitet. Vielleicht passt das Beispiel nicht, aber er meinte immer, dass die Leute komisch reagieren, wenn er sagt, dass er Polizist ist. Bei uns hat es funktioniert, und wir haben gesagt: ‚Ist doch cool. Wenn wir mal zu schnell gefahren sind, können wir dich anrufen.' Aber er hat gesagt, sobald die Leute das rausgefunden haben, dass er Polizist ist, verhalten sie sich meistens komisch." – Sascha Reißner, Student der Berufsbildung (Informatik/Wirtschaft)

Eine aktive und transparente Zielgruppenansprache in der Gaming-Streetwork gelingt in den Augen der befragten Expert:innen vor allem dann, wenn Sprachduktus und Botschaft beim Erstkontakt konstruktiv und auf Augenhöhe ausgeprägt sind. So sollte vor allem beim präventiven Kontaktaufbau mit Spieler:innengruppen das aktive, gemeinsame Spielen im Vordergrund stehen. Der Mehrwert des oder der digitalen Sozialarbeiter:in kann entweder unmittelbar am praktischen Beispiel aufgezeigt werden (also beim gemeinsamen Spielen), oder aber latent im Zuge der Vorstellung eines coolen Gaming-Projektes (z. B. Clan-Aufbau, eSport-Turnier oder Gaming-Messe-Besuch). Wenngleich die Interviews weiterhin ein frühzeitiges Offenbaren der Tätigkeit als Sozialarbeiter:in befürworten, empfehlen sie einen engen Praxisbezug als Kommunikationsrahmen. Im Optimalfall kann das sozialpädagogische (Hilfs-)Angebot dadurch sehr niedrigschwellig, weil klar in den Gaming-Alltag der Jugendlichen integriert vermittelt werden, während der oder die digitale Streetworker:in gleichzeitig Street Credibility aufbaut und mit offenen Karten spielt. Eine etwas stärker problemorientierte Zielgruppenansprache wird lediglich bei von Anfang an deutlich krankhaftem oder toxischem Spiel- und Kommunikationsverhalten empfohlen. Wenn Spieler:innen also beispielsweise durch Hasskommentare auffallen, halten die Expert:innen auch ein direktes Ansprechen dieses Verhaltens samt eines stärker pädagogisch geprägten Sprachduktus für angemessen. Mit Blick auf den Suchtkontext, der im Unterschied zum Flaming wesentlich schwieriger zu erkennen und zu bewerten ist, gilt diese Einschätzung allerdings nur sehr bedingt. Zeigen die Spielstatistiken also für eine:n Spieler:in beispielsweise eine außerordentlich hohe Spielzeit an, rechtfertigt das noch keine suchtbezogene, sorgenvolle Erstansprache. Hier gilt eher der Grundsatz, dass eine zu starke Problematisierung des Spielverhaltens sowie der Eindruck eines Retten-Wollens im Erstgespräch zu vermeiden sind. Abgesehen von der Message an sich hängt der gelungene Erstkontakt auch nicht unbeträchtlich von der Fähigkeit der digitalen Streetworker:innen ab, ihre Botschaft sprachlich (Wortschatz, Aussprache, Semantik) an die Gewohnheiten der Gaming-Szene anzupassen. Dabei geht es nicht nur um den Aufbau der persönlichen Authentizität, sondern auch um das Decodieren der unmittelbaren Reaktionen sowie der Gamer:innen-Kommunikation bei der weiteren Arbeit. Da der Erstkontakt zur Zielgruppe ein zentraler Flaschenhals in der Gaming-Streetwork ist, an dessen Erfolg weite Teile der sozialpädagogischen Effektivität dieses Ansatzes hängen, empfehlen die Expert:innen ein extrem sensibles Vorgehen sowie eine gründliche Vorbereitung. Klappt es wiederum, Gamer:innen gleichzeitig zielorientiert-praxisbezogen und transparent ohne zu starken Problemfokus anzusprechen, kann sich erfahrungsgemäß schnell Vertrauen aufbauen, das tiefgehende Einsichten in das individuelle und kollektive Spielverhalten ermöglicht. Weiterhin ist innerhalb der eng vernetzten Gaming-Szene mit Empfehlungsdynamiken durch Mundpropaganda zu rechnen, sobald ein:e digitale:r Streetworker:in authentisches Interesse am sozialen Umfeld der Jugendlichen und die Fähigkeit zur wirkungsvollen Unterstützung nachgewiesen hat (insbes. Interviews Endres, te Wildt, Budiman, Halley, Woost, Lutz, Einsiedler, Remmert, Pritzens, Reißner, Helbig).

> „Die große Herausforderung wird sein, die Leute zu finden. Denn wenn man auf ‚Fortnite'- oder ‚Battlefield'-Clans zugeht, sich als Sozialpädagoge vorstellt und vorschlägt, gemeinsam was Cooles hochzuziehen, dann kann das funktionieren, wenn man einen guten Pitch hat; ich sehe das aber eher kritisch, denn als Gamer willst du vor allem zocken, und wenn dann jemand aus der Problemperspektive heraus ankommt oder dieses Gefühl vermittelt, dann erwarte ich eine sehr geringe Resonanz. Das sind ja auch Prozesse, die die Leute selbst ganz oft nicht wahrnehmen." – Dimitry Halley, Journalist

> „Von mir selbst ausgehend und im Offline-Bereich würde ich wahrscheinlich einen Tag veranstalten, an dem man eine Art Meet and Greet macht, also ein ungezwungenes gegenseitiges Kennenlernen. Online und in einem Clan würde ich den Streetworker wahrscheinlich einfach mal zum nächsten Training mitnehmen, dann kann man sich kurz vorstellen und mit dem Tagesgeschäft loslegen." – Kevin Woost, Fachinformatiker

> „Ich glaube aber, das wird sich ähnlich lösen, wie sich Wasserringe ausbreiten. Wenn man mit Interesse an Computerspielen auf Jugendliche zugeht und sich anbietet, dann kommen mit der Zeit Leute dazu, die man noch nicht kennt, die aber vertrauen, weil ihre Mitspieler ebenfalls Vertrauen haben." – Klaus Lutz, Medienpädagoge

> „Ich glaube schon, dass der Coolness-Faktor mit dem Outen als Pädagoge und Sozialarbeiter vereinbar ist, wenn auch nicht immer ganz einfach. Wenn man relativ frühzeitig ehrlich damit umgeht und ansonsten als Person eine positive Ausstrahlung hat – und gut genug spielt –, dann wird man vielleicht sogar noch cooler, wenn man sagt, dass man dafür bezahlt wird." – Linus Einsiedler, Medienpädagoge

> „Ja, ich verstehe. Das könnte durchaus funktionieren, wenn ich einfach nur mitspiele. […] Eben, aber drei, vier Matches reichen unter Umständen schon, um ein paar Leute etwas einschätzen zu können. Wenn ich in irgendeine Lobby reingehe, habe ich normalerweise nach den ersten drei, vier Runden oder nach den ersten Minuten schon ungefähr raus, mit welchen Typen ich zusammenspiele. Habe ich denjenigen, der gar nichts sagt und der nur stur sein Ding macht, oder habe ich die zwei Kumpels, die sich die ganze Zeit im Voice-Chat gegenseitig unterhalten und das ganze Team damit stören, oder habe ich denjenigen, der schnell am Beleidigen und Ausrasten ist, wenn irgendetwas nicht so funktioniert, wie er das gerne hätte?" – Sascha Reißner, Student der Berufsbildung (Informatik/Wirtschaft)

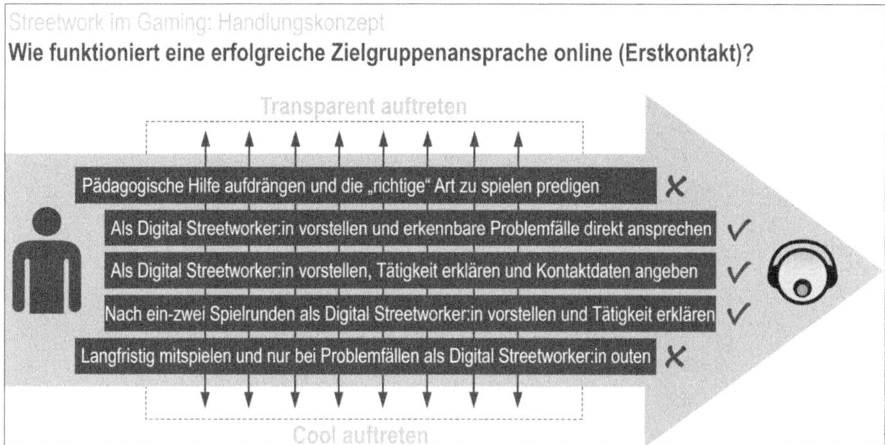

Abbildung 50: Schaubild zum Ergebnisblock „Zielgruppen-Ansprache und Erstkontakt": Bei der Zielgruppenansprache müssen Gaming-Streetworker:innen sehr sensibel und überlegt vorgehen, um den schmalen Grat zwischen professioneller Transparenz und cooler Authentizität nicht in eine von beiden Richtungen zu verlassen. Das bedeutet einerseits, beim Erstkontakt mit vor allem Heranwachsenden nicht zu stark risiko- und hilfsorientiert aufzutreten (der erhobene Zeigefinger). Gleichzeitig verbietet sich eine Verschleierung der eigenen Tätigkeit zugunsten maximierter Akzeptanz und Offenheit (der Mitspieler:innen). Empfohlen wird vielmehr ein gesunder Kompromiss, der in jedem Fall frühzeitig Transparenz schafft, allerdings verbunden sein kann mit gemeinsamen Spielrunden, konkreten Projektangeboten oder leichteren Interventionen (eigene Darstellung).

> „Ja, das ist ein bisschen so, als würdest du dich in der analogen Bar an den Tisch mit anderen Leuten setzen. Da ziehst du einen Stuhl ran und setzt dich dazu. Im ersten Moment ist das ein bisschen merkwürdig. Was will der hier? Aber wenn man sich über den Abend hinweg kennenlernen würde, weil der andere am Nachbartisch saß und man zusammen ein Bier trinkt, dann ist das eine ganz andere Herangehensweise. Man kann das schon über TeamSpeak machen, aber man darf nicht zu übergriffig wirken. Nicht einfach reinkommen und sagen: ‚Hey, hier bin ich', und dann nicht mehr weggehen." – Marc Helbig, Softwareingenieur

Den Ergebnisblock „Zielgruppen-Ansprache und Erstkontakt" in der Gaming-Streetwork zusammenfassend wird folgende Ergebnisthese formuliert:
Im Sinne des aufsuchenden Ansatzes der Straßensozialarbeit warten digitale Streetworker:innen im Gaming nicht darauf, von Klient:innen angesprochen zu werden, sondern gehen aktiv auf die Jugendlichen zu. Zwar möchten sie vermeiden, die Jugendlichen durch voreiliges Problematisieren und ein primär pädagogisches Auftreten zu verschrecken. Dennoch ist eine frühzeitige und transparente Vorstellung ihrer Tätigkeit eine wichtige Voraussetzung für den langfristigen Vertrauens- und Beziehungsaufbau. Gestalten sie die professionelle Selbstvorstellung zielgruppennah und spielorientiert, etwa indem sie eine Zeit lang mitspielen oder ein attraktives Clan-/eSport-Projekt präsentieren, ist eine rigorose Ablehnung unwahrscheinlich. Die Erfolgsaussichten hängen allerdings stark vom sensiblen Gleichgewicht aus pädagogischer Offenheit und Authentizität als Gamer:in ab, das praktischer Tests und Erfahrung bedarf.

Verschiedene (nicht) empfohlene Ansätze der Zielgruppenansprache beim Erstkontakt in der Gaming-Streetwork sind in der folgenden Abbildung 50 zudem noch einmal pointiert grafisch dargestellt.

11.10 Beziehungsaufbau und Turning Points

Auf einen gelungenen Erstkontakt folgt die Phase des Beziehungsaufbaus, die wiederum als Mischung aus spielerischer (Talent/Skill), persönlicher (Empathie/Loyalität) und professioneller (pädagogisches Wissen/Unterstützung) Legitimation zu verstehen ist. In allen drei Bereichen sollte ein:e digitale:r Streetworker:in im Gaming überzeugen, um Dynamiken gegenseitiger Annäherung mit seinen oder ihren Klient:innen in Gang zu setzen. Die Expert:innen in dieser Studie identifizieren vier bedeutende Grundsätze einer beziehungsstärkenden, sozialpädagogischen Arbeit im Gaming. Teilweise befinden sich diese auf handlungspraktischer Ebene, teilweise repräsentieren sie bestimmte Grundhaltungen im sozialen Miteinander. Vertrauen zwischen Jugendlichen und Streetworker:innen kann insofern zunächst nur über einen längeren Zeitraum hinweg wachsen, der von regelmäßigen Angeboten und einem stabilen Kontakt beider Seiten geprägt ist. In der Gaming-Streetwork gelingt ein niedrigschwelliges Wachsen-Lassen zwischenmenschlicher Beziehungen gemäß den Interviews insbesondere über spielbezogene Aktivitäten und Projekte. Auf unterschiedliche Weise begleiten Gaming-Sozialarbeiter:innen den Spielalltag der Jugendlichen und wachsen mit der Zeit automatisch in die jeweilige Spieler:innengruppe hinein. Die Expert:innen schlagen eine Kombination aus partizipativen (Mitspielen), administrativen (Clan leiten, Turniere organisieren etc.) und reflexiv-diagnostischen (Match-Analysen, offene Sprechstunden, spontane Diskussionen zum Spiel- und Spielerverhalten) Maßnahmen vor. Adressiert werden auf diesem Wege die kommunikativen Räume während des Spiels sowie zwischen den Spielrunden mit individuell unterschiedlichen Schwerpunkten in den drei oben genannten Dimensionen der Beziehungsarbeit (insbes. Interviews Endres, te Wildt, Halley, Rehbein, Florack, Woost, Einsiedler).

> „Grundsätzlich glaube ich, dass die Traktion solch eines Projektes über die Coolness des Projektes selbst – also ein tolles ‚Minecraft'-Bauprojekt oder ein bestimmtes Spiel-Level in teambasierten Shootern – entsteht. Wenn das einmal funktioniert hat, dann können Sozialarbeiter, etwa als Clanchefs, gut ein pädagogisches Auge darauf haben und Problemfälle identifizieren. Große ‚World of Warcraft'-Gilden leben das zum Teil schon vor; dort entsteht eine sehr enge Gemeinschaft, die viel übereinander weiß und auch bei Problemen hilft." – Dimitry Halley, Journalist

> „Letztlich redet man ja sowieso erstmal über das Spiel. Im Gespräch über das Spiel und das Spielen entsteht der Kontakt. Irgendwann spricht man dann auch über ihn oder sie als Spieler:in und über das Spielen als Lifestyle-Entscheidung. Da kann es dann darum gehen, wie er oder sie sich als Person entwickelt hat, auch wie sich das Spielverhalten und das soziale Umfeld im und außerhalb des Spiels entwickelt haben. Und dann nimmt man wahr, wie die Jugendlichen

dazu stehen, ob sie sich und ihr Verhalten positiv wahrnehmen oder nicht, und ob man das auch anhand objektiverer Kriterien positiv bewerten würde oder nicht. Dabei können auch Dinge und Probleme im Leben des Jugendlichen zur Sprache kommen, die mit dem Gaming zunächst gar nichts zu tun haben." – Florian Rehbein, Diplom-Psychologe

„Da muss man zwischen den klassischen Online-Communities und dem, wohin die Vereine gerne wollen, unterscheiden. Im Fußballverein sagt der Trainer ja auch: ‚Wir trainieren jetzt Passen und danach dies und das', und nicht: ‚Wir spielen jetzt acht Stunden Fußball gegen so viele Vereine, wie wir finden'. Online sieht das alles leider noch etwas anders aus, da spielt man vier bis acht Stunden lang einfach gegen andere Leute. Von dem her wird das Tagesgeschäft vorwiegend so aussehen, dass sie (die Gamer, Anm. d. Verf.) mehrere Stunden lang miteinander zocken und zwischen den Spielen eventuell noch kurz analysieren. [...] Großes Potenzial liegt in der Kommunikation, er oder sie wäre eventuell dann eine Art Sportpsychologe. Da stellt sich dann die Frage, ob man selbst auch noch mitspielt und die Rolle des Teamkameraden einnimmt oder nicht." – Kevin Woost, Fachinformatiker

Zu einem wichtigen Erfolgsfaktor beim spielorientierten Beziehungsaufbau wird der in der Streetwork maßgebliche akzeptierende Ansatz. Auch im Gaming sollen die praktischen Inhalte sowie die Intensität der Annäherung zwischen Sozialarbeiter:in und Klient:in primär von den Jugendlichen gesteuert werden. Die Auswahl unterstützender Angebote richtet sich deshalb nach den Impulsen und Wünschen der Zielgruppe, der überdies bei der Umsetzung konkreter Projekte ein hohes Maß an Eigenverantwortung und Gestaltung zugestanden wird. Tätig wird ein:e Gaming-Streetworker:in bei spiel- beziehungsweise veranstaltungsorientierten Maßnahmen wie der Gründung eines Clans oder der Ausrichtung eines Turniers vor allem dann, wenn bestimmte Aufgaben von den Jugendlichen nicht in Eigenregie erfüllt werden können – etwa das Anmieten einer Halle für das Turnier oder die Logistik eines *gamescom*-Besuches. Im sozialen Alltag der Spieler:innengruppe, den ein:e Gaming-Streetworker:in konsequent begleitet, darf er oder sie guten Gewissens auch über längere Phasen eine beobachtende und zuhörende Rolle einnehmen, um im eigentlichen Sozialgeschehen nicht überpräsent zu sein und einen möglichst unverfälschten Eindruck der sozialen Stärken und Schwächen seiner oder ihrer Klient:innen zu bekommen. Gleichzeitig muss er oder sie das Gehörte und Gesehene professionell reflektieren, sozialpädagogische Bewertungen vornehmen und seinen oder ihren Klient:innen auf deren Bitte sowie im Falle sozialer Grenzüberschreitungen zielführende Lösungsvorschläge präsentieren können. Schwierig zu generalisieren sind dabei jene Fälle, in denen ein:e Gaming-Streetworker:in das Primat der Akzeptanz außer Kraft setzt und auch ohne spezielle Anforderung bewusst interveniert. Es ist davon auszugehen, dass dazu vor allem berufspraktische Erfahrung befähigt. Im Rahmen der Diskussion einschneidender Ereignisse in der Gaming-Streetwork-Beziehungsarbeit (hier ‚Turning Points' genannt) werden unten dennoch einige Situationen benannt, die ein hartes pädagogisches Eingreifen erfordern (insbes. Interviews Rehbein, Lutz, Einsiedler, Fack, Gallace).

> „Er muss das sensibel anbieten. Am Beispiel der schon angesprochenen ‚Franken Finals' gehe ich her und sage: ‚Okay, ihr wollt die Franken Finals organisieren, ich schau mich mal nach einer Halle für 300 Personen um.' Und wenn ich eine Halle gefunden habe, zeige ich sie den Jugendlichen, und wir machen gemeinsam eine Begehung. Das ist dann natürlich schon eine andere Rolle als nur die des Mitspielers. Er kann ja die Impulse aus der Gruppe aufnehmen und beispielsweise eine Fahrt zu einem Turnier des Lieblingsspiels der Jugendlichen oder zur Spielemesse ‚gamescom' organisieren. Das kann er alles auch direkt im ‚Discord' (beliebter Sprachchat bei Gamern, Anm. d. Verf.) an- und absprechen und mit bestimmten finanziellen und materiellen Ressourcen unterstützen. Auch auf dieser Fahrt hat er dann wieder einen Raum mit den Jugendlichen außerhalb des Virtuellen für mehrere Stunden. Wir laden auch mal einen Profispieler zu uns ein, der im Rahmen eines Wochenend-Bootcamps die Spielstärken und Spielstile der Jugendlichen analysiert und ihnen die Chance gibt, sich zu verbessern. Das sind alles Impulse, die ein digitaler Streetworker im Gaming geben kann – Dinge, die die Jugendlichen selbst nicht organisieren können." – Klaus Lutz, Medienpädagoge

> „Genau, man überlegt sich einen coolen Namen und holt dann auch schnell Leute dazu, die das – ganz im Sinne des partizipativen Gedankens – mitgestalten. Man selbst gibt also sozusagen den Anstoß, bezieht dann aber direkt Jugendliche mit in die Gestaltung des Vereins ein, beispielsweise zum Designen eines Logos." – Linus Einsiedler, Medienpädagoge

> „Das ist nicht die Zielsetzung, dass mich jeder mag, nein. Aber man sollte schon immer sachlich bleiben, das Spiel nicht schlecht reden, zugewandt und interessiert sein, auch konkrete Ziele verfolgen. Vielleicht kann man auch eine Art Kummerkasten sein, dass Jugendliche kommen und einfach mal alles rauslassen können, was sie an diesem Spiel nervt, oder an der Kommunikation miteinander – nur als offenes Angebot." – Florian Rehbein, Diplom-Psychologe

Zwei strukturelle Besonderheiten gelten nach Meinung der Expert:innen für den Streetwork-Beziehungsaufbau im Digitalen, betreffend die Anonymität sowie die zeitliche Grenzenlosigkeit dieses Handlungsfeldes. Vertreten wird zum einen, dass ein erfolgreicher Beziehungsaufbau auf Möglichkeiten zum ansteigend persönlichen Kontakt zwischen Streetworker:in und Klient:in angewiesen ist. Im Internet und Gaming sind verschiedene Stufen persönlicher Nähe denkbar, angefangen vom reinen Textchat über Sprachtools wie *Discord* und *Teamspeak* bis hin zu Videokonferenz-Anwendungen. Maximale kommunikative Nähe entsteht dann, wenn sich der Kontakt aus dem Netz heraus in die reale Welt verlagert. Die Expert:innen in dieser Studie gehen nicht so weit, gelingende digitale Streetwork im Gaming an einen realweltlichen Transfer zu knüpfen, befürworten allerdings ein schrittweises Erweitern der Kommunikationskanäle und Sinneseindrücke im Kontakt zwischen Sozialarbeiter:in und Klient:in. Auch hier sollten vertiefende Kontaktwege angeboten, allerdings nicht aufgezwungen werden. Grundsätzlich bescheinigen die Interviews jugendlichen Gamer:innen aber ausgeprägte kommunikative Fähigkeiten sowie eine tendenzielle Offenheit für den persönlicheren Austausch. Es werden deshalb gute Chancen gesehen, dass im Zeitverlauf beide Seiten Interesse am Abbau der zwischenmenschlichen Anonymität haben:

> „Streetwork und auch aufsuchende Sozialarbeit leben natürlich sehr stark davon, dass ich dahin gehe, wo die Szene ist. Und klappen kann dieser Ansatz nur dann gut, wenn ich ein persönliches Angebot mache, eine persönliche Beziehung face-to-face aufbaue. Den Aspekt des Zwischenmenschlichen sehe ich auf den ersten Blick bei digitaler Sozialarbeit nicht. Die Ansätze

digitaler Jugendarbeit, die ich bisher kenne, funktionieren eher so, dass sich Sozialarbeiter via Facebook vorstellen und auf Angebote hinweisen. Einen echten Kontaktaufbau, wie er auf der Straße stattfindet, sehe ich im Augenblick noch nicht." – Matthias Fack, Sozialpädagoge

„Außerdem ist es aus meiner Sicht zwingend notwendig, mit den Jugendlichen in irgendeine Art persönlichen Kontakt zu treten; das kann beispielsweise über Software wie ‚Teamspeak' oder ‚Discord' funktionieren, die sind beide im Gaming ja sehr weit verbreitet und akzeptiert. In solchen Umgebungen wird man feststellen, dass sich die Jugendlichen schnell öffnen und man Themen bespricht, die über das Gaming hinausgehen, auch in Bezug auf soziale Probleme. Gerade im Online-Bereich wird man viele Jugendliche finden, die niemanden haben, mit dem sie über ihre Probleme sprechen können." – Frank Nehring, Unternehmer und Team-Manager

„Was ich aber im Kontakt mit Spielern, auch mit Problemspielern, immer wieder feststelle, ist, dass sie sehr offen sind für Kommunikationsangebote und auch immer wieder darauf eingehen – auch wenn es rein sozial betrachtet zunächst nicht so scheint. Das finde ich sehr überraschend, denn anfangs scheinen sie oft sehr zurückgezogen, können aber im Laufe der Behandlung auf viele soziale Skills zurückgreifen. Deshalb bräuchten diese Personen auch jemanden, der sich die nötige Zeit für sie nimmt und nicht nur fünf schlaue Tipps gibt." – Gordon Emons, Sozialpädagoge

Der zweite strukturelle Appell zum Beziehungsaufbau in der Gaming-Streetwork richtet sich auf die zeitliche Verfügbarkeit eines solchen Angebotes im unendlichen Netz. Einerseits wird empfohlen, frühzeitig klare Arbeitszeiten zu kommunizieren, die sich entweder klassisch an Uhrzeiten orientieren oder flexibler anhand gängiger Signale wie beispielsweise grünen Online-Symbolen in Social-Media-Profilen und Freundeslisten gekennzeichnet werden. Wird eine dauerhafte Verfügbarkeit und Anwesenheit sowohl aus Streetworker:innen-, als auch aus Gamer:innen-Sicht nicht als besonders zielführend empfunden, soll dennoch für jede:n Klient:in ein ausreichendes Zeitkontingent zur Verfügung stehen. Auch macht es Sinn, Arbeitszeiten an die täglichen Nutzungsroutinen der Zielgruppe mit einem Schwerpunkt am Abend anzupassen sowie auf klassische Stoßzeiten der Seelsorge (z. B. Winter/Weihnachten/Jahreswechsel) Rücksicht zu nehmen:

„Eine Streetwork-Tätigkeit im Gaming weicht stark ab von den klassischen Arbeitszeiten. Das kann aber [...] auch zu einer sehr flexiblen Arbeitszeiteinteilung führen – ich kann beispielsweise mit meinen Kindern Abendessen machen, sie ins Bett bringen und anschließend entspannt noch etwas arbeiten. Auch die Jugendlichen kommen zu dieser Tageszeit dann wieder etwas runter, wenn aller Schulstress vorbei und die Kumpels wieder zu Hause sind. Auch alle Probleme und negativen Emotionen kommen dann natürlich wieder eher in den Blick. Und wenn der Sozialarbeiter gerade in dem Moment da ist, dann kommen sie auf ihn zu. [...] Gleichzeitig gibt es aber Zeitpunkte im Jahr, zum Beispiel Weihnachten oder Silvester, die sind stark emotional aufgeladen, da melden sich unter Umständen viele Personen gleichzeitig, denen es schlecht geht. Darauf muss man dann natürlich schon eingehen, aber darauf kann man sich auch einstellen." – Tilmann Pritzens, Sozialarbeiter/Streetworker

„Man macht ganz am Anfang klar, wann man erreichbar ist und wann nicht. Es gibt ja noch ein Leben außerhalb von Beratung, und es ist nicht klug, wenn man das nicht anspricht, also vermeintlich immer erreichbar ist. Ich mache immer verbindlich klar, wann ich erreichbar bin und wann nicht, und sage aber dazu, wer im Notfall zuständig beziehungsweise was zu tun ist." – Susanne Pechler, Fachärztin für Psychiatrie und Psychotherapie

> „Wichtig ist zuallererst für mich die Zeit, die investiert wird; man soll nicht innerhalb von fünf Minuten abgehandelt werden wie in manchen Arztpraxen. Das kann durchaus festgelegt sein, beispielsweise auf 30 Minuten, und wenn sich dann zeigt, dass noch mehr Bedarf ist, kann man auf die eine oder andere Art verlängern." – Matthias Remmert, Journalist und Medienmanager

> „Ein wichtiger Punkt, den man aber bei solch einer Tätigkeit mit bedenken muss, sind die Arbeitszeiten; die weichen vom normalen Arbeitstag nämlich ab und verschieben sich in den Abend hinein. Prinzipiell müsste der Sozialarbeiter ja auch jedes neue Teammitglied kennenlernen und bei jedem Erstgespräch mit dabei sein, um direkt gute Eindrücke zu gewinnen und einzuschätzen, wie gut der- oder diejenige in das Team passt. Das ist schon ein Vollzeitjob mit einer dauerhaften Abendschicht." – Salvatore Gallace, Marketing Manager

Verschiedene Gründe können dafür ausschlaggebend sein, dass eine fortgeschrittene Beziehungsarbeit in der Gaming-Streetwork unterbrochen werden muss beziehungsweise an ihre Grenzen stößt. Die Expert:innen formulieren mehrere dieser *Turning Points*, an denen ein:e digitale:r Streetworker:in die nötigen Konsequenzen aktiv herbeiführen muss. Der erste größere Block interventionsbedürftiger Anlässe in der Gaming-Streetwork-Beziehungsarbeit umfasst manifeste Krankheitsbilder (Suchtverhalten, Depression, Angstzustände etc.) sowie akute Gefährdungslagen (z. B. Selbstverletzung, Stalking oder Obdachlosigkeit). Kommt ein:e digitale:r Streetworker:in zum Schluss, dass eine psychische Diagnose sehr wahrscheinlich gegeben und/oder Gefahr im Verzug ist, soll er oder sie zügig reagieren und seine:n oder ihre:n Klient:in an spezialisierte Fachstellen weitervermitteln. Strafverfolgungsbehörden bilden aus Sicht von Sozialarbeiter:innen das letzte Mittel und werden nur bei zwingender Veranlassung integriert. Wenn möglich sollen weitervermittelte Klient:innen außerdem auch während ihrer rehabilitativen Phase bei Bedarf in Kontakt mit ‚ihrem' oder ‚ihrer' digitalen Streetworker:in treten können. Wurde der manifeste beziehungsweise akute Problemfall entschärft, begleitet ein:e Gaming-Streetworker:in seine oder ihre Klient:innen im besten Fall wieder zurück in den normalen Handlungsalltag und hilft bei der Umsetzung von Resilienz-Strategien:

> „Ich denke, die digitalen Streetworker sollten solche Grenzen kennen, schon im Wissen, dass das in jedem individuellen Fall gesondert zu betrachten ist. Deshalb halte ich eine Checkliste zum Abhaken nicht für zielführend, höchstens im Sinne von bestimmten Extremfällen, wenn jemand beispielsweise Suizidgedanken oder sogar konkrete Selbstmordabsichten äußert oder gegenüber seinen Eltern oder anderen Personen gewalttätig wird. Neben diesen objektiven roten Ampeln sollte man aber im Einzelkontakt mit den Jugendlichen gemeinsam versuchen zu ermitteln, ob es bestimmte Schritte gibt, die man gemeinsam gehen kann." – Florian Rehbein, Diplom-Psychologe

> „Ich denke, es kommt darauf an, den richtigen Punkt zu finden, ein systematisch sozialpädagogisch angelegtes Gespräch einzuleiten. Die Erfahrung zeigt ja, dass Spieler in Voice-Chats immer mal wieder auch mehr aus dem Privatleben erzählen, und wenn sich dann bestimmte Anzeichen zeigen, dann den Punkt zu finden, ein privates Gespräch unter vier Augen einzuleiten. […] Es ist aus meiner Sicht sowieso sehr schwer, jemanden zu zwingen, sich Hilfe zu holen, wenn er oder sie das nicht will. Das Einzige, was man da wohl tun kann, ist deutlich darauf hinzuweisen, dass professionelle Hilfe nötig scheint und dass man die eigene Hilfe aus Verantwortungsbewusstsein nicht mehr aufrechterhalten kann, wenn nicht Profis dazukommen." – Jakob Florack, Facharzt für Psychiatrie und Psychotherapie

> „Die große Schwierigkeit bei Streetworkern ist der richtige Umgang mit problematischen Zielgruppen, die oft Dinge tun, die aus unterschiedlichen Gründen nicht angemessen oder erlaubt sind. Das kann das Haschisch auf der Fußball-Auswärtsfahrt sein oder das Spielen von nicht für Jugendliche freigegebenen Spielen. Da darf der (digitale) Streetworker nicht als verlängerter Arm der Kontrolle und Sanktionierung wahrgenommen werden, sondern muss eine Vertrauensanlaufstelle verkörpern." – Klaus Lutz, Medienpädagoge

> „Ganz wichtig finde ich, in diesen Fällen ins Einzelgespräch zu gehen und die Dinge deutlich anzusprechen. Das Weitervermitteln an andere Experten halte ich für sehr schwierig, weil die Hürde für Vielspieler aus meiner Sicht wahnsinnig hoch ist, selbst wenn mir das ein cooler Typ empfiehlt. Ich würde erstmal alles, was geht, online versuchen; eventuell kann man dann auch die Eltern mal mit ins ‚Teamspeak' holen und zu dritt sprechen. […] Glaube ich schon, aber ich finde trotzdem wichtig, dass alles über diesen einen Online-Sozialarbeiter läuft. Denn zu dieser Person habe ich Vertrauen, also sollte sie auch immer anwesend beziehungsweise online sein, wenn solche Schritte gegangen werden." – Linus Einsiedler, Medienpädagoge

Der Beziehungsaufbau in der Gaming-Streetwork erreicht seine Grenzen weiterhin dann, wenn den Jugendlichen die Präsenz des oder der digitalen Streetworker:in unangenehm ist oder sein oder ihr Unterstützungsdrang übertriebene Ausmaße annimmt. Sind bereits gewisse Grenzen überschritten und die Jugendlichen blocken komplett ab, endet die Beziehung entsprechend. Bei lediglich punktuellen Abwehrreaktionen kann es auch reichen, wenn sich der oder die Sozialarbeiter:in temporär etwas zurückhält:

> „Ich ziehe an der Stelle noch einmal den Vergleich zur klassischen Streetwork. Wenn der Streetworker im Gespräch mit den Jugendlichen, auf die er schon aktiv zugeht, merkt, dass denen das sehr unangenehm ist, dann packt er seine Sachen ein und geht wieder. Herr der Lage ist immer der Klient. Auch deshalb kann es Tage, Wochen und Monate dauern, bis eine Beziehung aufgebaut ist." – Bernd Endres, Sozialpädagoge

Auch eine zu große Nähe zwischen Gaming-Streetworker:in und Klient:in kann ein zeitweiliges Pausieren oder den vollständigen Abbruch einer Beziehung zur Folge haben. Sobald sich ein kumpelhaftes oder elterliches Verhältnis zwischen beiden entwickelt, müssen in jedem Fall die jeweiligen Rollen (neu) definiert werden. Gleiches gilt, wenn der oder die Jugendliche versucht, den oder die Sozialarbeiter:in in einem sehr engen emotionalen Verhältnis für sich zu instrumentalisieren oder wenn er oder sie eine Beziehung nur spaßeshalber eingeht. Gelingt eine Intervention für eine von beiden Seiten nicht, muss die Beziehung beendet werden:

> „Man muss auch klarmachen, dass es sich nicht um eine Freundschaft handelt – die im Übrigen nicht besser oder schlechter ist – sondern um eine Beratungssituation, die bestimmte Themen hat. Dass es nicht darum geht, dass man jemanden ablehnt, sondern dass beide Seiten einen bestimmten Schutz haben." – Susanne Pechler, Fachärztin für Psychiatrie und Psychotherapie

> „Der Begriff ‚Kumpel' ist tatsächlich etwas schwierig, weil es immer wieder Jugendliche gibt, die wirklich denken, du wärst ihr Kumpel – oder, wenn du älter wirst, kommst du in eine Art Vater- oder sogar Opa-Rolle. Sobald man in so einen Rollenkonflikt gerät, wird es Zeit, deutlich mit den Jugendlichen darüber zu sprechen. Die verstehen meiner Erfahrung nach

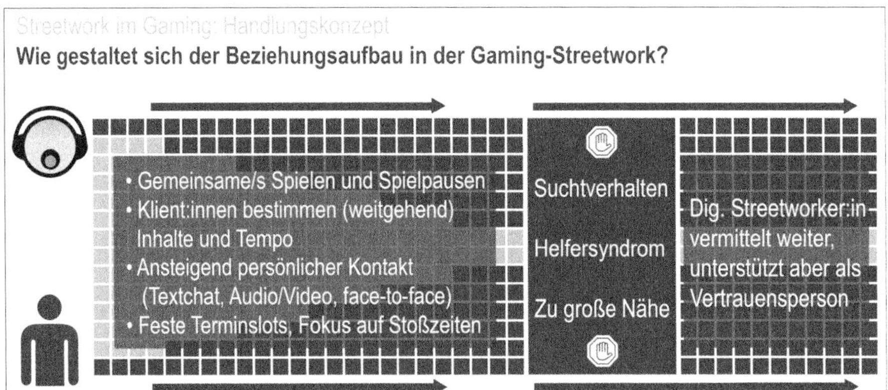

Abbildung 51: Schaubild zum Ergebnisblock „Beziehungsaufbau und Turning Points": Der Beziehungsaufbau in der Gaming-Streetwork funktioniert stark klient:innenbezogen, schrittweise und kann aus mehreren Gründen an (harte) Grenzen stoßen. Im individuellen Tempo nähern sich Sozialarbeiter:in und Heranwachsende:r an, wobei sich der gemeinsame Kontakt an den Lieblingsaktivitäten (z. B. gemeinsames Spielen oder spielbezogenes Unterhalten) orientiert. Digitale Streetworker:innen versuchen, angemessen viel Zeit zu investieren und verlässliche Verfügbarkeiten zu garantieren. Die Kontaktwege werden dabei immer persönlicher. Entwickeln sich Extremsituationen wie manifestes Suchtverhalten oder ein ungesundes zwischenmenschliches Verhältnis (zu große Nähe oder aufdringliche Helfermentalität), pausiert oder endet die gemeinsame Fallarbeit. Der oder die Streetworker:in sorgt anschließend dafür, dass der oder die Jugendliche weiterhin zielführende Betreuung von qualifizierten Fachkolleg:innen innerhalb des Streetwork-Netzwerks bekommt und bleibt selbst als Ansprechperson im Hintergrund verfügbar (eigene Darstellung).

> ganz gut, dass es noch andere Menschen neben ihnen gibt und man nicht ununterbrochen Zeit mit ihnen verbringen kann. [...] Ich selbst habe Erfahrungen mit psychisch kranken jungen Menschen gemacht, die eine unglaubliche Begabung hatten, mich für sich arbeiten zu lassen, sei es, weil sie mir leidtaten oder weil sie traumatisiert waren. Unbewusst habe ich da schon gemerkt, dass irgendwas mit mir passiert, aber erst mein Team hat mich dann so richtig darauf hingewiesen, dass ich langsam Teil des Systems wurde und aufpassen sollte." – Tilmann Pritzens, Sozialarbeiter/Streetworker

> „Von großer Bedeutung ist es im anonymen Internet aber natürlich, das Vertrauen zueinander zu schaffen, dass auch wirklich die Person dahintersteckt, die sie vorgibt zu sein, und dass gleichzeitig eine Art Privatsphäre besteht, wenn über Probleme gesprochen wird. Der digitale Sozialarbeiter sollte also beispielsweise über eine Webcam verfügen, wobei ich das vom Gegenüber wiederum nicht verlangen würde. Umgekehrt muss sichergestellt werden, dass da nicht irgendein 13-Jähriger sitzt, der sich einen Spaß daraus macht. Von beiden Seiten bedarf es also einer Qualitätssicherung, denn am Ende des Tages ist es eben immer noch das Internet." – Matthias Remmert, Journalist und Medienmanager

Die wichtigsten Befunde zum Beziehungsaufbau sowie zu den Turning Points in der digitalen Streetwork im Gaming werden mit der folgenden Ergebnisthese zusammengefasst:
Wie in der analogen Streetwork benötigt der Beziehungsaufbau auch im Gaming (viel) Zeit, wobei Vertrauen vor allem durch gegenseitigen Respekt, gemeinsame Erfahrungen und Stabilität entsteht. Gaming-Streetworker:innen begleiten ihre Zielgruppen und Klient:innen deshalb in ihrem Spielalltag, beteiligen sich an der

aktiven Freizeitgestaltung (Mitspielen, Events organisieren, Teams entwickeln), nutzen aber auch gezielt Spielpausen, um individuelle und kollektive Nutzungserfahrungen und die damit verbundenen Emotionen zu reflektieren. Wichtig ist, dass das Miteinander von Sozialarbeiter:in und Jugendlichen einerseits Strukturen aufweist, beispielsweise feste Ansprech- und Betreuungszeiten, klare Zielvorgaben und Spielregeln. Andererseits orientieren sich die Angebote der digitalen Streetworker:innen vor allem an den Wünschen ihrer Klient:innen, die autonom das Tempo und die praktische Gestalt der beidseitigen Annäherung steuern. Entsprechend endet oder pausiert der Beziehungsaufbau, wenn die Jugendlichen keinen Mehrwert darin erkennen können oder sich von der Intensität der Streetwork nachhaltig gestört fühlen. Umgekehrt gibt es auch aus Streetworker:innen-Sicht einschneidende Situationen, die einer gemeinsamen Arbeit harte Grenzen setzen. Dazu zählen insbesondere manifeste Krankheiten wie klares Suchtverhalten sowie existenzielle Notlagen (Obdachlosigkeit, Schulden, Selbst- und Fremdgefährdung). Auch wenn eine zu große emotionale Nähe entstanden ist, müssen Sozialarbeiter:innen im Gaming reagieren. Wenn eine harte Intervention nötig ist, vermittelt der oder die Gaming-Streetworker:in seine oder ihre Klient:innen an Fachkolleg:innen aus dem eigenen Hause beziehungsweise aus seinem Netzwerk weiter, bleibt allerdings als Vertrauensperson und Ansprechpartner:in weiterhin verfügbar.
Abbildung 51 zeigt die wesentlichen Prozessdynamiken und Turning Points des Beziehungsaufbaus in der Gaming-Streetwork als grafisches Schaubild.

11.11 Netzwerk und Kooperationen

Mehrfach ist in dieser Arbeit bereits angeklungen, wie entscheidend ein breites Netzwerk für den Erfolg aufsuchender Sozial- beziehungsweise Jugendarbeit ist. Auch die Expert:innen in dieser Studie befürworten den Aufbau enger Beziehungen zu relevanten Akteuren der ganzheitlichen Medienkompetenzvermittlung im Gaming. Gedacht wird in diesem Zusammenhang vom konkreten Anwendungsfall ausgehend zunächst an eine Vernetzung innerhalb der Gaming-Szene. Der oder die digitale Streetworker:in kann demnach Projektangebote für Spiel(er:innen)-Communities substanziell erweitern und qualitativ verbessern, wenn er oder sie über gute Verbindungen zu großen Clans und eSport-Teams, Turnierorganisatoren und Videospielentwicklern verfügt. So können beispielsweise Profi-Spieler:innen und Team-Manager:innen einen realistischen Eindruck der Vor- und Nachteile exzessiv-kompetitiven Videospielens vermitteln und Clanleiter:innen eine enorme Breitenwirkung der Streetwork-Impulse ermöglichen sowie bei der Identifizierung von Risikofällen helfen. Den Betreibern von Ligen und Turnieren ist es genauso wie der entwickelnden Videospielindustrie möglich, Gaming-Streetwork effektiv durch die Integration von Hinweisen, Kontaktfunktionen und Moderationsstandards in ihre Spiele zu fördern. Gesehen werden allerdings gerade mit Blick auf die Gameswirtschaft durchaus Hürden aufgrund geringer Mitmachmotivation, nicht nur wegen der fehlenden direkten Monetarisierung, sondern auch bedingt durch die globalen Strukturen dieser Branche. Die Expert:innen befürchten schlichtweg, dass viele große Publisher kein Auge auf den deutschen Markt haben und eine großflächige medienpädagogische Unterstützung für diesen vergleichsweise unbedeutenden wirtschaftlichen Sektor nicht sehr wahrscheinlich ist (insbes. Interviews Halley, Nehring, Remmert).

> „Es gäbe auf jeden Fall Ansatzpunkte. Auf uns kommen häufig Jugendliche zu, die einfach reden wollen, weil sie beispielsweise Probleme mit den Eltern haben, und die sich über das Gaming zurückziehen. Wir haben diesbezüglich nicht wirklich gute Ansatzpunkte und könnten vermittelnd tätig sein. […] Ich könnte mir gut vorstellen, dass man aus diesem Ansatz ein deutschlandweites Netzwerk bildet, dem sich dann Vereine, wie wir es sind, anschließen." – Frank Nehring, Unternehmer und Team-Manager

> „Leider ist es aus meiner Sicht auch bei den großen Hype-Spielen schwer, an die Hersteller heranzukommen. Bei Microsoft Deutschland wäre es zumindest mal einen Versuch wert, ob man mit denen gemeinsam Strukturen aufbauen kann. Bei ‚Call of Duty' beispielsweise sieht das dann schon anders aus, weil ‚Activision' einfach sehr weit weg ist vom deutschen Markt. […] Also ich glaube schon, dass Image ein wichtiger Faktor ist und sein kann. ‚Microsoft' achtet beispielweise jetzt auch sehr auf barrierefreies Spielen, und auch der Publisher ‚Ubisoft' in Paris – auch nicht allzu weit weg von Deutschland – setzt sich stark gegen Toxizität in seinen Spielen ein. Könnte also schon sein, dass man da die Chance hat, etwas gemeinsam zu erarbeiten, aber man bräuchte aus meiner Sicht schon einen sehr guten Pitch dafür." – Dimitry Halley, Journalist

> „Gar nicht mal nur das, man kann auch Hochschulen mit einbinden, die zum Thema forschen und Studiengänge in diese Richtung anbieten, oder eSport-Unternehmen wie ‚Turtle Entertainment' oder ‚Freaks4u', auch Influencer aus der Szene. Das würde dann zumindest schon mal eine realistische Sicht der Dinge ermöglichen, um zu zeigen, dass Karriere im Gaming oder Lebenswege eines Gamers eben nicht immer nur rosig sind. […] Und, was wir bisher völlig außer Acht gelassen haben: Auch für Publisher könnte das natürlich interessant sein. Warum nicht auf ‚Riot' und ‚Epic' zugehen und über Ansätze sprechen, wie Streetwork und sozialpädagogische Aspekte in das Spiel integriert werden können. Die wollen ja auch eine ordentliche Kultur und Community in ihrem Spiel haben." – Matthias Remmert, Journalist und Medienmanager

Betont wird in den Interviews weiterhin die große Bedeutung einer Vernetzung digitaler Streetwork mit der professionellen Psychologie und dem sozialen Umfeld der Zielgruppen, insbesondere den Eltern. Der starke Fokus auf psychologische Fachkräfte lässt sich einerseits auf den speziellen Suchtkontext dieser Studie zurückführen und soll andererseits die Arbeit der Gaming-Streetworker:innen erleichtern sowie im Wirkungsgrad verstärken. Ein:e psychologisch geschulte:r digitale:r Sozialarbeiter:in könnte demnach deutlich besser in der Lage sein, Suchtfälle zu identifizieren, um diese frühzeitig einer professionellen Behandlung zuzuführen. Die Expert:innen hoffen allerdings, dass psychologisch sensibilisierte Gaming-Streetworker:innen in der Lage sind, emotional labiles Spielverhalten (also Risikofälle) bereits im Anfangsstadium zu erkennen und diese – eventuell auch im stillen Austausch mit fachpsychologischen Kolleg:innen – ohne jede Notwendigkeit zur Weitervermittlung beziehungsweise Therapie zu entschärfen. Die Vernetzung der digitalen Streetwork mit der Psychologie und Psychiatrie im Kinder-, Jugend- und Erwachsenenbereich soll also bestenfalls dazu führen, dass nur in extremen Ausnahmefällen überhaupt rehabilitativ gearbeitet werden muss. Auch der Vorschlag, immer wieder Angebote für Eltern der betreuten Klient:innen zu machen, zielt zunächst in diese präventive Richtung. Werden beispielsweise in der Arbeit mit Clans und eSport-Teams Projekte initiiert, in die gezielt auch die Eltern der aktiven Mitglieder einbezogen werden – zum Beispiel eine gemeinsame LAN-Party oder der Besuch einer Spielemesse in der Großgruppe –, dann könnte das den innerfamiliären Austausch über Videospiele und deren Bedeutung im Leben der Jugendlichen gut unterstützen. Gleichzeitig wären aus Streetwork-Sicht erste wichtige Kontakte zum Elternhaus geknüpft, die im weiteren Verlauf der Beziehungsarbeit und nicht nur in kritischen Fällen aktiviert werden können. Eine Vernetzung mit dem sozialen Umfeld der Klient:innen dient somit ebenfalls präventiven und rehabilitativen Zwecken (insbes. Interviews Florack, Lutz, Einsiedler).

> „Ja, wobei wir uns als Sozialpädagogen in vielen Bereichen ganz stark von pathologisch orientierten Positionen abgrenzen. Wenn wirklich eine manifeste Videospielsucht vorliegt mit dem entsprechenden Leidensdruck, dann kann man nur an Suchtambulanzen und Therapieangebote vermitteln. Da ist man selbst als Pädagoge aber raus. Wo wir dagegen dabei sind, das ist die Vielspieler-Problematik, die auch eine viel größere Gruppe der Jugendlichen betrifft. Diese Jugendlichen verbringen ihre Freizeit in einem gewissen Ungleichgewicht, weil das Spielen eine dermaßen große Rolle einnimmt, wenn auch nicht im pathologischen Sinne. Da ist es unsere Aufgabe, Alternativen und andere Ankerpunkte im Leben aufzuzeigen." – Klaus Lutz, Medienpädagoge

> „Klar! Ich kann mir gut vorstellen, dass es viele Menschen gibt – inklusive mir selbst, die diese Sache mit Engagement unterstützen würden. Mir würden da spontan mehrere Personen einfallen. Wahrscheinlich wäre auch eine breitere Vernetzung verschiedener Professuren nötig, da man ja vorher nie weiß, auf wen man da letztlich trifft, zum Beispiel im Jugend- oder Erwachsenenbereich. […] Wir haben hier ein überregionales Zentrum für Abhängigkeitserkrankungen, in dem aber 90 Prozent der Menschen eine stoffgebundene Abhängigkeit haben. Und da haben wir sehr positive Erfahrungen mit einer Institution namens ‚DRUGSTOP' gemacht. Da gibt es ein wahnsinnig niederschwelliges Angebot mit sehr wenigen Regeln – man darf nur nicht intoxikiert hinkommen –, das von den Jugendlichen sehr gut angenommen wird. Erst darüber bieten wir den Jugendlichen dann die Möglichkeit, auch in unser klinisches System zu kommen. Nach einem ähnlichen Prinzip könnte ich mir auch das Vorgehen eines digitalen Streetworkers vorstellen." – Jakob Florack, Facharzt für Psychiatrie und Psychotherapie

> „Gleichzeitig finde ich wichtig, dass dieser Experte in den konkreten Projekten auch andere Personen und Personengruppen mit einbezieht, beispielsweise an Schulen die Lehrer und Eltern, selbst wenn diese weniger Berührungspunkte mit dem Thema haben. Ansonsten sehe ich das Risiko, dass der Dialog wieder nur innerhalb der sowieso schon Gaming-affinen Gruppen stattfindet." – Linus Einsiedler, Medienpädagoge

Zwei wichtige Verhaltensregeln für Gaming-Streetworker:innen beim Aufbau von Netzwerk-Kooperationen lassen sich aus den Interviews noch extrahieren, die ergänzend zur reinen Adressaten- beziehungsweise Partnerfrage bedacht werden sollten. Zum einen sollte auch die digitale Streetwork darauf Rücksicht nehmen, dass Pädagog:innen, Psycholog:innen, Jugendämter, die Polizei und teilweise auch die Eltern von Jugendlichen häufig als feindselig oder gebieterisch empfunden werden. Die Kooperationsbereitschaft gegenüber solchen Instanzen ist von Klient:innen-Seite damit tendenziell recht gering, ein unreflektiertes Solidarisieren und Kooperieren gefährlich für die Authentizität der Sozialarbeiter:innen und für das Vertrauen im Verhältnis zur Zielgruppe. Sensibel muss deshalb antizipiert werden, welche Kooperationspartner von den Jugendlichen als unbedenklich empfunden werden und welche ein gewisses Risikopotenzial darstellen. Ziel der digitalen Sozialarbeiter:innen ist es dabei jedoch nicht, nur von Haus aus akzeptierte Akteure in ihre Arbeit einzubeziehen, sondern eine tragfähige Vertrauensbasis zu den Klient:innen aufzubauen, durch die die Jugendlichen dann auch anderen Netzwerk-Akteuren vertrauen können, weil sie ihren Streetworker:innen vertrauen. Eine entscheidende Frage bei der Bewertung und Aktivierung von Netzwerk-Akteuren ist deshalb, ab welchem Punkt des Vertrauensaufbaus ein:e Klient:in bereit dafür ist, eine bestimmte externe Instanz als Teil der Beziehung zum Streetworker oder zur Streetworkerin anzuerkennen. Kommt diese:r im gemeinsamen Gespräch mit den Jugendlichen zum Ergebnis, dass Vorbehalte und emotionale Barrieren (noch) zu groß sind, um beispielsweise eine:n Psycholog:in, Lehrer:in oder Jugendrichter:in einzubeziehen, sollte diese Ablehnung nur im äußersten Notfall übergangen werden. Hinweis zwei wirbt für einen gewissen Weitblick in der Gaming-Streetwork. So soll sich ein:e digitale:r Sozialarbeiter:in bei der Netzwerk-Arbeit immer bewusstmachen, dass in der Gaming-Streetwork die komplette Bandbreite (digitaler) sozialer Probleme auftreten kann. Für die Netzwerk-Arbeit bedeutet das, alle gängigen Problemfelder der analogen Straßensozialarbeit sowie neue, speziell digitale Grenzüberschreitungen, wie sie im Gefährdungsatlas der BPjM sowie in Kapitel 2.2 (Kultur der Digitalität) dieser Arbeit beschrieben wurden, mitzudenken (insbes. Interviews Fack, Pritzens).

> „Definitiv, denn wir brauchen das volle Vertrauen der Jugendlichen, sie müssen wissen, dass sie uns alles sagen dürfen – auch Dinge, die nicht in Ordnung gehen. Wir kämpfen unter anderem seit Jahren für ein Zeugnisverweigerungsrecht für Sozialarbeiter. Natürlich sind wir verpflichtet, einzuschreiten, wenn es um Leib und Leben geht. Aber wenn unsere vertrauensvolle Arbeit jederzeit von Richtern zum Anlass genommen werden kann, uns als Zeugen vorzuladen, dann gefährdet das genau dieses Vertrauen. Faktisch haben wir im Augenblick nicht das Recht, das Zeugnis zu verweigern, selbst wenn es in der gängigen Praxis beim GANGWAY e.V. meines Wissens noch nicht zu solch einer vertrauensgefährdenden Zeugenaussage gekommen ist." – Tilmann Pritzens, Sozialarbeiter/Streetworker

> „Wichtiger finde ich den Punkt, was genau passiert, wenn sich eine Person tatsächlich öffnet. Dann geht es in Richtung Verweisberatung, der Sozialarbeiter kann nicht Profi sein für alle Aspekte des Lebens, aber er oder sie müsste über ein breites Netzwerk von Fachleuten verfügen, um dann gemeinsam bestimmte Schritte anzugehen. Das könnte ja auch digital funktionieren. Da geht es ja auch überhaupt nicht nur um suchtartiges Verhalten, sondern im Prinzip um alle möglichen Probleme und Situationen, die ein Mensch, der eben gerade zockt, so haben kann." – Matthias Fack, Sozialpädagoge

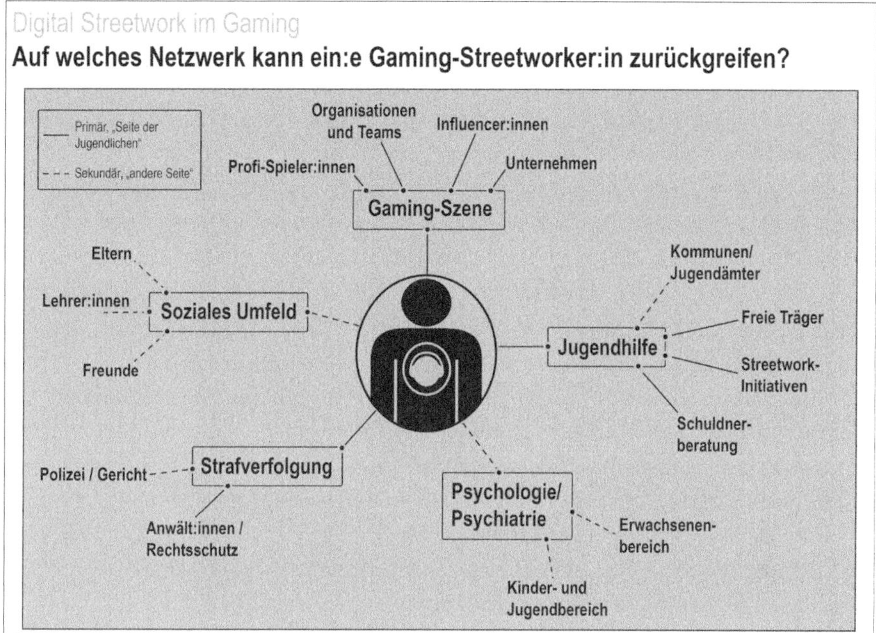

Abbildung 52: Schaubild zum Ergebnisblock „Netzwerk und Kooperationen“: Mehrere Schwerpunktbereiche lassen sich beim strategischen Aufbau eines Gaming-Streetwork-Netzwerks identifizieren. Für die unmittelbare Fallarbeit mit den Klient:innen sind beispielsweise gute Kontakte zu Akteuren der Gaming-Szene nützlich. Diese können immer wieder dabei helfen, ein attraktives Angebot an Aktivitäten und Maßnahmen zu gestalten. Gleichzeitig können digitale Streetworker:innen ihre Erfahrungen im Zielgruppenkontakt als Bedarfsanalyse in die Games-Branche einspeisen, um kind- und jugendgerechte Strukturen zu schaffen. Enge Kontakte zu Institutionen der Jugendhilfe, der Psychologie/Psychiatrie und zum Rechtssystem helfen bei der diagnostischen und rehabilitativen Fallarbeit. Das soziale Umfeld der Klient:innen hat eine Zwischenposition inne und kann gleichzeitig am produktiven Alltag teilnehmen (z. B. Eltern-LAN) und in schwierigen Zeiten wertvolle Stabilität verleihen. Wichtig ist es, im individuellen Fall diejenigen Netzwerk-Akteure zu erkennen, die von Klient:innen nicht problemlos als Teil der Streetwork akzeptiert werden. Hier bedarf es einer intensiven Vertrauensarbeit, bevor eine Einbeziehung oder Weitervermittlung funktioniert. Im Schaubild sind die eher problemlos akzeptierten Netzwerk-Akteure mit durchgezogenen Linien gekennzeichnet, die risikoreicheren Institutionen mit gestrichelten Linien (eigene Darstellung).

> „Definitiv, denn Streetwork deckt ein unheimlich breites Problemfeld ab. Fast alles, was Jugendliche beschäftigt, kommt bei dir an, wenn sie eine – natürlich professionelle – Beziehung aufbauen. Wichtiger Teil unseres täglichen Geschäfts ist es, auszuloten, wie weit wir mit unseren eigenen Mitteln kommen. Darüber hinaus braucht man ein sehr gutes Netzwerk, am besten lokal, um die Ansprechpartner möglichst gut zu kennen und dann auch mit einer hohen Erfolgsquote zu vermitteln. Da reicht es eben nicht, zu sagen: ‚Schau mal, da gibt es einen Flyer, informier' dich doch mal', sondern ich muss sagen können: ‚Pass auf, da gibt es den Stefan, der könnte sehr gut zu dir passen, weil er auf diese und jene Art arbeitet'.“ – Tilmann Pritzens, Sozialarbeiter/Streetworker

Die zentralen Befunde zum Netzwerk und zu den Kooperationen digitaler Streetworker:innen im Gaming fasst folgende Ergebnisthese zugespitzt zusammen:

Um erfolgreich arbeiten zu können, benötigen digitale Streetworker:innen ein breites Netzwerk innerhalb wie außerhalb des Gaming. Der gute Kontakt zu Gaming-Akteuren, darunter Profi-Spieler:innen, Influencer:innen, Unternehmen sowie Spiel(er:innen)-Communities und eSport-Teams, dient vor allem der begleitenden täglichen Arbeit und Reichweitensteigerung. Akteure der Jugendhilfe schaffen einerseits die nötigen Ressourcen und strukturellen Rahmenbedingungen (z. B. Kommunen, Jugendämter, freie Träger und Streetwork-Initiativen), unterstützen bei Bedarf aber auch fallspezifisch (bspw. die Schuldnerberatung). Während das soziale Umfeld der Klient:innen in allen Bereichen präventiver, diagnostischer und rehabilitativer Gaming-Streetwork einbezogen werden kann und sollte, werden Kontakte zur Kinder-, Jugend- und Erwachsenenpsychologie vor allem bei manifestem Risiko- und Suchtverhalten aktiviert. Der oder die Gaming-Streetworker:in muss dabei allerdings äußerst sensibel darauf achten, sich klar auf die Seite der Gamer:innen zu stellen, weil die Jugendlichen pädagogischen und psychologischen Institutionen häufig sehr skeptisch begegnen. Das gilt insbesondere auch für das Feld der Strafverfolgung, die ihrerseits verdeckt im Netz ermittelt und für den oder die digitale:n Streetworker:in zwar eine relevante Glaubwürdigkeitsgefahr darstellt, in Extremfällen allerdings dennoch einbezogen werden muss.
Abbildung 52 stellt die wesentlichen in dieser Befragung genannten Handlungsfelder und Akteure im Netzwerk digitaler Streetwork im Gaming noch einmal grafisch dar.

11.12 Trägerschaft / Dachorganisation

Grundsätzlich können sich die befragten Expert:innen ganz unterschiedliche Dachorganisationen für ein Digital-Streetwork-Projekt im Gaming vorstellen, allerdings jeweils verbunden mit bestimmten Vor- und Nachteilen. Da klassische Streetwork beispielsweise in Bayern in der Regel Teil der kommunalen Jugendarbeit ist, wäre es naheliegend, auch ein digitales Pendant in demselben strukturellen Kontext zu organisieren. Problematisch könnte sich diesbezüglich allerdings darstellen, dass Kommunen beziehungsweise Jugendämter in der analogen Welt lediglich über einen fest abgegrenzten regionalen Zuständigkeitsbereich verfügen. An diese föderale Einteilung sind dann auch die verfügbaren finanziellen und personellen Ressourcen gebunden. Im anonymen und grenzenlosen Internet verliert ein solcher Ansatz jedoch schnell an Effektivität, da digitale Streetworker:innen nur in den seltensten Fällen abschätzen können, wo die Jugendlichen wohnen, die sie ansprechen beziehungsweise von denen sie angesprochen werden. Die Expert:innen rechnen dementsprechend mit größeren Problemen bei der gerechten Mittelzuweisung und Abgrenzung von Kompetenzbereichen im klassischen, kommunalen Organisationsrahmen. Wenngleich die Betreuung eines Gamers oder einer Gamerin von Streetworker:innen aus derselben Region auch im Digitalen aus alltagspraktischen Gründen zweifellos sehr sinnvoll wäre, divergieren hier theoretischer Anspruch und digitale Wirklichkeit beträchtlich. Selbst, wenn deutschlandweit ein engmaschiges Netz von Gaming-Streetworker:innen bestehen würde und eine zügige Verweisberatung entsprechend möglich wäre, ist nicht davon auszugehen, dass diese formalrechtlich begründete Logistik in der Zielgruppe auf große Anerkennung stößt. Bestenfalls können die Jugendlichen mit dem oder der einen Streetworker:in arbeiten, der oder die sie auch anspricht oder den oder die ihre Freunde bereits gut kennen, und müssen nicht doppelt beziehungsweise zu einer völlig fremden Person Vertrauen aufbauen, nur weil diese eben am jeweiligen Wohnort zuständig ist. Dass Gaming-Cliquen, die häufig aus Spieler:innen aus weit auseinanderliegenden Orten bestehen, dadurch nachteilig auseinandergerissen werden könnten, spricht ebenfalls nicht für feste regionale Strukturen in der digitalen Streetwork. Auch die digitalen Streetworker:innen selbst würden davon profitieren, wenn nicht ein substanzieller Teil ihrer Arbeit darin bestünde, Gamer:innen an Kolleg:innen weiterzuvermitteln, weil sich nach gelungener gemeinsamer Aufwärmphase zeigt, dass die Hälfte der Klient:innen in andere Zuständigkeitsbereiche fällt (insbes. Interviews Endres, te Wildt).

> „Ich frage mich allerdings, wer das dann finanzieren sollte. Der klassische Streetworker wird, zumindest in Bayern, (mit)finanziert vom Landkreis, weil diese Art der Sozialarbeit in die Zuständigkeit des Jugendamtes fällt. Kommunen bezahlen ihr Jugendzentrum oft auch alleine, weil es ihr eigener Sozialraum ist, den sie damit gestalten. Nur wer sollte die Finanzierung stemmen für die deutschlandweite Online-Welt? Eigentlich ginge das nur über das Bundesministerium für Familie, Senioren, Frauen und Jugend." – Bernd Endres, Sozialpädagoge

> „Also wird Streetworking von denen gemacht, die ansonsten auch Suchtberatung und -behandlung anbieten, von Trägern der Suchthilfe. Die ist allerdings stark lokal verortet, was schwierig ist im Internet, weil man ja nicht weiß, wer hinter den Avataren steckt, wo die Person sitzt, wie alt sie ist etc." – Bert te Wildt, Facharzt für Psychiatrie und Psychotherapie

Eine logistische Lösung für diese Problemstellung könnte darin bestehen, digitale Streetwork-Projekte zentraler und von überregionalen, eventuell sogar bundesweiten Trägern steuern zu lassen. Auf Landesebene käme im klassischen, öffentlichen Jugendhilfe-System beispielsweise der Bayerische Jugendring oder eine Landeszentrale für gesundheitliche Aufklärung als Träger infrage, auf Bundesebene unter anderem das Ministerium für Familie, Senioren, Frauen und Jugend (BMFSFJ). Auch medienpädagogische Forschungseinrichtungen wie das JFF in München könnten Digital-Streetwork-Projekte (im Gaming) initiieren, finanzieren und strukturell evaluieren. Innerhalb dieser zentralen Lösung könnten trotzdem einzelne und in gemeinsamen regionalen Büros organisierte Streetwork-Teams bestehen, deren Finanzierung und gegenseitige Abstimmung wesentlich zielgerichteter ablaufen könnten. Einsatzpläne könnten dann beispielsweise plattform-, spiel- oder communitybezogen erstellt werden, um die Ressourcen ohne Überschneidungen möglichst breitflächig einzusetzen. Die Problematik fehlender Nähe zum Wohnort einzelner Klient:innen könnte durch eine breitflächige Digitalisierung des Digital-Streetwork-Netzwerks ausgeglichen werden. Im Optimalfall gäbe es also digitale Suchtkliniken, Schuldnerberater:innen oder Anwält:innen, die eine lokalisierte Weitervermittlung der Jugendlichen zumindest im ersten Schritt nicht zwingend nötig machen (insbes. Interviews Endres, Wölfling, Einsiedler).

> „Diese Person hätte zum Beispiel auch feste Bürozeiten, zu denen sie erreichbar ist – prinzipiell sollte so eine Suchthotline durchgehend erreichbar sein. Und weil das nicht mit einer Person geht, muss die Finanzierung aus meiner Sicht vom Bund kommen, entweder aus dem Gesundheitsministerium oder dem Familienministerium. Umgekehrt hat man dann aber auch den Vorteil, diese Stellen bundesweit auszuschreiben und Experten an Bord zu holen, weil das ortsunabhängig funktioniert. Auf die Art könnte man eine breit angelegte Fachstelle aufbauen." – Bernd Endres, Sozialpädagoge

> „Zum Beispiel bei der bayerischen Akademie für Suchtfragen, das ist die BAS, die sitzt in München. Es gibt Vereinigungen, die sich mit Suchtprävention befassen und die da auch ein bisschen bündeln. In Rheinland-Pfalz ist das zum einen die Landeszentrale für gesundheitliche Aufklärung, die bei Suchtberatern und bei Pädagogen eine gewisse Öffentlichkeit schafft. Sie versuchen das aber auch direkt bei Betroffenen, zum Beispiel über Online-Portale." – Klaus Wölfling, Diplom-Psychologe

> „Ansonsten könnte ich mir solch eine Tätigkeit auch hier im JFF in München vorstellen, wir haben ja auch andere Projekte in eine ähnliche Richtung. Allgemein kämen medienpädagogische Einrichtungen da für mich infrage." – Linus Einsiedler, Medienpädagoge

Zu überlegen wäre im Sinne des ganzheitlichen Ansatzes, ob es einen Kompromiss aus überregionaler, rein digitaler Straßensozialarbeit und der etablierten analogen, regionalen Jugendhilfe geben kann. Die befragten Expert:innen betonen insofern, dass sich Offline- und Online-Zugangswege zur Zielgruppe, wie sie in Kapitel 11.7 dargestellt wurden, nicht gegenseitig ausschließen, sondern beide Varianten in Wechselwirkung zueinanderstehen sollten. Schließlich sei es ebenso gut möglich, dass kommunal tätige Sozialpädagog:innen von ihren Jugend- und Medienzentren ausgehend beziehungsweise auf Basis ihrer Straßenkontakte in digitale (Gaming-)Szenen eingeladen werden, in denen sich vor allem Jugendliche aus der jeweiligen Stadt und Region befinden. Die ersten positiven Erfahrungen mit diesem Ansatz sprechen wiederum für die Effektivität klassischer Organisationsstrukturen der Jugendsozialhilfe auch im digitalen Raum. Ein vernetztes Nebeneinander überregional und lokal getragener Digital-Streetwork-Initiativen könnte insofern zum einen eine Reichweitensteigerung bewirken, weil die bewährten Maßnahmen und Zielgruppen analoger Jugendarbeit mit digitalen Methoden und Zielgruppen ergänzt werden, anstatt sie zu ersetzen. Zum anderen lässt sich auch die Leerstelle wohnortnaher Netzwerke in der überregionalen Gaming-Streetwork gut füllen, wenn Kommunen, Stadt- und Kreisjugendringe ihrerseits ebenfalls teilweise in digitalen Umgebungen tätig werden. Zu erarbeiten wäre dann insbesondere noch ein funktionsfähiger übergreifender Einsatzplan, der zusätzlich zur angesprochenen

Unterscheidung von Plattformen, Spieletiteln und Spieler:innen-Communities doch wieder eine regionale Komponente bräuchte. Hier wäre es unter anderem denkbar, dass kommunale Akteure, deren Digital-Streetwork-Ressourcen wegen der Doppelbelastung aus analogen und digitalen Projekten sowieso begrenzt sind, ausschließlich homogene Spieler:innengruppen aus dem unmittelbaren örtlichen Umfeld auch digital betreuen (z. B. örtliche Clans und eSport-Teams oder enge persönliche Freundeskreise). Diese wenigen ausgesuchten Projekte könnten mit Hilfe von Datenbanklösungen und in einem gepflegten organisationalen Netzwerk überregionaler und lokaler digitaler Streetworker:innen gelistet werden, um die Ressourcen der rein digital arbeitenden Gaming-Sozialarbeiter:innen entsprechend umzuschichten (insbes. Interviews Weitzmann, Lutz, Fack).

> „Für mich gibt es zwei Verortungen, zum einen die kommunale Jugendarbeit bei den Jugendämtern, vorrangig wären da aber alle freien Träger interessant, zum Beispiel die Kreis- und Stadtjugendringe, aber auch Jugendverbände. In Bayern wären aus meiner Sicht vor allem die Kreis- und Stadtjugendringe prädestiniert für solche Angebote. Das wäre für mich genau die gleiche Ebene, wie im Moment auch analoge Jugendarbeit abläuft." – Gabriele Weitzmann, Justitiarin

> „Da fallen mir die Medienzentren ein – es gibt immer noch Medienzentren, die gar nichts zum Thema Gaming anbieten. Und die Schule könnte das Thema massiv mit einbeziehen. Über die Schulsozialarbeit könnte man sehr stark auf Spieler eingehen, auch auf solche, die viel spielen, und über Gaming ins Gespräch kommen, die Jugendlichen ernst nehmen. In Mittelschulen könnte man das sehr gut machen, die Schule insgesamt wäre ein sehr guter Ankerpunkt. Da gibt und gab es schon Versuche, aber die Erfahrung zeigt, dass die Schulen eigenständig nur sehr langsam vorankommen, wenn man nicht von außen viel Initiative und Energie hineinsteckt. Das Thema Gaming müsste dort systemisch schon in der Lehrerbildung wesentlich stärker einbezogen werden." – Klaus Lutz, Medienpädagoge

> „Laut Gesetz sind für solche Projekte insbesondere öffentliche und freie Träger der Jugendsozialhilfe zuständig. [...] Ich nähere mich dem Ganzen zunächst also über eine Projektstelle, angesiedelt bei einem überörtlichen Träger. In Bayern gibt es dafür zum einen das Bayerische Landesjugendamt, eher aus dem Jugendschutzgedanken heraus, und zum anderen den Bayerischen Jugendring als Landesstelle für Jugendarbeit, Medienpädagogik und der Vernetzung von Verbänden, Projekten und Personen der offenen Jugendarbeit beziehungsweise Streetwork. Ich könnte mir schon vorstellen, dass beim Bayerischen Jugendring eine solche Stelle geschaffen wird, wenn das Sozialministerium das finanziert. Gegebenenfalls unterstützt auch die Industrie mit Spenden. Wenn sich diese Arbeit dann bewährt, könnte man sie in einem nächsten Schritt auch bei freien Trägern ansiedeln, die ein solches Angebot dann verstetigen könnten. Es wird aber immer irgendwann eine Frage der Finanzierung sein, die daran hängt, woher die Zielgruppen kommen, weil der Bamberger Träger nicht die Jugendhilfe in Hamburg bezahlt und der Hamburger Träger nicht die Jugendhilfe in Fürth." – Matthias Fack, Sozialpädagoge

Auch abseits des klassischen Jugendhilfe-Systems könnte digitale Sozialarbeit im Gaming wirkungsvoll stattfinden. Gaming- und (e)Sport-Vereine könnten beispielsweise entsprechend den Kommunen, Jugend- und Medienzentren im eng abgegrenzten Rahmen und häufig auf lokaler und regionaler Ebene tätig werden. Ein lokales Team wie der Magdeburg eSports e.V. oder eine eSport-Abteilung im Breitensportverein (z. B. beim TSV Burgdorf oder beim TSV Hamelspringe bereits der Fall) sind in der Lage, eine endliche, allerdings relevante Gruppe von Jugendlichen in zielorientierte und sozialpädagogisch begleitete Gaming-Strukturen einzubinden und langfristig zu betreuen. Auf überregionaler Ebene könnten bundesweit tätige Multigaming-Clans und Gilden mit hohen Mitgliederzahlen sozialpädagogische Angebote an ein entsprechend breiteres Publikum richten. Zugriff auf die größten Zielgruppen im Gaming haben schließlich Spieleentwickler und Turnierveranstalter, deren Community Management gezielt auch Digital Streetwork(er:innen) beinhalten könnte. Interessengemeinschaften und Verbände wie der *Esport Bund Deutschland* für den Spieler:innen-Bereich und der *game e. V.* für die deutsche Videospielwirtschaft könnten in diesem Zusammenhang selbst Träger digitaler Sozialarbeit sein und Fachpersonal in Spiele und Clans aussenden. Denkbar wären auch Anreize für die Mitgliedsorganisationen solcher Verbände, Gaming-Streetworker:innen mit eigenen Mitteln zu finanzieren (insbes. Interviews te Wildt, Lutz, Gallace, Helbig).

> „Den Auftrag selbst könnten beispielsweise Unternehmen aussprechen, die Verantwortung übernehmen und Streetworker in ihre Spiele schicken. Das halte ich allerdings für unrealistisch, aber nicht für völlig ausgeschlossen. Ich vermute nur, das wird über bestimmte Algorithmen, die warnen und bestimmte Fragen stellen, nicht hinausgehen." – Bert te Wildt, Facharzt für Psychiatrie und Psychotherapie

> „Ich bin da hin- und hergerissen, weil diese Verbände (Beispiel ‚Esport Bund Deutschland', Anm. d. Verf.) oft vor allem das professionelle Gaming im Blick haben; die haben selten einen pädagogischen Blick darauf. Man müsste die Amateurvereine dafür begeistern, die ja auch nicht den Profifußball, sondern die sinnvolle Freizeitbeschäftigung im Blick haben. Man müsste die Jugendverbände und die Schule dazu bringen, sich dem Thema zu öffnen." – Klaus Lutz, Medienpädagoge

> „Aus meiner Sicht müsste diese Einrichtung oder Initiative in öffentlicher Hand liegen. Für die optimale Akzeptanz wäre es auch super, wenn der Verband ‚game', also die Interessengemeinschaft der deutschen Spielewirtschaft, und der ‚Esport Bund Deutschland' sich an der Gründung solch einer Initiative beteiligen würden. Deren Logos könnte man auf einer Webseite als Qualitätssiegel mit einbinden." – Salvatore Gallace, Marketing Manager

> „Seit Jahren versucht ‚Riot Games', die ‚League of Legends'-Community besser und weniger toxisch zu machen. Wenn das Konzept steht und das ein Konzept ist, das ‚Riot Games' gut findet – warum soll das nicht direkt der Publisher selbst bezahlen? Vereine werden es nicht bezahlen können, aber öffentliche Träger oder Sponsoren. [...] Der ESBD selbst hat natürlich auch kein Geld und ist auch nicht gemeinnützig und nicht anerkannt. Aber wenn das irgendwann mal so wäre und es zum Beispiel auch Stadt-eSport-Bünde oder Bundesland-eSport-Bünde gäbe, dann würde das natürlich auch auf diesem Weg gehen." – Marc Helbig, Softwareingenieur

Unabhängig davon, welche Dachorganisationen die strukturellen Rahmenbedingungen für eine digitale Gaming-Streetwork zur Verfügung stellen, werden in den Interviews drei grundlegende Empfehlungen ausgesprochen. Zum einen wird erneut darauf hingewiesen, dass auch digitale Straßensozialarbeit den Anforderungen an sozialpädagogische Fachkräfte im deutschen Sozialgesetzbuch (SGB) genügen muss. Digitale Streetworker:innen sollen demnach wie oben in Kapitel 11.5 erläutert eine grundständige Fachausbildung durchlaufen und sich anschließend themenspezifisch für ihr tatsächliches Aufgabenfeld (bspw. Schwerpunkt Sucht) fortbilden. Gerade der diagnostische und beratende Aspekt digitaler Streetwork soll ausschließlich von diesen Fachkräften behandelt werden. Im präventiv-informierenden Bereich könnten, so die Argumentation oben, dagegen auch weniger tiefgehend geschulte Multiplikator:innen zum Einsatz kommen, um die Breitenwirkung digitaler Sozialarbeit zu erhöhen. Die organisationalen Träger von Digital-Streetwork-Projekten sollten dann ihre Ressourcen vorwiegend in arbeitsfähige Fachkräfte-Teams investieren, die ihrerseits größere Gruppen ehrenamtlicher Helfer:innen als Sprachrohre rekrutieren könnten. Um ein gleichzeitig effizientes und in seiner Qualität gesichertes Arbeitsumfeld für die Gaming-Streetworker:innen zu schaffen, sprechen sich die Interviewten für Gemeinschaftsbüros aus, die jeweils aus mehreren Fachkräften bestehen. Diese Beratungszentren ermöglichen einerseits eine regionale Streuung, was die Attraktivität einer solchen Arbeitsstelle stärken könnte, und vereinfachen andererseits die gemeinschaftliche Falldiskussion samt gegenseitiger Qualitätskontrolle. Dabei wird allerdings in den Gesprächen betont, dass kein intraorganisationaler Zwang zur andauernden ausführlichen Falldokumentation für eine:n Gaming-Streetworker:in bestehen sollte, um das wertvolle Vertrauensverhältnis zum Klienten oder zur Klientin zu schützen. Gerade Jugendämter sollten insofern auf das Fachverständnis und die Fähigkeit zum angemessenen Handeln ihrer Straßensozialarbeiter:innen vertrauen, um jugendliches Fehlverhalten nicht automatisiert zu sanktionieren und dabei unter Umständen jeglichen Zugang zur Zielgruppe nachhaltig zu verlieren (insbes. Interviews Endres, Einsiedler, Pritzens).

> „Vielleicht sollte man auch einen Ort, also ein Büro schaffen, in dem mehrere Sozialarbeiter sitzen, um den internen Austausch und gegenseitige Hilfestellungen zu gewährleisten. Das halte ich für sinnvoller, als den ganzen Tag zuhause zu sitzen im Homeoffice." – Linus Einsiedler, Medienpädagoge

> „Wichtiger als die äußeren Strukturen sind aus meiner Sicht die inneren, wie viel Freiheit also ein Sozialarbeiter, der etwa beim Jugendamt angestellt ist, bekommt. Wenn diese Person volles Vertrauen genießt und nicht regelmäßig Meldungen, Verlaufsprotokolle oder Notizen gemacht werden müssen, oder wenn der Sozialarbeiter in Prozessen des Jugendamts nicht immer automatisch involviert ist, also als unabhängig empfunden wird, dann sehe ich kein Problem." – Linus Einsiedler, Medienpädagoge

Die zusammenfassende Ergebnisthese zum Ergebnisblock „Trägerschaft / Dachorganisation" lautet:
Als Träger einer digitalen Streetwork-Initiative im Gaming kommen insbesondere die Kommunen und Schulen, außerdem freie Träger der Jugendhilfe, Unternehmen der Videospielindustrie sowie (e)Sportvereine in Frage. Wichtig ist dabei, dass Gaming-Streetworker:innen dem Fachkräftegebot des deutschen Sozialgesetzbuches

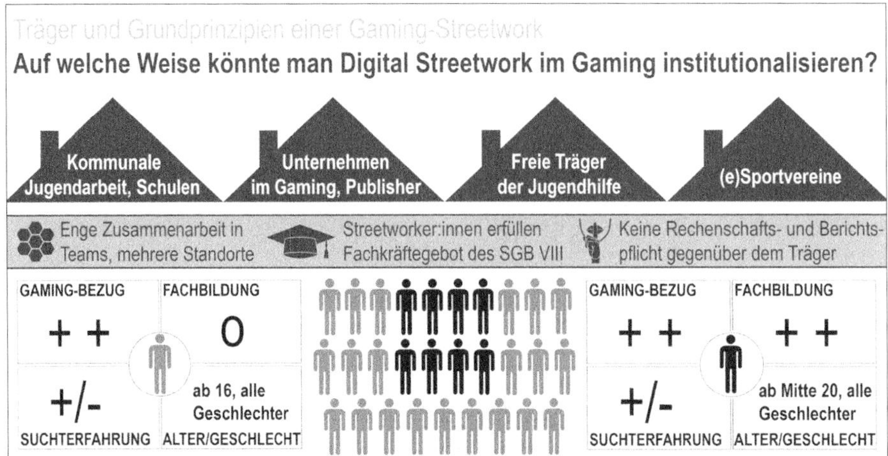

Abbildung 53: Schaubild zum Ergebnisblock „Trägerschaft / Dachorganisation": Digitale Streetworker:innen im Gaming könnten als feste Kleingruppen mehrerer Fachleute (schwarze Cluster) mit einer deutlich größeren Zahl ehrenamtlicher Multiplikator:innen (pink) zusammenarbeiten. Als finanzierende, koordinierende und rechtlich verantwortliche Träger einer Gaming-Streetwork-Initiative kommen insbesondere Institutionen der kommunalen Jugendarbeit und Schulen, freie Träger der Jugendhilfe, Gaming-Unternehmen und (e)Sportvereine in Frage. Wichtig ist, dass trotz überregionaler Tätigkeit und Vernetzung auch regionale Schwerpunkte gesetzt und Ansprechpartner für die Jugendlichen bestimmt werden. Weiterhin gilt für Gaming-Streetworker:innen (schwarz) das Fachkräftegebot des SGB VIII. Im Innenverhältnis zum institutionellen Träger sollte ein:e digitale:r Streetworker:in weitgehend frei von Rechenschafts- und Berichtspflichten sein, um seinen oder ihren Klient:innen gegenüber authentisch und bedarfsorientiert auftreten zu können (eigene Darstellung).

genügen, in Teams mit mehreren Kolleg:innen zusammenarbeiten sowie im hierarchischen Innenverhältnis weitgehend Autonomie genießen.
Abbildung 53 gibt außerdem die wichtigsten Erkenntnisse zu den Organisationsstrukturen digitaler Streetwork im Gaming aus den geführten Interviews noch einmal zusammengefasst wieder.

11.13 Weitere Impulse und Anregungen

Neben den im Interview-Leitfaden aktiv angesprochenen Themenfeldern, die in den Teilkapiteln 11.1 bis 11.12 der Ergebnispräsentation bereits ausführlich behandelt wurden, brachten die befragten Expert:innen eigenständig noch einige weitere interessante Aspekte ein, die bei der Operationalisierung des abstrakten Digital-Streetwork-Gedankens hinein in die empirische Handlungspraxis zu bedenken sind. Insbesondere das Thema Datenschutz spielt demnach für die digitale Straßensozialarbeit eine wichtige Rolle. Können persönliche Gespräche, Telefonate und Notizblöcke weitestgehend als abhörsicher und vertraulich gelten, läuft die computervermittelte Kommunikation auch im Gaming in der Regel über Text-, Sprach- und Videochat-Applikationen, deren Anbieter nur selten in Deutschland oder im EU-Ausland sitzen. Die Erhebung, Speicherung und Weiterverwendung der generierten Gesprächs- und Prozessdaten in beliebten Messenger-Diensten wie *WhatsApp*, *Teamspeak*, *Steam* oder *Discord* kann von Nutzer:innen kaum überblickt oder gesteuert werden. Die Interviews dieser Studie plädieren deshalb dafür, intime Gespräche, wie sie in der fortgeschrittenen Jugendsozialarbeit immer wieder ablaufen, mit Hilfe nicht-kommerzieller beziehungsweise außerordentlich gut geschützter Chatprogramme durchzuführen, deren Datenerhebung und -speicherung deutschem und europäischem Recht unterliegt. Bestenfalls werden überhaupt keine Gesprächsinhalte gespeichert, und wenn doch, dann lediglich auf lokalen Servern, auf die (nur) die beteiligten Personen rechtlich und praktisch zugreifen können. Aus zwei Gründen könnte sich der Versuch, digitale Straßensozialarbeit ab einem gewissen Punkt in solche sicheren Umgebungen zu verlagern, allerdings schwierig gestalten. Zum einen verfügen die Akteure der Medienpädagogik und der sozialen Arbeit noch nicht flächendeckend über die dafür nötige Software. Außerdem stellt die Notwendigkeit des kommunikativen Transfers heraus aus dem gewohnten Umfeld und hinein in eine eher dem oder der Streetworker:in zugehörige Sphäre ein potenzielles Abbruchrisiko aus Sicht der Gamer:innen dar. Die Expert:innen bauen diesbezüglich auf die Substanz einer starken, gewachsenen persönlichen Beziehung zwischen Streetworker:in und Jugendlichen sowie auf deren Eigeninteresse an größtmöglicher Vertraulichkeit (insbes. Interviews Endres, Pritzens).

„Die Bedeutung von Datenschutz ist allgegenwärtig, nicht erst seit der verschärften Datenschutzgrundverordnung aus dem vergangenen Jahr. Für eine funktionierende Sozialarbeit im Web ist die lückenlose Einhaltung aller Datenschutzregeln extrem schwierig. Schon ein Arbeits- bzw. Teamaccount auf Facebook verstößt gegen die Regeln, weil dort nur natürliche Personen zugelassen sind. In erster Linie geht es bei uns aber um Datenschutz in Chats, das heißt in der konkreten Beratung. Mit dem Open-Source-Messenger ‚Wire' fällt mir im Augenblick nur ein Tool ein, das Daten verschlüsselt, sie auf lokale Server legt und von der kompletten Netzgemeinde in seiner Funktionalität transparent überprüft werden kann. Dort würde ich mich, was den inhaltlichen Datenschutz angeht, relativ sicher fühlen. Doch auch wenn die Daten ohne Zwischenspeicher Client-to-Client verschlüsselt sind – was passiert, wenn du dein Handy verlierst oder wenn die Polizei dein Handy konfisziert und knackt? Dann sehen die den kompletten Chatverlauf zwischen mir und dir, und dann hast du unter Umständen ein Problem, und ich womöglich auch. [...] Deshalb haben wir uns gemeinsam mit der Open-Source-Community an ein ambitioniertes Projekt gemacht, einen sicheren Chat zu entwickeln, der ohne Account funktioniert, Inhalte verschlüsselt und mit dem Schließen des Chatfensters komplett löscht. [...] Die Software hat in der Alpha-Phase super funktioniert, nur musste die Open-Source-Community infolge der Snowden-Veröffentlichungen feststellen, dass alle bislang als sicher geglaubten Verschlüsselungsmechaniken schon nicht mehr sicher sind. Dadurch wurde unser Chatprojekt erstmal auf Eis gelegt und schlummert seitdem, wenngleich wir aktuell in der Schweiz versuchen, es wiederzubeleben. Somit bleibt für mich ‚Wire' vorerst die mit Abstand beste und professionellste Alternative. Da stellt sich mir nur die Frage, ob Jugendliche wirklich bereit sind, sich die Software zu installieren, um dann mit dem Sozialarbeiter einen eigenen Channel zu haben." – Tilmann Pritzens, Sozialarbeiter/Streetworker

„Was mir noch ein paar Probleme bereitet, ist das Thema Datensicherheit. Wenn ich online mit Leuten kommuniziere, mache ich das ganz oft in einem Chat, der unter Umständen von Spielebetreibern angeboten wird. Dabei wäre weder der Fachmann, noch der Klient in der Lage zu überprüfen, was mit den Daten passiert. [...] Ich bin ganz klar der Meinung, dass sich

> die beauftragende Stelle, also beispielsweise ein Bundesministerium, damit auseinandersetzen muss, hier sichere Standards zu schaffen und auch nicht Open-Source-Lösungen zu benutzen, sondern professionelle Software einzukaufen. Aber es ist schon einmal eine sehr positive Nachricht, dass die Kolleg:innen in Berlin es schaffen, die jungen Leute mit in einen anderen Chat zu nehmen, da hatte ich nämlich ebenfalls Bedenken." – Bernd Endres, Sozialpädagoge

Hingewiesen wird zusätzlich zur Datenschutz-Debatte darauf, dass eine zu offensive begriffliche Analogie digitaler Straßensozialarbeit gegenüber ihrem realweltlichen Pendant innerhalb der Fachwelt Konfliktpotenzial in sich tragen könnte. Übersetzt bedeutet das: Es könnte Probleme geben, wenn sich eine Initiative, die im Digitalen aufsuchende Jugendsozialarbeit verrichtet, als ‚Streetwork' bezeichnet. Begründet werden diese Bedenken in den Interviews vor allem mit einer historisch gewachsenen begrifflichen Definition, die spezifische analoge Tätigkeitsfelder, Akteure und Handlungsstrategien umfasse. Im Subkontext – das verdeutlichte insbesondere ein Recherche-Gespräch mit dem Streetworker Ralf Berg am 12. November 2020 – wird deutlich, dass weniger die eigentliche Fachtradition entgegensteht, sondern dass gewisse Verdrängungsängste analog arbeitender Jugendzentren und Sozialarbeiter:innen durch eine neue, autonome Online-Streetwork antizipiert werden. Digital-Streetwork-Projekte müssen deshalb frühzeitig mit bestehenden, ortsgebundenen Akteuren der (aufsuchenden) Jugendarbeit verknüpft werden, um die inhaltlichen Stärken beider Ansätze synergetisch zu verbinden und deren ergänzenden Charakter auch auf institutioneller Ebene deutlich zu machen (insbes. Interview Endres; außerdem Recherche-Gespräch mit Ralf Berg vom 12. November 2020, Gedächtnisprotokoll).

> „Mein zweiter Rat wäre, das Konzept insgesamt nicht Streetwork zu nennen, weil ich in diesem Fall Konflikte mit der Fachwelt erwarte – nicht nur, weil man damit viele KollegInnen eventuell vergrämen würde, sondern weil auch in den Regelstandards bestimmte Anforderungen an eine solche Tätigkeit formuliert sind." – Bernd Endres, Sozialpädagoge

Ein diese Ergebnispräsentation abschließender Gedanke aus den Interviews rückt noch einmal das Verhältnis der Geschlechter bei der Ausgestaltung von Digital-Streetwork-Angeboten im Gaming in den Mittelpunkt. Die Expert:innen erkennen an, dass vor allem der härtere Kern der Spieler:innenschaft, gerade was lange Spielzeiten, starkes emotionales Involvement und ausgeprägten kompetitiven Charakter angeht, nach wie vor klar männlich geprägt ist. Schon bei der Diskussion über hilfreiche persönliche Eigenschaften der digitalen Streetworker:innen sowie bei der Definition von Gaming-Streetwork-Zielgruppen in den Kapiteln 11.5 und 11.6 wurde deshalb das männliche Geschlecht tendenziell etwas bevorzugt. Dennoch betonen die Interviewten durchgehend die stetig ansteigende Bedeutung des Themas Gaming auch für das weibliche Geschlecht. Insofern dürfe es digitale Straßensozialarbeit nicht versäumen, personelle und inhaltliche Angebote auch für Mädchen und Frauen zu machen:

> „Einen Punkt würde ich gerne noch ergänzen: Wir müssen schon sehen, dass es sich hauptsächlich um Jungs handelt. Statistiken sagen immer wieder, dass Mädchen genauso viel spielen wie Jungs; das mag in der Quantität noch eher stimmen, nicht aber in der Qualität. Jungs sind wesentlich stärker in dieser Gaming-Welt drin; in dieser Intensität liegt der Mädchen-Anteil vielleicht bei 10-15 Prozent. [...] Ich glaube schon, dass es nötig ist, die Mädchen generell, aber auch speziell die Gamerinnen mit in den Blick zu nehmen, also Gaming-Angebote zu machen, die Gamerinnen mit einbeziehen. Dabei müsste man sich auch mal anschauen, warum Mädchen manche Teile des Gaming ablehnen, zum Beispiel diesen starken Wettkampfcharakter." – Klaus Lutz, Medienpädagoge

Die weiteren Impulse und Anregungen in den Interviews zu dieser Arbeit lassen sich mit folgender Ergebnisthese zusammenfassen:
Weitere Herausforderungen, denen sich eine Digital-Streetwork-Initiative im Gaming konzeptuell stellen muss, liegen in den Bereichen Datenschutz, Namensgebung und Geschlechterneutralität. Wichtig wird sein, die intime Fallkommunikation in geschützten Chaträumen ohne Zugriff Dritter durchzuführen. Die Projektbezeichnung ‚Streetwork' auch im Digitalen könnte außerdem in Fachkreisen zu historisch bedingten Konflikten führen, die teilweise ideologisch aufgeladen sind und teilweise Verlustängste widerspiegeln. Obwohl schließlich statistische Erhebungen einen prozentualen Anstieg von Videospielerinnen in der Szene anzeigen, dominieren vor allem unter Vielspieler:innen (Core-Gamer) nach wie vor klar männliche Jugendliche. Dennoch wäre es mit Blick auf die Zukunft wichtig, bei der Zielgruppendefinition und Ausbildung digitaler Sozialarbeiter:innen speziell auch Frauen zu fördern.

12 Zusammenfassung und Interpretation

Ziel dieser Arbeit ist es, *ein medienpädagogisches Handlungskonzept zur Vermittlung der nötigen Kompetenzen im Umgang mit virtuellen Welten insbesondere als Trägersubstanz sozialer Entwicklung und Interaktion zu entwickeln*. Ausgangspunkt dieser Überlegungen war die Erkenntnis, dass soziales und berufliches Handeln in einer mediatisierten Gesellschaft zu substanziellen Teilen medienvermittelt abläuft (Krotz 2018; Meyen 2009; Stalder 2016; game e.V. 2020a; Hoffmann & Wagner 2013). Digitale Handlungswelten verändern die Gestalt des gesellschaftlichen Miteinanders nicht lediglich auf einer strukturellen Ebene, indem etwa Mediengeräte zu ständigen Begleitern werden und Kommunikation nicht mehr zeit-, orts- oder körpergebunden stattfindet (Krotz 2007, 17; Krotz 2018, 86). Die Vernetzung analog getrennter Akteure und Institutionen zu einer weltweiten Öffentlichkeit, in der Menschen und Maschinen in stufenlos skalierbaren Clustern zusammenkommen, lässt vielmehr eine ganz neue, medialisierte Logik gesellschaftlicher Interaktion entstehen (Hepp 2015, 175; Kuipers 2018; Franck 1998; Wiedel 2015; Thieroff 2016). Dadurch, dass sich die an das Internet angeschlossenen Nutzer:innen besser untereinander abstimmen und beobachten können, beschleunigt und polarisiert sich das (virtuelle) gesellschaftliche Leben. Individuelle und kollektive Akteure in gesellschaftlichen Teilsystemen wie der Politik, dem Sport oder der Wirtschaft vollziehen eine medientechnische Digitalisierung, worauf produktive Effizienzsteigerungen, aber auch intensive Wettbewerbszwänge folgen (Schimank 1988 & 2007; Meyen 2009; Meyen et al. 2015). Diese Dialektik aus Chancen und Risiken prägt mehr oder weniger alle Aspekte und Innovationen digitaler Handlungswelten, im produktionsökonomischen wie auch im soziokulturellen Sinne. Wo vernetzte, autonom kommunizierende Maschinen eine vierte industrielle Revolution andeuten, sorgen sich Arbeitnehmer:innen zum Beispiel um Jobverluste (Thimm und Bächle 2019a). Die Skepsis gegenüber künstlicher Intelligenz reicht bis hin zu evolutionären Verdrängungsängsten (Kurzweil 2006). Big Data und soziale Netzwerke ermöglichen zwar eine optimale Bedienung von Kund:innenwünschen und Publikumsinteressen, gefährden jedoch private Schutzinteressen und strapazieren die begrenzte Aufnahmefähigkeit des einzelnen Nutzers oder der einzelnen Nutzerin (vgl. Grenzdiskussion in Kapitel 2.2 sowie Abbildung 5). Dabei sind es nicht nur klassische institutionelle Akteure wie Medienhäuser, Wirtschaftsunternehmen oder Politiker:innen, die in einer digitalen Ökonomie der Aufmerksamkeit mit harten Bandagen um exklusive Inhalte und hohe Klickzahlen ringen (z. B. Kepplinger

Abbildung 6: Konstituierende Merkmale und Herausforderungen einer Kultur der Digitalität: Durch die gesellschaftlichen Makro-Prozesse der Mediatisierung und der Medialisierung laufen öffentliche und private Kommunikation zunehmend computervermittelt ab, folgen zudem einer inhaltlich zugespitzten Aufmerksamkeitslogik. Es bildet sich so schrittweise eine gesamtgesellschaftliche Kultur der Digitalität heraus, die mit Chancen und Risiken verbunden ist. Der Schwerpunkt dieser Abbildung liegt auf den sender- (oben) und empfängerseitigen (unten) Risiken beziehungsweise Grenzüberschreitungen in digitalen Handlungswelten (eigene Darstellung).

2002 & 2005; Heinecke 2014; Kellner-Zotz 2018; Cui 2018). Auch der oder die Internetnutzer:in ordnet sich als gleichzeitig produzierende:r und konsumierende:r Prosument:in (Knieper et al. 2011) dieser digitalen Aufmerksamkeitslogik unter. Dazu kommen digitale Formen von Mobbing, Stalking und sexueller Belästigung – keine neuen Probleme, im anonymen Internet allerdings einfacher umzusetzen und omnipräsent im Lebensalltag der Opfer (Wachs & Wolf 2011; Kramer 2019; Cheng et al. 2018; Eichenberg & Auersperg 2014; Kutscher 2015; Iske und Kutscher 2020). Die Kultur der Digitalität hat insofern aus ethischer und rechtlicher Perspektive durchaus Risikopotenzial, zusammengefasst in den Abbildungen 6 (eigene Darstellung) und 38 (digitaler Gefährdungsatlas der BPjM):

Anlass zur medienpädagogischen Reflexion und Konzeption in dieser Arbeit haben insbesondere die nachhaltigen mentalen und physischen Gesundheitsschäden gegeben, die auf solche digitalen Grenzüberschreitungen folgen können (z. B. Wiedel 2019, Habich 2014; Wewetzer 2015; Hager & Kern 2017; Janker & Waitz 2017; Illy & Florack 2018). Unabhängig davon, ob diese von Betroffenen eigenständig induziert sind (z. B. bei Suchtverhalten oder Überlastungssymptomen aufgrund von Vielnutzung) oder aufgezwungen werden (z. B. verstörende Gewalt und Pornografie, Mobbing oder Stalking), besteht hier Handlungsbedarf. Weder die kommunikationswissenschaftlich getriebene Mediatisierungs- und Medialisierungsforschung, noch die praktische Medienpädagogik gehen bislang allerdings überzeugend auf die Risikofolgen digitaler Sozialität ein. Dem wissenschaftlichen

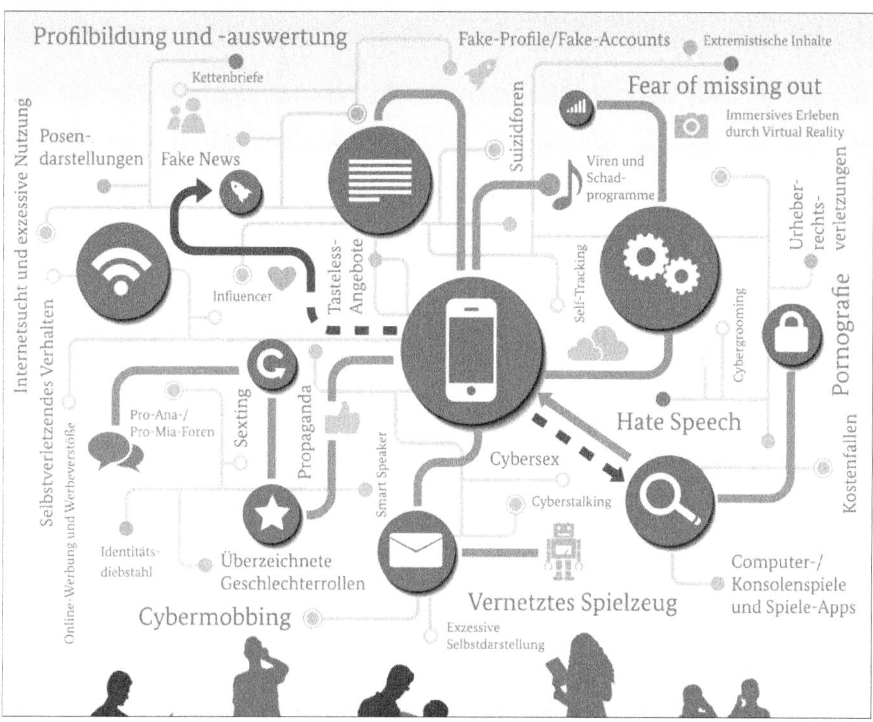

Abbildung 38: Herausforderungen für Kinder und Jugendliche in digitalen Handlungswelten als Cluster-Darstellung im Gefährdungsatlas der Bundesprüfstelle für jugendgefährdende Medien (BPjM) 2019

Diskurs mangelt es insbesondere an quantitativen Daten und Langzeitstudien, mit denen die obigen Gefährdungskataloge in ihrer gesamtgesellschaftlichen und digitalkulturellen Bedeutung validiert und priorisiert werden könnten. Die Medienpädagogik wiederum beschäftigt sich zwar eingehend mit der Definition digitaler Medienkompetenz (Baacke 1993; Schorb 2008; Stodt et al. 2015), befindet sich bei deren aktiver Vermittlung allerdings noch im Frühstadium. Lehrer:innen und Eltern scheitern nach wie vor in der Breite an fehlender Praxiserfahrung, unzureichender Infrastruktur und mangelnder Koordination bei der Medienkompetenzvermittlung an Kinder und Jugendliche (Schaumburg & Prasse 2019, 123 f.; Röhrich 2018; Geisler 2019; Kammerl et al. 2015; Hoffmann & Wagner 2013; Weber 2013). Gleichzeitig beweisen Pilotprojekte in freiwilligen Schul-AGs, in der außerschulischen Jugendarbeit sowie in digitalaffinen Haushalten, dass eine kompetenzorientierte und zugleich nutzungsfördernde Pädagogik langfristig zielführender ist als weitreichende Restriktionen oder desinteressiertes Wegschauen (ESBD 2018 & 2020; Lutz 2019; Betzholz 2019; Bonn & Karsch 2019; Kohring & Heinz 2012). Das medienpädagogische Vakuum in diesem Bereich führt nun dazu, dass den Risiken des Internets im Wesentlichen rehabilitativ begegnet wird. Kinder und Jugendliche werden in der Regel erst dann unterstützt, wenn sie eine der genannten Grenzen überschritten haben und ein entsprechender Leidensdruck besteht. Die Diagnose und Behandlung übernehmen überwiegend Psycholog:innen und Psychiater:innen, die sich darüber hinaus auch präventiv in Vorträgen und Workshops engagieren (Kammerl 2013; Dreier et al. 2015; Graf 2017; Lohr 2017; Przybilla 2018; Möller 2011). So positiv die dadurch mittlerweile flächendeckend verfügbaren psychotherapeutischen Angebote für internetbezogene Krankheiten aus Sicht dieser Arbeit zu bewerten sind, darf digitale Medienkompetenzvermittlung nicht ausschließlich retrospektiv beziehungsweise in Extremfällen und durch Ärzt:innen erfolgen. Wünschenswert wäre vielmehr, dass auch im präventiven Bereich deutlich stärker in eine ausführliche und praxisbezogene Schulung Heranwachsender zum kompetenten Umgang mit digitalen Medien(inhalten) investiert wird. Vor allem in der schulischen und außerschulischen Jugendarbeit sollten neben dem reinen Bedienungswissen auch der kritische Umgang mit digitalen Nachrichten, Quellen und Geschäftsmodellen, ein maßvolles und selbstreguliertes Nutzungsverhalten sowie Resilienzstrategien gegenüber antisozialem Verhalten thematisiert werden. Da diese digitalen Medienkompetenzen außerdem im tatsächlichen Handlungsalltag von den Jugendlichen eingeübt und anhand der dabei gemachten Erfahrungen immer wieder hinterfragt und justiert werden müssen, fordert dieser Text zusätzlich zur präventiven Medienpädagogik und zur rehabilitativen Psychotherapie eine begleitende pädagogische Komponente. Das Modell einer insofern ganzheitlichen Medienkompetenzvermittlung, wie es in Abbildung 34 gezeigt wird, repräsentiert die Idealvorstellung von mehreren medienpädagogischen Akteuren, die Heranwachsende kontinuierlich und koordiniert bei der autonomen, gesunden und konstruktiven Webnutzung unterstützen:

Zwei entscheidende Herausforderungen werden in der praxisbezogenen Diskussion dieses Ansatzes deutlich. Schon angesprochen wurde, dass nicht alle im Modell benannten medienpädagogischen Akteure über die nötigen Kompetenzen, Ressourcen und über die zur wirkungsvollen Medienkompetenzvermittlung erforderliche Einsatzbereitschaft verfügen. Das Schulwesen, dem Forschungsstand nach prinzipiell offen für intensivere Medienpädagogik, muss sich erst noch selbst für diesen Lehrbereich professionalisieren und curricular anpassen (Schaumburg und Prasse 2019, 105 ff.). In den Familien ist zwar mit einer ansteigenden Digitalaffinität zu rechnen, weil vor allem junge Eltern selbst schon mit dem Internet aufgewachsen sind. Trotzdem fehlt es hier noch zu häufig am Detailwissen oder an der verfügbaren Zeit. Auch verweigern Jugendliche im Zuge ihrer sozialen Emanzipation oft bewusst den elterlichen Zugriff auf ihre digitalen Rückzugsorte (USK 2020b; scoyo 2015; Kammerl et al. 2015; Weber 2013). Die Digitalwirtschaft kann nicht unmittelbar Gewinn aus medienpädagogischen Aktivitäten schöpfen, was Community-Management-Ressourcen noch kleinhält (King et al. 2018). Für Wissenschaft und Politik gilt zudem, dass sich beide Systeme noch überwiegend mit den Infrastrukturen und Nutzungsprozessen der mediatisierten Gesellschaft

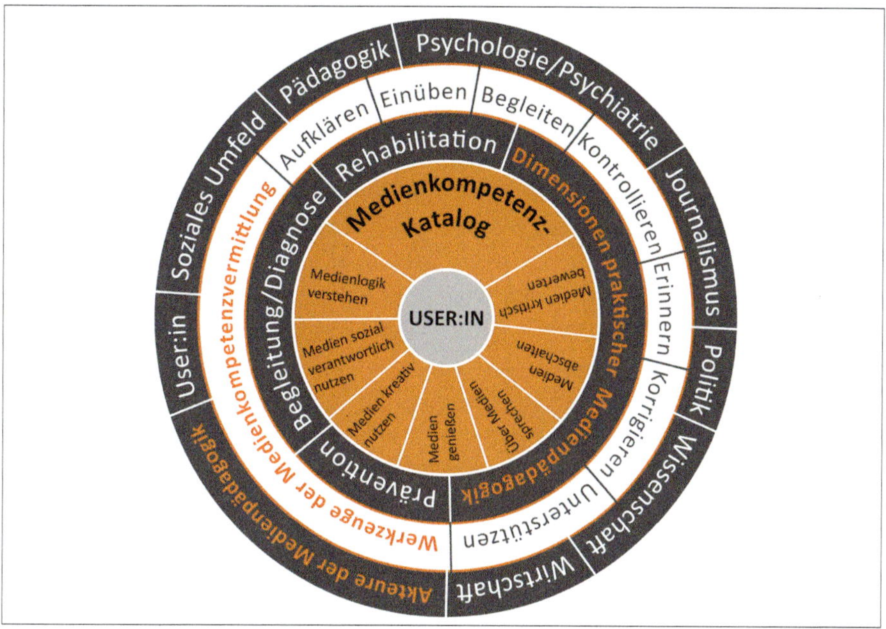

Abbildung 34: Modell ganzheitlicher Medienpädagogik und -kompetenzvermittlung: Drei strukturelle Prämissen beziehungsweise Plädoyers liegen dem in dieser Arbeit vorgeschlagenen Modell ganzheitlicher Medienkompetenzvermittlung zugrunde. (1) Auf der einen Seite sollen Medienpädagogik und (digitale) Medienkompetenzvermittlung als dauerhafte Prozesse verstanden werden. Punktuell präventive (Bsp. Workshop im Schulunterricht) und rehabilitative (Bsp.: Suchttherapie) Impulse sollen deshalb ergänzt und verknüpft werden durch begleitende Maßnahmen und Projekte, die kompetentes Handeln Heranwachsender beim tatsächlichen Umgang mit digitalen Medien fördern. Es geht also darum, auf das reale Medienhandeln zuzugreifen und reale Nutzungserfahrungen kompetenzorientiert zu reflektieren. (2) Daran anschließend befürwortet dieses Modell eine deutlich stärkere Vernetzung medienpädagogischer Akteure im Sinne einer individuell bedarfsbezogenen Aktivierung über alle drei inhaltlichen Dimensionen praktischer Medienpädagogik hinweg. Ziel sollte es sein, sehr eng von einzelnen Jugendlichen ausgehend zu bestimmen, auf welchem Kompetenzfeld (Medien verstehen, kreativ nutzen, abschalten können etc.) gerade welche medienpädagogische Einzelmaßnahme (Aufklären, Einüben, Korrigieren etc.) innerhalb welches nutzungshistorischen Prozesses (präventiv, begleitend oder rehabilitativ) am sinnvollsten ist. Genau diese Maßnahme sollte anschließend zeitnah umgesetzt werden können, und zwar von dem am besten dafür geeigneten medienpädagogischen Akteur. (3) Hier setzt schließlich das Argument an, noch wesentlich vielfältigere als die klassischen Akteure der Kinder- und Jugendpädagogik (v. a. Eltern und Lehrer:innen, im Gaming aktuell dazu Psycholog:innen/Psychiater:innen) in die digitale Medienkompetenzvermittlung zu integrieren. Im Gaming-Kontext kommen unter anderem auch die Videospielwirtschaft, Videospieljournalist:innen, Digitalpolitiker:innen oder Erziehungs- und Kommunikationswissenschaftler:innen in Frage. Vor diesem Hintergrund ist das Modell als Kombination mehrerer Ebenen ganzheitlicher Medienkompetenzvermittlung in Form von frei beweglichen Stellschrauben zu verstehen. Jede Ebene beziehungsweise jeder konzentrische Kreis ist frei verschiebbar. Ausgehend von dem oder der individuellen User:in im Zentrum der Abbildung lässt sich durch Einstellen einer bestimmten Kombination festlegen, welche medienpädagogische Maßnahme durch welchen Akteur zu einem bestimmten Zeitpunkt helfen würde. Wünschenswert wäre, dass die strukturellen Voraussetzungen geschaffen werden, diese kombinatorische Vielfalt auch praktisch umzusetzen. Dazu braucht es wiederum inhaltlich kompetente medienpädagogische Akteure, die auch alle bereit sind, digitale Medienkompetenzvermittlung aktiv zu unterstützen. Abschließend bedarf es einer koordinierenden Stelle, die den Bedarf bestimmt, das Modell bedient und die eingestellten Maßnahmen und Akteure effizient aktiviert (eigene Darstellung auf Basis von Pieschl & Porsch 2014; Hipeli 2014; Baacke 1993; Willemse 2016; te Wildt 2015; Kalbitzer 2016).

beschäftigen, weniger mit deren sozialen Folgen für den oder die einzelne:n Nutzer:in. Eine zweite zentrale Herausforderung auf dem Weg hin zur ganzheitlichen Medienkompetenzvermittlung betrifft die effiziente Vernetzung medienpädagogischer Akteure. Wenn Fachleute ganz unterschiedlicher Professionen einzelnen Nutzer:innen präventiv, begleitend und rehabilitativ zur Seite stehen (wollen), sollte geklärt sein, wessen Fachwissen zu welchem Zeitpunkt sinnvoll und nötig ist. Wenngleich dabei gewisse grundlegende Muster naheliegen – Politik schafft den gesetzlichen Rahmen, Psychologie/Psychiatrie übernehmen den therapeutischen Part, Lehrer:innen und Eltern sind präventiv und begleitend tätig, Peers achten aufeinander, Videospielentwickler informieren und kontrollieren –, gestaltet sich der individuelle Nutzungsalltag ungleich komplexer. Jede:r Heranwachsende wird im Netz mit unterschiedlichen Inhalten und Personen konfrontiert, hat andere Interessen, entwickelt andere Vorlieben, und reagiert verschieden auf positive und negative Nutzungserlebnisse. Auch entwickelt sich jede Nutzungsbiografie raumzeitlich unterschiedlich und in ihrer eigenen Chronologie. So lässt sich kaum antizipieren, wann ein Kind oder Jugendlicher welche konkreten sozialen Erfahrungen macht und wie gut die betroffene Person dann in der Lage ist, medienkompetent damit umzugehen. Eine Einschätzung, ob und wann genau beispielsweise die Eltern, ein Freund, eine Lehrerin, ein Psychotherapeut oder ein Portalbetreiber einen Heranwachsenden bei der weiteren gesunden Webnutzung unterstützen kann und soll, bedarf im Prinzip konsequenter, vergleichsweise enger Begleitung (oder einer expliziten Bitte des Heranwachsenden selbst). Will Medienpädagogik also in der Lage sein, digitale Medienkompetenz im realen Handlungskontext zu trainieren und auf individuelle Risikofälle nicht erst infolge einer ärztlichen Diagnose einzugehen, braucht es begleitende Ansätze und Zugang zur bisherigen Black Box Internet.

Ausgehend von dieser Aufgabenstellung hat diese Arbeit die Handlungsprinzipien aufsuchender, psychosozialer Sozialarbeit (Streetwork, Bundesarbeitsgemeinschaft Streetwork – Mobile Jugendarbeit e.V. 2007; Gref 1995, 17 f.) als Schlüssel und Werkzeug begleitender Medienkompetenzvermittlung in virtuellen Handlungswelten vorgeschlagen. Die niedrigschwellige und akzeptierende Zielgruppenansprache, mit der Streetworker:innen in der analogen Welt authentisch Vertrauen zu Heranwachsenden aufbauen (Wendt 2015, 328 ff.; Krafeld 2004, 57 ff.), könnte auch im Kontext digitaler Medienpädagogik wertvolle neue Handlungsspielräume erschließen. Im besten Fall gelingt es digitalen Streetworker:innen, als Teil der virtuellen Lebenswelt Jugendlicher akzeptiert zu werden und diese beim Aufbau sozialer Beziehungen und autonomer Nutzungskompetenzen zu unterstützen (Beranek et al. 2019, 237 ff.; Kergel 2020; Bollig 2020, Pritzens 2011; Klein und Pulver 2020). Digital-Streetwork-Ansätze könnten ein zentrales Kettenglied ganzheitlicher Medienkompetenzvermittlung bilden (vgl. Modellbildung II in Kapitel 8). Ein:e digitale:r Streetworker:in fungiert in diesem Szenario als Auge und

Ohr aller anderen medienpädagogischen Akteure und kann auf Basis seiner oder ihrer Vor-Ort-Beobachtungen immer wieder externe Unterstützung anfordern. So ließe sich effizient und individuell bedarfsbezogen festlegen, wann beispielsweise Eltern, Lehrer:innen oder Psycholog:innen/Psychiater:innen aktiv werden können und sollen, um einem bestimmten Jugendlichen bei einer bestimmten, aktuellen Nutzungssituation weiterzuhelfen. Derartige Netzwerk-Strukturen und externe Handlungsimpulse wären nicht nur sinnvoll, sondern auch deshalb nötig, weil inhaltlich breit ausgebildete Streetworker:innen gerade in extremeren Fällen (z. B. ausgeprägtes Suchtverhalten, Selbstverletzung, Stalking, hohe Schulden etc.) auf die Unterstützung fachspezifischer Profis angewiesen sind. Umgekehrt ist allerdings auch klar, dass auf der digitalen Straße soziale Probleme aller Art auftreten, deren angemessene Behandlung keiner der klassischen medienpädagogischen Akteure alleine zu leisten vermag (Wendt 2015, 322 ff.). Digitale Streetwork als Teil ganzheitlicher Medienkompetenzvermittlung könnte der Medienpädagogik auch in einer zunehmend mediatisierten Gesellschaft weiterhin ihren starken Praxisbezug sichern. Insbesondere könnten vermittelte Medienkompetenzen im realen Anwendungsfall beobachtet und angeleitet vertieft werden. Bislang nicht adressierte oder nicht bekannte Problemfelder im jugendlichen Digitalleben könnten erkannt und in die medienpädagogische Arbeit integriert werden. Selbiges gilt für jene Zielgruppen, die von klassischen analogen Medienkompetenzprojekten nicht (mehr) erreicht werden und/oder sich vollständig in digitale Welten zurückgezogen haben. Möglich wäre es schließlich außerdem, das Fachwissen und die Ressourcen medienpädagogischer Akteure wesentlich zielgenauer und damit auch sensibler in der Fallarbeit mit Heranwachsenden einzusetzen.

Aufgabe der empirischen Studie in dieser Arbeit ist es, einen ersten Beitrag zum Test der Praxistauglichkeit des Theoriemodells einer digitalen Streetwork als Werkzeug und begleitendes Bindeglied ganzheitlicher Medienkompetenzvermittlung zu leisten. Argumentiert wurde, dass für aussagekräftige Befunde ein fallspezifischer Zuschnitt der abstrakten Prozess- und Wirkungsvermutungen sinnvoll ist. Auch erste empirische Referenzprojekte aus dem Bereich digitaler Sozialarbeit (Dinar & Heyken 2017; Minor – Projektkontor für Bildung und Forschung 2018) zeigen an, dass zentrale Arbeitsschritte wie die Kontaktwege zu den Jugendlichen (digitale Straße), die Zielgruppenansprache (v. a. beim Erstkontakt) sowie die längerfristigen Strategien des Beziehungsaufbaus stark von den Regeln der jeweiligen digitalsubkulturellen Szene abhängen. Handlungsfähige Digital-Streetwork-Konzepte bedingen also eine sehr detaillierte Anpassung an spezielle virtuelle Handlungswelten. Diese Arbeit hat sich deshalb dafür entschieden, ihre empirische Konzeptprüfung am Beispiel des Gaming sowie mit speziellem Fokus auf das medienpädagogische Problemfeld exzessiver und pathologischer Videospielnutzung durchzuführen. Als eines der ältesten und in der Bevölkerung sehr weit verbreiteten digitalkulturellen Phänomene verfügt das Gaming über eine ausgeprägte und professionelle Infrastruktur im virtuellen und analogen

Bereich (Esposito 2005; Scholz 2019, 119; Fiedler et al. 2018, 149; Fairly Odd Streamers 2020; game e.V. 2020b; game e.V. & GfK 2020a; Bitkom 2020a; Bitkom 2020c; game e.V. 2020c; game e.V. 2020d). Besonders Kinder und Jugendliche verbringen zudem sehr viel Zeit mit Videospielen, benutzen diese als soziale Rückzugsorte und vollziehen dort bedeutende Teile ihrer sozialen Emanzipation und Integration (Yee 2020; Hoffmann & Wagner 2013; Kammerl et al. 2015; Weber 2013). Als im Vergleich außergewöhnlich lange gewachsenes und dementsprechend stabiles digitales Handlungsfeld mit enormer Verbreitung unter Heranwachsenden bildet das Gaming ein gut geeignetes Untersuchungsfeld für Digital-Streetwork-Projekte. Der inhaltliche Zuschnitt dieser Studie auf exzessives und suchtartiges Videospielen widerspricht der Forderung nach ganzheitlicher Behandlung aller Risiken im Digitalen nur auf den ersten Blick. Außer Frage steht, dass digitale Sozialarbeiter:innen bei ihrer Arbeit mit vielfältigen sozialen Problemlagen konfrontiert werden und ihre Augen vor keiner davon verschließen sollten. Gleichzeitig sollte Medienpädagogik ihr Hauptaugenmerk auf die (momentan) virulentesten Risikofelder legen. Neben der traditionellen Killerspieldebatte, rassistischen Strömungen in sozialen Gaming-Netzwerken und den Gaming-unabhängigen Digitalgefahren liegt der Schwerpunkt wissenschaftlicher und öffentlicher Diskussion zum Videospielen spätestens seit der offiziellen diagnostischen Anerkennung durch die WHO im Jahr 2018 auf dem Problemfeld der Videospielsucht (WHO 2020; Illy & Florack 2018; Ferguson et al. 2017; te Wildt & Rehbein 2010; Feng et al. 2018; Rehbein et al. 2010). Mit guten Argumenten lässt sich im Bereich des Vielspielens deshalb momentan auch ein Schwerpunkt im medienpädagogischen Bedarf annehmen. Zusätzlich erleichtert ein klar formulierter Arbeitsrahmen rein forschungsstrategisch die Auswahl der empirischen Stichprobe (hier: 20 interviewte Fachleute) und erhöht die Aussagekraft der Befunde. Zwar sollten die dadurch stark fallspezifischen Ergebnisse aus dieser Studie anschließend wieder abstrahiert und für weitere und breitere Anwendungsfelder adaptiert werden. Dennoch sind konkrete Fallstudien sehr sinnvoll, um überhaupt erst einmal abstraktions- und adaptionsfähige Detaildaten zu generieren.

Die empirische Untersuchung vorbereitend wurde der gedankliche Ansatz einer Digital Streetwork im Gaming mit Schwerpunkt Videospielsucht grafisch modelliert (vgl. Abbildung 39). Das Hauptaugenmerk des empirischen Forschungsinteresses liegt auf der eigentlichen digitalen Straßensozialarbeit, im Modell auf Basis des Forschungsstands (v. a. Arbeitsprinzipien der Straßensozialarbeit, Strukturen der Gaming-Szene und digitale Medienkompetenzen; Wendt 2015, 322 ff.; Pritzens 2011; Klein und Pulver 2020; Scholz 2019, 119; Fiedler et al. 2018, 149; Stodt et al. 2015) skizziert in der mittleren Spalte. Der größte Teil der forschungsleitenden Fragestellungen in Kapitel 9 (empirisches Forschungsinteresse) befasst sich dementsprechend mit der infrastrukturellen Institutionalisierung (Trägerschaft, Ressourcen, Arbeitsorganisation, Netzwerk), der Person des oder der digitalen Streetworker:in (Fachausbildung, Soziodemographie, Bezug zur Gaming-Szene), geeigneten Kontaktpunkten zur Zielgruppe

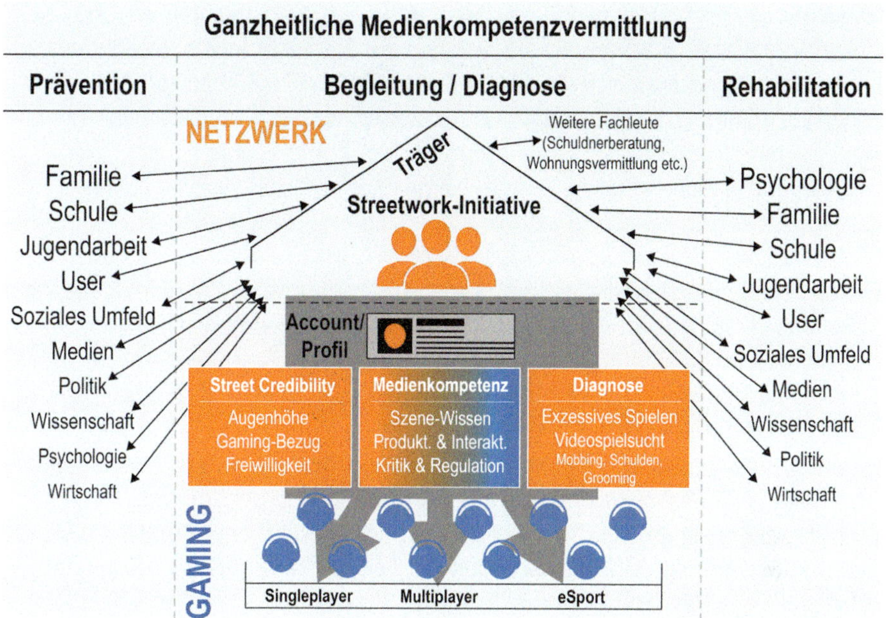

Abbildung 39: Organisationsstrukturen und Handlungsprozesse digitaler Streetwork als Teil ganzheitlicher Medienkompetenzvermittlung im Gaming am Beispiel von exzessivem und pathologischem Nutzungsverhalten: Eine digitale Streetwork wird als begleitendes und koordinierendes Brückenelement ganzheitlicher Medienkompetenzvermittlung vorgeschlagen. Am Beispiel des Handlungsfeldes Gaming sowie mit speziellem Zuschnitt auf das Risikofeld der Videospielsucht wird hier modellhaft skizziert, mit welchen persönlichen Fähigkeiten, inhaltlichen Strategien und institutionellen Netzwerken eine Gaming-Streetwork agieren könnte. Demnach sind Digital-Streetwork-Arbeitsteams einem institutionellen Träger unterstellt, der elementare Ressourcen bereitstellt, zu denen neben der finanziellen Vergütung und der nötigen Hardware auch die Netzwerk-Pflege zählt. Digitale Streetworker:innen im Gaming brauchen zur langfristigen Effektivität ihrer Arbeit gute Kontakte zu einer Vielzahl medienpädagogischer Akteure, wie sie im Modell ganzheitlicher Medienkompetenzvermittlung etabliert werden. Diese wiederum sind hier nach Einsatzbereitschaft und -fähigkeit im Prozess der konkreten Fallarbeit mit Jugendlichen absteigend sortiert, wobei es sich um eine aktuelle Momentaufnahme handelt. Die Kerntätigkeit des oder der Gaming-Streetworker:in, in der mittleren Spalte des Modells abgebildet, besteht aus einem aktiven Hineingehen in die Gaming-Szene. Dafür benötigen digitale Streetworker:innen zunächst authentische, aber gleichzeitig professionell gekennzeichnete Profile auf allen gängigen Gaming-Plattformen. Drei zentrale Aufgabenfelder lassen sich anschließend beschreiben: das Erlangen der nötigen Street Credibility gegenüber den Jugendlichen, das begleitende und schrittweise Vermitteln von digitaler Medienkompetenz sowie der diagnostische Blick auf risikoreiches Nutzungsverhalten. Adressiert werden dabei grundsätzlich alle Arten des Videospielens, von Einzelspieler:innen über Gaming-Gruppen bis zum (semi)professionellen eSport. Mit seinem breiten Wissen über die Gaming-Szene und der fachpädagogischen Ausbildung kann ein:e digitale:r Streetworker:in über einen längeren Zeitraum autonom mit den Jugendlichen arbeiten, Vertrauen aufbauen und Nutzungserfahrungen konstruktiv reflektieren. Dabei hat er oder sie als unmittelbar Beteiligte:r am tatsächlichen Nutzungsalltag die Möglichkeit, seine oder ihre Erkenntnisse mit anderen Akteuren der Medienkompetenzvermittlung zu teilen, die ihrerseits dadurch kompetenter auf die Lebensrealität der Heranwachsenden eingehen können. Mit Blick auf individuelle Nutzer:innen kann (und muss) ein:e Gaming-Streetworker:in außerdem gezielt und punktuell externes Fachwissen aus diesem Netzwerk hinzuziehen, um Jugendliche vor allem in Risikosituationen (z. B. Sucht, Vereinsamung, Schulden oder Mobbing) bestmöglich zu unterstützen. Auf diese Weise könnte digitale Streetwork nicht nur im Bereich Gaming zu einem wichtigen Bestandteil und Nukleus ganzheitlicher Medienpädagogik werden (eigene Darstellung).

sowie mit einer erfolgreichen Zielgruppenansprache (Selbstdarstellung und Street Credibility). Wichtig war weiterhin, Strategien und Maßnahmen des Beziehungsaufbaus zu den Jugendlichen herauszuarbeiten sowie jene Punkte zu identifizieren, an denen ein:e Gaming-Streetworker:in an seine oder ihre fachlichen Grenzen stößt und weitervermittelt. Diesen Forschungskern rahmen kontextualisierende Frageblöcke zum gesellschaftlichen Stellenwert des Gaming (öffentlicher Diskurs, Zukunftsvisionen) sowie des exzessiven und pathologischen Videospielens (Prävalenz, Symptomatik, Behandlung). Auch wurde gefragt, inwiefern Gaming als Diskussionsgegenstand und Lernumgebung bereits Bestandteil medienpädagogischer Projekte ist. Regional beziehen sich alle Fragestellungen und Daten der Studie auf Deutschland, um einen einheitlichen rechtlichen Rahmen zu gewährleisten und einen festen Ansatzpunkt für die Expert:innenauswahl zu schaffen. Für die qualitative, leitfadengestützte Befragung in dieser Studie wurden dann 20 Interviewpartner:innen rekrutiert, deren Expertenstatus sich aus Arbeitsschwerpunkten in den Bereichen Videospielsucht und Gaming-Pädagogik sowie aus einer langjährigen Beschäftigung mit ökonomischen und sozialen Trends im Gaming zusammensetzt (vgl. Kapitel 10.3). Die Expert:innen verteilen sich aus Gründen der Perspektivvielfalt auf die drei großen Arbeitsfelder 1) Medienpädagogik (Schwerpunkt hier im außerschulischen Bereich sowie in der Streetwork), 2) Psychologie/Psychiatrie sowie 3) Gaming (Vereinsleitung und Journalismus). Die Inhalte der Leitfaden-Interviews wurden vollständig und mit Fokus auf verbale Daten transkribiert, anschließend kategoriengeleitet im Sinne der Forschungsfragen und Leitfaden-Struktur zusammengeführt (vgl. Anhang 2) und schließlich dramaturgisch als Meinungsspektrum sowie anhand von Quellzitaten präsentiert. Den Ergebnisblöcken in Kapitel 11 des Textes wurden zudem zusammenfassende Thesen und Grafiken anbeigestellt. Es folgen darauf aufbauend nun die wichtigsten Erkenntnisse dieser Studie noch einmal komprimiert in der Übersicht, wobei deren Rückbezug zu den forschungsleitenden Fragen dieser Arbeit sowie zum Theoriedach im Vordergrund steht.

1 Gibt es in Deutschland ein gesellschaftliches Problem mit exzessivem Videospielen?

Da es sich hier um eine fallbeispielbezogene Modellprüfung digitaler Streetwork handelt, wurde in den Interviews zunächst der inhaltliche Schwerpunkt exzessiven und pathologischen Videospielens in Deutschland thematisiert. Der erste von drei großen Forschungsfrageblöcken interessiert sich dafür, ob in diesem Bereich landesweit ein gesellschaftliches Problem besteht. Diskutiert wurden demzufolge Prävalenzwerte, die der Forschungsstand trotz einiger Unsicherheiten und Extremwerte mit etwa einem Prozent benennt (Feng et al. 2018; Rumpf et al. 2011; Bischof et al. 2013). Um die relevantesten Zielgruppen der Gaming-Streetwork zu

identifizieren, wurde gefragt, ob bestimmte Bevölkerungsgruppen stärker videospielsuchtgefährdet sind als andere. Weil im Theoriekapitel zur aufsuchenden Sozialarbeit zudem klar wurde, dass auch eine phänomenologisch priorisierende Streetwork offen sein muss für weitere soziale Problemstellungen (Wendt 2015, 322 ff.), sollten die Expert:innen solche gamingspezifisch benennen. Der letzte untergeordnete Forschungsaspekt zur Rolle des Gaming in der Gesellschaft sollte eine generelle Zukunftsperspektive eröffnen, weil eine begleitende Medienkompetenzvermittlung in diesem Bereich langfristig funktionsfähig bleiben soll.
Die Befunde aus den Interviews zum Videospielsucht-Forschungsblock zeigen zum einen die hohe Relevanz (auch) begleitender Medienpädagogik im Gaming an und bestätigen dabei weitestgehend die Erkenntnisse des theoretischen Unterbaus. Die Expert:innen gehen durchwegs davon aus, dass es eine psychische Störung Videospielsucht gibt, die sich mit den etablierten DSM-V-Suchtkriterien angemessen diagnostizieren lässt (te Wildt 2015, 90; Illy & Florack 2018, 7 ff.). Free-to-Play-Geschäftsmodelle, Mikrotransaktionen und Glücksspielelemente, dazu offene und hoch immersive Spielwelten, die in der Literatur als Gaming-seitige Treiber einer Suchtentwicklung gelten (Dietrich 2020; Halley 2019), werden auch von den Expert:innen in dieser Studie benannt und kritisiert. Während Prävalenzwerte von einem Prozent (Gesamtbevölkerung) bis 1,7 Prozent (Jugendliche) in Deutschland aus Sicht der Befragten als gesichert gelten, variiert die Problembewertung unter den Expert:innen. Zwischen zehn Prozent (alle Geschlechter) und 17 Prozent (Jungen) der Jugendlichen zählen demnach zu den exzessiv-risikoreichen Vielspieler:innen, die zumindest bereits einzelne Suchtsymptome zeigen. Insbesondere die klinisch tätigen Psycholog:innen und Psychiater:innen in dieser Befragung sprechen angesichts dieser Zahlen sehr deutlich von einem gesellschaftlichen Problem und betonen die Notwendigkeit flächendeckender Therapie-Angebote. Begründend herangezogen werden hier zum Vergleich die Prävalenzwerte anderer psychischer Störungen wie Glücksspielsucht oder Schizophrenie, die weniger stark in Deutschland verbreitet sind als die Videospielsucht. Die befragten Sozialpädagog:innen und Gamer:innen widersprechen in diesem Punkt nicht, richten ihre Aufmerksamkeit allerdings eher auf die breite Masse der maßvollen und konstruktiven Videospielnutzer:innen. Befürchtet wird teilweise (wie auch in der Literatur; Bean et al. 2017; Van Rooji et al. 2018; Ferguson et al. 2017; Willemse 2016) eine vorschnelle Pathologisierung an sich unbedenklicher Freizeitaktivitäten. Dennoch sind sich die Interviewten einig, dass suchtartige Videospielnutzung neben Mobbing und Hatespeech, Rassismus, Glücksspiel und Vereinsamung zu den bedeutendsten sozialen Problemstellungen im Gaming gehört. In der öffentlichen Wahrnehmung hat sich der Gaming-Ruf nach einhelliger Ansicht in den vergangenen Jahren durchaus gebessert. Gamer:innen werden demnach in der politischen Debatte häufiger gehört und ernster genommen und auch in das Familienleben wird das Videospielen immer konstruktiver

integriert. Diese Öffnungsprozesse laufen jedoch vergleichsweise langsam und können nicht darüber hinwegtäuschen, dass sich negative soziale Vorurteile gegenüber Gamer:innen in Teilen der Bevölkerung hartnäckig halten. Speziell mit Blick auf eine politische, pädagogische und psychologische Förderung gesunder Videospielnutzung stehen sich deren Befürworter:innen und Gegner:innen nach Expert:innen-Ansicht in einer polarisierenden, selten vermittelnden und damit festgefahrenen Diskussion gegenüber (vgl. hierzu auch ESBD 2018). Im Ergebnis kann dadurch der medienpädagogische Handlungsbedarf im Gaming, unter anderem im Bereich der Suchtprävention und -behandlung, in der systemischen Breite weder im Augenblick, noch in absehbarer Zeit umfassend gedeckt werden. Zusammengefasst legen die Interviews für die Beantwortung der Forschungsfragen zur gesellschaftlichen Relevanz des Gaming und der Videospielsucht in Deutschland folgende Annahmen nahe:

1.1 Wie sind Prävalenzwerte pathologischer Videospielnutzung von einem Prozent aus gesellschaftlicher Sicht zu bewerten?

Mit aller Vorsicht, die bezüglich der vergleichsweise jungen Krankheitsdiagnose mit adaptierten Suchtkriterien und fehlenden Langzeitstudien geboten ist, ist suchtartiges Videospielen in Deutschland zweifellos eine ernstzunehmende und behandlungsbedürftige Herausforderung. Denn neben der aus klinischer Sicht moderaten Anzahl süchtiger Spieler:innen existiert eine nach aktuellem Wissensstand große Gruppe risikoreicher Vielspieler:innen. Gerade die Risikobewertung dieser exzessiven sogenannten Core-Gamer:innen fällt allerdings noch schwer, zudem zeigt der überwiegende Teil aller Videospieler:innen keine bedenklichen Symptome. Insofern sollte das Gaming mit all seinen Chancen und Risiken ernst- und in (medien)pädagogische Prozesse aufgenommen werden, statt vorschnell Restriktionen einzuleiten und den gesellschaftlichen Schwerpunkt auf Therapien und Abstinenz zu setzen.

1.2 Sind bestimmte Bevölkerungsgruppen stärker videospielsuchtgefährdet beziehungsweise stärker betroffen als andere?

Im Augenblick ist der Anteil exzessiver und pathologischer Videospielnutzer:innen insbesondere unter Jugendlichen besonders hoch. Diese Bevölkerungsgruppe ist demnach außergewöhnlich stark gefährdet und betroffen. Gaming spielt gerade im Prozess der gesellschaftlichen Sozialisation eine bedeutende Rolle und dient Heranwachsenden als Rückzugsort gegenüber Eltern und Lehrer:innen. Wenngleich sich die besondere Anfälligkeit Jugendlicher für suchtfördernde Spielmechanismen auch mit deren fehlender Erfahrung und einer persönlichkeitsstrukturellen Vulnerabilität erklären lässt, sollte exzessives Gaming nicht als ausschließlich jugendliches Phänomen verstanden werden. Einerseits ist bekannt, dass exzessives Verhalten in

Jugendjahren häufig zu beobachten ist und ebenso oft von selbst wieder nachlässt (Wölfling et al. 2015, 243 ff.). Zum anderen steigt die Videospielnutzung auch in anderen Bevölkerungsgruppen an, weil Kinder in immer jüngeren Jahren Zugang bekommen, Erwachsengewordene das Gaming immer häufiger beibehalten und Ältere diesen digitalkulturellen Bereich zunehmend neu für sich erschließen (mpfs 2016, 2018 und 2019; Hager & Kern 2017; Spiegel 2010; Dollinger 2009, 46 ff.).

1.3 Gibt es neben dem exzessiven Spielkonsum noch weitere substanzielle soziale Probleme in der Gaming-Szene?

Prinzipiell ist anzunehmen, dass alle im Gefährdungsatlas der Bundesprüfstelle für jugendgefährdende Medien (BPjM 2019) genannten Digitalprobleme auch im Gaming auftreten. Allerdings stechen abgesehen von der exzessiven und suchtartigen Videospielnutzung vor allem Hatespeech und Mobbing, Rassismus und Vereinsamung als soziale Herausforderungen in der Gaming-Szene heraus.

1.4 Wie wird sich Gaming als gesellschaftliches Phänomen in den kommenden 10 bis 20 Jahren in Deutschland entwickeln?

Gaming als Freizeitbeschäftigung, Subkultur und Wirtschaftsgut wird aller Voraussicht nach in den kommenden Jahren weiter an gesellschaftlicher Bedeutung gewinnen. Diese Entwicklung ist aufgrund steigender Spieler:innenzahlen, einer zunehmenden Bedeutung dieses Hobbys im gesamten Lebensverlauf sowie der Professionalisierung der Szene zu erwarten. Zu rechnen ist unter anderem auch damit, dass Gaming-Organisationen weiter aus dem digitalen Bereich heraus in die analoge Lebensrealität drängen (v. a. regionale Vereine und Turnierveranstalter). Gaming wird insofern im Familienalltag weiter eine wichtige Rolle spielen und könnte zusätzlich zu einem analogen Akteur heranwachsen. Dadurch steigt seine politische und pädagogische Relevanz. Es ist zu erwarten, dass sich gesellschaftliche Teilsysteme schrittweise gegenüber dem Gaming öffnen, weil ehemalige und aktive Spieler:innen vielfältige Entscheider-Positionen einnehmen werden. Diese Evolution kann wegen ihres langsamen Tempos gezielte Pro-Gaming-Kampagnen zur politischen und pädagogischen Integration allerdings nicht ersetzen.

Gibt es in Deutschland ein gesellschaftliches Problem mit exzessivem Videospielen?

Für die übergeordnete Fragestellung des ersten Forschungsblocks lassen sich die Erkenntnisse der Teilfragestellungen als Annahmen über die gesellschaftliche Wirklichkeit folgendermaßen zusammenführen. Außer Frage steht, dass es in Deutschland exzessive und pathologische Videospielnutzung gibt. Problematisch sind deren Dimensionen aus medizinischer Sicht grundsätzlich schon, denn eine ausgeprägte Suchtstörung bedarf einer spezifischen Therapie und die Prävalenz der Videospielsucht gerade unter Jugendlichen übersteigt die anderer psychischer Erkrankungen teilweise deutlich. Umgekehrt steht die Folgenabschätzung digitaler Freizeitgestaltung und Sozialität nicht nur im medizinischen Bereich noch am Anfang. Es ist also schlicht noch nicht absehbar, wie ‚normales' Digitalverhalten langfristig aussehen kann, ob klassische Suchtkriterien zufriedenstellend greifen und in welchem Maße Exzessivnutzung auch außerhalb des vulnerablen Jugendalters eine Rolle spielt. Auch berichten die befragten Pädagog:innen und Gaming-Expert:innen in dieser Studie nicht von einem bedenklichen emotionalen Abdriften der deutschen Gamer:innen in ihrer Gesamtheit. Hier wird eher von einzelnen Problemfällen ausgegangen. Weil aber Videospiele zunehmend bereits im frühen Kindesalter verfügbar sind, könnte es langfristig von entscheidender Bedeutung sein, medienpädagogisch auf eine kompetente und autonome Nutzung hinzuwirken. Wenig produktiv gestaltet sich diesbezüglich allerdings der öffentliche Diskurs, dessen verhärtete Fronten von Gaming-Enthusiast:innen und -Kritiker:innen eine kompetenzfördernde und systemische Gaming-Pädagogik bislang verhindern. In Deutschland herrscht traditionell große Unsicherheit darüber, wie mit dem rapide gewachsenen, digitalkulturellen Jugendphänomen Gaming medienpädagogisch umgegangen werden soll. Das neue Krankheitsbild Videospielsucht, mäßige Prävalenzwerte und eine große Gruppe von Vielspieler:innen vertiefen die Differenzen zwischen Gaming-Enthusiast:innen und -Kritiker:innen und festigen die unproduktive Pattsituation.

2 Wird Medienkompetenz im Gaming in Deutschland im Augenblick zielführend gefördert?

Anschließend an die Videospielsucht-Diskussion stellt der zweite empirische Forschungsblock dieser Arbeit die übergeordnete Frage, ob Gaming als Teil medienpädagogischer Bildung in Deutschland aktuell zielführend gefördert wird. Es geht dabei also nicht mehr um die Basis der Gaming-Pädagogik (Sind Gaming und Videospielsucht aus medienpädagogischer Sicht überhaupt relevante Arbeitsfelder?), sondern um eine aktuelle Situations- beziehungsweise Marktanalyse. Die erste Teilforschungsfrage möchte klären, ob Gaming im öffentlichen Diskurs als konstruktives, förderungswertes Kompetenzfeld begriffen wird. Darauf aufbauend wird gefragt, welche gesellschaftlichen Akteure sich überhaupt oder besonders stark für Medienkompetenzvermittlung im Gaming engagieren. Auf der inhaltlichen Ebene soll darüber hinaus geklärt werden, mit welchen Werkzeugen Medienkompetenzvermittlung im Gaming arbeitet und welche Rolle in diesem Zusammenhang die außerschulische, aufsuchende Sozialpädagogik spielt.

Um wieder auf das hier gewählte Fallbeispiel einzugehen, wird spezifisch danach gefragt, ob exzessives und suchtartiges Videospielen mit den Mitteln der Medienpädagogik momentan angemessen identifiziert und behandelt werden kann. Die offen gehaltene Frage nach potenziellen Schwerpunkten der Medienkompetenzvermittlung im Gaming in der Zukunft schließt den zweiten Forschungsblock ab. Insgesamt betrachtet bestätigen die Interviews in dieser Studie den Eindruck einer deutschen Medienpädagogik, die sich schrittweise, aber nur sehr zaghaft und dadurch nicht immer zielführend gegenüber dem Thema Gaming öffnet. Was Pädagog:innen im schulischen und außerschulischen Bereich mittlerweile verstanden haben, ist, dass sich auch die Jugend in ihren Freizeitaktivitäten und Sozialprozessen digitalisiert. Heranwachsende halten sich immer länger außerhalb klassischer analoger Strukturen auf und werden deshalb weniger gut von Angeboten der Jugendarbeit erreicht (vgl. z. B. Pritzens 2011; Krafeld 2004, 35 ff.). Gaming wird außerdem als prominentes jugendliches Handlungsfeld anerkannt, jedoch in der Breite medienpädagogischer Maßnahmen in Familie, Schule und Jugendsozialarbeit tendenziell kritisch beobachtet. Es fehlt deshalb überwiegend an medienpädagogischer Aktivität im Gaming, in jedem Fall ist kein ganzheitlicher, systemischer Ansatz erkennbar. So ent- und bestehen durchaus immer mehr Initiativen zur Förderung konstruktiven, gesunden Videospielens, und zwar in allen Bereichen und quer durch alle Akteure ganzheitlicher Medienkompetenzvermittlung im Sinne dieser Arbeit (vgl. dazu Modellbildung I in Kapitel 6). Familien bemühen sich um faire Nutzungsregeln und suchen den Dialog zu ihren Kindern. Lehrer:innen und Sozialpädagog:innen veranstalten eSport-Turniere und diskutieren über kreative und soziale Potenziale im Gaming. Ehrenamtliche Leiter:innen von Clans und Gilden strukturieren die Szene von innen heraus, und selbst die gewinnorientierte Videospielwirtschaft integriert Filtersysteme gegen Hatespeech oder Warnhinweise bei exzessiver Spielnutzung. All diese Bemühungen erkennen die Expert:innen in dieser Studie an und sehen positive Effekte. Dennoch wird betont, dass es sich dabei gesamtheitlich betrachtet nach wie vor um wenige, inhaltlich sehr heterogene und qualitativ nicht immer ausreichende Bemühungen handelt. Insbesondere fehlendes pädagogisches Wissen, und zu geringe Ressourcen (Zeit, Geld, Personal) sorgen in unterschiedlicher Ausprägung oft dafür, dass idealistische Projektideen vergleichsweise geringe Wirkung entfalten und nicht längerfristig institutionalisiert werden können. Diese Beobachtungen werden unabhängig voneinander sowohl für die Schulpädagogik, für die außerschulische Jugendarbeit, für die Psychologie/Psychiatrie und für die Gaming-Szene berichtet. Eine nennenswerte Koordination präventiver und rehabilitativer Angebote finde ebenfalls nicht statt. Diese Einschätzungen decken sich argumentativ mit dem aktuellen Forschungsstand zur Medien- beziehungsweise Gaming-Pädagogik in Deutschland. Hier wird ebenfalls ein unverbindliches, grundsätzliches Wollen bestätigt, das sich aber zu selten in praktischem Handeln niederschlage, unter

anderem wegen fehlender fachlicher Qualifikationen, einer ausbleibenden Grundsatzentscheidung auf höchster Systemebene oder entgegenstehenden ökonomischen Interessen (vgl. King et al. 2018; Schaumburg und Prasse 2019, 105 ff., 123 f. & 236). Gerade in Bezug auf die Videospielsuchtdebatte sind Psychologie und Psychiatrie, die als eine Art Sicherheitsnetz fungieren, damit momentan die prominentesten medienpädagogischen Akteure. Das zentrale Anliegen der Zukunftsvisionen zur Gaming-Pädagogik in dieser Studie ist deshalb die Einrichtung umfassender sozialpädagogischer Angebote für Gamer:innen bereits in jüngstem Alter und von dort an begleitend bis hinein in die Erwachsenenjahre. Ohne bereits explizit über den Digital-Streetwork-Ansatz gesprochen zu haben, fordern die befragten Expert:innen von sich aus eine langfristig und begleitend angelegte Medienkompetenzvermittlung im Gaming. Diese soll zudem allen Gamer:innen zugutekommen und sich nicht lediglich auf Risiko- und Suchtfälle fokussieren. Niedrigschwellige und nicht zu verschulte Lernumgebungen werden dabei bevorzugt.
Aus diesen Befunden lassen sich nun für die forschungsleitenden Fragestellungen des zweiten Forschungsblocks in dieser Arbeit zur Medienpädagogik im Gaming folgende Erkenntnisse und Annahmen ableiten:

2.1 Wird Gaming im öffentlichen Diskurs als konstruktives, förderungswürdiges Kompetenzfeld wahrgenommen?

Prinzipiell gilt für den bildungspolitischen und (medien)pädagogischen Diskurs zum Thema Gaming Ähnliches wie oben schon zur gesamtgesellschaftlichen Debatte berichtet. Videospiele werden zwar als bedeutende Handlungs- und damit auch Kompetenzfelder unter Heranwachsenden wahrgenommen, allerdings nicht umfassend in die medienpädagogische Handlungspraxis integriert. Grund dafür könnte eine überwiegende Skepsis sein, mit der Politiker:innen und Pädagog:innen das Gaming betrachten. Weil zudem auch die nötigen Kompetenzen für zielführende Gaming-Pädagogik in der Breite des Faches noch fehlen, bleibt es momentan bei unverbindlichen Absichtsbekundungen ohne die nötige Überzeugungskraft.

2.2 Engagieren sich bestimmte Teilbereiche der Gesellschaft besonders stark für/gegen Medienkompetenzvermittlung im Gaming?

Es gibt nicht den einen Gesellschaftsbereich, der Medienkompetenzvermittlung im Gaming außergewöhnlich stark beziehungsweise deutlich stärker als alle anderen medienpädagogischen Akteure fördert. Vielmehr laufen in Familien, Schulen oder Jugendzentren ähnliche Prozesse ab, die sich als punktuelle Modellprojekte beschreiben lassen und in der Regel von individuellem Idealismus und Engagement getragen werden. Digitalaffine Eltern, Lehrer:innen und Sozialpädagog:innen zeigen auf, dass pädagogisch begleitetes Gaming mediale und soziale Kompetenzen fördern kann. Es gibt von diesen Projekten und Projektleiter:innen bisher allerdings nur sehr wenige. Am ehesten könnte man von einem Schwerpunkt der Gaming-Pädagogik in der Psychologie/Psychiatrie sprechen, weil hier – auch aufgrund der Suchtdebatte – in den vergangenen zehn Jahren umfangreiche Angebote entstanden sind. Auch die Forschung stützt diese Sichtweise und verweist darauf, dass Psycholog:innen und Psychiater:innen zudem relevante Teile der Präventionsarbeit leisten (Dreier et al. 2015).

2.3 Welche methodischen Ansätze der Medienkompetenzvermittlung im Gaming gibt es?

Medienkompetenzvermittlung im Gaming läuft zwar noch in einem sehr begrenzten Rahmen ab, dennoch liefern die Projekte, die es gibt, mehrere vielversprechende methodische Ansätze. Ob es sich nun um den Aufbau von Clans und eSport-Teams, die Ausrichtung regionaler Turniere, generationenverbindende Eltern-LANs oder ästhetisierende Kreativworkshops handelt – als zielführend haben sich vor allem nutzungsfördernde und -begleitende Settings erwiesen. Im Gaming aktive Medienpädagog:innen suchen nach einem Kompromiss aus theoretischen Impulsen (untergeordnet) und praktischer Nutzung (Schwerpunkt). Die Jugendlichen sollen dabei so viel Autonomie in der Projektgestaltung und -leitung innehaben wie möglich. Der oder die Pädagog:in kreiert den grundlegenden Projektrahmen, unterstützt bei organisatorischen Hürden und diskutiert die gemachten Erfahrungen in Einzel- und Gruppengesprächen. Von psychologischer/psychiatrischer Seite sind darüber hinaus offene (Online-)Beratungsangebote, Verhaltenstherapien im pathologischen Fall sowie präventive Impulsvorträge beispielsweise an Schulen zu nennen. Die Videospielwirtschaft wiederum setzt auf automatisierte Filtertechniken, Belohnungs- und Bestrafungsalgorithmen sowie Warnhinweise innerhalb von Spielen, um prosoziales Verhalten und maßvolle Nutzung zu fördern.

2.4 Welche Rolle spielen sozialpädagogische Ansätze bei der Vermittlung von Medienkompetenz im Gaming?

Vor allem präventive und begleitende Gaming-Pädagogik findet momentan zu großen Teilen im außerschulischen sozialpädagogischen Bereich statt. Gerade Jugend- und Medienzentren, die traditionell flexibel auf Veränderungen in der Lebenswelt Heranwachsender reagieren, integrieren Videospiele immer öfter in ihre Schwerpunkt- und Workshop-Angebote. Gleichzeitig gilt auch in diesem Bereich, dass Gaming nur in den wenigen Häusern behandelt wird und werden kann, in denen das nötige Fachwissen, eine ausreichende ideelle Bereitschaft und leistungsfähige Infrastruktur zusammenkommen. Langfristige Projekte, die begleitenden Charakter entfalten, bilden die absolute Ausnahme. Gleiches gilt für aufsuchende Jugendarbeit, die im Sinne des Digital-Streetwork-Modells dieser Arbeit in virtuelle Spielwelten hineingeht, um rein digitale Zielgruppen zu erschließen und lebensweltnah zu wirken. Institutionalisiert sind in dieser Richtung im deutschen Raum überhaupt keine Projekte bekannt, lediglich erste Spontanversuche einzelner Streetworker:innen (Recherche-Gespräch mit Ralf Berg vom 12. November 2020, Gedächtnisprotokoll). Zwar gibt es erste Anläufe, Straßensozialarbeit zu digitalisieren (Dinar & Heyken 2017; Minor – Projektkontor für Bildung und Forschung 2018), und das mit durchaus ermutigenden Ergebnissen. Gaming-Streetwork spielt dabei noch keine Rolle, kann aber inhaltlich ohne Zweifel von diesen Pilotprojekten profitieren.

2.5 Werden Fälle exzessiven und suchtartigen Videospielens auf eine dem Gegenstand individuell angemessene Art und Weise identifiziert und behandelt?

Die Art der Behandlung von exzessivem beziehungsweise suchtartigem Videospielen lässt sich im Augenblick als zielführend und individuell angemessen bezeichnen. Gängige Suchtkriterien funktionieren gut in der diagnostischen Unterscheidung zwischen unbedenklichem, risikoreichem und pathologischem Videospielgebrauch. Auch das Therapieangebot in Deutschland ist flächendeckend verfügbar und wird von Gaming-erfahrenen Fachleuten qualitativ hochwertig ausgestaltet. Diskutiert werden kann, an welchem Punkt der Einsatzbereich von Psychologie und Psychiatrie beginnen und wo dieser wieder enden sollte, um digitalkulturelles Verhalten nicht vorschnell zu pathologisieren (Bean et al. 2017; Van Rooji et al. 2018; Ferguson et al. 2017; Willemse 2016). Auch stellt sich die Frage, ob es angemessen ist, die Prävention und Diagnose exzessiven und suchtartigen Gamings großteils dem Suchthilfesystem zu überlassen. Ein sensibler und konstruktiver Ansatz könnte hier bedeuten, sozialpädagogische Zugänge zu stärken, mit deren Hilfe die Videospielnutzung positiv konnotiert und begleitend gefördert wird, während gleichzeitig Verdachts- und Suchtfälle identifiziert werden können. Psycholog:innen und Psychiater:innen werden damit im Optimalfall erst und genau dann eingeschaltet, wenn Heranwachsende emotional sowie im Verhalten deutlich negativ abdriften. Die harte therapeutische Intervention könnte auf diese Art individuell fallbezogen sowie früh genug, aber auch so spät wie möglich erfolgen.

2.6 Welche Schwerpunkte sollte eine Gaming-Pädagogik der Zukunft setzen?

Akzeptanz, Begleitung und Vernetzung sind drei zentrale Schlüsselbegriffe, die eine Gaming-Pädagogik in Zukunft prägen sollten. Zum einen geht es darum, Videospiele als förderungswertes Feld zu begreifen und auf systemischer Ebene medienpädagogische Projekte zu initiieren. Vor allem in der Schulpädagogik, in der außerschulischen Jugendarbeit und in der Bildungs- beziehungsweise Digitalpolitik sollten statt unverbindlicher Absichtserklärungen breitflächig Ressourcen freigegeben und Maßnahmen durchgeführt werden. Voraussetzung ist diesbezüglich auch die interne thematische Fortbildung von Fachkräften. Wichtig wird künftig außerdem, Gamer:innen konstruktiv bei der Nutzung zu begleiten, anstatt restriktiv zu reagieren oder untätig zu bleiben. Bereits in der frühen Kindheit beginnend sollten Videospiele in Bildungsprozesse einbezogen werden, immer mit dem Ziel, Medienkompetenzen möglichst anwendungsbezogen und realitätsnah zu fördern. Da Gaming für Heranwachsende im gesamten Kindes-, Jugend- und frühen Erwachsenenalter ein wichtiges Feld sozialer Interaktion und Integration bleibt, sollte Medienpädagogik in der individuellen Gamer:innen-Biografie dauerhaft präsent sein. Schwerpunkte liegen hier dennoch in den emotional vulnerablen Jugendjahren. Da einzelne Akteure der Medienpädagogik angesichts der Omnipräsenz digitaler Medien im jugendlichen Alltag einerseits und der vielfältigen sozialen Herausforderungen im Gaming andererseits fachlich und zeitlich irgendwann an ihre Grenzen stoßen, kann ganzheitliche Gaming-Pädagogik nur im Verbund gelingen. So sollten sich medienpädagogische Akteure sowohl intrasystemisch (Psycholog:innen/Psychiater:innen, Lehrer:innen und Schulen, Jugend- und Medienzentren jeweils untereinander) als auch im symbiotischen Netzwerk (Arbeitsgruppen aus Psycholog:innen/Psychiater:innen, Schulen und Lehrer:innen, Jugend- und Medienzentren, Familien etc.) zusammenwirken, um einzelnen Gamer:innen zu jeder Zeit die sinnvollste Unterstützung zukommen zu lassen.

Wird Medienkompetenz im Gaming in Deutschland im Augenblick zielführend gefördert?

Auch die zweite Hauptforschungsfrage dieser Arbeit lässt sich mit einer klaren Tendenz bearbeiten. Trotz der vielversprechenden Ansätze zur Förderung autonomer und gesunder Videospielnutzung, die es unter medienpädagogischen Akteuren in Deutschland gibt, existiert eine breitflächige Gaming-Pädagogik noch nicht. So fehlt es vor allem an digitalkulturellem Fachwissen sowie an den nötigen Ressourcen zur Institutionalisierung individualisierter, nutzungsorientierter und vor allem begleitender Videospielpädagogik. Die Gründe dafür liegen hauptsächlich in einer bremsenden Gaming-Skepsis und Lethargie auf höchster Systemebene, sowie in einem Mangel an Szene-Wissen und Street Credibility der handelnden Akteure. Weder existiert also die nötige Infrastruktur für effektive Medienkompetenzvermittlung im Gaming, noch gelingt der Medienpädagogik der akzeptierte Zugriff auf breite Zielgruppen und einschlägige Handlungsorte im Gaming. In beiden Bereichen bedarf es deshalb neuer Arbeitsmethoden, die einerseits an die speziellen sozialen Regeln der Gaming-Szene angepasst sind und andererseits die nötige infrastrukturelle Substanz aufweisen.

3 (Wie) Lässt sich das Konzept der aufsuchenden Straßensozialarbeit (Streetwork) aus dem analogen Raum gewinnbringend zur Medienkompetenzvermittlung in die digitale Gaming-Sphäre übertragen?

Der *dritte Forschungsblock* dieser empirischen Studie untersucht im Sinne der medienpädagogischen Konzeptentwicklung schließlich, *ob und wie sich die Methoden der aufsuchenden, psychosozialen Sozialarbeit (Streetwork) im Gaming anwenden lassen, um dort eine begleitende Komponente der Medienkompetenzvermittlung zu installieren*. Als inhaltlicher Kern der Studie soll hier ein konkreter konzeptueller Praxisansatz diskutiert werden, der die beschriebenen Lücken ganzheitlicher Medienkompetenzvermittlung in virtuellen (Spiel-)Welten füllen könnte. Theoretisch betrachtet könnten digitale Streetworker:innen es schaffen, Zugang zur Gaming-Szene zu erhalten, den Nutzungsalltag der Heranwachsenden zu beobachten, diese reflektierend und korrigierend zu unterstützen sowie in Extremfällen fachlich weiterzuvermitteln (bspw. an eine:n Suchttherapeut:in). Damit wäre ein zentrales Kettenglied ganzheitlicher Medienkompetenzvermittlung geschaffen, denn ein:e Gaming-Streetworker:in könnte nicht nur durch seine oder ihre begleitende Kontrolle die medienpädagogische Effektivität erhöhen, sondern auch bedarfsgerecht und impulsgebend alle anderen medienpädagogischen Akteure aktivieren. Die forschungsleitenden Teilfragen des Digital-Streetwork-Forschungsblocks sind sehr praktisch ausgerichtet und prüfen hauptsächlich Strategien des Transfers analoger Streetwork hinein in das digitale Anwendungsfeld Gaming. Gefragt wird zunächst nach nötigen und förderlichen persönlichen und fachlichen Eigenschaften eines oder einer Gaming-Streetworker:in. Da Straßensozialarbeit grundsätzlich ein sehr sensibles, weil von den Zielgruppen bewusst verschlossen gehaltenes Arbeitsfeld ist, ist davon auszugehen, dass auch im digitalen Raum nur Personen mit ganz speziellen Kompetenzen Zugang erlangen (Gref 1995, 17 f.; Pritzens 2011; Klein & Pulver 2020; Wendt 2015, 322 ff.; Kahl 1995, 96). Die Zielgruppen digitaler Streetwork im Gaming stehen auch im Fokus der nächsten Forschungsfrage, die auf eine bedarfsorientierte Priorisierung abzielt. Definiert werden muss weiterhin, wo sich im Gaming überhaupt die digitale Straße befindet. Das empirische Forschungsinteresse dieser Arbeit richtet sich deshalb vor allem auf geeignete Kontaktpunkte mit Gamer:innen. Da erste Referenzprojekte belegt haben, wie entscheidend und fragil der Erstkontakt sowie der Beziehungsaufbau in der (digitalen) Straßensozialarbeit sind (Dinar & Heyken 2017, 31 f.), wurden speziell diese beiden Stadien vergleichsweise ausführlich empirisch beleuchtet. Die institutionellen Rahmenbedingungen einer Digital-Streetwork-Initiative, darunter insbesondere Netzwerk-Partner sowie rechtliche und finanzielle Träger, bilden den abschließenden Teilaspekt der Forschungsfragen zur Gaming-Streetwork.

Der Blick auf die wichtigsten Befunde zur Einsatzfähigkeit aufsuchender Sozialarbeit im Gaming zeigt, dass die theoretischen Wirkungsvermutungen von der medienpädagogischen Handlungspraxis in ihren wesentlichen Punkten geteilt werden. Zwar wurden in den Interviews einige auch substanzielle Herausforderungen beim Transfer analoger Streetwork-Strukturen hinein in den digitalen Raum benannt, die allerdings nichts an der Notwendigkeit innovativer Strategien der Jugendarbeit und Medienkompetenzvermittlung ändern. Die befragten Fachleute sind sich einig, dass der Leitwert der Lebensweltorientierung eine aktive und intensive Integration virtueller (Spiel-)Welten in die Sozial- und Medienpädagogik erfordert. Insofern konnten die einzelnen im Katalog forschungsleitender Fragen gelisteten Arbeitsschritte der Gaming-Streetwork in engagierten Brainstorming-Runden sowie mit hohem Detailgrad diskutiert und ausgearbeitet werden. Da bei der praktischen Ausgestaltung des Gaming-Streetwork-Modells, anders als bei den Forschungsblöcken zum Gaming als gesellschaftlichem und medienpädagogischem Handlungsfeld, keine größeren Abstraktionsschritte zwischen Ergebnisdaten und Forschungsfragen nötig sind, können inhaltliche Zusammenfassung und Reflexion im selben Schritt stattfinden. Abbildung 54 zeigt die zentralen Befunde der Ergebnispräsentation zum praktischen Gaming-Streetwork-Modell in diesem Zusammenhang noch einmal in der Übersicht.

3.1 Über welche persönlichen und fachlichen Eigenschaften sollte ein:e Gaming-Streetworker:in verfügen?

Ein:e digitale:r Streetworker:in lässt sich umreißen als Person mit sozialpädagogischem Fachstudium, themenspezifischen Fortbildungen beispielsweise im psychologischen (Stichwort z. B. Sucht) und Streetwork-Bereich sowie ausgeprägtem Szene-Bezug. Das eigene Gaming-Wissen und ein konkurrenzfähiger Spiel-Skill sind dabei wesentlich wichtiger als ein persönlicher Bezug zu sozialen Problemfeldern wie etwa eigene Suchterfahrungen, die sich in der Arbeit mit Heranwachsenden auch negativ auswirken können. Bestimmte soziodemographische Schwerpunkte bei der Auswahl von Gaming-Streetworker:innen lehnen die Expert:innen durchweg ab und betonen, dass gerade im (teil)anonymen Gaming die charakterliche und fachliche Substanz entscheidend sei. Vereinzelte Einwände, dass in einer männlich dominierten Szene überwiegend männliche Streetworker eingesetzt werden sollten und dass speziell auch dem wachsenden Anteil weiblicher Gamer durch den Einsatz weiblicher Streetworker Rechnung getragen werden sollte, ändern daran nichts. Vorstellbar sind allerdings wenige (weil teuer und selten zu finden) Gaming-Streetworker:innen, die von einer deutlich größeren Zahl ehrenamtlicher Multiplikator:innen unterstützt werden. Fachlich weniger gut ausgebildet, könnten Influencer:innen und Peers vor allem informieren und weitervermitteln und damit die Strahlkraft begleitender Medienkompetenzvermittlung im Gaming relevant erhöhen.

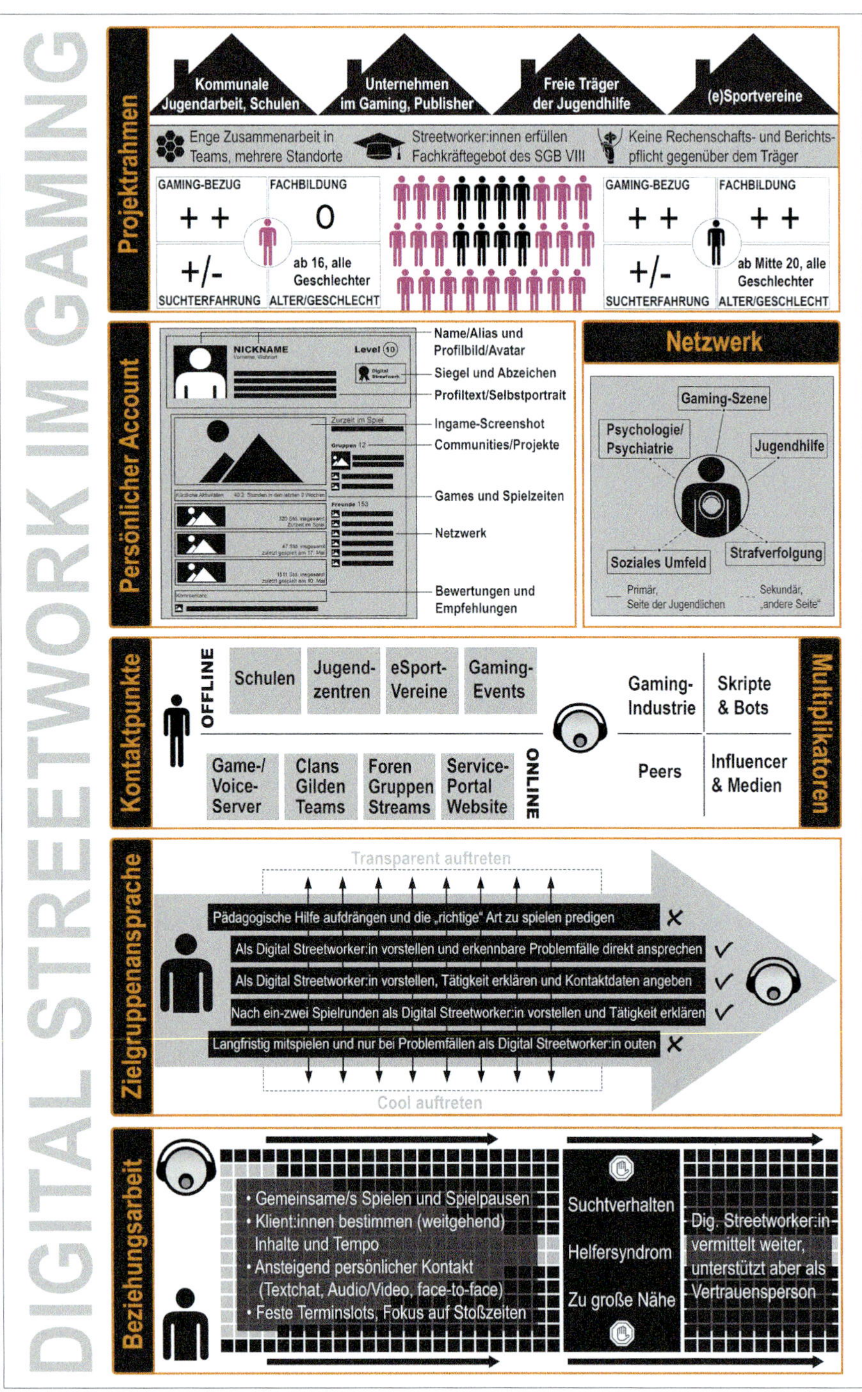

Abbildung 54: Gesamtschaubild zur Ergebnispräsentation: Digital Streetwork im Gaming als chronologisch angeordnetes, praktisches Anwendungskonzept (eigene Darstellung)

3.2 An welche Zielgruppen richtet sich ein Gaming-Streetwork-Ansatz primär?

In der Gaming-Streetwork gelten für die befragten Expert:innen die Jugendjahre als deutlich wichtigster Ansatzpunkt. Die Literatur legt hier nahe, dass bei medienpädagogischen Projekten mit Jugendlichen grundsätzlich eine recht kleinteilige Anpassung von Projektsettings nach einzelnen Altersstufen nötig sein könnte, weil sich Wissen und Ansprüche in diesem Lebensabschnitt extrem schnell verändern (te Wildt 2015, 267 ff.; Geisler 2019). Ob eine solche im schulischen Umfeld gut umsetzbare Einteilung nach Jahrgängen im Gaming und dort speziell in der onlinegebundenen Arbeit realistisch ist, muss angezweifelt werden. Denn im Unterschied zur Schule organisieren sich Gamer:innen in ihrer Freizeit in soziodemographisch weniger homogenen Cliquen. Möchte die digitale Streetwork also lebensweltnah und akzeptierend arbeiten, müssen Maßnahmen und Projekte alle Beteiligten ansprechen, unabhängig von deren Alter, Wohnort oder Lebenssituation. Die Diskussion über Zielgruppen in der Gaming-Streetwork ist insofern eine eher theoretische, auch weil die Anonymität des Netzes eine gezielte Suche nach den passenden Klient:innen substanziell erschwert. Positiv betrachtet ist eine jahrgangsspezifische Straßensozialarbeit im Gaming aber eventuell auch deshalb gar nicht nötig, weil die Videospiele als gemeinsames Interessenfeld aller Nutzer:innen die lebensweltlichen und soziodemographischen Unterschiede im analogen Raum überbrücken könnten. In diesem Szenario wären Spielmotivationen und -gratifikationen eine stabile Konstante, gewisse mentale Grundlagen im Gaming blieben insofern unabhängig von Alter und Lebenssituation dieselben. Damit könnte es also sein, dass auch soziale Probleme im Gaming – beziehungsweise die sozialen Probleme, die mit Hilfe des Gaming kompensiert werden – über sehr breite Altersgruppen hinweg dieselben sind. Für soziale Gaming-Projekte wiederum würde das bedeuten, dass diese entweder von (fast) allen Nutzer:innen als attraktiv empfunden werden oder von fast niemandem. Sonderfälle bilden hier am ehesten extrem junge Nutzer:innen im (frühen) Kindesalter sowie außergewöhnlich alte Gamer:innen, die sich beide eventuell noch in einer Orientierungsphase befinden und dementsprechend recht unbedarft handeln.

3.3 Welche Zugangswege zur Zielgruppe bieten sich beim Aufbau eines Digital-Streetwork-Programms im Gaming an?

Die Kontaktpunkte aufsuchender Sozialarbeit im Digitalen gestalten sich vielfältiger als ursprünglich erwartet und reichen weit über das prototypische Streetwork-Setting hinaus. Der mitspielende, immer erreichbare Kumpeltyp, der digitale Straßensozialarbeit in Reinform betreibt, ist nur eine von mehreren Alternativen. Gaming-Streetwork kann auch deutlich verbindlicher sowie projektgebunden ablaufen, wenn Sozialarbeiter:innen beispielsweise feste Clans, Gilden und eSport-Teams betreuen oder für einen Turnierveranstalter Sprechstunden anbieten. Sogar den Schritt zurück in den Offline-Raum kann ein:e Streetworker:in im Gaming gehen, um Heranwachsende beispielsweise in Schulen, auf Szene-Messen oder in lokalen (e)Sportvereinen anzusprechen. In der analogen Welt wäre es zudem einfacher, auch Eltern und Lehrer:innen für digitale Medienkompetenzen und die Angebote aufsuchender Straßensozialarbeit im Gaming zu sensibilisieren.

3.4 Unter welchen Voraussetzungen gelingen Zielgruppenansprache und Beziehungsaufbau in der Gaming-Streetwork?

Nach längerem Abwägen der Vor- und Nachteile offener und verdeckter Ansätze beim Zielgruppen(erst)kontakt entscheiden sich die Expert:innen in dieser Studie einheitlich für den Primat der Transparenz auch in der digitalen Streetwork. Sowohl bei der Erstellung eigener Profile in Gaming-Netzwerken als auch im direkten Gespräch mit den Jugendlichen soll ein:e Streetworker:in frühzeitig über seine oder ihre Person und Rolle aufklären. Damit soll ein Vertrauensverlust bei nachträglicher Offenbarung (etwa erst dann, wenn klares Problemverhalten vorliegt) vermieden werden. Um dennoch die nötige Coolness und Street Credibility aufbauen zu können, bieten sich verschiedene spiel- und szenebezogene Maßnahmen an. Ansprechende grafische Qualitätssiegel auf Nutzer:innenprofilen und im Spiel selbst könnten ein:e digitale:n Streetworker:in auf eine im Gaming gängige Art und Weise als etwas Besonderes auszeichnen und verleihen ihm oder ihr gepaart mit positiven Bewertungen und Kommentaren außerdem objektive Glaubwürdigkeit. Wird die Selbstvorstellung und Zielgruppenansprache mit konkreten Projektvorhaben (z. B. Clan-Gründung), Referenzen (Erfahrungsberichten, praktischen Beispielen) und Incentives (z. B. der Streetwork-Träger als Clan-Sponsor) verknüpft, kann es gelingen, pädagogische Tätigkeiten als vorteilhaft und attraktiv zu präsentieren. Ist der neuralgische Punkt des gegenseitigen Kennenlernens bewältigt, rechnen die Expert:innen im Gaming mit vergleichsweise niedrigen Hürden beim Vertrauens- und Beziehungsaufbau. Wenngleich diese Prozesse grundsätzlich nur schrittweise und in moderatem Tempo ablaufen können, wird damit gerechnet, dass sich Videospieler:innen insgesamt zügig und teilweise auffallend schnell öffnen und ihre Gedanken und Gefühle teilen. Trotzdem und gerade auch deshalb sollte ein:e digitale:r Streetworker:in bei seiner oder ihrer Beziehungsarbeit umsichtig und professionell vorgehen. Ein Kompromiss aus zwanglosem Dabeisein und distanzierter Reflexion soll emotionale Nähe und pädagogische Effektivität miteinander verbinden, ohne dabei eine zu enge persönliche Beziehung zum Klienten einzugehen oder ein abschreckendes Helfersyndrom zu entwickeln. Gleichzeitig orientiert sich die Gaming-Streetwork inhaltlich weitestgehend an den Wünschen und Gewohnheiten der Jugendlichen. Der oder die Streetworker:in fügt sich in bestehende soziale Strukturen ein, bietet seine oder ihre Unterstützung an und setzt lediglich in extremen Fällen harte Interventionen. Liegen allerdings manifestes Suchtverhalten, Mobbing, Stalking oder sonstige akute selbst- und fremdgefährdende Symptome vor, hat ein:e Sozialarbeiter:in auch im Gaming die Pflicht zu reagieren.

3.5 Welche zusätzlichen Rahmenbedingungen müssen für eine funktionierende Streetwork im Gaming geschaffen werden?

Ein Netzwerk aus (medienpädagogischen) Fachstellen sorgt dafür, dass die Gaming-Streetwork ihre gesammelten Erkenntnisse vor allem, aber nicht nur bei akutem Handlungsbedarf zielführend weitergeben kann, um jedem Jugendlichen eine optimale Betreuung zukommen zu lassen. Insbesondere die Familien der Gamer:innen sowie deren Lehrer:innen sind wichtige soziale Anker und Einflussgrößen, die ein:e Gaming-Streetworker:in informieren und unterstützend aktivieren kann und soll. Dazu kommen Akteure der Jugendsozialhilfe, zu denen diese Arbeit auch Anwält:innen, Psycholog:innen und Psychiater:innen zählt. Für die tägliche und spielbezogene Arbeit sollte ein:e digitale:r Sozialarbeiter:in außerdem über gute Kontakte in die professionelle Gaming-Szene hinein verfügen, um seinen oder ihren Klient:innen interessante Einblicke und Projektpartner bieten zu können. Trotz der klassischen Hoheitsbereiche und Konfliktfelder (z. B. ESBD 2018; Lutz & Ring 2019; Wendt 2015, 322 ff.), die dazu führen, dass sich Gamer:innen, Pädagog:innen, Psycholog:innen/Psychiater:innen und Politiker:innen auch in dieser Studie nicht komplett ohne Skepsis und Vorbehalte begegnen, signalisieren die Befragten gegenseitig immer wieder genau diesen wichtigen Kooperationswillen. Als Träger einer digitalen Streetwork-Initiative im Gaming kommen insbesondere die Kommunen und Schulen, außerdem freie Träger der Jugendhilfe, Unternehmen der Videospielindustrie sowie (e)Sportvereine in Frage. Die Interviewpartner:innen betonen hier jedoch, dass Gaming-Streetworker:innen dafür dem Fachkräftegebot des deutschen Sozialgesetzbuches genügen sollten. Nur eine über jeden Zweifel erhabene fachliche Qualifikation kann es ermöglichen, dass digitale Sozialarbeiter:innen im hierarchischen Innenverhältnis zum rechtlichen Träger weitgehend Autonomie genießen und Informationen über ihre Klient:innen streng vertraulich behandeln können. Die Aufgabe der Qualitätssicherung bei der digitalen Straßensozialarbeit übernehmen die Streetworker:innen selbst, indem sie in Teams mit mehreren Kolleg:innen zusammenarbeiten und Klient:innen nie nur von einer einzelnen Person betreut werden.

(Wie) Lässt sich das Konzept der aufsuchenden Straßensozialarbeit (Streetwork) aus dem analogen Raum gewinnbringend zur Medienkompetenzvermittlung in die digitale Gaming-Sphäre übertragen?

Die dem Forschungsblock zum Gaming-Streetwork-Konzept übergeordnete Forschungsfrage beinhaltet mehrere Aspekte, die sich auf Basis dieser Studie zumindest in Teilen schon sehr zielführend bearbeiten lassen. Zu unterscheiden ist zunächst zwischen einem theoretisch-konzeptionellen und einem praktisch-handlungsorientierten Konzepttransfer. Diese Arbeit, das wurde im Abschnitt zum Forschungsinteresse (Kapitel 9) ausführlich hergeleitet und begründet, widmet sich ausschließlich dem konzeptionellen Teil. Ein empirischer Test der hier erarbeiteten Prozessabläufe steht dementsprechend noch aus und muss in Folgeprojekten umgesetzt werden. Die inhaltliche Basis eines praktischen Gaming-Streetwork-Projektes wiederum wurde in der empirischen Studie zu dieser Arbeit gelegt. So lässt sich aus den geführten Expert:innen-Interviews ganz deutlich erkennen, dass die Medien- und Games-Pädagogik den Vorschlag dieser Arbeit, Digital Streetwork als begleitenden und koordinierenden Aspekt ganzheitlicher Medienkompetenzvermittlung einzusetzen, als interessant und realisierbar einschätzt. Weite Teile der Arbeitsprinzipien, Infrastrukturen und Werkzeuge analoger Straßensozialarbeit lassen sich mit dem entsprechenden Szene-Wissen problemlos für das Anwendungsfeld Gaming adaptieren. Die empirischen Daten dieser Studie geben insofern gute Einblicke, wie die Person des oder der Gaming-Streetworker:in fachlich und persönlich aussehen könnte und an welche Zielgruppen sich diese:r richtet. Klar wurde auch, wo sich die digitale Straße beziehungsweise die Kontaktpunkte im Gaming befinden und wie dort Zielgruppenansprache sowie Beziehungsaufbau ablaufen. Definiert werden konnte schließlich, welche wichtigen Netzwerk-Partner digitale Streetwork im Gaming für eine optimale Effizienz benötigt und wie präventiv begleitend und rehabilitativ intervenierende Akteure fruchtbar zusammenarbeiten können. Am ehesten offen bleiben (datenschutz)rechtliche und finanzielle Fragen in Zusammenhang mit der Institutionalisierung und Trägerschaft einer Gaming-Streetwork-Initiative, wobei auch diesbezüglich zielführende Ansatzpunkte und Vorschläge vorliegen. Damit kann die Forschungsfrage zur konzeptuellen Übertragbarkeit analoger Streetwork hinein in den digitalen Raum am speziellen Beispiel des Gaming zusammenfassend folgendermaßen resümiert werden: Es spricht vieles dafür, dass der Ansatz aufsuchender, psychosozialer Sozialarbeit auch im digitalen Raum beziehungsweise im Gaming und mit dem Schwerpunkt Videospielsucht funktionieren kann. Voraussetzung ist allerdings ein hohes Maß an szenebezogenem Zuschnitt sowohl bei der personellen Ausbildung, im sozialen Kontakt mit den Klient:innen sowie bei der inhaltlichen Beziehungsarbeit. Berücksichtigt werden müssen ferner die strukturellen Eigenheiten virtueller Handlungswelten, von denen insbesondere die Anonymität (Privatsphäre und Gewohnheiten respektieren, aber dennoch Transparenz und Verbindlichkeit schaffen) sowie der Datenschutz (sichere Kommunikationsumgebungen für die Fallarbeit schaffen) größere Herausforderungen darstellen.

Welche Möglichkeiten hat eine aufsuchende, psychosoziale Medienkompetenzvermittlung (Digital Streetwork), um pathologischer Videospielnutzung entgegenzuwirken?

Es geht nun in einem letzten Schritt darum, die Bedeutung der hier erhobenen empirischen Daten zur Straßensozialarbeit im Gaming im Lichte des primären Forschungsanliegens zu diskutieren. Wenn nach den Möglichkeiten aufsuchender, psychosozialer Medienkompetenzvermittlung im Kontext pathologischer Videospielnutzung gefragt wird, dann verbergen sich dahinter zwei inhaltliche Dimensionen. Die Möglichkeit zur Wirkung bedingt einerseits *einen konkreten Wirkungsbedarf*, also in diesem Fall eine medienpädagogische Leerstelle, die konzeptuellen und handlungspraktischen Raum für innovative methodische Ansätze öffnet. Die Theoriebasis dieser Arbeit belegt einen solchen medienpädagogischen Lösungsbedarf, indem sie an den Beispielen des Gaming und der Videospielsucht aufzeigt, dass medienpädagogische Akteure und Konzepte aktuell noch nicht optimal in der Lage sind, digitale Medienkompetenzen lebensweltorientiert und handlungsbegleitend zu vermitteln (Schaumburg und Prasse 2019, 105 ff., 123 f. & 236; Lutz & Ring 2019; Kammerl et al. 2015; Weber 2013). Zu selten werden Videospiele nutzungsfördernd integriert, dazu kann die Anwendungssicherheit Heranwachsender in der Black Box Internet nicht kontrolliert werden. Es ist deshalb wahrscheinlich, dass soziale Herausforderungen in einer Kultur der Digitalität von der Medienpädagogik nur unzureichend beobachtet und dementsprechend auch nicht fallbezogen und effektiv adressiert werden können. Schwerpunkte medienpädagogischer Arbeit liegen somit zwangsläufig im rehabilitativen Bereich, wo Psycholog:innen und Psychiater:innen die emotionalen Folgen digitaler Grenzüberschreitungen auffangen (Kammerl 2013; Dreier et al. 2015; Graf 2017; Lohr 2017; Przybilla 2018; Möller 2011). Das noch junge Krankheitsbild der Videospielsucht repräsentiert diese systemische Schwäche in dieser Arbeit als empirisches Beispiel. In den 20 geführten Expert:innen-Interviews in dieser Studie wird dieser Forschungsstand erneut und aus der Perspektive von Praktiker:innen bestätigt. Der hier theoretisch skizzierte und empirisch ausgestaltete Digital-Streetwork-Ansatz im Gaming stößt insofern ohne Zweifel auf konzeptuellen, medienpädagogischen Handlungsbedarf, der im Übrigen für vielfältige digitale Anwendungsfelder auch außerhalb der Gaming-Szene gilt (te Wildt 2015, 59; BPjM 2019; Abbildung 6). Die zweite Forschungsdimension dieser Studie bezieht sich auf *das tatsächliche Wirkungspotenzial* aufsuchender, psychosozialer Medienpädagogik in virtuellen (Spiel-)Welten. Da es sich hierbei nicht um eine evaluierende Projektstudie handelt, sondern im Vorfeld zunächst ein konzeptueller Zuschnitt analoger Streetwork-Prinzipien auf den speziellen digitalen Anwendungsbereich Gaming erfolgt ist, geht es präzisierend um eine Abschätzung des tatsächlichen theoretischen Wirkungspotenzials am praktischen Beispiel. Diese wiederum ist mit Hilfe der befragten

Expert:innen, die bis auf eine Ausnahme alle in der praktischen Medienpädagogik arbeiten, sehr gut gelungen. So konnten alle gestaltgebenden Prinzipien und Prozesse aufsuchender Sozialarbeit für ihren digitalen Einsatz im Gaming dekliniert und gesamtheitlich einer Potenzialabschätzung unterzogen werden. Trotz grundsätzlicher Vorsicht aufgrund fehlender praktischer Erfahrungswerte und datenschutzrechtlicher Bedenken lässt sich der empirische Grundtenor in dieser Studie gegenüber Digital Streetwork als Werkzeug der Medienkompetenzvermittlung im Gaming als sehr positiv bezeichnen. Die Interviews sehen zwar ein recht spezielles Anforderungsprofil sowohl für den oder die Gaming-Streetworker:in als auch für dessen oder deren Selbstdarstellung im Zielgruppenkontakt und Beziehungsaufbau (ähnliche Erfahrungen bei Dinar & Heyken 2017 sowie Minor – Projektkontor für Bildung und Forschung 2018). Gleichzeitig wird ein professionell institutionalisiertes und detailliert ausgearbeitetes Digital-Streetwork-Projekt im Gaming für effektiv im Kontext ganzheitlicher Medienkompetenzvermittlung gehalten. Die befragten Fachleute erwarten also sowohl ein Plus an Medienkompetenz und emotionaler Stabilität bei den betreuten Gamer:innen als auch symbiotische Netzwerk-Effekte zwischen allen medienpädagogischen Akteuren durch digitale Streetworker:innen als begleitendes Moment und Brückenglied.

Diese Arbeit zeigt damit insgesamt auf, dass in einer Kultur der Digitalität ein spezifisches Set an Kompetenzen nötig ist, um den sozialen und emotionalen Herausforderungen virtueller Handlungs- und Spielwelten autonom und konstruktiv zu begegnen. In Deutschland vermitteln medienpädagogische Akteure diese digitalen Medienkompetenzen bislang noch nicht effektiv und in der notwendigen systemischen Breite. Am Beispiel der Videospielsucht wurde deutlich, dass Medienskepsis, Wissensrückstände und fehlende Ressourcen die bedeutendsten Gründe für diese Wirkungsschwäche sind. Dabei mangelt es zusätzlich insbesondere am Zugriff auf das tatsächliche Handeln Heranwachsender im Internet, sodass punktuelle Präventionsmaßnahmen und Therapieprogramme im Schadensfall wenig zielgerichtet erfolgen und nicht immer nachhaltig wirken. Mit dem Ziel, digitaler Medienkompetenzvermittlung ein begleitendes, nutzerorientiertes und effizienzsteigerndes Moment zu verleihen, wurde hier der Ansatz einer digitalen aufsuchenden und psychosozialen Sozialarbeit (Digital Streetwork) vorgeschlagen. Am konkreten Beispiel des Gaming, sowie mit dem phänomenologischen Schwerpunkt Videospielsucht, konnte zunächst abstrakt-konzeptuell und anschließend in der empirischen Diskussion mit medienpädagogischen Fachleuten gezeigt werden, dass digitale Streetworker:innen zu einem wertvollen Brückenglied ganzheitlicher Medienkompetenzvermittlung werden können. Digitale Straßensozialarbeit kann demnach bewirken, dass vor allem Heranwachsende langfristig und auf niedrigschwellige, lebensweltorientierte Weise in ihrem Nutzungsalltag medienpädagogisch begleitet und geschult werden. Aus einer derart umfassenden Beobachterposition heraus kann digitale Streetwork auf Basis authentischer, gewachsener Vertrauensverhältnisse zu den Jugendlichen bedarfsorientiert auch weitere Akteure der Medienkompetenzvermittlung wie Eltern, Lehrer:innen oder Psycholog:innen/Psychiater:innen aktivieren. Die institutionelle und fachliche Bandbreite im Netzwerk digitaler Streetworker:innen ist dabei vergleichsweise groß: Einerseits können sie mit jeglichen sozialen Problemstellungen (infolge) des digitalen Lebens konfrontiert werden (z. B. auch Schulden und Obdachlosigkeit oder Klagen und Strafverfolgung), und andererseits können neben den klassischen noch deutlich vielfältigere Gesellschaftsakteure die medienpädagogische Arbeit unterstützen (im Gaming bspw. Branchen-Medien und Influencer:innen, Videospielentwickler, Profi-Spieler:innen und Turnierveranstalter). Die empirischen Befunde dieser Arbeit stützen damit ihr theoretisches Plädoyer für eine ganzheitliche digitale Medienkompetenzvermittlung, deren präventive und rehabilitative Angebote durch eine starke begleitende Komponente ergänzt werden, um effektiver und nutzer:innenorientiert wirken zu können. Die Methoden aufsuchender, psychosozialer Sozialarbeit könnten dieser Anforderung nun empirisch belegbar auch im Digitalen gerecht werden. Digital Streetwork wurde hier für das Anwendungsfeld Gaming detailliert ausgearbeitet und kann nun in Praxisprojekten empirisch evaluiert beziehungsweise konzeptuell auf weitere digitale Handlungswelten angewandt werden.

13 Limitationen und Ausblick

Es hat sich in dieser Arbeit wiederholt gezeigt, dass es sich bei der theoretischen Konzeption einer aufsuchenden, psychosozialen Sozialarbeit (Digital Streetwork) als begleitendes Moment ganzheitlicher Medienkompetenzvermittlung lediglich um den ersten von mehreren nötigen Forschungsabschnitten handelt. Gerade mit Blick auf die anwendungsbezogene Praxistauglichkeit des Ansatzes bedarf es noch empirischer Tests, die anschließend zu einer wissenschaftstheoretischen Nachschärfung der zugrundeliegenden Prozess- und Wirkungsmodelle (vgl. dazu die Abbildungen 6 zur Kultur der Digitalität, 34 zur ganzheitlichen Medienpädagogik und 39 zur Digital Streetwork im Gaming) führen sollten. In dieser Arbeit wurden diesbezüglich mit dem Digital-Streetwork-Konzept als Ansatz begleitender Medienkompetenzvermittlung in digitalen Handlungsfeldern (vgl. Abbildung 39 und Kapitel 8) sowie als zentralem Brückenglied einer ganzheitlichen Medienpädagogik beziehungsweise Medienkompetenzvermittlung (vgl. Abbildung 34 und Kapitel 6) zwei eigenständig entwickelte Theoriemodelle präsentiert. Das hauptsächliche Augenmerk der an diese Arbeit anschließenden Forschung sollte deshalb auf der theoretischen und empirischen Überprüfung, Konkretisierung, Erweiterung und Modifikation liegen. Darüber hinaus hat sich der Text mit dem disruptiven Charakter der sozialen Wandelprozesse Mediatisierung und Medialisierung beschäftigt (vgl. Abbildung 6 und Kapitel 2), wobei neben einschlägigen Chancen gerade auch die emotionalen Grenzüberschreitungen in der digitalen Kommunikation thematisiert wurden. Auch auf dieser rahmenden Abstraktionsebene werden weitere Studien nötig sein, die sich speziell mit der nutzer:innenorientierten Folgenabschätzung mediatisierter Gesellschaftskommunikation befassen. Schließlich sollte ein sehr konkretes medienpädagogisches Handlungskonzept wie das einer digitalen Streetwork auch nachvollziehbar kommunikationswissenschaftlich hergeleitet werden können und dementsprechend stabil in der Basistheorie verankert sein. Werden dann wiederum spezielle Phänomene und Herausforderungen mediatisierter Kommunikation als Anwendungsfelder für empirische Tests herausgegriffen, so wie es hier mit dem Gaming (vgl. Kapitel 3) und der Videospielsucht (vgl. Abbildung 25 und Kapitel 4) geschehen ist, müssen auch diese fortdauernd in ihrer empirischen Gestalt und Substanz überprüft werden, um die Wirksamkeit medienpädagogischer Ansätze zu garantieren. Kurzum: Klar ist, dass ein medienpädagogisches Digital-Streetwork-Modell, wie es hier als Reaktion auf gewisse Leerstellen und Effektivitätspotenziale der Medienkompetenzvermittlung in Deutschland im nutzungsfördernden und begleitenden Bereich entwickelt wurde, in seiner wissenschaftstheoretischen Basis und in Bezug auf seine praktische Wirkungskraft beständig hinterfragt und empirisch weiter getestet werden muss. Umgekehrt hat diese Arbeit für weitere Praxisstudien eine solide konzeptuelle Basis geschaffen, die alle wesentlichen Erkenntnisse des themenrelevanten Forschungsstands integriert, daraus lösungsorientierte Handlungsmodelle entwickelt und deren zentrale Ablaufprozesse gemeinsam mit qualifizierten Fachleuten am ausgewählten Anwendungsfall ausgearbeitet hat. Wenngleich also die gesellschaftspraktische Umsetzung digitaler Streetwork und ganzheitlicher Medienkompetenzvermittlung im Sinne dieses Textes noch aussteht, hat der Ansatz eine erste wichtige evaluative Stufe bereits erklommen und ist nun bereit für den medienpädagogischen Testbetrieb im Zielgruppenkontakt.

Konkrete Vorschläge für die theoretische und empirische Anschlussforschung ergeben sich zugleich aus den inhaltlichen und methodischen Limitationen dieser Arbeit sowie aus den im *Forschungsprogramm Ganzheitliche Medienkompetenzvermittlung in virtuellen (Spiel-)Welten* in Kapitel 9 umrissenen Forschungsfeldern. Beispielsweise hängt die kommunikationswissenschaftliche und medienpädagogische Modellbildung nicht nur im Bereich Digital Streetwork stark von den *Handlungsräumen, Funktionslogiken und sozialen Folgen in einer noch sehr jungen Gesellschaftskultur der Digitalität* ab. Die kontroverse Diskussion über die Validität von Suchtkriterien im Kontext exzessiver Videospielnutzung zeigt anschaulich auf, dass digitalkulturell vieles im steten Wandel ist und von einer stabilen Normalität oder Normativität noch nicht gesprochen werden kann (z. B. Bean et al. 2017; Van Rooji et al. 2018; Ferguson et al. 2017; Willemse 2016). Der wissenschaftliche Diskurs und vor allem dessen handlungspraktisch orientierte Modelle benötigen deshalb beständig Grundlagenforschung zur Infrastruktur, zum Anbietermarkt, zur Nutzer:innensoziodemographie sowie zum Nutzungsverhalten in virtuellen (Spiel-) Welten. Darauf aufbauend müssen soziale Handlungsdynamiken im Sinne von Schimanks Akteur-Struktur-Dynamiken (1988; 2007), Meyens Medialisierungsstudien in gesellschaftlichen Teilsystemen (2009; 2014) und Hepps kommunikativen Figurationen (2015) entstehen. Ziel themenspezifischer Fallstudien sollte es hier sein, soziales Verhalten im Digitalen typisiert zu beschreiben sowie die individuellen und kollektiven Chancen und Risiken zu definieren, die sich daraus ergeben. Handlungsmodellorientierte Beiträge wie diese Arbeit sind immer nur insoweit gültig und empirisch wirksam, wie sie der gesellschaftlichen Realität entsprechen. Digital Streetwork, so wie es in diesem Text diskutiert und konzipiert wurde, braucht diese ständig aktualisierte Grundlagenforschung und muss in ihrer konkreten Gestalt konsequent an Veränderungen im digitalen Zusammenleben angepasst werden. Für die empirische Gültigkeit des hier ausgewählten Anwendungsfalls bedeutet das beispielsweise, dass Gaming-Streetwork mit all ihren Wirkungspunkten und Werkzeugen stark davon abhängt, *wie die Gaming-Szene (in Deutschland) strukturell und sozial funktioniert*. Neue Spielmechaniken, Plattformen, Nutzer:innengruppen und kommunikative Gewohnheiten verändern auch die Effektivität der oben skizzierten Strategien der Zielgruppenansprache und des Beziehungsaufbaus. Es könnte auch sein, dass die Person des oder der digitalen Streetworker:in, wie sie hier mit all ihren fachlichen und charakterlichen Kompetenzen beschrieben wurde, dann nicht mehr optimal zur Zielgruppe passt. In diesem Zusammenhang muss grundsätzlich eingewandt werden, dass das Gaming-Streetwork-Konzept dieser Arbeit noch längst nicht alle Detailaspekte einer praktischen Umsetzung bearbeiten konnte. Nicht jede Spielplattform (PC, Konsolen, Handhelds etc.) und Spielart (vor allem der Singleplayer) ist mit den hier erarbeiteten Methoden gleich gut zu erreichen. Eine ganzheitliche Medienkompetenzvermittlung, die ihrem Namen entsprechend auch den Anspruch haben sollte, alle Heranwachsenden erreichen zu können, muss also im Gaming auch noch methodisch ausdifferenziert werden. Es könnte sein, dass manche Zielgruppen sogar ausschließlich mit Offline-Maßnahmen angesprochen werden können, wodurch klar wird, dass auch eine digitale Straßensozialarbeit kein Allheilmittel ist und weitere nutzungsbegleitende Ansätze ergänzend gebraucht werden.

Vorstellbar wäre auch, dass sowohl das Gaming als jugendkultureller Handlungsbereich und die Videospielsucht als prominentes soziales Problemfeld in den Jahren der Adoleszenz nicht langfristig bestehen bleiben. Zwar deutet sich momentan an, dass Videospielen in den kommenden Jahren eher noch an gesellschaftlicher Bedeutung gewinnt und auf deutlich vielfältigere Art und Weise in den Lebensalltag breiter gesellschaftlicher Gruppen integriert wird (game e.V. & GfK 2020a; Bitkom 2020a; game e.V. 2020c; Bitkom 2020d; Göbel 2016, 329 ff.; Mileva 2019; An & Nigg 2017). Speziell für exzessives Gaming und die Videospielsucht als Krankheitsbild gilt eine solche Bestandsgarantie allerdings nicht. Es könnte durchaus sein, dass sich an der *Diagnostik, Prävalenz sowie bei der sozialen und medizinischen Bewertung des Vielspielens* in den kommenden Jahren etwas Grundlegendes ändert. Vorstellbar wäre, dass dadurch umso mehr oder umso weniger Gamer:innen als süchtig und suchtgefährdet gelten, was eine im Schwerpunkt auf dieses Phänomen ausgerichtete Gaming-Streetwork entsprechend befeuern oder leerlaufen lassen könnte. Vor allem was die inhaltliche Priorisierung digitaler Streetwork sowie die dafür nötige Spezialisierung in Ausbildung und Methodik angeht, sollten Anschlussstudien die soziale Gestalt und Prävalenz der Videospielsucht *sowie der anderen in dieser Studie benannten sozialen Herausforderungen im Digitalen* genau beobachten. Im *Forschungsfeld der digitalen Medienpädagogik* wird es künftig vor allem darum gehen, den *Katalog digitaler Medienkompetenzen, die verantwortlichen Akteure und die wichtigsten Zielgruppen sowie effektive Methoden der Medienkompetenzvermittlung zu bestimmen*. Diese Arbeit hat aus der Theorie eine Liste aktiver und potenzieller Akteure der digitalen Medienkompetenzvermittlung zusammengetragen und priorisiert. Auch wurden die Heranwachsenden in Theorie und Empirie ganz klar als wichtigste Zielgruppe identifiziert. Allerdings werden ergänzend zu dieser doch recht normativen Vorgehensweise empirische Studien benötigt, in denen die Benannten und Betroffenen selbst zu Wort kommen. Es wäre also wichtig, die Möglichkeiten und Grenzen medienpädagogischer Tätigkeiten mit Familien, Lehrer:innen, Journalist:innen, Unternehmern und weiteren gelisteten (Wunsch-)Akteuren jeweils direkt und detailliert auszuloten. Hierzu gilt es, noch einmal gezielt den bereits bestehenden Forschungsstand zu erheben. Nach ähnlichem Prinzip sollten auch die medienpädagogischen Wünsche und Erfahrungen der Mediennutzer:innen, und dabei priorisiert die von Kindern und Jugendlichen, erhoben werden. Hier sollte mit Befragungen und Beobachtungen gearbeitet werden. Wichtig wäre außerdem die vollständige Prüfung digitaler Medienkompetenzen beispielsweise nach Stodt et al. 2015. Noch ist gerade der deutsche Forschungsstand hier vergleichsweise lückenhaft. In großen Erhebungen wie den KIM-, JIM- und FIM-Studien des medienpädagogischen Forschungsverbundes Südwest (2016, 2018 und 2019) werden das Mediennutzungsverhalten sowie die Berührungspunkte mit digitalen Gefährdungspunkten meist deskriptiv erhoben. Die Anschlussforschung dieser Arbeit sollte stärker versuchen, digitale Medienkompetenzen konkret anwendungsbezogen (etwa mit Fokus auf Gaming) und nach Alterskohorten getrennt (beginnend im frühen Kindesalter) zu testen. Gut wäre es weiterhin, wenn sowohl die Akteure der digitalen Medienkompetenzvermittlung als auch deren Zielgruppen eigene methodische Vorschläge und Projektideen einbringen dürften. Diese Arbeit hat ihren Fokus vergleichsweise stark auf die Diskussion eines bestimmten methodischen Ansatzes gelegt und außerdem weder die Heranwachsenden selbst noch alle der benannten institutionellen Akteure (insbesondere die Videospielwirtschaft) einbezogen. Ohne Zweifel handelt es sich dabei jedoch um Interessensgruppen, die gehört werden sollten, wenn von Leitzielen wie Ganzheitlichkeit und Nutzerorientierung gesprochen wird. Weitere Beiträge zum Digital-Streetwork-Modell sowie zur konzeptorientierten digitalen Medienpädagogik insgesamt sollten deshalb unbedingt die User:innen selbst sowie die Digitalwirtschaft einbeziehen. Plädiert wird hier außerdem für methodische Offenheit und Internationalisierung in der Anschlussforschung. Es mag neben der digitalen Streetwork sowie außerhalb des deutschsprachigen Raums noch andere innovative Ansätze der Medienkompetenzvermittlung (im Gaming) geben, die vielleicht auch schon längerfristig institutionalisiert und empirisch evaluiert worden sind. Nach solchen ist in weiteren Beiträgen umfassend und gezielt zu suchen, um den nutzungsbegleitenden Methodenkoffer anzureichern und Digital Streetwork als speziellen Ansatz weiter zu optimieren.

Was die theoretische und empirische Substanz des Digital-Streetwork-Handlungskonzeptes in dieser Arbeit betrifft, lassen sich die wichtigen nächsten Forschungsschritte recht klar definieren. Inhaltlich konnten mit Hilfe der Theoriebasis sowie in den Leitfaden-Interviews alle wesentlichen Schritte des Transfers analoger Straßensozialarbeit in den digitalen Raum vollzogen werden. Dazu zählen insbesondere die institutionelle Verankerung eines Digital-Streetwork-Projektes, die Person und Selbstdarstellung eines oder einer digitalen Streetworker:in, die Zielgruppendefinition und -ansprache sowie der Beziehungsaufbau samt Grenzdefinition und Netzwerkarbeit. Diese Adaption ist außerdem anwendungsbezogen am Beispiel des Gaming und der Videospielsucht erfolgt, um durch den sehr spezifischen Handlungsrahmen und aktuelle Bezüge möglichst klare Aussagen und Handlungsempfehlungen zu erreichen. Ergebnis ist nun ein Gaming-Streetwork-Konzept, das empirisch getestet und in bestehende medienpädagogische Initiativen als nutzungsbegleitendes Moment aufgenommen werden kann. Gleichzeitig besteht auch hier weiterer Forschungsbedarf sowohl auf Detail- als auch auf Systemebene. Drei zentrale Ansatzpunkte für die Digital-Streetwork-Anschlussforschung sollen hier hervorgehoben werden. Zum einen ergibt es Sinn, das Gaming-Konzept in seiner jetzigen Form inhaltlich weiter abzusichern beziehungsweise zu ergänzen. Dieser Schritt kann durch *die Einbeziehung bislang nur randständig mitgedachter Interessensgruppen* gelingen. Vor allem *die Gamer:innen als Zielgruppen der digitalen Straßensozialarbeit, deren Eltern und Familien, die Schulpädagogik sowie die Videospielwirtschaft* kommen hier als Ansprechpartner infrage. Jeder dieser kollektiven Akteure könnte in Forschungsprojekten noch einmal detailliert Stellung zum jetzigen Konzept nehmen und eigene Ideen und Wünsche einbringen. Der *empirische Test digitaler Streetwork im Gaming in medienpädagogischen Pilotprojekten samt eingehender sozialwissenschaftlicher Evaluation* bildet den zweiten Ansatz, der hier für die Anschlussforschung empfohlen wird. Ab einem gewissen Punkt vermag es die theoretische Diskussion unabhängig von der Zahl und Vielfalt der beteiligten Akteure nicht mehr, praktische Handlungsstrategien und Wirkungsprozesse noch weiter zu antizipieren und aufeinander abzustimmen. Wo ein:e digitale:r Streetworker:in die Gamer:innen am besten ansprechen kann, welche Wortwahl und Botschaft sich dafür optimal eignet, welche Maßnahmen einen vertrauensvollen Beziehungsaufbau bestmöglich fördern und an welchen Punkten Interventionen gesetzt werden müssen – diese Erkenntnisse bedürfen neben einer soliden Vorplanung vor allem praktischer Erfahrung. Wenngleich also noch nicht jede denkbare Interessensgruppe detailliert Stellung zum Digital-Streetwork-Konzept genommen hat, ist es aus Sicht dieser Arbeit bereit für die evaluativ begleitete empirische Umsetzung. Der dritte Vorschlag für Forschungsarbeiten, die dieser hier nachfolgen, bezieht sich auf die *Abstraktion der am Beispiel Gaming und Videospielsucht gewonnenen Erkenntnisse zum Zwecke ihrer Anwendung auf weitere digitalkulturelle Handlungsfelder*. Denn Gaming mag unter Heranwachsenden ein beliebtes Hobby und von großer medienpädagogischer Bedeutung sein. Dennoch spielt nicht jedes Kind, jeder Jugendliche und jeder Erwachsene Videospiele. Es gibt diverse weitere medienpädagogische Anwendungsbereiche für die Methoden digitaler Straßensozialarbeit, von denen soziale Medien einer der wichtigsten sind. Die Vielfalt der Netzwerke, Plattformen und Themen sowie die Bandbreite der digitalkulturellen Chancen und Risiken erlaubt eine Spezialisierung aufsuchender Sozialarbeit im Netz in viele Richtungen. Jedes Projektdesign wird dabei seinen eigenen, speziellen Zuschnitt brauchen, weil jede digitale Subkultur eigene soziale und kommunikative Praktiken pflegt. Dennoch, das belegen die Parallelen dieser Studie zu den Befunden erster Digital-Streetwork-Referenzprojekte zu anderen Themen (Dinar & Heyken 2017; Minor – Projektkontor für Bildung und Forschung 2018), gibt es auch gleichbleibende Strategien und Handlungsprinzipien. Da diese Studie zudem im Unterschied zu ihren Vorgängern zum ersten Mal einen medienpädagogischen Systemrahmen um die digitale Streetwork spannt, spricht einiges dafür, sie als Basis für weitere Forschungsarbeiten und Praxisprojekte in diesem Bereich zu verwenden. Wird der Digital-Streetwork-Ansatz im Gaming empirisch weiter ausdifferenziert, handlungspraktisch als begleitendes Moment in Projekte digitaler Medienkompetenzvermittlung integriert und in seiner methodischen Essenz für weitere digitalpädagogische Anwendungsfelder adaptiert, dann entfaltet diese Arbeit optimalen Mehrwert im weiteren Forschungsdiskurs.

Literaturverzeichnis

Abler, B.; Kessler, H. (2009). Emotion Regulation Questionnaire – Eine deutschsprachige Fassung des ERQ von Gross und John. In: *Diagnostica*, 55, 144-152.

Adorno, T.W. (1996). *Eingriffe. Neun kritische Modelle.* Frankfurt/Main: Suhrkamp.

Ali, M.; Blades, M.; Oates, C.; Blumberg, F. (2009). Young children's ability to recognize advertisements in web page designs. In: *British Journal of Developmental Psychology*, 27, 71-83.

Allenberg, N. (2018). Aufsuchende Beratung im Netz – Erfahrung des Willkommenszentrums Berlin. In: Informationsverbund Asyl und Migration e. V.; Minor – Projektkontor für Bildung und Forschung gemeinnützige GmbH (Hg.): *Digital Streetwork in der Asyl- und Migrationsberatung. Wie Geflüchtete soziale Medien nutzen und was daraus für Beratungsstellen folgt.* Abrufbar unter: https://minor-kontor.de/wp-content/uploads/2018/08/Minor_DigitalStreetwork_18-08-29.pdf. Letzter Zugriff: 20.01.2022, 28-29.

Altheide, D.L.; Snow, R.P. (1979). *The Media Logic.* Beverly Hills, CA: Sage.

An, J.-Y.; Nigg, C.R. (2017). The promise of an augmented reality game – Pokémon GO. In: *Annals of Translational Medicine*, 5(1), doi: 10.21037/atm.2017.03.12.

Andersen, J. (2018). Archiving, ordering, and searching: search engines, algorithms, databases, and deep mediatization. In: *Media, Culture & Society* 40(8), 1135-1150.

Anderson, C.A.; Gentile, D.A.; Dill, K.E. (2012). Prosocial, antisocial, and other effects of relational video games. In: Singer, D.G.; Singer, J.L. (Hg.): *Handbook of children and the media.* Thousand Oaks: Sage, S. 249-272.

Anderson, C.A.; Carnagey, N.L. (2009). Causal effects of violent sports video games on aggression: Is it competitiveness or violent content? In: *Journal of Experimental Social Psychology*, 45(4), 731-739.

Anderson, C. A.; Dill, K. E. (2000). Video games and aggressive thoughts, feelings, and behavior in the laboratory and in life. In: *Journal of Personality and Social Psychology*, 78(4), 772-790.

Anwalt.org (2020). *Cyberstalking – Gefangen im Netz von Internet-Stalkern.* Dossier. Abrufbar unter: https://www.anwalt.org/cyberstalking/. Letzter Zugriff: 20.01.2022.

Arbeitskammer Wien (AK) (2018). *Kinder im Visier von Influencermarketing auf YouTube, Instagram und Snapchat.* Abrufbar unter: https://www.saferinternet.at/fileadmin/redakteure/Footer/ Studien/ Kinder_im_Visier_von_Influencermarketing.pdf. Letzter Zugriff: 20.01.2022.

ARD (2009). *Hart aber fair extra: Was macht Kinder zu Amokläufern?* Sendung vom 11. März.

Atteslander, P. (2010). *Methoden der empirischen Sozialforschung.* Berlin: Erich Schmidt Verlag. 13. Auflage.

Aufderheide, P.; Firestone, C.M. (1993). *Media Literacy: A report of the National Leadership Conference on Media Literacy.* Washington D.C.: Aspen Institut.

Baacke, D. (1996). Medienkompetenz – Begrifflichkeit und sozialer Wandel. In: Von Rhein, A. (Hg.): *Medienkompetenz als Schlüsselbegriff*. Bad Heilbrunn: Klinkhardt, 112-124.

Baacke, D. (1973). *Kommunikation und Kompetenz*. München: Juventa.

Badische Zeitung (2018). *Preisträgerin Irene Schumacher – Gesicht der Woche: Medienkompetenz tut not.* Online-Artikel. Abrufbar unter: http://www.badische-zeitung.de/freiburg/gesicht-der-woche-medienkompetenz-tut-not--151297905.html. Letzter Zugriff: 20.01.2022.

Baecker, R.M. (2019). *Computers and Society.* Oxford: Oxford University Press.

Barbour, M. (2018). *Girl, 9, in rehab for Fortnite addiction after becoming so hooked she wet herself to keep playing.* Online-Artikel für mirror.co.uk. Abrufbar unter: https://www.mirror.co.uk/news/uk-news/girl-9-rehab-after-becoming-12673590. Letzter Zugriff: 20.01.2022.

Bareither, C. (2016). *Gewalt im Computerspiel. Facetten eines Vergnügens*. Bielefeld: transcript.

Bartle, R. (1996). *Hearts, Clubs, Diamonds, Spades: Players who suit MUDS.* Open-Access-Beitrag. Abrufbar unter: https://mud.co.uk/richard/hcds.htm. Letzter Zugriff: 20.01.2022.

Batthyany, D; Müller, K.W.; Benker, F.; Wölfling, K. (2009). Computerspielverhalten: Klinische Merkmale von Abhängigkeit und Missbrauch bei Jugendlichen. In: *Wiener klinische Wochenschrift*, 121(15-16), 502-509.

Bayrahtar, F.; Gün, Z. (2007). Incidence and Correlates of Internet Usage Among Adolescents in Northern Cyprus. In: *CyberPsychology & Behaviour*, 10(2), 191-197.

BBC (2017). *Teen's death at Chinese internet addiction camp sparks anger.* Online-Artikel für bbc.com. Abrufbar unter: https://www.bbc.com/news/world-asia-china-40920488. Letzter Zugriff: 20.01.2022.

Bean, A.M.; Van Rooij, A.J.; Nielsen, R.K.L.; Ferguson, C.J. (2017). Video Game Addiction: The Push To Pathologize Video Games. In: *Professional Psychology: Research and Practice*, 48(5), 378-389.

Behr, K.-M. (2009). Kreative Spiel(weiter)entwicklung. Modding als Sonderform des Umgangs mit Computerspielen. In: Quandt, T.; Wimmer, J.; Wolling, J. (2009). *Die Computerspieler. Studien zur Nutzung von Computergames*. Springer VS, 193-208.

Beranek, A.; Hill, B.; Sagebiel, J.B. (2019). Digitalisierung und Soziale Arbeit – ein Diskursüberblick. In: *Soziale Passagen*, 11, 225-242.

Beranuy, M.; Machimbarrena, J.; Asunción Vega-Osés, M.; Carbonell, X.; Griffiths, M.D.; Pontes, H.M.; González-Cabrera, J. (2020). Spanish Validation of the Internet Gaming Disorder Scale – Short Form (IGDS9-SF): Prevalence and Relationship with Online Gambling and Quality of Life. In: *International Journal of Environmental Research and Public Health*, 17, 1562 ff.

Berglez, P. (2011). Inside, outside and beyond media logic: journalistic creativity in climate change reporting. In: *Media, Culture & Society*, 33(3), 449-465.

Bergmann, W.; Hüther, G. (2013). *Computersüchtig? Kinder im Sog der modernen Medien*. Weinheim und Basel: Beltz.

Bernhard, U.; Dohle, M.; Vowe, G. (2016). Do presumed online media effects have an influence on the online activities of politicians? In: *Policy & Internet*, 8(1), 72-90.

Besombes, N. (2018). *Esports & Competitive Gaming (June 2018).* Online-Grafik. Abrufbar unter: https://twitter.com/NicoBesombes/status/1009123040955850752/photo/1. Letzter Zugriff: 20.01.2022.

Betton, V.; Woollard, J. (2019). *Teen Mental Health in an Online World. Supporting Young People around their Use of Social Media, Apps, Gaming, Texting and the Rest.* London: Jessica Kingsley Publishers.

Betzholz, D. (2019). *E-sport im Sportverein: Die Wahrheit liegt auf dem Bildschirm.* Online-Artikel für Welt. Abrufbar unter: https://www.welt.de/regionales/hamburg/article187077356/E-Sport-im-Sportverein-Die-Wahrheit-liegt-auf-dem-Bildschirm.html. Letzter Zugriff: 20.01.2022.

Beyersdörfer, A.; Ipsen, F.; Eisentraut, S.; Wörner-Shappert, M.; Jellonnek, F. (2017). *Vernetzter Hass. Wie Rechtsextreme im Social Web Jugendliche umwerben.* Mainz. Abrufbar unter: https://www.saferinternet.at/fileadmin/redakteure/Footer/Studien/Broschuere_Vernetzter_Hass.pdf. Letzter Zugriff: 20.01.2022.

Bieg, P. (2016). *Medialisierung der Basketball-Bundesliga in Deutschland – Auf dem Weg zur stärksten Liga Europas?* Abrufbar unter: https://medialogic.hypotheses.org/files/2016/03 /bbl.pdf. Letzter Zugriff: 20.01.2022

Birkner, T. (2019). *Medialisierung und Mediatisierung.* 2. Auflage. Baden-Baden: Nomos.

Birkner, T. (2015). Mediatization of politics: The case of the former German chancellor Helmut Schmidt. In: *European Journal of Communication*, 30(4), 454-469.

Bischof, G.; Bischof, A.; Meyer, C.; John, U.; Rumpf, H.-J. (2013). *Prävalenz der Internetabhängigkeit – Diagnostik und Risikoprofile (PINTA-DIARI).* Bericht an das Bundesministerium für Gesundheit. Abrufbar unter: https://www.bundesgesundheitsministerium.de/fileadmin/Dateien/ 5_Publikationen/Drogen_und_Sucht/Berichte/Abschlussbericht/PINTA-DIARI-2013-Kompaktbericht.pdf. Letzter Zugriff: 20.01.2022.

Bitkom (2020a). *Anteil der Computer- und Videospieler in verschiedenen Altersgruppen in Deutschland im Jahr 2020.* Online-Grafik. Abrufbar unter: https://de.statista.com/statistik/daten/studie/ 315924/umfrage/anteil-der-computerspieler-in-deutschland-nach-alter/. Letzter Zugriff: 20.01.2022.

Bitkom (2020b). *Auf welchen Geräten spielen Sie Video- oder Computerspiele?* Online-Grafik. Abrufbar unter: https://de.statista.com/statistik/daten/studie/315927/umfrage/umfrage-zum-bevorzugten-gaming-geraet-in-deutschland/. Letzter Zugriff: 20.01.2022.

Bitkom (2020c). *Anteil der Gamer in Deutschland, die innerhalb der letzten 12 Monate Geld für Video- oder Computerspiele ausgegeben haben in den Jahren 2015 bis 2020.* Online-Grafik. Abrufbar unter: https://de.statista.com/statistik/daten/studie/316742/umfrage/umfrage-zum-spielen-von-kostenpflichtigen-videogames-in-deutschland/. Letzter Zugriff: 20.01.2022.

Bitkom (2020d). *Anteil der Computer- und Videospieler in Deutschland im Jahr 2020 nach Geschlecht.* Online-Grafik. Abrufbar unter: https://de.statista.com/statistik/daten/studie/315920/_umfrage/anteil-der-computerspieler-in-deutschland-nach-geschlecht/. Letzter Zugriff: 20.01.2022.

Bund-Länder-Kommission für Bildungsplanung und Forschungsförderung (BLK) (1995). *Medienerziehung in der Schule.* Materialien zur Bildungsplanung und zur Forschungsförderung, 44. Bonn: BLK.

Blumler, J.; Esser, F. (2019). Mediatization as a combination of push and pull forces: Examples during the 2015 UK general election campaign. In: *Journalism*, 20(7), 855-872.

Bogner, A.; Menz, W. (2005). Expertenwissen und die Forschungspraxis: die modernisierungstheoretische und die methodische Debatte um die Experten. Zur Einführung in ein unübersichtliches Problemfeld. In: Bogner, A.; Littig, B.; Menz, W. (Hg.): *Das Experteninterview. Theorie, Methode, Anwendung.* Wiesbaden: Verlag für Sozialwissenschaften. 2. Auflage.

Bogner, A.; Menz, W. (2001). „Deutungswissen" und Interaktion. Zu Methodologie und Methodik des theoriegenerierenden Experteninterviews. In: *Soziale Welt*, 52(4), 477-500.

Bogost, I. (2018). *Why Is There a 'Gaming Disorder' But No 'Smartphone Disorder?'* Online-Artikel für The Atlantic. Abrufbar unter: https://www.theatlantic.com/technology/archive/2018/06/whos-afraid-of-virginia-wolfenstein/563843/. Letzter Zugriff: 20.01.2022.

Böhnisch, L. (2016a). In der Mitte der Gesellschaft. In: *sozialpädagogische impulse*, 4, 12-15.

Böhnisch, L. (2016b). *Lebensbewältigung. Ein Konzept für die Soziale Arbeit.* Weinheim und Basel: Beltz Juventa.

Böhnisch, L. (2002). Zum Verhältnis von Bildung und Bewältigung am Beispiel der Jugendberufshilfe in Ostdeutschland. In: Münchmeier, I.R.; Otto, H.-U.; Rabe-Kleberg, U. (Hg.): *Bildung und Lebenskompetenz. Kinder- und Jugendhilfe vor neuen Aufgaben.* Opladen: Leske + Budrich, 119-128.

Bollig, C. (2020). Digitalisierung in der Mobilen Jugend(-sozial-)arbeit – im Spannungsfeld zwischen Professionalisierung und (Alltags-)Pragmatismus. In: Kutscher, N.; Ley, T.; Seelmeyer, U.; Siller, F.; Tillmann, A.; Zorn, I. (Hg.): *Handbuch Soziale Arbeit und Digitalisierung.* Weinheim und Basel: Beltz Juventa, 468-480.

Bollig, C. (2015). Sozialarbeiter/in online. Virtuelle-aufsuchende Arbeit in der Mobilen Jugendarbeit. In: *Archiv für Wissenschaft und Praxis der Sozialen Arbeit*, 46(2), 46-57.

Bonn, B.; Karsch, J. (2019). eSports, Sport und Schule. In: *merz – medien+erziehung*, 63(2), 25-31.

Borucki, I. (2014). *Regieren mit Medien. Auswirkungen der Medialisierung auf die Regierungskommunikation der Bundesregierung von 1982-2010.* Verlag Barbara Budrich.

Bos, W.; Eickelmann, B.; Gerick, J.; Goldhammer, F.; Schaumburg, H.; Schwippert, K. (2014). *Computer- und informationsbezogene Kompetenzen von Schülerinnen und Schülern in der 8. Jahrgangsstufe im internationalen Vergleich.* Münster: Waxmann.

Bourdieu, P. (1993). *Sozialer Sinn. Kritik der theoretischen Vernunft.* Frankfurt/Main: Suhrkamp.

Boyd, D. (2014). *It's Complicated: The Social Lives of Networked Teens.* New Haven: Yale University Press.

Brand, M.; Young, K.S.; Laier, C.; Wölfling, K.; Potenza, M.N. (2016). Integrating psychological and neurobiological considerations regarding the development and maintenance of specific Internet-use disorders: An Interaction of Person-Affect-Cognition-Execution (I-PACE) model. In: *Neuroscience & Biobehavioral Reviews*, 71, 252-266.

Brand, M.; Laier, C; Young, K.S. (2014). Internet addiction: coping styles, expectancies, and treatment implications. In: *Frontiers in Psychology*, 5.

Brandhofer, G. (2014). Ein Gegenstand ‚Digitale Medinbildung und Informatik' – notwendige Bedingung für digitale Kompetenz? In: *R&E Source*, 1. Abrufbar unter: https://www.researchgate.net/profile/Gerhard_Brandhofer/publication/277924077_Ein_Gegenstand_Digitale_Medienbildung_und_Informatik_-_notwendige_Bedingung_fur_digitale_ Kompetenz/links/587c9a9408aed3826aed8ac4/Ein-Gegenstand-Digitale-Medienbildung-und-Informatik-notwendige-Bedingung-fuer-digitale-Kompetenz.pdf. Letzter Zugriff: 20.01.2022.

Braumüller, B.; Hartmann-Tews, I. (2017). Jugendliche als mediatisierte Stubenhocker? Eine Analyse der Zusammenhänge zwischen sportlichem und medialem Handeln von Jugendlichen aus Geschlechterperspektive. In: *Discourse. Journal of Childhood and Adolescence Research*, 1, 49-70.

Breiner, T.C.; Kolibius, L. (2019a). *Computerspiele. Grundlagen, Psychologie und Anwendungen.* https://doi.org/10.1007/978-3-662-57895-7.

Breiner, T.C.; Kolibius, L. (2019b). *Computerspiele im Diskurs. Aggression, Amokläufe und Sucht.* https://doi.org/10.1007/978-3-662-57860-5.

Breuer, M.; Görlich, D. (2018). Gaming und E-Sport – Markt und Inszenierung des digitalen Sports. In: Horky, T.; Stiehler, H.-J.; Schierl, T. (Hg.). *Die Digitalisierung des Sports in den Medien*. Köln: Herbert von Halem, 275-293.

Breunig, C.; Handel, M.; Kessler, B. (2020). Massenkommunikation 1964-2020: Mediennutzung im Langzeitvergleich. Ergebnisse der ARD/ZDF-Langzeitstudie. In: *Media Perspektiven*, 7-8, 410-432.

Brindova, D.; Veselska, Z.D.; Klein, D.; Hamrik, Z.; Sigmundova, D.; van Dijk, J.P.; Reijneveld, S.A.; Geckova, A.M. (2014). Is the association between screen-based behaviour and health complaints among adolescents moderated by physical activity? In: International Journal of Public Health, 60(2), 139-145.

Brock, J. (2017). Hybride Streetwork. In: *CORAX. Fachmagazin für Kinder- und Jugendarbeit in Sachsen*, 2, 26-29.

Bröhm, A. (2018). *Das Internet vertieft die Gräben.* Online-Artikel für Der Bund. Abrufbar unter: https://www.derbund.ch/wissen/technik/das-internet-vertieft-die-graeben/story/22732730. Letzter Zugriff: 20.01.2022.

Bromberg, W. (2018). *Internet-Sucht-Experte: „Die Patienten sind mindestens acht Stunden im Netz".* Online-Artikel für die Hamburger Morgenpost. Abrufbar unter: https://www.mopo.de/hamburg/internet-sucht-experte--die-patienten-sind-mindestens-acht-stunden-im-netz--29735544. Letzter Zugriff: 09.10.2020.

Buckingham, D. (2008). Defining Digital Literacy – What Do Young People Need to Know About Digital Media? In: Lankshear, C.; Knobel, M. (Hg.): *Digital Literacies. Concepts, Policies and Practices.* New York, 73-90.

Bucksch, J.; Inchley, J.; Hamrik, Z.; Finne, E.; Kolip, P. (2014). Trends in television time, non-gaming PC use and moderate-to-vigorous physical activity among German adolescents 2002-2010. In: *BMC Public Health*, 14.

Bundesarbeitsgemeinschaft Streetwork / Mobile Jugendarbeit e.V. (Hg.). *Fachliche Standards.* Beschluss der Mitgliederversammlung vom 14. Dezember 2007. Gelnhausen.

Bundesministerium des Innern, für Bau und Heimat (BMI) (2020). *Smart Cities: Stadtentwicklung im digitalen Zeitalter.* Abrufbar unter: https://www.bmi.bund.de/DE/bauen-wohnen/stadt-wohnen/stadtentwicklung/smart-cities/smart-cities-node.html. Letzter Zugriff: 20.01.2022.

Bundesnetzagentur (2018). *Netzneutralität.* Abrufbar unter: https://www.bundesnetzagentur.de/DE/Sachgebiete/Telekommunikation/Unternehmen_Institutionen/Netzneutralitaet/start.html. Letzter Zugriff: 20.01.2022.

Bundesprüfstelle für jugendgefährdende Medien (BPjM) (2019). *Gefährdungsatlas. Digitales Aufwachsen. Vom Kind aus denken. Zukunftssicher handeln.* Abrufbar unter: https://www.bzkj.de/bzkj/service/publikationen/gefaehrdungsatlas-digitales-aufwachsen-vom-kind-aus-denken-zukunftssicher-handeln--175506. Letzter Zugriff: 20.01.2022.

Bundesregierung (2017). *Pressekonferenz zur Vorstellung des Legislaturberichts Digitale Agenda 2014–2017.* Abrufbar unter: https://www.youtube.com/watch?v=XCFSau_DDiU& feature=youtu.be. Letzter Zugriff: 20.01.2022.

Burkart, I. (2019). „Free to Play" – Fluch oder Segen? Online-Artikel für usabilityblog.de. Abrufbar unter: https://www.usabilityblog.de/free-to-play-fluch-oder-segen/. Letzter Zugriff: 20.01.2022.

Buschek, O. (2007). Warum Computerspieler den Flow suchen. Online-Artikel für Deutschlandfunk Kultur. Abrufbar unter: https://www.deutschlandfunkkultur.de/warum-computerspieler-den-flow-suchen.1162.de.html?dram:article_id=182927. Letzter Zugriff: 20.01.2022.

Caillois, R. (1967). *Les jeux et les hommes.* Gallimard.

Campe, J.H. (1812). *Väterlicher Rath für meine Tochter. Ein Gegenstück zum Theophron. Der erwachsenen weiblichen Jugend gewidmet.* Leipzig.

Carnagey, N.L.; Anderson, C.A.; Bushman, B.J. (2006). The effects of video game violence on physiological desensitization to real-life violence. In: *Journal of Experimental Social Psychology*, 43, 489-496.

Cheng, J.; Bernstein, M.; Danescu-Niculescu-Mizil, C.; Leskovec, J. (2017). Anyone Can Become a Troll: Causes of Trolling Behavior in Online Discussions. In: *CSCW Conf Comput Support Coop Work*, Feb-Mar, 1217-1230.

Chomsky, N. (1969). *Aspekte der Syntaxtheorie.* Berlin: Suhrkamp.

Clarke, R.I.; Lee, J.H.; Clark, N. (2015). *Why Video Game Genres Fail: A Classificatory Analysis.* School of Information Studies – Faculty Scholarship. Abrufbar unter: https://surface.syr.edu/cgi/ viewcontent.cgi?article=1167&context=istpub. Letzter Zugriff: 20.01.2022.

Cohen, S. (1972). *Folk devils and moral panics: The creation of the Mods and Rockers.* London: Routledge.

Computer Bild Spiele; Statista (2017). *Haben Sie schon mal anderen Spielern beim Spielen zugeschaut, zum Beispiel in Let's-Play-Videos oder eSport-Streams?* Online-Grafik. Abrufbar unter: https://de.statista.com/statistik/daten/studie/794386/umfrage/umfrage-unter-gamern-in-deutschland-zur-nutzung-von-gaming-streams-videos/. Letzter Zugriff: 20.01.2022.

Cosway, R.; Endler, N.S.; Sadler, A.J.; Deary, I.J. (2000). The Coping Inventory for Stressful Situations: Factorial structure and associations with personality traits and psychological health. In: *Journal of Applied Biobehavioral Research*, 5, 121-143.

Couldry, N.; Hepp, A. (2017). *The mediated construction of reality.* Cambridge: Polity Press.

Couldry, N.; Hepp, A. (2013). Conceptualizing Mediatization: Contexts, Traditions, Arguments. In: *Communication Theory*, 23(3), 191-202.

Coyne, S.M.; Stockdale, L.A.; Warburton, W.; Gentile, D.A.; Yang, C.; Merrill, B.M. (2020). Pathological video game symptoms from adolescence to emerging adulthood: A 6-year longitudinal study of trajectories, predictors, and outcomes. In: *Developmental Psychology*. Advance online publication, https://doi.org/10.1037/dev0000939.

Crawford, C. (2003). *Chris Crawford on Game Design.* New Riders Publishing.

Crosbie, T. (2015). Scandal and military mediatization. In: *Media, War & Conflict*, 8(1), 100-119.

Cui, X.; Rothenbuhler, E. (2018). Communicating Terror: Mediatization and Ritualization. In: *Television & New Media*, 19(2), 155-162.

Cushion, S.; Aalberg, T.; Thomas, R. (2014). Towards a rolling news logic in fixed time bulletins? A comparative analysis of journalistic interventions in the US, UK and Norway. In: *European Journal of Communication*, 29, 100-109.

Dachwitz, I.; Rudl, T.; Rebiger, S. (2018). *Was wir über den Skandal um Facebook und Cambridge Analytica wissen.* Online-Artikel für netzpolitik.org. Abrufbar unter: https://netzpolitik.org/2018/cambridge-analytica-was-wir-ueber-das-groesste-datenleck-in-der-geschichte-von-facebook-wissen/#vorschaltbanner. Letzter Zugriff: 20.01.2022.

DAK (2019). *Computerspiele: 465.000 Jugendliche sind Risiko-Gamer.* Pressemitteilung. Abrufbar unter: https://www.dak.de/dak/bundesthemen/computerspielsucht-2103398.html#/. Letzter Zugriff: 20.01.2022.

DAK (2016). *Jeder 12. Junge süchtig nach Computerspielen.* Pressemitteilung. Abrufbar unter: https://www.dak.de/dak/bundesthemen/jeder-12---junge-suechtig-nach-computerspielen-2115322.html#/. Letzter Zugriff: 20.01.2022.

Demmler, K.; Gebel, C.; Wütscher, S.; Schemmerling, M. (2015). Werte – Medien – Pädagogik. In: *merz – medien+erziehung*, 59(3), 43-50.

Deng, Y.X.; Hu, M.; Hu, G.Q; Wang, L.S.; Sun, Z.Q. (2007). An investigation of the prevalence of internet addiction disorder in middle school students of Human province. In: *Zhonghua liu xing bing xue za zhi*, 28(5), 445-448.

Der Westen (2017). *Dieser Slogan ging voll nach hinten los – Nivea stoppt Werbekampagne nach Rassismus-Vorwürfen.* Online-Artikel. Abrufbar unter: https://www.derwesten.de/wirtschaft/nivea-stoppt-werbekampagne-nach-rassismus-vorwuerfen-id210183465.html. Letzter Zugriff: 20.01.2022.

Deterding, S.; Dixon, D.; Khaled, R.; Nacke, L. (2011). *From Game Design Elements to Gamefulness: Defining Gamification.* Proceedings of the 15th International Academic MindTrek.

Deutscher Berufsverband für Soziale Arbeit e.V. (2016). *Deutschsprachige Definition Sozialer Arbeit.* Abrufbar unter: https://www.dbsh.de/profession/definition-der-sozialen-arbeit/deutsche-fassung.html. Letzter Zugriff: 20.01.2022.

Dinar, C.; Heyken, C. (2017). *Digital Streetwork. Pädagogische Interventionen im Web 2.0.* Bericht der Amadeu-Antonio-Stiftung zum Projekt „//Debate". Abrufbar unter: https://www.amadeu-antonio-stiftung.de/wp-content/uploads/2018/08/digital_streetwork_web-1.pdf. Letzter Zugriff: 20.01.2022.

Diergarten, A.K.; Nieding, G.; Ohler, P. (2014). Beeinflussung von Kindern und Jugendlichen durch Werbung. In: Pieschl, S.; Porsch, T. (Hg.): *Neue Medien und deren Schatten. Mediennutzung, Medienwirkung und Medienkompetenz.* Göttingen: Hogrefe, 102-131.

Dietrich, K.; Moegling, K. (Hg.) (2001). *Spiel- und Bewegungsräume in der Stadt. Sozial- und erziehungswissenschaftliche Untersuchungen und Projekte.* Butzbach.

Dietrich, M. (2020). *Wie Videospiele euer Gehirn austricksen und was ihr dagegen tun könnt.* Online-Artikel für gamestar.de. Abrufbar unter: https://www.gamestar.de/artikel/videospiele-machen-suechtig,3357711.html. Letzter Zugriff: 20.01.2022.

Dietrich, P.; Knieper, T.; Wiedel, F. (2021). *Wie Onliner eine Publikumsethik befördern: Die Modellierung einer Publikumsethik neu gedacht.* Forschungskonzept zur Jahrestagung der DGPuK-Fachgruppe Medienethik.

Dimbath, O.; Ernst-Heidenreich, M.; Roche, M. (2018). Praxis und Theorie des Theoretical Sampling. Methodologische Überlegungen zum Verfahren einer verlaufsorientierten Fallauswahl. In: *Forum Qualitative Sozialforschung*, 19(3), Art. 34. Abrufbar unter: https://www.qualitative-research.net/index.php/fqs/article/download/2810/4311/0. Letzter Zugriff: 20.01.2022.

Döbeli Honegger, B.; Kuhnt, B.; Zehnder, C.A. (2013). Informatik, ICT und Medienbildung. In: Kohlas, J.; Schmidt, J.; Zehnder, C.A. (Hg.): *informatik@gymnasium*. Zürich: NZZ Verlag, 159-191.

Dogwoof (2013). Web Junkie. Dokumentarfilm. Abrufbar via Google Play und iTunes. Informationen unter: https://dogwoof.com/webjunkie. Letzter Zugriff: 20.01.2022.

Dohle, M.; Vowe, G. (2010). Wahrnehmung der politischen Einflüsse von Medienangeboten: Third-Person-Effekte bei Bürgern, Journalisten und Politikern im Vergleich. In: Schemer, C.; Wirth, W.; Wünsch, C. (Hg.): *Politische Kommunikation. Wahrnehmung, Verarbeitung, Wirkung*. Baden-Baden: Nomos, 11-29.

Dollinger, V. (2009). *Silver Gaming – der demografische Wandel als Chance. Eine empirische Analyse der Akzeptanz digitaler Spiele im Altersgruppenvergleich*. Dissertation an der TU München. Abrufbar unter: https://mediatum.ub.tum.de/doc/672325/672325.pdf. Letzter Zugriff: 20.01.2022.

Dominick, J.R. (1984). Videogames, television violence, and aggression in teenagers. In: *Journal of Communication*, 34(2), 136-147.

Donges, P.; Hakansson, N.; Lengauer, G. (2014). Media Logics and Changes in News Reporting. In: Pfetsch, B. (Hg.): *Political Communication Cultures in Western Europe*. Houndsmills: Palgrave Macmillan, 196-218.

Döring, N. (2010). Sozialkontakte online: Identitäten, Beziehungen, Gemeinschaften. In: Schweiger, W.; Beck, K. (Hg.): *Handbuch Online-Kommunikation*. Wiesbaden: VS Verlag für Sozialwissenschaften, 159-183.

Dörner, R.; Göbel, S.; Effelsberg, W.; Wiemeyer, J. (2016). *Serious Games. Foundations, Concepts and Practice*. Springer International.

Dreier, M; Wölfling, K.; Duven, E.; Giralt, S; Beutel, M.E.; Müller, K.W. (2017). Free-to-play: About addicted Whales, at risk Dolphins and healthy Minnows. Monetarization design and Internet Gaming Disorder. In: *Addictive Behaviors*, 64, 328-333.

Dreier, M.; Wölfling, K.; Beutel; M.E.; Müller, K.W. (2015). Prävention der Internetsucht. Workshops für Kinder und Jugendliche mit Digitalen Methodenkoffern. In: *Pädiatrie & Pädologie*, 50(5), 200-205.

Duden (2020). *Begriffseintrag „Gaming"*. Abrufbar unter: https://www.duden.de/rechtschreibung/Gaming. Letzter Zugriff: 20.01.2022.

Duh, H. B.-L.; Chen, V.H.H. (2009). Cheating Behaviors in Online Gaming. In: Ozok, A.; Zaphiris, P. (Hg.): *Online Communities*. Berlin/Heidelberg: Springer, 567-573.

Durkee, T.; Kaess, M.; Carli, V.; Parzer, P.; Wasserman, C.; Floderus, B.; Apter, A.; Balazs, J.; Barzilay, S.; Bobes, J.; Brunner, R.; Corcoran, P.; Cosman, D.; Cotter, P.; Despalins, R.; Graber, N.; Guillemin, F.; Haring, C.; Kahn, J.-P.; Mandelli, L.; Marusic, D.; Mészáros, G.; Musa, G.J.; Postuvan, V.; Resch, F.; Saiz, P.A.; Sisask, M.; Varnik, A.; Sarchiapone, M.; Hoven, C.W.; Wasserman, D. (2012). Prevalence of pathological internet use among adolescents in Europe: demographic and social factors. In: *Addiction*, 107(12), 2210-2222.

Edwards, T. (2013). *Esports: A Brief History*. Online-Artikel für adanai.com. Abrufbar unter: http://adanai.com/esports/. Letzter Zugriff: 01.10.2020.

Eichenberg, C.; Auersperg, F. (2014). Sexuelle Belästigung im Internet. In: Pieschl, S.; Porsch, T. (Hg.): *Neue Medien und deren Schatten. Mediennutzung, Medienwirkung und Medienkompetenz.* Göttingen: Hogrefe, 159-190.

Eichhorn, T. (2018). *Barrierefrei Spielen: So funktioniert Gaming mit Behinderung.* Online-Artikel für Dis+Positiv. Abrufbar unter: https://dispositiv.uni-bayreuth.de/barrierefreies-spielen-diese-controller-machen-gaming-mit-behinderung-moeglich/. Letzter Zugriff: 20.01.2022.

Eisenlohr, P. (2017). Reconsidering mediatization of religion: Islamic televangelism in India. In*: Media, Culture & Society*, 39(6), 869-884.

Eldersch, T. (2019). *Nach Playstation-Verbot: Bub rastet total aus.* Online-Artikel für merkur.de. Abrufbar unter: https://www.merkur.de/lokales/fuerstenfeldbruck/eichenau-ort80567/bub-aus-eichenau-zockt-drei-tage-durch-und-rastet-aus-als-er-aufhoeren-soll-10236789.html. Letzter Zugriff: 20.01.2022.

Electronic Sports League (ESL) (2017). *Zuschauerrekorde bei der ESL One Cologne 2017 powered by Intel in Köln.* Pressemitteilung. Abrufbar unter: https://www.eslgaming.com/press/zuschauerrekorde-bei-der-esl-one-cologne-2017-powered-intel-k-ln. Letzter Zugriff: 20.01.2022.

Elias, N. (2010) [1991]. *The society of individuals.* Dublin: University College Dublin Press.

Elias, N. (2006) [1970]. *Was ist Soziologie?* Berlin: Suhrkamp Verlag.

Epley, N.; Waytz, A.; Cacioppo, J.T. (2007). On seeing human: A three-factor theory of anthropomorphism. In: *Psychological Review*, 114, 864-886.

Erler, M. (2003). *Systematische Familienarbeit. Eine Einführung.* Weinheim und München.

Escueta, M.; Quan, V.; Nickow, A.J.; Oreopoulos, P. (2017). *Education Technology: An Evidence-Based Review.* National Bureau of Economic Research Working Paper 23744. Abrufbar unter: https://www.nber.org/papers/w23744. Letzter Zugriff: 20.01.2022.

Esner, R.; Kisters, S. (2018). *The mediatization of the artist.* Palgrave Macmillan.

Esport Bund Deutschland (ESBD) (2020). *Mitglieder.* Abrufbar unter: https://esportbund.de/mitglieder/. Letzter Zugriff: 20.01.2022.

Esport Bund Deutschland (ESBD) (2019). *Anhörung zu eSport im Sportausschuss des Deutschen Bundestages am 20.02.2019.* Twitch-Video. Abrufbar unter: https://www.twitch.tv/videos/385082746. Letzter Zugriff: 20.01.2022.

Esport Bund Deutschland (ESBD) (2018). *Esport in Deutschland 2018. Strukturen, Herausforderungen und Positionen aus verbandlicher Sicht.* Abrufbar unter: https://esportbund.de/wp-content/uploads/2018/08/eSport_in_Deutschland_2018_ESBD.pdf. Letzter Zugriff: 20.01.2022.

Esposito, N. (2005). *A Short and Simple Definition of What a Videogame Is.* Proceedings of DiGRA 2005 Conference: Changing Views – Worlds in Play. Abrufbar unter: https://www.utc.fr/~nesposit/publications/esposito2005definition.pdf. Letzter Zugriff: 20.01.2022.

Esser, F.; Strömbäck, J. (2014). *Mediatization of politics: Understanding the transformation of western democracies.* Basingstoke: Palgrave Macmillan.

Europäische Union (EU) (2016). *The European digital competence framework for citizens.* Luxemburg: Publications Office of the European Union.

Eurostat (2020). *Anteil der Internetnutzer in der Europäischen Union (EU-28) nach Ländern im Jahr 2019.* Abrufbar unter: https://de.statista.com/statistik/daten/studie/184636/umfrage/ internetreichweite-anteil-der-nutzer-in-europa/. Letzter Zugriff: 20.01.2022.

Evers-Wölk, M.; Opielka, M. (2019). *Neue elektronische Medien und Suchtverhalten. Forschungsbefunde und politische Handlungsoptionen zur Mediensucht bei Kindern, Jugendlichen und Erwachsenen.* Baden-Baden: Nomos.

Fachverband Medienabhängigkeit (2020). *Hilfe finden – Übersichtskarte.* Abrufbar unter: https://www.fv-medienabhaengigkeit.de/hilfe-finden/. Letzter Zugriff: 20.01.2022.

Fairly Odd Streamers (2020). *Top 50 Twitch Extensions.* Abrufbar unter: https://www.fairlyoddstreamers.com/resources/extensions. Letzter Zugriff: 20.01.2022.

Fawzi, N. (2014). *Machen Medien Politik? Medialisierung der Energiepolitik aus Sicht von politischen Akteuren und Journalisten.* Baden-Baden: Nomos.

Feng, W.; Ramo, D.; Chan, S.; Burgeois, J. (2018). Internet Gaming Disorder: Trends in Prevalence 1998–2016. In: *Addictive Behaviors*, 75, 17-24.

Ferguson, C.J.; Colder Carras, M.; Kardefeldt-Winther, D.; Aarseth, E.; Bean, A.M.; Helmersson Bergmark, K.; Coulson, M.; Deleuze, J.; Dunkels, E.; Edman, J.; Jansz, J.; Lundedal Nielsen, R.K.; Prause, N.; Quandt, T.; Schimmenti, A.; Starcevic, V.; Stutman, G.; Van Looy, J.; Przybylski, A.; Boonen, H.; Das, D.; Haagsma, M.C.; Hussain, Z.; Kutner, L.; Markey, P.; Van Rooij, A.J. (2017). Scholars' open debate paper on the World Health Organization ICD-11 Gaming Disorder proposal. In: *Journal of Behavioral Addictions*, 6(3), 267-270.

Ferguson, C.J.; Rueda, S.M. (2010). The Hitman study: Violent video game exposure effects of aggressive behavior, hostile feelings and depression. In: *European Psychologist*, 15(2), 99-108.

Ferguson, C.J. (2008). The school shooting/violent video game link: Causal relationship or moral panic? In: *Journal of Investigative Psychology and Offender Profiling*, 5(1-2), 25-37.

Fiedler, I.; Ante, L.; Steinmetz, F. (2018). *Die Konvergenz von Gaming und Gambling. Eine angebotsseitige Marktanalyse mit rechtspolitischen Empfehlungen.* Wiesbaden: Springer Fachmedien.

Focus Online (2017). *„Dit is wie Schuhe" – Verivox erntet heftige Kritik für Werbung mit Mario Barth.* Abrufbar unter: https://www.focus.de/finanzen/videos/wegen-frauenfeindlicher-aussagen-dit-is-wie-schuhe-verivox-erntet-heftige-kritik-fuer-werbung-mit-mario-barth_id_6602642.html. Letzter Zugriff: 20.01.2022.

Franck, G. (1998). Ökonomie der Aufmerksamkeit: Ein Entwurf. München: Carl Hanser.

Franke, G.H. (2000). *BSI. Brief Symptom Inventory – Deutsche Version.* Manual. Göttingen: Beltz

Frankfurter Allgemeine Zeitung (FAZ) (2015a). *„Ich bin überzeugt, dass uns die Arbeit nicht ausgeht". Interview mit dem Arbeitswissenschaftler Wilhelm Bauer.* Online-Artikel. Abrufbar unter: https://www.faz.net/aktuell/karriere-hochschule/buero-co/interview-wilhelm-bauer-machen-roboter-den-menschen-bald-ersetzbar-13809365-p2.html. Letzter Zugriff: 20.01.2022.

Frankfurter Allgemeine Zeitung (FAZ) (2015b). Toter Flüchtlingsjunge: Die traurige Geschichte des Aylan Kurdi. Online-Artikel. Abrufbar unter: http://www.faz.net/aktuell/politik/fluechtlingskrise/toter-fluechtlingsjunge-die-traurige-geschichte-des-aylan-kurdi-13783344.html. Letzter Zugriff: 20.01.2022.

Frankfurter Neue Presse (2018). *Fehlende Medienkompetenz – Digitalisierung an Schulen: GEW fordert mehr Fortbildung.* Online-Artikel. Abrufbar unter: http://www.fnp.de/rhein-main/Digitalisierung-an-Schulen-GEW-fordert-mehr-Fortbildung;art1491,2955028. Letzter Zugriff: 20.01.2022.

Friedrichs, H.; Von Gross, F.; Herde, K.; Sander, U. (2014). Habitusformen von Eltern im Kontext der Computerspielnutzung ihrer Kinder. In: *medienimpulse*, 52(3), https://doi.org/10.21243/mi-03-14-10.

Friedrichs, H. (2013). Der medienerzieherische Habitus angehender ErzieherInnen und Bedingungen für die Ausübung von Medienerziehung in Kindertagesstätten. In: *medienimpulse*, 51(4).

Fuchs, C. (2019). *Soziale Medien und Kritische Theorie: Eine Einführung.* München: UVK.

Fullerton, J. (2017). *Inside the brutal world of Chinese internet addiction camps.* Online-Artikel für nypost.com. Abrufbar unter: https://nypost.com/2017/08/29/inside-the-brutal-world-of-chinese-internet-addiction-camps/. Letzter Zugriff: 20.01.2022.

Fussballwetten.info (2020). *eSports: Segen oder Fluch für die Glücksspielbranche?* Online-Artikel. Abrufbar unter: https://www.fussballwetten.info/esports-segen-fluch-gluecksspielbranche/. Letzter Zugriff: 20.01.2022.

Galtung, J.; Holmboe Ruge, M. (1965). The Structure of Foreign News. The Presentation of the Congo, Cuba and Cyprus Crisis in Four Norwegian Newspapers. In: *Journal of Peace Research*, 2, 64-91.

Game e.V. (2020a). *Spielgeschichte.* Abrufbar unter: https://www.game.de/spielgeschichte/. Letzter Zugriff: 20.01.2022.

Game e.V. (2020b). *Anzahl der Computerspieler in Deutschland von 2013 bis 2020 in Millionen.* Online-Grafik. Abrufbar unter: https://de.statista.com/statistik/daten/studie/712928/umfrage/anzahl-der-computerspieler-in-deutschland/. Letzter Zugriff: 20.01.2022.

Game e.V. (2020c). *Spiele-Apps sind weiterhin einer der größten Wachstumstreiber.* Online-Grafik. Abrufbar unter: https://www.game.de/marktdaten/spiele-apps-sind-weiterhin-einer-der-groessten-wachstumstreiber/. Letzter Zugriff: 20.01.2022.

Game e.V. (2020d). *Marktanteil von Games aus Deutschland.* Online-Grafik. Abrufbar unter: https://www.game.de/marktdaten/marktanteil-von-games-aus-deutschland/. Letzter Zugriff: 20.01.2022.

Game e.V. (2020e). *Anzahl Games-Unternehmen in Deutschland.* Online-Grafik. Abrufbar unter: https://www.game.de/marktdaten/anzahl-games-unternehmen-in-deutschland/. Letzter Zugriff: 20.01.2022.

Game e.V. (2020f). *Anzahl Beschäftigte in der Entwicklung und dem Vertrieb von Games.* Online-Grafik. Abrufbar unter: https://www.game.de/marktdaten/anzahl-beschaeftigte-in-der-entwicklung-und-dem-vertrieb-von-games/. Letzter Zugriff: 20.01.2022.

Game e.V. (2019). *Anteil der Befragten in Deutschland, die bereits von eSports gehört haben oder die Bedeutung kennen, in den Jahren 2017 und 2018.* Online-Grafik. Abrufbar unter: https://de.statista.com/statistik/daten/studie/983959/umfrage/umfrage-zur-bekanntheit-von-esports-in-deutschland/. Letzter Zugriff: 20.01.2022.

Game e.V.; Gesellschaft für Konsumgüterforschung (2020a). *Anzahl der Computerspieler in verschiedenen Altersgruppen in Deutschland im Jahr 2020 (in Millionen).* Online-Grafik. Abrufbar unter: https://de.statista.com/statistik/daten/studie/198202/umfrage/altersverteilung-von-gamern-in-deutschland-in-absoluten-zahlen/. Letzter Zugriff: 20.01.2022.

Game e.V.; Gesellschaft für Konsumgüterforschung (2020b). *Anzahl der Computerspieler in Deutschland nach Geschlecht im Jahr 2020 (in Millionen).* Online-Grafik. Abrufbar unter: https://de.statista.com/statistik/daten/studie/197219/umfrage/anzahl-der-computerspieler-in-deutschland-nach-geschlecht/. Letzter Zugriff: 20.01.2022.

Game e.V.; Gesellschaft für Konsumgüterforschung (2020c). *Umsatz im Gaming-Markt (inkl. Hardware) in Deutschland von 2012 bis 2019 (in Millionen Euro).* Online-Grafik. Abrufbar unter: https://de.statista.com/statistik/daten/studie/824576/umfrage/umsatz-im-gaming-markt-in-deutschland/. Letzter Zugriff: 20.01.2022.

Game e.V.; Gesellschaft für Konsumgüterforschung (2020d). *Umsatz im Markt für Computer- und Videospiele (ohne Hardware) in Deutschland von 2009 bis 2019 (in Millionen Euro).* Online-Grafik. Abrufbar unter: https://de.statista.com/statistik/daten/studie/317808/umfrage/umsatz-im-markt-fuer-computer-und-videospiele-in-deutschland/. Letzter Zugriff: 20.01.2022.

Game e.V.; Gesellschaft für Konsumgüterforschung (2020e). *Umsatz mit dem Verkauf von Computer- und Videospielen (Software) in Deutschland von 2006 bis 2019 (in Millionen Euro).* Online-Grafik. Abrufbar unter: https://de.statista.com/statistik/daten/studie/3947/umfrage/umsatz-im-markt-fuer-computer--und-videospiele-in-deutschland-seit-2006/. Letzter Zugriff: 20.01.2022.

Game e.V.; Gesellschaft für Konsumgüterforschung (2020f). *Anteile der Plattformen am Umsatz mit dem Verkauf von Computer- und Videospielen in Deutschland von 2006 bis 2019.* Online-Grafik. Abrufbar unter: https://de.statista.com/statistik/daten/studie/3978/umfrage/umsatzanteile-mit-computer--und-videospielen-nach-plattform/. Letzter Zugriff: 20.01.2022.

Gamers.de (2019). *Die 10 häufigsten Gamertypen.* Online-Artikel. Abrufbar unter: https://www.gamers.de/2019/04/14/die-10-haeufigsten-gamertypen/. Letzter Zugriff: 20.01.2022.

GamesWirtschaft (2020). *Games-Umsatz 2019 in Deutschland steigt auf 6 Milliarden Euro.* Online-Artikel. Abrufbar unter: https://www.gameswirtschaft.de/wirtschaft/games-umsatz-2019-deutschland/. Letzter Zugriff: 20.01.2022.

GamesWirtschaft (2017). *Die 50 größten Games-Entwickler in Deutschland.* Online-Artikel. Abrufbar unter: https://www.gameswirtschaft.de/wirtschaft/50-groesste-games-entwickler-studios-deutschland-august-2017/. Letzter Zugriff: 20.01.2022.

Ganguin, S. (2004). Medienkritik – Kernkompetenz unserer Mediengesellschaft. In: *Ludwigsburger Beiträge zur Medienpädagogik*, 6, 1-7.

Gapski, H.; Tekster, T. (2009). *Informationskompetenz in Deutschland. Überblick zum Stand der Fachdiskussion und Zusammenstellung von Literaturangaben, Projekten und Materialien zu einzelnen Zielgruppen.* Düsseldorf: Landesanstalt für Medien.

Geisler, M. (2019). Digitale Spiele in der Medienpädagogik. Einstellungen, Erfahrungen und Haltungen von Spielleitenden. In: *merz – medien+erziehung*, 63(2), 11-18.

Gensing, P. (2020). *Christchurch-Anschlag. Steam-Nutzer glorifizieren Attentäter.* Online-Artikel für tagesschau.de. Abrufbar unter: https://www.tagesschau.de/investigativ/steam-christchurch-terrorismus-101.html. Letzter Zugriff: 20.01.2022.

Gentile, D.A.; Bushman, B.J. (2012). Reassessing media violence effects using a risk and resilience approach to understanding aggression. In: *Psychology of Popular Media Culture*, 1(3), 138-151.

Ghassemadazeh, L.; Shahraray, M; Meradi, A. (2008). Prevalence of Internet Addiction and comparison of Internet addicts and non-addicts in Iranian high schools. In: *CyberPsychology & Behaviour*, 11(6), 731-733.

Gießler, D. (2019). *In-Game-Käufe: Wie Überraschungseier, die pleite und süchtig machen.* Artikel für Zeit Online. Abrufbar unter: https://www.zeit.de/digital/games/2019-07/in-game-kaeufe-gluecksspiel-sucht-werbung. Letzter Zugriff: 20.01.2022.

Giga.de (2015). *Immersiv – Was heißt das eigentlich?* Online-Artikel. Abrufbar unter: https://www.giga.de/ratgeber/specials/immersiv-was-heisst-das-eigentlich-leicht-erklaert/. Letzter Zugriff: 20.01.2022.

Glück, M. (2006). Neue Medien im Arbeitsfeld Mobile Jugendarbeit. In: Hilfe zur Selbsthilfe e.V. (Hg.): *Jahresbericht der Mobilen Jugendarbeit im Landkreis Reutlingen*, 8-11. Abrufbar unter: http://www.stadtverwaltung-reutlingen.de/programme/Sitzung/ge_sourc.nsf/0/b70db3d66cc528f5c12573f700310458/$FILE/Gesamtfassung%20Jahresbericht%2006.pdf. Letzter Zugriff: 20.01.2022.

Göbel, S. (2016). Serious Games Application Examples. In: Dörner, R.; Göbel, S.; Effelsberg, W.; Wiemeyer, J. (Hg.): *Serious Games. Foundations, Concepts and Practice.* Springer International, 319-400.

Goldhammer, K.; Huber, J. (2019). Guckst Du noch – oder streamst Du schon? Online-Artikel für tagesspiegel.de. Abrufbar unter: https://www.tagesspiegel.de/gesellschaft/medien/fernsehen-2020-guckst-du-noch-oder-streamst-du-schon/25373522.html. Letzter Zugriff: 20.01.2022.

Gollwitzer, M.; Melzer, A. (2012). Macbeth and the joystick: Evidence for moral cleansing after playing a violent video game. In: *Journal of Experimental Social Psychology*, 48(6), 1356-1360.

Goodeve, P. (2011). *Can you beat NIMROD?* Online-Spiel. Abrufbar unter: http://www.goodeveca.net/nimrod/GAME/index.html. Letzter Zugriff: 20.01.2022.

Goodson, S.; Pearson, S. (2009). *There is more to video games and aggression than violent content.* Poster at the 2009 British Psychological Society annual conference.

Gopnik, A. (2016). Feel Me: What the New Science of Touch Says about Ourselves. In: *The New Yorker*, 16. Mai, 56-66.

Graf, M.; Kogel, D. (2017). *Videospielabhängigkeit – Teil 2: Machen Lootboxen süchtig?* Online-Artikel für gamestar.de. Abrufbar unter: https://www.gamestar.de/artikel/videospielabhaengigkeit-teil-2-machen-lootboxen-suechtig,3320891,seite1.html. Letzter Zugriff: 20.01.2022.

Graf, M. (2017). *Spielesucht – Was Service-Games so gefährlich macht, und wie man der Suchtspirale entkommt.* Gamestar-Podcast, Folge 21. Abrufbar unter: https://www.gamestar.de/artikel/gamestar-podcast-folge-21-spielesucht,3322922.html. Letzter Zugriff: 20.01.2022

Greenfield, D.N. (1999). Psychological characteristics of compulsive internet use: a preliminary analysis. In: *CyberPsychology & Behaviour*, 2(5), 403-412.

Gref, K. (1995). Was macht Streetwork aus? Inhalte – Methoden – Kompetenzen. In: Becker, G.; Simon, T. (Hg.): *Handbuch Aufsuchende Jugend- und Sozialarbeit. Theoretische Grundlagen, Arbeitsfelder, Praxishilfen.* Weinheim und München, 13-20.

Griffiths, M.D.; Pontes, H.M. (2019). The Future of Gaming Disorder Research and Player Protection: What Role Should the Video Gaming Industry and Researchers Play? In: *International Journal of Mental Health and Addiction*, 18, 784-790.

Groeben, N.; Scheele, B. (1977). *Argumente für eine Psychologie des reflektierten Subjekts.* Darmstadt: Steinkopff.

Grosch, W. (2016). *Spielwiese 4.0.* Artikel für IHKplus.de. Abrufbar unter: https://www.ihkplus.de/Spielwiese_4_0.AxCMS. Letzter Zugriff: 01.10.2020.

Grüsser, S.M.; Thalemann, R.; Albrecht, U.; Thalemann, C. (2005). Exzessive Computernutzung im Kindesalter – Ergebnisse einer psychometrischen Erhebung. In: *Wiener klinische Wochenschrift,* 117(5-6), 188-195.

Gunther, Albert C.; Storey, J. Douglas (2003). The Influence of Presumed Influence. In: *Journal of Communication*, 53, 199-215.

Habermas, J. (1981). *Theorie des kommunikativen Handelns. Band 2: Zur Kritik der funktionalistischen Vernunft.* Frankfurt am Main: Suhrkamp.

Habermas, J. (1971*). Vorbereitende Bemerkungen zu einer Theorie der kommunikativen Kompetenz.* Berlin: Suhrkamp.

Habich, I. (2014). *Diagnose „WhatsAppitis": Krank durch Dauer-Chatten.* Online-Artikel für Spiegel Online. Abrufbar unter: http://www.spiegel.de/gesundheit/diagnose/whatsappitis-wie-handys-smartphones-und-tablets-uns-krank-machen-a-976219.html. Letzter Zugriff: 20.01.2022.

Hager, S.; Kern, S. (2017). Always online – Permanente Erreichbarkeit und die psychische Gesundheit. In: Seidel, M. (Hg.): *Banking & Innovation 2017, FOM-Edition.* Wiesbaden: Springer, 137-157.

Hahn, A.; Jerusalem, M. (2001). Internetsucht: Jugendliche gefangen im Netz. In: Raithel, J. (Hg.): *Risikoverhaltensweisen Jugendlicher: Erklärungen, Formen und Intervention.* Berlin: Leske & Budrich.

Halley, D. (2019). 10 Psycho-Tricks der Spiele-Industrie, die uns beeinflussen. Redaktionelles Video für gamestar.de. Abrufbar unter: https://www.gamestar.de/videos/10-psycho-tricks-der-spiele-industrie-die-uns-beeinflussen,99981.html. Letzter Zugriff: 20.01.2022.

Hallin, D.C.; Mancini, P. (2004). Comparing media systems. Three models of media and politics. Cambridge: Cambridge University Press.

Hammer, D.; Gutruf, K. (2012). Mediale Risiken und jugendschutzrechtliche Instrumentarien im Überblick. In: Bellut, T. (Hg.): *Jugendmedienschutz in der digitalen Generation.* München: kopaed, 29-74.

Handelsblatt (2016). *Risiko Ego-Shooter – Vom Computerspiel zum Amoklauf?* Online-Artikel. Abrufbar unter: http://www.handelsblatt.com/politik/deutschland/risiko-ego-shooter-vom-computerspiel-zum-amoklauf/13925946.html. Letzter Zugriff: 20.01.2022.

Hänsel, M. (2019). *Mutter füttert videospielsüchtigen Sohn im 48-Stunden-Gaming-Marathon.* Online-Artikel für giga.de. Abrufbar unter: https://www.giga.de/extra/videospielkultur/news/mutter-fuettert-videospielsuechtigen-sohn-im-48-stunden-stream-mit-der-hand/. Letzter Zugriff am: 20.01.2022.

Happ, C.; Melzer A.; Steffgen, G. (2014). Gewalthaltige Videospiele. In: Pieschl, S.; Porsch, T. (Hg): *Neue Medien und deren Schatten. Mediennutzung, Medienwirkung und Medienkompetenz.* Göttingen: Hogrefe, 191-218.

Happ, C.; Melzer, A.; Steffgen, G. (2011). Bringing empathy into play: On the effects of empathy on violent and nonviolent video games. In: Anacleto, J.; Fels, S.; Graham, N.; Kapralos, B; Seif El-Nasr, M.; Stanley, K. (Hg.): *Entertainment Computing – ICEC 2011, LCNS 6972.* Berlin: Springer, 371-374.

Hartmann, D. (2019). *WHO erkennt „Spielesucht" nun offiziell als Krankheit an.* Online-Artikel für giga.de. Abrufbar unter: https://www.giga.de/news/who-erkennt-spielesucht-nun-offiziell-als-krankheit-an/. Letzter Zugriff am: 20.01.2022.

Hartmann, T.; Toz, E.; Brandon, M. (2010). Just a game? Unjustified virtual violence produces guilt in empathetic players. In: *Media Psychology*, 13(4): 339-363.

Hartmann, T.; Klimmt, C. (2006). The Influence of Personality Factors on Computer Game Choice. In: Vorderer, P.; Bryant; j. (Hg.): *Playing video games: Motives, responses, and consequences.* Mahwah: Lawrence Erlbaum Associates, 115-132.

Hartung, H. (2019). *„Durch Influencer Marketing rücken redaktionelle und werbliche Inhalte enger zusammen".* Online-Artikel für medienpolitik.net. Abrufbar unter: https://www.medienpolitik.net/ 2019/04/durch-influencer-marketing-ruecken-redaktionelle-und-werbliche-inhalte-enger-zusammen/. Letzter Zugriff: 20.01.2022.

Haßler, J. (2017). *Mediatisierung der Klimapolitik. Eine vergleichende Input-Output-Analyse zur Übernahme der Medienlogik durch die Politik.* Wiesbaden: Springer VS.

Hauptmann, I. (2015). *Schillernde Spieler mit goldenen Nasen. Eine qualitative Untersuchung zur Medialisierung im Tennis.* Abrufbar unter: https://medialogic.hypotheses.org/files/2015/03/Schillernde-Spieler-mit-goldenen-Nasen.pdf. Letzter Zugriff: 20.01.2022.

Healthy Hearing (2017). *Cochlear Implans.* Abrufbar unter: https://www.healthyhearing.com /help/hearing-aids/cochlear-implants. Letzter Zugriff: 20.01.2022.

Heckel, M. (2016). *Computerspiele in Schulen: Lernen auf einem neuen Level.* Online-Artikel für handelsblatt.de. Abrufbar unter: https://www.handelsblatt.com/politik/deutschland /computerspiele-in-schulen-lernen-auf-einem-neuen-level/14642622.html?ticket=ST-3370554-ALfmu2spYfHl02v-KJ7cr-ap2. Letzter Zugriff: 20.01.2022.

Hege, M. (1974). *Engagierter Dialog. Ein Beitrag zur sozialen Einzelhilfe.* München und Basel.

Heinke, E.; Sengl, M. (2020). Medienkompetenzvermittler: Die Rolle von Medienunternehmen in der Schule. In: Hohlfeld, R.; Harnischmacher, M.; Heinke, E.; Lehner, L.S.; Sengl, M. (Hg.): *Fake News und Desinformation. Herausforderungen für die vernetzte Gesellschaft und die empirische Forschung.* Nomos, https://doi.org/10.5771/9783748901334, 341-161.

Heinecke, S. (2014). *Fit fürs Fernsehen? Die Medialisierung des Spitzensports als Kampf um Gold und Sendezeit.* Köln: Herbert von Halem.

Helbig, C.; Roeske, A. (2020). Digitalisierung in Studium und Weiterbildung der Sozialen Arbeit. In: Kutscher, N.; Ley, T.; Seelmeyer, U.; Siller, F.; Tillmann, A.; Zorn, I. (Hg.): *Handbuch Soziale Arbeit und Digitalisierung.* Weinheim und Basel: Beltz Juventa, 333-346.

Hemminger, E. (2016). Spielraum, Lernraum, Lebensraum. Digitale Spiele zwischen gesellschaftlichem Diskurs und individueller Spielerfahrung. In: *merz – medien+erziehung*, 60(6), 11-21.

Hepp, A.; Breiter, A.; Hasebrink, U. (Hg.) (2018). *Communicative Figurations. Transforming Communications in Times of Deep Mediatization.* Palgrave, https://doi.org/10.1007/978-3-319-65584-0.

Hepp, A.; Berg, M.; Roitsch, C. (2017). Mediengeneration als Prozess: Zur Mediatisierung der Vergemeinschaftungshorizonte von jüngeren, mittelalten und älteren Menschen. In: Krotz, F.; Despotovi , C.; Kruse, M.-M. (Hg.): *Mediatisierung als Metaprozess.* Wiesbaden: Springer VS, 81-111.

Hepp, A. (2016). Kommunikations- und Medienwissenschaft in datengetriebenen Zeiten. In: *Publizistik*, 61(3), 225-246.

Hepp, A. (2015). Kommunikative Figurationen: Zur Beschreibung der Transformation mediatisierter Gesellschaften und Kulturen. In: Kinnebrock, S.; Schwarzenegger, C.; Birkner, T. (Hg.): *Theorien des Medienwandels.* Köln: Halem, 161-188.

Hepp, A.; Krotz, F. (2014). *Mediatized Worlds: Culture and Society in a Media Age.* London: Palgrave.

Hepp, A.; Berg, M.; Roitsch, C. (2014). *Mediatisierte Welten der Vergemeinschaftung. Kommunikative Vernetzung und das Gemeinschaftsleben junger Menschen.* Wiesbaden: Springer VS.

Hepp, A.; Krotz, F. (2012). Mediatisierte Welten: Forschungsfelder und Beschreibungsansätze – Zur Einleitung. In: Krotz, F.; Hepp, A. (Hg.): *Mediatisierte Welten: Beschreibungsansätze und Forschungsfelder.* Wiesbaden: Springer VS, 227-256.

Hepp, A.; Berg, M.; Roitsch, C. (2012). Die Mediatisierung subjektiver Vergemeinschaftungshorizonte: Zur kommunikativen Vernetzung und medienvermittelten Gemeinschaftsbildung junger Menschen. In: Krotz, F.; Hepp, A. (Hg.) (2012). *Mediatisierte Welten: Beschreibungssätze und Forschungsfelder.* Wiesbaden: Springer VS, 7-23.

Herbig, D. (2018). *Ohne Deutschland: 16 Behörden nehmen gemeinsam Lootboxen ins Visier.* Artikel für heise online. Abrufbar unter: https://www.heise.de/newsticker/meldung/Ohne-Deutschland-16-Behoerden-nehmen-gemeinsam-Lootboxen-ins-Visier-4167084.html. Letzter Zugriff: 20.01.2022.

Hergert, P. (2020). *Half Life: Alyx – bringt dieses Spiel Virtual Reality von der Nische in den Mainstream?* Online-Artikel für businessinsider.de. Abrufbar unter: https://www.businessinsider.de/tech/half-life-alyx-bringt-dieses-spiel-virtual-reality-von-der-nische-in-den-mainstream/. Letzter Zugriff: 20.01.2022.

Hertreiter, L.; Vollmuth, H. (2017). *Diese Unterwäsche-Werbung ist ein Skandal! Ein Skandal?* Artikel für süddeutsche.de. Abrufbar unter: https://www.sueddeutsche.de/leben/werbung-diese-unterwaesche-werbung-ist-ein-skandal-ein-skandal-1.3473239. Letzter Zugriff: 20.01.2022.

Heßler, Martina (2015). Die Ersetzung des Menschen? Die Debatte um das Mensch-Maschinen-Verhältnis im Automatisierungsdiskurs. In: *Technikgeschichte*, 82(2), 109-136.

Heubrock, D.; Petermann, S. (2008). *K-FAF – Kurzfragebogen zur Erfassung von Aggressivitätsfaktoren.* Göttingen: Hogrefe.

Hilbert, M. (2016). The Bad News Ist that the Digital Access Divide Is Here To Stay: Domestically Installed Bandwidths Among 172 Countries for 1986-2014. In: *Telecommunications Policy*, 40, 567-581.

Hill, S. (2020). *Games Rule The App Stores: Most Popular Genres Revealed 2020.* Abrufbar unter: https://www.localizedirect.com/posts/most-popular-game-genres-revealed. Letzter Zugriff: 20.01.2022.

Hitzler, R. (1994). Wissen und Wesen des Experten. In: Hitzler, R.; Honer, A.; Maeder, C. (Hg.): *Expertenwissen: die institutionalisierte Kompetenz zur Konstruktion von Wirklichkeit.* Opladen: Westdeutscher Verlag, 13-30.

Hoffman, D.; Wagner, U. (2013). Editorial. Aufwachsen in komplexen Medienwelten. Neue Medientechnologien und erweiterte Medienensembles in der Sozialisation von Kindern und Jugendlichen. In: *merz – medien+erziehung*, 57(6), 3-8.

Hoffmann, B. (2020). Medienpädagogik und Soziale Arbeit – kongruent, komplementär oder konträr im Umgang mit Digitalisierung und Mediatisierung. In: Kutscher, N.; Ley, T.; Seelmeyer, U.; Siller, F.; Tillmann, A.; Zorn, I. (Hg.): *Handbuch Soziale Arbeit und Digitalisierung.* Weinheim und Basel: Beltz Juventa, 42-57.

Hohlfeld, R.; Harnischmacher, M.; Heinke, E.; Lehner, L.S.; Sengl, M. (2020). »Gates noch?« – Die Antwort auf den Systemfehler Desinformation könnte der Gateadvisor sein. In: Hohlfeld, R.; Harnischmacher, M.; Heinke, E.; Lehner, L.S.; Sengl, M. (Hg.): *Fake News und Desinformation. Herausforderungen für die vernetzte Gesellschaft und die empirische Forschung.* Nomos, https://doi.org/10.5771/9783748901334, 1-8.

Hohlfeld, R.; Godulla, A. (2015). Das Phänomen der Sozialen Medien. In: Hornung, G.; Müller-Terpitz, R. (Hg.): *Rechtshandbuch Social Media.* Berlin und Heidelberg: Springer, 11-33.

Hipeli, E. (2014). *Medien-Kids. Bewusst umgehen mit allen Medien – von Anfang an.* Beobachter edition.

Hopelab (2020). *ReMission.* Abrufbar unter: https://www.re-mission2.org/#/about. Letzter Zugriff: 20.01.2022.

Horky, T.; Stiehler, H.-J.; Schierl, T. (2018). *Die Digitalisierung des Sports in den Medien. Köln*: Herbert von Halem.

Horowitz, L.M.; Alden, L.E.; Wiggins, J.S.; Pincus, A.L. (2000). *IIP-Inventory of Interpersonal Problems Manual.* San Antonio, TX: The Psychological Corporation.

Hradil, S. (2000). Sozialer Wandel. Gesellschaftliche Entwicklungstrends. In: Schäfers, B. / Zapf, W. (Hg.): *Handwörterbuch zur Gesellschaft Deutschlands*, 2. Auflage, Opladen: Leske und Budrich, S. 642-653.

Httc (2020). *BalanceFIT.* Abrufbar unter: http://www.httc.de/loesungen/balancefit. Letzter Zugriff: 20.01.2022.

Huck, I.; Brosius, H.-B. (2007). Der Third-Person-Effekt – Über den vermuteten Einfluss der Massenmedien. In: *Publizistik*, 52, 355-374.

Huizinga, J. (1955). Homo Ludens. Beacon Press.

ICD-10 (2020). *F63.-Abnorme Gewohnheiten und Störungen der Impulskontrolle.* Abrufbar unter: https://www.icd-code.de/icd/code/F63.0.html. Letzter Zugriff: 20.01.2022.

Illy, D.; Florack, J. (2018). *Ratgeber Videospiel- und Internetabhängigkeit. Hilfe für den Alltag.* München: Elsevier.

Internet World Stats (2020). *Schätzung zum Anteil der Internetnutzer weltweit nach Regionen im Jahr 2020.* Abrufbar unter: https://de.statista.com/statistik/daten/studie/162074/umfrage/ penetrationsrate-des-internets-nach-regionen-im-jahr-2010/. Letzter Zugriff: 20.01.2022.

Iske, S.; Kutscher, N. (2020). Digitale Ungleichheiten im Kontext Sozialer Arbeit. In: Kutscher, N.; Ley, T.; Seelmeyer, U.; Siller, F.; Tillmann, A.; Zorn, I. (Hg.): *Handbuch Soziale Arbeit und Digitalisierung.* Weinheim und Basel: Beltz Juventa, 115-128.

Ives, M. (2017). *Electroshock Therapy for Internet Addicts? China Vows to End It.* Online-Artikel für nytimes.com. Abrufbar unter: https://www.nytimes.com/2017/01/13/world/asia/china-internet-addiction-electroshock-therapy.html. Letzter Zugriff: 20.01.2022

Janker, B.; Waitz, M. (2017). *Was ist das Burnout-Syndrom?* Beitrag der Techniker Krankenkasse. Abrufbar unter: https://www.tk.de/techniker/service/gesundheit-und-medizin/behandlungen-und-medizin/psychische-erkrankungen/burnout-syndrom-2016416. Letzter Zugriff: 20.01.2022.

Jeng, S.-P.; Teng, C.-I. (2008). Personality And Motivations For Playing Online Games. In: *Social Behavior And Personality*, 36(8), 1053-1060.

JFF – Institut für Medienpädagogik (2021). Übersicht der Einrichtungen. Abrufbar unter: https://www.jff.de/ueber-uns/einrichtungen/. Letzter Zugriff: 20.01.2022.

Johannsson, A.; Götestam, G. (2004). Internet addiction: Characteristics of a questionnaire and prevalence in Norwegian Youth (12-18 years). In: *Scandinavian Journal of Psychology*, 45(3), 223-229.

Kahl, M. (1995). Die Rolle des Streetworks – Zwischen Kumpanei und Kontrolle? In: Becker, G.; Simon, T. (Hg.): *Handbuch aufsuchende Jugend- und Sozialarbeit.* Weinheim und München: Juventa.

Kalbitzer, J. (2016). *Digitale Paranoia: Online bleiben, ohne den Verstand zu verlieren*. München: C.H. Beck.

Kammerl, R.; Hauenschild, M.; Schwedler, A. (2015). Online-Spiele in der Adoleszenz. Entgrenzungsphänomene als Prüfstein für die moralische Urteilsfähigkeit. In: *merz – medien+erziehung*, 59(3), 37-42.

Kammerl, R. (2013). Exzessiver Mediennutzung mit Jugendlichen aktiv und kreativ begegnen. In: Lauffer, J.; Röllecke, R. (Hg.): *Aktiv und kreativ medialen Risiken begegnen. Medienpädagogische Konzepte und Perspektiven.* München: kopaed, 19-25.

Karidi, M.; Schneider, M.; Gutwald, R. (Hg.) (2018). *Resilienz. Interdisziplinäre Perspektiven zu Wandel und Transformation.* Wiesbaden: Springer VS.

Karidi, M. (2017). *Medienlogik im Wandel. Die deutsche Berichterstattung 1984 und 2014 im Vergleich.* Wiesbaden: Springer VS.

Katsidou, O. (2014). *Militär-Drill für junge Internetsüchtige.* Online-Artikel für bild.de. Abrufbar unter: https://www.bild.de/digital/internet/internet-sucht/china-straflager-internetsucht-36640580.bild.html. Letzter Zugriff: 20.01.2022

Katzer, C. (2011). Tatort Internet – Sexuelle Gewalt in den neuen Medien: Poblemanalyse, Prävention und Intervention. In: Evangelische Jugend Sachsen, Evangelische Jugendsozialarbeit EJSA, Frauen für Frauen e.V. Leipzig (Hg.): *Auswirkungen von sexualisierter Gewalt auf Kinder und Jugendliche und notwendige Konsequenzen.* Dresden: Ev.-Luth. Landesjugendpfarramt Sachsens, 13-21.

Keane, D. (2020). *Video game addict, 11, and sister, 9, fight for life after jumping off 50ft building 'thinking they'd come back to life'.* Online-Artikel für thesun.co.uk. Abrufbar unter: https://www.thesun.co.uk/news/11619009/video-game-addict-sister-fighting-lives-jumping-50ft-building/. Letzter Zugriff am: 20.01.2022.

Kehr, D. (2019). *Digitaldroge Videospiel?* Online-Artikel für mdr.de. Abrufbar unter: https://www.mdr.de/medien360g/medienkultur/computer-videospiel-sucht-100.html. Letzter Zugriff am: 20.01.2022.

Kelle, U. (2008). *Die Integration qualitativer und quantitativer Methoden in der empirischen Sozialforschung. Theoretische Grundlagen und methodologische Konzepte.* Wiesbaden: VS.

Kellner-Zotz, B. (2018). *Das Aufmerksamkeitsregime – Wenn Liebe Zuschauer braucht. Eine qualitative Untersuchung zur Medialisierung des Systems Familie.* Leipzig: Vistas.

Kepplinger, H.M. (2007). Kleine Anfragen: Funktionale Analyse einer parlamentarischen Praxis. In: Patzelt, W.; Sebaldt, M.; Kranenpohl, U. (Hg.): *Res publica semper reformanda. Wissenschaft und politische Bildung im Dienste des Gemeinwohls.* Festschrift für Heinrich Oberreuter zum 65. Geburtstag. Wiesbaden: VS Verlag für Sozialwissenschaften, 304-319.

Kepplinger, H.M.; Maurer, M. (2005). *Abschied vom rationalen Wähler. Warum Wahlen im Fernsehen entschieden werden.* Freiburg im Breisgau: Karl Alber.

Kepplinger, H.M. (2005). Anpassungszwang und Unterwerfungsbereitschaft. Anmerkungen zur Mediatisierung der Politik. In: *Forschung & Lehre*, 7, 350-351.

Kepplinger, H.M. (2002). Mediatization of Politics. Theory and Data. In: *Journal of Communication*, 52(4), 972-986.

Kepplinger, H.M. (1999). Die Mediatisierung der Politik. In: Wilke, J. (Hg.): *Massenmedien und Zeitgeschichte.* Konstanz: UVK Medien, 55-63.

Kepplinger, H.M. (1998). *Die Demontage der Politik in der Informationsgesellschaft.* Freiburg im Breisgau: Karl Alber.

Kergel, D. (2020). Der Ansatz der Sozialraumorientierung im digitalen Wandel. In: Kutscher, N.; Ley, T.; Seelmeyer, U.; Siller, F.; Tillmann, A.; Zorn, I. (Hg.): *Handbuch Soziale Arbeit und Digitalisierung.* Weinheim und Basel: Beltz Juventa, 229-240.

Khazaal, Y.; Chatton, A.; Rothen, S.; Achab, S.; Thorens, G.; Zullino, D.; Gmel, G. (2016). Psychometric properties of the 7-item game addiction scale among french and German speaking adults. In: *BMC Psychiatry*, 10(16), 132.

Kicker (2017). *Diese Sportklubs sind im eSport am Start!* Online-Artikel. Abrufbar unter: https://www.kicker.de/diese-sportklubs-sind-im-esport-am-start-657453/slideshow. Letzter Zugriff: 20.01.2022.

Kiefer, F.; Heinz, A.; Fauth-Bühler, M.; Mann, K. (2013). Neurobiologische Grundlagen der Verhaltenssüchte. In: *Der Nervenarzt,* 84(5), 557-562.

Kiefl, W.; Lamnek, S. (1984). Qualitative Methoden in der Marktforschung. In: *Planung und Analyse*, 11, 474-480.

Kim, K; Ryu, E.; Chan, M.-Y.; Yeun, E.-J.; Choi, S.-Y.; Seo, J.-S.; Nam, B.-W. (2006). Internet Addiction in Korean Adolescents and its relation to depression and suicidal ideation: a questionnaire survey. In: *International Journal of Nursing Studies*, 43(2), 185-192.

King, D.L.; Chamberlain, S.R.; Carragher, N.; Billieux, J.; Stein, D.; Mueller, K.; Potenza, M.N.; Rumpf, H.J.; Saunders, J.; Starcevic, V.; Demetrovics, Z.; Brand, M.; Kook Lee, H.; Spada, M.; Lindenberg, K.; Wu, A.M.S.; Lemenager; T.; Pallesen, S.; Achab, S.; Kyrios, M.; Higuchi, S.; Fineberg, N.A.; Delfabbro, P.H. (2020). Screening and assessment tools for gaming disorder: A comprehensive systematic review. In: *Clinical Psychology Review*, 77. Abrufbar unter: https://www.sciencedirect.com/science/article/pii/S0272735820300192. Letzter Zugriff: 20.01.2022.

King, D.L.; Grünblatt, E.; Walitza, S. (2018). Comment on the global gaming industry's statement on ICD-11 gaming disorder: a corporate strategy to disregard harm and deflect social responsibility? In: *Addiction*, 113(11), 2145-2146.

Kinnebrock, S.; Schwarzenegger, C.; Birkner, T. (2015): Theorien des Medienwandels – Konturen eines emergierenden Forschungsfeldes? In: Kinnebrock, S.; Schwarzenegger, C.; Birkner, T. (Hg.): *Theorien des Medienwandels.* Köln: Halem, 11-28.

Király, O.; Griffiths, M.D.; King, D.L. (2017). Policy responses to problematic video game use: A systematic review of current measures and future possibilities. In: *Journal of Behavioral Addictions,* 7(3), 1-15.

Kirk, J.; Miller, M.L. (1986). Reliability and validity in qualitative research. *Sage university paper series on qualitative research methods,* 1. Beverly Hills: Sage.

Klein, A.; Pulver, C. (2020). Onlineberatung. In: Kutscher, N.; Ley, T.; Seelmeyer, U.; Siller, F.; Tillmann, A.; Zorn, I. (Hg.): *Handbuch Soziale Arbeit und Digitalisierung.* Weinheim und Basel: Beltz Juventa, 190-200.

Kleinz, T. (2012). Die Milliarden-Maschine. Wie Facebook mit Ihren Daten Geld verdient. Abrufbar unter: https://www.heise.de/ct/ausgabe/2012-12-Wie-Facebook-mit-Ihren-Daten-Geld-verdient-2345376.html. Letzter Zugriff: 20.01.2022.

Klimmt, C.; Hartmann, T. (2006). Effectance, Self-Efficacy, and the Motivation to Play Video Games. In: Vorderer, P.; Bryant; j. (Hg.): *Playing video games: Motives, responses, and consequences.* Mahwah: Lawrence Erlbaum Associates, 133-146.

Knieper, T.; Wiedel, F.; Weigand, C.; Cabanas, G.; Koscielny, N. (2017). Bildberichterstattung über Kriege, Katastrophen, Krisen. Eine qualitative Studie zum angemessenen Bildumgang aus Rezipientensicht. In: *Communicatio Socialis*, 50(1), 97-112.

Knieper, T.; Tonndorf, K.; Wolf, C. (2011). Der Prosument. Öffentlichkeit im Zeitalter computervermittelter Kommunikation. In: *Institut für interdisziplinäre Medienforschung (IfIM): Medien und Wandel. Passauer Schriften zur interdisziplinären Medienforschung 1.* Berlin: Logos, 51-62.

Knorre, S.; Müller-Peters, H.; Wagner, F. (2020). Die Big-Data-Debatte. Chancen und Risiken der digital vernetzten Gesellschaft. Springer Gabler, https://doi.org/10.1007/978-3-658-27258-6.

Koch, J. (2017). *„Internetsucht ist immer eine Definitionssache".* Online-Artikel für welt.de. Abrufbar unter: https://www.welt.de/regionales/hamburg/article161916551/Internetsucht-ist-immer-eine-Definitionssache.html. Letzter Zugriff: 20.01.2022.

Koesch, S.; Magdanz, F.; Stadler, R. (2007). *Handy-Sucht: MAIDS – Krankheit oder Mode-Syndrom?* Artikel für Spiegel Online. Abrufbar unter: http://www.spiegel.de/netzwelt/mobil/handy-sucht-maids-krankheit-oder-mode-syndrom-a-461212.html. Letzter Zugriff: 20.01.2022.

Kohring, T.; Heinz, D. (2012). Treffen der Generationen. Gamespädagogik als Chance für die Intergenerationenarbeit. In: Ganguin, S.; Meister, D. (Hg.): *Digital native oder digital naiv? Medienpädagogik der Generationen.* München: kopaed, 125-136.

Kolakowski, P. (2020). *Internetsucht: Das neue Online-Portal OMPRIS soll helfen.* Online-Beitrag für SWR Wissen. Abrufbar unter: https://www.swr.de/wissen/ompris-internetsucht-online-behandeln-100.html. Letzter Zugriff: 20.01.2022.

Krafeld, F.J. (2004). *Grundlagen und Methoden aufsuchender Jugendarbeit.* Wiesbaden: Springer Fachmedien.

Kramer, C. (2019). *Toxische Communitys: »Der alltägliche Wahnsinn, dem Entwickler ausgesetzt sind«.* Online-Artikel für gamestar.de. Abrufbar unter: https://www.gamestar.de/artikel/toxische-communitys-der-alltaegliche-wahnsinn-dem-entwickler-ausgesetzt-sind,3348944.html. Letzter Zugriff: 20.01.2022.

Kramer W. (2000). *What Is a Game?* Online-Artikel für The Game Journal. Abrufbar unter: http://www.thegamesjournal.com/articles/WhatIsaGame.shtml. Letzter Zugriff: 20.01.2022.

Kriegel, A.-M. (2016). *Internet-Ambulanz: Online gegen die Internetsucht.* Beitrag für BR puls. Abrufbar unter: https://www.br.de/puls/themen/netz/internetsucht-100.html. Letzter Zugriff: 09.10.2020.

Krotz, F. (2018). Mediatisierung. In: Hoffmann, D.; Winter, R. (Hg.): *Mediensoziologie. Handbuch für Wissenschaft und Studium.* Baden-Baden: Nomos, 86-99.

Krotz, F. (2015). Medienwandel in der Perspektive der Mediatisierungsforschung: Annäherung an ein Konzept. In: Kinnebrock, S.; Schwarzenegger, C.; Birkner, T. (Hg.): *Theorien des Medienwandels. Köln*: Halem, 119-140.

Krotz, F.; Hepp, A. (Hg.) (2012). *Mediatisierte Welten: Beschreibungssätze und Forschungsfelder.* Wiesbaden: Springer VS.

Krotz, F. (2007). *Mediatisierung. Fallstudien zum Wandel von Kommunikation.* Wiesbaden: VS Verlag für Sozialwissenschaften.

Küchler, M.; Wilson, T.P.; Zimmerman, D.H. (1981). *Integration von qualitativen und quantitativen Forschungsansätzen.* ZUMA-Forschungsbericht 81/19. Mannheim.

Küfner, H.; Bühringer, G. (1996). Alkoholismus. In: Hahlweg, K.; Ehlers, A. (Hg.). *Psychische Störungen und ihre Behandlung. Enzyklopädie der Psychologie.* Göttingen: Hogrefe, 437-512.

Kühl, E. (2017). *DDoS-Attacke: Erst „Minecraft", dann das halbe Internet.* Artikel für Zeit Online. Abrufbar unter: https://www.zeit.de/digital/internet/2017-12/ddos-attacke-mirai-botnet-minecraft. Letzter Zugriff: 20.01.2022.

Kuhn, R. (2017). The mediatization of presidential leadership in France: The contrasting cases of Nicolas Sarkozy and Francois Hollande. In: *French Politics*, 15(1), 57–74.

Kuipers, G. (2018). Communicative Figurations: Towards a New Paradigm for the Media Age? In: Hepp, A.; Breiter, A.; Hasebrink, U. (Hg.): *Communicative Figurations. Transforming Communications in Times of Deep Mediatization.* Palgrave Macmillan, 425-436, https://doi.org/10.1007/978-3-319-65584-0.

Küpper, M. (2020). *Die Geschichte der Videospiele: 20 frühe Meilensteine.* Online-Artikel für giga.de. Abrufbar unter: https://www.giga.de/extra/nostalgiga/gallery/die-geschichte-der-videospiele-20-fruehe-meilensteine/. Letzter Zugriff: 20.01.2022.

Kutscher, N. (2020). Ethische Fragen Sozialer Arbeit im Kontext von Digitalisierung. In: Kutscher, N.; Ley, T.; Seelmeyer, U.; Siller, F.; Tillmann, A.; Zorn, I. (Hg.): *Handbuch Soziale Arbeit und Digitalisierung.* Weinheim und Basel: Beltz Juventa, 347-362.

Kutscher, N. (2015). Mediatisierung der Kinder- und Jugendhilfe – Herausforderungen der digitalen Gesellschaft für professionelle Handlungskontexte. In: *ARCHIV für Wissenschaft und Praxis der sozialen Arbeit*, 2, 4-20.

Kurz, R. (1999). *Schwarzbuch Kapitalismus. Ein Abgesang auf die Marktwirtschaft.* Frankfurt/Main: Eichborn.

Kurzweil, R. (2013). *How to create a mind. The secret of human thought revealed.* New York: Penguin.

Kurzweil, R. (2006). The singularity is near: When humans transcend biology. New York: Penguin.

Lamnek, S.; Krell, C. (2016). *Qualitative Sozialforschung.* Weinheim und Basel: Beltz. 6. Auflage.

Lampert, C. (2013): Computerspielen in der Familie und Ansatzpunkte für die medienpädagogische Praxis. In: Lauffer, J.; Röllecke, R. (Hg.): *Aktiv und kreativ medialen Risiken begegnen. Medienpädagogische Konzepte und Perspektiven.* München: kopaed, 26-32.

Landerer, N. (2013). Rethinking the Logics: A Conceptual Framework for the Mediatization of Politics. In: *Communication Theory*, 23, 239-258.

Landtag Brandenburg (2018). *Glücksspielelemente in Computerspielen.* Drucksache 6/8234. Abrufbar unter: https://gluecksspiel.uni-hohenheim.de/fileadmin/einrichtungen/gluecksspiel/ Parlamentsanfragen/2018_Brandenburg_Loehr_Gluecksspiel_Computerspiele.pdf. Letzter Zugriff: 20.01.2022.

Lange, N. (2019). *Tradition und Vorzeigeprojekt zugleich: Deutsche Games Schulmeisterschaft mit Teilnehmerrekord.* Online-Artikel für kicker.de. Abrufbar unter: https://www.kicker.de/deutsche-games-schulmeisterschaft-mit-teilnehmerrekord-746149/artikel. Letzter Zugriff: 20.01.2022.

Le Diberder, A.; Le Diberder, F. (1998). *L'univers des jeux vidéo.* La découverte.

Lee, S.-Y.; Kim, M.S.; Lee, H.K. (2019). Prevention Strategies and Interventions for Internet Use Disorders Due to Addictive Behaviors Based on an Integrative Conceptual Model. In: *Current Addiction Reports*, 6, 303-312.

Leick, K. (2019). *Parents, Media and Panic through the Years.* Palgrave Macmillan, https://doi.org/10.1007/978-3-319-98319-6.

Lemmens, J.S.; Valkenburg, P.M.; Gentile, D.A. (2015). The Internet gaming disorder scale. In: *Psychological Assessment*, 27, 567-582.

Lenhardt, S. (2020). *Urteil zu Influencern: Erfolg für Cathy Hummels.* Online-Artikel für den SWR. Abrufbar unter: https://www.tagesschau.de/inland/influencer-werbung-kennzeichnungspflicht-101.html. Letzter Zugriff: 19.01.2021.

Lévy, P. (1997). *Die kollektive Intelligenz – Eine Anthropologie des Cyberspace.* Bollmann Verlag Mannheim.

Li, Y.; Zhang, X.; Lu, F.; Zhang, Q.; Wang, Y. (2014). Internet Addiction Among Elementary and Middle School Students in China: A Nationally Representative Sample Study. In: *Cyberpsychology, Behavior and Social Networking*, 17(2), 111-116.

Liebold, R.; Trinczek, R. (2009). Experteninterview. In: Kühl, S.; Strodtholz, P.; Taffertshofer A. (Hg.): *Handbuch Methoden der Organisationsforschung. Quantitative und qualitative Methoden.* Wiesbaden: VS Verlag für Sozialwissenschaften, 32-56.

Lin, S.; Lepper, M.R. (1987). Correlates of children's usage of videogames and computers. In: *Journal of Applied Social Psychology*, 17(1), 72-93.

Lippmann, W. (1922). *Public opinion.* New York: Harcourt, Brace and Company.

Livingstone, S. (2009). On the mediation of everything. In: *Journal of Communication*, 59(1), 1-18.

Loew, L. (2020). Im Schatten des Körpers – Pädagogische Beratung zwischen körperlicher Präsenz und Virtualität. In: Kutscher, N.; Ley, T.; Seelmeyer, U.; Siller, F.; Tillmann, A.; Zorn, I. (Hg.): *Handbuch Soziale Arbeit und Digitalisierung.* Weinheim und Basel: Beltz Juventa, 215-228.

Lohr, B. (2017). *Auf der Suche nach der Escape-Taste.* Online-Artikel für sueddeutsche.de. Abrufbar unter: http://www.sueddeutsche.de/muenchen/landkreismuenchen/internetsucht-auf-der-suche-nach-der-escape-taste-1.3798655. Letzter Zugriff am 20.01.2022

Lorber, M. (2011). *Geschichte der Videospiele: Teil 1 – von Pong bis zum Atari 2600.* EA Blog für digitale Spielkultur. Abrufbar unter: https://spielkultur.ea.de/themen/gesellschaft-und-kultur/geschichte-der-videospiele-teil-1-von-pong-bis-zum-atari-2600/. Letzter Zugriff: 01.10.2020.

Ludwig, K. (2017). *600 000 Jugendliche gelten als internetabhängig.* Online-Artikel für sueddeutsche.de. Abrufbar unter: https://www.sueddeutsche.de/gesundheit/internetsucht-600-000-jugendliche-gelten-als-internetabhaengig-1.3526050. Letzter Zugriff: 20.01.2022

Luhmann, N. (2009). Sozialsystem Familie. In: Luhmann, N. (Hg.): *Soziologische Aufklärung.* Wiesbaden, 189-209.

Luhmann, N. (1984). *Soziale Systeme.* Frankfurt.

Lundby, K. (2016). Mediatization and secularization: transformations of public service institutions – the case of Norway. In: *Media, Culture & Society*, 38(1), 28-36.

Lutz, K.; Ring, S. (2019). Spielpädagogik neu denken. In: *merz – medien+erziehung*, 63(2), 8-10.

Lutz, K. (2019). Können Computerspiele Jugendliche stark machen? In: *merz – medien+erziehung*, 63(2), 19-24.

Lutz, K. (2013). minus mal minus ist plus. Mit Medien gegen exzessive Mediennutzung. In: *merz – medien + erziehung*, 57(4), 20-25.

Maltby, S. (2012). The mediatization of the military. In: *Media, War & Conflict*, 5(3), 255-268.

Manager Magazin (2018). *H&M blamiert sich mit rassistischer Werbung.* Abrufbar unter: http://www.manager-magazin.de/unternehmen/handel/h-m-the-weeknd-geschockt-von-rassistische-werbung-a-1186899.html. Letzter Zugriff: 20.01.2022.

Mann, M. (2013). The end may be nigh, but for whom? In: Wallerstein, I. (Hg.): *Does capitalism have a future?* Oxford: Oxford University Press, 71-97.

Männikkö, N.; Billieux, J.; Kääriäinen M. (2015). Problematic digital gaming behavior and its relation to the psychological, social and physical health of Finnish adolescents and young adults. In: *Journal of Behavioral Addictions*, 4(4), 281-288.

Marr, B. (2015). *How Big Data and Analytics are Changing Football.* Abrufbar unter: https://www.smartdatacollective.com/how-big-data-and-analytics-are-changing-football/. Letzter Zugriff: 20.01.2022.

Marsh, S. (2018). *NHS to launch first internet addiction clinic. Exclusive: centre in London will focus on gaming disorders, with plans to expand.* Online-Artikel für theguardian.com. Abrufbar unter: https://www.theguardian.com/society/2018/jun/22/nhs-internet-addiction-clinic-london-gaming-mental-health. Letzter Zugriff: 20.01.2022

Matzat, N. (2019). *Was eSport den Fußball-Vereinen bringt.* Online-Artikel für nw.de. Abrufbar unter: https://www.nw.de/nachrichten/thema/22359155_Was-eSport-den-Vereinen-bringt.html. Letzter Zugriff: 20.01.2022.

Mayring, P. (2002). *Einführung in die qualitative Sozialforschung.* Weinheim und Basel: Beltz. 6. Auflage.

Medienpädagogischer Forschungsverbund Südwest (mpfs) (2019). JIM-Studie 2019. Abrufbar unter: https://www.mpfs.de/fileadmin/files/Studien/JIM/2019/JIM_2019_Charts_Broschuere_Bilddateien.pdf. Letzter Zugriff: 20.01.2022.

Medienpädagogischer Forschungsverbund Südwest (mpfs) (2018). KIM-Studie 2018. Abrufbar unter: https://www.mpfs.de/fileadmin/files/Studien/KIM/2018/KIM-Studie_2018_web.pdf. Letzter Zugriff: 20.01.2022.

Medienpädagogischer Forschungsverbund Südwest (mpfs) (2016). FIM-Studie 2016. Abrufbar unter: https://www.mpfs.de/fileadmin/files/Studien/FIM/2016/FIM_2016_Charts_Broschuere_Bilddateien.pdf. Letzter Zugriff: 20.01.2022.

Medienzentrum München (2021a). Projektübersicht des Veranstaltungsraums PIXEL. Abrufbar unter: https://www.pixel-muc.de/. Letzter Zugriff: 20.01.2022.

Medienzentrum München (2021b). Projektübersicht des Medienzentrums München. Abrufbar unter: https://www.medienzentrum-muc.de/angebote-events/projekte/. Letzter Zugriff: 20.01.2022.

Medienzentrum PARABOL (2021). Projektübersicht Gaming. Abrufbar unter: https://parabol.de/projekte/gaming. Letzter Zugriff: 20.01.2022.

Meleagrou-Hitchens, A.; Kaderbhai, N. (2017). *Research perspectives on online radicalisation. A literature review, 2006–2016.* Beitrag am International Centre for the Study of Radicalisation (ICSR) des King's College London. Abrufbar unter: https://icsr.info/wp-content/uploads/2017/05/ICSR-Paper_Research-Perspectives-on-Online-Radicalisation-A-Literature-Review-2006-2016.pdf. Letzter Zugriff: 20.01.2022.

Metz, R. (2012). *Die Vermessung des Selbst.* Online-Artikel für heise.de. Abrufbar unter: https://www.heise.de/hintergrund/Die-Vermessung-eines-Gewohnheitstiers-1598048.html. Letzter Zugriff: 20.01.2022.

Meuser, M.; Nagel, U. (2009). Das Experteninterview – konzeptionelle Grundlagen und methodische Anlage. In Pickel, S.; Pickel, G.; Lauth, H.-J.; Jahn, D. (Hg.): *Methoden der vergleichenden Politik- und Sozialwissenschaft: Neue Entwicklungen und Anwendungen.* Wiesbaden: Verlag für Sozialwissenschaften, 465-479.

Meyen, M.; Strenger, S.; Thieroff, M. (2015). Medialisierung als langfristige Medienwirkungen zweiter Ordnung. In: Kinnebrock, S.; Schwarzenegger, C.; Birkner, T. (Hg.): *Theorien des Medienwandels.* Köln: Halem, 141-160.

Meyen, M. (2014). Medialisierung des deutschen Spitzenfußballs: Eine Fallstudie zur Anpassung von sozialen Funktionssystemen an die Handlungslogik der Massenmedien. In: *Medien & Kommunikationswissenschaft*, 63(3), 377-394.

Meyen, M. (2009). Medialisierung. In: *Medien & Kommunikationswissenschaft*, 57(1), 23-38.

Meyer, R. (2000). *„Easter Eggs", versteckte Gags in Software.* Markt & Technik Buch und Softwareverlag.

Mileva, G. (2019). *Augmented Fitness: Can Augmented Reality Make More People Exercise?* Online-Artikel für AR Post. Abrufbar unter: https://arpost.co/2019/01/14/augmented-fitness-can-augmented-reality-make-more-people-exercise/. Letzter Zugriff: 20.01.2022.

Minor – Projektkontor für Bildung und Forschung (2018). Praktische Erkenntnisse aus den Modellprojekten »Neu in Berlin« und »Migrationsberatung 4.0 – Gute Arbeit in Deutschland«. In: Informationsverbund Asyl und Migration e.V.; Minor – Projektkontor für Bildung und Forschung gemeinnützige GmbH (Hg.): *Digital Streetwork in der Asyl- und Migrationsberatung. Wie Geflüchtete soziale Medien nutzen und was daraus für Beratungsstellen folgt.* Abrufbar unter: https://minor-kontor.de/wp-content/uploads/2018/08/Minor_DigitalStreetwork_18-08-29.pdf. Letzter Zugriff: 20.01.2022, 25-27.

Misoch, S. (2019). *Qualitative Interviews.* Berlin und Bosten: De Gruyter. 2. Auflage.

Molke, D. (2018). *Lootboxen – Verbot tritt in den Niederlanden in Kraft, hohe Geldstrafen möglich.* Online-Artikel für gamepro.de. Abrufbar unter: https://www.gamepro.de/artikel/lootboxen-in-den-niederlanden-wird-das-verbot-jetzt-umgesetzt,3331422.html. Letzter Zugriff: 20.01.2022.

Möller, C. (2011). *Internet- und Computersucht. Ein Praxishandbuch für Therapeuten, Pädagogen und Eltern.* Stuttgart: Kohlhammer.

Mönikes, J. (2017). *#NetzDG und #DSGVO – droht der Meinungsfreiheit in Deutschland ein "perfekter Sturm"?* Online-Artikel für Telemedicus. Abrufbar unter: https://www.telemedicus.info/netzdg-und-dsgvo-droht-der-meinungsfreiheit-in-deutschland-ein-perfekter-sturm/. Letzter Zugriff: 20.01.2022.

Monroy, M. (2016). *Internationale Herausgabe von „elektronischen Beweismitteln": Es wird eng in der Cloud.* Online-Artikel für netzpolitik.org. Abrufbar unter: https://netzpolitik.org/2016/ internationale-herausgabe-von-elektronischen-beweismitteln-es-wird-eng-in-der-cloud/#vorschaltbanner. Letzter Zugriff: 20.01.2022.

Montag, C. (2018). *Nicht ohne mein Smartphone – Internetsucht und Hirnforschung.* Audio-Beitrag für SWR2. Online abrufbar unter: https://www.swr.de/swr2/wissen/nicht-ohne-mein-smartphone-internetsucht-und-hirnforschung-swr2-wissen-aula-2020-06-28-102.html. Letzter Zugriff: 20.01.2022.

Montag, C.; Kirsch, P.; Sauer, C.; Markett, S.; Reuter, M. (2010). The role of the CHRNA4 gene in Internet addiction: a case-control study. In: *The Journal of Addiction Medicine*, 6, 191-195.

Müller, K.F.; Röser, J. (2017). Wie Paare Second Screen beim Fernsehen nutzen: Eine ethnografische Studie zur Mediatisierung des Zuhauses. In: Göttlich, U.; Heinz, L.; Herbers, M.R. (Hg.): *Ko-Orientierung in der Medienrezeption Praktiken der Second Screen-Nutzung.* Wiesbaden: Springer VS, 137-155.

Müller, K.W.; Glaesner, H.; Brähler, E.; Wölfling, K.; Beutel, M.E. (2014). Prevalence of child internet addiciton in the general population: results from a German population-based survey. In: *Behaviour & Information Technology*, 33(7), 757-766.

Müller, K.W.; Wölfling, K. (2009). Schwere Rückkehr aus der virtuellen Welt. In: *Unsere Caritas*, 6, 14-16.

NDR (2018). *Der Fall Böhmermann – eine Chronologie.* Abrufbar unter: https://www.ndr.de/kultur/ Der-Fall-Boehmermann-eine-Chronologie,boehmermann212.html. Letzter Zugriff: 29.09.2018.

Neeley, S.M. (2007). Internet advertising and children. In: Schumann, D.W.; Thorson, E. (Hg.): *Internet Advertising. Theory and Research.* Mahwah, NJ: Lawrence Erlbaum Associates, 343-362.

Newell, A.F. (2011). *Design and the Digital Divide: Insights from 40 Years in Computer Support for Older and Disabled People.* Morgan & Claypool.

Newman, J. (2004). *Videogames.* Routledge.

Newzoo (2020a). *Umsatz der führenden Unternehmen im Bereich Videospiele weltweit im 4. Quartal 2019 (in Millionen US-Dollar).* Online-Grafik. Abrufbar unter: https://de.statista.com/statistik/daten/studie/194749/umfrage/die-10-groessten-game-publisher-weltweit/. Letzter Zugriff: 20.01.2022.

Newzoo (2020b). *2020 Global Esports Market Report.* Abrufbar unter: https://newzoo.com/insights/ trend-reports/newzoo-global-esports-market-report-2020-light-version/. Letzter Zugriff: 20.01.2022.

Nolden, M. (2020). Rassismus im Netz. In: Friese, H.; Nolden, M.; Rebane, G.; Schreiter, M. (Hg.): *Handbuch Soziale Praktiken und Digitale Alltagswelten.* Wiesbaden: Springer VS, 351-362.

Nunner-Winkler, G. (1990). Jugend und Identität als pädagogisches Problem. In: *Zeitschrift für Pädagogik*, 36(5), 671-686.

OASIS (2020). *Selbsttest.* Abrufbar unter: https://www.onlinesucht-ambulanz.de/selbsttest. Letzter Zugriff: 20.01.2022.

Olson, C.K.; Kutner, L.A.; Warner, D.E. (2008). The role of violent video game content in adolescent development. In: *Journal of Adolescent Research*, 23(1), 55-75.

O'Reilly, T. (2005). *What Is Web 2.0. Design Patterns and Business Models for the Next Generation of Software.* Abrufbar unter: www.oreilly.com/pub/a/web2/archive/what-is-web-20.html. Letzter Zugriff: 20.01.2022.

OÖNachrichten (2018). *Drogen, Alkohol und immer öfter Internet: Sucht hat viele Facetten.* Online-Artikel. Abrufbar unter: https://www.nachrichten.at/meine-welt/gesundheit/Drogen-Alkohol-und-immer-oefter-Internet-Sucht-hat-viele-Facetten;art114,2854152. Letzter Zugriff: 20.01.2022

Osei-Appiah, S. (2020). News Media Logic and Democracy: Strange Bedfellows in Political News-making Practices of Private Radio Stations in Ghana. In: *African Journalism Studies*, 40(3), 57-72.

Paal, B.P.; Hennemann, M. (2018). *Soziale Netzwerke in der Pflicht! Meinungsfreiheit in Gefahr?* Reihe Analysen&Argumente der Konrad-Adenauer-Stiftung, 326. Abrufbar unter: https://d-nb.info/1177676559/34. Letzter Zugriff: 20.01.2022.

Pallanti, S.; Bernardi, S.; Quercioli, L. (2006). The shorter PROMIS questionnaire and the Internet Addiction Scale in the assessment of multiple addictions in a high school population: prevalence and related disability. In: *CNS Spectrums*, 11, 966-974.

Pápay, O.; Urbán, R.; Griffiths, M.D.; Nagygyörgy, K.; Farkas, J.; Kökönyei, G.; Felvinczi, K.; Oláh, A.; Elekes, Z.; Demetrovics, Z. (2013). Psychometric properties of the problematic online gaming questionnaire short-form and prevalence of problematic online gaming in a national sample of adolescents. In: *Cyberpsychology, Behavior and Social Networking*, 16(5), 340-348.

Passig, K.; Lobo, S. (2012). *Internet: Segen oder Fluch*. Berlin: Rowohlt.

Pawlikowski, M.; Altstötter-Gleich, C.; Brand, M. (2013). Validation and psychometric properties of a short version of Young's Internet Addiction Test. In: *Computers in Human Behavior*, 29, 1212-1223.

Pearce, C. (2004). Towards a Game Theory of Game. In: Wardrip-Fruin, N.; Harrigan, P. (Hg.): *First Person.* MIT Press.

Petry, J. (2010). *Dysfunktionaler und pathologischer PC- und Internet-Gebrauch.* Göttingen: Hogrefe.

Pew Research (2016). *Smartphone Ownership and Internet Usage Continues to Climb in Emerging Economies.* Abrufbar unter: https://www.pewresearch.org/global/2016/02/22/smartphone-ownership-and-internet-usage-continues-to-climb-in-emerging-economies/. Letzter Zugriff: 20.01.2022.

Pfeffer-Hoffmann, C.; Stapf, T. (2018). Aktuelle Ansätze zur Erreichung von Neuzugewanderten in den digitalen und sozialen Medien. In: Informationsverbund Asyl und Migration e.V.; Minor – Projektkontor für Bildung und Forschung gemeinnützige GmbH (Hg.): *Digital Streetwork in der Asyl- und Migrationsberatung. Wie Geflüchtete soziale Medien nutzen und was daraus für Beratungsstellen folgt.* Abrufbar unter: https://minor-kontor.de/wp-content/uploads/2018/08/Minor_DigitalStreetwork_18-08-29.pdf. Letzter Zugriff: 20.01.2022, 32-36.

Pieschl, S.; Porsch, T. (2014). *Neue Medien und deren Schatten. Mediennutzung, Medienwirkung und Medienkompetenz.* Göttingen: Hogrefe.

Pintak, L.; Bowe, B.J.; Javed Nazir, S. (2018). Mediatization in Pakistan: Perceptions of media influence on a fragile democracy. In: *Journalism*, 19(7), 934-958.

Poli, R.; Agrimi, E. (2012). Internet addiction disorder: prevalence in an Italian student population. In: *Nordic Journal of Psychiatry*, 66(1), 55-59.

Pontes, H.M.; Schivinski, B.; Sindermann, C.; Li, M.; Becker, B.; Zhou, M.; Montag, C. (2019). Measurement and Conceptualization of Gaming Disorder According to the World Health Organization Framework: the Development of the Gaming Disorder Test. In: *International Journal of Mental Health and Addiction*. Open Access. Abrufbar unter: https://link.springer.com/article/10.1007/s11469-019-00088-z. Letzter Zugriff: 20.01.2022.

Postman, N. (1993). *Wir amüsieren uns zu Tode. Urteilsbildung im Zeitalter der Unterhaltungsindustrie.* Frankfurt/Main: Fischer.

Preuk, M. (2016). Handys schaden den Augen: Diese Tipps schützen die Sehkraft Ihres Kindes. Online-Artikel für focus.de. Abrufbar unter: https://www.focus.de/gesundheit/ratgeber/sehen/fehlsichtigkeit/kurzsichtig/kurzsichtig-durchs-smartphone-in-zukunft-koennte-jedes-zweite-kind-eine-brille-brauchen_id_5314830.html. Letzter Zugriff: 23.09.2020.

Prinzing, M. (2015). Shitstorms. Nur Wutstürme oder begründete demokratische Proteste? In: Imhof, K.; Blum, R.; Bonfadelli, H.; Jarren, O.; Wyss, V. (Hg.): *Demokratisierung durch Social Media?* Wiesbaden: Springer Fachmedien.

Pritzens, T. (2011). Webwork als nützliche Ergänzung zur mobilen Jugendarbeit/Streetwork. In: *merz – medien+erziehung*, 55(3), 29-33.

Przybilla, S. (2018). Zu Besuch in einer Therapie für Computerspielsüchtige. Online-Artikel für nzz.ch. Abrufbar unter: https://www.nzz.ch/international/zu-besuch-in-einer-therapie-fuer-computerspielsuechtige-ld.1412171. Letzter Zugriff: 20.01.2022

Przybylski, A.; Orben, A. (2018). Gaming addiction as a mental disorder: it's premature to pathologise players. Online-Artikel für theconversation.com. Abrufbar unter: https://theconversation.com/gaming-addiction-as-a-mental-disorder-its-premature-to-pathologise-players-89892. Letzter Zugriff: 20.01.2022.

Przybylski, A.K.; Weinstein, N.; Murayama, K. (2017). Internet Gaming Disorder: Investigating the Clinical Relevance of a New Phenomenon. In: *American Journal of Psychiatry*, 174(3), 230-236.

PwC (2018). *Schauen Sie sich eSports-Events an?* Online Grafik. Abrufbar unter: https://de.statista.com/statistik/daten/studie/794047/umfrage/umfrage-zum-anschauen-von-esports-spielen-in-deutschland/. Letzter Zugriff: 20.01.2022.

Quandt, T.; Wimmer, J.; Wolling, J. (2009). Die Computerspieler. Studien zur Nutzung von Computergames. 2. Auflage. Wiesbaden: VS Verlag für Sozialwissenschaften.

Rammstedt, B.; John, O.P. (2007). Measuring personality in one minute or less: A 10-item short version of the Big Five Inventory in English and German. In: *Journal of Research in Personality*, 41, 203-212.

Reeves, B.; Read, L. (2009). *Total Engagement: Using Games and Virtual Worlds to Change the Way People Work and Businesses Compete.* Harvard Business School Press, Boston, MA.

Rehbein, F.; Baier, D.; Kleimann, M.; Mößle, T. (2015a). *Computerspielabhängigkeitsskala. Ein Verfahren zur Erfassung der Internet Gaming Disorder nach DSM-5.* Hogrefe.

Rehbein, F.; Kliem, S.; Baier, D.; Mößle, T.; Petry, N.M. (2015b). Prevalence of Internet gaming disorder in German adolescents: diagnostic contribution of the nine DSM-5 criteria in a state-wide representative sample. In: *Addiction*, 110(5), 842-851.

Rehbein, F. (2014). Computerspiel- und Internetabhängigkeit. In: Pieschl, S.; Porsch, T. (Hg.): *Neue Medien und deren Schatten. Mediennutzung, Medienwirkung und Medienkompetenz.* Göttingen: Hogrefe, 219-243.

Rehbein, F.; Kleimann, M.; Mößle, T. (2010). Prevalence and Risk Factors of Video Game Dependency in Adolescence: Results of a German Nationwide Study. In: *CyberPsychology, Behaviour, and Social Networking*, 13, 269-277.

Reichertz, J. (2009). Die Konjunktur der qualitativen Sozialforschung und Konjunkturen innerhalb der qualitativen Sozialforschung. In: *Forum qualitative Sozialforschung*, 10(3), Art. 29. Abrufbar unter: https://www.qualitative-research.net/index.php/fqs/article/download/1382/2879. Letzter Zugriff: 20.01.2022.

Reinemann, C.; Nienierza, A.; Fawzi, N.; Riesmeyer, C.; Neumann, K. (2019). *Jugend – Medien – Extremismus. Wo Jugendliche mit Extremismus in Kontakt kommen und wie sie ihn erkennen.* Wiesbaden: Springer VS.

Reinemann, C. (2010). *Medialisierung ohne Ende?* Zum Stand der Debatte um Medieneinüsse auf die Politik. Zeitschrift für Politik, 57(3), 278-293.

Rheinberg, F.; Vollmeyer, R.; Engeser, S. (2003). Die Erfassung des Flow-Erlebens. In: Stiensmeier-Pelster, J; Rheinberg, F. (Hg.): *Diagnostik von Motivation und Selbstkonzept.* Göttingen: Hogrefe, 261-279.

Rheinneckarblog (2018). *Erschütternde Studie zu mangelhafter Medien- und Nachrichtenkompetenz: Nachrichtenkompetenz betrifft uns alle.* Online-Artikel. Abrufbar unter: https://rheinneckarblog.de/11/nachrichtenkompetenz-betrifft-uns-alle/138257.html. Letzter Zugriff: 20.01.2022.

Richter, T.; Naumann, J.; Groeben, N. (2001). Das Inventar zur Computerbildung (INCOBI): Ein Instrument zur Erfassung von Computer Literacy und computerbezogenen Einstellungen bei Studierenden der Geistes- und Sozialwissenschaften. In: *Psychologie in Erziehung und Unterricht*, 48, 1-13.

Riedel, R.; Buesching, U.; Brand, M. (2017). *BLIKK-Medien. Präsentation der Studienergebnisse.* Abrufbar unter: http://www.junaimnetz.de/wp-content/uploads/2017/05/ Praesentation_BLIKK.pdf. Letzter Zugriff: 20.01.2022.

Rifkin, J. (2014). *The zero marginal cost society. The internet of things, collaborative commons, and the eclipse of capitalism.* New York: Palgrave MacMillan.

Rifkin, J. (2002). *Access. Das Verschwinden des Eigentums.* Frankfurt am Main: S. Fischer.

Robinson, K.C. (2020). First Australians using mediatisation to preserve, maintain and promote cultural heritage. In: *Media International Australia*, 1-15.

Rogers, C. (1972). *Die nicht-direktive Beratung.* München: Kindler.

Röhr, J. (2016). *„Tennis muss immer Tennis bleiben!" Eine qualitative Studie zur Untersuchung der Medialisierung im Tennissport – aus Sicht der Akteure.* Abrufbar unter: https://medialogic.hypotheses.org/files/2015/12/Tennis-muss-immer-Tennis-bleiben.pdf. Letzter Abruf: 20.01.2022

Röhrich, R. (2018). *Lehrerbildung: GEW-Vorsitzende mahnt eine bessere Ausbildung der Pädagogen an.* Online-Artikel für die Frankfurter Neue Presse. Abrufbar unter: http://www.fnp.de/nachrichten/politik/GEW-Vorsitzende-mahnt-eine-bessere-Ausbildung-der-Paedagogen-an;art673,2958336. Letzter Zugriff: 20.01.2022.

Roitsch, C. (2020). *Kommunikative Grenzziehung. Herausforderungen und Praktiken junger Menschen in einer vielgestaltigen Medienumgebung.* Wiesbaden: Springer VS.

Rojahn, S.Y. (2013). What It's Like to See Again with an Artificial Retina. In: *MIT Technology Review*, abrufbar unter: https://www.technologyreview.com/2013/05/09/113549/can-artificial-retinas-restore-natural-sight/. Letzter Zugriff: 20.01.2022.

Röll, F.J. (2012). Medienpädagogische Trends. In: Ganuin, S.; Meister, D. (Hg.): *Digital native oder digital naiv? Medienpädagogik der Generationen.* München: kopaed, 55-66.

Rösch, E. (2013). Jugendarbeit im Social Web. In: *Zeitschrift für die Jugendarbeit*, 61(4), 162-169.

Rosenstock, R.; Sura, I. (2018). *Mediatisierung und religiöse Kommunikation. Herausforderungen für Theologie und Kirche.* Hamburg: Kreuz-Verlag.

Röser, J.; Müller, K.F.; Niemand, S.; Roth, U. (2017). Häusliches Medienhandeln zwischen Dynamik und Beharrung: Die Domestizierung des Internets und die Mediatisierung des Zuhauses 2008-2016. In: Krotz, F.; Despotovi , C.; Kruse, M.-M. (Hg.): *Mediatisierung als Metaprozess.* Wiesbaden: Springer VS, 139-162.

Röser, J.; Peil, C. (2012). Das Zuhause als mediatisierte Welt im Wandel. Fallstudien und Befunde zur Domestizierung des Internets als Mediatisierungsprozess. In: Krotz, F.; Hepp, A. (Hg.): *Mediatisierte Welten: Beschreibungsansätze und Forschungsfelder.* Wiesbaden: Springer VS, 137-162.

Röser, J.; Peil, C. (2010). Diffusion und Teilhabe durch Domestizierung. Zugänge zum Internet im Wandel 1997-2007. In: *Medien & Kommunikationswissenschaft*, 58(4), 481-502.

Roth-Ebner, C. (2015). *Der effiziente Mensch. Zur Dynamik von Raum und Zeit in mediatisierten Arbeitswelten.* München: Beck.

Rothfischer, K. (2012). *Informationsflut und ständige Erreichbarkeit. Den Dauerstress hält das Gehirn kaum aus.* Online-Artikel für focus.de. Abrufbar unter: https://www.focus.de/gesundheit/ratgeber/psychologie/tid-13038/informationsflut-und-staendige-erreichbarkeit-den-dauerstress-haelt-das-gehirn-kaum-aus_aid_360262.html. Letzter Zugriff: 20.01.2022.

Rouse, R. (2004). *Game Design.* Wordware Publishing.

Rudschies, W.; Kroher, T. (2019). Autonomes Fahren: Digital entspannt in die Zukunft. Abrufbar unter: https://www.adac.de/rund-ums-fahrzeug/ausstattung-technik-zubehoer/autonomes-fahren/technik-vernetzung/aktuelle-technik/. Letzter Zugriff: 20.01.2022.

Ruhe, H.G. (2014). *Praxishandbuch Biografiearbeit. Methoden, Themen und Felder.* Weinheim und Basel.

Rühle, A. (2010). *Reizüberflutung: Verblöden wir?* Online-Artikel für süddeutsche.de. Abrufbar unter: https://www.sueddeutsche.de/kultur/reizueberflutung-verbloeden-wir-1.591325. Letzter Zugriff: 20.01.2022.

Rumpf, H.-J.; Meyer, C.; Kreuzer, A.; John, U. (2011). *Prävalenz der Internetabhängigkeit (PINTA). Bericht an das Bundesministerium für Gesundheit.* Universität Lübeck, Klinik für Psychiatrie und Psychotherapie.

Rushbrook, S. (1986). *„Messages" of videogames: Social implications.* Dissertation an der University California/Los Angeles.

Salisch, M.v.; Vogelgesang, J.; Kristen, A.; Oppl, C. (2011). Preference for violent electronic games and aggressive behavior among children: The beginning of the downward spiral? In: *Media Psychology*, 14(3), 233-258.

Salleh, A. (2018). *Gaming addiction: Does treatment work?* Online-Artikel für ABC News. Abrufbar unter: https://www.abc.net.au/news/science/2018-10-24/gaming-addiction-treatments-what-do-we-know/10392808. Letzter Zugriff: 20.01.2022.

Sarcinelli, U. (2011). *Politische Kommunikation in Deutschland. Medien und Politikvermittlung im demokratischen System.* Springer VS.

Savage, J.; Yancey, C. (2008). The effects of media violency exposure on criminal aggression: A meta-analysis. In: *Criminal Justice and Behaviour*, 35, 772-791.

Schabel, M. (2016). *Frankreich vergleicht Videospiele mit harten Drogen!* Online-Artikel für giga.de. Abrufbar unter: https://www.giga.de/extra/netzkultur/news/frankreich-vergleicht-videospiele-mit-harten-drogen/. Letzter Zugriff: 04.06.2020.

Schade, M. (2017). *Falsches "Weihnachtswunder" bei Michael Schumacher: Warum Burdas Bunte mit 50.000 Euro Strafe zu billig davonkommt.* Online-Artikel für meedia.de. Abrufbar unter: https://meedia.de/2017/05/08/falsches-weihnachtswunder-bei-michael-schumacher-warum-burdas-bunte-mit-50-000-euro-strafe-zu-billig-davonkommt/. Letzter Zugriff: 20.01.2022.

Schaumburg, H.; Prasse, D. (2019). *Medien und Schule.* Bad Heilbrunn: Julius Klinkhardt.

Schimank, U. (2007). Handeln in Konstellationen: Die reflexive Konstitution von handelndem Zusammenwirken und sozialen Strukturen. In: Altmeppen, K.-D.; Hanitzsch, T.; Schlüter, C. (Hg.): *Journalismustheorie: Next Generation. Soziologische Grundlegung und theoretische Innovation.* Wiesbaden, 120-137.

Schimank, U. (1988). Gesellschaftliche Teilsysteme als Akteurfiktionen. In: *Kölner Zeitschrift für Soziologie und Sozialpsychologie*, 40, 619-639.

Schindler, W. (2008). Mit Netz und doppeltem Boden – Perspektiven pädagogischer Arbeit mit Jugendlichen im Web 2.0. In: Ertelt, J.; Röll, F.J. (Hg.): *Web 2.0. Jugend online als pädagogische Herausforderung. Navigation durch die digitale Jugendkultur.* München: kopaed Verlag, 43-49.

Schlottag, S. (2020). *Nur 60 Minuten spielen am Tag? Hartes neues Gesetz in Japan.* Online-Artikel für gamestar.de. Abrufbar unter: https://www.gamestar.de/artikel/gesetz-in-japan-limitiert-zocken-auf-pc-und-smartphones,3356360.html. Letzter Zugriff: 20.01.2022.

Schöbel-Matthey, S. (2019). *Der Anfang vom Ende des freien Internets?* Online-Artikel der Bundeszentrale für politische Bildung. Abrufbar unter: https://www.bpb.de/mediathek/287830/der-anfang-vom-ende-des-freien-internets. Letzter Zugriff: 20.01.2022.

Schöber, T. (2019). *Kolumne: Der Alltag eines Engagierten im Bereich e-Sports.* Online-Artikel für gaminggrounds.de. Abrufbar unter: https://www.gaming-grounds.de/kolumne-der-alltag-eines-engagierten-im-bereich-e-sports/. Letzter Zugriff: 20.01.2022.

Schön Klinik (2020). *Selbsttest – Pathologischer Computergebrauch/Computersucht.* Abrufbar unter: https://www.schoen-klinik.de/formulare/selbsttest/computersucht. Letzter Zugriff: 20.01.2022.

Scholz, T.M. (2019). *eSports is Business. Management in the World of Competitive Gaming.* Palgrave Macmillan, https://doi.org/10.1007/978-3-030-11199-1.

Schorb, B. (2008). Handlungsorientierte Medienpädagogik. In: Sander, U.; Von Gross, F.; Hugger, K.-U. (Hg.): *Handbuch Medienpädagogik.* Wiesbaden: VS Verlag für Sozialwissenschaften, 75-86.

Schrödter, M.; Bastian, P.; Taylor, B. (2020). Risikodiagnostik und Big Data Analytics in der Sozialen Arbeit. In: Kutscher, N.; Ley, T.; Seelmeyer, U.; Siller, F.; Tillmann, A.; Zorn, I. (Hg.): *Handbuch Soziale Arbeit und Digitalisierung.* Weinheim und Basel: Beltz Juventa, 255-264.

Schröter, J. (2019). Digitale Medientechnologien und das Verschwinden der Arbeit. In: Thimm, C.; Bächle, T.C. (2019). *Die Maschine: Freund oder Feind? Mensch und Technologie im digitalen Zeitalter.* Wiesbaden: Springer VS, 183-210.

Schuhler, P., Vogelgesang, M. (2013). Pathologischer Computer-/Internet-Gebrauch: Diagnostische Einordnung als Beziehungs- und Verhaltensstörung und therapeutische Vorgehensweise. In: *Sucht Aktuell*, 20(3), 12-17.

Schuhler, P.; Vogelgesang, M. (2011). *Abschalten statt abdriften. Wege aus dem krankhaften Gebrauch von Computer und Internet.* Weinheim und Basel: Beltz.

Schütz, A.; Rentzsch, K.; Sellin, J. (2006). *MSWS. Multidimensionale Selbstwertskala.* Göttingen: Hogrefe.

Schwarz, K. (2020). *Rechter Hass und die Gaming-Kultur.* Online-Artikel für netzpolitik.org. Abrufbar unter: https://netzpolitik.org/2020/rechter-hass-und-die-gaming-kultur-hasskrieger-karolin-schwarz/#vorschaltbanner. Letzter Zugriff: 20.01.2022.

Schwarz, M. (2020). *Videospielsucht: Studie will zeigen, wie man aussieht, wenn man das ganze Leben nur zockt.* Online-Artikel für spieletipps.de. Abrufbar unter: https://www.spieletipps.de/n_45590/. Letzter Zugriff: 20.01.2022.

Scott, D. (1995). The effect of video games on feelings of aggression. In: *Journal of Psychology*, 129(2), 121-132.

Scoyo (2015). *Papa, leg das Smartphone weg! Studie zum Umgang mit Medien in der Familie.* Online-Grafik. Abrufbar unter: https://www.scoyo.de/magazin/kinder-und-medien/studie-regeln-fuer-kinder-mediennutzung/. Letzter Zugriff: 20.01.2022.

Seithe, M. (2008). *Engaging. Möglichkeiten Klientenzentrierter Beratung in der Sozialen Arbeit.* Wiesbaden.

Sellers, J. (2001). *Arcade Fever.* Running Press.

Seng, L. (2018). Mein Haus, mein Auto, mein Roboter? Eine (medien-)ethische Beurteilung der Angst vor Robotern und künstlicher Intelligenz. In Rath, M.; Krotz, F.; Karmasin, M. (Hg.): *Maschinenethik – Normative Grenzen autonomer Systeme.* Wiesbaden: Springer, 73-90.

Severo, R.B.; Soares, J.M.; Josiara, A.P.; Giusti, D.A.; De Souza Junior, A.A.; De Fidueiredo, V.L.; Pinheiro, K.A.; Pontes, H.M. (2020). Prevalence and risk factors for internet gaming disorder. In: *Brazilian Journal of Psychiatry*, http://dx.doi.org/10.1590/1516-4446-2019-0760.

Sherry, J. L.; Lucas, K.; Greenberg, B. S.; Lachlan, K. (2006). Video Game Uses and Gratifications as Predictors of Use and Game Preference. In Bryant, J.; Vorderer, P. (Hg.): Playing Video Games: Motives, Responses, and Consequences. Mahwah, NJ: Lawrence Erlbaum Associates, 213-224.

Siomos, K.E.; Dafouli, E.D.; Braimiotis, D.A., Mouzas, O.D.; Angelopoulos, N.V. (2008). Internet addiction among greek adolescent students. In: *CyberPsychology & Behaviour*, 11(6), 653-657.

Skinner, B.F. (1938). *The behavior of organisms: An experimental analysis.* New York: Appleton-Century.

Sommer, J. (1987). *Dialogische Forschungsmethoden. Qualitative Sozialwissenschaften.* München: Psychologie Verlags Union.

Söring, H. (2002). *Computerspiele – Blutrausch im Kinderzimmer.* Online-Artikel für abendblatt.de. Abrufbar unter: https://www.abendblatt.de/region/pinneberg/article106805702/Computerspiele-Blutrausch-im-Kinderzimmer.html. Letzter Zugriff: 20.01.2022.

Sowka, A.; Klimmt, C.; Hefner, D.; Mergel, F.; Possler, D. (2015). Die Messung von Medienkompetenz. Ein Testverfahren für die Dimension „Medienkritikfähigkeit" und die Zielgruppe „Jugendliche". In: *M&K Medien & Kommunikationswissenschaft*, 63(1), 62-82.

Spanhel, D. (2020). Kinder, Jugendliche und junge Erwachsene in digitalisierten Lernwelten. In: Kutscher, N.; Ley, T.; Seelmeyer, U.; Siller, F.; Tillmann, A.; Zorn, I. (Hg.): *Handbuch Soziale Arbeit und Digitalisierung.* Weinheim und Basel: Beltz, 101-114.

Spiegel Online (2017). *Was übertriebener Medienkonsum bei Ihrem Kind anrichten kann.* Online-Artikel. Abrufbar unter: http://www.spiegel.de/spiegel/internetsucht-und-fettleibigkeit-was-kinder-ins-unglueck-treibt-a-1177464.html. Letzter Zugriff: 20.01.2022.

Spiegel Online (2010). *Silver Surfer: Ganz oder gar nicht.* Online-Artikel. Abrufbar unter: https://www.spiegel.de/netzwelt/gadgets/silver-surfer-ganz-oder-gar-nicht-a-723306.html. Letzter Zugriff: 20.01.2022.

Spiegel Online (2016a). *„Ich bin ein unseriöser Quatschvogel".* Abrufbar unter: http://www.spiegel.de/kultur/tv/jan-boehmermann-ich-bin-ein-unserioeser-quatschvogel-a-1115313.html. Letzter Zugriff: 20.01.2022.

Spiegel Online (2016b). *„Mann des Jahres".* Abrufbar unter: http://www.spiegel.de/panorama/leute/jan-boehmermann-der-mann-des-jahres-a-1124404.html. Letzter Zugriff: 20.01.2022.

Splendid Research (2018). *Studie: Gaming – Männer mögen Sportspiele, Frauen puzzeln lieber.* Abrufbar unter: https://www.splendid-research.com/de/statistiken/studie-gaming-maenner-frauen-sportspiele-puzzle. Letzter Zugriff: 20.01.2022.

Spörer-Wagner; D.; Marcinkowski, F. (2011). Politiker in der Öffentlichkeitsfalle? Zur Mediatisierung politischer Verhandlungen in nationalen Kontexten. In: Edinger, M.; Patzelt, W. (Hg.): *Politik als Beruf.* Wiesbaden: VS, 416-438.

Spox Österreich (2019). *Spielsucht: Hasenhüttl warnt vor Unterschätzung des Problems im Fußball.* Online-Artikel für spox.com. Abrufbar unter: https://www.spox.com/at/sport/fussball/_international/1908/Artikel/spielsucht-hasenhuettl-warnt-vor-unterschaetzung-des-problems-im-fussball.html. Letzter Zugriff: 20.01.2022.

Staab, P. (2018). Unsichere Arbeit. In: Stadler, W. (Hg.): *Mehr als Algorithmen. Digitalisierung in Gesellschaft und Sozialer Arbeit.* Weinheim und Basel: Beltz Juventa, 32-39.

Stalder, F. (2016). *Kultur der Digitalität.* Berlin: Suhrkamp.

Stampfl, N.S. (2016). *Die verspielte Gesellschaft (TELEPOLIS): Gamification oder Leben im Zeitalter des Computerspiels.* Heise Verlag.

Statista (2021a). *Digital Market Outlook Videospiele.* Online-Dossier. Abrufbar unter: https://de.statista.com/outlook/203/100/videospiele/weltweit. Letzter Zugriff: 20.01.2022

Statista (2021b). *Number of active video gamers worldwide from 2015 to 2023.* Online-Grafik. Abrufbar unter: https://www.statista.com/statistics/748044/number-video-gamers-world/. Letzter Zugriff: 20.01.2022.

Statistisches Bundesamt (2018). *Bevölkerung – Zahl der Einwohner in Deutschland nach relevanten Altersgruppen am 31. Dezember 2018.* Online-Grafik aufbereitet von Statista Research. Abrufbar unter: https://de.statista.com/statistik/daten/studie/1365/umfrage/bevoelkerung-deutschlands-nach-altersgruppen/. Letzter Zugriff: 20.01.2022.

Staub-Bernasconi, S. (2012). Soziale Arbeit und Soziale Probleme. In: Thole, W. (Hg.): *Grundriss Soziale Arbeit*, 4. Auflage. Wiesbaden: VS, 267-282.

Staub-Bernasconi, S. (1998). Soziale Arbeit als Menschenrechtsprofession. In: Wöhrle, A. (Hg.): *Profession und Wissenschaft Sozialer Arbeit. Positionen in einer Phase der generellen Neuverortung.* Pfaffenweiler: Centaurus, 305-332.

Steinmaurer, T. (2019). Digitale Resilienz im Zeitalter der Datafication. In: Litschka, M.; Krainer, L. (Hg.): *Der Mensch im digitalen Zeitalter. Ökonomisierung, Digitalisierung und Mediatisierung.* Wiesbaden: Springer VS, 31-48.

Stern.de (2018). *Eine Betroffene erzählt, wie sie süchtig nach Videospielen wurde – und wie sie einen Ausweg fand.* Online-Artikel. Abrufbar unter: https://www.stern.de/gesundheit/videospiele--eine-betroffene-erzaehlt--wie-sie-suechtig-wurde-8168188.html. Letzter Zugriff: 20.01.2022.

Stjernfelt, F.; Lauritzen, A.M. (2020). *Your Post has been Removed. Tech Giants and Freedom of Speech.* SpringerOpen, https://doi.org/10.1007/978-3-030-25968-6.

Stodt, B.; Wegmann, E.; Brand, M. (2015). *Geschickt geklickt?! Zum Zusammenhang von Internetnutzungskompetenzen, Internetsucht und Cybermobbing bei Jugendlichen und jungen Erwachsenen.* Düsseldorf: Landesanstalt für Medien Nordrhein-Westfalen (LfM), VISTAS.

Strittmatter, E.; Kaess, M.; Parzer, P.; Fischer, G.; Carli, V.; Hoven, C.W.; Wasserman, C.; Sarchiapone, M.; Durkee, T.; Apter, A.; Bobes, J.; Brunner, R.; Cosman, D.; Sisask, M.; Värnik, P.; Wasserman, D. (2015). Pathological Internet use among adolescents: Comparing gamers and non-gamers. In: *Psychiatry Research*, 228(1), 128-35.

Strömback, J.; Esser, F. (2009). Shaping politics: Mediatization and media interventionism. In: Lundby, K. (Hg.): *Mediatization.* New York: Peter Lang, 205-224.

Süddeutsche Zeitung (2019). *Computer-Gaming: Viele Eltern zocken mit den Kindern.* Online-Artikel. Abrufbar unter: https://www.sueddeutsche.de/wissen/technik-computer-gaming-viele-eltern-zocken-mit-den-kindern-dpa.urn-newsml-dpa-com-20090101-190925-99-27832. Letzter Zugriff: 20.01.2022.

Süddeutsche Zeitung (2017). *Instagram und WhatsApp für Eltern.* Online-Artikel. Abrufbar unter: http://www.sueddeutsche.de/muenchen/dachau/erziehung-zur-medienkompetenz-instagram-und-whatsapp-fuer-eltern-1.3742624. Letzter Zugriff: 20.01.2022.

Süddeutsche Zeitung (2010). *Die Galerie der Gamer-Typen.* Online-Artikel. Abrufbar unter: https://www.sueddeutsche.de/digital/computer-spieler-die-galerie-der-gamer-typen-1.984634. Letzter Zugriff: 20.01.2022.

Svelch, J. (2019). Mediatization of a card game: Magic: The Gathering, esports, and streaming. In: *Media, Culture & Society*, 42(6), 838-856.

Syrota, L. (2011). *eSports. A Short History of Nearly Everything.* Foren-Beitrag. Abrufbar unter: https://www.teamliquid.net/forum/starcraft-2/249860-esports-a-short-history-of-nearly-everything. Letzter Zugriff: 20.01.2022.

Takens, J.; Atteveldt, W.v.; Hoof, A.v.; Kleinnijenhuis, J. (2013). Media logic in election campaign coverage. In: *European Journal of Communication*, 28(3), 277-293.

Te Wildt, B. (2015). *Digital Junkies. Internetabhängigkeit und ihre Folgen für uns und unsere Kinder.* München: Droemer.

Te Wildt, B. (2010). *Medialität und Verbundenheit. Zur psychopathologischen Phänomenologie und Nosologie von Internetabhängigkeit.* Lengerich.

Te Wildt, B.; Putzig, I.; Drews, M.; Lampen-Imkamp, S.; Zedler, M.; Wiese, B.; Dillo, W.; Ohlmeier, M.D. (2010). Pathological Internet use as a symptom of psychiatric disorders: A prospective study on psychiatric phenomenology and clinical relevance of Internet dependency. In: *European Journal of Psychiatry*, 24, 136-145.

Te Wildt, B.; Rehbein, F. (2010). Diagnostik von Internet-und Computerspielabhängigkeit. In: Mücken, D.; Teske, A.; Rehbein, F; te Wildt, B. (Hg.): *Prävention, Diagnostik und Therapie von Computerspielabhängigkeit.* Berlin, 142-153.

Thieroff, M. (2016). Medienlogik reloaded? Tagesaktuelle Berichterstattung von Online- und Offline-Medien im Vergleich. Dissertation am Institut für Kommunikationswissenschaft der LMU München. Abrufbar unter: https://edoc.ub.uni-muenchen.de/24374/1/Thieroff_Markus.pdf. Letzter Zugriff: 20.01.2022.

Thimm, C.; Regier, P.; Cheng, I.C.; Jo, A.; Lippemeier, M.; Rutkosky, K.; Bennewitz, M.; Nehls, P. (2019). Die Maschine als Partner? Verbale und non-verbale Kommunikation mit einem humanoiden Roboter. In: Thimm, C.; Bächle, T.C. (Hg): *Die Maschine: Freund oder Feind? Mensch und Technologie im digitalen Zeitalter.* Wiesbaden: Springer VS, 109-134.

Thimm, C.; Bächle, T.C. (2019b). Die Maschine: Freund oder Feind? Perspektiven auf ein interdisziplinäres Forschungsfeld. In: Thimm, C.; Bächle, T.C. (Hg.): *Die Maschine: Freund oder Feind? Mensch und Technologie im digitalen Zeitalter.* Wiesbaden: Springer VS, 1-13.

Thimm, C.; Bächle, T.C. (2019a). *Die Maschine: Freund oder Feind? Mensch und Technologie im digitalen Zeitalter.* Wiesbaden: Springer VS.

Thimm, C.; Anastasiadis, M.; Einspänner-Pflock, J. (2018). *Media Logic(s) Revisited. Modelling the Interplay between Media Institutions, Media Technology and Societal Change.* Cham (SUI): Palgrave Macmillan.

Tran, C. (2018). *Reformed video game addict admits wasting his entire teenage years gaming – spending 16 hours each day before a screen from the age of 11.* Online-Artikel für Daily Mail Australia. Abrufbar unter: https://www.dailymail.co.uk/femail/article-6356465/Cam-Adair-29-opens-10-year-battle-video-gaming-addiction.html. Letzter Zugriff: 20.01.2022.

Tulodziecki, G.; Herzig, B.; Grafe, S. (2010). *Medienbildung in Schule und Unterricht.* Bad Heilbrunn: Klinkhardt.

Unsworth, G.; Devilly, G.J.; Ward, T. (2007). The effect of playing violent video games on adolescents: Should parents be quaking in their boots? In: *Psychology, Crime & Law*, 13(4), 383-394.

Unterhaltungssoftware Selbstkontrolle (USK) (2020a). *Genres.* Abrufbar unter: https://usk.de/alle-lexikonbegriffe/category/genres/. Letzter Zugriff: 20.01.2022.

Unterhaltungssoftware Selbstkontrolle (USK) (2020b). *Große Mehrheit der Eltern kennt das Spielverhalten ihrer Kinder.* Pressemitteilung. Abrufbar unter: https://usk.de/grosse-mehrheit-der-eltern-kennt-das-spielverhalten-ihrer-kinder/?fbclid=IwAR0fartXRn3AjwYNaNpCBKO0e_XEdyGUIFO-DFCBCUDTclf5A03LwKIKell#informationen. Letzter Zugriff: 20.01.2022.

Unterhaltungssoftware Selbstkontrolle (USK) (2017). *Lootboxen und Jugendschutz.* Positionserklärung. Abrufbar unter: https://usk.de/lootboxen-und-jugendschutz/. Letzter Zugriff: 20.01.2022.

VanLehn, K. (2011). The Relative Effectiveness of Human Tutoring, Intelligent Tutoring Systems, and Other Tutoring Systems. In: *Educational Psychologist*, 46(4), 197-221.

Van Rooij, A.V.; Ferguson, C.; Colder Carras, M.; Kardefeldt-Winther, D.; Shi, J.; Aarseth, E.; Bean, A.M.; Helmersson Bergmark, K.; Brus, A.; Coulson, M.; Deleuze, J.; Dullur, P.; Dunkels, E.; Edman, J.; Elson, M.; Etchells, P.J.; Fiskaali, A.; Granic, I.; Jansz, J.; Kaye, L.K.; Kirsh, B.; Lieberoth, A.; Markey, P.; Mills, K.L.; Lundedal Nielsen, R.K.; Orben, A.; Poulsen, A.; Prause, N.; Prax, P.; Quandt, T.; Schimmenti, A.; Starcevic, V.; Stutman, G.; Turner, N.E.; Van Looy, J.; Przybylski, A. (2018). A weak scientific basis for gaming disorder: Let us err on the side of caution. In: *Journal of Behavioral Addicitons*, 7/1, DOI: 10.1556/2006.7.2018.19.

Van Rooij; A.J.; Schoenmakers, T.M.; Vermulst, A.A.; Van den Eijnden, R.J.J.M.; Van de Mheen, D. (2011). Online video game addiction: identification of addicted adolescent gamers. In: *Addiction*, 106(1), 205-212.

Vowe, G.; Dohle, M. (2008). Welche Macht wird den Medien zugeschrieben? Das Verhältnis von Medien und Politik im Spiegel der Mediatisierungsdebatte. In: Jäckel, M.; Mai, M. (Hg.): *Medienmacht und Gesellschaft. Zum Wandel öffentlicher Kommunikation.* Frankfurt, New York: Campus Verlag, 11-36.

Wachs, S.; Wolf, K. (2011). Über den Zusammenhang von Bullying und Cyberbullying. Erste Ergebnisse einer Selbstberichtsstudie. In: *Praxis der Kinderpsychologie und Kinderpsychiatrie*, 60(9), 735-744.

Wacker, E. (2018). Von Normalitätsidealen zur inklusiven Gesellschaft. In: Quenzel, G.; Hurrelmann, K. (Hg.): *Handbuch Bildungsarmut.* Wiesbaden: Springer, 717-742.

Wagner, W.-R. (2013). *Bildungsziel Medialitätsbewusstsein. Einladung zum Perspektivwechsel in der Medienbildung.* München: kopaed.

Waller, G.; Suter, L.; Bernath, J.; Külling, C.; Willemse, I.; Martel, N.; Süss, D. (2019). *Ergebnisbericht zur MIKE-Studie 2019.* Abrufbar unter: https://www.zhaw.ch/storage/psychologie/ upload/forschung/medienpsychologie/mike/Bericht_MIKE-Studie_2019.pdf. Letzter Zugriff: 20.01.2022.

Walter, J. (2019). *IEM: ESL und Intel begrüßten 174.000 Fans in Katowice.* Online-Artikel für gaming-grounds.de. Abrufbar unter: https://www.gaming-grounds.de/iem-esl-und-intel-begruessten-174-000-fans-in-katowice/. Letzter Zugriff: 20.01.2022.

Walter, M. (2020). *Twitch verbietet Musik in Streams. Copyright Beschwerden führten zum strengeren Handeln.* Online-Artikel für bonedo.de. Abrufbar unter: https://www.bonedo.de/artikel/einzelansicht/twitch-verbietet-musik-in-streams.html. Letzter Zugriff: 20.01.2022.

Walters, J. (2017). *Inside the rehab saving young men from their internet addiction.* Online-Artikel für The Guardian. Abrufbar unter: https://www.theguardian.com/technology/2017/jun/16/internet-addiction-gaming-restart-therapy-washington. Letzter Zugriff: 20.01.2022.

WDR (2006). *Hart aber fair: Vom Ballerspiel zum Amoklauf.* Sendung vom 22. September.

Webb, K. (2018). *Video game addiction has sparked a culture war in China – and it's having huge repercussions for the world's biggest video game maker.* Online-Artikel für Business Insider Deutschland. Abrufbar unter: https://finance.yahoo.com/news/under-pressure-chinese-government-china-173103690.html. Letzter Zugriff: 20.01.2022.

Weber, M. (2013). Medien – Freunde – Identität. Gemeinsame Nutzung audiovisueller Unterhaltungsangebote in konvergenten Medienumgebungen. In: *merz – medien+erziehung*, 57(6), 71-83.

Wegge, J.; Kleinbeck, U. (1997). Gewaltorientierte Bildschirmspiele: Gibt es einen Katharsis-Effekt durch Aggression in virtuellen Welten? In: Kittler, U.; Metz-Göckel, H. (Hg.): *Pädagogische Psychologie in Erziehung und Organisation. Dokumentation des 2. Dortmunder Symposions für Pädagogische Psychologie 1996.* Essen: Verlag Die Blaue Eule, 21-42.

Weimann, G.; Jost, J. (2015). Neuer Terrorismus und Neue Medien. In: *Zeitschrift für Außen- und Sicherheitspolitik*, 8(3), 369-388.

Weinberger, S. (2011). *Klientenzentrierte Gesprächsführung. Lern- und Praxisanleitung für psychosoziale Berufe.* Weinheim und München.

Weiss, A. (2012). Technik in animalischer Gestalt. Tierroboter zur Assistenz, Überwachung und als Gefährten in der Altenhilfe. In: Buchner-Fuhs, J.; Rose, L. (Hg.): *Tierische Sozialarbeit.* Wiesbaden: Springer, 429-442.

Weizenbürger, G. (2015). *Sucht bei Online-Glücksspielen: Jugend zockt.* Artikel für Spiegel Online. Abrufbar unter: https://www.spiegel.de/gesundheit/psychologie/spielsucht-bei-jugendlichen-jugend-zockt-online-a-1027322.html. Letzter Zugriff: 20.01.2022.

Wellinger, K. (2014). *Frauen spielen mittlerweile fast genauso viel wie Männer.* Online-Artikel für mmobase.de. Abrufbar unter: https://www.mmobase.de/artikel/frauen-spielen-genauso-viel-wie-maenner-76. Letzter Zugriff: 01.10.2020.

Welt.de (2020). Das sind die besten deutschen Computerspiele. Online-Artikel. Abrufbar unter: https://www.welt.de/spiele/gallery120615650/Das-sind-die-besten-deutschen-Computerspiele.html. Letzter Zugriff: 20.01.2022.

Welt.de (2019). *Fußballprofi warnt, „Fortnite" könne Karrieren zerstören.* Online-Artikel. Abrufbar unter: https://www.welt.de/sport/article190963965/Fortnite-Sucht-Ein-massives-Problem-im-Fussball-sagt-Profi.html. Letzter Zugriff: 20.01.2022.

Wendelin, M. (2012). Transparenz von Rezeptions- und Kommunikationsverhalten im Internet. Theoretische Überlegungen zur Veränderung der Öffentlichkeitsdynamiken zwischen Journalismus und Publikum. Tagung der DGPuK-Fachgruppen Journalistik/Journalismusforschung und Rezeptions- und Wirkungsforschung: *Journalismus und (sein) Publikum*, 2. bis 4. Februar 2012, Hamburg.

Wendt, P.-U. (2015). *Lehrbuch Methoden der Sozialen Arbeit.* Weinheim/Basel: Beltz Juventa.

Werner, J.; Ebel, C.; Spannagl, C.; Bayer, S. (2018). *Flipped Classroom – Zeit für deinen Unterricht. Praxisbeispiele, Erfahrungen und Handlungsempfehlungen.* Gütersloh: Verlag Bertelsmann Stiftung.

Werron, T. (2005). Quantifizierung in der Welt des Sports. Gesellschaftstheoretische Überlegungen. In: *Soziale Systeme*, 11(2), 199-235.

Westfälische Nachrichten (2017). *Bei Internetsucht auf weitere psychische Störungen achten.* Online-Artikel. Abrufbar unter: http://www.wn.de/Freizeit/Ratgeber/Gesundheit/3098780-Symptome-Bei-Internetsucht-auf-weitere-psychische-Stoerungen-achten. Letzter Zugriff: 20.01.2022.

Westfälischer Anzeiger (2018). *Was zockt eigentlich mein Kind? LAN für Eltern.* Online-Artikel. Abrufbar unter: https://www.wa.de/hamm/eltern-lan-beim-fachtag-medienkompetenz-netzwerks-hamm-9700048.html. Letzter Zugriff: 20.01.2022.

Wewetzer, H. (2015). Trendkrankheiten: Morbus Media. Online-Artikel für tagesspiegel.de. Abrufbar unter: https://www.tagesspiegel.de/meinung/causa-debatte/trendkrankheiten-morbus-media/11877024.html. Letzter Zugriff: 23.09.2020.

Weykirch, K.H. (2011). Diagnose. In: Deutscher Verein für öffentliche und private Fürsorge (Hg.): *Fachlexikon der sozialen Arbeit.* Baden-Baden, 188-189.

Weymann, A. (1998). *Sozialer Wandel. Theorien zur Dynamik der modernen Gesellschaft.* Weinheim/München: Juventa.

Whitaker, J.; Melzer, A.; Steffgen, G.; Bushman, B.J. (2013). The allure of the forbidden: Breaking taboos, frustration, and attraction to violent video games. In: *Psychological Science*, 24(4), 507-513.

Wiedel, F. (2019). Die Grenzen der Aufmerksamkeit: Mentale Überlastungen in einer mediatisierten Gesellschaft. In: Litschka, M.; Krainer, L. (Hg.): *Der Mensch im digitalen Zeitalter. Ökonomisierung, Digitalisierung und Mediatisierung.* Wiesbaden: Springer VS, 49-86.

Wiedel, F. (2015). Content is King. Audience is King Kong. In: *Medialisierung. Medienlogik und sozialer Wandel.* Abrufbar unter: https://medialogic.hypotheses.org/files/2015/03/Audience-ist-King.pdf. Letzter Zugriff: 20.01.2022.

Wiemeyer, J. (2010). Gesundheit auf dem Spiel? Serious Games in Prävention und Rehabilitation. In: *Deutsche Zeitschrift für Sportmedizin*, 61(11).

Wilde Beuger Solmecke (WBS) (2015). *Verstoß gegen Pressekodex: Presserat rügt Focus.de und Bild.de.* Abrufbar unter: https://www.wbs-law.de/presserecht/verstoss-gegen-pressekodex-presserat-ruegt-focus-de-und-bild-de-66698/. Letzter Zugriff: 20.01.2022.

Willemse, I. (2016). *Ein Ratgeber für Eltern, Betroffene und ihr Umfeld.* Bern: Hogrefe.

Wimmer, J. (2013). Massenphänomen Computerspiele. München: UVK.

Wipatayotin, A.; Raksaseri, K. (2018). *Video game addiction up by 400%. Surge blamed on its classification as 'sport'.* Online-Artikel für bangkokpost.com. Abrufbar unter: https://www.bangkokpost.com/thailand/general/1568202/video-game-addiction-up-by-400-. Letzter Zugriff: 20.01.2022.

Wölfling, K.; Brand, M.; Klimmt, C.; Krämer, N.; Löber, S.; Müller, A.; te Wildt, B. (2015). Neue elektronische Medien und Suchtverhalten. Nichtöffentliches Gutachten für das Büro für Technikfolgen-Abschätzung des Deutschen Bundestags. Zusammengefasst in: Evers-Wölk, M.; Opielka, M. (2019). *Neue elektronische Medien und Suchtverhalten. Forschungsbefunde und politische Handlungsoptionen zur Mediensucht bei Kindern, Jugendlichen und Erwachsenen.* Baden-Baden: Nomos.

Wölfling, K.; Jo, C.; Bengesser, I.; Beutel, M.; Müller, K. (2013). *Computerspiel- und Internetsucht. Ein kognitiv-behaviorales Behandlungsmanual.* Stuttgart: Kohlhammer.

Wölfling, K.; Müller, K.; Beutel, M. (2011). Reliabilität und Validität der Skala zum Computerspielverhalten (CSV-S). In: *Psychotherapie, Psychosomatik, Medizinische Psychologie*, 61(5), 216-224.

Wölfling, K.; Müller, K.; Beutel, M. (2010). Diagnostische Testverfahren – Skala zum Onlinesuchtverhalten bei Erwachsenen. In: Mücken, D.; Teske, A.; Rehbein, F.; te Wildt, B. (Hg.): *Prävention, Diagnostik und Therapie von Computerspielabhängigkeit.* Berlin, 212-215.

World Health Organisation (WHO) (2020). *6C51 – Gaming disorder.* Diagnostische Definition. Abrufbar unter: https://icd.who.int/browse11/l-m/en#/http://id.who.int/icd/entity/1448597234. Letzter Zugriff: 20.01.2022.

Xiuqin, H.; Huimin, Z.; Mengchen, L.; Jinan, W.; Ying, Z.; Ran, T. (2010). Mental Health, Personality, and Parental Rearing Styles of Adolescents with Internet Addiction Disorder. In: *Cyberpsychology, Behavior, and Social Networking*, 3, 401-406.

Yee, N. (2020). *Our Gamer Motivation Model.* Definition und Selbsttest. Abrufbar unter: https://quanticfoundry.com/#motivation-model. Letzter Zugriff: 20.01.2022.

Yee, N. (2006). Motivations for Play in Online Games. In: *CyberPsychology & Behavior*, 9(6), 772-775.

Yoo, R. (2014). *How 'E-Sports' Outgrew 'Real Sports' in South Korea.* Online-Artikel. Abrufbar unter: https://charactermedia.com/how-esports-outgrew-real-sports-in-south-korea/. Letzter Zugriff: 20.01.2022.

Yu, H.; Cho, J. (2016). Prevalence of Internet Gaming Disorder among Korean Adolescents and Associations with Non-psychotic Psychological Symptoms, and Physical Aggression. In: *American Journal of Health Behavior*, 40(6), 705-716.

ZDF (2012). *Frontal 21: In der Kostenfalle – Kinderspiele im Internet.* Sendung vom 11. Dezember.

Zichermann, G. (2011). *Gamification by Design: Implementing Game Mechanics in Web and Mobile Apps.* O'Reilly & Associates.

Zimmermann, O.; Falk, F. (2020). *Handbuch Gameskultur.* Deutscher Kulturrat.

Zych, K. (2019). *Das sind die bestbezahlten Twitch-Streamer.* Online-Artikel für giga.de. Abrufbar unter: https://www.giga.de/webapps/twitch/gallery/das-sind-die-bestbezahlten-twitch-streamer/#page=1. Letzter Zugriff: 20.01.2022.

Abbildungsverzeichnis